I0568527

ملکوتی طاقت

کی

جستجو میں

الٰہیاتی شفا بخش انرجی کا راستہ

شیخ سید نور جان میر احمدی (نقشبندی) (ق)

شائع اور تقسیم کردہ:
صوفی میڈیٹیشن سینٹرز سوسائٹی

ملکُوتی طاقت کی جُستجُو میں

الٰہیاتی شفا بخش اینرجی کا راستہ

ISBN: 978-1-989602-05-8

شائع اور تقسیم کردہ:

صوفی میڈیٹیشن سینٹرز سوسائٹی

3660 ایسٹ ہیسٹنگ سٹریٹ

وینکوور، برٹش کولمبیا، V5K 2A9 کینیڈا۔

ٹیلیفون: 604-558-4455

NurMuhammad.com

اشاعتِ اوّل: ستمبر 2022

فہرست

تعارف مصنف

پروفائل

25 سال کے عرصہ سے شیخ سید نور جان میر احمدی نقشبندی (ق) اسلام کی اصل تعلیمات جو کہ محبت، تسلیم، ادب اور امن پر مبنی ہیں دنیا بھر میں پھیلانے کی اَن تھک کاوش میں لگے ہیں اور انتہا پسندی کے ہر روپ کی مخالفت کرتے ہیں۔ روحانیت کے ماہر، دنیا بھر کے وقت کے معروف اسلامی علماء کے ساتھ تعلیم حاصل کر چکے ہیں۔

شیخ نور جان (ق) نے متعدد تعلیمی اور فلاحی تنظیمیں قائم کیں اُنہوں نے دُنیا بھر میں بڑے پیانے پر سفر کیا اور اسلامی مراقبہ، روحانی شفایابی، الٰہیاتی ایز جی کی چینلینگ (channeling) کی سمجھ، ضبطِ نفس اور خود شناسی کے عمل کو سیکھا اور سکھایا۔ آپ نے یہ روحانی فنون مذہبی مسالک سے ماوراء ہو کر دنیا بھر کے گروہوں کو سکھائے ہیں۔

پسِ منظر

شیخ نور جان (ق) نے یونیورسٹی آف ساوتھرن کیلیفورنیا سے بزنس مینیجمنٹ کی تعلیم حاصل کی اور پھر جنوبی کیلیفورنیا میں کئی کامیاب ہیلتھ کیئر کمپنیز اور امیجنگ سینٹرز (imaging centers) بنائے۔ کم عمری میں ہی کاروبار میں کامیابی حاصل کرنے کے بعد شیخ نور جان میر احمدی (ق) نے اپنی توجہ کاروباری دنیا سے ہٹا کر روحانی دنیا کی طرف مبذول کی۔ 1994 میں اپنی مذہبی تعلیم کو جاری رکھتے ہوئے اُنہوں نے اپنے آپ کو ضرورت مندوں کی خدمت کے لئے وقف کر دیا۔ اُنہوں نے اپنی ذاتی قوت اور معاشی تجربہ کو کام میں لاتے ہوئے ضرورت مندوں کے لئے بین الاقوامی امدادی ادارہ، روحانی شفاء کا مرکز اور آجکل کے خطرے میں پڑے نوجوانوں کے لئے مذہبی روحانی گروپ قائم کیے۔

1995 میں آپ مولانا شیخ ہشام القبانی (ق) کے زیرِ تربیت آئے اور اسلامی روحانیت کا، جس کو تصوف کہا جاتا ہے، گہرائی سے مطالعہ کیا۔ آپ نے مولانا شیخ القبانی (ق) کے ہمراہ کئی سفر کئے اور دنیا بھر کے صوفی طرزِ عمل کے بارے میں جانا اور سیکھا۔ مولانا شیخ القبانی (ق) کے ہمراہ آپ نے دنیا بھر میں متعدد اسلامی تعلیمی ادارے اور امدادی پروگرام بھی قائم کئے۔

شیخ نور جان میر احمدی (ق) نے نقشبندی صوفی سلسلے کے پیشواء سلطان الاولیا مولانا شیخ محمد ناظم الحقانی (ق) سے، سلسلہ نقشبندیہ کی گولڈن چین (Golden Chain) کے اکتالیسویں شیخ مولانا شیخ محمد عادل الرَّبانی (ق) سے اور مولانا شیخ محمد ہشام القبانی (ق) سے روحانی راہبری کی تحریری اجازت حاصل کی۔ آپ کو دنیا بھر کے مذہبی طلباء کو تصوف کی تعلیم دینے، اُن کی رہنمائی کرنے اور مشورہ دینے کی مکمل اجازت حاصل ہے۔

اجازت نامہ

شیخ نور جان میر احمدی (ق) نے دنیا بھر میں وسیع پیمانے پر سفر کیا اور ازبکستان سے سنگاپور، تھائی لینڈ، انڈونیشیا، قبرص، ارجنٹائن، پیرو اور شمالی امریکہ تک تعلیمات دیں۔ آپ اسلام کی بنیادی تعلیمات اور روحانی علوم کی تعلیم فرماتے ہیں جن میں مراقبہ (تفکر)، لطائف قلب، روحانی شفاء یابی، علمُ الحروف، تزکیۂ نفس اور معرفت شامل ہیں۔ آپ مسلمان کمیونٹیز (communities) کو سنتِ نبوی ﷺ کے طریقوں سے روشناس کرواتے ہیں جس میں رحم دلی، ادب اور لوگوں کے ساتھ مل جل کے رہنے کی تعلیم شامل ہے۔ وہ اچھے اخلاق اور احترامِ انسانیت پر زور دیتے اور اپنے شاگردوں کو اکثر اِس بات کی یاد دہانی کرواتے ہیں کہ روحانی سفر اندر سے شروع ہوتا ہے اور، 'آپ وہ نہیں دے سکتے جو آپ کے پاس نہ ہو۔'

امتیازی کامیابیاں

شیخ نور جان میر احمدی (ق) کی سب سے بڑی کامیابیوں میں سے ایک بنیادی اسلام کی روحانی تعلیمات ہیں جو اُن کی کتابوں اور انٹرنیٹ کے ذریعے پوری دنیا میں پھیلی ہوئی ہیں۔ نبی کریم ﷺ کا فرمان گرامی ہے کہ لوگوں سے اُن کی سمجھ کے مطابق بات کرو۔

سوشل میڈیا کے اِس دور میں شیخ سید نور جان میر احمدی (ق) کا نئی نسل کے روحانی سالکوں تک پہنچنے کا ہنر قابلِ ذکر ہے۔ اُن کی صرف نور محمد (NurMuhammad.com) ویب سائٹ کے ہی ہر روز مختلف 1,500 سے زائد ویوز (views) ہیں۔ اِس سے اب تک کتاب دلائل الخیرات کے دو لاکھ ڈاؤنلوڈز (downloads)، نقشبندی مراقبہ کے 1.5 ملین ڈاؤنلوڈز اور نقشبندی اوراد کی کتاب کے سات لاکھ ڈاؤنلوڈز کے ساتھ بہت سے مضامین کے ڈاؤنلوڈز ہو چکے ہیں۔ اِن کے فیس بک پیج "شیخ نور جان میر احمدی۔ (Shaykh Nurjan Mirahmadi)" کے 1.1 ملین سے زائد لائکس اور فالوئرز ہیں۔ مزید، ان کے یوٹیوب چینل "دی محمدن وے۔ (The Muhammadan Way)" کے 9 ملین سے زائد ویوز (views) ہیں۔ ان کے گوگل پیج "شیخ سیّد نور جان میر احمدی۔ (Shaykh Sayed Nurjan Mirahmadi)" کے 2.7 ملین سے زائد ویوز ہیں۔

شیخ نور جان (ق) اپنی توجہ دنیا بھر کے شوشل میڈیا پر رکھتے ہوئے ہر اُس طریقے پر کام کر رہے ہیں جس سے یہ علم دنیا بھر کے سالکوں تک پہنچ سکے۔ 2015 میں اُنہوں نے 'SimplyIman.org' نامی ایک یونیورسٹی کا آغاز کیا تاکہ اسلام کی بنیادی تعلیمات مزید پھیل سکیں اور اِس کی رسائی دنیا بھر کے طلباء تک ہو سکے۔

پچیس سال سے شیخ نور جان (ق) نے اپنی زندگی کو محبت، تسلیم، احترام اور اَمن کی حقیقی اسلامی تعلیمات کو فروغ دینے کے لئے وقف کر رکھا ہے۔ اُنہوں نے متعدد غیر منافع بخش تنظیمیں قائم کیں اور کئی تعلیمی اور خیراتی اداروں کی بنیاد رکھی۔

یوٹیوب چینلز – آج ہی سبسکرائب کیجئے!

- **دی محمدن وے** (The Muhammadan Way) – دنیا کا ایک معروف اسلامی میڈیا پلیٹ فارم جس کے 9 ملین سے زائد ویوز ہیں، جس میں مختلف موضوعات پر 1000 سے زائد ویڈیوز کی لائبریری موجود ہے۔ ہر جمعرات، جمعہ اور ہفتہ کے دن میلاد اور ذکر کی براہِ راست نشریات بشمول انٹرایکٹو (interactive) سوالات و جوابات کے سیشن میں شرکت کیجئے۔
- **ڈیوائن لَو: حُبِ رسول** (Divine Love: Hub-E-Rasul) – معروف ٹیلیویژن سیریز پر مشتمل ہے جس کے 27000 سے زائد ویوز اور 200 سے زائد اقساط ہیں۔
- **شیخ ٹاکس** (Shaykh Talks) – روحانی یاددہانیوں اور حوصلہ افزائی سے بھرپور موضوعات پر مبنی مختصر مگر طاقتور ٹاکس (talks) کی ویڈیو سیریز۔

محمدن وے اسلامک ایپ (Muhammadan Way App) – معلومات کا وسیع اور مفت ذریعہ جو تمام موبائل ڈیوائیسز (devices) پر، مسلم اور غیر مسلم دونوں کے لئے بنایا گیا ہے۔ یہ صارفین کو علم کی دولت کے ساتھ کتابوں، دُعاؤں، نماز کے اوقات، مہینہ وار مخصوص وظائف، آڈیو اور ویڈیو فائلز کی ایک میڈیا لائبریری، ایک ایونٹ کیلینڈر (event calender) کے علاوہ اور بھی بہت سی چیزوں تک رسائی دیتا ہے۔

سوشل میڈیا/آن - لائن موجودگی

- **فیس بک** (Shaykh Nurjan Mirahmadi) – 1.1 ملین سے زائد فالوئرز کے ساتھ۔
- **نور محمد ڈاٹ کام** (NurMuhammad.com) – ایک جامع ویب سائٹ جو بنیادی اسلام کے گہرے حقائق پر محیط بہت سے وسائل کو سمیٹے ہوئے ہے۔
- **ایس ایم سی** (sufimeditationcenter.com) – ایک ایسی تنظیم جو مغربی سامعین تک وسیع پیمانے پر تعلیمات پہنچاتی ہے جس میں مراقبے اور خیرات کے تصورات بھی شامل ہیں۔ یہ اِس بین العقائد ماحول میں مختلف مذاہب کے لوگوں تک اَمن، محبت اور قبولیت کو بڑھانے کا پیغام پہنچاتی ہے۔

فاطمہ زاہرا ہیلپنگ ہینڈ (fzhh.org) — ایک غیر منافع بخش، رضاکارانہ بنیادوں پر قائم تنظیم جو ضرورت مند لوگوں کی مدد کرتی ہے۔ پراجیکٹس سوچ سمجھ کر بنائے گئے ہیں تاکہ مشکلات میں مبتلا افراد کی مدد کی جاسکے اور ان کی زندگی کو بہتر بنایا جاسکے۔ مضبوط شراکت داری کی تعمیر اور مقامی رضاکاروں کے ساتھ مل کر کام کرنے کے ایک مخلوط نقطہ نظر کے ذریعے تمام اقدامات کو باآسانی ضرورت مندوں تک پہنچایا جاتا ہے۔

ڈیوائن لَو: حبِ رسول ٹی وی سیریز (Divine Love: Hub-E-Rasul TV Series) — مئی 2017 میں شروع ہوئی، یہ اسلامی ٹیلیویژن سیریز کا آدھے گھنٹے کا ہفتہ وار شو، جو وسیع پیمانے پر مختلف موضوعات پر مشتمل ہوتا ہے۔ اِس کا مقصد سیدنا محمد ﷺ کی اِن تعلیمات کو پھیلانا ہے کہ اسلام وہ مذہب ہے جس کی بنیاد اَمن، محبت اور قبولیت پر ہے۔

ہر ہفتے کے دن دوپہر 1:30 (PST) پر یہ شو Joytv پر نشر کیا جاتا ہے، کنیڈا بھر میں یہ نشریات سات ملین ناظرین تک پہنچائی جاتی ہیں۔ یہ شو آن لائن کمیونٹی تک huberasul.net کے ذریعے پہنچایا جاتا ہے۔ سوشل میڈیا اور مکمل چینل کی لسٹنگ کے لئے برائے مہربانی یہ ویب سائیٹ وزٹ کریں، www.huberasul.net/schedule

نقشبندی اسلامک سینٹر آف وینکوور

(Naqshbandi Islamic Center of Vancouver) – یہ سینٹر ہر عقیدے کے لوگوں کی شرکت کے لئے ہے۔ جس میں ہفتہ وار پروگرامز (حلقۂ ذکر) ہفتے میں تین بار ہوتے ہیں (جمعرات، جمعہ، ہفتہ)۔ شیخ نور جان (ق) اسلام کے بنیادی اصولوں سے بڑھ کر مقامُ الایمان (عقیدہ) اور مقامُ الاحسان (کردار کی عمدگی) کی تعلیم دیتے ہیں۔

حبِّ رسول ﷺ کانفرنس – کا ماہانہ وار انقعاد پورے لوئر مین لینڈ (Lower Mainland) میں ہوتا ہے۔ اس محفل کا مقصد اسلامی مقدس ایام (الاِسراء والمعراج، شبِ برات، لیلۃ القدر، میلادالنبی ﷺ وغیرہ) کو قرآن اور سنت کے عین مطابق منانے کی تعلیمات کی تجدید کرنا ہے۔

سمپلی ایمان کلاوُڈ یونیورسٹی (Simply Iman Cloud University) – ایک بین الاقوامی آن لائن پلیٹ فارم ہے جو دنیا بھر کے لوگوں کو اسلامی نقطۂ نظر سے ایمان اور روحانیت کے مختلف پہلوؤں کا مطالعہ کرنے کا موقع فراہم کرتا ہے۔ طالب علموں کو اُن کی اپنی رفتار سے سیکھنے کا موقع دیا جاتا ہے اور اساتذہ کے ساتھ اوپن ڈائیلاگ میں مشغول کیا جاتا ہے۔

اہلِ سنت والجماعت BC – یہ تنظیم دنیا بھر سے قرآن وسنت کے مستند مواد - کتب اور مضامین کا ایک ذریعہ ہے۔ یہ معروف بین الاقوامی اداروں - الازہر یونیورسٹی آف قاہرہ، دار الإفتاء المصریۃ، اسلامی سپریم کونسل آف نارتھ امریکہ کے ساتھ تعاون میں کام کرتی ہے۔

شیخ نور جان (ق) کی شائع شدہ کتب– مندرجہ ذیل عنوانات سے یہ کتب تمام بڑے ریٹیلرز پر اور آن لائن Amazon پر دستیاب ہیں۔

- A Timeless Reality – Ancient Wisdoms of the Soul & Meditation
- Insan al Kamil – The Universal Perfect Being ﷺ
- Rising Sun of the West
- YASEEN – Prophet ﷺ is the Walking Qur'an
- Divinely Praising Upon the Pearl of Creation
- In Pursuit of Angelic Power
- Levels of the Heart – Lataif al Qalb
- Secret Realities of Hajj
- The Healing Power of Sufi Meditation

شیخ نور جان (ق) کا مخلص مشن سیدنا محمد ﷺ کی محبت کو ساری دنیا میں اپنے گھروں اور بچوں تک پہنچانا ہے۔ اگر اپ ان برکات میں حصہ دار بننا چاہتے ہیں تو ہم اپ کو اپنے مرکز کی ہر ممکن امداد کی دعوت دیتے ہیں۔ ہم امید کرتے ہیں کہ ہم سب مل کر سیدنا محمد ﷺ کے قابلِ قدر پرچم کو بلند کرنے کی کوشش کو مضبوط بنائیں گے۔

عالمی سطح پر پہچانی جانے والی علامات

مندرجہ ذیل عربی اور انگلش علامات تقدس کے اظہار کیلئے استعمال ہوئی ہیں۔ اور تمام دنیا کے مسلمان انہیں پہچانتے ہیں۔

علامت ﷻ – "عزوجل" کی نمائندگی کرتی ہے، جو صرف خدا کے لئے استعمال ہونے والا مخصوص تعریفی کلمہ ہے، جو عام طور پر اللہ کے نناوے اسلامی مقدس ناموں میں سے کسی کو پڑھنے یا بیان کرنے کے بعد روایتی طور پر تلاوت کی جاتی ہے۔

علامت ﷺ – "صَلَّی اللہُ عَلَيهِ وَسَلَّم" (نبی کریم صلی اللہ علیہ وآلہ وسلم پر خدا کی رحمت اور سلامتی ہو) کی نمائندگی کرتی ہے، جو حضرت محمد ﷺ کے مقدس نام کو پڑھنے یا بیان کرنے کے بعد روایتی طور پر تلاوت کی جاتی ہے۔

علامت ؑ – "علیہ السلام" (اُن پر سلامتی ہو) کی نمائندگی کرتی ہے، جو انبیاء کرام، پیغمبر اسلام سید نا محمد ﷺ کے کنبے کے افراد، اور فرشتوں کے مقدس ناموں کو پڑھنے یا بیان کرنے کے بعد روایتی طور پر تلاوت کی جاتی ہے۔

علامت ؓ – "رضی اللہ عنہ / عنھا" کی نمائندگی کرتی ہے، جو رسول اللہ ﷺ کے صحابہ کرام کے مقدس ناموں کو پڑھنے یا بیان کرنے کے بعد روایتی طور پر تلاوت کی جاتی ہے۔

علامت ق – "قدَّسَ اللہُ سِرہُ" کی نمائندگی کرتی ہے (خدا ان کے راز کو تقدس عطا فرمائے)، جو ایک ولی کا نام لینے یا اس کے پڑھنے کے بعد روایتی طور پر تلاوت کیا جاتا ہے۔

پہلا باب

ملکوتی طاقت اور ایزجی کے حصول کا راستہ اپنائیں

إِنَّا أَنزَلْنَاهُ فِي لَيْلَةِ الْقَدْرِ ﴿١﴾ وَمَا أَدْرَاكَ مَا لَيْلَةُ الْقَدْرِ ﴿٢﴾
لَيْلَةُ الْقَدْرِ خَيْرٌ مِّنْ أَلْفِ شَهْرٍ ﴿٣﴾ تَنَزَّلُ الْمَلَائِكَةُ وَالرُّوحُ فِيهَا
بِإِذْنِ رَبِّهِم مِّن كُلِّ أَمْرٍ ﴿٤﴾ سَلَامٌ هِيَ حَتَّىٰ مَطْلَعِ الْفَجْرِ ﴿٥﴾

"ہم نے اُسے شبِ قدر میں نازل کیا۔ (۱) اور تم کی جانو کہ شب قدر کیا ہے؟ (۲)
شب قدر ہزار مہینوں سے افضل ہے۔ (۳) اُس میں ملائکہ اور ارواح اپنے رب کی اجازت سے
ہر معاملے کا حکم لے کر نازل ہوتے ہیں۔ (۴) طلوعِ فجر تک وہ سراپا سلامتی ہے۔ (۵)"

(سورۃ القدر، 97:1-5)

ہم ایزجی سے بنی مخلوق ہیں
اسے تعمیر کریں یا کھودیں

ہر چیز کا مرکز ایزجی ہے

انشاءاللہ ، ہم لوگ بہت ہی آسان زبان میں جس کو آسانی سے سمجھا جاسکے اور کوئی پیچیدگی نہ ہو، ایزجی (energy) کو سمجھنے کی کوشش کرتے ہیں۔ ایزجی کی اچھی اور پکی سمجھ ہی ہمیں، انشاءاللہ، خوشگوار زندگی اور، انشاءاللہ، محفوظ زندگی تک لے جائے گی۔ ہمارے اس دور میں ہر چیز کو ایزجی کے زمرے میں سمجھنا بہت آسان ہوگیا ہے۔ ہر کسی کی اپنی ایک ایزجی ہوتی ہے، ہمارے گرد بہت سی ایزجیز موجود ہوتی ہیں اور یہ کہ ہم ایزجی سے بنی روحانی مخلوق ہیں۔

ہر رابطہ ایزجی کے ذریعے ہے

آج کے دور میں ہر رابطہ ایزجی کے ذریعے ہے، ریڈیو کی لہریں، مائکروویو (microwave)، ہر قسم کے ٹیلیویژن سگنل (TV-signals) اور ٹرانسمیشن (transmission)، یہ سب ایزجیز ہی ہیں۔ جب آپ ان کو مختصر کرکے ان کے اصل تک جاتے ہیں تو یہ ایزجی ہی ہوتی ہیں۔ سب سے طاقتور ایزجی انسان ہے۔

وَلَقَدْ كَرَّمْنَا بَنِي آدَمَ وَحَمَلْنَاهُمْ فِي الْبَرِّ وَالْبَحْرِ وَرَزَقْنَاهُم مِّنَ الطَّيِّبَاتِ وَفَضَّلْنَاهُمْ عَلَىٰ كَثِيرٍ مِّمَّنْ خَلَقْنَا تَفْضِيلًا (٧٠)

"اور ہم نے یقیناً بنی آدم کو عزت بخشی اور ان کو جنگل اور دریا میں سواری دی اور اچھی اور پاکیزہ روزی عطا کی اور اُن پر رحمتیں نازل کیں، اور اپنی بہت سی مخلوقات پر (یقینی) ترجیح کے ساتھ اُنہیں فضیلت دی۔"
(سورۃ بنی اسرائیل، 17:70)

ایک سچا اعزاز مخلوق پر یہ ہے کہ اس کی روح میں سے، اس کے وجود میں سے، نفس میں سے اور انسان کے ارد گرد، انرجی کا ایک بہاؤ موجود ہے۔

طریقت (روحانی سلسلے) کی ایک عام تفہیم ایزجی کو کامل بنانا ہے۔ ہر چیز جو ہمیں دی جاتی ہے، ہر عمل جو ہمیں کرنے کو کہا جاتا ہے، قرآن پاک اور حدیث النبی ﷺ کی ہر تعلیم، یہ سب عمل ہمیں ایزجی، ایزجی کی تعمیر اور تکمیل کی طرف ہی لے کر جاتے ہیں تاکہ پختگی اور تحفظ کی ایک ڈھال ہمارے ارد گرد بن سکے۔

اپنے اعمال اور اُن سے پیدا ہونے والی ایزجی کا احتساب کریں

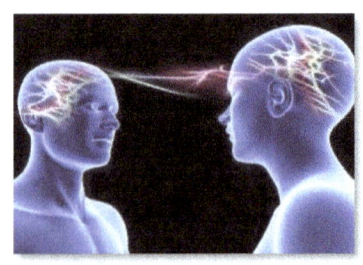

جب ہم ایزجی کی سطح پر سوچنا شروع کرتے ہیں تو اُس کے اسباب اور اثرات کو سمجھنا شروع کر دیتے ہیں۔ اگر میری ساری سوچیں ایزجی پر مبنی ہیں تو کیا میں کافی مثبت چارج (positive charge) پیدا کر رہا ہوں؟ کیا میرے اعمال مثبت چارج پیدا کر رہے ہیں؟ کیا میری نمازیں، مراقبے، میری زکواۃ، میرا حج، میرے سارے عمل کافی مثبت ایزجی پیدا کر رہے ہیں؟ تو پھر اس چیز کو دل و دماغ میں رکھتے ہوئے میں یہ اندازہ لگا سکتا ہوں کہ میرا مثبت چارج کیا ہو سکتا ہے۔

تو پھر اپنی زندگی اور روز مرہ کے اعمال کا احتساب کرنا شروع کریں کہ میں جہاں بھی جاتا ہوں، جس سے بھی ملتا ہوں اور جس کے ساتھ بھی رابطے میں آتا ہوں، اُس کا ایک ایزجی چارج ہے۔ وہ لوگ جن کے ساتھ میں کام کرتا ہوں، رابطہ رکھتا ہوں، جن کے ساتھ سکول جاتا ہوں، گھلتا ملتا ہوں یہ سب ایک ایزجی پیدا کر رہے ہیں۔ اب اگر اِن کا ایزجی چارج مثبت ہے تو آپ کو بہت اچھا محسوس ہو گا اور بہت اچھی ایزجی کا احساس ہو گا۔

آپ یا تو مثبت ایزجی کو حاصل کر رہے ہوتے ہیں یا کھو رہے ہوتے ہیں

لوگوں کو مسجد میں جانے سے، اہلِ ذکر کے پاس جانے سے، مقدس جگہوں پر جانے سے ایک مثبت ایزجی محسوس ہوتی ہے اور اِسی لئے اُن کو گھر واپس جانے کی جلدی نہیں ہوتی۔ وہ اُسی ایزجی میں رہنا چاہتے ہیں۔ وہ اُس ایزجی میں چارج (charge) کئے جاتے ہیں۔اور پھر ہمیں سمجھ آتی ہے، کیونکہ ایزجی کو سمجھنے والے لوگ، تفکر اور غور وفکر کرنے والے لوگ، ذکر اللہ کرنے والے لوگ (ہی یہ سمجھتے ہیں) "ذِكْرِ اللهِ تَطْمَئِنُّ الْقُلوب" (اللہ عزوجل کی یاد میں ہی دل اطمینان پاتے ہیں۔قرآن مجید، 13:28)

الَّذِينَ آمَنُوا وَتَطْمَئِنُّ قُلُوبُهُم بِذِكْرِ اللَّهِ ۗ أَلَا بِذِكْرِ اللَّهِ تَطْمَئِنُّ الْقُلُوبُ (٢٨)

"جو لوگ ایمان لاتے ہیں اور اللہ عزوجل کے ذکر (یاد) سے ان کے قلوب مطمئن ہوتے ہیں، کوئی شک نہیں ذکر اللہ ہی سے دل اطمینان پاتے ہیں۔" (سورۃ الرعد، 13:28)

اِس کا مطلب کہ دل کا سکون یہی ہے کہ دل بالکل لطیف ہو جائے۔اِس کو ہلکا سا ذکر بھی محسوس ہونے لگے، وہ ایزجی کو محسوس کرنے لگے۔ وہ جانتا ہے جب وہ کہیں جاتا ہے اور اِس کو بھاری پن محسوس ہوتا ہے کہ، 'یہاں جانے سے مجھے بہت بھاری پن محسوس ہوا،' — دل کبھی جھوٹ نہیں بول سکتا۔ وہ آپ کو اُس چارج کے بارے میں بتاتا ہے جو لوگوں سے، جگہوں سے نکل رہا ہوتا ہے کہ یہاں جانے سے بہت بھاری ایزجی محسوس ہوتی ہے۔

تو اگر وہ مثبت (ایز جی) نہیں ہے اور آپ کو کچھ دے نہیں رہی تو یہ سمجھنا بہت آسان ہے کہ وہ منفی (ایز جی) ہے اور آپ سے لے رہی ہے۔ اس کا مطلب ہے کہ اگر ہم زیادہ ایسی جگہوں پر جائیں جو ایز جی کو چھین لیتی ہیں تو آپ کی بیٹری خالی ہو جائے گی۔ جتنا یہ مثبت چارج جارہا ہوتا ہے، جتنا بھی یہ مثبت چارج ضائع ہو رہا ہوتا ہے تو جیسے ہی بیٹری خالی ہو جاتی ہے آپ کی حفاظتی ڈھال اب گر چکی ہوتی ہے۔

ایک حفاظتی حصار بنانے میں آئرن کی اہمیت

اور پھر آپ نشانیاں دیکھیں گے دنیا میں اور اپنے اندر،

سَنُرِيهِمْ آيَاتِنَا فِي الْآفَاقِ وَفِي أَنفُسِهِمْ حَتَّىٰ يَتَبَيَّنَ لَهُمْ أَنَّهُ الْحَقُّ... (٥٣)

''ہم عنقریب اُن کو اطراف میں بھی اور خود ان کی ذات میں بھی اپنی نشانیاں دکھائیں گے یہاں تک کہ اُن پر ظاہر ہو جائے گا کہ وہ ہی حق ہے۔'' (سورۃ فُصِلت، 41:53)

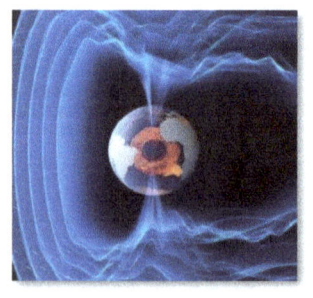

اِس دنیا اور اِس زمین کے گرد ایک حفاظتی میدان موجود ہے جسے Van Allen Belt کہتے ہیں۔ کہا جاتا ہے کہ یہ حفاظتی بیلٹ اصل میں زمین کے مرکز کے سبب ہے، زمین کے مقناطیسی مرکز (magnetic core) کے سبب۔ زمین اپنے مقناطیسی مرکز کے ساتھ گھومتی ہے۔ اِس مقناطیسی مرکز کے اندر موجود آئرن (iron) ایز جی کو پیدا کرتا ہے۔ یہ ایز جی خارج ہو کر زمین کو ایک تحفظ فراہم کرتی ہے۔

آئرن کی پاکیزگی، ایزجی کی پختگی کی طرف لے جاتی ہے

اللہ عزوجل یہ سکھا رہا ہے کہ، 'تم بھی ویسے ہی ہو۔ تمہاری جلد مٹی کی طرح ہے، تم مٹی سے ہو۔'

وَلَقَدْ خَلَقْنَا الْإِنسَانَ مِن سُلَالَةٍ مِّن طِينٍ (١٢)

"اور بیشک ہم نے انسان کو گیلی مٹی (گارے) کے جوہر سے پیدا کیا۔" (سورۃ المؤمنون، 23:12)

اور آپ کے وجود کے اندر ایک بہت مقدس جُزو موجود ہے جو آئرن ہے۔ یہ آئرن ہی آپ کے خون کو سرخ بناتا ہے۔ آپ کے خون میں بہتا ہوا، یہ آپ کے قلب تک جاتا ہے۔ قلب کے ذکر، قلب کی ایزجی کی مہر اِس آئرن پر ہی لگتی ہے۔ یہ مہر پانی پر نہیں لگتی۔ پانی صرف ایزجی کے بہاؤ کو ممکن بناتا ہے، لیکن جو چیز اصل میں اِس جسمانی ایزجی کو پکڑتی اور قابو کرتی ہے وہ یہ خون اور اِس خون میں موجود آئرن ہے۔

انسان کی تکمیل اور جسم میں موجود آئرن کی پاکیزگی اور پختگی ہی اُس کی ایزجی کی اور ایزجی کے حصار کی پختگی ہے۔ پھر جو ایزجی پیدا ہونا شروع ہوتی ہے وہ کسی بھی حملے کے خلاف تحفظ فراہم کرتی ہے۔

اپنی ایزجی کے حوالے سے محتاط رہیں ۔ ہم مسلسل منفی حملوں کی زد میں ہیں

جب ایزجی ضائع ہو جاتی ہے اور کم ہو جاتی ہے، یا وجود کے خلاف ایک بڑا گناہ یا خطا سرزد ہو جاتے ہیں تو فوری طور یہ تحفظ کا پردہ گر جاتا ہے اور شیطان چھید کرنے لگتا ہے۔ کیونکہ وہ تو انتظار میں ہوتا ہے۔ یہ بہت بنیادی تصور ہے جس کی تعلیم ہمیں نبی پاک ﷺ فرما رہے ہیں کہ آپ کو زندگی محتاط ہو کر گزارنی چاہیے۔ زندگی کے کسی موڑ پر آپ جاگ جائیں اور آپ کو احساس ہو کہ شیطان کے ساتھ میری یہ لڑائی حقیقی ہے اور یہ

کہ شیطان کے ساتھ میری یہ لڑائی مسلسل ہے، وہ میرے انتظار میں ہے کہ میں کب غلطی کروں اور وہ حملہ کر سکے۔

آپ فلموں میں دیکھتے ہیں جہاں قلعے میں ایک بڑا سوراخ کر دیا جاتا ہے اور ہر طرح کے شیاطین اِس چھید میں سے اندر بھاگتے آرہے ہوتے ہیں اور جیسے ہی یہ شیطانی حملہ ہوتا ہے یہ انسان کی ایز جی کو گرانے لگتا ہے یہ اُس انسان کو نیچے گرانے لگتا ہے کیونکہ اب وہ اِس بندے کی ایز جی کی قوت کو کم کرتا جارہا ہوتا ہے۔

منفی ایز جی کردار کو بدل دیتی ہے

جب ایز جی کی قوت کم ہو جاتی ہے اور کم سے کم تر ہوتی چلی جائے تو منفی چارج کی کثرت سے اُس اِنسان کا کردار تبدیل ہونے لگتا ہے۔ وہ بہت نیگیٹو (negative) ہو جاتے ہیں اور بہت غصہ کرنے لگتے ہیں۔ اِس منفی ایز جی کی ایک نشانی یہ بھی ہوگی کہ ان کے قلب میں جو ذکراب چل رہا ہوگا وہ ذکراِن خوفناک الفاظ اور اِس خوفناک زبان کا ہوگا۔ یہ ذکراب اللہ عزوجل کا اور سیدنا محمد ﷺ کی حمدوثناء کا نہیں رہا کیونکہ اب منفی ایز جی نے پورے جسم کو قبضے میں لے لیا ہے۔

مشائخ ہمیں یہ بتاتے ہیں کہ جب آپ باہر جاتے ہیں، اِرد گرد دیکھتے ہیں، آپ ٹی وی لگاتے ہیں، آپ فلم لگاتے ہیں تو آپ دیکھتے ہیں کہ لوگ کس طرح سے بات کر رہے ہیں؛ مسلسل اُن کا ذکر یہ f-word بن چکا ہے اور ہر لفظ جو وہ بولتے ہیں وہ گالی ہوتا ہے۔ اِس کا مطلب یہ ہے کہ شیطان ان کے دل میں ہے اور اُن کا سارا ذکر شیطان کا ذکر ہے۔ یہی وہ واحد ایز جی ہے جو وہ پیدا کر رہے ہیں۔

اللہ عزوجل سے بخشش طلب کر کے اپنی ایزجی کو پاک کریں

تو ہمارے لئے یہی اچھا ہے کہ اگر میرا دل اللہ عزوجل کی محبت سے بھرا ہوا ہے سیدنا محمد ﷺ کی محبت سے بھرا ہوا ہے تو پھر اُسے اللہ عزوجل سے بخشش طلب کرنے میں، سیدنا محمد ﷺ کی حمد و ثناء بیان کرنے میں مصروف ہونا چاہئے۔ نبی پاک ﷺ پر درود و سلام بھیجتے رہیں، نبی پاک ﷺ کی خدمتِ اقدس میں صلوٰۃ و سلام پیش کرتے رہیں اور اللہ عزوجل سے بخشش طلب کرتے رہیں۔

وَلَوْ أَنَّهُمْ إِذ ظَّلَمُوا أَنفُسَهُمْ جَاءُوكَ فَاسْتَغْفَرُوااللهَ وَاسْتَغْفَرَ لَهُمُ الرَّسُولُ لَوَجَدُوا اللهَ تَوَّابًا رَّحِيمًا (٦٤)

"...اور جب لوگ اپنی جانوں پر ظلم کر بیٹھیں تو انہیں چاہئے کہ وہ آپ ﷺ کے پاس آئیں اور اللہ عزوجل کی مغفرت طلب کریں اور آپ ﷺ سے مغفرت طلب کریں تو وہ اللہ عزوجل کو معاف کرنے والا اور رحم کرنے والا پائیں گے۔" (سورۃ النساء، 4:64)

میں جانتا ہوں کہ میں ہر جگہ غلطیاں کر رہا ہوں میں کچھ جاننے کا دعوٰی نہیں کرتا، میں کامل ہونے کا دعوٰی نہیں کرتا، یاربّی! "أَسْتَغْفِرُ اللّٰهَ الْعَظِيمَ" (اے عظیم! میں تجھ سے بخشش طلب کرتا ہوں)۔"صِفَتُ العظيم" (عظیم ہونے کا وصف) یہ ہے کہ مجھے اپنی طاقت اور شان اور فضل سے مغفرت عطا کر، یاربّی!

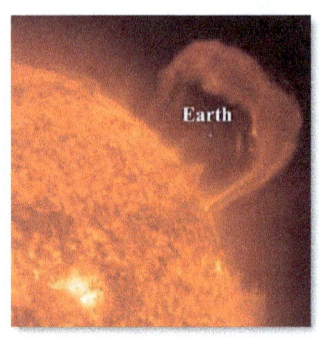

میں کچھ نہیں ہوں میں ایک زرہ ہوں، میں تیری پوری کائنات میں دکھائی تک نہیں دیتا۔ صرف تخلیق کی حدتک اِس کائنات کے بلند ترین مقام سے، ہماری کہکشاں اور اِس زمین کی طرف دیکھا جائے تو ہم دکھائی تک نہ دیں۔ اِس کا مطلب یہ کہ، 'یاربّی! میں تیری بارگاہ میں کچھ بھی نہیں ہوں۔ مجھے بخشش عطا فرما! مجھے بخشش عطا فرما!' یعنی ہمارے ذکر (استغفار) میں طاقت موجود ہے، استغفار کر کے ہم اللہ عزوجل سے بخشش مانگتے ہیں۔ 'جہاں مجھ سے کوئی کمی رہ رہی ہے، جہاں میں جانتا ہوں کہ کوئی کمی ہے اور جہاں نہیں جانتا کہ کوئی کمی ہے، مجھے اپنی مغفرت عطافرما۔'

اور اللہ عزوجل کا جواب کیا ہوگا؟ یقیناً جیسا کہ آپ بخوبی جانتے ہیں کہ اللہ عزوجل فرماتا ہے، 'اگر تم مجھ سے مانگوگے، تو تمہیں ملے گا۔'

وَإِذَا سَأَلَكَ عِبَادِي عَنِّي فَإِنِّي قَرِيبٌ ۖ أُجِيبُ دَعْوَةَ الدَّاعِ إِذَا دَعَانِ ۖ فَلْيَسْتَجِيبُوا لِي وَلْيُؤْمِنُوا بِي لَعَلَّهُمْ يَرْشُدُونَ (١٨٦)

"اور جب میرے بندے آپ (سیدنا محمد ﷺ) سے میرے متعلق سوال کریں تو یقیناً میں (اُن کے) بہت قریب ہوں (اور) پکارنے والے کی پکار کا جواب دیتا ہوں جب بھی وہ مجھے پکارتا ہے۔ پس لازم ہے کہ میرے احکام بجا لائیں اور مجھ پر ایمان لائیں۔ تاکہ وہ راہِ راست پالیں۔" (سورۃ البقرۃ، 2:186)

جیسے ہی ہم کہتے ہیں، "أَسْتَغْفِرُ اللّٰهَ الْعَظِيمَ وَأَتُوبُ إِلَيهِ، يَا رَبِّی!" (میں تجھ سے مغفرت مانگتا ہوں اے عظیم الشان اللہ عزوجل! اور توبہ کرتا ہوں)، تو اللہ عزوجل کا جواب آتا ہے، "بِسْمِ اللّٰهِ الرَّحْمٰنِ الرَّحِيم" (میرے نام سے اور میری شانِ رحیمی سے)، 'میں تمہیں بخشتا ہوں، میں تمہیں بخشتا ہوں، میں تمہیں بخشتا ہوں۔'

تزکیہ ہو جانے پر مخلوقِ خدا کی خدمت کریں

لہٰذا سارا دن استغفار میں مصروف رہیں، أَسْتَغْفِرُ اللّٰهَ، أَسْتَغْفِرُ اللّٰهَ، أَسْتَغْفِرُ اللّٰهَ۔ جب ہم اپنے آپ کو صاف کرتے ہیں اور پاک کرتے ہیں، اپنے پیاروں کو صاف کرتے ہیں اور ہر ایک کو صاف کرتے ہیں جن کو ہم اپنی کمیونٹی (community) میں جانتے ہیں اور وہ سب جن کے ساتھ ہم رابطے میں آتے ہیں، اُن کی انرجی ہم پر اثر کرتی ہے۔

ایک بار پھر انرجی کا ایک عام تصور یہ ہے کہ جب آپ مثبت چارج رکھتے ہیں تو مثبت چارج اپنی فطرت کے مطابق منفی چارج کو اُٹھالیتا ہے کیونکہ دو مثبت چارج ایک دوسرے سے دور جاتے ہیں۔ تو جب مثبت چارج باہر جاتا ہے تو منفی چارج اُس کی طرف کھنچا چلا آتا ہے۔ اِسی کو اللہ عزوجل خدمت کے طور پر بیان کرتا ہے کہ، 'اگر میں نے آپ کو مثبت چارج دیا ہے تو آپ اپنے بھائی کے رکھوالے ہیں۔' اگر آپ مثبت چارج کی زیادہ مقدار رکھتے ہیں تو آپ کی ذمہ داری ہے کہ آپ لوگوں کے درمیان باہر جائیں اور اُن کی منفی انرجی آپ کو مل جائے گی۔

لہٰذا اب ہمارا ذکر صرف ہماری مرضی سے نہیں ہے، یہ ایک ذمہ داری ہے! یہ اللہ عزوجل کی خدمت میں سے ہے، اگر تو آپ منفی ایز جی سے بوجھل نہیں ہونا چاہتے۔ تو پھر ایز جی کو سمجھتے ہوئے، 'یاربّی، مجھے یہ مثبت روشنیاں عطا کر، مجھے ان مثبت روشنیوں سے آراستہ کر دے۔'

حمد و ثناء اور روحانی اعمال ہماری حفاظت کے لئے ہیں

تو پھر ہمیں مشائخ یہ سکھاتے ہیں کہ آپ کا ذکر آپ کے اوراد آپ کا درود و سلام، آپ کے لئے ایک تحفظ ہیں۔ یہ آپ کی روح پر ایک عطا اور رحمت ہیں، اور آپ اس روشنی کو پاک کرنے اور اسکی تکمیل کرنے لگتے ہیں۔ پھر وہ ہمیں تعلیم فرماتے ہیں کہ جہاں بھی آپ جاتے ہیں وہاں ایک روشنی، ایک ایز جی موجود ہوتی ہے۔

تو پھر حساب لینا شروع کریں اور محاسبہ کریں کہ یہ ایز جی جس میں، مَیں باہر جا رہا ہوں، کیا یہ مثبت ہے؟ تو الحمدللہ، اُس انجمن اور اُس وقت کا چارج مثبت ہوگا، لیکن اگر جہاں بھی میں جا رہا ہوں وہاں منفی چارجز ہیں تو مجھے اپنا ذکر بڑھانا چاہئے اور اپنا استغفار بڑھانا چاہئے اور درود و سلام میں اضافہ کرنا چاہئے۔ مجھے مسلسل وضو میں رہنا چاہئے۔ مجھے گھر جا کر اپنے آپ کو دھونا یا نہانا چاہئے۔ اگر ایز جی بہت زیادہ کثرت سے تھی، بہت بھاری تھی، بہت زیادہ بیمار لوگ، بہت زیادہ حاسدین تھے، تو اب آپ کو نہانا چاہئے، آپ کو غسل کرنا چاہئے آپ کو اِن تمام منفی چارجز کو دور کرنا ہے۔

ہر چیز ایک اینرجی پیدا کرتی ہے – منفی یا مثبت

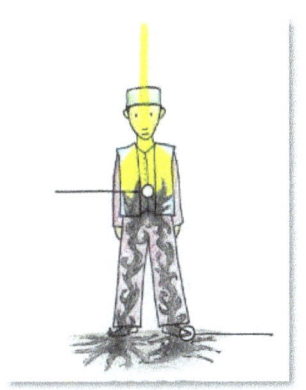

تو پھر مشائخ ہمیں تعلیم دیتے ہیں کہ جب آپ کو اینرجی کی واقعی صحیح سمجھ آجاتی ہے، تو وہ سکھاتے ہیں کہ ہر چیز ایک اینرجی پیدا کر رہی ہے۔ تو اگر آپ ٹیلی ویژن شو دیکھیں، حبِ رسول ﷺ، محمدن وے، اور مولانا شیخ (ق) کو ذکر کرتے ہوئے دیکھیں تو آپ کو مثبت چارج محسوس ہوگا۔ آپ کو اینرجی محسوس ہوگی، آپ کو خوشی محسوس ہوگی، کیونکہ وہاں سے ملائکہ آرہے ہوں گے؛ مومن ارواح آرہی ہوں گی یہ سب اینرجیز (energies) بہتی آرہی ہوں گی اور آپ کو ایک چارج محسوس ہوگا۔ تو آپ کو معلوم ہوگا کہ اِس آدھے گھنٹے میں جو آپ دیکھ رہے تھے (اُس سے) آپ مثبت چارج سے بھر چکے ہیں۔

اب پھر، دوسری طرف اگر ہم منفی اور خوفناک ٹی وی شو دیکھتے ہیں اور آپ دیکھتے رہتے ہیں؛ آپ دیکھتے رہتے ہیں، دیکھتے رہتے ہیں تو وہ اینرجی کہاں جا رہی ہے؟ اور اِس سے بھی بڑھ کر خوفناک آوازیں، بھیانک آوازیں، بُری آوازیں، یہ اینرجی کہاں جا رہی ہے؟

یہ بہت آسان اینرجی (کی سمجھ) ہے کیونکہ اس سے پہلے کہ آپ اِس بارے میں زیادہ مذہبی اصطلاح میں بات کریں اور لوگ کہنے لگیں کہ، 'اوہ شیخ! آپ کو تو پتا ہے یہ تو سب فضول چیزیں ہیں۔' نہیں! یہ بہت بنیادی اینرجی ہے۔ اگر آپ کسی کو دن بھر گالیاں دیتے ہوئے سنتے ہیں، تو وہ گالیوں کی اینرجی کہاں جا رہی ہوتی ہے؟ وہ آپ کے دل میں داخل ہو رہی ہوتی ہے؛ آپ کے وجود میں داخل ہو رہی ہوتی ہے۔ آپ اپنے آپ کو اُس مشکل سے کیسے نجات دلائیں گے؟ آپ اپنے آپ کو کیسے صاف کریں گے اور اُن مشکلات سے اپنے آپ کو کیسے پاک کریں گے؟

اپنا محاسبہ کرنا پختگی (maturity) کی علامت ہے — رجال اللہ

اِس کا مطلب اپنا اور اُس ایز جی چارج کا محاسبہ کریں جو آپ کی طرف آ رہا ہے۔ یہی آگے بڑھنے کا تصور ہے۔ یہی بے حسی سے نکلنے اور 'رجال اللہ (مردِ خدا)' کی طرف بڑھنے کا تصور ہے۔ اُن کو کس چیز نے رجال اللہ بنایا ہے؟ مرد ہو یا عورت ہو، یعنی وہ پختگی کی حالت میں داخل ہو رہے ہوتے ہیں۔ جب آپ پختگی کی حالت میں داخل ہوتے ہیں تو آپ کو احساس ہونے لگتا ہے کہ ہر چیز کا ایک نتیجہ ہوتا ہے۔

جو بھی میں کر رہا ہوں (اُس سے) یا تو میں ایز جی کی تعمیر کر رہا ہوں یا ایز جی کو کھو رہا ہوں۔ اگر میں اِن (منفی) آوازوں کو سن رہا ہوں تو میں یقیناً ایز جی کو کھو رہا ہوں، کیونکہ شیطان میرے ساتھ بیٹھا گنگنا رہا ہے، گا رہا ہے، گائے جا رہا ہے۔ میں اُس کو سن رہا ہوں، اُس منفی ایز جی کو جذب کر رہا ہوں اور میری مثبت ایز جی کم ہوتی جا رہی ہے۔

ہم اپنے اعمال سے یا تو ایز جی کو کھو دیتے ہیں یا پا لیتے ہیں

"قُلْ جَآءَ الْحَقُّ وَزَهَقَ الْبَطِلُ" (حق آگیا اور باطل مٹ گیا۔ القرآن، 17:81) یا تو حق آ رہا ہے اور باطل مٹ رہا ہے، یا آپ باطل کو مدعو کر رہے ہیں اور حق جا رہا ہے؛ یہ دونوں ایک مقام پر نہیں رہ سکتے۔

وَ قُلْ جَآءَ الْحَقُّ وَزَهَقَ الْبَطِلُ، إِنَّ الْبَطِلَ كَانَ زَهُوقًا (٨١)

"اور کہہ دیجئے، حق آگیا، اور باطل مٹ گیا۔ اور بیشک باطل تو (اپنی فطرت کے مطابق) مٹنے والا ہی ہے۔" (سورۃ اِسراء، 17:81)

توجب نبی پاک ﷺ بیٹھے ہوتے اور کسی کو غصہ آ جاتا تو نبی پاک ﷺ وہاں سے اُٹھ کھڑے ہوتے اور تشریف لے جاتے کیونکہ انہوں نے فرمایا کہ، 'میں شیطان کی قربت میں نہیں رہ سکتا۔' جیسے ہی آپ کردار سے گِرتے ہیں اور شیطانی اثر آتا ہے تو نبی پاک ﷺ کی روحانیت وہاں سے تشریف لے جاتی ہے۔

جب آپ بہت سے فضول شوز دیکھتے ہیں تو آپ ان کی تقلید کرنے لگتے ہیں

تو پھر مشائخ ہمیں سکھاتے ہیں کہ ہر چیز کا ایک نتیجہ ہوتا ہے، جو آپ کر رہے ہیں اور جو آپ سن رہے ہیں اور جو کچھ آپ دیکھ رہے ہیں وہ آپ پر اثر انداز ہو رہا ہوتا ہے۔ اور جب آپ بہت سے فضول شوز دیکھتے ہیں تو آپ اُن کو جذب کرنے اور کاپی (copy) کرنے لگتے ہیں۔ آپ لوگوں کو تبدیل ہوتے دیکھتے ہیں؛ وہ ایک فضول biker فلم دیکھتے ہیں اور وہ وہی انگوٹھیاں پہننے لگتے ہیں جو انہوں نے پہنی ہوئی ہوتی ہیں اور ویسے ہی بات کرتے ہیں جیسے وہ بات کر رہے ہوتے ہیں اور وہ اُن ہی کی طرح چلنا پھرنا اور پہننا اوڑھنا شروع کر دیتے ہیں۔ اُنہیں یہ احساس تک نہیں ہوتا کہ وہ شیطانی حقیقت کے اثر میں ہیں اور وہی ان کو ملبوس کر رہی ہے۔ کیونکہ شیطان بس یہی چاہتا ہے۔

ذکر کی محفلوں پر جائیں۔ یہ حلقے آپ کا تزکیہ کرتے ہیں

پھر مشائخ ہمیں سکھاتے ہیں کہ استغفار کریں، ذکر کریں اور حلقۂ ذکر میں ضرور شرکت کریں۔ حلقہ جاتِ ذکر، اللہ عزوجل کی جانب سے، نبی پاک ﷺ کی جانب سے تزکیہ اور پاک کرنے کے لئے ایک نعمت ہیں۔ یہ حلقے آپ کو دھو دیتے ہیں۔ سب لوگ اپنے بوجھ کے ساتھ آ رہے ہوتے ہیں، اپنے بوجھ سینٹر (ذکر کے سینٹرز) میں لے کر آتے ہیں۔

الحمد اللہ، سلطانُ الاؤلیاء مولانا شیخ محمد ناظم الحقانی (ق) اور ہمارے مشائخ (ق) کی برکت سے، کہ وہ ہماری ذمہ داری اُٹھانے والے ہیں اور ان کی دُعا ہم تک پہنچ رہی ہے جس سے نبی پاک ﷺ کی نظر مبارک ہم پر ہے اور اللہ عزوجل کی مدد نیچے (ہم تک) پہنچ رہی ہے اور جیسے ہی اللہ عزوجل کی مدد آتی ہے نیگیٹیویٹی اُٹھ جاتی ہے۔ لہٰذا اِن محفلوں میں بہت زیادہ پاکیزگی ملتی ہے۔

رجال (پختہ) بنیں! آپ پر اپنے خاندان کی حفاظت کا ذمہ ہے

مشائخ ہمیں تعلیم فرماتے ہیں کہ جو بھی ہم کرتے ہیں اُس کی ایک ایز جی ہوتی ہے۔ ایک بار جب میں اپنا احتساب کروں کہ، 'یاربّی! کیا میں آج کے دن اپنی ایز جی کی تعمیر کر سکا؟ کیا میں اپنے چارج کو کھونا کم کر سکا؟ کیا میں فضول، گندی، خوفناک چیزیں دیکھ اور سن رہا ہوں؟ (اگر ہاں) تو میں نے اُس دن اپنا چارج کھو دیا، اگر آپ کے پاس اُس دن کے لئے کوئی چارج نہیں ہے تو آپ کے پاس اپنے گھر، اپنی بیوی اور اپنے بچوں کے لئے کوئی تحفظ نہیں ہے!

آپ اپنے خاندان کی ایزجی اور تحفظ کے ذمہ دار ہیں

اور آپ رسول اللہ ﷺ کی نظر میں کیا سمجھے جائیں گے؟ 'مرد' نہیں سمجھے جائیں گے! 'مرد' وہ ہے جس کے پاس ایزجی ہو اور تحفظ ہو کہ وہ اپنی ایزجی سے اپنی، اپنی بیوی اور اپنے بچوں کی حفاظت کر سکے۔ ہر بندہ صرف اپنے لئے ہو، ایسا نہیں ہے! یہ اِس طرح ہے کہ آپ اپنی ایزجی کی تعمیر کریں، تحفظ کی تعمیر کریں اور جب آپ کے پاس اپنے لئے کافی چارج ہو جائے، اپنی حقیقت کے لئے کافی چارج بن جائے، ہر چیز کے لئے کافی ہو جائے؛ پھر جیسے رسول اللہ ﷺ فرماتے تھے، "اُمتی، اُمتی، اُمتی" — یہ رسول اللہ ﷺ کی تعلیم نہیں ہے کہ ہر بندہ صرف اپنی ہی دیکھ بھال کرے اور باقی سب جہنم میں جائیں۔

یعنی رجال (مردِ خدا)، اور وہ (اولیاء اللہ) سکھا رہے ہیں، اُس کے بارے میں جو آنے والا ہے؛ جو اِس دُنیا میں پر آنے والی ہے اور جو اِس دُنیا پر ظاہر ہونے والی ہے وہ مشکل نا قابلِ تصور ہے۔ اگر میرا حلقۂ تحفظ میرے لئے ہی کافی ہے تو میرے بیوی بچوں کی حفاظت کون کرے گا؟ یا وہ بیویاں جن کے خاوند نہیں، ان کے بچوں کی حفاظت کون کرے گا؟ تو یعنی ہر کسی کے اعمال اِتنے مضبوط ہوں کہ اُس کے لئے کافی ہوں اور وہ روزانہ محاسبہ کریں کہ، 'یا ربّی! کیا میں جو اچھائی کر رہا ہوں، وہ کافی ہے؟ کیا میرے اعمال اچھے ہیں؟ کیا رسول اللہ ﷺ کے لئے میری محبت مضبوط ہے؟ کیا میں اپنے وظائف کر رہا ہوں، کیا میں اپنے اوراد کر رہا ہوں، کیا میں قرآن پاک کا جزو پڑھ رہا ہوں؟ کیا میں دلائل الخیرات پڑھ رہا ہوں؟ کیا میں جو کر سکتا ہوں وہ کر رہا ہوں؟ اگر نہیں، تو مجھے اور کرنے کی ہمت عطا فرما۔'

روحانی مشقوں میں اضافہ کرکے اپنی ایز جی کی تعمیر کریں

آپ جب ایز جی چارج کو، ایز جی کے بہاؤ کو، ایز جی چارج کو سمجھنا شروع کرتے ہیں تو پھر قلب میں اخلاص پیدا ہونا شروع ہو جاتا ہے کہ، 'یا ربّی ! اب مجھے اپنے پیاروں کے لئے تحفظ کا احساس نہیں ہو رہا۔ اُن کو کون دیکھے گا؟ کس قسم کی ایز جی اُن کا تحفظ کرے گی؟ اِن کے ساتھ کیا ہو گا؟' تو میری عبادات کو اور بڑھ جانا چاہئے، اور زیادہ ہو جانا چاہئے کیونکہ ہم مادی سے زیادہ روحانی لوگ ہیں !

اب، اگر آپ ٹی-وی چلائیں تو آپ مادی لوگوں کو بندوقیں خریدتے دیکھتے ہیں۔ وہ ایک نہیں 10 بندوقیں، 50 بندوقیں، 10,000 راؤنڈز (گولیاں)، 20,000 راؤنڈز خرید رہے ہوتے ہیں۔ یہ ایمان کی کمی ہے۔ ان کو جس (مصیبت) کے آنے کا خوف ہے وہ سمجھتے ہیں کہ وہ اِسے طاقت سے ٹال سکیں گے۔ کیونکہ اُن کے پاس ایمان نہیں ہے۔ اللہ عزوجل فرما رہا ہے کہ جو آرہا ہے (اُس کے مقابل) دنیا کی ساری بندوقیں بھی تمہاری مدد نہیں کر سکتیں۔ اگر میری محبت تمہارے دل میں نہیں ہے اور اگر میرے دستخط تمہارے دل پر نہیں ہیں، رسول اللہ ﷺ کے دستخط اُس دل پر نہیں ہیں، اولیاء اللہ کے دستخط اُس دل پر نہیں ہیں تو آپ اپنے پاس بزوکا (دستی راکٹ گن) بھی رکھیں تو وہ بھی آپ کی مدد نہیں کر سکے گا۔

یہ بہت آسان ہے؛ (کہ میں) اپنی ایز جی کی تعمیر کروں، اپنی ایز جی کو مکمل کروں اور اِس کے بعد اِس ذمہ داری کا احساس کروں کہ یہ بچے اکیلے نہیں ہیں، میں اِن کا ذمہ دار ہوں۔ میری بیوی اکیلی نہیں ہے، میں اُس کے لئے ذمہ دار ہوں۔ مجھے اپنی عبادات کو بڑھانا ہے، اپنی عبادت میں اضافہ کرنا ہے اگر مجھے یہ جاننا ہے کہ اللہ عزوجل مجھ سے مطمئن ہے۔

آفات ہر جگہ ہیں – کیا آپ اللہ عزوجل کے ساتھ اچھے ہیں؟

یہ مشکلات آ رہی ہیں، ٹی-وی دیکھیں، دنیا بھر میں ہر ملک کو دیکھیں اور زمین پر ہر جگہ کیا ہو رہا ہے؟ ایک سیلاب میں 10,000 افراد چلے جاتے ہیں اور کہا جاتا ہے اِس سے بھی زیادہ، 100,000، وہ (اصل) تعداد بتانا نہیں چاہتے۔ ہر جنگ میں؛ ہر برِّاعظم اور ہر ملک میں ایک جنگ ہے، کہیں سیلاب ہے، کہیں کوئی آفت ہے۔

'یا ربّی! کیا میں تیرے ساتھ اچھا ہوں؟ کیا میں رسول اللہ ﷺ کے ساتھ اچھا ہوں؟ کیا میں أُوْلِي الْأَمْرِ کے ساتھ اچھا ہوں؟ أُوْلِي الْأَمْر – ظاہری اور باطنی رجال اللہ – کیا وہ مجھ سے خوش ہیں؟' یہ بہت آسان ہے؛ اگر وہ آپ سے خوش ہیں تو آپ کو وہ نظر آنے چاہئیں۔ کیونکہ جب اللہ عزوجل کی رضا، اللہ عزوجل کی خوشنودی آپ کو عطا ہوتی ہے تو آپ کو نظر آنا چاہئے؛ آپ "اهلُ البصيرة" – وہ لوگ جن کے دل بیدار ہیں، میں سے ہوں گے۔

أَطِيعُوالله وَأَطِيعُواْالرَّسُولَ وَأُوْلِي الْأَمْرِ مِنكُمْ... (٥٩)

"اللہ عزوجل کی اطاعت کرو اور اطاعت کرو رسول اللہ ﷺ کی اور اُن کی جو تم میں سے صاحبانِ اختیار ہوں..." (سورۃ النساء، 4:59)

چار گروہوں کے ساتھ ہو جائیں –

صَالِحِين (متقی)، شُہَدَاء (گواہ)، صِدِّيقِينَ (صادق)، اور نَبِيِّينَ (انبیاء کرام)

اللہ عزوجل کے ساتھ چار گروہ ہیں: نَبِيِّينَ، صِدِّيقِينَ، شُّهَدَاء وَالصَّالِحِينَ (انبیاء کرام، صادق، شہداء/گواہ اور متقی)۔ یہ اللہ عزوجل کے ساتھ ہیں۔

وَمَن يُطِعِ اللّهَ وَالرَّسُولَ فَأُوْلَئِكَ مَعَ الَّذِينَ أَنْعَمَ اللّهُ عَلَيْهِم مِّنَ النَّبِيِّينَ وَالصِّدِّيقِينَ وَالشُّهَدَاء وَالصَّالِحِينَ وَحَسُنَ أُولَئِكَ رَفِيقًا (٦٩)

"اور جو لوگ خدا اور اس کے رسول کی اطاعت کرتے ہیں وہ ان لوگوں کے ساتھ ہیں جن پر خدا نے اپنا فضل کیا یعنی انبیاء کرام، صادقین، حق کے گواہان اور صالح لوگ۔ اور ان لوگوں کی رفاقت بہت ہی خوب ہے۔" (سورۃ النساء، 4:69)

یہ اللہ عزوجل کے ساتھ ہیں۔ جو کوئی بھی کہتا ہے، 'نہیں! میں اللہ عزوجل کے ساتھ ہوں،' تو اللہ عزوجل فرماتا ہے، 'اچھا، تو پھر کیا تم نَبِیّینَ (انبیاء کرام) میں سے ہو؟' 'نہیں!' 'کیا تم صِدّیقِینَ (صادق) میں سے ہو؟' 'نہیں!'

ہمارے پاس دو ہی انتخابات ہیں یا تو شُہَدَاء میں سے ہو جائیں یا پھر صَّالِحِینَ میں سے۔ اِس کا مطلب ہر وہ گروہ جو یہ سوچتا ہے کہ وہ صَّالِحِینَ میں سے ہے تو اُن کے درمیان اَھلُ البِصَیرِۃ ہونے چاہئیں، اُن کے درمیان ایسا کوئی ضرور ہونا چاہئے جو شُہُود (شاھد) ہو اور جس کا دل بیدار ہو۔ وہ شُہُود جس کا مشاہدہ کر رہا ہے وہ اگلا (درجہ یعنی) صِدّیق ہے۔ وہ (شُہُود) ضرور اُن مشائخ کا، طریقۃ (روحانی سلسلے) کے کاملین، جو یا تو سیدنا علی علیہ السلام ہیں یا سیدنا ابو بکر صدیق علیہ السلام ہیں، کا مشاہدہ کر رہا ہوتا ہے۔ اِن صِدّیقِینَ کے ذریعے وہ براہ راست رسول پاک ﷺ سے منسلک ہوتے ہیں۔

اگر ان کے اعمال صحیح ہیں، ان کے اعمال درست ہیں، اُن کی عبادات صحیح ہیں، تو اللہ عزوجل نے اُن کی مخلصی پر دستخط کر دیئے۔ جب وہ اپنے اعمال کرتے ہیں تو ان کے قلب ضرور ان کے اُستاد (مرشد) کا مشاہدہ کر رہے ہوتے ہیں۔ اور جب ان کے اُستاد اُن سے خوش ہوتے ہیں، مولانا شیخ (ق) اُن سے خوش ہوتے ہیں تو ان کے قلب ضرور سیدنا محمد ﷺ کا مشاہدہ کر رہے ہوتے ہیں۔

کم از کم اِس سطح پر اُن کا اسلام اب حقیقت میں داخل ہو رہا ہوتا ہے کیونکہ جیسے ہی آپ نماز میں کہیں گے، "لَاَ اِلٰهَ اِلاَّ اللّٰهُ مُحَمَّدٌ رَّسُوْلُ اللّٰه ﷺ " (میں گواہی دیتا ہوں کہ بیشک اللہ عزوجل کے سوا کوئی معبود نہیں اور میں گواہی دیتا ہوں کہ بیشک سیدنا محمد ﷺ اللہ عزوجل کے رسول ہیں) تو اِس کا مطلب آپ کہہ رہے ہیں کہ، 'میں گواہی دیتا ہوں، میں سیدنا محمد ﷺ کو دیکھتا ہوں۔' تو یہ ایک تشبیہ ہے جب تک کہ یہ حقیقت نہ بن جائے۔

توجو کوئی بھی یہ سوچتا ہے کہ اُس کا گروہ صَالِحِینَ میں سے ہے پھر اُن کے اعمال بھی صَالِحِینَ (کی طرح) ہیں، تو اُن کے ساتھ کوئی شُّہَدَاء میں سے ضرور ہونا چاہئے، ان کے پاس ایسا کوئی ضرور ہونا چاہئے جس کا دل بیدار ہو۔ کیونکہ اُن (شُّہَدَاء) کے دل بیدار ہوتے ہیں تو نتیجتاً اُن صَالِحِینَ کے دل بھی بیدار ہوں گے، اور جن کے دل بیدار ہیں وہ اپنے اعمال اور (عبادات کے) طریقے اُن صَالِحِینَ کو سکھائیں گے تاکہ وہ بھی شُّہَدَاء میں سے ہو جائیں اور صِدِّیقِینَ کی ایزجی سے منسلک ہو سکیں۔ اور صِدِّیقِینَ آپ کو سیدنا محمد ﷺ کے مبارک ہاتھ تک لے جائیں گے۔ تو اُس وقت آپ کی نماز، آپ کا اسلام حقیقی ہو جائے گا کہ آپ رسول اللہ ﷺ کا مشاہدہ کر رہے ہوں گے اور آپ کہیں گے "اَلسَّلَامُ عَلَيْكَ اَيُّهَا النَّبِيُّ" (سلامتی ہو آپ پر یا نبی کریم ﷺ) تو آپ رسول اللہ ﷺ کا مشاہدہ اپنے دل کے ذریعے کر رہے ہوں گے۔ اور رسول اللہ ﷺ، اللہ عزوجل کی بارگاہ میں ہوتے ہیں۔

"اَعُوْذُ بِاللّٰهِ ــ اللہ عزوجل کی پناہ تلاش کرنا" کو سمجھیں

"اَعُوْذُ بِاللّٰهِ" کا یہ تصور ہے کہ جب ہم کہتے ہیں "اَعُوْذُ بِاللّٰهِ مِنَ الشَّيْطَانِ الرَّجِيْمِ" (میں اللہ عزوجل کی پناہ مانگتا ہوں شیطان مردود سے) تو ہم مانگ رہے ہیں "اَعُوْذُ بِاللّٰهِ" کہ، 'یاربّی! میں تیری پناہ مانگ رہا

ہوں ہر شیطان سے،' - بنیادی ایز جی! اگر آپ پناہ نہیں مانگ رہے تو یقیناً آپ شیطان کو دعوت دے رہے ہیں، آپ جو بھی کرتے ہیں اگر اُس میں شیطان مردود سے پناہ طلب نہیں کر رہے تو جان لیں کہ آپ شیطان کو دعوت دے رہے ہیں تو پھر یہ "اَعُوْذُ بِاللهِ" نہ ہوا یہ تو شیطان کے ساتھ بیٹھنا ہوا - بنیادی ایز جی! کیا میں (شیطان کو) مدعو کر رہا ہوں یا رَد کر رہا ہوں؟

پھر جب میں واقعی شیطان کو رَد کر رہا ہوں تو میں اللہ عزوجل سے یہ مانگ رہا ہوں کہ، 'یا ربّی! مجھے اُن کے ساتھ رکھ جو تیری خوشنودی پا چکے ہیں۔ میں تیری پناہ مانگتا ہوں میں تیری رحمت کا سایہ مانگتا ہوں،' اور پھر اللہ عزوجل یہ احساس دلانا شروع کرتا ہے کہ میرا سایہ، میری پناہ سیدنا محمد ﷺ کے ساتھ ہے۔"قُلْ إِن كُنتُمْ تُحِبُّونَ اللَّهَ فَاتَّبِعُونِي يُحْبِبْكُمُ اللَّهُ۔"

قُلْ إِن كُنتُمْ تُحِبُّونَ اللَّهَ فَاتَّبِعُونِي يُحْبِبْكُمُ اللَّهُ وَيَغْفِرْ لَكُمْ ذُنُوبَكُمْ ۗ وَاللَّهُ غَفُورٌ رَّحِيمٌ (٣١)

"کہہ دیجئے (یا سیدنا محمد ﷺ) کہ اگر تم اللہ عزوجل سے محبت کرنا چاہتے ہو تو میری پیروی کرو، (لہٰذا) اللہ عزوجل تم سے محبت کرے گا اور تمہارے گناہ معاف کردے گا۔ اور اللہ عزوجل معاف کرنے والا اور رحم کرنے والا ہے۔" (سورۃ آل عمران، 3:31)

اللہ عزوجل فرما رہا ہے، 'اگر تمہیں پناہ چاہئے تو تمہیں سیدنا محمد ﷺ کے ساتھ ہونا چاہئے۔' تو پھر ماہِ مُحرم (اسلامی کیلینڈر کا آغاز) کی حقیقت ہی اِن ایز جیز کے کھل جانے کی حقیقت ہے کہ ہر لمحہ پناہ کی طلب کریں۔ اور واحد پناہ جو ہم چاہتے ہیں وہ سیدنا محمد ﷺ کے ساتھ رہنا، سیدنا محمد ﷺ سے محبت کرنے والوں کے ساتھ رہنا، سیدنا محمد ﷺ کے اصحابِ کہف کے ساتھ رہنا اور سیدنا محمد ﷺ کے عاشقین کے ساتھ رہنا ہے۔ اور یہ کون ہیں؟ یہ، "أَطِيعُوا اللَّهَ وَأَطِيعُوا الرَّسُولَ وَأُولِي الْأَمْرِ مِنكُمْ" ہیں۔

يَاأَيُّهَا الَّذِينَ آمَنُوا أَطِيعُوالله وَأَطِيعُوٱلرَّسُولَ وَأُوْلِي الْأَمْرِ مِنكُمْ...(٥٩)

"اے وہ لوگو جو ایمان لائے ہو، اللہ عزوجل کی اطاعت کرو اور اطاعت کرو رسول اللہ ﷺ کی اور اُن کی جو تم میں سے صاحبانِ اختیار ہوں۔" (سورۃ النساء، 4:59)

یہ أُوْلِي الْأَمْرِ (صوفیاء کرام) ہیں۔ الحمد اللہ، ہم سلطان الاولیاء مولانا شیخ محمد ناظم الحقانی (ق) کے عَلَم کے تلے ہیں جو ہمارا عقیدہ ہے کہ اِس پوری زمین کے أُوْلِي الْأَمْرِ کے سلطان ہیں۔ اور اُن کے اعلیٰ ترین درجے کے نمائندوں میں سے ہمارے مشائخ (ق) ہیں۔ لٰہذا، الحمد اللہ، ہمارے پاس اُن کی محبت ہے، اُن کی مثال موجود ہے، اُن کا راستہ ہے اور ہم اِس رسی کو مضبوطی سے پکڑے رکھنے کی دعا کرتے ہیں کہ، 'یاربّی! مجھے میری ایزجی کی سمجھ دے۔ اپنی ایزجی کی تعمیر کرنے اور اپنی ایزجی میں پختگی لانے کی مجھے توفیق عطا فرما۔'

وَاعْتَصِمُوا بِحَبْلِ اللَّهِ جَمِيعًا وَلَا تَفَرَّقُوا (١٠٣)

"اور سب مل کر اللہ عزوجل کی رسی کو مضبوط تھام لو اور جُدا نہ ہونا۔" (سورۃ آلِ عمران، 3:103)

حسد اور منفی ایزجی کی طاقت کو سمجھیں

پھر ہم منفی ایزجی کو سمجھنا شروع کرتے ہیں کہ کس قدر منفی ایزجی لوگ پیدا کر سکتے ہیں، کتنا ضروری ہے کہ ہم حسد کو سمجھیں۔ جب ہم یہ سمجھ جاتے ہیں کہ ایزجی سے بنے ہوئے لوگ ہوتے ہوئے ہم کس قدر طاقتور ہیں، تو ہمیں یہ سمجھ آجانی چاہئے کہ حسد کس قدر طاقتور ہے اور کس قسم کی ایزجی حسد سے خارج ہوتی ہے۔ تو پھر ہم مناسب طریقے سے اپنی زندگیوں کی حفاظت کرنے لگتے ہیں۔ خیال رکھیں کہ آپ کہاں جا رہے ہیں،

خیال رکھیں کہ کس سے بات کر رہے ہیں، خیال رکھیں کہ آپ کیا اعمال کر رہے ہیں، کیونکہ یہ ساری نیگٹیویٹی ارد گرد موجود ہے۔

ہمارا راستہ عاجزی کا راستہ ہے، خود نمائی سے بچنے (low-profile) کا راستہ ہے، اپنی طرف متوجہ نہ کرنے اور مشکلات میں ملوث نہ ہونے کا راستہ ہے۔ یہ راستہ اپنی تعمیر کرنے اور اپنے اعمال کی تعمیر کرنے کا ہے۔ اور خبردار رہیں کہ کہیں ہم نیگیٹیویٹی کو اپنی زندگیوں میں دعوت نہ دیں۔

ہم محرم کے اِس مقدس مہینے کے آغاز میں دعا کرتے ہیں، محرم کا مطلب ہے جس میں کچھ حرام نہ ہو، کہ 'یاربّی! ہر محرم ایک نئی شروعات، ایک نیا موقع لاتا ہے، یاربّی! مجھے ہر لمحہ حرام سے دور رہنے اور اپنی رضا اور اطمینان کے سمندروں کی طرف بڑھنے کی توفیق عطا فرما۔'

سُبْحَانَ رَبِّكَ ربِّ الْعِزَّةِ عَمَّا يَصِفُونَ، وَسَلَامٌ عَلَى الْمُرْسَلِينَ وَالْحَمْدُ لِلّٰهِ رَبِّ الْعَالَمِينَ. بِحُرْمَةِ مُحَمَّدِ الْمُصطفٰى وَبِسِرِّ سُورَةِ الفَاتِحَة۔

ملکوتی قدرت کو حاصل کریں

طاقت = ایزجی

ہم حق اور ملکوتی بارگاہ کی تلاش میں ہیں

ہم اللہ عزوجل کی رحمت اور اُس کا فضل ڈھونڈتے ہیں، جتنا ہم جانتے ہیں، یہ الٰہی ایزجی ہی ملکوتی موجودگی ہے۔

وَ قُلْ جَآءَالْحَقُّ وَزَھَقَ الْبَطِلُ، إِنَّ الْبَطِلَ كَانَ زَھُوقًا (٨١)

"اور کہہ دیجئے، حق آگیا اور باطل مٹ گیا۔ اور بیشک باطل تو (اپنی فطرت کے مطابق) مٹنے والا ہی ہے۔"
(سورۃ اِسراء، 17:81)

جس کو سچ اور حق کہا جاتا ہے اُس کو سمجھنے کے کئی درجات ہیں لیکن سب سے بنیادی سمجھ جس کی تعلیم مولانا شیخ (ق) فرماتے ہیں وہ یہ کہ فضلِ خدا ایک ملکوتی طاقت ہے۔ ہم اِس روحانی راستے پر جو بھی کرنے کی کوشش کرتے ہیں وہ اِس لئے تاکہ اپنے اندر ملکوتی طاقت کو زیادہ سے زیادہ بڑھا سکیں۔

ملکوتی ایزجی باطل کو دور کرتی ہے

قرآن مجید (17:81) کی اِس آیت سے (واضح ہوتا ہے کہ)، اولیاء اللہ نبی پاک ﷺ کے قلبِ مبارک سے (نور اور فیض) حاصل کرتے ہیں۔ "قُل جَآءَالْحَق" – یقیناً جب حق آگیا اور جب حق نے باطل کا سامنا کیا تو اُس نے باطل کو مٹا دیا۔ اور باطل، اپنی فطرت کے مطابق مٹ جانے والا ہے۔ اِس کا مطلب کہ باطل، حقائقِ خداوندی کے سامنے؛ یہ دونوں قُطبی مخالف ہیں! باطل؛ نورِ الٰہی، حقیقتِ الٰہی اور ملکوتی طاقت کی کمی کی وجہ سے ہے۔

ہمارے لئے بہت آسان اصطلاح میں سمجھنے کے لئے یہ کہ ملکوتی ایز جی کی کثرت ہی حقیقتِ الٰہی (کی موجودگی) ہے۔ جب ملکوتی ایز جی آرہی ہوتی ہے تو یہ نورِالٰہی اور فضلِ ربّی ہی ہے۔ جب وہ ایز جی آتی ہے تو وہ اپنی فطرت کے مطابق باطل کو دور کر دیتی ہے۔ یہ اُس سب کو جو نفس سے آرہا ہے؛ منفی ایز جی، بری خواہشات کو دور کر دیتی ہے۔

روحانی سالک کے طور پر زندگی میں ہماری جدوجہد خود کو اِس ملکوتی طاقت سے بھرنا ہے۔ یہ روحانی ایز جی ایسی زبردست روشنی اور کثیر مقدار میں رحمتوں کے ساتھ آتی ہے کہ جیسے ہی یہ پہنچتی ہے تو یہ ہمارے وجود میں سے نیگیٹیویٹی کو نکال باہر کرتی ہے۔

مسافر بس کی طرح ہم بہت سی منفی ایز جیز کو اکھٹا کر لیتے ہیں

ہم مسافر بس کی طرح ہیں؛ ہمارا مادی وجود دن بھر (بس کی طرح) بہت سے مسافر اکھٹا کرتا ہے۔ بہت سی منفی ایز جیز (negative energies) سوار ہوتی ہیں اور ہم پر قابض ہو جاتی ہیں، اُن میں سے زیادہ تر ہم خود مدعو کرتے ہیں اور کچھ ہم نہیں بھی کرتے۔ یہ منفی ایز جیز آتی ہیں اور ہمیں بھرنا شروع کر دیتی ہیں۔ پھر ہمیں مثبت ایز جیز کی ضرورت ہوتی ہے۔ اِس ملکوتی طاقت کو حاصل کرنے کا طریقہ یہ ہے کہ اُن کی صحبت اختیار کی جائے جو وافر مقدار میں مثبت ایز جی لا رہے ہیں، پیدا کر رہے ہیں۔

يَا أَيُّهَا الَّذِينَ آمَنُوا اتَّقُوا اللَّهَ وَكُونُوا مَعَ الصَّادِقِينَ (١١٩)

"اے ایمان والو! اللہ عزجل سے باخبر رہو اور اُن کے ساتھ رہو جو سچے ہیں (اپنے الفاظ اور اعمال میں)۔"

(سورۃ توبہ، 9:119)

یعنی اِن ذکر کی مجلسوں میں آنے سے، اِن محافلِ اذکار میں آنے سے اور جیسے مشائخ (ق) نے ہمیں اِن اذکار کو کرنے کی تعلیم دی ہے، یہ ایک ملکوتی طاقت لے کر آتے ہیں اور الٰھیاتی ایز جی لے کر آتے ہیں۔ جب یہ ایز جی صادر ہونے لگتی ہے تو یہ قلب میں داخل ہونا شروع ہو جاتی ہے۔

جو دل پر قابض ہوتا ہے اُس کا پورے وجود پر اختیار ہوتا ہے

وہ لطیفہِ دل جس کے بارے میں صوفیاء کرام سب سے زیادہ فکر مند ہوتے ہیں وہ "لَطِيفَۃُ القَلب" ہے۔ یعنی جو دل پر قابض ہوتا ہے اُس کا پورے وجود پر اختیار ہوتا ہے۔ کسی کے قابو میں اگر آپ کے پاؤں آجاتے ہیں تو وہ آپ کو حاصل نہیں کر سکتا۔ لیکن اگر کسی کے پاس آپ کا دل آگیا تو اُس کے قبضے میں آپ کا پورا وجود آ گیا۔ تو پھر اللہ عزوجل یہ تعلیم دے رہا ہے کہ، 'میں اُس دل میں رہتا ہوں جو مجھ سے محبت کرتا ہے۔'

مَا وَسِعَنِيْ لَا سَمَائِيْ ولا اَرضِيْ وَلَكِنْ وَسِعَنِي قَلْبِ عَبْدِيْ اَلْمُؤْمِنْ

"میں نہ ہی سما سکتا ہوں آسمان میں نہ ہی زمین میں، مگر قلبِ مومن میں (سما جاتا ہوں)۔" (حدیثِ قدسی)

یعنی ہمارے لئے یہ توجہ کا مرکز ہے کہ ہم یہ مانگیں کہ خدائی بادشاہت، نورِ الٰہی، پاکیزہ نور، ملکوتی طاقت ہمارے دلوں کے اندر داخل ہو جائے۔ تو پھر ایز جی کا مقصد، لطائف کا مقصد، اور سارے اعمال کا مقصد یہ ہے کہ، 'یاربّی! میرے مالک! میرے قلب کو وہ نور عطا فرما دے۔'

ملکوتی اینرجی کو استعمال کرنے کے لئے اپنے دل کو مضبوط بنائیں

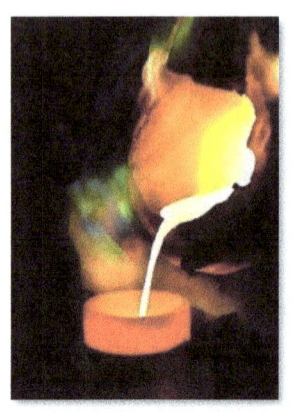

تو پھر ہر چیز جس کی روحانی مشائخ ہمیں تعلیم دیتے ہیں؛ اذکار، اوراد، مراقبہ، یہ سب اعمال اینرجی کے نزول اور اُس کے بہاؤ کا آغاز کرنے کے لئے ہیں۔ جیسے ہی اینرجی کا بہاؤ آ کر ٹکراتا ہے تو وہ نیگیٹیویٹی کو دور کرنے لگتا ہے۔ پھر آپ کے اعمال اِس میں مدد کرتے ہیں۔ چنانچہ ہمارے سمجھنے کے لئے وہ (مشائخ) ہمیشہ مثال سے تعلیم دیتے ہیں کہ یہ ملکوتی طاقت پگھلے ہوئے سونے کی طرح ہے، انتہائی گرم اور قیمتی۔ پھر ہمارے سمجھنے کے لئے کہ، ہم پلاسٹک کی چیز میں یہ پگھلا ہوا سونا ڈالنا چاہتے ہیں؛ یعنی اگر ہم مضبوط اور مستند نہ ہوں، اگر ہم اپنی ذات کی تعمیر نہ کریں اور قلب کی، اپنے اعمال کی، اپنے وجود کی تعمیر نہ کریں تو یہ فنا کا راستہ ہے۔ یہ اینرجی جب آتی ہے اور ٹکراتی ہے، یہ مکمل طور پر مٹا دے گی۔

یہاں تک کہ قرآن کریم میں نبی موسیٰ علیہ السلام نے پوچھا، 'اے میرے مالک، میں تجھے دیکھنا چاہتا ہوں!' اُن کو بارگاہِ الٰہی سے کلام کا تحفہ دیا گیا تھا، وہ اعلیٰ درجات کی اینرجی حاصل کرنا چاہتے تھے یعنی، 'میں تجھے دیکھنا چاہتا ہوں!' اللہ عزوجل نے کہا کہ 'یہ ایسے ممکن نہیں ہے۔ اگر میں یہ اینرجی ظاہر کر دوں تو تم "خاشیہ" – دھول ہو جاؤگے۔ میں تمہیں دِکھاتا ہوں، اِس پہاڑ کو دیکھو میں اِس پہاڑ پر اُس اینرجی کا صرف ایک قطرہ

ظاہر کروں گا۔' تو اِس میں سبق یہ تھا کہ وہ پہاڑ مکمل طور پر ختم ہو گیا اور نبی موسیٰ علیہ السلام بے ہوش ہو گئے۔

وَلَمَّا جَاءَ مُوسَىٰ لِمِيقَاتِنَا وَكَلَّمَهُ رَبُّهُ قَالَ رَبِّ أَرِنِي أَنظُرْ إِلَيْكَ ۚ قَالَ لَن تَرَانِي وَلَٰكِنِ انظُرْ إِلَى الْجَبَلِ فَإِنِ اسْتَقَرَّ مَكَانَهُ فَسَوْفَ تَرَانِي ۚ فَلَمَّا تَجَلَّىٰ رَبُّهُ لِلْجَبَلِ جَعَلَهُ دَكًّا وَخَرَّ مُوسَىٰ صَعِقًا ۚ ... (١٤٣)

"اور جب موسیٰ علیہ السلام ہمارے مقرر کردہ وقت پر آئے اور اُن کا مالک اُن سے ہمکلام ہوا تو اُنہوں (موسیٰ علیہ السلام) نے کہا کہ اے میرے مالک مجھے اپنے جلوے کی جھلک دکھلا دے تاکہ میں تجھے دیکھ سکوں۔ (اللہ عزوجل) نے کہا آپ مجھے ہرگز نہیں دیکھ سکتے لیکن پہاڑ کی جانب دیکھیں پس اگر وہ اپنے مقام ہی پر قائم رہے تو آپ مجھے دیکھ لیں گے۔ پس جب اُن کے پروردگار نے پہاڑ پر اپنی شان ظاہر فرمائی تو اُس نے اسے دھول کی طرح کر دیا۔ اور موسیٰ علیہ السلام غش کھا کر گر پڑے..." (سورۃ الأعراف، 7:143)

اِس میں اور رسول اللہ ﷺ کی تعلیمات میں، اور متقی لوگوں کی تعلیمات میں (یہ سبق ہے) کہ آپ جو بھی مانگیں گے اللہ عزوجل دے گا وہ ہمیں ہمارے تصور سے بھی زیادہ وہ نور عطا کرنا چاہتا ہے لیکن وہ یہ سکھا رہے ہیں کہ یہ نور پاک ماحول میں آتا ہے، یہ نور محفوظ ماحول میں ہی آتا ہے۔ آپ اُس انتہائی پاک، ناقابل یقین حد تک خالص، کریم نور کو کسی ایسی چیز میں نہیں ڈال سکتے جو ابھی تک پاک نہ ہوئی ہو۔

وجود کو پاک رکھیں! یہ وہ معبد ہے جس میں دل رکھا ہوا ہے

مشائخ ہمیں ہمارے پورے روحانی راستے میں یہ تعلیم دیتے ہیں کہ پاکیزگی اختیار کریں۔ وجود کو پاک رکھیں کیونکہ وجود ہی وہ معبد (عبادت گاہ) ہے جس میں دل رکھا ہوا ہے۔ کیسے آپ گندی حالت میں رہتے ہوئے یہ کہہ سکتے ہیں کہ، 'آپ کا دل صحیح ہے۔' دونوں چیزیں صحیح ہونی چاہئیں! اگر دل صحیح ہے تو وجود صحیح ہے۔ اگر وجود صحیح ہے اور دل ناقص ہے تو یہ خرابی ہے۔ مشائخ ہماری زندگیوں میں

تشریف لاتے ہیں اور تعلیم دیتے ہیں کہ اپنے وجود کی حفاظت کریں، آپ کا وجود معبد ہے۔ یہ بارگاہِ الٰہی کی جگہ بننے والا ہے، یہ آپ کا کعبہ ہے آپ کی عبادت کرنے کی جگہ ہے، اس کی تکمیل کریں۔

... وَطَهِّرْ بَيْتِيَ لِلطَّائِفِينَ وَالْقَائِمِينَ وَالرُّكَّعِ السُّجُودِ (٢٦)

"...اور میرے گھر کو طواف کرنے والوں، اور قیام کرنے والوں اور رکوع و سجود کرنے والوں کے لئے پاک اور صاف کرو۔" (سورۃ الحج، 22:26)

آپ دماغ کے بغیر تو رہ سکتے ہیں لیکن دل کے بغیر نہیں رہ سکتے

تو اِس وجود پر غور کریں اِس جسم میں سب سے اہم عضو دل ہے، نہ کہ دماغ! آپ اپنے دماغ کے بغیر تو رہ سکتے ہیں؛ بہت سے لوگ کومہ (coma) میں چلے جاتے ہیں۔ وہ بہت تھوڑا یا بالکل دماغ کا استعمال نہیں کر سکتے۔ لیکن ایسا کوئی نہیں ہے جو دل کے بغیر زندہ رہ سکتا ہو۔ اللہ عزوجل یہ سکھا رہا ہے کہ اپنے وجود کی حفاظت کریں، اِس کو پاک کریں اور پھر اپنے اِس عضو — دل — کو فضلِ الٰہی کے داخلے کے لئے تیار کریں۔

یہ ملکوتی نور اِس قدر طاقت اور ایز جی کے ساتھ آتا ہے کہ اگر یہ سب کچھ پگھلا دے تو اللہ عزوجل فرماتا ہے کہ میں کچھ نہیں بھیجوں گا؛ لہٰذا سارے کلام، سب اعمال، سارے وہ ضروری اعمال جو ایز جی کے لئے چاہئیں (اہم ہیں)۔

وافر مقدار میں ملکوتی نور کی نشانی بہشتی علم کا ہونا ہے

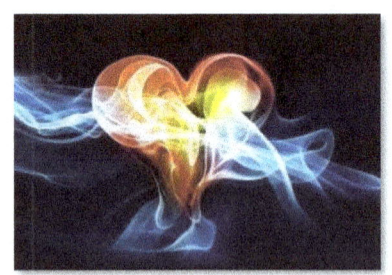

اِس ایز جی کی کثرت اور اِس کی نشانی بہشتی علم اور بہت سی مختلف برکتیں ہیں جو اِن متقی لوگوں سے ظاہر ہوتی ہیں۔ اِس کا مطلب اُن کے قلب ملکوتی نور کے چشموں کی طرح ہیں۔ ملکوتی نور کے نتائج میں سے ایک، بہشتی علم ہے۔ جب وجود پر ملکوتی نور اور

ملکوتی ایز جیز (Heavenly Energies) حاوی ہو جاتی ہیں تو جو بھی ظاہر ہو گا وہ بہشتی حقائق ہوں گے۔ تو پھر مشائخ ہمیں یہ تعلیم دے رہے ہیں کہ اگر آپ بہشتی حقائق حاصل کرنا چاہتے ہیں تو اصل میں آپ کیا چاہ رہے ہیں؟ مزید وضاحت کرتے ہوئے یہ کہ، آپ ملکوتی نور چاہ رہے ہوتے ہیں!

جو لوگ کتابیں پڑھ کر بات کرتے ہیں وہ دماغ سے تعلیم دے رہے ہوتے ہیں

کچھ لوگ ایسے بھی ہوتے ہیں جو کچھ پڑھ لیں تو اُس سے وعظ دینے لگتے ہیں تو آپ کو پتہ چل جاتا ہے جب آپ اُن کو بولتے ہوئے سنتے ہیں، اُن کی بات مبہم اور نہ سمجھ آنے والی ہوتی ہے۔ وہ بات اُن کے دل سے نہیں آرہی ہوتی، اُن کے دماغ سے آرہی ہوتی ہے۔ وہ دو یا تین دانائی کی باتیں پڑھتے ہیں اور اُن کو آگے پہنچانے لگتے ہیں۔ عام طور پر اُن کی تقریر لکھی ہوئی ہوتی ہے، بہت سی کتابوں کے ساتھ اُن کتابوں کو دیکھتے ہوئے تاکہ اُن کو یاد رہے۔ یہ عالم لوگ ہیں اور عالم کو ہمیشہ یہ ڈر لگا رہتا ہے کہ جو اُنہوں نے پڑھا ہے وہ اُسے بھول جائیں گے۔ لہٰذا وہ جہاں جاتے ہیں اپنی کتابیں ساتھ لے کر جاتے ہیں۔ وہ ہر جگہ 500 کتابیں نکال لیتے ہیں اور حوالہ جات بنانے کی کوشش کرتے رہتے ہیں۔ اور اُن کو سب سے زیادہ خوف اِس بات کا ہوتا ہے کہ اُنہوں نے جو سیکھا ہے وہ بھاپ ہو جائے گا کیونکہ جیسے جیسے عمر بڑھتی ہے دماغ بھولنے لگتا ہے۔

کامل مشائخ علم اللدُنی اور حکمت، دِل سے سکھاتے ہیں

لیکن دانشمند اپنے پاس کوئی کتاب نہیں رکھتے، وہ حکمت سے بھرے ہوئے ہوتے ہیں "عِلمَ اللَّدُنِّي وَ حِكمَةِ بِالصَّالِحِين" - حکمت، قلب سے آتی ہے۔ حکمت، ملکوتی ایز جی کی کثرت سے آتی ہے کہ جیسے ہی وہ بات کرتے ہیں تو علم، نور اور تجلیات جاری ہونے لگتی ہیں۔

جو اُن کے پاس ہے اگر وہ آپ بھی حاصل کرنا چاہتے ہیں، جیساکہ ہم سب حقائق کے متلاشی ہیں اور مختلف مشائخ کے پاس جاتے ہیں، تو یہ مشائخ تعلیم دیتے ہیں کہ

اِس وجود کو تیار ہونا چاہئے۔ آپ کو اپنے ظاہر (جسم) کو تیار کرنا ہوگا، اس کی تکمیل کرنی ہوگی، اس کو صاف اور پاک کرنا ہوگا۔ آپ بارگاہِ الٰہی، ملکوتی بارگاہ مانگ رہے ہیں۔ وہ ملکوتی بارگاہ ہمیشہ آپ کے ساتھ ہے اور آپ کو دیکھ رہی ہے۔ اور وہ باطل کی موجودگی میں نہیں رہ سکتی کیونکہ فرشتے بھی اِسی اصول کے ماتحت ہیں کہ، یقیناً جب حق آگیا تو باطل مٹ گیا۔ یہ ختم ہو جاتا ہے؛ یہ دونوں ایک دوسرے کی ضد ہیں۔

وَ قُلْ جَآءَ الْحَقُّ وَزَهَقَ الْبَطِلُ، إِنَّ الْبَطِلَ كَانَ زَهُوقًا (٨١)

"اور کہہ دیجئے، حق آگیا اور باطل مٹ گیا۔ اور بیشک باطل تو (اپنی فطرت کے مطابق) مٹنے والا ہی ہے۔"

(سورۃ اِسراء، 17:81)

صوفی مشائخ ہی حقیقی کیمیاء گر ہیں، جو جسم میں موجود آئرن کو تبدیل کر دیتے ہیں

تو پھر قلب کی تکمیل کرنا شروع کریں ذکر کے ساتھ، تلاوت کے ساتھ، اعمال کے ساتھ، آداب کے ساتھ، اور مراقبے کے ساتھ۔ تو مطلب اب قلب پاک ہو جاتا ہے اور یہی الکیمی (alchemy) کی حقیقت ہے۔ لوگ آتے ہیں اور پوچھتے ہیں کہ، 'کیا صوفیاء کرام کو الکیمی کا علم ہے؟ کیا وہ دھات کو سونے میں تبدیل کر سکتے ہیں؟' یقیناً وہ اِن حقائق سے باخبر ہیں، لیکن وہ مادی دنیا کیلئے یہ علم دھات کو سونے میں تبدیل کرنے کے لئے استعمال نہیں کرتے۔

وہ ہمارے وجود میں موجود دھات کو لیتے ہیں، ہمارے خون کے ہر خُلیے پر موجود تمام آئرن کو لیتے ہیں جو خون کو

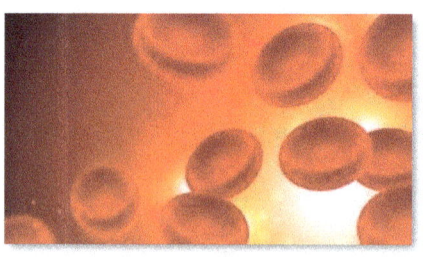

سرخ بناتا ہے اور وہ اُس آئرن کو سونے میں بدل دیتے ہیں، کامل اور پاک کرتے ہیں، ایز جی اور نور کا کامل موصل بنا دیتے ہیں تاکہ جسم میں موجود ہر خلیہ، جسم میں موجود ہر آئرن کا ٹکڑا، سونے کی طرح کامل ہو جائے۔ اُن کی تکمیل کی جاتی ہے اور وہ الٰہی ایز جیز سے مکمل طور پر منسلک کئے جاتے ہیں۔ جسم میں موجود ہر بال

سیٹلائٹ رسیور (satellite receiver) کی طرح ہے۔ جسم میں کتنے ہی کھرب خُلیے (cells) ہیں، اور ہر ایک میں اُس نور اور اُس ایز جی کا ایک قطرہ موجود ہے۔ تو پھر پورا وجود سیٹلائٹ ڈش (satellite dish) بن جاتا ہے۔ جس پر انوارِ الٰہی ، روحانیات، تجلّیاتِ الٰہی ، ملکوتی ایز جیز، ملکوتی طاقتیں موصول ہونے لگتی ہیں۔

اصل خانۂ خدا یعنی اپنے دل پر توجہ دیں

پھر وہ (اولیاءاللہ) سکھاتے ہیں، اور مولانا شیخ (ق) ہمیں یاد دلاتے ہیں کہ اپنے جسم کو پاک کریں اور صاف کریں اور اِس جسم میں موجود دل پر نظر کریں۔ کعبہ، نقطۂ ارتکاز، مرکزِ عبادت، معبد کا مرکز، مسجد کا قبلہ، دل ہی ہے۔

قَلْبَ الْمُؤْمِنْ بَيْتُ الرَّبْ

"مومن کا دل اللہ عزوجل کا گھر ہے۔" (حدیثِ قدسی)

نماز اور عبادت گاہ کی ظاہری حالت میں نہ کھو جائیں

بہت سے لوگ نماز کی ظاہری حالت میں کھو جاتے ہیں اور مسجدوں میں جاتے ہیں۔ وہ نماز کے ظاہر میں کھوئے ہوئے ہوتے ہیں۔ لیکن اُن کے اندر کی مسجد ناپاک ہوتی ہے، اندر کی عبادت گاہ ناپاک ہوتی ہے، دل کا اندر ناپاک ہوتا ہے۔ اور جو وہ کرتے ہیں اُس میں اُن کو کوئی فائدہ نہیں ہے۔ آپ جہاں جانا چاہتے ہیں جا سکتے ہیں، جہاں بھی آپ چاہتے ہیں لیکن اگر اندرونِ دل پاک نہیں ہے، صاف نہیں ہے، تو کوئی ملکوتی بارگاہ (کا وجود ممکن) نہیں۔

تو مشائخ ہماری زندگیوں میں یہ یاد دلانے تشریف لاتے ہیں کہ ظاہر اچھا ہے، بہت عمدہ ہے، دلکش ہے لیکن تصوف میں اور صوفیاء کرام کے لئے سب کچھ قلب پر توجہ مرکوز کرنا ہی ہے۔ اپنے ظاہر کو کامل بنائیں،

اپنے دل میں بارگاہِ الٰہی کے (احساس) کی تکمیل کریں۔ دعا کریں کہ، 'یاربّی! میرے دل میں اپنی ملکوتی طاقت اُجاگر کر، میرے دل کو اُس تجلّی سے بھر دے۔' اور پھر آپ جہاں بھی جائیں گے وہیں مسجد ہوگی کیونکہ مسجد آپ کے دل میں ہے اور بارگاہِ الٰہی آپ کے دل میں ہے۔ آپ کا دل 'کعبہ' بن جائے گا اور آپ 'قبلہ' بن جائیں گے۔ قبلہ، یعنی لوگ آپ کو دیکھیں اور اُن کا ایمان تازہ ہو جائے۔ وہ آپ کو دیکھیں اور اُنہیں یقین آجائے کہ اللہ عزّ و جلّ موجود ہے۔

سُبْحَانَ رَبِّكَ رَبِّ الْعِزَّةِ عَمَّا يَصِفُوْنَ، وَسَلَامٌ عَلَى الْمُرْسَلِيْنَ وَالْحَمْدُ لِلّٰهِ رَبِّ الْعَالَمِيْنَ، بِحُرْمَةِ مُحَمَّدِالْمُصْطَفٰي وَبِسِرِّ سُوْرَةِ الْفَاتِحَةِ۔

دوسرا باب

نور کے حقائق اور طاقتِ آواز و ذکر

وجود ⟵ ایٹم ⟵ نور ⟵ آواز

ٱللَّهُ نُورُ ٱلسَّمَٰوَٰتِ وَٱلْأَرْضِ ۚ مَثَلُ نُورِهِۦ كَمِشْكَوٰةٍ فِيهَا مِصْبَاحٌ ۖ
ٱلْمِصْبَاحُ فِى زُجَاجَةٍ ۖ ٱلزُّجَاجَةُ كَأَنَّهَا كَوْكَبٌ دُرِّىٌّ يُوقَدُ مِن شَجَرَةٍ
مُّبَٰرَكَةٍ زَيْتُونَةٍ لَّا شَرْقِيَّةٍ وَلَا غَرْبِيَّةٍ يَكَادُ زَيْتُهَا يُضِىٓءُ وَلَوْ لَمْ تَمْسَسْهُ
نَارٌ ۚ نُّورٌ عَلَىٰ نُورٍ ۗ يَهْدِى ٱللَّهُ لِنُورِهِۦ مَن يَشَآءُ ۚ وَيَضْرِبُ ٱللَّهُ ٱلْأَمْثَٰلَ
لِلنَّاسِ ۗ وَٱللَّهُ بِكُلِّ شَىْءٍ عَلِيمٌ ﴿٣٥﴾

"اللہ عزوجل ہی ارض و سماء کا نور ہے۔ اُس کے نور کی مثال ایسی ہے جیسے ایک قندیل ہو جس میں ایک چراغ ہو... نور بالائے نور۔ اللہ عزوجل اپنے نور کی طرف جس کی چاہتا ہے ہدایت کرتا ہے۔ اللہ عزوجل لوگوں کے لئے مثالیں بیان کرتا ہے اور اللہ عزوجل ہر شے کا جاننے والا ہے۔"

(سورۃ النور، 24:35)

يُسَبِّحُ لِلَّهِ مَا فِي السَّمَاوَاتِ وَمَا فِي الْأَرْضِ ۖ لَهُ الْمُلْكُ وَلَهُ الْحَمْدُ ۖ وَهُوَ عَلَىٰ كُلِّ شَيْءٍ قَدِيرٌ ﴿١﴾

"جو کچھ بھی آسمانوں میں اور زمین میں ہے وہ اللہ عزوجل کی تسبیح کر رہا ہے۔ اُسی کیلئے سلطنت ہے اور تمام تعریف بھی اُسی کیلئے ہے اور وہ ہر شے پر قادر ہے۔"

(سورۃ التغابن، 64:1)

حقیقتِ نور اور "لِوَاءِ الحمَد" کی شفاعت

1- تم مجھے یاد کرو میں تمہیں یاد کروں گا

مولانا شیخ (ق) کی تعلیم سے اور ہماری سمجھ کے مطابق، وہ ہمیں نبی پاک ﷺ کی اِس تعلیم کی یاد دلا رہے ہیں کہ اللہ عزوجل فرماتا ہے کہ، 'میرا ذکر کرو پس میں تمہارا ذکر اعلیٰ مجلس میں کروں گا۔'

فَاذْكُرُونِي أَذْكُرْكُمْ وَاشْكُرُوا لِي وَلَا تَكْفُرُونِ (١٥٢)

" پس مجھے یاد کرو۔ میں تمہیں یاد کروں گا اور میرا شکر ادا کرو۔ اور ایمان سے نہ پھرنا۔"
(سورۃ البقرہ، 2:152)

یہ بات اور اِس کی اعلیٰ تفہیم یہ ہے کہ، اللہ عزوجل فرماتا ہے؛ 'میرا ذکر کرو اور میں تمہارا ذکر اِس سے بھی مقدس اور اعلیٰ فہم میں کروں گا۔'

اپنے دل کو بیدار کریں! کیونکہ دماغ، دل کو بند کر دیتا ہے

ہماری سمجھ ظاہری ہو سکتی ہے۔ اور مشائخ ہمیں یہ یاد دلاتے ہیں کہ ظاہر سے اوپر اُٹھ جائیں، اپنے دل کو بیدار کرنے کی کوشش کریں۔ جب لوگ کہتے ہیں کہ اپنے 'دماغ کو کھولیں!' تو ہمارے لئے اِس بات کا مطلب یہ ہے کہ اپنا دماغ بند کریں اور اپنا دل کھولیں۔ یہ آپ کا دماغ ہی ہے جو مسائل پیدا کر رہا ہے؛ یہ دماغ ہے جو سمجھ کو روک رہا ہے اور کہتا ہے کہ، 'نہیں، نہیں! میری تو یہ سمجھ ہے،' اور ایک تالا اور ایک بند سا لگا دیتا ہے۔

تو ہمیں پہلا ذکر: "لَا اِلٰہَ اِلاَّ اللہُ" کا سکھایا جاتا ہے؛ کچھ نہیں ہے سوائے اللہ عزوجل کے، اللہ عزوجل کے سوا کچھ نہیں ہے! یعنی "لَا اِلٰہَ اِلاَّ اللہُ"؛ "لَا" کا مطلب ہے 'سر کا نہ ہونا۔' سر کے استعمال کو ترک کر دیں اور دل کی حقیقت کو کھولیں۔ دل؛ روح کا گھر اور لازماں، ابدی حقیقت ہے۔ جہاں دل کے پاس سمجھنے کی لامحدود صلاحیت ہے وہاں دماغ، حالات اور تجربات کو بنیاد رکھتے ہوئے محدود ہے۔

2- نور کی حقیقت اور شفاعت

تفکر کے ذریعے وہ ہمیں مقدس تعلیمات، پاک تفہیم اور شفاعت کے بارے میں سکھاتے ہیں۔ اِس کے دو معنی ہیں؛ پہلا، مجھے یاد کرو میں تمہیں بلندی پر یاد کروں گا۔ اور دوسرا، شفاعت اور تصورِ شفاعت؛ نبیوں کی شفاعت، اولیاء کرام کی شفاعت، اور متقی لوگوں کی شفاعت۔ اِس کو حقیقی سطح پر سمجھنے کے لئے وہ یہ سکھاتے ہیں کہ اپنی مادی سمجھ کو توڑ ڈالو۔ ظاہری سمجھ سے باہر نکلو اور اب روح کی حقیقت کو سمجھو، نور کی حقیقت کو سمجھو۔

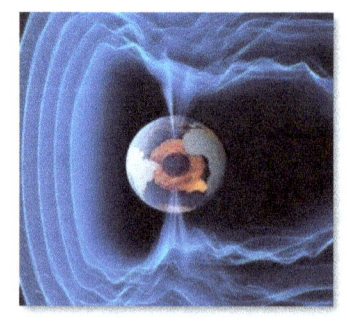

اللہ عزوجل اِس زمین پر کوانٹم (quantum) اور سائنسز (sciences) کو ظاہر کر رہا ہے جو نور کی سائنس ہے۔ اور ہر نور ایزجی ہے؛ ایزجی محض نور کی شکل میں آشکار ہو رہی ہے۔ ہماری ارواح نور ہیں، ایزجی ہیں۔ نور ایک لامحدود سپیکٹرم (spectrum) ہے اور اِس نور کی سب سے نچلی سطح برقی مقناطیسی میدان (electromegnatic field) ہے، ایک قطرے کی طرح (جس کے سب سے نچلے حصے کو) ہم آلودہ روشنی تصور کرتے ہیں کیونکہ اُس میں زمین کی گندگی شامل ہوتی ہے۔

کیا آپ اپنے نور کو پاک کر سکتے ہیں اور زیادہ انرجی پیدا کر سکتے ہیں؟

اگر میرے پاس یہ صلاحیت ہے کہ میں اپنے نور کی فریکوئینسی (frequency) بڑھا کر اپنے آپ کو مشکلات سے نکال سکوں، کیونکہ وہ ہمیں تعلیم دے رہے ہیں کہ روحانی راستہ کوئی شعبدہ بازی نہیں ہے اور کچھ فضول چیزوں کا مجموعہ نہیں ہے جو آپ لوگوں کو بتاتے پھریں اور اُن کی سمجھ میں کچھ نہ آئے۔ بلکہ نبی پاک ﷺ کی یہ تعلیم تھی کہ اُن کو خود شناسی کی تعلیم دو؛ وہ اپنے رب کو جان جائیں گے۔

مَنْ عَرَفَ نَفْسَهُ فَقَدْ عَرَفَ رَبَّهُ

"جس نے اپنے آپ کو پہچانا پس اُس نے اپنے رب کو پہچانا۔" (نبی اکرم ﷺ)

طریقة اور تصوف، نفس کی سائنس اور اُس کے حقائق، قدیم حقائق بیان کرتے ہیں۔ اگر میں اپنی روح کو بلند کرنے کی کوشش کر رہا ہوں تو پھر آپ جاننا شروع ہوتے ہیں کہ نور اور انرجی کی سطح پر تفکر کرنا ہے اور ظاہر کی سمجھ کو چھوڑ دینا ہے۔ اِس کا مطلب کہ اپنی سمجھ کے دائرے کو وسیع کریں۔

تو میں اپنی روشنی کو پاک کرنا چاہتا ہوں۔ کیا میں خود اپنی روشنی کی فریکوئینسی بڑھا سکتا ہوں؟ آپ جو انرجی ابھی پیدا کر رہے ہیں اُس سے زیادہ انرجی کیسے پیدا کر سکتے ہیں؟ پھر اگر کسی کے پاس یہ صلاحیت موجود ہو تو اُن کو انجینئرنگ (engineering) میں چلے جانا چاہئے اور حکومت کے لئے انجنز (engines) بنانے چاہئیں! کچھ ایسا کہ آپ 5 ڈالر اندر ڈالیں اور آپ کو 50 ڈالر کی مالیت کی انرجی واپس مل جائے۔ ہمارے پاس اپنی انرجی کو بڑھانے کی صلاحیت نہیں ہے اِس مادی دنیا کے حالات کی وجہ سے ہم منفی انرجی سے گھرے ہوئے ہیں۔

حق اور باطل کی روشنی کی فریکوئینسیز مختلف ہوتی ہیں

تو پھر مشائخ آپ کو یاد دلاتے ہیں کہ آپ کی روشنی کی فریکوئینسی، اگر آپ واقعی اِس کو بڑھانا چاہتے ہیں اور آپ اِس کی معراج اور اِس روشنی کی فریکوئینسی کی بلندی چاہتے ہیں تو یہ ایک قوت ہے۔ اِس روشنی کی فریکوئینسی جیسے ہی بڑھتی ہے تو یہ مزید طاقتور ایزجی بن جاتی ہے۔ اِسی لئے "وَ قُلْ جَآءَ الْحَقُّ وَزَهَقَ الْبٰطِلُ" (جب حق آیا تو باطل مٹ گیا)۔

وَ قُلْ جَآءَ الْحَقُّ وَزَهَقَ الْبٰطِلُ، إِنَّ الْبٰطِلَ كَانَ زَهُوقًا (٨١)

"اور کہہ دیجئے اب حق آگیا اور باطل نابود ہوگیا۔ بے شک باطل (اپنی فطرت کے مطابق) ہمیشہ نابود ہی ہونے والا ہے۔" (سورۃ الاسراء، 17:81)

شیاطین اور فرشتے ایک دوسرے سے نہیں ملتے؛ وہ ایک دوسرے کی قربت میں نہیں رہ سکتے، طبعی حالت کی وجہ سے نہیں بلکہ اپنی روشنی کی فریکوئینسی کی بدولت۔ اِس درجے کی روشنی کی فریکوئینسی اگر موجود ہو تو منفی کچھ بھی ہو، تو اللہ عزوجل کہتا ہے "قُلْ جَآءَ الْحَقُّ" یعنی جب حق آ گیا — حق ابدی ہونے کی وجہ سے روح کی روشنیوں کو آراستہ کرتا ہے۔ ہم سب اللہ عزوجل کی مخلوق ہیں۔

جب یہ روشنیاں آتی ہیں تو اُن کی موجودگی میں باطل نہیں رہ سکتا۔ باطل کی یہ فطرت ہے کہ وہ فنا ہونے والا ہے۔ اِس کا مطلب جب یہ روشنی آتی ہے تو اِس روشنی کی فریکوئینسی آکر جو بھی باطل ہے، منفی ہے، ناحق ہے اُس سے ٹکراتی ہے اور اُس کو ختم کردیتی ہے۔

روشنی، آواز اور فریکوئینسی کی طاقت کا ناحق استعمال کیا جا رہا ہے

اِسی حقیقت کو ہم سمجھنے کی کوشش کر رہے ہیں۔ اور اب مادی دنیا بھی اِس کو سمجھ رہی ہے، اور اُس نے روشنی کو 'ہتھیار' بنا لیا ہے۔ وہ اِس کو خفیہ کاری (encryption) اور کمپیوٹنگ (computing) کے لئے استعمال کر رہے ہیں۔ تمام ٹیلی فون اور مواصلات فائبر آپٹک (fiber optic) کے ذریعے ہیں۔ وہ اِس روشنی کو لیتے ہیں اور اسے ہتھیار کی صورت میں استعمال کرتے ہیں۔ کیوں؟ اِس کی طاقت کی وجہ سے! اس کا مطلب کہ جب ہم روحانی حقائق سمجھنا چاہتے ہیں تو فرشتوں سے ملاقات تو مشکل ہے وہ ہمارے لئے آسانی سے دستیاب نہیں، لیکن ہمیں وہ (روحانی حقائق) دنیائے باطل میں ضرور مل جائیں گے۔ باطل کی دنیا روشنی سے ہتھیار بنا رہی ہے اور اِسے نقصان پہنچانے کے لئے استعمال کر رہی ہے۔ پھر اُنہوں نے اِس روشنی سے اب یہ بھی سمجھ لیا ہے کہ وہ اِسے کنڈینس (condense) بھی کر سکتے ہیں۔

اب لوگ جان گئے ہیں کہ روشنی کی ایک فریکوئینسی اور آواز ہوتی ہے۔ اور آواز کو ہتھیار کے طور پر استعمال کیا جا سکتا ہے۔ اُن کے پاس وہ سمجھ اور وہ ساز و سامان موجود ہے جس سے وہ ایسی فریکوئینسی جاری کر سکتے ہیں جو عمارات کو ہلا دے۔ کیونکہ ہر چیز ایک فریکوئینسی جاری کرتی ہے، ہر چیز ایک آواز پیدا کرتی ہے، وہ ایٹم (atom) اور مالیکیول (molecule) کی سطح پر ایک آواز پیدا کرتی ہے۔ اگر آپ کو اُس آواز کا اندازہ ہے اور اگر آپ اُس کے برعکس آواز پیدا کر کے اُس چیز سے ٹکرائیں تو کہا جاتا ہے کہ آپ اُس چیز کے ڈھانچے کو حرکت دینے اور ہلانے میں کامیاب ہو سکتے ہیں۔

یہ آخری زمانے کے لئے، خود شناسی کے لئے بہت ضروری ہے، اِس سے شفاعت کی سمجھ کھلنا شروع ہوتی ہے۔ جب آپ شفاعت کی بات کرتے ہیں، یا یہ بات کرتے ہیں کہ، 'مجھے متقی لوگوں کو ڈھونڈنے کی بھلا کیوں ضرورت ہے؛ یا مجھے مقدس محفلوں کو کیوں ڈھونڈنا چاہئے؟ میں یہاں خود بیٹھ کر جو چاہے کر سکتا ہوں۔' تو

مشائخ ہمیں سبق دیتے ہیں کہ دیکھو، اپنے ارد گرد ہر چیز کو دیکھو! اِس دنیا میں ان نشانیوں سے یہ ثابت ہوتا ہے کہ آواز ٹکرا کر نقصان پہنچا سکتی ہے؛ اس کا ایک اثر ہے۔ ایسا نہیں ہے کہ کچھ نہیں ہوتا، اِس کا اثر ہوتا ہے! روشنی کا بھی ایک اثر ہے، اگر وہ کسی کی طرف مرکوز کی جائے۔

ہم بہشتی مخلوق ہیں، جو یہاں دنیاوی تجربے کے لئے بھیجی گئ ہے

اب حقائقِ الٰہی سے تصور کریں، جب اللہ عزوجل فرماتا ہے، 'مجھے یاد کرو اور میں تمہیں یاد کروں گا' (قرآن کریم، 2:152)۔ اور کہ، "فِيكُمْ" (آپ کے اندر۔ قرآن کریم، 2:151) کہ وہ حقیقت، حقیقت النبی ﷺ ہر ایک کی روح میں موجود ہے، جس کو بہشت سے اِس زمین پر بھیجا گیا ہے۔

كَمَا أَرْسَلْنَا فِيكُمْ رَسُولًا مِّنكُمْ يَتْلُو عَلَيْكُمْ آيَاتِنَا وَيُزَكِّيكُمْ وَيُعَلِّمُكُمُ الْكِتَابَ وَالْحِكْمَةَ وَيُعَلِّمُكُم مَّا لَمْ تَكُونُوا تَعْلَمُونَ (١٥١)

"جیسے ہم نے تم میں تم ہی میں سے ایک رسول بھیجے ہیں جو تم پر ہماری آیات کی تلاوت کرتے رہتے ہیں اور تمہیں پاک کرتے اور کتاب اور حکمت کی تعلیم دیتے ہیں اور تمہیں وہ نیا علم سکھاتے ہیں جو تم نہیں جانتے تھے۔" (سورۃ البقرہ، 2:151)

ہم یہاں (دنیا میں) نہیں بنے، نہ یہاں ایجاد ہوئے ہیں۔

ہم بہشتی مخلوق ہیں جو دنیاوی تجربے کے لئے بھیجے گئے ہیں۔ یہ ہمارے حصے میں تھا۔ ہم اس کو پہلے ہی اپنے لئے باندھ چکے ہیں۔ حقیقت النبی ﷺ روح میں موجود ہے۔ اللہ عزوجل کی، ملائکہ کی، انبیاء کرام اور پاک کتابوں کی محبت سب روح کے اندر موجود ہیں۔

ذکرُاللہ، نیگیٹوٹی کو ختم کر دیتا ہے

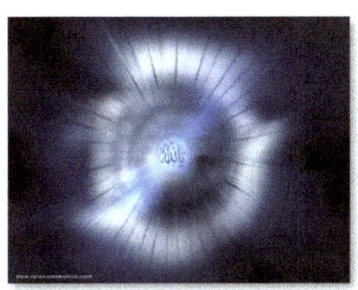

تو پھر اللہ عزوجل سمجھ کو بڑھاتا ہے کہ اگر آپ اپنی فریکوئینسی کو بلند کرنا چاہتے ہیں جس سے ارد گرد کی ساری نیگیٹوٹی ختم کر سکیں تو، 'مجھے یاد کریں!' کیونکہ، 'میں الٰہی فریکوئینسی ہوں۔' تو پھر اپنے مالک کو یاد کرنا؛ مطلب ذکر کرنا۔ ذہن سے ذکر کرنے سے، زبان سے ذکر کرنے سے، دل سے ذکر کرنے سے، روح کا ذکر کھلنے لگتا ہے۔ کیونکہ جیسے ہی اُس کی الٰہی فریکوئینسی آپ حاصل کرتے ہیں اور اُس کے مقدس ناموں کا ذکر کرتے ہیں، حمد و ثناء بیان کرتے ہیں؛ جب آپ "لاَ اِلٰہَ اِلاّ اللہُ" پڑھتے ہیں اِس کا مطلب ہے، 'اللہ عزوجل کے سوا کچھ نہیں ہے۔' جب آپ کہتے ہیں، "یَا رَحمٰنُ، یَا رَحِیم" (بڑا مہربان، نہایت رحم کرنے والا)، یہ سب فریکوئینسیز ہیں جو روح کی طرف آ رہی ہوتی ہیں۔

اور جیسے ہی وہ روح کی روشنی کی طرف آنا شروع ہوتی ہیں، یہ اُن ہتھیاروں کی سمجھ جیسا ہے؛ یہ خدائی ہتھیار ہیں جو انسانوں کی حالت کو بہتر بنانے کے لئے ہیں۔ یہ بدی کے خلاف اور اُس برائی کے خلاف ہتھیار ہیں جس میں ہم اپنے آپ کو اندر باہر سے گھِرا ہوا پاتے ہیں۔ اللہ عزوجل کی یاد سے ہی یہ روشنی اور یہ ایزجی آتی ہے جو ہماری فریکوئینسی کو توڑنا شروع کر دیتی ہے۔ یہ نیگیٹوٹی کو ختم کرنے لگتی ہے اور نورِ الٰہی سے آراستہ کرنا شروع کرتی ہے۔

ملکوتی ایزجی روشنی کی فریکوئینسی کو پاک کرتی ہے اور بلندی عطا کرتی ہے

اور جیسے ہی یہ روشنی آتی ہے، اور روشنی کی حقیقت اور روشنی کی لہر جب آتی ہے تو جو بھی کم فریکوئینسی کا ہے اُسے ختم کر دیتی ہے اور اُس کو اپنی بلند فریکوئینسی پر لے جاتی ہے۔ پھر کم فریکوئینسی اِس روشنی میں ختم ہو جاتی ہے یہ

اِس روشنی کی انرجی کو برداشت نہیں کر سکتی۔ یہ انرجی ٹوٹنا اور بلند ہونا شروع ہو جاتی ہے، کیونکہ وہ کہیں جاتی نہیں ہے۔ روشنی کی حقیقت یہ ہے کہ وہ تباہ نہیں ہو سکتی۔

تو ملکوتی انرجی روح تک آتی ہے اور جو کچھ بھی منفی ہوتا ہے اُسے ختم کر دیتی ہے۔ وہ روح کی کم سطح کی فریکوئینسی کی روشنی کو ختم کر دیتی ہے، جو ہماری تربیت اور جو ہم اِس مادی دنیا میں کرتے رہے ہیں اُس پر مبنی ہوتا ہے۔ یہ ملکوتی انرجی اِس کو اونچائی دیتی ہے اور اِس روشنی کی فریکوئینسی کو بلند کرنا شروع کر دیتی ہے۔ جتنا زیادہ ذکر، اُتنی بلندی۔ جتنی یاد، اُتنی اونچائی۔

متقی لوگوں کو یاد کریں اور اُن کی طاقتور روشنی سے اپنے آپ کو پاک کریں

'مجھے یاد کرو میں تمہیں یاد کروں گا۔' پھر مشائخ تشریف لاتے ہیں اور تعلیم دیتے ہیں کہ پھر اپنی ساری زندگی اِن متقی لوگوں کو یاد کریں! اپنی زندگیوں میں اُن کا نام شامل کریں۔ اپنے کھانے پر اُن کا نام لیں، آپ جو پئیں اُس پر اُن کا نام لیں۔ آپ بیٹھ کر اُن کا نام لیں، اُن کی زندگیوں کو یاد کریں۔ کیوں؟ کیونکہ جو فریکوئینسی وہ اپنی روح سے جاری کرتے ہیں وہ مشکلات کو ختم کر دیتی ہے، منفی اثرات کو ختم کر دیتی ہے اور ساری ارواح کی فریکوئینسیز (frequencies) کو بلند کر دیتی ہے۔ کیونکہ اللہ عزوجل عظیم ہے! وہ لامحدود وسعتیں، روشنیاں اور تجلیات بھیجتے ہیں جو محض آپ کی فریکوئینسی سے ٹکرا کر ہی آپ کی فریکوئینسی کو بلند کر دیتی ہیں۔

پھر انبیاء کرام کی زندگیوں کا تذکرہ کرتے ہوئے شفاعت کا تصور کریں۔ اب آپ متقی لوگوں کو یاد کر رہے ہوتے ہیں۔ اور متقی لوگوں کی محفلوں میں شرکت کریں؛ وہ متقی لوگ جو اپنے آپ کو بہتر بنانے کی کوشش کرتے ہیں،

پاک کرتے ہیں، اپنے نفس کے خلاف برسرِپیکار رہتے ہیں۔ وہاں اعلیٰ روشنیاں اور ایزجیز موجود ہوتی ہیں؛ ارواح اب بلند ہو رہی ہوتی ہیں، فریکوئینسیز بہتر ہو رہی ہوتی ہیں۔

ان فریکوئینسیز کے نتیجہ میں کافی تزکیہ ہوتا ہے۔ یہ آسان راستہ نہیں ہے۔ آپ اپنی فریکوئینسی کو بلند کر کے ملکوتی فریکوئینسی تک لے جا رہے ہیں، اِس میں کافی تزکیہ ہونے والا ہے کیونکہ روشنی تبدیل ہو رہی ہوتی ہے، ایزجی تبدیل ہو رہی ہوتی ہے، اِس روح کی قوت بڑھ رہی ہوتی ہے۔

پھر اپنی زندگیوں میں حقائق النبی ﷺ کو یاد کرنا شروع کریں۔ حقیقتِ پیغمبر ﷺ کی حمد و ثناء بیان کریں۔ حقیقی محبت اور مخلص عمل سے انبیاء کرام کے قصے یاد کریں۔ اگر آپ تصور کریں کہ پیغمبر تشریف لا رہے ہیں اور پیغمبر فضلِ الٰہی کے ساتھ تشریف لا رہے ہیں؛ اور جب ہم اُن کو یاد کرنا شروع کرتے ہیں تو وہ قدر نہ کرنے والے لوگ نہیں ہیں۔ وہ کہتے ہیں، 'اگر آپ اِس مادی دنیا میں ہمیں یاد کریں گے، تو ہم آپ کو اپنے بہشتی درجات سے یاد کریں گے۔'

یاد، روح کو روشنی کے تمغوں سے آراستہ کرتی ہے

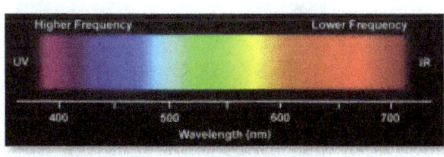

یاد، روح کو تبدیل کرنا شروع کر دیتی ہے، اور ہر تبدیلی، ہر عطا اور ہر خاصیت کا اپنا رنگ ہوتا ہے اور اپنی فریکوئینسی ہوتی ہے۔ وہ ہر ایک فریکوئینسی اور ہر ایک رنگ روح کے لئے عطا اور روح کے لئے تمغہ (medallion) ہے۔ آپ فوج میں لوگوں کو دیکھتے ہیں، اُن کے پاس ایسی جیکٹس (jackets) اور بیجز (badges) ہوتے ہیں۔ (وردی کے) اوپر یہاں؛ ہر پولیس والے اور آگ بجھانے والے لوگوں کے پاس، عموماً سروسز (services) والے لوگوں کے پاس ہوتے ہیں۔

اللہ عزوجل سکھا رہا ہے کہ ہر خاصیت اور ہر ذکر، ہر محفل، حقیقتِ پیغمبر پر بھیجا ہوا ہر درود وسلام، اللہ عزوجل کی مقدس کتابوں کی ہر تلاوت؛ روشنیاں، فریکوئینسیز اور رنگ ہیں۔ یہ روح کو آراستہ کرتے ہیں اور روح کے لئے تمغوں کی طرح ہیں۔ اور اللہ عزوجل کیا کہتا ہے؟ 'مسجد میں اپنا بہترین لباس پہن کر آو!'

يَا بَنِي آدَمَ خُذُوا زِينَتَكُمْ عِندَ كُلِّ مَسْجِدٍ وَكُلُوا وَاشْرَبُوا وَلَا تُسْرِفُوا إِنَّهُ لَا يُحِبُّ الْمُسْرِفِينَ (٣١)

"اے بنی آدم! اپنی ہر مسجد/عبادت گاہ میں خوبصورت لباس پہن لیا کرو۔ اور کھاؤ اور پیو۔ اور اسراف نہ کرو۔ بیشک وہ اسراف کرنے والوں کو پسند نہیں کرتا۔" (سورۃ الاعراف، 7:31)

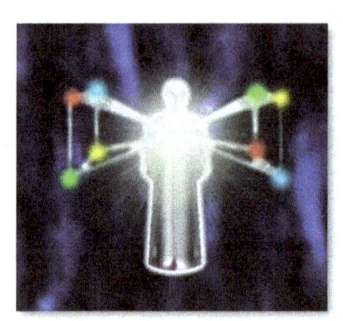

اس کا مطلب ہمارا بہترین لباس ہمیشہ یہ نہیں ہوتا کہ ہر کوئی جا کر Versace کی شرٹ لے اور ذکر کی محفلوں پر پہن آئے۔ بلکہ اپنے بہترین لباس میں آو، مطلب اپنی روح کو اِن حقائق اور روشنیوں سے ملبوس کرو۔ اور جب آپ اِن مقدس مجالس میں شرکت کرتے ہیں، روح اُن الٰہی عطاؤں کو ظاہر کرنے لگتی ہے۔

طاقتور ارواح کی روشنیاں کم فریکوئینسی کو ختم کر دیتی ہے

پھر ہم سمجھنا شروع کرتے ہیں کہ یہ ارواح کس حد تک طاقتور ہو سکتی ہیں۔ وہ جو فریکوئینسی اور روشنی اور اینرجی جاری کر رہی ہوتی ہیں وہ اتنی طاقتور ہیں کہ اپنی موجودگی میں ہر چیز کو ختم کر دیتی ہیں۔ صرف اپنی ایک نظر سے، اگر اُن کی روشنی اور اُن کی روح اُس حقیقت سے تعلق رکھتی ہے، تو وہ کم فریکوئینسی والی ہر چیز کو ختم

کر دیں گے۔ بہت سے لوگ اُن کی موجودگی میں نہیں رہ سکتے۔ بہت سے لوگ اُن کی مجالس میں شرکت نہیں کر سکتے؛ وہ روشنی جو وہ جاری کر رہے ہیں اُس کی وجہ سے۔ وہ لوگ آگے بڑھنا ہی نہیں چاہتے۔

اِس کا مطلب روشنی بہت طاقتور ہے، نا قابل یقین حقیقت ہے؛ لیکن اگر یہ Toshiba یا Mitsubishi یا Sanyo سے آرہی ہو تو آپ یقین کر لیتے ہیں، مگر جب ہم کہتے ہیں کہ روشنی بہشت سے آرہی ہے تو لوگ کہتے ہیں کہ، 'اِس بارے میں مجھے نہیں پتا۔' یہ اُس ذات کی طرف سے ہے جس نے ہمیں بنایا ہے! پر جو چیزیں ہم اپنے ہاتھوں سے بنا رہے ہیں، ہمیں اُن پر زیادہ اعتماد ہے۔

روشنی کی دنیا میں شفاعت کی حقیقت

اللہ عزوجل فرماتا ہے کہ، "وَلَقَدْ كَرَّمْنَا بَنِي آدَمَ" (ہم نے تمہاری تخلیق کو اعزاز بخشا اور تمہیں تمہاری حقیقت سے نوازا)۔

وَلَقَدْ كَرَّمْنَا بَنِي آدَمَ...(٧٠)

"اور یقیناً ہم نے بنی آدم کو عزت بخشی..." (سورۃ بنی اسرائیل، 17:70)

اگر آپ روح کو بلند کرتے ہیں، طاقتور بناتے ہیں، تو اُس کے پاس کس قسم کی طاقت ہے؟ لہٰذا جب ہم شفاعت کی بات کرتے ہیں تو اِس کا مطلب کہ ہر روشنی اور طاقتور روح ایسی فریکوئینسیز جاری کرتی ہے جو ساری نچلے درجے کی فریکوئینسیز کو ختم کرنا شروع کر دیتی ہیں، اور جو اُن کی حضوری میں آتا ہے اُن سب کو بلند کر دیتی ہیں۔

روشنی اور روشنی کی فطرت یہ ہے کہ وہ آکر ساتھ مل جاتی ہے۔ اُس کی شروعات اور اختتام کا علم نہیں ہوتا۔ اُن کے انوار صرف جاری ہونا شروع ہوتے ہیں اور مشکلات اور بُرائیوں کو ختم کر دیتے ہیں، اور پھر روح کو آراستہ کرنے لگتے ہیں۔ جتنا زیادہ اور زیادہ سے زیادہ وہ روح کو آراستہ کرتے ہیں، اُتنی ہی روح کی فریکوئینسی بلند اور طاقتور ہوتی جاتی ہے۔

یہ سمجھ صرف حقیقتِ روح اور روشنی کی دنیا سے ہے۔ بہت بار لوگ مادی سطح پر شفاعت اور ذکر کی بات کرتے ہیں اور کہتے ہیں کہ، 'یہ کیا ہے؟' لیکن صرف روشنی اور ایزجی کی سمجھ ہی دل میں اِس تفہیم کو کھولتی ہے کہ جتنا زیادہ ہم ذکر کرتے ہیں، جتنی ہم (محافلِ ذکر میں) شرکت کرتے ہیں، جتنا اِن حقائق اور اس نورِ الٰہی کی حمد ہوتی ہے، اُتنا ہی یہ روح کو بلند کرنے لگتا ہے۔

نیک لوگوں کی دعا کی طاقت

پھر آپ کو وہ لوگ ملنا شروع ہوتے ہیں جو نیگیٹیویٹی میں پھنسے ہوئے ہوتے ہیں اور نیگیٹیویٹی میں گھرے ہوئے ہوتے ہیں؛ جب تک وہ اِس روشنی کے ظاہر ہونے پر رضامند یا آمادہ نہیں ہوتے۔ اللہ عزوجل کہتا ہے، 'میں سب کچھ جانتا ہوں۔' جس کی ہم بات کر رہے ہیں وہ جاننے کا معاملہ نہیں ہے، بلکہ آپ کی سمجھ ہی دنیاوی ہے!

دنیاوی سمجھ یہ ہے کہ آپ کہیں کہ، 'اچھا، کیا آپ میرے لئے دعا کریں گے کہ میری بیماری دور ہو جائے؟' ٹھیک ہے! تو یہ میں نے، آپ نے اور اللہ عزوجل نے سن لیا ہے۔ بہت سے فرشتوں نے یہ سن لیا اور کمرے میں موجود بہت سی مختلف روحانی مخلوقات نے یہ سن لیا۔ مگر یہ اہم نہیں ہے! بلکہ اُن ولی اللہ کی دعا سے ایک ایزجی جاری ہوتی ہے، اُن کی روح کی ایزجی، اُن کے قلب کی ایزجی وہاں پہنچ کر لوگوں کے سامنے موجود مشکلات کو ختم کرنا شروع کر دیتی ہے۔

یعنی بہت سی تفاہیم اور حقائق ہیں، جب آپ روشنی کی سطح پر، روح کی سطح پر سوچنا شروع کرتے ہیں، آواز اور رنگ کے زمرے میں سوچتے ہیں۔ یہ سب مادی دنیا میں موجود ہے اور اِنہیں نیگیٹیویٹی کے لئے استعمال کیا جا رہا ہے۔ ہم دعا کرتے ہیں کہ ہم اپنے قلب اور اپنی سمجھ کو وسیع کریں۔

سُبْحَانَ رَبِّكَ ربِّ الْعِزَّةِ عَمَّا يَصِفُونَ، وَسَلَامٌ عَلَى الْمُرْسَلِينَ وَالْحَمْدُ لِلّٰهِ رَبِّ الْعَالَمِينَ. بِحُرمَةِ مُحَمَّدِ الْمُصطفٰي وَبِسِرِّ سُورَةِ الفَاتِحَة۔

روشنی اور ایزجی آواز سے پیدا ہوتی ہیں

آواز ⬅ ایزجی ⬅ روشنی

ہر چیز اللہ عزوجل کی حمد میں مصروف ہے

ہم سائنس کے ذریعے یہ جانتے ہیں کہ ایزجی تباہ نہیں ہو سکتی۔ ہم جتنا مرضی اپنا زور اِس ایزجی پر لگالیں، یہ ہمیشہ قائم رہے گی؛ یہ ابدی ہے۔ یہ ایزجی وہ چیز ہے جو ہم اِس دنیا سے رخصت ہوتے وقت ساتھ لے کر جائیں گے۔ اِس لئے ہر چیز میں ہماری توجہ اِس ایزجی پر اور اِس ایزجی کی تعمیر پر ہونی چاہیئے۔

اب سائنس کی وجہ سے لوگ جانتے ہیں کہ ہر ایزجی کی ایک فریکوئینسی (frequency) ہوتی ہے، جس میں وہ ارتعاش پذیر (vibrate) ہے۔ جو بھی ہمارے ارد گرد موجود ہے اُس کی ایزجی کی سطح پر مختلف فریکوئینسیز ہیں۔ تو اب لوگوں نے سمجھ لیا ہے کہ اگر وہ اِس شیشے کی فریکوئینسی ڈھونڈ لیں اور اپنے آلات کے ذریعے واپس اُسی فریکوئینسی کے ساتھ گونجیں (resonate)؛ اِسی شیشے کی فریکوئینسی میں گونجیں، کیوں؟ کیونکہ اللہ عزوجل قران مجید میں کہتا ہے کہ، 'ہر چیز میری حمد بیان کر رہی ہے،' ہر چیز کا ذکر ہے، ہر چیز کی فریکوئینسی ہے؛ وہ آواز کی وجہ سے ہی قائم ہے۔

تُسَبِّحُ لَهُ السَّمَاوَاتُ السَّبْعُ وَالْأَرْضُ وَمَن فِيهِنَّ ۚ وَإِن مِّن شَيْءٍ إِلَّا يُسَبِّحُ بِحَمْدِهِ وَلَٰكِن لَّا تَفْقَهُونَ تَسْبِيحَهُمْ ۗ إِنَّهُ كَانَ حَلِيمًا غَفُورًا (٤٤)

"ساتوں آسمانوں اور زمین اور جو کچھ بھی ان میں ہے سب اسی کی تسبیح کرتے ہیں۔ اور (مخلوقات میں سے) کوئی چیز نہیں مگر اس (اللہ عزوجل) کی تعریف کے ساتھ تسبیح کرتی ہے۔ لیکن تم ان کی تسبیح کے طریقے کو نہیں سمجھتے۔ بے شک وہ دائمی بردبار (اور) غفار ہے۔" (سورۃ الاسراء، 17:44)

ہر چیز کی ایک فریکوئینسی ہے اور اُسے آواز کے ذریعے توڑا جاسکتا ہے

اس کا مطلب یہ ہے کہ آواز ایزجی کا ذریعہ ہے؛ ایزجی روشنی کا ذریعہ ہے؛ روشنی ہر چیز کے آشکار (ظاہر) ہونے کا ذریعہ ہے۔ لوگ جانتے ہیں کہ یہ سائنسی طور پر بھی درست ہے۔ جو بھی آشکار ہو رہا ہے وہ روشنی ہے؛ یہ کوانٹم (quantum) حقائق ہیں۔ یہ روشنی ایزجی میں تبدیل ہو سکتی ہے۔ اور یہ ایزجی اصل میں ایک ارتعاش اور ایک آواز ہے۔

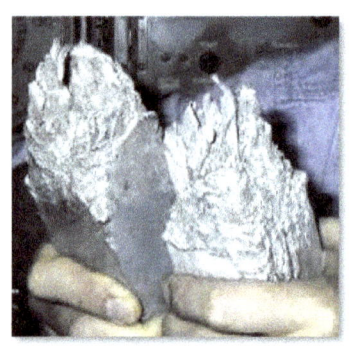

لوگ اب آواز میں ردّوبدل کر سکتے ہیں۔ اگر وہ اِس شیشے کی فریکوئینسی ڈھونڈ لیں تو وہ صرف اِس شیشے کی فریکوئینسی کو بجا کر ہی اِسے توڑ سکتے ہیں۔ اُن کے پاس جدید ترین آلات موجود ہیں جو دیواروں اور سٹیل پر استعمال کئے جا سکتے ہیں۔ آپ Hutchinson کے نظریہ سے واقف ہیں کہ فریکوئینسی کو موڑا جا سکتا ہے، کیونکہ ہر چیز کی آواز ہوتی ہے اور ہر چیز کی فریکوئینسی ہوتی ہے۔ وہ اُس فریکوئینسی کا استعمال کرتے ہیں اور وہ چیز ٹوٹنا اور بکھرنا شروع ہو جاتی ہے۔

"وہ تو صرف ایک چنگھاڑ تھی، ہم نے تمہیں بھسم کر دیا اور دوبارہ حاضر کر دیا۔"

(قران مجید، 36:29)

اللہ عزوجل قران مجید میں بیان فرماتا ہے، "صَيْحَةً وَاحِدَةً" 'یہ تو بس ایک چنگھاڑ تھی، تم جہاں تھے ہم نے تمہیں وہیں آپکڑا، تم حرکت کرنے کے قابل نہ رہے' (36:49)۔ 'وہ تو صرف ایک چنگھاڑ تھی۔ اور ہم نے تمہیں بھسم کر دیا' (36:29)۔ 'وہ تو بس ایک چنگھاڑ تھی کہ ہم نے تمہیں حاضر کر دیا' (36:53)۔ یہ خدائی تعلیم ہے کہ ہر چیز آواز پر مبنی ہے۔ آواز ہمارے وجود کا اصل ہے اور ہماری حقیقت کا راز ہے۔

إِن كَانَتْ إِلَّا صَيْحَةً وَاحِدَةً فَإِذَا هُمْ خَامِدُونَ (٢٩)

"وہ تو صرف ایک چنگھاڑ تھی۔ پس وہ (سب) بھسم ہو گئے۔" (سورۃ یٰس، 36:29)

مَا يَنظُرُونَ إِلَّا صَيْحَةً وَاحِدَةً تَأْخُذُهُمْ وَهُمْ يَخِصِّمُونَ ﴿٤٩﴾

"وہ تو صرف ایک چنگھاڑ کے منتظر ہیں، جو اُنہیں آ لے گی۔ جبکہ وہ آپس میں جھگڑ رہے ہوں گے۔"
(سورۃ یٰس، 36:49)

إِن كَانَتْ إِلَّا صَيْحَةً وَاحِدَةً فَإِذَا هُمْ جَمِيعٌ لَّدَيْنَا مُحْضَرُونَ (٥٣)

"وہ تو بس ایک چنگھاڑ ہو گی پس وہ سب کے سب ہمارے حضور پیش کئے جائیں گے۔" (سورۃ یٰس، 36:53)

آپ کی فریکوئینسی، ایزجی کا اخراج کرتی ہے۔ ایزجی، روشنی کو آشکار کرتی ہے

آواز ⬅ ایزجی ⬅ روشنی

آواز اور جو ارتعاش ہم پیدا کرتے ہیں اُس کا فارمولا یہی ہے: آواز، ایزجی، روشنی – یہ تین چیزیں ہیں۔ آپ یہ نہیں کہہ سکتے کہ، 'میرے پاس روشنی ہے،' جبکہ آپ کی کوئی فریکوئینسی نہ ہو۔ تو آپ کی فریکوئینسی بہت کم سطح کی آواز ہوئی، جہاں آپ کے اعمال بہت پست ہیں اور اِس پر آپ کا یہ دعوٰی ہو کہ آپ کی روح بہت روشن ہے؛ یہ ممکن نہیں ہے! آپ کی روشنی کی فریکوئینسی آپ کی ایزجی کو جاری کرے گی؛ آپ کی ایزجی اپنی روشنی کو آشکار کرے گی۔

تو پھر ہماری ساری جستجو لازمان حقیقتوں کے لئے ہے؛ نہ کہ وقتی حقیقتوں کے لئے۔ وقتی حقیقت یہ ہے کہ کھانا پینا اور سونا اور جسمانی کام کرنا جیسے کہ چلنا اور بات کرنا۔ لیکن مشائخ جس بات پر زور دیتے ہیں وہ یہ ہے کہ آپ کی

روح کی لازمان حقیقت کو ایکٹ ایزجی کی ضرورت ہے، اُسے زیادہ ایزجی چاہئے، آپ کی روشنی وہ سپیکٹرم (spectrum) جاری نہیں کر رہی جو اُسے کرنا چاہئے۔ اِس کی روشنی کے سپیکٹرم پر صلاحیت لامحدود ہے۔

حمد وثناء اور ذکر کے ذریعے اپنی روشنی کے سپیکٹرم کو بلند کریں

تو جب آپ کو روشنی دِکھائی جاتی ہے تو یہ پتا چلتا ہے کہ روشنی کی لامحدود صلاحیت ہے۔ جو روشنی کا سپیکٹرم ہم استعمال کرتے ہیں وہ برقی مقناطیسیت کی سب سے نچلی سطح ہے۔ فریکوئینسی اور روشنی کے درجات، آپ اِن کو درجات اور مرتبوں میں لامحدود سمجھیں۔

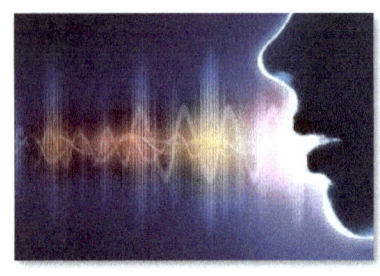

یعنی آپ روشنی کی کم سطح پر ہیں اور اللہ عزوجل چاہتا ہے کہ وہ آپ کی روشنی کو بلند کرے، آپ کی روح کو مزید طاقتور بنائے۔ آپ اپنی روح کو مزید طاقتور کیسے بنائیں گے؟ آپ کو مزید ایزجی کی ضرورت ہے۔ آپ اپنی روح کے لئے مزید ایزجی کیسے حاصل کریں گے؟

یہ اُس آواز کے ذریعے ہوگا جو آپ پیدا کر رہے ہیں! جو آواز آپ پیدا کرتے ہیں، ذکر اور وِرد جو آپ کرتے ہیں اِس کا سیدھا اثر آپ کی ایزجی پر اور آپ کی روشنی پر، آپ کی فریکوئینسی پر، روشنی کی سطح اور روح پر ہوتا ہے۔

یعنی ہمارے لئے ہر چیز، اور وہ اِس حقیقت کو بیان کر رہے ہیں کہ جتنا ہم ذکر کرتے ہیں، جتنی ہم تلاوت کرتے ہیں، جتنا ہم اِس حقیقت میں سانس لیتے ہیں اُتنا ہی اِس روشنی کا سپیکٹرم بلند سے، بلند تر اور بلند ترین ہوتا چلا جاتا ہے۔

مقدس ارواح کی شفاعت اور آواز کی حقیقت

مشائخ ہمیں سکھاتے ہیں کہ جیسے اب لوگ فریکوئینسی کو دوسرے آلات سے بھی پیدا کروا سکتے ہیں؛ جیسا کہ اِس شیشے کی اپنی ایک فریکوئینسی ہے اور اِس کا اپنا ذکر ہے، تو وہ ایک بیرونی فریکوئینسی اِس سے متعارف کروا کر اِس کو توڑ سکتے ہیں۔

شفاعت کے تصور کی بھی یہی حقیقت ہے اور اِن انتہائی مقدس ارواح سے یہ آلات کہ، 'تم مجھے یاد کرو۔' (اللہ عزوجل اور اِن مقدس ارواح کو یاد کرو)۔ کیونکہ وہ چاہتے ہیں کہ ہم حقیقت کی سطح پر سوچیں؛ ہم اِس کے بارے میں سوچیں اور تفکر کریں۔ جب آپ اِن مقدس ارواح کو پکارتے ہیں محفلوں میں اور اللہ عزوجل کی حمد و ثناء کرتے ہوئے کہ، 'یا ربّی! اپنے انبیاء کرام کو بھیج، اپنے اولیاء کرام کو بھیج، ملائکہ کو بھیج، اِن کو اِس محفل میں بھیج۔' یہ روشنیاں اور روشنیوں کی حقیقت یہ ہے کہ وہ الگ الگ نہیں رہ سکتیں۔ جب روشنی اِس کمرے میں آتی ہے، تو وہ فوراً ہر چیز کو روشنی سے آراستہ کرنا شروع کر دیتی ہے۔

اب ہم اِدھر کم سطح پر ہیں اور اُن کی روشنیاں طاقت میں ناقابلِ تصور ہیں اور بہت اونچی ہیں۔ جب یہ ایزجی کمرے میں داخل ہونا شروع ہوتی ہے تو فوراً اُس روشنی کی فریکوئینسی، اُس روشنی کی ایزجی، ہماری فریکوئینسی کو بڑھانے لگتی ہے۔ وہ اُن سب غلط اور بری خصوصیات کو ریزہ ریزہ کر دیتی ہے جو ہماری فریکوئینسی کو بڑھنے سے روکتی ہیں۔ وہ ان کو چکنا چور کر دیتے ہیں، ریزہ ریزہ کر دیتے ہیں اور وہ ان کو اپنی فریکوئینسی سے آراستہ کرنے لگتے ہیں۔ وہ ان کو اپنی روشنی کے درجے اور اپنی طاقت کے درجے سے آراستہ کرتے ہیں۔

اب یہ ارواح لازمان حقیقت میں بلند ہو چکی ہوتی ہیں کیونکہ وقت کا وجود نہیں ہے۔ یہ اُن پانچ منٹوں کے لئے نہیں آتے جس میں ہم یہاں بیٹھے تھے۔ جو وہ ہمیں اِس حقیقت کے بارے میں سکھا رہے ہیں اُس کا الفاظ میں بیان بہت مشکل ہے۔ یہ اُس کھڑکی کی طرح ہے جو کھل جاتی ہے، ایک sci-fi فلم کی طرح۔

مشائخ ایک ابدی دنیا سے ہماری روشنیوں کو آراستہ کرتے ہیں

جیسے ہی ذکر شروع ہوتا ہے اور یہ محفلیں منعقد ہونا شروع ہوتی ہیں، یہ ایسے ہے جیسے ایک کھڑکی کُھلے جس سے یہ روحانی روشنی آتی ہے اور ہماری روشنیوں کو ملبوس کرنا شروع کر دیتی ہے۔ وہ لباس اب لازمان سمت میں ہے۔ یہ اینرجی کا وہ حصہ ہے جو اب ابدی ہو چکا ہے۔ کیونکہ وہ جو بہشت سے ہے اُس نے ایک ایسی چیز کو نوازا ہے جو زمین سے ہے؛ ہمارے وجود سے ہے جو زمین پر ہے۔ یہ فوراً ایک سمت کھول دیتی ہے، اُس حقیقت کو کھول دیتی ہے جو ابدی ہے۔

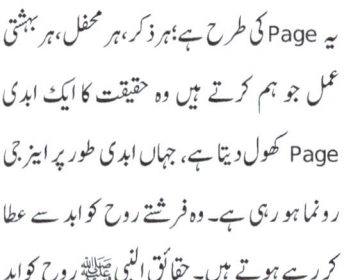

یہ Page کی طرح ہے؛ ہر ذکر، ہر محفل، ہر بہشتی عمل جو ہم کرتے ہیں وہ حقیقت کا ایک ابدی Page کھول دیتا ہے، جہاں ابدی طور پر اینرجی رونما ہو رہی ہے۔ وہ فرشتے روح کو ابد سے عطا کر رہے ہوتے ہیں۔ حقائق النبی ﷺ روح کو ابد

سے عطا کر رہے ہوتے ہیں، اولیاء کرام روح کو ابد سے عطا کر رہے ہوتے ہیں۔ اِس کا مطلب اُن کی مجلس ابدی ہے، یہ اب ابدی دنیا میں داخل ہو رہی ہوتی ہے جو بلند ہے، جو ابدی ہے، جو لازمان ہے۔

روشنی و ابدیت کی دنیا کے ساتھ تعلقات استوار کریں

تو وہ ہمیں سکھاتے ہیں کہ سب سے بڑا تحفہ اور سب سے بڑی حقیقت جو ہم حاصل کر سکتے ہیں وہ تفکر ہے۔ نبی پاک ﷺ یہ واضح فرماتے ہیں کہ، 'اگر آپ ایک گھنٹے کے لئے تفکر کریں۔ "فکرُ سَاعَة" - اور ایک گھنٹے کے لئے اچھا تفکر کریں تو یہ کسی اور شخص کی 70 سال کی عبادت کے برابر ہے۔'

تَفَكُّرْ سَاعَةٍ خَيْرٌ مِنْ عِبَادَةِ سَبْعِينْ سَنَةً

"ایک گھنٹے کا تفکر ستر سال کی عبادت سے بہتر ہے۔" (سیدنا محمد ﷺ)

اس کا مطلب اُنہوں نے آئن سٹائن والا نظریہ دیا تھا کیونکہ آئن سٹائن کہتا تھا کہ اگر آپ روشنی کی رفتار سے سفر کریں اور جا کر واپس آئیں تو زمیں پر ستر سال گزر چکے ہوں گے۔

مشائخ ہمیں سکھا رہے ہیں کہ جیسے ہی آپ تفکر کی دنیا میں داخل ہوتے ہیں، آپ نے اسلام کو استعمال کرلیا، آپ نے اپنے تمام اعمال کو اپنے ظاہر (جسم) کے نظم و ضبط کے لئے استعمال کرلیا، لیکن پھر اِس کے بعد روح کی حقیقت اور روشنی کی حقیقت کو بیدار کریں اور اِس روشنی پر تفکر کریں۔ جیسے ہی روشنی کی دنیا کھلنا شروع ہوتی ہے اور آپ اِن ارواح کو پکارتے ہیں اِن مشائخ کو پکارتے ہیں، فرشتوں کو پکارتے ہیں، بارگاہِ الٰہی کو پکارتے ہیں، تو ایزجی کا وہ رابطہ کھلنے لگتا ہے جو ابدیت کے ساتھ ایک تعلق پیدا کرنا شروع کرتا ہے۔ ہماری فانی دنیا سے، انتہائی عارضی وجود سے ہم اُس کے ساتھ جو ابدی ہے یعنی روشنی کی دنیا سے، اصل میں ایک رشتہ قائم کر سکتے ہیں۔

نوری لوگوں کی صحبت برقرار رکھیں

یہی وجہ ہے کہ آپ کو تمام روایات نوری لوگوں کو پکارنے کی ملتی ہیں، روشنی کے حقائق کو پکارنے کی ملتی ہیں

کیونکہ اُن سے تعلق (یہ ہے کہ) جب آپ اُن کو پکارتے ہیں جب آپ مراقبہ اور تفکر کرتے ہیں ان کو بلاتے ہیں، جہاں اللہ عزوجل کہتا ہے، "اتَّقُوا اللَّهَ وَكُونُوا مَعَ الصَّادِقِينَ"

يَا أَيُّهَا الَّذِينَ آمَنُوا اتَّقُوا اللَّهَ وَكُونُوا مَعَ الصَّادِقِينَ (١١٩)

"اے ایمان والو! اللہ عزوجل سے با خبر رہو اور اُن کے ساتھ رہو جو سچے ہیں (اپنے الفاظ اور اعمال میں۔" (سورۃ توبہ، 9:119)

اِس کا مطلب صادقین کی صحبت اختیار کریں، کیوں؟ کیونکہ یہ وہی حقیقت ہے! وہ نوری لوگوں کی صحبت برقرار رکھے ہوئے ہوتے ہیں کیونکہ اگر اُن کی صحبت نصیب ہوتی ہے اور آپ اپنی تربیت کرتے ہیں کہ اُن کی صحبت کیسے برقرار رکھنی ہے تو آپ اپنے لئے ابدیت کے رابطے کھول رہے ہوتے ہیں۔ جتنی بار آپ اُن سے ملیں گے اور اُن کے ساتھ رابطہ قائم کریں گے اُتنی ہی بار یہ ایک ابدی عطا ہو گی۔ ایسا کسی صورت نہیں ہو سکتا کہ آپ مولانا شیخ (ق) سے جڑنا چاہتے ہوں، نبی پاک ﷺ سے جڑنا چاہتے ہوں اور یہ مجلس کبھی ختم ہو۔ یہ ابدی مجلس ہے؛ اُن کی دنیا میں وقت کا کوئی تصور نہیں۔

تو تصور کریں کہ آپ اپنے دل کی حقیقت کو بیدار کر سکتے ہیں، اور جیسے ہی آپ مراقبہ کرتے ہیں، آپ اُن کے ساتھ ہوتے ہیں۔ وہ ابدی رابطہ آپ کو ہمیشہ تعلیم دے رہا ہوتا ہے، ہمیشہ آراستہ کر رہا ہوتا ہے، ہمیشہ عطا کر رہا ہوتا ہے اور روشنی کی دنیا میں ہر مجلس جس میں ہم نے شرکت کی ہماری حقیقت کا ایک ابدی صفحہ بن جاتی ہے۔

یہ ایسی چیز ہے جس کا مادی دنیا کی کسی بھی چیز سے مقابلہ نہیں کیا جا سکتا۔ ہم مادی دنیا میں کیا کر سکتے ہیں جس کا اس سے موازنہ بھی ہو سکے؟ اسی لئے نبی پاک ﷺ ہمیں ہدایت دیتے ہیں کہ تفکر کرو، غور و فکر کرو۔ ایک بار آپ تفکر کریں گے تو آپ اپنے دل کو بیدار کرنا شروع کر دیں گے اور فرشتوں کو پکاریں گے، اولیاء کرام کو پکاریں گے، بارگاہِ الٰہی کو پکاریں گے، انبیاء کرام کو پکاریں گے کیونکہ آپ اللہ عزوجل سے یہ مانگ رہے ہیں کہ، 'مجھے اُن میں سے کر، جن سے تو خوش ہے۔'

اگر اُس اینرجی تک رابطہ قائم ہونا شروع ہو جائے، تو یہ کوئی ایسی چیز نہیں ہے جس کے بارے میں آپ بیان بھی کر سکیں کیونکہ زبان کے لئے اِس کا بیان انتہائی مشکل ہے۔ اور یہی وہ ہمارے لئے چاہتے ہیں – لازمان حقیقت۔ یہ اُس دنیا میں داخل ہونے کے لئے ہے جو لازمان اور ابدی ہے اور یہ ابدی لباس، انشاء اللہ، ہمیں ابد تک ملبوس کرے گا۔ اس سے آگے لازمانیت (timelessness) ہوتی ہے، جہاں یہ اللہ عزوجل کی مرضی بن جاتی ہے جو نبی پاک ﷺ کے قلبِ اطہر میں آشکار ہوتی ہے۔

سُبْحَانَ رَبِّكَ رَبِّ الْعِزَّةِ عَمَّا يَصِفُونَ، وَسَلَامٌ عَلَى الْمُرْسَلِينَ وَالْحَمْدُ لِلّٰهِ رَبِّ الْعَالَمِينَ. بِحُرْمَةِ مُحَمَّدِ الْمُصْطَفَى وَبِسِرِّ سُورَةِ الْفَاتِحَة۔

آواز اور حمد کی حقیقت

حمد اور ذکر اتنے طاقتور کیوں ہیں؟

أحمد

سائنس اور اِس کی افہام و تفہیم انسانیت کے لئے کھلنے لگی ہے تاکہ ہمیں اپنی حقیقت کا ادراک حاصل ہو سکے، خاص طور پر اگر سائنس درست ہو۔ کیونکہ یہ آخرالزمان (وقت کا اختتام) ہے، اللہ عزوجل اِن حقائق سے آواز کی اہمیت سامنے لاتا ہے۔ ہم نے پہلے بھی کئی بار بیان کیا ہے، پر آپ کو کیا معلوم کہ تیسری، چوتھی یا پانچویں بار کہتے رہنے سے یہ بات کسی کے دل پر اثر کر جائے اور وہ کہیں کہ، 'ہیں؟ ہم نے پہلے یہ کبھی نہیں سنا!' کیونکہ اِسے روحانی طور پر تھوڑا ہضم کرنا پڑتا ہے تاکہ صحیح معنوں میں سمجھ آسکے۔

ہر چیز اپنی حمد و ثناء کے باعث قائم ہے

اِس مادی دنیا میں؛ مادے کے ظاہر ہونے کے لئے "يُسَبِّحُ بِحَمْدِهِ" (قران مجید، 17:44) کا ہونا لازم ہے، حمد و ثناء کا ہونا لازم ہے۔

تُسَبِّحُ لَهُ السَّمَاوَاتُ السَّبْعُ وَالْأَرْضُ وَمَن فِيهِنَّ ۚ وَإِن مِّن شَيْءٍ إِلَّا يُسَبِّحُ بِحَمْدِهِ وَلَٰكِن لَّا تَفْقَهُونَ تَسْبِيحَهُمْ ۗ إِنَّهُ كَانَ حَلِيمًا غَفُورًا (٤٤)

"ساتوں آسمانوں اور زمین اور جو کچھ بھی ان میں ہے سب اسی کی تسبیح کرتے ہیں۔ اور (مخلوقات میں سے) کوئی چیز نہیں مگر اس (اللہ عزوجل) کی تعریف کے ساتھ تسبیح کرتی ہے۔ لیکن تم ان کی تسبیح کے طریقے کو نہیں سمجھتے۔ بے شک وہ دائمی بردبار (اور) غفار ہے۔" (سورۃ الاسراء، 17:44)

مادی دنیا کی ایک ایٹمی حقیقت ہے؛ ایٹم اتنی تیز رفتاری سے حرکت کرتے ہیں کہ آپ کو وہ مادہ ٹھوس حالت میں نظر آنے لگتا ہے۔ یہ سب حرکت کرتے ہوئے ایٹمز (atoms) ہیں۔ اِن ایٹمز کا ایک ذکر ہے۔ یعنی مادہ اور اِس کی

ایٹمی حقیقت، اور پھر جب لوگوں نے ایٹمز کو دریافت کیا اور ایٹمی سطح تک گئے، تو وہ روشنی تھی۔ تو مادے کی ایٹمی حقیقت ایک روشنی بن جاتی ہے۔

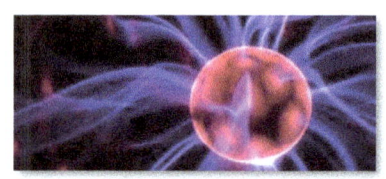

ہر چیز نور ہے جو اُس ذکر کے ساتھ ظاہر ہو رہا ہے جو اللہ عزوجل نے اُس کو دیا ہے اور جس میں اُس کو ظاہر ہونے کی اجازت ہے۔ روشنی کی سائنس، روشنی کا وجود ایزجی سے ہوتا ہے۔ ایک ایزجی سے یہ روشنی ظاہر ہو رہی ہوتی ہے اور وہ ایزجی ایک حمد ہے۔ یعنی اِس ذکر، اِس حمد سے یہ ایزجی آرہی ہے، تو اِس کا منبع کیا ہوا؟ 'حمد!'

"محمد ﷺ" کے اندر حمد کا راز موجود ہے

ہمارے نبی پاک ﷺ کا نام حمد (ح، م، د) ہے؛ یہ کوئی اتفاق نہیں ہے۔ 'سب سے زیادہ حمد کیا گیا!' محمد ﷺ کا مطلب ہے، 'سب سے زیادہ تعریف کیا گیا۔' اس کے علاوہ، اِس نام کے اندر ہی حمد کا راز ہے۔ کیونکہ آخر الزمان (اختتام کا وقت) یہ ہے کہ رسولِ اکرم ﷺ اُس حقیقت کو لے کر آرہے ہیں، جیسا کہ ہم نے بتایا کہ مادی دنیا ختم ہونے کو ہے۔

قرآن مجید خدائی زبان کے ذریعے نازل ہو رہا ہے

پہلے پیغامات ظاہر (form) پر مبنی ہوتے تھے۔ سیدنا موسیٰ علیہ السلام کے لئے تورات، پتھر کی تختیوں/لوح پر تحریری متن کے طور پر نازل ہوئی تھی۔ آخری دو مقدس کتابیں آواز پر مبنی تھیں۔ روح اللہ، سیدنا عیسیٰ علیہ السلام کے ذریعے انجیل آئی (بولا ہوا کلام – Gospel) جس کی بنیاد آواز پر اور جو زبان سے آرہا ہے اُس پر تھی۔ پھر قرآن مجید آیا، یعنی یہ وہ کتاب ہے جس کی تلاوت کی جاتی ہے۔ اِس کے قافیے ملتے ہیں اور یہ پُرترنم ہے اور یہ آواز کے ذریعے آیا، کس کی آواز کے ذریعے؟ ایک حمد! تمہاری طرف ایسے پیغبر تشریف لائے ہیں وہ جو سب سے زیادہ تعریف کئے گئے ہیں (مُ حمد) "لِواءِالحمد"۔

نبی پاک ﷺ کی زبان ہی بارگاہِ الٰہی کی زبان ہے۔ اِس الٰہی زبان کے ذریعے جو اللہ عزوجل نے نبی پاک ﷺ کی مبارک روح کو عطا کی ہے، اللہ عزوجل کی وہ کتاب نازل ہو رہی ہے جو غیر تخلیق شدہ ہے۔ عظمتِ قرآن یہ ہے کہ یہ تخلیق نہیں ہوا؛ یہ اللہ عزوجل کا قدیم کلام ہے جو نبی پاک ﷺ کی مقدس زبان کے ذریعے نازل ہو رہا ہے۔

"سٹرنگ تھیوری" – ہر چیز کی ایک حمد وثناء اور ارتعاش ہے

جب ہم مادی دنیا کو سمجھنے کی کوشش کرتے ہیں، تو (پتہ چلتا ہے کہ) یہ ایٹمز اور مالیکیولز ہی ہیں۔ یہ ایٹمز اور مالیکیولز روشنی ہیں۔ اِس روشنی کو وجود میں رکھنے کے لئے ایک حمد موجود ہے، ایک ذکر ہے۔ لوگ اِس کو سائنس میں 'سٹرنگ تھیوری' کہتے ہیں۔ ہر چیز کی ایک حمد اور ایک وائبریشن (vibration) ہے۔ اللہ عزوجل کہتا ہے کہ، 'ہر چیز میری (اللہ عزوجل) کی تسبیح کرتی ہے۔' اللہ عزوجل نے ہر چیز کو ایک ذکر دیا ہے۔

$$\text{تُسَبِّحُ لَهُ السَّمَاوَاتُ السَّبْعُ وَالْأَرْضُ وَمَن فِيهِنَّ ۚ وَإِن مِّن شَيْءٍ إِلَّا يُسَبِّحُ بِحَمْدِهِ وَلَٰكِن}$$
$$\text{لَّا تَفْقَهُونَ تَسْبِيحَهُمْ ۗ إِنَّهُ كَانَ حَلِيمًا غَفُورًا (٤٤)}$$

"ساتوں آسمانوں اور زمین اور جو کچھ بھی ان میں ہے سب اسی کی تسبیح کرتے ہیں۔ اور (مخلوقات میں سے) کوئی چیز نہیں مگر اس (اللہ عزوجل) کی تعریف کے ساتھ تسبیح کرتی ہے۔ لیکن تم ان کی تسبیح کے طریقے کو نہیں سمجھتے۔ بے شک وہ دائمی بردبار (اور) غفار ہے۔" (سورۃ الاسراء، 17:44)

جسم کو قابو میں رکھیں اور روح کی روشنی کو آزاد کریں

آپ اس ظاہری دنیا پر تفکر کرتے ہیں اور ہم اس ظاہری دنیا سے منقطع ہونا چاہتے ہیں۔ کیونکہ ہم یہاں ظاہر کے لئے نہیں آئے، آپ یہاں اپنے جسم کو کامل بنانے کے لئے نہیں آئے کیونکہ یہ جسم تو قبر میں چلا جانا ہے۔ ہم اسلام میں جو بھی اعمال کرتے ہیں وہ اِس گدھے (جسم) پر قابو پانے اور اِسے کنٹرول میں رکھنے کے لئے ہیں۔ اور ہم اِس جسم کو گدھا کہہ رہے ہیں۔ جسم اللہ عزوجل کے پاس نہیں جا رہا۔ تو جسم میں ہی نہ کھوکے رہ جائیں۔ آپ کو اِس پر قابو پانا ہے اور اسلام (شریعت) کو اِس جسم پر قابو پانے، بری خصوصیات پر قابو پانے، اور بری خواہشات پر قابو پانے کے لئے نافذ کرنا ہے تاکہ نور اور روح کی روشنی آزاد ہو سکے۔ روح کی روشنی اِس جسم میں قید ہے۔

ملکوت اور کوانٹم تھیوری: روشنی کا مطالعہ

ہر چیز جو ہمارے لئے ضروری ہے وہ 'ملکوت' (عالمِ ملائکہ) ہے۔ ہم 'مُلک' (عالمِ ناسوت/دنیا) میں موجود ہیں اور ہمیں ملکوت میں واپس جانا ہے۔ اور ملکوت ہی "کُلِّ شَيْءٍ" ہے۔ سورۃ یٰسٓ میں اللہ عزوجل بیان کرتا ہے، 'یہ ہر چیز کا احاطہ کئے ہوئے ہے۔'

$$\text{فَسُبْحَانَ الَّذِي بِيَدِهِ مَلَكُوتُ كُلِّ شَيْءٍ وَإِلَيْهِ تُرْجَعُونَ (٨٣)}$$

"تمام عظمت اُسی ذات کے لئے ہے جس کے ہاتھ میں تمام چیزوں کی بادشاہت ہے اور اسی کی طرف تم کو لوٹ کر جانا ہے۔" (سورۃ یٰسین، 36:83)

اللہ عزوجل فرماتا ہے کہ، 'یہ ہر چیز کا احاطہ کئے ہوئے ہے،' کیونکہ وہ ہمیں اِس کی سائنس دے رہا ہے

کہ نور کی دنیا، مادی دنیا کا احاطہ کئے ہوئے ہے۔ آپ اُس کو مادے کی شکل میں دیکھتے ہیں لیکن یہ سب چیزیں ایٹمز ہیں، یہ مالیکیولز ہیں۔ جب لوگ اِن ایٹمز اور مالیکیولز کو اپنے الیکٹرانک مائیکروسکوپس (electron microscopes) اور آلات سے دیکھتے ہیں، اُن کو روشنیاں نظر آتی ہیں، جو کوانٹم تھیوری (quantum theory) بن چکی ہے۔ کوانٹم، روشنی کی تھیوری ہے۔

قرآن کریم سے کوانٹم کی حقیقت - إِنْ كُنْتُمْ تُحِبُّونَ اللهَ (3:31)

قُلْ إِنْ كُنْتُمْ تُحِبُّونَ اللَّهَ فَاتَّبِعُونِي يُحْبِبْكُمُ اللَّهُ وَيَغْفِرْ لَكُمْ ذُنُوبَكُمْ ۗ وَاللَّهُ غَفُورٌ رَحِيمٌ (٣١)

"کہہ دیجئے (یا محمد ﷺ) اگر تم اللہ عزوجل سے محبت کرنا چاہتے ہو تو میری پیروی کرو اللہ عزوجل تم سے محبت کرے گا اور تمہارے گناہوں کو بخش دے گا اور اللہ عزوجل بڑا بخشنے والا رحیم ہے۔" (سورۃ آلِ عمران، 3:31)

إِنْ كُنْتُمْ: "إِنْ كُنْتُمْ تُحِبُّونَ اللهَ" (اگر تم اللہ عزوجل سے محبت کرتے ہو.. قرآن مجید، 3:31)۔ یہ وہ مطالعہ ہے جو اللہ عزوجل ان پر جاری فرما رہا ہے۔ کوانٹم تھیوری روشنی کا مطالعہ ہے۔ کیونکہ وہ اِس مادے کا، اِن ایٹمز اور اِن مالیکیولز کا مطالعہ کرنا چاہتے تھے تو اُن کو یہ سب روشنیاں نظر آئیں۔ لٰہذا انہوں نے یہ لفظ 'کوانٹم' محض "کُنْتُمْ" سے بنایا ہے۔

پھر اُنہیں معلوم ہوتا ہے کہ یہ سب "لواءِالحمد ﷺ " کی طرف سے ہے۔ تو قرآن پاک میں، اِس آیت (3:31) میں ساری حقیقت ہے۔ چنانچہ "کُنتم" ۔ اللہ عزوجل اُن پر انکشاف کر رہا ہے کہ تمہاری تخلیق، تمہارے سارے ایٹمز اور مالیکیولز، سب روشنیاں ہیں۔

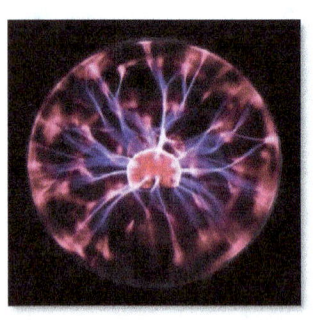

فَاتَّبِعُوْنِيْ (پیروی کرو): الیکٹرانز (electrons) نیوکلیئس (nucleus) کے گرد گھومتے ہیں کیونکہ وہ نیوکلیئس کے عشق میں گرفتار ہیں اور اُس کے قریب تر ہونا چاہتے ہیں۔ تو جب اُنہوں نے ایٹمز میں یہ تمام چمکتی ہوئی روشنیاں دیکھیں تو اُنہیں احساس ہوا کہ یہ "فَاتَّبِعُوْنِيْ" ایزجی ہے۔ وہ اب اللہ عزوجل کے حکم کی پیروی کر رہے ہیں اور وہ ایزجی کو دیکھ رہے ہیں۔ تو جب وہ اِن روشنیوں کو دیکھتے ہیں تو جانتے ہیں کہ یہ تمام روشنیاں ایک حیرت انگیز رفتار سے حرکت کر رہی ہیں۔ اُن کو معلوم نہیں ہے کہ وہ کہاں جارہی ہیں اور وہ کیوں اتنی تیزی سے حرکت کر رہی ہیں۔ تو یہ بڑے پیمانے کی ایزجیز ہیں۔ اِس چھوٹی سی چیز میں اتنی ایزجی ہے، جو تیزی سے گھومتی ہے، اور مختلف رنگ بناتی ہے۔

جب سائنسدانوں نے ایٹمز میں اِن روشنیوں کو دیکھا اور یہ کہ وہ اتنی تیزی سے گھومتی ہیں اور یہ مختلف رنگ بناتی ہیں تو انہیں احساس ہوا کہ ایک ایٹم میں بڑے پیمانے پر ایزجیز موجود ہوتی ہیں۔ پھر وہ کہتے ہیں کہ یہ ایزجیز کیا ہیں؟ جو انہوں نے پایا وہ یہ کہ یہ وائبریشنز (vibrations) ہیں۔

ہر ایٹم میں موجود لواءالحمد کی طاقت

پھر یہ فَاتَّبِعُوْنِيْ (پیروی کرو۔ قرآن، 3:31)، کیونکہ یہ اب 'لواءِالحمد' کا راز ہے، نبی پاک ﷺ کی حمد و ثناء۔ ہر حمد نبی پاک ﷺ کی جناب کیلئے ہے۔ اِسی لئے اللہ عزوجل سیدنا محمد ﷺ کو 'لواءِالحمد' کہتا ہے۔ کیونکہ، "إِنَّ

اللّٰه وَمَلَائِكَتَهُ يُصَلُّونَ عَلَى النَّبِيِّ..." (بے شک اللہ عزوجل اور اس کے فرشتے نبی پاک ﷺ پر درود وسلام بھیجتے رہتے ہیں... (قرآن کریم، 33:56)

جب وہ سٹرنگ (تھیوری) تک پہنچے، تو پھر اولیاء کرام تشریف لائے اور سکھایا کہ سٹرنگ کا مطلب ذکر (اللہ عزوجل کی یاد) ہے۔ "يُسَبِّحُ بِحَمْدِهِ" (ہر چیز اُس کی حمد میں ہے۔ قرآن مجید، 17:44) اللہ عزوجل فرماتا ہے کہ، 'بے شک ہر شے میری حمد وثناء بیان کر رہی ہے۔ تمہارے پاس وہ کان نہیں جو سمجھ سکیں۔ سوائے میرے متفکرون (تفکر کرنے والوں) کے۔'

تُسَبِّحُ لَهُ السَّمَاوَاتُ السَّبْعُ وَالْأَرْضُ وَمَن فِيهِنَّ ۚ وَإِن مِّن شَيْءٍ إِلَّا يُسَبِّحُ بِحَمْدِهِ وَلَٰكِن لَّا تَفْقَهُونَ تَسْبِيحَهُمْ ۗ إِنَّهُ كَانَ حَلِيمًا غَفُورًا ﴿٤٤﴾

"ساتوں آسمانوں اور زمین اور جو کچھ بھی ان میں ہے سب اسی کی تسبیح کرتے ہیں۔ اور (مخلوقات میں سے) کوئی چیز نہیں مگر اس (اللہ عزوجل) کی تعریف کے ساتھ تسبیح کرتی ہے۔ لیکن تم ان کی تسبیح کے طریقے کو نہیں سمجھتے۔ بے شک وہ دائمی بردبار (اور) غفار ہے۔" (سورۃ الاسراء، 17:44)

يُحْبِبْكُمُ اللّٰه (اللہ عزوجل تم سے محبت کرے گا): متفکرون حمد کو سمجھتے ہیں، اور نتیجتاً "يُحْبِبْكُمُ اللّٰه" (اللہ عزوجل محبت کرے گا۔ قرآن، 3:31)۔ کیونکہ وہ نبی پاک ﷺ - لواءِ الحمد - کے پیچھے گئے اور اُنہوں نے اللہ عزوجل کی محبت پالی اور اللہ عزوجل اُن سے پیار کرتا ہے۔ یہ ساری سائنس اِس حقیقت کو سامنے لانے کے لئے ہے۔

وہ تو صرف ایک چنگھاڑ ہو گی - صَيْحَةً وَاحِدَةً

اُنہوں نے پایا کہ اُس روشنی کا ایک ذکر اور ایک حمد ہے۔ یعنی ہر چیز، اگر آپ اِس کی تہہ تک جائیں تو اُس کی بنیاد ایک ذکر، ایک آواز ہو گی۔ اور کیوں آخری پیغمبر دنیا کا اختتام ایک آواز کی بنیاد پر لے کر آئیں گے؟ سیدنا محمد ﷺ 'لواءِ الحمد' ہیں، اللہ عزوجل کا پیغام لانے کے لئے، اللہ عزوجل کے حقائق لانے کے لئے۔ اور قیامت کے دن وہ

ایک اور حمد لے کر آئیں گے جو ہر چیز کو ختم کر دے گی اور پھر ہر چیز کو واپس لے آئے گی، جب اللہ عزوجل تمام مخلوق کو سیدنا محمد ﷺ کی شفاعت کے باعث زندہ کرے گا۔

مَا يَنظُرُونَ إِلَّا صَيْحَةً وَاحِدَةً تَأْخُذُهُمْ وَهُمْ يَخِصِّمُونَ (٤٩)

"وہ تو صرف ایک چنگھاڑ کے منتظر ہیں۔ جو انہیں آ لے گی۔ جبکہ وہ آپس میں جھگڑ رہے ہوں گے۔" (سورۃ یٰس، 36:49)

إِن كَانَتْ إِلَّا صَيْحَةً وَاحِدَةً فَإِذَا هُمْ جَمِيعٌ لَّدَيْنَا مُحْضَرُونَ (٥٣)

"وہ تو بس ایک چنگھاڑ ہو گی پس وہ سب کے سب ہمارے حضور پیش کیے جائیں گے۔" (سورۃ یٰس، 36:53)

اِس کا مطلب آواز کی اہمیت سب کچھ ہے، تو پھر ہماری ساری زندگی کی جستجو آواز پر مبنی ہے۔

جو لوگ ظاہر (جسم) کے بارے میں بہت زیادہ سوچتے ہیں اُن کی سمجھ ناقص ہے۔ ظاہر پر توجہ انتہائی عارضی ہے۔ آپ نہاتے ہیں، صاف ہوتے ہیں، جسم کو منظّم کرتے ہیں اور بس یہی۔ آپ یہ جسم بارگاہِ الٰہی میں لے کر نہیں جا رہے؛ یہ جسم تو دراصل قبر میں چلا جاتا ہے۔ جب آپ کو یہ سمجھ آنے لگتی ہے کہ، 'یاربّی! میں نے اپنے جسم کو صاف کر لیا لیکن مجھے اپنی روح کو اور اپنی روشنی کو توانا کرنے (energize) کی توفیق دے۔'

روشنی، آواز کی بنیاد پر آشکار ہوتی ہے ۔ یہ حمد کے ذریعے بلند ہوتی ہے

پھر مشائخ ہمیں تعلیم دیتے ہیں، اگر آپ اپنی روشنی کو توانا کرنا چاہتے ہیں تو اپنی حمد کو صحیح کریں۔ آپ کی روشنی آواز کی بنیاد پر ظاہر ہوتی ہے۔ تو پھر ذکرُ اللہ اتنا ضروری کیوں ہے؟ سیدنا محمد ﷺ کی حمد و ثناء اتنی کیوں اہم ہے؟

يُسَبِّحُ لِلَّهِ مَا فِي السَّمَاوَاتِ وَمَا فِي الْأَرْضِ ۖ لَهُ الْمُلْكُ وَلَهُ الْحَمْدُ ۖ وَهُوَ عَلَىٰ كُلِّ شَيْءٍ قَدِيرٌ (١)

"جو کچھ بھی آسمانوں میں اور زمین میں ہے وہ اللہ عزوجل کی تسبیح کر رہا ہے۔ اُسی کیلئے سلطنت ہے اور تمام تعریف بھی اُسی کیلئے ہے۔ اور وہ ہر شے پر قادر ہے۔" (سورۃ التغابن، 64:1)

لہٰذا یہ سب سے بہترین عمل ہے کیونکہ یہ وہ عمل ہے جو آپ کی روشنی کے درجات بڑھائے گا۔ تو اب آپ کی روشنی ایک مخصوص حمد (کی سطح) پر ہے۔

منفی ایز جیز آپ کی فریکوئینسی کو کم کر دیتی ہیں

آپ اب اس کو اِس منفی اور تاریک دنیا میں دیکھیں گے۔ ہر آواز جو وہ لوگ پیدا کرتے ہیں، Rock Concert کی طرح؛ اُن کا سارا برا شور جو وہ پیدا کر رہے ہیں وہ کیا کرتا ہے؟ یہ فریکوئینسی کو نچلی سطح پر لے کر جانے کے لئے ہے۔ شیطانی فریکوئینسی ایک ایسی آواز پیدا کرتی ہے جو آواز کے سپیکٹرم پر انتہائی نچلے درجے پر ہے، کس لئے؟ کیونکہ شیطان اس حقیقت کو جانتا ہے کہ اگر مجھے اِس انسان کو ہرانا ہے، جو بلند فریکوئینسی جاری کر رہا ہے اور وہ روشنی خارج کر رہا ہے جو اللہ عزوجل نے اسے دی ہے، کیونکہ ہر کوئی پاکیزہ پیدا ہوا ہے اور اللہ عزوجل نے اُسے پاکیزہ روشنی عطا کی ہے اور وہ ایک خاص فریکوئینسی کو خارج کرتا ہے، شیطان کا مقصد اُس فریکوئینسی کو نیچے لانا ہے۔

منفی چیزوں کو سننا آپ کی روشنی کے سپیکٹرم کو نیچے لے آتا ہے

Rap Music سننے اور اِن خوفناک آوازوں، خوفناک الفاظ کو سننے سے شیطان اُس شخص کی روح کے درجے کو پست کر رہا ہوتا ہے کیونکہ جو آپ سنتے ہیں وہ روح پر اثر کرتا ہے؛ جو آپ سنتے ہیں قلب پر اثر کرتا ہے۔ جو ذکر آپ

کرتے ہیں اور جو آپ بولتے ہیں دل پر اثر کرتا ہے، روح پر اثر کرتا ہے؛ یہ دونوں آپس میں جڑے ہوئے ہیں۔ تو شیطان کے یہ ذمے ہے کہ وہ آپ کی فریکوئینسی کو نیچے لائے اور جیسے ہی وہ اِس کو نیچے لاتا ہے وہ آپ کی روشنی کے سپیکٹرم کو بھی نیچے لے آتا ہے۔ اور جیسے ہی وہ آپ کی روشنی کے سپیکٹرم کو نیچے لاتا ہے تو اب آپ اُس کے زیرِ اثر آسکتے ہیں، آپ پر شیطانی حملہ ہو سکتا ہے۔ اور یہی شیطان کی تمام تر خواہش ہے۔

اب ذرا مڑ کر دنیا کو دیکھیں؛ ان کے پاس کیا ہے؟ ایک iPod۔ جب سے Walkman نکلا ہے تو پوری دنیا پر یہ کھایا ہوا سیب چھا گیا ہے۔ کھایا ہوا سیب کیوں؟ کیونکہ اللہ عزوجل مہربان اور عظیم ہے، اللہ عزوجل کہتا ہے کہ یہ دنیا ایک پروگرام ہے، میں اِسے پہلے ہی لکھ چکا ہوں؛ اگر آپ تھوڑے سے ہوشیار ہیں تو آپ اِن تمام مختلف نشانیوں کو بھانپ سکتے ہیں۔ شیطان سیب (کے نشان) کو استعمال کر رہا ہے جس نے ہمیں جنت میں سے نکالا تھا؛ اِن کا Logo (علامت) کھایا ہوا سیب ہے۔ تو آپ کو زیادہ سوچنے کی ضرورت نہیں ہے۔ وہ یہ آلات کیا کرنے کے لئے استعمال کر رہا ہے؟ تاکہ مومنوں کی فریکوئینسی کو کم کر سکے۔ مومنوں کی فریکوئینسی کم کر کے وہ اُن کی روشنی پر اثر انداز ہوتا ہے، اُن کی روشنی کو کم کرتا ہے؛ اُس نے اُن کا دفاعی نظام کمزور کر دیا ہے۔ اور دفاعی نظام کمزور کرنے سے شیطانی حملہ شروع ہو سکتا ہے اور مشکل اور نقصان، سب کچھ جسم کی جانب بڑھ سکتا ہے۔

لواءالحمد ﷺ فریکوئینسی کو واپس اوپر لے آتے ہیں

تو اب 'لواءالحمد' اور ' رَحْمَةً لِّلْعَالَمِينَ ' نبی پاک ﷺ دنیا میں تشریف لاتے ہیں اور فریکوئینسی کو واپس اوپر لے جاتے ہیں۔

وَمَا أَرْسَلْنَاكَ إِلَّا رَحْمَةً لِّلْعَالَمِينَ (١٠٧)

"اور ہم نے تو بس آپ ﷺ کو تمام جہانوں کے لئے ایک رحمت بنا کر بھیجا ہے۔" (سورۃ الانبیاء، 21:107)

جتنا بھی آپ قرآن مجید پڑھتے ہیں، جتنی آپ تلاوت کرتے ہیں، جتنا آپ درود شریف پڑھتے ہیں اور حمد کرتے ہیں، آپ کی فریکوئینسی بڑھ رہی ہوتی ہے، حق کی طرف بڑھ رہی ہوتی ہے۔ اللہ عزوجل نے حق کو کیسے بیان کیا ہے؟ کہ حق اور باطل مل نہیں سکتے! جب فریکوئینسی اوپر جاتی ہے، روح سے نکلنے والی روشنی مزید طاقتور ہوتی چلی جاتی ہے۔ جب روح کی روشنی طاقتور ہوتی ہے تو حق اور باطل ساتھ نہیں رہتے۔

وَقُلْ جَاءَ الْحَقُّ وَزَهَقَ الْبَاطِلُ ۚ إِنَّ الْبَاطِلَ كَانَ زَهُوقًا (٨١)

"اور کہہ دیجئے حق آگیا اور باطل مٹ گیا۔ اور بے شک باطل تو (اپنی فطرت کے مطابق) مٹنے ہی والا ہی ہے۔" (سورۃ الاسراء، 17:81)

یعنی اگر باطل اور برائی آپ کی طرف آنے لگے ہے تو اُس روشنی کی فریکوئینسی سے، اُس ذکر اور درود وسلام اور درود شریف جو روح کر رہی ہوتی ہے اور اُس سے اپنی طاقت کو بڑھا رہی ہوتی ہے، اُس کی فریکوئینسی سے وہ نیگیٹیویٹی دور ہو جاتی ہے۔ اُسے روح سے کچھ لینا دینا نہیں ہے۔ وہ "زَهُوقًا" مٹنے والی ہوتی ہے۔ اللہ عزوجل فرماتا ہے، 'حق اُسے مٹا دے گا۔'

ذکر اور حمد کے ذریعے اپنے اندر حق کی تعمیر کریں

حق، کہ جتنا ہم حق کی تعمیر کرتے ہیں، تلاوت اور ذکر سے، یہی فریکوئینسی کو بڑھانے کا طریقہ ہے۔ تو اولیاء کرام اور متقی لوگ ہماری زندگیوں میں تشریف لاتے ہیں اور بتاتے ہیں کہ، 'یہی آپ کا بہترین عمل

ہے۔ چونکہ یہ فرض عمل نہیں ہے، یہ سنت ہے اور یہ عمل آپ کو آسمانوں تک بلند کردے گا۔ ذکر کی مجلس میں شرکت کرکے، درود شریف پڑھ کر، اپنے اذکار کر کے، قرآن پاک کی تلاوت کرکے، سب سے پہلے، تو یہ ساری تلاوت، یہ اعمال، روح کی فریکوئینسی کے لئے بہت طاقتور عمل ہیں۔ یہ فریکوئینسی کو بدل دیتے ہیں؛ یہ فریکوئینسی کو توڑ کر اُس کو بلند کر دیتے ہیں۔ کچھ بھی جب اللہ عزوجل کی راہ میں ٹوٹتا ہے تو بلند ہوتا ہے اور دوبارہ تعمیر ہوتا ہے؛ بلند ہوتا ہے اور دوبارہ تعمیر ہوتا ہے۔

اب دنیا میں، جیسے کہ ہم نے پہلے کہا کہ شیطان صوتی (آواز والے) ہتھیار متعارف کروائے گا۔ وہ اِس حقیقت کو سمجھتا ہے؛ وہ یہ جانتا ہے کہ آواز کے ساتھ کسی بھی ڈھانچے میں ردوبدل کیا جاسکتا ہے، خاص فریکوئینسی کو بجا کر اُسے توڑا جاسکتا ہے۔ تو اگر آپ آواز کی سائنس کے بارے میں گوگل (Google) کریں تو آپ ایسی بہت سی چیزیں دیکھیں گے جو لوگ بناتے ہیں اور آواز کی بنیاد پر اُن چیزوں کے مادے میں ردوبدل کرتے ہیں۔ یہ وہی حقیقت ہے۔ شیطان اِس حقیقت کو جانتا ہے اور اِس حقیقت کو ہتھیار کی شکل دینا چاہتا ہے تاکہ آواز سے ہتھیار بنیں۔

ذکرُ اللہ، نیگیٹیویٹی کے خلاف ہمارا بہترین دفاع ہے

اللہ عزوجل نے ہمیں بہترین دفاع عطا کیا ہے جو ذکراللہ ہے۔ یعنی جب بھی ہم ذکر میں ہوتے ہیں، جب بھی ہم

درود شریف پڑھ رہے ہوتے ہیں، جب بھی ہم ذکر کی محفل میں شرکت کرتے ہیں، تو جو ایزجی آرہی ہوتی ہے وہ کوئی ایسی چیز نہیں ہے جو تصور بھی کی جاسکے! آپ روح کی فریکوئینسی کو، روشنی کو، بڑھا رہے ہوتے ہیں؛ اُس روح کی روشنی، اُس کی چمک دمک بدل رہی ہوتی ہے اور یہی جسم کا دفاع ہے جو مشکلات کو دور کرتا ہے، برائیوں کو دور کرتا ہے اور ہمیں اُس حقیقت کے قریب لاتا ہے جو نبی پاک ﷺ ہمارے لئے چاہتے ہیں۔

ہر مجلس میں ذکرُاللہ اور درود شریف ہونا چاہیۓ

بیس لوگ بات کرتے ہیں اور اِس سے کسی کی روح کو فائدہ نہیں ہوتا۔ اگر کوئی تقریب ہے اور بیس لوگ بات کرنے آتے ہیں اور سامعین اُن کی بات کو سنتے ہیں اور وہ بس بولتے جاتے ہیں، اُس کا روح کو بالکل کوئی فائدہ

نہیں؛ اگر وہ اصل شیخ نہیں ہیں اور وہ عباد الرحمٰن میں سے نہیں ہیں۔ جب عباد الرحمٰن بولتے ہیں تو وہ اپنے قلب سے بولتے ہیں اور ان کے قلب سے آتی ہوئی ایز جی آپ کے قلب پر اثر کرتی ہے اور آپ کی روح پر اثر کرتی ہے۔ اگر وہ اُس معیار کے نہیں ہیں تو دنیا کی ساری باتیں آپ کے دماغ میں جاتی ہیں اور آپ کا دماغ انہیں لیتے ہی بند ہو جاتا اور سو جاتا ہے۔ لیکن ذکرُاللہ اور ذکر کی مجلس کا مطلب یہ ہے کہ جب بھی محفل منعقد ہو گی، ذکر ہو گا اور نبی پاک ﷺ کے لئے محفلِ درود شریف کا اِنعقاد کیا جائے گا تو وہ حلقۂ جنت بن جائے گا۔

حدیثِ نبوی ﷺ ہے کہ،

”حضرت انسؓ فرماتے ہیں کہ رسول اللہ ﷺ نے فرمایا: جب تم جنت کے باغات سے گزرو تو اچھی طرح کھاؤ۔ اُنہوں نے پوچھا کہ جنت کے باغات کیا ہیں؟ آپ ﷺ نے فرمایا: ذکر کی محفلیں۔“

کیوں؟ کیونکہ اب جنت کی روشنیاں آ رہی ہوتی ہیں۔

إِنَّ اللَّهَ وَمَلَائِكَتَهُ يُصَلُّونَ عَلَى النَّبِيِّ ۚ يَا أَيُّهَا الَّذِينَ آمَنُوا صَلُّوا عَلَيْهِ وَسَلِّمُوا تَسْلِيمًا (٥٦)

"بے شک اللہ عزوجل اور اس کے فرشتے نبی پاک ﷺ پر درود و سلام بھیجتے رہتے ہیں۔اے ایمان والو تم بھی آپ ﷺ پر درود و سلام بھیجو۔ اور اس طرح آپ ﷺ کے آگے سر تسلیم خم کرو جس طرح کہ سر تسلیم خم کرنے کا حق ہے۔" (سورۃالاحزاب، 33:56)

یعنی اللہ عزوجل کی حمد و ثناء کا نزول ہونے لگتا ہے، فرشتوں کی حمد و ثناء کا نزول ہونے لگتا ہے اور لوگوں کو گرمائش محسوس ہونے لگتی ہے۔ اُن کی ایز جیز اور فریکوئینسیز بدلنے لگتی ہیں، اُن کی روشنی کی چمک دمک بدلنا شروع ہو جاتی ہے اور اُن کا سارا وجود بدلنے لگتا ہے۔

حدیثِ نبوی ﷺ ہے کہ،

"حضرت ابو حریرہ رضی اللہ عنہ بیان فرماتے ہیں کہ نبی پاک ﷺ نے فرمایا کہ، 'فرشتوں کا ایک گروہ ہے جو زمین پر گشت کرتا رہتا ہے اور جہاں کہیں بھی انہیں ذکر کی مجلس نظر آتی ہے وہ ایک دوسرے کو آواز لگاتے ہیں اور اس مجلس کے گرد ایک دائرہ بنا لیتے ہیں جو کہ آسمان تک جا پہنچتا ہے۔جب یہ مجلس ختم ہوتی ہے تو وہ آسمان میں واپس چلے جاتے ہیں۔"

ہم دعا کرتے ہیں کہ اللہ عزوجل ہمیں زیادہ سے زیادہ سمجھنے کی توفیق عطا فرمائے اور ہمیں ذکر کی مجلس اور "صلّوعَلَى النَّبِي ﷺ " کی مجلس کے گھیرے میں رکھے۔

سُبْحَانَ رَبِّكَ رَبِّ الْعِزَّةِ عَمَّا يَصِفُونَ، وَسَلَامٌ عَلَى الْمُرْسَلِينَ وَالْحَمْدُ لِلّٰهِ رَبِّ الْعَالَمِينَ. بِحُرمَةِ مُحَمَّدِالمُصطفٰي وَبِسِرِّ سُورَةِ الفَاتِحَة

تیسرا باب

آپ کو اینرجی پر ٹریننگ دینا مشائخ کے ذمّے ہے

...وَقَالُوا الْحَمْدُ لِلَّهِ الَّذِي هَدَانَا لِهَٰذَا وَمَا كُنَّا لِنَهْتَدِيَ لَوْلَا أَنْ هَدَانَا
اللَّهُ ۖ لَقَدْ جَاءَتْ رُسُلُ رَبِّنَا بِالْحَقِّ ... ﴿٤٣﴾

"...اور وہ کہیں گے، تمام تعریف اللہ عزوجل ہی کے لئے ہے جس نے ہماری اِس (خوشی اور مسرّت) تک رہنمائی کی؛ اور اگر اللہ عزوجل ہماری راہبری نہ کرتا تو ہم راہ نہ پاتے۔ بیشک ہمارے پروردگار کے رسول حق کے ساتھ آئے..."

(سورۃ الاعراف، 7:43)

كَمَا أَرْسَلْنَا فِيكُمْ رَسُولًا مِّنكُمْ يَتْلُو عَلَيْكُمْ آيَاتِنَا وَيُزَكِّيكُمْ وَيُعَلِّمُكُمُ
الْكِتَابَ وَالْحِكْمَةَ وَيُعَلِّمُكُم مَّا لَمْ تَكُونُوا تَعْلَمُونَ ﴿١٥١﴾

”جیسے ہم نے تم میں تم ہی میں سے ایک رسول بھیجے جو تم پر ہماری آیات کی تلاوت کرتے ہیں
اور تمہیں پاک کرتے اور کتاب اور حکمت کی تعلیم دیتے ہیں اور تمہیں اُس نئے علم کی تعلیم
دیتے ہیں جو تم نہیں جانتے تھے۔“

(سورۃ البقرہ، 2:151)

اندرونی اینرجی اور بیرونی تحفظ

منفی اینرجی کو دور رکھنا ہی ہمارا کُل راستہ ہے؛ ہمارا راستہ اسی پر مبنی ہے۔ ہم جو حاصل کرنے کی کوشش میں ہیں اُس کا تھوڑا سا خلاصہ دیں تو یہ ایک اندرونی دفاع اور بیرونی دفاع ہے۔ اندرونی اور بیرونی دفاع ایک دوسرے سے جڑے ہوئے ہیں۔ یعنی اندرونی دفاع اور اعمال کی مضبوطی ایک ایسا اینرجی کا حصار پیدا کرنے لگتے ہیں جو بیرونی طور پر ہماری حفاظت کرتا ہے۔ چنانچہ اندرونی اعمال میں دھونا، اس بات کو سمجھنا کے کیسے دھویا جائے، اور یہ سمجھنا کہ کیا کھانا ہے اور کیا نہیں کھانا، شامل ہیں۔

اپنے کھانے کی اینرجی کو دعا کے ذریعے پاک کریں

ہم اِس جسم میں اپنے منہ کے ذریعے اور ہمارے کھانے پینے کے ذریعے جو کچھ لے کر جاتے ہیں اُس میں وافر مقدار میں نیگیٹو اینرجی (negative energy) موجود ہوتی ہے۔ اپنے کھانے پر دعا پڑھنے اور کھانے پر متقی

لوگوں کے نام لینے میں ایک طاقت ہے۔ رسولِ اکرم ﷺ کی یہ تعلیم ہے کہ جب بھی آپ متقی لوگوں کا نام لیتے ہیں "تَنَزِّلُ الرَّحْمَةُ" تو یہ ایک رحمت اور فضل کا باعث بنتا ہے۔

عِنْدَ ذِكْرِ الصَّالِحِينَ تَنْزِلُ الرَّحْمَةُ

"جب نیک لوگوں کا ذکر کیا جاتا ہے (اللہ عزوجل کی) رحمت نازل ہوتی ہے۔" (حدیثِ نبوی ﷺ)

تو پھر کھانے پر دعا پڑھنے کی اہمیت پر، یہ دھیان رکھنے پر کہ آپ کس قسم کا کھانا کھا رہے ہیں، اُس کھانے کی ایز جی پر، اور کون کھانا بنا رہا ہے اِس پر توجہ دیں۔ پھر یہ کہ کیسے کھایا پیا جائے؛ کھانے پینے کے آداب۔ ترجیحاً دائیں ہاتھ سے کھائیں کیونکہ ہم خود کو صاف کرنے کے لئے بائیں ہاتھ کا استعمال کرتے ہیں۔ یہ سب آداب ہی ہمارے اندر داخل ہونے والی ایز جی کے معیار کا تعین کرتے ہیں۔

پھر ہمارے اعمال؛ ہمارا ذکر، ہمارا وضو، ہماری نماز، مختلف دعائیں... یہ سب چیزیں پھر سے اندرونی ایز جی کو تعمیر کرتی ہیں۔ پھر سب سے اہم نشوونما یہ ہے کہ آپ اپنی تکمیل کرنے کی کوشش کریں۔

منفی ایز جی خون کے ذریعے حرکت کرتی ہے

نبی کریم سیدنا محمد ﷺ یہ تعلیم فرما رہے ہیں کہ شر ہمارے خون کے ذریعے حرکت کرتا ہے۔

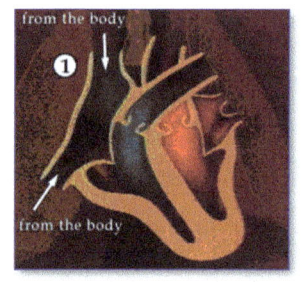

قَالَ رَسُولُ اللَّهِ ﷺ: إِنَّ الشَّيْطَانَ يَجْرِي مِنَ الْإِنْسَانِ مَجْرَى الدَّمِ۔ (صحیح مسلم)

رسول اللہ ﷺ نے فرمایا: "شیطان، انسان کے خون کے ساتھ گردش کرتا ہے۔" (صحیح مسلم)

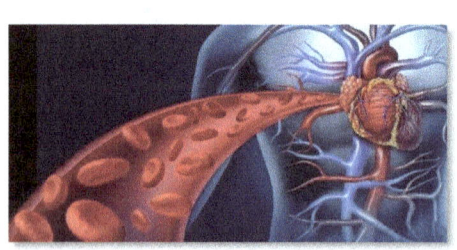

بُرائی وجود تک رسائی حاصل کرکے دل پر کالا داغ بناتی ہے۔ لہٰذا یہ قلب (لطیفہ) کی سطح پر دل میں کام کرتی ہے، دل میں داخل ہوتی ہے اور خون کے ذریعے پورے وجود میں حرکت کرنے لگتی ہے۔ اسی لئے گوشت کو پاک کرنے میں ہم گوشت کو تب کھاتے ہیں جب سارا خون اِس میں سے نکل جائے کیونکہ ناپاکی اور بُری ایز جی اِسی خون میں ہوتی ہے۔ چنانچہ یہی حلال اور ذبح کرنے (ذبیحہ) کا تصور ہے۔

یہ سب ایز جی والی عظیم مشقیں ہیں۔ جیسے ہی ہم اِس ایز جی کو جو ہمارے اندر ہے، بیدار کرنے اور سمجھنے کی کوشش کرتے ہیں کہ، 'اب میں اس نیگیٹیویٹی کو کیسے قابو کروں گا؟' تو میں جو بھی کھا رہا ہوں، میں جو بھی پی رہا ہوں میں اِس پر دعا پڑھوں۔ پھر اندرونی طور پر ایز جی کو سمجھیں؛ مختلف اوراد، مختلف ذکر، مختلف اعمال، یہ سب اندر سے ایز جی کی پاکیزگی کی تعمیر کریں گے۔ پھر وہ ایز جی باہر ایک ایز جی اور طاقت کا ایک حصار فراہم کرنے لگتی ہے اور نیگیٹیویٹی کو دور دھکیلنے لگتی ہے۔

زمین کی طرح، ہمارا مرکز (core) ہمارے بیرونی دفاع کے معیار کا تعین کرتا ہے

مولانا شیخ (ق) ہمیں جو مثال دیتے ہیں وہ یہ ہے کہ ہم اِس زمین سے بہت مشابہت رکھتے ہیں۔ یہ زمین ایک تیز رفتار حرکت میں ہے اور زمین کا مرکز مقناطیسی ہے جو زمین میں موجود آئرن ہے۔ وہ حرکت کرتی ہے اور اِس رفتار و حرکت کی وجہ سے زمین کے گرد ایک طاقت کا حصار بنتا ہے۔ وہ طاقت کا حصار زمین کو ہر طرح کے دخول (penetration) سے بچاتا ہے۔ جیسے اِس میں چیزیں داخل ہوتی ہیں، شہابِ ثاقب اور ہر طرح کی شعائیں اور وہ ممکنہ چیزیں جو زمین سے ٹکرا سکتی ہیں، اُس طاقت کے حصار سے جو زمین کے اندر موجود ہے ایک ایز جی پیدا ہوتی ہے جو Van Allen Belt کہلاتی ہے۔

تو پھر مرکز، باہر کے معیار کا تعین کرتا ہے۔ اگر مرکز طاقتور نہیں ہے تو پھر باہری سطح پر کوئی تحفظ نہیں ہے۔ لہٰذا اگر زمین کا مرکز ساکن ہو جائے تو کوئی ڈھال نہیں رہے گی۔ سورج ہمیں مکمل طور پر جلا دے گا، ہمیں مٹا دے گا۔ چنانچہ پھر ہمارے اندر بنیادی (core) مشقوں کی طاقت – وہ حصہ جو لوگوں کو نظر نہیں آتا – وہی تعین کرے گا ایز جی کے اُس حصار کا جو ہمارے پاس تحفظ کے طور پر موجود ہے۔ اور اُس تحفظ کی طاقت نیگیٹیویٹی کو دور دھکیلے گی۔

مراقبے کے ذریعے اپنے آپ کو مُرشد کی اینرجی سے ہم آہنگ کریں

لہٰذا اُس تکمیل کی طرف تیز ترین راستہ مشائخ کی مدد سے حاصل ہوتا ہے۔ یعنی شیخ کی موجودگی اور اُس کی روشنی یا اُن (مشائخ) کی روشنی کا کمال (perfection) اپنی زندگی میں لانا۔ جیسے ہی وہ مجھے اپنے کمال سے آراستہ کرنے لگتے ہیں، تو اب صرف میں خود اپنے آپ کی تعمیر نہیں کر رہا ہوتا تاکہ (غلط) چیزوں کو دور کر سکوں، کیونکہ اللہ عزوجل چاہتا ہے کہ ہم جان لیں کہ ہماری زندگی صحبت اور رفاقت کے بارے میں ہے... 'اے فیلوشِپ آف دا رِنگ – A Fellowship of The Ring' (فلم)۔

يَا أَيُّهَا الَّذِينَ آمَنُوا اتَّقُوا اللَّهَ وَكُونُوا مَعَ الصَّادِقِينَ (١١٩)

"اے ایمان والو! اللہ عزوجل سے باخبر رہو اور اُن کے ساتھ رہو جو سچے ہیں (اپنے الفاظ اور اعمال میں)۔"

(سورۃ توبہ، 9:119)

یعنی جو صحبت ہم اختیار کرتے ہیں وہ بہت اہم ثابت ہوگی۔ لہٰذا جب ہم اُس متقی صحبت کی تلاش کر لیتے ہیں تو پھر

ہم اپنے آپ کو ان کی اینرجی سے ہم آہنگ کرنے کی کوشش کرتے ہیں۔ صوفی مراقبے کا سارا تصور ہی یہ ہے کہ ہم اِن مشائخ کو پکارتے ہیں کہ وہ اپنی روحانی بارگاہ سے ہمیں آراستہ کریں؛ ان کی موجودگی کا تصور کرتے ہوئے ہمیشہ اُن کو اپنے آس پاس محسوس کریں، ان کی تصویر دیکھتے رہیں، انہیں یاد کرتے رہیں، یاد کرتے رہیں، یاد کرتے رہیں۔

جب اعمال مضبوط ہوتے ہیں تو مرشد کی اینرجی مرکز کو آراستہ کرنے لگتی ہے

پھر میرے سارے اعمال، میرا کھانا اور میرا پینا، یہ ایک بہت ہی گہرا مضمون بن جاتا ہے۔ لٰہذا ہم کوشش کر رہے ہیں کہ اسے ہر ممکن حد تک بنیادی رکھیں۔ وہ یہ کہ جب میرے اعمال مضبوط ہوں گے تو اِس کا مطلب میری اینرجی کا حصار بہتر ہوگا۔ جب میرے اعمال مضبوط ہوں گے، شیخ کی مدد آئے گی۔

تو یہ ایک مُتصل (جُڑی ہوئی) حقیقت ہے۔ اگر میرے اعمال ٹھیک نہیں ہیں تو مُرشد کی مدد نہیں آ سکتی کیونکہ میں غلط چیزیں کر رہا ہوں۔ میں صحیح طریقے سے چیزوں کو نہیں کر رہا۔ اگر میں اپنے آپ کو صحیح نہیں رکھ رہا تو وہ روحانی طور پر میرے ساتھ نہیں رہ سکتے۔ وہ کیسے میری بُرائی کے ساتھ رہیں گے؟ وہ ایک فاصلے پر میرے ہمراہ تو رہیں گے، لیکن میرے اندر سما جانے کے معنوں میں نہیں رہیں گے۔ تو میری دعا ہو گی کہ جب وہ برائی ختم ہو رہی ہو، میں اِس کوشش میں رہوں کہ ہر قدم اپنے تزکیے کی جانب بڑھاؤں، اپنے اوراد کروں۔ میں کامل نہیں ہو سکتا، ورنہ یہ سب ایک شکست خوردہ تصور ہوگا، بلکہ میں خلوص کی طرف قدم اُٹھا رہا ہوں۔ اُن کو پتا ہے کہ (حقیقی) مخلصی کیا ہے نہ کہ وہ جو ہم سمجھتے ہیں کہ مخلصی کیا ہے۔

تو پھر تصوف کی تمام مثالیں ملتی ہیں۔ ہم اِس طریقۃ (روحانی راہ) میں جو کچھ بھی کرتے ہیں، ہر عمل، ہر ردِ عمل، اِس مخلصی کی طرف ایک قدم ہے۔ جب وہ یہ مخلصی سالک کے اعمال میں، الفاظ میں اور روزمرہ زندگی میں دیکھتے ہیں تو وہ تشریف فرما ہونے لگتے ہیں۔ جیسے ہی وہ تشریف لاتے ہیں، اور اگر کھانا، پینا، اعمال، ذکر، یہ سب مضبوط ہیں تو ان کی اینرجی ہمارے مرکز کو آراستہ کرنے لگتی ہے۔

مشائخ کی انیرجی ساری نیگیٹیویٹی اور مشکلات کو دور کر دیتی ہے

جب ان کی انیرجی مرکز کو آراستہ کرتی ہے اور جب ہر چیز ان کی روشنی میں ہوتی ہے تو ان کی انیرجی نیگیٹیویٹی کو دور کرنا شروع کر دیتی ہے۔ اور مشائخ انتہائی طاقت سے (نیگیٹیویٹی) دور کرتے ہیں۔ یہ تعلق اتنا مضبوط ہوتا ہے کہ میرے سے پہلے وہ دیکھ لیتے ہیں کہ کب خطرہ ہو سکتا ہے۔ یعنی اِس تسلیم (submission) میں، اگر ہم کہیں جاتے ہیں اور وہاں خطرہ ہے اور تعلق انتہائی مضبوط ہے تو وہ وہاں پہنچنے سے پہلے ہمیں آراستہ کر دیتے ہیں۔ جب

بندہ وہاں پہنچتا ہے اور اُسے اُس فیض نے ملبوس کیا ہوا ہے تو وہ اپنی ساری انیرجی کو کھولنا شروع کر دیتے ہیں اور جو اُس انیرجی کے سبب نازل ہو رہا ہوتا ہے ہر چیز اُس کے خوف سے دور ہو جاتی ہے کیونکہ ہم اُن دنیاؤں کی بات کر رہے ہیں جو ہم دیکھ نہیں سکتے۔ وہ نیگیٹیو انیرجی کو دیکھ لیتے ہیں۔ منفی انیرجی اس نور کو دیکھ لیتی ہے، جب وہ اُس نور کو دیکھتی ہے تو بھاگ جاتی ہے، کیونکہ وہ اِس نور کے ساتھ کسی قسم کا سامنا نہیں چاہتی۔ مگر میں، میرے لئے وہ (نیگٹو انیرجی) آکر مجھے جتنا مرضی پیٹتی رہے اُسے کوئی مسلہ نہیں ہو گا۔

ہمارے راستے کا انحصار صحبت پر ہے ۔ ظاہری اور روحانی

تو ہمارے دفاع اور تعمیر کے اِس سارے راستے کی بنیاد 'مدد' پر ہے تو ہم اُن کو اپنی زندگی میں لاتے ہیں، اپنے تزکیے کیلئے سوال کرتے ہوئے، اپنی تکمیل کے لئے۔ "طریقَتُنا الصُحبَةُ وَالخَيرُ فِي الجَمیعَةِ" ('ہمارا طریقة صحبت اور ہم نشینی پر مبنی ہے۔' سیدنا شاہ بہاؤالدین نقشبند قدس اللہُ سرہ کا فرمان)۔ ہمارے طریقة کی بنیاد ہم نشینی پر ہے۔

یہ صحبت ظاہری ہے، لیکن زیادہ اہم روحانی صحبت ہے۔ لہٰذا میں روحانی طور پر ہمیشہ اپنے شیخ کی صحبت میں رہوں۔ اگر میں ان کی صحبت میں نہیں ہوں تو میں فوری طور پر اُن مشکلات سے کُچلا جاؤں گا جن کا سامنا میں کر رہا ہوں۔ چنانچہ وہ آپ کو مدد کے بغیر باہر نہیں بھیج سکتے ورنہ آپ ایک پل میں ختم ہو جائیں۔ آپ کے تمام شیاطین اور دوسرے لوگوں کے شیاطین آپ کی ساری زندگی تباہ کر کے رکھ دیں۔

تو پھر وہ اپنی مدد بھیجتے ہیں، اور پھر وہ اُس وقت آپ کے لئے ذمہ دار ہوتے ہیں۔ تو ہر چیز اُس مدد پر مبنی ہے۔ اپنی ایز جیز کی تعمیر کرنا، آپ کیا کھا رہے ہیں، کیا پی رہے ہیں؛ ہم اپنی تمام مشقیں، اپنے سارے اذکار اور وہ سارے اوراد جو وہ ہمیں کرنے کو دیتے ہیں، اُن کو کریں۔ جب ہم تلاوت کر رہے ہوتے ہیں، پڑھائی کر رہے ہوتے ہیں تو اِس سے صفائی ہو رہی ہوتی ہے، ستھرائی ہو رہی ہوتی ہے، آپ پاک کئے جا رہے ہوتے ہیں، آپ کو صاف کیا جا رہا ہوتا ہے۔ جب اِس سے صفائی کی جا رہی ہوتی ہے تو ہم اُن سے درخواست کر رہے ہوتے ہیں کہ وہ تشریف لائیں، تشریف لائیں، تشریف لائیں، تشریف لائیں، اور یہ تربیت کا پورا عمل ہے۔ ہم اُن سے ہماری زندگی میں تشریف لانے کی درخواست کرتے ہیں۔ اور روحانی طور پر ہمیشہ اپنے شیخ کے ساتھ رہیں!

سچے روحانی رہنما کا اپنے مشائخ کے ساتھ اٹوٹ رشتہ ہوتا ہے

پرانے لوگ اپنے آباؤ اجداد کو پکارتے تھے۔ لٰہذا جب آپ اِن سب روحانی لوگوں سے بات کرتے ہیں تو یہ وہی چیز ہے۔ ہندوستانی لوگ اپنے آباؤ اجداد کو پکارتے ہیں؛ چینی لوگ اپنے آباؤ اجداد کو پکارتے ہیں۔ تصوف کا یہی تصور ہے۔ ہمارے آباؤ اجداد جو متقی تھے، ہم اِن مشائخ کو پکارتے ہیں؛ اِن صوفیاء کرام کو، اور وہ اپنے آباؤ اجداد کو پکارتے ہیں اور وہ اپنے مشائخ کو پکارتے ہیں، جو واپس ایک رسول سے منسلک ہوتے ہیں۔

تو، نقشبندیہ اور 'نقشبندی صوفی طریقہ' کی طاقت یہ ہے کہ اِس میں مشائخ کا ایک اٹوٹ سلسلہ موجود ہے۔ تو اگر میں ایسا شیخ ڈھونڈ لوں جو کتاب پڑھ کر یہ کہے کہ، 'چلو، میں تمہارا شیخ بن سکتا ہوں۔' تو ظاہری طور پر یہ مسئلہ نہیں ہے لیکن روحانی طور پر یہ ایک مسئلہ ہے۔ جب آپ آ کر میری مدد کریں گے، تو آپ ایسا کس طرح کریں گے؟ اگر وہ منسلک نہیں ہیں تو وہ مشائخ سے رابطہ کیسے قائم کریں گے؟ وہ تمام زندہ مشائخ جو پورے راستے کو مربوط کرتے ہیں، اُن کا سلسلہ کہاں ہے؟ اس کا رابطہ غیر منقسم شجرے کے ساتھ ہونا چاہئے، ایک شجرہ جو براہ راست نبی اکرم ﷺ سے منسلک ہو۔

سچے رہنما کو اپنے مُرشد سے دستخطی اجازت کی ضرورت ہوتی ہے

ہمارے طریقۃ کی بنیاد یہ ہے کہ ہر کوئی دستخطی اجازت کے ساتھ ہے، نبیِ کریم سیدنا محمد ﷺ تک، ایک شیخ کو دستخطی اجازت ملتی ہے اور اُن سے اگلے شیخ کو اجازت ملتی ہے اور اُن سے اگلے شیخ، اُن سے اگلے شیخ کو اجازت ملتی ہے اور پھر جو شیخ آپ کے سامنے ہیں اُن تک یہ اجازت پہنچتی ہے۔ ان کے پاس اپنے مشائخ کی طرف سے دستخط شدہ معاہدہ موجود ہوتا ہے کہ اِن کو ہمیشہ مدد حاصل ہو گی۔ یعنی، 'تمہیں ہماری پشت پناہی حاصل ہے، ہم تمہیں تھامے ہوئے ہیں؛ تم آگے بڑھو، فکر نہ کرو!' تمہاری مدد آئے گی اور اُس حد تک آئے گی جہاں تک وہ سمجھتے ہیں کہ ضرورت ہے۔ میں کہیں جاؤں اور کہوں کہ بہت سی مدد بھیجیں اور سب بیہوش ہو جائیں (تاب نہ لاتے ہوئے) — لٰہذا یہ ہم پر مبنی نہیں ہے یہ اُن پر مبنی ہے۔ اُن کو پہلے سے ہی معلوم ہوتا ہے کہ کیا آنے والا ہے اور کیا ہو رہا ہے۔ تو مدد کا تصور ہی ہمارا سارا راستہ ہے۔ ہمارا راستہ ہے کہ فنا ہو جائیں، اِس روشنی میں رہیں، اُن کے نظم و ضبط میں رہیں۔

ستارے کی حقیقت—اوپر کی مثلث روحانی حکومت کی درجہ بندی ہے

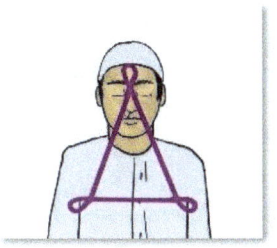

یہی وجہ ہے کہ ہم نے متعدد بار پہلے بھی کہا ہے کہ ہمارا راستہ مثلث پر مبنی ہے؛ اوپر اور نیچے کی مثلث۔ ستارے کے بہت سے مختلف حقائق ہیں۔ اوپر کا ستارہ روح کی طاقت ہے جو اوپر کی جانب ہے [سر سے سینے کے بائیں اور دائیں جانب اشارہ کرتے ہوئے

ایک مثلث بناتے ہیں]۔ نیچے کی طرف کا ستارہ [سینے کے دائیں سے بائیں طرف، نیچے سے پیٹ تک کا اشارہ] جسم کی طاقت ہے۔

اوپر کا ستارہ؛ وہ مخروط (pyramid) جس کی مولانا شیخ (ق) ہمیشہ بات کرتے ہیں، یہ مخروط روحانی حکومت کی درجہ بندی کی نشاندہی کرتی ہے۔ یعنی یہ ہر کسی کے لئے نہیں ہے، یہ بازار کی طرح نہیں ہے کہ ہر کوئی اللہ عزوجل کی طرف دوڑ پڑے۔ ایک مخروط ہونا ضروری ہے، ایک مکمل کارپوریٹ ڈھانچہ (corporate structure) ہونا ضروری ہے۔ ایک باس (boss) ہونا ضروری ہے۔ جو ایک زنجیر (chain) سے منسلک ہو، اور اُس کے نیچے ایک اور زنجیر ہو اور اُس کے نیچے ایک اور۔ یہ اختیارات کا ایک پورا سلسلہ ہے جس سے خُدائی کائنات کا نظام چلتا ہے۔ تو پھر یہ مخروط اور اُوپری مثلث وہ ہے جس سے ہم منسلک ہونے کی کوشش کر رہے ہیں۔

نچلی مثلث ایک بیلچے کی طرح ہے

روحانی راستہ بہت سے لوگوں کو اکھٹا کرتا ہے لیکن چند ایک ہی رُکتے ہیں

پھر ہماری مادی دنیا کے لئے، یہ ایک اُلٹے مثلث کی طرح دِکھتا ہے۔ تو آپ کو دنیا ایک بیلچے کی طرح دِکھے گی۔ چنانچہ تصوف بہت سے لوگوں کو اکھٹا کرتا ہے، وہ (اولیاء اللہ) بہت ساری جگہوں سے لوگوں کو جمع کرنے کے لئے گردونواح میں جاتے ہیں۔ آپ وہاں جائیں تو سینکڑوں لوگ ہوں گے۔ مولانا شیخ (ق) کے ساتھ کہیں بھی جائیں تو وہاں ہزاروں افراد موجود ہوتے ہیں۔ اِس کا مطلب یہ نہیں ہے کہ اِس دنیا میں ہزاروں افراد اُس حقیقت تک پہنچ رہے ہیں؛ اِس کا مطلب یہ ہے کہ وہ اُنہیں اکھٹا کرتے ہیں، پھر وہ انہیں ہلاتے ہیں، جھنجھوڑتے ہیں اور بہت سے باہر گرنا شروع ہو جاتے ہیں، گرتے چلے جاتے ہیں۔ یہ بھی ٹھیک ہے کیونکہ وہ ان کی قبر میں شفاعت کے لئے تشریف فرما ہوں گے۔

لیکن اِس نظام کے ذریعے چلنے کے لئے آپ کو جھنجھوڑا جائے گا؛ جھنجھوڑا اور پکایا جائے گا، جھنجھوڑا، جھنجھوڑا، جھنجھوڑا، جھنجھوڑا، جھنجھوڑا، جھنجھوڑا؛ وہ سارا وقت آپ کو پکاتے رہتے ہیں وہ آپ کو اُس وقت تک پکاتے ہیں جب تک آپ اُس ہجوم میں سے باہر اُبھر کر نکل نہ آئیں، یہ خوش قسمتی ہے کہ اگر ایک بھی باہر نکل آئے۔ کیونکہ بیلچے کا آخری سرا چھوٹا ہوتا ہے، اوپری حصہ بڑا ہوتا ہے؛ بہت سے لوگ آتے ہیں لیکن اختتام میں صرف ایک سونے کا سکہ باہر آتا ہے۔ یہ سونے کا سکہ اب اُوپری مثلث کی جانب گامزن ہوتا ہے اور کیونکہ اوپر کی جگہ (مثلث میں) محدود ہے۔ نیچے کی مثلث لا محدود ہے، آپ ہر کسی کو اِس میں لا سکتے ہیں۔ اُن کو جھنجھوڑیں اور جب وہ اِس سارے امتحان سے گزر جائیں تو آپ کو پتہ چل جائے گا کہ جو باہر نکلا ہے وہ بہت پاک ہو گا۔ یہی طریقۃ (اسلامی روحانی راستہ) ہے۔

تو بہت سے لوگ آرہے ہوتے ہیں، لیکن یہ سارے لوگ اِس میں رہتے نہیں ہیں۔ کیونکہ آزمائش شدّت اختیار کرتی ہے، درس شدّت اختیار کرتا ہے، اِن کی زندگی کی آزمائشیں اور مصیبتیں شدّت اختیار کرتی ہیں اور مشائخ کہتے ہیں، 'پکڑے رہو، پکڑے رہو، پکڑے رہو، پکڑے رہو!' تو ہم اس طریقے سے آگے بڑھتے ہیں اور مشائخ ہمیں کمال کی طرف لے جا رہے ہوتے ہیں۔ یہ طریقۃ کی علامت ہے۔

دوسرے لوگ سالکین کی جدوجہد کو نہیں سمجھتے

لہٰذا اس کو سمجھنا ہوگا، کیونکہ بہت بار لوگ آتے ہیں اور کہتے ہیں، 'اوہ!' وہ آپس میں بات کرتے ہیں اور وہ اُن لوگوں سے بات کرتے ہیں جو پہلے یہاں آئے ہیں یا آتے رہتے ہیں، وہ کہتے ہیں، 'یہ سب پاگل ہیں' یہ حقیقت ہے۔ کیونکہ وہ لوگ جو اِس غار سے باہر ہیں وہ سمجھتے ہیں کہ ان کی زندگی باقاعدہ ہے اور زندگی تو ان کی زندگی جیسی ہی ہونی چاہئے کہ جیسے وہ کام کر رہے ہیں اور جیسے وہ چیزوں سے لطف اندوز ہو رہے ہیں۔ جب وہ آکر اِن کو اُلٹا لٹکے ہوئے، لرزتے ہوئے دیکھتے ہیں تو کہتے ہیں، 'یہ لوگ سب پاگل ہو چکے ہیں۔ یہ وحشی ہیں، یہ جنگلی

ہیں، یہ اچھے نہیں ہیں۔ یہ ایسے ہیں یہ ویسے ہیں۔' آپ کہیں، 'یقیناً، آپ صحیح ہیں۔ یہ سچ ہے، کیونکہ ہمیں پاک کیا جارہا ہے، ہمارا تزکیہ کیا جارہا ہے۔'

تزکیے کا عمل خوشگوار نہیں ہوتا

تزکیے کا عمل خوشگوار نہیں ہوتا؛ یہ ایسی چیز نہیں ہے جو ہمیشہ بہت آسان رہتی ہو۔ اگر آپ نے کسی کو بھی کینسر اور کیموتھراپی (chemotherapy) سے گزرتے ہوئے دیکھا ہے تو یہ خوشگوار تجربہ نہیں ہوتا، وہ اُلٹی کرنا شروع کردیتے ہیں، قے کرنے لگتے ہیں، بہت بیمار نظر آنا شروع ہو جاتے ہیں۔ جبکہ ہفتوں پہلے وہ بالکل ٹھیک نظر آرہے تھے۔ تو اب کیا ہوا؟ چنانچہ لوگ آکر کہتے ہیں، 'آپ اپنی زندگی ایسی کیوں گزار رہے ہیں؟' کیونکہ ہم کیموتھراپی سے گزر رہے ہیں اور اِس زندگی میں کیموتھراپی سے گزرنا قبر میں کیموتھراپی سے گزرنے سے کہیں بہتر ہے۔

قبر میں مشکلات کا اندازہ آپ نہیں لگا سکتے، سوائے اُن لوگوں کے جو دنیا میں مشکلات سے گزرے ہوں۔ اگر قبر میں مشکل نہیں آنی تھی تو وہ لوگ مشکلات میں سے کیوں گزرے؟ تو یہ اللہ عزوجل کا فضل ہے کہ آپ قبر کے باہر ہی پاک ہو جائیں۔ آپ ابھی ہی اپنے حصے کی مشکلات لے لیں۔ کم از کم آپ رُک سکتے ہیں، کافی پی سکتے ہیں، تھوڑا سا ٹی وی دیکھ سکتے ہیں، اپنے آپ کو دوبارہ بحال کرکے واپس اپنے امتحان میں جا سکتے ہیں۔ ہماری زندگیاں سب اِسی پر منحصر ہیں۔ یہ جاننا ضروری ہے تاکہ جب کوئی شکایت کرے تو ہمارے پاس جواب ہو۔

آپ کا تزکیہ کرنے اور آپ کو پکانے کے لئے حق کے راستے میں حدّت کا استعمال ہوتا ہے

اِس دیوانے پن کی دلیل، اِس راہ کی حقیقت ہے! ہم نے اپنے آپ کو پاک کرنے کا عہد کیا ہے تاکہ سارا شر باہر نکل آئے۔ اگر آپ ایک گروہ کے درمیان بیٹھیں اور وہاں کوئی بُرائی نہیں ہے، تو کوئی پکنا (تزکیہ) نہیں ہے؛ وہاں کوئی ایسا نہیں ہے جس کے پاس اُس گروہ کو پکانے کے لئے کافی ایزجی ہو۔ چنانچہ وہ پہلے جیسے ہی رہتے ہیں۔

یہ ایسا ہے کہ (تندور میں) مرغیوں کا پورا جُھنڈ ہو اور کسی نے تندور جلایا ہی نہ ہو؛ ارے تو کیا ہوا؟ وہ سب پہلے جیسی ہی نظر آتی ہیں، کچھ نہیں ہو رہا! کچھ بھی نہیں ہو رہا!

اِن مشائخ کا راستہ بہت زیادہ حقیقی ہے۔ آپ اندر جاتے ہیں تو یہ تندور کی طرح ہوتا ہے، سب کچھ جل رہا ہوتا ہے اور پِس رہا ہوتا ہے؛ سب کچھ تیزی سے پک رہا ہوتا ہے۔ یہ ہی طاقت ہے جس سے پتہ چلتا ہے کہ ہم ایک حقیقی راستے پر ہیں، کہ اللہ عزوجل نے ہم پر نظر کی ہے؛ اربوں انسانوں، اربوں کائناتوں، اربوں کہکشاؤں میں سے اللہ عزوجل ہماری طرف متوجہ ہو رہا ہے اور میں اپنے ہر کام میں اُس کا معجزہ دیکھ رہا ہوں۔ جیسے ہی میں رُک کر تفکر کرتا ہوں تو یہ بہت حیرت انگیز بات ہے کہ، 'یاربّی! تو مجھے کیسے دیکھ رہا ہے؟'

اور اللہ عزوجل فرما رہا ہے، 'تم اپنے آپ کو پاک کرنے کی طرف قدم بڑھا رہے ہو، میں نے تمہارے قدم قبول کیئے۔ میری طرف آؤ!' اور پھر آپ پر ساری مشکلات کا عمل شروع ہو جاتا ہے۔

لیکن مولانا شیخ (ق) کی مدد سے، اور ان کی مدد مانگنے سے؛ ہم اِس مدد میں جیتے اور سانس لیتے ہیں۔ ان کی مدد ہمیں شر سے بچانے کا واحد راستہ ہے۔

سُبحَانَ رَبِّكَ ربِّ الْعِزَّةِ عَمَّا يَصِفُونَ، وَسَلَامٌ عَلَى الْمُرْسَلِينَ وَالْحَمْدُ لِلّٰهِ رَبِّ الْعَالَمِينَ. بِحُرمَةِ مُحَمَّدِالمُصطفٰي وَبِسرِّ سُورَةِ الفَاتِحَة۔

اندرونی ایزجی کی تعمیر کے لئے

خواہشات (نفسِ امّارہ) سے جہاد

ہم رحمتِ الٰہی اور فضلِ الٰہی کے سمندر میں داخل ہونے کی دعا کرتے ہیں۔ یہاں بہت سے مختلف حقائق ہیں، جن کی ہم تلاش میں ہیں اور سب سے بڑھ کر جس کی ہمیں ضرورت ہے وہ 'تحفظ' ہے؛ بُری خواہشات سے تحفظ، مختلف مشکلات سے تحفظ جو مستقل طور پر ہماری طرف بڑھ رہی ہوتی ہیں اور ہمارے ساتھ جُڑ رہی ہوتی ہیں، ہمیں نیچے گرنے غلط انتخاب کرنے اور بُرے اعمال کرنے پر مجبور کر رہی ہوتی ہیں۔ اور بالآخر ابدی روح پر دشواری پیدا کرتی ہیں۔

اگرآپ کی توجہ صرف ظاہر پر ہوگی تو کوئی تحفظ نہیں ہے

وہ جن کو اِس زندگی میں اللہ عزوجل سالک ہونے کی طلب دیتا ہے، وہ اپنے آپ کو اِن روحانی محفلوں میں موجود پاتے ہیں۔ وہ متلاشی ہوتے ہیں اور ان کی روح اپنی حقیقت کو ڈھونڈ رہی ہوتی ہے وہ ظاہر اور اِس جسم کو پرے دھکیل کر کہتی ہے، 'آؤ چلیں، اپنی حقیقت اور اپنے راز کو تلاش کریں۔'

طریقت اور صوفیاء کرام تشریف لاتے ہیں اور نفس کی فزیالوجی (physiology) کی وضاحت کرتے ہیں اور نفس کی سمجھ دیتے ہیں۔ مولانا شیخ (ق) کی تعلیمات سے یہ معلوم ہوتا ہے کہ اگر آپ اپنے ظاہر پر توجہ مرکوز کرتے ہیں اور آپ ظاہر کی تمام تعمیر کر لیتے ہیں اور آپ کی ساری توجہ جسم پر ہی ہے تو کوئی تحفظ نہیں ہے، کوئی نور نہیں ہے، کوئی احساس نہیں ہے، کوئی ذائقہ نہیں ہے۔ اور یہ سب صرف ایک فریب زدہ ظاہری شکل بن کر رہ جاتا ہے۔

ہم نے جیسے پہلے بیان کیا کہ آپ ٹرکی (turkey) کو تیزی سے پکا سکتے ہیں، اُسے تیز آنچ پر رکھیں اور سارے باہری حصے کو سنہری رنگ دے سکتے ہیں۔ لیکن اگر وہ صحیح طریقے سے پکا نہیں ہے، اور آپ اُسے کھاتے ہیں تو وہ اندر سے سارا کچا ہے۔ یعنی وہ لوگ جو اپنی توجہ صرف باہری شکل پر، ظاہر پر، جسم پر رکھتے ہیں وہ اپنے آپ کو کسی بھی تحفظ کے بغیر پاتے ہیں۔ اُن میں بری خواہشات کے خلاف دفاع کی کوئی صلاحیت نہیں ہوتی، اور ہمیشہ اُلجھن کا شکار رہتے ہیں۔ کیونکہ پھر یہ وہی مادی دُنیا میں باقی چیزوں کی طرح ہے کہ اگر آپ ایک خوبصورت ڈھانچہ بناتے ہیں اور وہ صرف باہر سے خوبصورت ہے اور اندر کوئی (مضبوط) مادہ نہیں ہے، تو وہ نہ مضبوط ہے نہ کسی کام کا ہے، صرف ایک فریب زدہ ظاہری شکل ہے۔ تو کوئی بھی آکر اُس گھر کو گرا سکتا ہے کہ آکر ایک پھونک سے اُس گھر کو اُڑا دے۔

اگر شیطان کسی بھی روپ میں آتا ہے اور کوئی بھی بندہ اگر صرف اپنی ظاہری حالت پر کام کر رہا ہے تو وہ تو صرف اپنے تمام اعمال ہی کر رہے ہوتے ہیں، وہ صرف ظاہر پر کام کر رہے ہوتے ہیں۔ ان کے پاس اُس عمل کا کوئی ذائقہ نہیں ہے، کوئی احساس نہیں ہے۔ وہ جو کہہ رہے ہیں وہ محسوس نہیں کر رہے؛ وہ جو پڑھ رہے ہیں اس کا ذائقہ نہیں لے رہے۔ تو بہت سی مختلف ایزجیز اُن پر حملہ آور ہوتی ہیں اور اُن کو ان کی خواہشات کے آگے ہرا دیتی ہیں اور مشکلات کے سمندر میں گرا دیتی ہیں۔

اپنے وجود کے مرکز یعنی 'قلب' پر توجہ دیں

مولانا شیخ (ق) ہماری زندگیوں میں تشریف لاتے ہیں اور تعلیم دیتے ہیں کہ آپ باطن پر توجہ دیں۔ یہی "قُدْرَة" کا راز ہے، یہی طاقت کا راز ہے۔ یہ وہ راز ہے جو اللہ عزوجل ہمارے لئے چاہتا ہے، کہ اپنے باطن کی تعمیر کرو، اپنے باطن کو مضبوط کرو، اپنے قلب کی تعمیر کرو۔ یہ وہ واحد لطیفہ (subtle point) ہے جس پر آپ

توجہ دیتے ہیں ہم اِسے 'لطیفہ' کہتے ہیں؛ ایزجی کا واحد لطیف نقطہ جس پر آپ توجہ مرکوز کرتے ہیں، وہ قلب ہے۔ یہ پورے وجود کا مرکز ہے۔

اپنے قلب میں ایزجی کی تعمیر کریں، اپنی روح کی طاقت کی تعمیر کریں؛ یعنی اب مرکز طاقتور ہو جاتا ہے۔ جب مرکز طاقتور ہو جاتا ہے تو روح توانا ہو جاتی ہے۔ قلب اب پاک اور صاف ہو گیا ہے ذکر سے، اوراد سے، سانس کی مشق سے، ہر اُس چیز سے جو روح سے تعلق رکھتی ہے نہ کہ صرف ظاہر سے تعلق رکھتی ہے۔

جب اندرونی مرکز مضبوط ہو جاتا ہے تو وہ ظاہر کا دفاع کرنے لگتا ہے

آپ ظاہر کو چھوڑ نہیں سکتے۔ آپ ظاہر کو منظّم کریں۔ لیکن تصوف کہتا ہے کہ پہلے آپ باطن پر توجہ دیں۔ آپ پکانے کا عمل شروع کریں۔ آپ ابھی ٹرکی کے باہر سے سنہری ہونے کی پرواہ نہ کریں۔ اپنے آپ کو اندر سے پکائیں۔ ذکر کریں، اپنے اعمال کریں؛ اپنے قلب کی طرف متوجہ ہوں، تفکر اور غور وفکر کریں اور اپنے خالق کی موجودگی میں خود اپنے ساتھ بیٹھیں۔ روزانہ اپنا محاسبہ کریں، روزانہ حساب لیں، سانس کی مشق اور تفکر کریں۔

جیسے ہی اُس ایزجی کی تعمیر شروع ہوتی ہے، جیسے ہی مرکز کی مضبوطی کا آغاز ہوتا ہے تو وہ اُس ایزجی کو بھیجنا شروع کرتا جو ظاہر کا دفاع کرتی ہے۔ اگر باطن میں کچھ نہیں ہو رہا، تو باہر ایک کاغذ کی طرح ہے۔ آپ کاغذ کے بنے شیر کو کیا کہتے ہیں؛ جیسے ہی آپ اِس کو اُڑاتے ہیں وہ گِر جاتا ہے۔ ایک امتحان آتا ہے، ایک مشکل آتی ہے، ایک سختی آتی ہے اور وہ ٹکرے ٹکرے ہو جاتا ہے!

ہم پہلے یہ مثالیں بیان کر چکے ہیں کہ اگر باطن مضبوط ہوگا اور وہ آکر دروازہ توڑنے کی کوشش کریں گے تو وہ کبھی

اندر نہیں آسکتے کیونکہ اب باطن تعمیر ہو چکا ہے، باطن طاقت رکھتا ہے۔ یعنی اگر باہر سے کوئی چور آتا ہے اور اندر کچھ نہیں ہے جو بارگاہِ الٰہی کے لئے قیمتی ہو تو وہ (چور) توڑ کر، ریزہ ریزہ کرکے سیدھا اس میں سے گزر جاتا ہے۔ کیونکہ اندر کچھ بھی تحفظ کے لئے نہیں ہے اور باہر بہت کمزور ہے یہ بہت نازک شیشے کے دروازے جیسا ہے۔ جس میں داخل ہونا بہت آسان ہے۔ لیکن اگر اندر ایک طاقت موجود ہے اور اندر ایک تحفظ موجود ہے تو اندر کا تحفظ ظاہر کو ایک ڈھال فراہم کرنے لگے گا اور اُس کو پار کرنے کا کوئی راستہ نہیں ہوتا۔ اور یہ ہماری ذات کی حقیقت بن جاتی ہے۔

مومن کا قلب اللہ عزوجل کا گھر ہے

جتنا ہم اپنے قلب پر توجہ دیتے ہیں، اپنے اعمال پر توجہ دیتے ہیں، اپنے قلب کی حقیقت کی تعمیر کرتے ہیں، اپنی روح کی حقیقت کی تعمیر کرتے ہیں، سارا تفکر اور غور و فکر اور سانس کی مشق، سارا محاسبہ، سارے اذکار، اوراد اور ذکر، یہ قلب پر اللہ عزوجل کی نظر لاتے ہیں۔ اللہ عزوجل کہتا ہے، 'میں نہیں سما سکتا سماوات وارض میں مگر قلبِ مومن میں سما جاتا ہوں۔' اور "قَلْبَ الْمُؤْمِنْ بَيْتُ اللهِ" (مومن کا قلب اللہ عزوجل کا گھر ہے)۔ تو بیتُ اللہ، اگر نورِ الٰہی قلب میں چمکنا شروع کردے، اِس کا مطلب ہے ایک ایزجی جاری ہونے کو ہے؛ وہ ایزجی جسم کو تحفظ دینے لگتی ہے۔

مَا وَسِعَنِيْ لَا سَمَائِيْ ولا اَرْضِيْ وَلَكِنْ وَسِعَنِيْ قَلْبِ عَبْدِيْ اَلْمُؤْمِنْ

"میں نہیں سما سکتا سماوات و ارض میں مگر قلبِ مومن میں سما جاتا ہوں." (حدیثِ قُدسی)

قَلْبَ الْمُؤْمِنْ بَيْتُ الرَّبْ

"مومن کا قلب اللہ عزوجل کا گھر ہے." (حدیثِ قُدسی)

زمین کو بھی اس کا مقناطیسی مرکز ہی حفاظت فراہم کرتا ہے

متعدد بار مولانا شیخ (ق) نے فرمایا کہ ہم بالکل زمین کی مانند ہیں۔ اللہ عزوجل ہمیں سکھا رہا ہے کہ، 'میں تمہیں نشانیاں دکھاؤں گا، اُفق میں اور خود تمہارے اندر۔'

سَنُرِيهِمْ آيَاتِنَا فِي الْآفَاقِ وَفِي أَنفُسِهِمْ حَتَّىٰ يَتَبَيَّنَ لَهُمْ أَنَّهُ الْحَقُّ ۗ ...(٥٣)

"ہم اُن کو اُفق میں اور خود اُن کی ذات میں اپنی نشانیاں دکھلائیں گے۔ حتیٰ کہ اُن پر واضح ہو جائے گا کہ بے شک یہی حق ہے۔" (سورۃ فصلت، 41:53)

مقناطیسی مرکز زمین کو ایک ڈھال اور تحفظ فراہم کرتا ہے

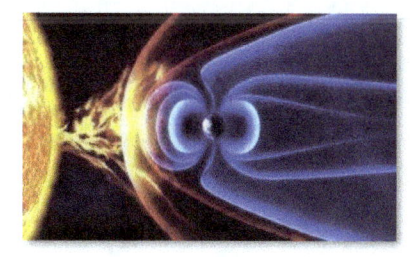

تو پھر وہ لوگ جو اپنے آپ کو دیکھنا نہیں چاہتے، جا کر مطالعہ کریں کہ زمین کیسے حفاظت سے ہے۔ وہ کیا ہے جو زمین کے لئے تحفظ کی ڈھال بنا رہا ہے تاکہ ستاروں اور آسمانوں کی ہر چیز ہمارے سروں پر نہ آپڑے؟ ایک مقناطیسی مرکز! حرارت اور زمین کا حرکت کرتا ہوا مرکز، اور اِس مرکز میں موجود دھات، یہ مقناطیسی مرکز ہے؛ پگھلا ہوا سیسہ، پگھلا ہوا لوہا، تمام زمین کے وسط میں ہیں۔ اس کی اینرجی زمیں کے گرد اینرجی کا ایک حصار بنا رہی ہے؛ اور وہ اینرجی کی تہوں کی وضاحت

کرتے ہیں، تو جیسے ہی مختلف چیزیں آکر زمین میں داخل ہونے کی کوشش کرتی ہیں ان میں سے بیشتر فضا میں داخل ہونے سے پہلے ہی جل جاتی ہیں۔

اینرجی خون میں موجود آئرن سے جُڑتی ہے

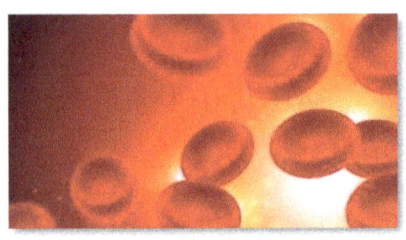

اللہ عزوجل سکھا رہا ہے اور فرما رہا ہے، 'آپ زمین سے مختلف نہیں ہیں۔' اگر آپ میں موجود اینرجی پروان نہیں چڑھی، تو آپ کے قلب کی تکمیل نہیں ہوئی۔ آپ کے جسم کا مرکز پانی ہے، اگر وہ پاک نہیں ہے، آپ کے خون میں موجود آئرن، اگر پالش (polish) نہیں ہوا اور اُس پر ذکرُاللہ کی مہر نہیں ہے، تو وہ آئرن آپ کی بیماری کی وجہ بن جاتا ہے۔

کہا جاتا ہے کہ زیادہ تر انفیکشن، اسٹیف انفیکشن (Staph infection)، سڑتے ہوئے آئرن سے آتا ہے۔ یہ اپنے آپ کو لوہے سے جوڑ لیتا ہے اور فوراً بیماری کو بڑھا دیتا ہے۔ تو حجامہ کا عمل اور سارا (خراب) آئرن نکالنا، وہ جسم میں سے گندا خون نکال دیتے ہیں۔ اور اِس کے علاوہ مختلف روحانی مشقیں کہ جب ہم ذکر کرتے ہیں اور جب ہم روحانی اعمال کرتے ہیں تو یہ الٰہی اینرجی کی 'نسمة' اور 'قدرة' اپنے آپ کو ہمارے جسم میں موجود آئرن سے جوڑ لیتی ہے۔ یہ مائع سے نہیں جڑتی، یہ خون کے آئرن سے جڑتی ہے اور حرکت کرتی ہے اور وہ خون میں موجود آئرن، مائع کو گرم کرنے لگتا ہے، جسم کے پانی کو گرم کرنے لگتا ہے اور پورے وجود کو تبدیل کرنا شروع کر دیتا ہے۔

خون، سانس کی مشق سے اور ذکرِ الٰہی سے پاک ہو جاتا ہے

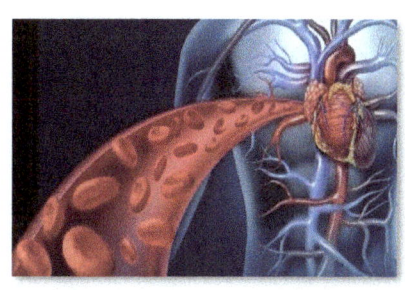

یہ ایک آتشی وجود ہو سکتا ہے کہ جیسے ہی کچھ ہوتا ہے آپ غصے میں آجاتے ہیں اور سُرخ ہو جاتے ہیں۔ یا یہ ایک روحانی وجود ہو سکتا ہے جہاں آپ نے مشق سے قلب میں موجود ایزجی کو بیدار کر دیا ہو۔ آپ کے قلب میں موجود ایزجی اب 'بیت اللہ' ہے۔ کہ خون کے ہر پمپ میں، جب آپ سانس لے رہے ہوں تو الٰہی ایزجی سانس میں آتی ہے وہ سانس پھیپھڑوں میں جاتا ہے اور وہ پھیپھڑے خون کو قوت بخشتے ہیں اور خون دل میں جاتا ہے، تو جیسے ہی خون دل میں جاتا ہے اُس پر مہر لگتی ہے۔ اگر وہ (دل) اللہ عزوجل کے گھر میں سے ہے تو "اللہ ھُو" کی مہر لگائی جاتی ہے۔ اللہ عزوجل کے ذکر سے مہر لگتی ہے۔ ایک بار وہ ایزجی کی مہر خون پر لگ جائے، تو قلب اُسے جسم کے گیارہ اہم اعضاء میں بھیج دیتا ہے۔

ہر سانس کے لینے پر خدا کے شکر گزار ہوں

اِسی لئے وہ فرماتے ہیں کہ ہر قدم کی بنیاد سانس پر ہے۔ ہر روحانی سلسلے کی بنیاد سانس اور اِس کے شعور پر ہے۔ کیونکہ یہ خدائی نعمت ہے جو ہمارے پاس آرہی ہے۔ اس سے پہلے کہ آپ یہ چاہیں، آپ وہ چاہیں، آپ کو پیسہ چاہئے، آپ نوکریاں چاہتے ہیں، آپ کو بیوی چاہئے، آپ کو شوہر چاہئے، آپ بچے چاہتے ہیں، اللہ عزوجل کہہ رہا ہے، 'آپ کو بہت سی چیزیں چاہئیں لیکن کیا آپ نے کبھی نَفَس (سانس) کے ہونے کا شکریہ ادا کیا؟ آپ کو ایک دن میں چوبیس ہزار (24،000) تحفے ملتے ہیں اور آپ اُن سانسوں کا ایک دفعہ بھی شکر ادا نہیں کرتے۔' تو ہمیں جو چاہئے ہم لے لیتے ہیں لیکن خدا کا شکر ادا نہیں کرتے اور یہی ذہنی دباؤ اور غم کا نُسخہ ہے؛ ہمیشہ غمگین، کیونکہ آپ اور زیادہ چاہتے ہیں اور کبھی شکر ادا نہیں کرتے۔

لَئِن شَكَرْتُمْ لَأَزِيدَنَّكُمْ (٧)

"...اگر تم شاکر ہو اور میرا شُکر ادا کرو گے تو میں ضرور تمہارے لئے (نعمتوں میں) اور بھی اضافہ کروں گا..."

(سورۃ ابراہیم، 14:7)

تو خدا یہ سکھا رہا ہے کہ آپ ہمیشہ شکر گزار رہیں۔ کہو "اَلحَمدُلِلّٰہِ و شُکراًلِلّٰہِ" (ساری تعریف اللہ عزوجل کے لئے ہے اور اللہ عزوجل میں تیرا شکر گزار ہوں۔) "اَلحَمدُلِلّٰہِ و شُکراًلِلّٰہِ" کیونکہ آپ کے پاس زندگی ہے، اگر اللہ عزوجل آپ سے بیزار ہو جائے، وہ آپ کا سانس روک لے تو آپ ختم ہو جائیں اور آپ کے ساتھ ہی آپ کے سارے گلے شکوے بھی ختم ہو جائیں گے۔ خدا سکھا رہا ہے کہ، 'روزانہ میرا شکر ادا کیا کرو۔'

حمد، شکر سے مختلف ہے۔ "اَلحَمدُلِلّٰہِ" یہ ہے کہ "یُسَبِّحُ بِحَمْدِہِ" (قران مجید، 17:44) کہ ہر چیز اللہ عزوجل کی حمد و ثناء میں لگی ہے اور میں بھی اپنے پورے وجود کے ساتھ، میرے مالک تیری حمد کر رہا ہوں۔ تو "اَلحَمدُلِلّٰہِ، اَلحَمدُلِلّٰہِ، اَلحَمدُلِلّٰہِ" اُس کے لئے جو تو نے مجھے دیا ہے۔

تُسَبِّحُ لَهُ السَّمَاوَاتُ السَّبْعُ وَالْأَرْضُ وَمَن فِيهِنَّ ۚ وَإِن مِّن شَيْءٍ إِلَّا يُسَبِّحُ بِحَمْدِهِ وَلَٰكِن لَّا تَفْقَهُونَ تَسْبِيحَهُمْ ۗ إِنَّهُ كَانَ حَلِيمًا غَفُورًا (٤٤)

"ساتوں آسمانوں اور زمین اور جو کچھ بھی ان میں ہے سب اسی کی تسبیح کرتے ہیں۔ اور (مخلوقات میں سے) کوئی چیز نہیں مگر اس (اللہ عزوجل) کی تعریف کے ساتھ تسبیح کرتی ہے۔ لیکن تم ان کی تسبیح کے طریقے کو نہیں سمجھتے۔ بے شک وہ دائمی بردبار (اور) غفار ہے۔" (سورۃ الاسراء، 17:44)

شکر ادا کریں اپنی سانس کے لئے، اور اِسے عقلمندی سے استعمال کریں۔

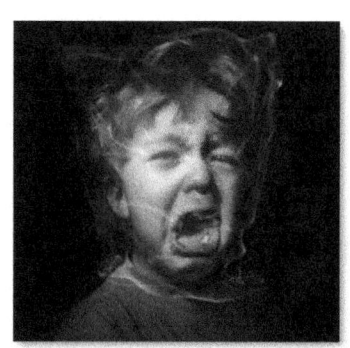

"وَشُکرَاًللّٰہ" (اللہ عزوجل کا شکر ہے)، اِس سانس کے لئے کہ یہ میری سانس اچھی طرح چل رہی ہے۔ جا کر اُن لوگوں کو دیکھیں جو سانس کی بیماری میں مبتلا ہیں۔ ہم نے متعدد بار پہلے بھی بیان کیا ہے، یہ مولانا شیخ (ق) کی تربیت ہے، اگر آپ کو لگتا ہے آپ کا وقت مشکل چل رہا ہے کیونکہ روزی کم ہے، تو اُس ہسپتال میں جائیں جہاں بچوں کو دمہ ہے۔ وہ سانس نہیں لے سکتے وہ ہوا اندر نہیں لے کر جا سکتے اور وہ سانس لینے کے لئے ہانپتے رہتے ہیں۔ وہ چھوٹے اور معصوم ہیں اور اُنہوں نے کبھی سگریٹ نہیں پیا اور اُنہوں نے کبھی اپنے آپ کو نقصان پہنچانے کے لئے فضول کام نہیں کیئے۔ یہ بس وہی ہے جو قسمت میں تھا، جو مقدر لکھ دیا گیا تھا۔

تو جب ہم اُن حالات میں جاتے ہیں، اور سانس میں ہونے والی دشواری کو دیکھتے ہیں، وہ مشکلات جو وہ برداشت کر رہے ہیں اور مصائب اصل میں کیا ہوتے ہیں، تو ہمیں کہنا چاہیئے، "شُکرَاًللّٰہ، شکرَاًللّٰہ، شُکرَاًللّٰہ،" ہزار مرتبہ ایک دن میں بھی آپ پڑھیں تو یہ کافی نہیں ہوگا۔

خدا آپ کو سکھا رہا ہے کہ یہی چابی ہے۔ کہ جب ہم شکر ادا کرتے ہیں اور حمد کرتے ہیں اور ہر چیز جو ہمارے پاس ہے اُس کے لئے شکر گزار ہوتے ہیں، تو وہ (اولیاء کرام) ہمیں سکھاتے ہیں کہ یہ سانس جو اندر آ رہی ہے، اللہ عزوجل کے شکر میں ہونی چاہیئے۔ جب یہ سانس پورے جسم میں حرکت کر رہی ہوتی ہے تو سارا دن ذکر میں مصروف رہیں، چاہے مغفرت مانگنے میں، "أستغفرُاللّٰہ" ہر اُس چیز کے لئے جو ہم نے غلط کی، جس کا ہمیں علم تھا یا جس کا علم نہیں تھا، اور بارگاہِ الٰہی کی حمد کرتے ہوئے، حقیقتِ نبی ﷺ کی حمد کرتے ہوئے۔

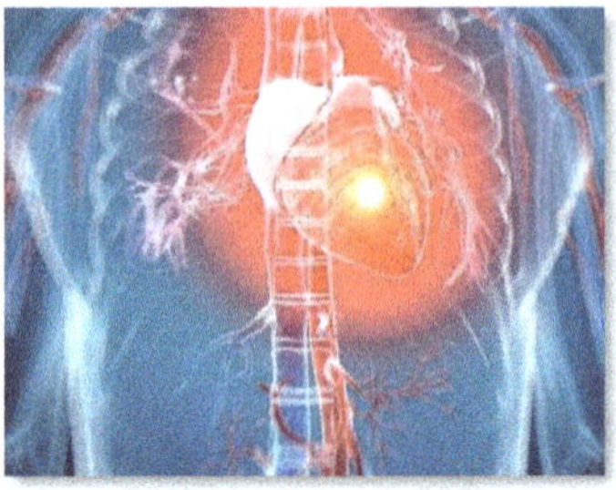

اِس کا مطلب قلب اب مصروف ہو جاتا ہے، یہ حمد و ثناء کی فیکٹری کی مانند ہو جاتا ہے؛ مسلسل حمد، مسلسل حمد، مسلسل تزکیہ۔ جیسے ہی قلب تزکیہ کرتا ہے، تو یہ اب الٰہیاتی ایز جی کی مُہر لگا رہا ہوتا ہے اور سارا خون جو اِس میں سے گزر رہا ہوتا ہے اُس پر حمد کی مُہر لگ رہی ہوتی ہے۔ اور مُہر لگا ہوا خون ہر عضو میں جانا شروع کرتا ہے اور ہماری طرف سے لڑنا شروع کرتا ہے جہاں پہلے سارے اعضاء حملے کی زد میں تھے۔

منفی ایز جی ہمارے اعضاء مثلاً گُردے اور جگر پر حملہ کرتی ہے

وہ سب اعضاء شیطان کے حملے میں ہوتے ہیں، منفی ایز جی کی زد میں، اور ہر عضو ختم ہونا شروع ہو جاتا ہے۔ ہر مشکل بدن پر آنے لگتی ہے۔ یہ کوئی اتفاق نہیں ہے کہ گُردے اور جگر دنیا میں سب سے زیادہ ختم ہونے والے اعضاء ہیں۔ کیونکہ منفی ایز جی آپ کی پُشت پناہی کر رہی ہوتی ہے کہ، 'میں تمہارے وجود پر قبضہ کرنا چاہتی ہوں۔ میں آکر تمہارے دل پر مکمل طور پر قابض ہونا چاہتی ہوں؛ بھلا تم سگریٹ کیوں نہیں پیتے؟ کیونکہ جیسے ہی تم سگریٹ پیوگے تم ہر طرح کی خطرناک ایز جی اپنے وجود کے اندر لے جاؤگے۔ اور ہم تمہارے خون میں آزادانہ حرکت کر سکیں گے۔'

تو نبی پاک ﷺ بیان فرماتے ہیں کہ شیطان آپ کے خون کے اندر حرکت کرتا ہے۔ تو شیطان کہتا ہے، 'تم اتنا وقت کیوں لے رہے ہو؟ سگریٹ پیو؛ اس طرح میں بہت جلدی اندر آسکتا ہوں! میں تمہارے قلب سے ٹکراؤں گا، تمہیں دل کی بیماریاں اور دل کا دورہ دوں گا اور تمہارے دل کے ذریعے میں تمہارے خون میں اور تمہارے جگر میں، تمہارے گردوں میں اور تمہارے پھیپھڑوں تک پہنچ جاؤں گا۔ پھر میں تمہیں پینے کے لئے

اُکساؤں گا، پیو اور اپنے جسم میں شراب (سپیرٹ) ڈالو!' وہ اِس کو کوئی بہشتی نام نہیں دیتے، وہ اِس کو سپیرٹ (spirit) کہتے ہیں۔

کس قسم کی سپیرٹس آپ کے خون میں آ رہی ہیں؟ یہ سپیرٹس، منفی سپیرٹس ہیں۔ یہ اُس چیز کو کمزور کرنا چاہتے ہیں جس سے آپ بنے ہوئے ہیں؛ یعنی خالص پانی۔ جسم خالص پانی ہے۔ ہم اس پانی کو پاک کرنے کا سوال کر رہے ہیں؛ ذکر سے بھر کر، الٰہیاتی ایز جی سے بھر کر۔ اور منفی ایز جی آتی ہے اور کہتی ہے، 'نہیں، نہیں، اِس پانی کو کمزور کر دو اور اِس کو آگ بنا دو۔ اِس کو ہر طرح کے سپیرٹس سے بھر دو!' اور وہ خون آگ کی مانند ہو جاتا ہے۔ اور وہ خون تمام اعضاء میں جانے لگتا ہے اور پورے جسم (کے نظام کو) بند کرنا شروع کر دیتا ہے۔

اپنی سلطنت کی حفاظت کریں اور اپنے باطنی وجود پر توجہ دیں

تو ہم حملے کی زد میں ہیں چاہے ہمیں اِس کا علم ہو یا نہ ہو۔ تصوّف کی حقیقت یہ ہے کہ وہ آ کر ہمیں سکھائیں کہ اپنا دفاع کیسے کرنا ہے جب تک کہ ہم شعور حاصل نہ کر لیں اور اِس سے آگاہ نہ ہو جائیں کہ وہ کیا ہدایت ہے جو اللہ تعالیٰ نے ہمیں دی ہے۔ وہ یہ کہ میں سمجھ رہا ہوں کہ میں صرف اِس قالین پر بیٹھا ذکر کر رہا ہوں لیکن اللہ عزوجل فرما رہا ہے، 'نہیں، تم تو منفی (ایز جی) کے حملے کی زد میں ہو۔' اور یہ منفی (ایز جی) ہم پر قابض ہو رہی ہوتی ہے جب تک کہ ہم ذکر کرنا شروع نہیں کرتے، اوراد کرنا شروع نہیں کرتے، اور سمجھنا شروع نہیں کرتے؛ باطن پر، قلب پر، ایز جی پر توجہ مرکوز نہیں کرتے۔ جیسے ہی ہم قلب کو تقویت دیتے ہیں اس کا مطلب یہ ہے کہ "نَصْرُ اللّٰہِ" (اللہ عزوجل کی فتح) آ رہی ہوتی ہے، کہ ملکوتی ایز جی اب مدد کے لئے قلب کے اندر آ رہی ہوتی ہے۔

إِذَا جَاءَ نَصْرُ اللَّهِ وَالْفَتْحُ (١)

"جب اللہ عزوجل کی نصرت اور فتح آتی ہے۔" (سورۃ النصر، 110:1)

اگر ملکوتی ایزجی قلب میں داخل ہونا شروع ہو جاتی ہے تو پھر یہ ایزجی سارے جسم کے اعضاء کو بدلنا شروع کر دیتی ہے اور ہم اب سلطنت (جسم) کو تحفظ فراہم کر سکتے ہیں۔ یہ ایک سلطنت ہے جو خدا نے ہمیں دی ہے۔ وہ (اللہ عزوجل) فرماتا ہے، 'اس سے پہلے کہ میں اپنی بہشتی سلطنت کی حقیقت تم پر کھولوں، تمہیں اپنی سلطنت کا علم نہیں ہے اور تمہاری سلطنت شیطانی حملے کی زد میں ہے، تو تم میری سلطنتِ الٰہی کی شان و شوکت کا کیسے مشاہدہ کرو گے؟'

تو بہت سے لوگ جو ظاہری ہوتے ہیں اور صرف ظاہری اعمال کرتے ہیں، وہ سوچتے ہیں کہ ان کے لئے کچھ کھل کیوں نہیں رہا، کیوں کوئی سمجھ اور حقیقت ان کے لئے کھل نہیں رہی؟ مولانا شیخ (ق) یہ فرمارہے ہیں کہ اللہ عزوجل تمہیں اِس بہشتی سلطنت سے کیا دِکھانا چاہتا ہے؟ جب آپ کو اپنی سلطنت کا علم نہیں ہوگا اور آپ کو یہ پتا نہیں ہوگا کہ آپ کون ہیں، آپ کو یہ نہیں پتا کہ آپ کے تخت پر بادشاہ کون ہے، دل پر کون سا بادشاہ بیٹھا ہے؟ کیا وہ شیطانی بادشاہ ہے، بُری خواہشات اور بُرے اعمال اور بُری خواہشوں، بُری چاہتوں کا بادشاہ؟ یا وہ الٰہی بادشاہ ہے؟ 'تیری بادشاہی آئے، تیری مرضی جیسے آسمان پر پوری ہوتی ہے زمین پر بھی ہوگی۔'

ہمیں تربیت اور تزکیے کے مشائخ کی ضرورت ہے – مُرشدِ تربیة اور مُرشدِ تزکیة

اس کا مطلب اللہ عزوجل کی بادشاہت دل میں ضرور قائم ہونی چاہئے۔ اللہ عزوجل کی روشنی کو لازماً دل میں آنا چاہئے اور یہ آکر سب چاہتیں اور خواہشات دور کرنا شروع کر دیتی ہیں۔ صرف باطن کی ایزجی ہی باہر کی (منفی) ایزجی سے تحفظ فراہم کر سکتی ہے اور اُسے دور کر سکتی ہے۔

یہی وجہ ہے کے مولانا شیخ (ق) نقشبندیہ سلسلہ کے تحت، مُرشد (مستند روحانی رہنما) کا درجہ رکھتے ہیں، مولانا شیخ (ق) وہ تمام حقائق ہیں (وہ تمام حقائق رکھتے ہیں)۔ لیکن "شیخُ التربیة" اور "شیخُ التزکیة" ایک ہی ہوتے ہیں۔ وہ ہمیں اپنی تربیت سے آراستہ کرتے ہیں، وہ ہمیں اپنی سمجھ سے آراستہ کرتے ہیں۔ اس کا مطلب ہے کہ آپ کے درمیان ایک ایسے شیخ ہونے چاہئیں جو 'التربیة' یعنی آداب؛ کیا صحیح ہے اور کیا غلط اور نفس کی تفہیم کی تعلیم دیتے ہوں۔ جیسے ہی آپ تربیت شروع کرتے ہیں، نظم وضبط اور اپنے آپ کو آدابِ صحبت کی سمجھ دیتے ہیں، کیا کرنا چاہئے کیا نہیں، کیا غلط اور کیا صحیح ہے، تاکہ آپ باطن کی صفائی کر سکیں، تو ایک رہنما ہونا ضروری ہے جو آپ کی تربیت کر سکے۔

تربیت ادب ہے، ہمارے ہاں ایک مِثل مشہور ہے 'بے تربیت' (بے ادب) جس کا مطلب ہے بے ہودہ، بد تمیز آدمی۔ یعنی تربیت کا اُلٹ یہ ہے کہ ایسا شخص جس کی کوئی تربیت نہیں ہوئی، تو پھر تزکیہ کیسے ہو سکتا ہے؟ آپ کا تزکیہ کیسے ہو اگر آپ کی کوئی تربیت نہیں ہوئی؟ تو یہ ناممکن ہے۔ تو پھر تربیت کے مشائخ تشریف لاتے ہیں اور صحیح غلط یعنی ادب کی تعلیم دیتے ہیں؛ کیا کرنا ہے، کیا نہیں، کیا کرنا ہے، کیا نہیں۔ اور ادب کو مکمل کرتے ہیں۔ تو جب آپ اُن کو دیکھتے ہیں، وہ بہترین اخلاق میں ہوتے ہیں؛ محبت اور عاجزی میں اور آپ اُنہیں ہمیشہ اللہ عزوجل کی مدد مانگتے ہوئے اور اللہ عزوجل کی رحمت اور مغفرت تلاش کرتے ہوئے پاتے ہیں۔

تربیت (ادب) تزکیے (طہارت) کا تقاضہ ہے

جیسے ہی تربیت ہوتی ہے تو شیخ تزکیہ کی حقیقت سے روشناس کرواتے ہیں کہ اب ذکر اور اوراد آپ کے ساتھ قائم رہیں گے، کیونکہ آپ کا ادب اب کم از کم اچھائی کی طرف گامزن ہے۔ پھر جب وہ آپ کو ذکر دیتے ہیں اور آپ کو اپنی نظر سے آراستہ کرنا شروع کرتے ہیں کہ وہ ذکر اب ایک خوبصورت برتن میں رکھا ہے تاکہ وہ قائم رہے۔

اگر آپ کی تربیت نہیں ہوئی اور آپ ذکر مانگ رہے ہیں تو یہ ایسا ہے کہ آپ پگھلا ہوا سونا ایک اسٹائروفوم (styrofoam) کپ میں ڈال رہے ہیں۔ جیسے ہی وہ ایزجی آکر ٹکراتی ہے، وہ سب کچھ پگھلا دیتی ہے۔ آپ جس سواری پر اُسے رکھنے کی درخواست کر رہے ہیں وہ ابھی تک پاک اور صاف نہیں ہے۔

جب ہمارے پاس باطنی طہارت ہوتی ہے تو ہم نیگیٹیویٹی سے لڑ سکتے ہیں

تو وہ ہمیں تربیت دینا شروع کرتے ہیں، پھر وہی تزکیے کی حقیقت کے شیخ فرماتے ہیں کہ آپ ساری تربیت کی پیروی کریں، آپ ہر صحیح غلط کی سمجھ کی پیروی کریں۔ جب اُنہوں نے آپ کو تمام مشکلات میں سے گزار دیا، اور آپ کا کردار صحیح رہا، اور اخلاق درست رہا، پھر جو ذکر وہ آپ کو دیں گے وہ روح پر قائم رہے گا۔ وہ ایک نور لے کر آتا ہے اور زبردست ایزجی لے کر آتا ہے۔ یہ باطنی ایزجی ظاہر کو ایک ایزجی فراہم کرنے لگتی ہے جو پھر خواہشات کو روکتی ہے، دنیا کی چاہت کو روکتی ہے، نفس کی خواہشات کو روکتی ہے، اور شیطان کے خلاف لڑنا شروع کر دیتی ہے۔ باطن کے بغیر، ظاہر بہر صورت حملے کی زد میں ہے۔

ہم دُعا کرتے ہیں کہ مولانا شیخ (ق) ہمارے لئے زیادہ سے زیادہ اِس فہم کو کھولیں کہ باطنی ایزجی کیسے تعمیر کی جائے، اُن کی تربیت کی پیروی کیسے کی جائے، تزکیہ کی پیروی کیسے کی جائے کہ قلب بیدار ہونا شروع ہو جائے اور وہ ایزجی ہمارے دلوں میں چمکنے لگے۔ (آمین)۔

سُبْحَانَ رَبِّكَ رَبِّ الْعِزَّةِ عَمَّا يَصِفُونَ، وَسَلَامٌ عَلَى الْمُرْسَلِينَ وَالْحَمْدُ لِلَّهِ رَبِّ الْعَالَمِينَ بِحُرْمَةِ مُحَمَّدٍ الْمُصْطَفَى وَبِسِرِّ سُورَةِ الْفَاتِحَةِ۔

کھانے میں راز موجود ہے
روحانی محفلوں میں بھوکے آئیں

اللہ عزوجل ہمارا خالق ہے اور ہم کمزور خادم ہیں جو رحمتِ الٰہی اور فضلِ الٰہی کے طالب ہیں۔ ہم مولانا شیخ (ق) کی تعلیمات کے طالب ہیں، اپنے آپ کو سمجھنے کے لئے اور اپنے کانوں کو کھولنے کے لئے جو براہ راست دل کے بیدار ہونے سے منسلک ہیں۔ اِس کا مطلب ہم کہتے کچھ ہیں لیکن اُسے صحیح معنوں میں سمجھتے نہیں ہیں۔ یہ سننا اور پیروی کرنا ہے، "سَمِعْنَا وَأَطَعْنَا" (قرآن مجید، 2:285)

سَمِعْنَا وَأَطَعْنَا غُفْرَانَكَ رَبَّنَا وَإِلَيْكَ الْمَصِيرُ (٢٨٥)

"...ہم سنتے ہیں اور ہم اطاعت کرتے ہیں۔ اے ہمارے مالک ہم تیری مغفرت کے طالب ہیں اور تیری ہی جانب تمام سفر ختم ہوتے ہیں۔" (سورۃ البقرہ، 2:285)

آپ حصہ لے سکتے ہیں اور شرکت کر سکتے ہیں اور صحبت برقرار رکھ سکتے ہیں لیکن ہم واقعتاً نہیں سنتے اور اصل میں کان نہیں دھرتے۔ اور بہت سال گزر جاتے ہیں اور ہم اپنے آپ سے پوچھتے ہیں کہ، 'میں نے کیا حاصل کیا؟ میں نے کچھ نہیں پایا، اور ہاں، شاید اُس محفل سے مجھے کچھ فائدہ نہیں تھا۔' یہاں کوئی جادو نہیں ہے کیونکہ ہم جادوگر نہیں! یہ حقیقت کا راستہ ہے جو اُن لوگوں کو حقیقت کا درس دیتا ہے جو اِس میں دلچسپی رکھتے ہیں اور اِس حقیقت تک پہنچنے کے طالب ہوتے ہیں۔

راز، کھانے میں موجود ہے

اگر ہم یہ سکھا رہے ہیں کہ خوراک میں سارے راز ہیں اور ساری رحمتیں ہیں، تو مشائخ ہمیں سکھاتے ہیں کہ بھوکا آنا ہی بہتر ہے۔ اگر آپ بھوکے آتے ہیں، آپ اُس میز کی طرف دیکھتے ہیں (جس پر کھانا رکھا ہوا ہے) تو آپ کے منہ سے پانی آنے لگتا ہے۔ آپ کی بھوک ایک تشبیہ ہے۔ وہ ہمیں سکھاتے ہیں کہ اگر آپ اپنے آپ کو بھوکا رکھیں، جس وقت آپ آتے ہیں، سات یا آٹھ بجے؛ ہم نو بجے تک کھانا کھاتے ہیں۔ آپ کوشش کریں سہ پہر کو کھانا نہ کھائیں؛ فاقے میں رہیں، بھوکے رہیں۔ مراقبہ خالی پیٹ کریں اور تفکر کریں۔ پھر جب کھانے کا وقت ہو تو آپ اپنے نفس کو لطف اٹھانے دیں۔ وہ ہمیں سکھاتے ہیں کہ تمام روحانی انجمنوں میں راز 'کھانے' میں موجود ہوتا ہے کیونکہ ایک دوسرے کے ساتھ روٹی توڑنے میں برکت ہے۔

بہت سے نفوس رحمتوں اور علم کو رد کر دیتے ہیں

ملکوتی حقیقتوں (کی سطح) پر، ہمارے نفوس مختلف علم حاصل کر رہے ہوتے ہیں اور بہت سے نفوس اُسے رد کر رہے ہوتے ہیں۔ (کہتے ہیں) 'ہم آپ کو سن تو سکتے ہیں جناب، لیکن دھیان نہیں دیتے۔' نبی پاک ﷺ کی بہت سی تعلیمات تھیں جن پر ان کی محفل میں آنے والے لوگ کہتے تھے، 'ہم نے سن لیا جو آپ نے کہا لیکن ہم دھیان سے نہیں سن رہے اور ہمارے دلوں پر تالا لگا ہے۔'

وَقَالُوا قُلُوبُنَا غُلْفٌ ۚ ...(٨٨)

"اور اُنہوں نے کہا ہمارے دلوں پر تالے پڑے ہیں..." (سورۃ البقرہ، 2:88)

'ہم اِس سے لطف اندوز ہو رہے ہیں لیکن ہم اِس پر کان نہیں دھر رہے اور اپنا دل نہیں بیدار کر رہے۔' اور اِس حقیقت کی وجہ سے، بچوں کی طرح، اللہ عزوجل انبیاء کرام اور اولیاء کرام کو تعلیم دیتا ہے، صوفیاء کرام کو تعلیم دیتا ہے کہ ان کے پاس جائیں اور اُنہیں اُس حقیقت سے آراستہ کریں۔ لیکن یہ عطا وہاں ہو گی جہاں ہمارے نفس کی مخالفت شامل نہیں ہو گی۔ یہ کھانے اور مشروبات میں ہے۔

نفس، دماغ کی سطح پر ہے اور دماغ رد کر دیتا ہے کہ، 'یہ مختلف چیز ہے یہ اجنبی چیز ہے، یہ وہ چیزیں ہیں جن کا میں عادی نہیں ہوں، میں تو کوئی اور اعمال کرتا ہوں۔' بہت سے حقائق پر ہم اپنے دل کو تالا لگا دیتے ہیں اور یہ حقائق جذب نہیں ہو پاتے۔ اسی لئے ہمارے لئے یہ ایک رحمت کے طور پر ہے، وہ ہمیں سکھاتے ہیں کہ وہ ہمیں مختلف طریقے سے عطا کریں گے۔ وہ ہمیں ہمارے پیٹ کے ذریعے آراستہ کریں گے۔

اولیاء کرام دعا کرتے ہیں اور خوراک کی کوانٹم حقیقت کو باہر لے آتے ہیں

مشائخ دعا کرتے ہیں اور مانگتے ہیں جو سیدنا عیسیٰ علیہ السلام عیاں کر رہے تھے؛ وہ مانگتے تھے کہ، 'اے میرے

پروردگار، مجھے جنت سے دستر خوان بھیج، جس سے ہم میں سے پہلا اور آخری شخص بھی کھا سکے۔' اور جنت کا دستر خوان مادی دنیا کے دستر خوان جیسا نہیں ہے۔ آپ یہ نہیں کہہ سکتے کہ، 'میں نے یہ ڈونٹس Costco سے خریدے ہیں۔' نہیں، نہیں! ہم تو روحانی دنیا کی بات کر رہے ہیں۔ آپ لائے اُسے Costco سے ہیں، لیکن وہ (اولیاء اللہ) دعا کرتے ہیں اور اُس کھانے کی کوانٹم (quantum) حقیقت باہر لے آتے ہیں۔

ہر چیز کی ایک ساخت ہے اور ہر چیز کا ایک وجود ہے۔ ہر وجود، روشنی میں تقسیم کیا جا سکتا ہے اور ہر روشنی کی ایک ایزجی ہوتی ہے۔ اگر آپ کے پاس اُس ایزجی کا راز موجود ہے، جو ملائکہ ہیں، جو فرشتے ہیں تو اِس کا مطلب اگر

آپ کی نماز آپ کی تلاوت اور آپ کی دعا اور آپ کا رابطہ قبول ہو جاتے ہیں تو آپ ہر چیز کو غیر مقفل کر سکتے ہیں۔

BEFORE PRAYER........AFTER PRAYER

یعنی اپنے فیض سے وہ (اولیاء اللہ) ہر چیز جو ہم کھا یا پی رہے ہوتے ہیں اُس کی ملکوتی حقیقت کو کھول دیتے ہیں، جہاں فرشتے 'آمین' کہتے ہیں کہ، 'آپ جس کا سوال کر رہے ہیں، ہم کسی اَنا کو بیچ میں لائے بغیر اُس کو قبول کر رہے ہیں۔' کیونکہ خدا کا حکم اُس محفل میں نازل ہو رہا ہوتا ہے، نبی پاک ﷺ کا حکم نازل ہو رہا ہوتا ہے، "أَطِيعُوا اللَّهَ وَأَطِيعُوا الرَّسُولَ وَأُولِي الْأَمْرِ مِنكُمْ" (اللہ عزوجل کی اطاعت کرو، اور اطاعت کرو رسول اللہ ﷺ کی اور ان کی جو تم میں سے صاحبانِ اختیار ہوں) کہ اللہ عزوجل اُنہیں فرما رہا ہے کہ، 'یہ میری اطاعت کے تحت آ رہے ہیں۔'

أَطِيعُوا اللَّهَ وَأَطِيعُوا الرَّسُولَ وَأُولِي الْأَمْرِ مِنكُمْ... (٥٩)

"اللہ عزوجل کی اطاعت کرو، اور اطاعت کرو رسول اللہ ﷺ کی اور ان کی جو تم میں سے صاحبانِ اختیار ہوں۔"

(سورۃ النساء، 4:59)

وہ ایسے لوگ ہیں جو خالق کی تابعداری کے خواہاں ہیں۔ وہ رسولوں کے تابعدار بننے کے لئے آتے ہیں اور وہ أُوْلِي الْأَمْرِ کے تابعدار ہیں؛ ان کے لئے حقائق کھل جاتے ہیں۔

تو پھر وہ حقائق کھانے اور پینے میں موجود ہیں۔ وہ ملکوتی حقائق کوانٹم سطح پر ہمیں آراستہ کرنے لگتے ہیں۔ جہاں نفس اجازت نہیں دیتا تھا وہاں یہ فیض آنے لگتا ہے، ہمیں ملبوس کرنا شروع کرتا ہے، ہمیں بدلنے لگتا ہے۔ یہ ایسا ہے جیسے ڈاکٹر کے کلینک میں جانا اور دوا لینا۔ وہ دوا اُس کھانے اور اُس مشروب میں ہے۔

بھوکے آئیں اور بہشتی دستر خوان سے کھائیں

وہ (اولیاء اللہ) ہمیں سکھاتے ہیں کہ بھوکے آئیں۔ اُس دن جسمانی طور پر اپنے آپ کو بھوکا رکھیں۔ اِس سمجھ کے ساتھ آئیں کہ یہ کوئی عام محفل نہیں ہے۔ میں عرض کر رہا ہوں اور میں اُس روحانی محفل سے زیادہ سے زیادہ فیض یاب ہونے جارہا ہوں۔ اِس کا مطلب ہر کسی کے ایمان کا درجہ یہ ہونا چاہئے کہ، 'یا ربّی! مجھے تزکیے کی ضرورت ہے۔ مجھے تیری مدد کی ضرورت ہے۔ مجھے اِس بہشتی دستر خوان کی ضرورت ہے۔'

جب لوگ سیدنا عیسیٰ علیہ السلام سے اُس معجزے کی طلب کر رہے تھے، وہ لوگ جو یہ مانگ رہے تھے ان کے پاس بہت طاقت تھی۔ وہ مانگ رہے تھے، درخواست کر رہے تھے اور خدا سیدنا عیسیٰ علیہ السلام سے ہمکلام ہو رہا تھا کہ، 'اگر یہ مانگتے ہیں اور کھاتے نہیں ہیں تو یہ بڑی مشکل میں مبتلا ہو جائیں گے۔' کیونکہ یہ ایک معجزاتی حقیقت ہے جو آرہی ہے۔ اور انسان کی یہ فطرت ہے کہ اگر وہ طاقتور ہوتے ہیں تو وہ مغرور ہو جاتے ہیں۔ اُن لوگوں کا ایک نظام تھا، اُن کا ایک درجہ تھا، اُن کا خیال تھا کہ وہ بہت کچھ جانتے ہیں۔ جیسے ہی وہ دستر خوان نیچے اترنا شروع ہوا تو وہ فوراً وہاں سے بھاگ گئے۔ تو کس نے اُس دستر خوان سے کھایا؟ غریبوں نے۔

اولیاء اللہ اپنے رزق سے تین درجات کو کھلاتے ہیں

یہ وہ درجات ہیں جن کے بارے میں اللہ عزوجل فرماتا ہے کہ، یہ اولیاء اللہ اپنے رزق سے آپ کو کھلاتے ہیں؛ یعنی آپ کو مسکین ہونا ہوگا، آپ کو غریب، یتیم اور اسیر ہونا ہوگا۔

وَيُطْعِمُونَ الطَّعَامَ عَلَىٰ حُبِّهِ مِسْكِينًا وَيَتِيمًا وَأَسِيرًا (٨)

"اور وہ اُس (اللہ عزوجل) کی محبت میں مسکین و یتیم اور اسیر کو کھلاتے ہیں۔" (سورۃ الانسان، 76:8)

ان تین درجات کو اولیاءِ اللہ اپنے رزق سے کھلاتے ہیں اور اُن کو اپنے رزق سے بہت پیار ہوتا ہے۔ وہ آپ کو وہ

چیز نہیں کھلاتے جو وہ خود پسند نہیں کرتے۔ آپ کسی شخص کے گھر جاتے ہیں وہ اپنے فرج (fridge) میں دیکھتا ہے اور اُس کے پاس جو خراب چیز ہوتی ہے کہتا ہے، 'یہ آپ لے سکتے ہیں۔' یا اگر وہ خیرات کرنا چاہتے ہیں، وہ سب جو ٹوٹا ہوا ہوتا ہے، استعمال شدہ اور سوراخ زدہ کپڑے، استعمال

شدہ موزے لا کر کہتے ہیں، 'یہ لو، کچھ موزے رکھ لو۔' نہیں، نہیں، نہیں!

جب ہم اِن اولیاءِ کرام کی بات کرتے ہیں تو وہ تو اپنے پاس موجود چیزوں میں سے سب سے بہترین چیز دیتے ہیں۔ وہ آپ کو اپنے سب رازوں سے اور سب حقائق میں سے عطا کرتے ہیں جن کو حاصل کرنے کے لئے اُنہوں نے پوری زندگی محنت کی ہوتی ہے۔ اللہ عزوجل فرماتا ہے، 'وہ آپ کو اپنے پاس موجود چیزوں میں سے سب سے بہترین عطا کرتے ہیں۔' وہ یہ اللہ عزوجل کی محبت میں، اپنے خالق کی محبت میں دیتے ہیں۔ اور وہ آپ سے بدلے میں کچھ نہیں مانگتے۔ وہ یہ اُمید نہیں رکھتے کہ جب آپ کھائیں گے تو ایک بڑا چیک لکھ کر دے جائیں گے۔ اُن کو فرق نہیں پڑتا کہ آپ چیک دیں یا آپ نہ دیں، یہ آپ کی اپنی روح کا فائدہ ہے۔

آپ کو ہمیشہ یہ یاد رکھنا چاہئے کہ آپ کا اولیاءِ اللہ پر کوئی اثر نہیں ہوتا، آپ ان کی محفل پر کوئی اثر نہیں رکھتے؛ ہم ایک دوسرے پر کوئی اثر نہیں رکھتے۔ آپ اپنی روح کے لئے دیتے ہیں۔ آپ اپنی نجات کے لئے دیتے ہیں۔ آپ اپنی نجات کے لئے، اپنے ایمان کی گواہی کے لئے لاتے ہیں اور کھاتے ہیں۔

اولیاء اللہ جنت کے متلاشی نہیں ہوتے، وہ مقدس چہرے- وَجْهُ اللّٰہِ -کے خواہاں ہیں

اللہ عزوجل ہمیں سکھا رہا ہے کہ وہ (اولیاء اللہ) یہ صرف اللہ عزوجل کا مبارک چہرہ دیکھنے کے لئے کرتے ہیں۔

إِنَّمَا نُطْعِمُكُمْ لِوَجْهِ اللَّهِ لَا نُرِيدُ مِنكُمْ جَزَاءً وَلَا شُكُورًا (٩)

"(یہ کہتے ہوئے کہ) ہم تو تمہیں صرف "وَجْهُ اللّٰہِ" کے لئے کھلاتے ہیں۔ نہ تو ہم تم سے کسی بدلے کی توقع رکھتے ہیں اور نہ ہی شکریئے کی۔" (سورۃ الانسان، 76:9)

اِس کا مطلب اللہ عزوجل اِن اولیاء اللہ کو درجات عطا کرتا ہے، وہ جنت میں دلچسپی نہیں رکھتے۔ اگر میں اُن کو

جنت میں پھینک دوں وہ ان کیلئے Las Vegas ہو گی؛ یہ سب بڑی چیزیں اور شوز (shows) اِن کے بارے میں یہ کیا پرواہ کریں گے؟ اُنہیں اِس اُتار چڑھاؤ اور تفریحی چیزوں سے کوئی غرض نہیں ہے، کہ چیزیں حرکت کر رہی ہوں اور پھل آ رہے ہوں۔ اور نہ اُنہیں دوزخ کا خوف ہے۔ اگر اللہ عزوجل چاہتا ہے کہ وہ تکلیف میں رہیں تو وہ تکلیف میں رہیں گے اور اُن کی گفتگو نہیں بدلتی۔

وہ صرف اُس مقدس چہرے کے مانگنے والے ہیں۔ اِس کا مطلب طاقت کا سمندر، جس سے ساری طاقتیں نکل رہی ہیں، 'یاربّی! اے میرے خدا! میں یہ مانگ رہا ہوں کہ مجھے اِس طاقت کے سمندر میں اُتار دے اور ہم پر اپنی عظمت اور سخاوت نچھاور کر۔'

کیا آپ جو سنتے ہیں اُس پر کان دھرتے یا عمل کرتے ہیں؟

لہٰذا مولانا شیخ (ق) ہمیں محفلوں میں تعلیم دینا شروع کرتے ہیں کہ ہمارے پاس کان ہیں لیکن کیا ہم واقعی سنتے ہیں؟ اور جب ہم سنتے ہیں تو کیا ہم اُس پر کان دھرتے ہیں؟ آپ سن سکتے ہیں لیکن آپ کسی چیز پر کان نہیں

دھرتے۔ جب ہم واقعی سنتے ہیں تو اِس کا مطلب ہم ایک حقیقت حاصل کر رہے ہوتے ہیں اور ہم اُس پر کام کرنا شروع کر دیتے ہیں، ہم اپنی زندگیوں میں اُس حقیقت پر عمل پیرا ہونے لگتے ہیں، ہم عمل کرتے ہیں۔ ہر شخص بہت سی چیزیں سنتا ہے لیکن کیسے آپ کچھ سن کر اُس پر عمل کرنا شروع کریں گے؟ یعنی آپ کیسے اِسے اپنی زندگی کا حصہ بنائیں گے؟

کہو، 'میں اپنے آپ کو پاک کرنے کے لئے آنا چاہتا ہوں۔ میں اِن محافل میں سے، یہ جو بھی ہیں، کھانا چاہتا ہوں۔' یہ جنت سے آئے ہوئے دستر خوان ہیں۔ میں اِن محفلوں سے پینا چاہتا ہوں۔ میں اِن کی تعلیمات حاصل کرنا چاہتا ہوں اور اِن پر سختی سے عمل پیرا ہونا چاہتا ہوں۔ ورنہ کیوں اللہ عزوجل میرے لئے اِس درس گاہ میں جگہ رکھتا؟

سُبْحَانَ رَبِّكَ رَبِّ الْعِزَّةِ عَمَّا يَصِفُونَ، وَسَلَامٌ عَلَى الْمُرْسَلِينَ وَالْحَمْدُ لِلَّهِ رَبِّ الْعَالَمِينَ. بِحُرْمَةِ مُحَمَّدِالمُصطَفَى وَبِسِرِّ سُورَةِ الفَاتِحَة.

پانی کی حقیقت ۔ وضو کی روحانی تفہیم

الحمدُللہ، ہم فنا کے طالب ہیں اور اللہ عزوجل کے رحمت اور فضل کے سمندر میں اُترنے کے طالب ہیں۔ الحمدُللہ، اولیاء اللہ ہماری زندگیوں میں تشریف لاتے ہیں اور ہر چیز کو وسعت دیتے ہیں؛ دائرۂ نظر کو وسعت دیتے ہیں، سمجھ کو وسعت دیتے ہیں، حقائقِ قرآن مجید اور احادیث شریف کو وسعت دیتے ہیں۔ ہماری زندگی کے ہر پہلو میں، یہ حقائق کو وسعت دینا شروع کرتا ہے کہ دنیائے مادی سے کہیں پرے روشنی کی دنیا کو سمجھیں، ایزجی کی دنیا کو سمجھیں، آواز کی دنیا کو سمجھیں۔

حقیقت کا ہر پہلو فقط ظاہر سے بہت بڑھ کر ہے۔ وہ سکھا رہے ہیں، اِس حقیقت کی طرف تعلیم فرما رہے ہیں کہ بُلند ہوں! اگر جو ہم سیکھ رہے ہیں وہ صرف مادی ہے تو ہمارے ظاہری جسم کو اُس کا فائدہ بہت محدود ہوگا۔ لیکن ایک خوراک کا ہونا لازم ہے؛ ایک حقیقت ضرور ہے جو روح پر اثر انداز ہو رہی ہے۔ اور جو سبق آپ روح کے لئے لیتے ہیں وہ جسم پر ایک دائمی لباس بن جاتا ہے۔

علم کے مختلف درجات کے مطابق وضو

مشائخ ہماری زندگیوں میں تشریف لاتے ہیں اور ہمیں سکھاتے ہیں کہ علم الشریعة (فقہ کا علم)، علم الطریقة (روحانی راستے کا علم)، علم المعرفة (معرفت کا علم)، علم الحقیقة (حقائق کا علم)، علم العزیمة (عزم وارادے کا علم)؛ ہر علم میں درجات ہوتے ہیں لیکن کچھ لوگ صرف باہر، شریعت کے درجے پر ہی رُک جاتے ہیں۔

بنیادی شریعت میں وضو کی تفہیم

ہم نے بہت بار مولانا شیخ (ق) کی تعلیمات سے وضو کے بارے میں مثالیں دی ہیں۔ بہت سے لوگ وضو کا شرعی پہلو سکھاتے ہیں کہ آپ کو لازماً دھونا ہے، کتنا پانی استعمال کرنا چاہئے کہ پاک ہو جائیں، پھر اپنے آپ کو کیسے صاف کرنا ہے کہ آپ کے ہاتھ، آپ کے بازو، آپ کا چہرہ، آپ کے کان، آپ کے پاؤں، آپ کی ناک، آپ کا منہ، یعنی ہر چیز پانی سے پوری طرح دھل جائے۔ یہ صرف علم الشریعة کا تعارف ہے۔

پانی کی حقیقت کی تفہیم

علم الطریقة، علم المعرفة، علم الحقیقه، علم العزیمه ہمیں سکھانا شروع کرتے ہیں کہ آپ کیوں دھوتے ہیں، کیونکہ آپ کے پاس 'کیوں' کہنے کا کوئی حق نہیں ہے، لیکن جیسے ہی آپ اپنی زندگی میں تحمل سے کام لیں گے اور حقیقت کے راستے کی طرف آئیں گے اللہ عزوجل دل کو وسیع کرنا شروع کر دے گا۔ اور شیخ ہمیں سکھائیں گے کہ پانی کے اندر ایک حقیقت موجود ہے، اور یہ کہ پانی کے اندر ایک ملکوتی طاقت ہے۔ کیونکہ اللہ عزوجل نے یہ بیان فرمایا ہے کہ، 'میرا عرش پانی پر ہے۔'

وَهُوَ الَّذِي خَلَقَ السَّمَاوَاتِ وَالْأَرْضَ فِي سِتَّةِ أَيَّامٍ وَكَانَ عَرْشُهُ عَلَى الْمَاءِ لِيَبْلُوَكُمْ أَيُّكُمْ أَحْسَنُ عَمَلًا... (٧)

"اور وہ وہی (ذات پاک) ہے جس نے آسمانوں اور زمین کو چھے دن میں خلق کیا، اور اس کا عرش پانی پر تھا، اور وہ تمہاری آزمائش کرے گا کہ تم میں سے کون اچھے عمل والا ہے..." (سورۃ ھُود، 11:7)

'میرا عرش اِس پانی پر ہے۔' یعنی وہ ہمیں سکھانے جا رہے ہیں کہ اِس مَاءِ (پانی)؛ "م، ا" کی ایک معرفت ہے۔ جہاں بھی آپ دیکھیں "لآ اِلٰهَ اِلاَّ اللّٰهُ مُحَمَّدٌ رَّسُول اللّٰه ﷺ" ہونا چاہئے۔ حتیٰ کہ مَاءِ (پانی)، "م، ا" میں بھی۔ اور اللہ عزوجل بیان کرتا ہے، 'میرا عرش اِس پانی پر ہے۔' اِس کا مطلب اوہ! اِس پانی کی کوئی معرفت، کوئی راز ضرور ہے۔

پانی میں ملکوتی طاقت ہے

اس کی ایک بنیادی تفہیم یہ ہے کہ یہ ملکوتی طاقت ہے اور کیونکہ یہ ملکوتی ہے تو یہ مستحکم ہے۔ اگر یہ گیس ہوتا تو زندگی میں کام کرنا بہت مشکل ہوتا۔ لیکن ملائکہ کی وجہ سے یہ ایک مستحکم قوت اور طاقت ہے۔ اگر آپ ایک

ہائیڈروجن نکال دیں تو یہ (پانی) دھماکہ خیز بن جائے گا (HO – ہائڈروجن مونو آکسائڈ)۔ یہ پانی کی طاقت کا درجہ ہے۔ ہمارے تمام سمندر یہی ممکنہ خطرہ ہیں۔ لہٰذا جب آپ جاننا چاہتے ہیں کہ اللہ عزوجل اِس دنیا (زمین) کا خاتمہ کیسے کر سکتا ہے تو، اگر وہ صرف ایک ہائیڈروجن کو، 'اُٹھو!' کا حکم دے تو سارا پانی خود ہی دھماکہ خیز ہو جائے۔ جو چیز اِسے مستحکم بنا رہی ہے وہ H_2O میں 2H ہے۔ اگر ایک H (ہائیڈروجن) نکل جاتا ہے تو یہ دھماکہ خیز ہو جاتا ہے۔

پھر اولیاء اللہ تشریف لاتے ہیں اور ہمیں بتاتے ہیں کہ پانی بہت طاقتور ہے۔ اگر آپ پانی کو کچھ دن کے لئے چھوڑتے ہیں، تو آپ اس پر کچھ ہَرا سا بنتا دیکھتے ہیں۔ یہ ملائکہ ہیں۔ یہ ملکوتی طاقت ہے جو آپ کو دِکھاتی ہے کہ یہ مَاءِ (پانی) زندگی لاتا ہے کیونکہ پھپھوندی میں ہرا رنگ اِس میں زندگی کی طاقت (کی دلیل) ہے۔

وضو کی روحانی تفہیم

پھر وہ ہمیں سکھانا شروع کرتے ہیں، وضو کی تفہیم بڑھنا شروع ہوتی ہے۔ کیونکہ اب آپ کو سکھایا جارہا ہے کہ وہ عنصر (element) جس سے آپ دھو رہے ہیں، آپ ایک بہت طاقتور قوت سے صفائی کر رہے ہیں، ایک ملکوتی طاقت سے۔ ہر وہ مشکل جو آپ دن بھر جمع کرتے ہیں، آپ کا جسم ایک بس کی طرح ہے؛ ہمارے پاس ایک جسم ہے، ہمارے پاس ایک روح ہے۔ جیسے ہی ہم اِس دنیا میں چلتے پھرتے ہیں، ہر لطیف ایبز جی ہم میں سے گزر سکتی ہے؛ مائکروویو (microwave)، ٹیلی ویژن ویو (TV wave) سے لے کر اُن ساری روحانی مخلوقات تک جو اللہ عزوجل نے بنائی ہیں۔ وہ سب جسم میں نقل و حرکت کر سکتی ہیں؛ وہ سبھی یا تو جسم پر قابض ہو جاتی ہیں یا جسم میں سے گزرتی رہتی ہیں۔

تو رسولِ اکرم ﷺ ہمارے لئے ایبز جی میں کمال کے خواہاں تھے، لیکن آپ ﷺ کو اِس کے بیان کرنے کی ضرورت نہیں تھی۔ آپ ﷺ نے صحابہ کرام کو محض بتایا اور صحابہ کرام حقیقت کو سمجھ گئے اور اُنہوں (صحابہ کرام) نے اِس کا شرعی پہلو سکھایا کہ آپ دھوئیں۔ اور گہرے علم کے لئے وہ اس کی معرفت میں گئے؛ کہ جب ہم دھو رہے ہوتے ہیں، تو اُس پانی میں ایک ملکوتی طاقت موجود ہے اُس پانی میں ایک زندگی کی طاقت ہے، جیسے ہی ہم اُسے اپنے اُوپر ڈالتے ہیں وہ ساری مشکلات کو جلا ڈالتا ہے۔ یہ ساری آگ کو دھو ڈالتا ہے اور آپ کو ملکوتی نور سے، ایک ڈھال سے آراستہ کرتا ہے۔

صلاۃُ الوضو آپ کی ایبز جی کی حفاظت کرتی ہے

پھر وہ ہماری زندگیوں میں تشریف لاتے ہیں اور سکھاتے ہیں کہ جیسے ہی آپ دھوتے ہیں؛ اپنا منہ، اپنے ہاتھ، اپنے پاؤں، اپنے نجی حصوں کو دھوتے ہیں، بیتُ الخلاء کا استعمال کرتے ہیں، جیسے ہی آپ وضو کرتے ہیں اور باہر آتے ہیں تو صلاۃُ الوضو ادا کریں تاکہ اپنی ایبز جیز کو مہر بند (seal) کر سکیں۔ کیونکہ جیسے ہی آپ دو رکعت نماز

صلاۃُالوضو پڑھتے ہیں، وہ پانی اور ملکوتی طاقت ایک ڈھال بن جاتی ہے جو اگلے وضو تک آپ کو تحفظ فراہم کرتی ہے۔

پھر وہ فرماتے ہیں کہ اب جبکہ آپ وضو کی معرفت کی گہرائی میں جا رہے ہیں، یہ نہیں ہے کہ آپ کو صرف دھونا ہے اور بس! یہاں حقیقت کا ایک مکمل سمندر موجود ہے۔آپ اِس (پانی) سے کیوں دھو رہے ہیں، اس پانی میں کون سی طاقت موجود ہے؟ پھر مشائخ سکھانا شروع کرتے ہیں کہ جیسے ہی آپ جسم کو دھو رہے ہوتے ہیں، تو آپ کو اندرونی حقیقت کی دھلائی (طہارت) کی اور پانی کی اہمیت کی بھی سمجھ ہونی چاہئے اور یہ کہ ہمارا جسم 70٪ پانی ہے۔ تو یہ کہ جو پانی میرے وجود کے اندر موجود ہے اسے میں کیسے پاک کر سکتا ہوں؟

اندر موجود پانی اور خون کو پاک کریں

پھر وہ خون کی طرف بڑھتے ہیں کہ جسم میں 70٪ پانی ہے۔ اگر ہمیں شفاء چاہئے اور ہم اپنی ایزجی کی تعمیر کرنا چاہتے ہیں تو ہمیں یہ سمجھنے کی ضرورت ہے کہ ہم کیوں دھو رہے ہیں، اور کیوں اِن روشنیوں اور حقائق سے آراستہ ہو رہے ہیں؟ جس طرح ہم باہر کو دھوتے ہیں، تو ہمیں اندر کو بھی دھونا ہوگا۔ اندر کا پانی 'خون' ہے۔

تو آپ خون کو کیسے پاک کریں گے؟ نبی پاک ﷺ بیان فرماتے ہیں کہ شیطان خون کے ذریعے گردش کرتا ہے۔

اِسی لئے روزے رکھے جاتے ہیں؛ اسی لئے حلال کھانا، حلال پینا اور سانس لینا اہم ہیں۔ یہ آپ کی سانس پر اثر کرتا ہے یہ پھیپھڑوں کے ذریعے آپ کے خون پر اثر کرتا ہے۔ جو آپ کھاتے ہیں وہ آپ کے معدے میں جاتا ہے اور آپ کے خون پر اثر کرتا ہے۔ آپ جو سانس لیں گے اس کا خون پر اثر ہوگا۔ تو پھر لوگ کیوں صرف باہر کی پاکیزگی پر توجہ دیتے ہیں اور اندر کی طہارت کا سبق نہیں دیتے؟ باہر (جسم) تو محض گدھا ہے جو زمین میں دفن ہو جانا ہے۔ کوئی بھی اپنا جسم اللہ عزوجل کے پاس لے کر نہیں جائے گا۔ آپ دنیا میں اپنا جسم صرف اس لئے صاف کر رہے ہیں تاکہ آپ روح کی حقیقت کو باہر لا سکیں۔

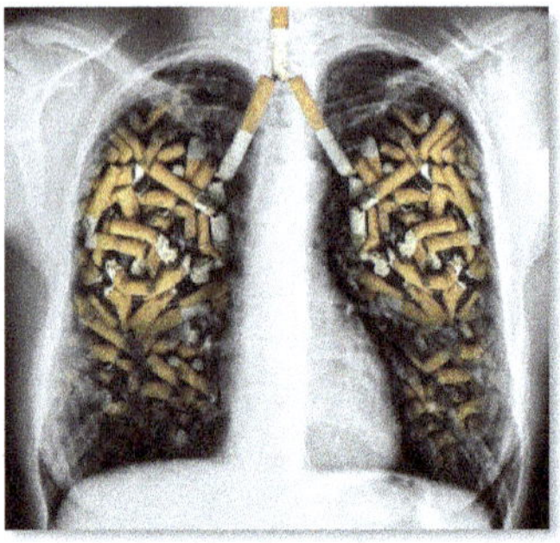

لیکن اہلِ حقیقت ہماری زندگیوں میں آکر تعلیم فرماتے ہیں کہ کیسے بچگانہ فہم سے اوپر اُٹھنا ہے۔ کہ جب آپ دھو رہے ہیں تو نہ صرف اس کو سمجھیں بلکہ ساتھ ہی باطنی طہارت کا آغاز کریں۔ یہ سمجھنا شروع کریں کہ آپ کے خون کو صفائی کی ضرورت ہے۔ جب آپ اپنے کھانے پر دعا پڑھنا شروع کرتے ہیں اور حلال کھاتے ہیں، تو آپ کا خون اب پاک ہونا شروع ہوتا ہے۔ جب آپ اپنی سانسوں سے اور سانس لینے کے عمل سے آگاہ ہونا شروع ہوتے ہیں تو اپنے منہ کے اندر کچھ ایسا نہ ڈالیں جو آپ کے خون کو آلودہ کرے۔ کیونکہ جب آپ اپنے جسم کو دھو رہے ہوتے ہیں تو آپ کوئی غلاظت لے کر تو اپنے سر پر نہیں ڈالیں گے!

شیطان خون کے ذریعے آپ کے قلب پر حملہ کر رہا ہوتا ہے

تو تصور کریں کہ آپ اپنے منہ میں جو بھی ڈالتے ہیں اور جس کو مشروب یا کھانے کے طور پر اپنے اندر لے جاتے ہیں وہ آپ کے خون پر اثر انداز ہوگا؛ پھر وہ خون جا کر آپ کے دل سے ٹکرائے گا، جس کو دل کا دورہ کہا جاتا ہے۔ یہ دل پر حملہ کر رہا ہوتا ہے اور "قَلْبَ الْمُؤْمِنْ بَيْتُ الله"۔

قَلْبَ الْمُؤْمِنْ بَيْتُ الرَّبْ۔

"مومن کا قلب رب (اللہ عزوجل) کا گھر ہے۔" (حدیثِ قدسی)

تو یہ شیطان ہوتا ہے جو اللہ عزوجل کے گھر پر حملہ کر رہا ہوتا ہے۔ شیطان اِس نظام کو جانتا ہے اور یہ جانتا ہے کہ اللہ عزوجل دماغ میں گھر نہیں کرتا، اللہ عزوجل دل میں گھر کرتا ہے۔ اور وہ (شیطان) کہتا ہے، 'یہ بنی آدم اگر طاقتور ہو گیا تو ہزار آدمیوں کے برابر ہے۔ میرے لئے اس پر حملہ کرنا ہی ٹھیک ہے۔ میں اِس کے کھانے پر اثر

کروں گا، جو وہ پیتا ہے اُس پر اثر کروں گا، اِس کی سانسوں پر اثر کروں گا اور میں اِس کے خون کو آلودہ اور زہریلہ کر کے اِسے زیر کر دوں گا۔' اور پھر وہ اُس خون میں گردش کرنے لگتا ہے۔

اِس کا مطلب وہ ہماری زندگیوں میں آکر تعلیم فرمانا شروع کرتے ہیں کہ یہ (وضو) صرف دھونے سے اور لوگوں کے یہ بیان کرنے سے کہ کیسے اپنی اُنگلیاں ہاتھوں میں ڈال کر دھوتی ہیں، کہیں بڑھ کر ہے۔ یہ تو صرف باہر کی صفائی ہے۔ پانی کی اصلیت، جسم کے اندر موجود پانی کی حقیقت، سارے اعضاء کے پاک ہونے کی حقیقت؛ کہ جب وہ خون جسم میں سے گزرے تو کیسے ذکر اور سانس خون کو پاک کرنے جا رہے ہوتے ہیں۔

سانس اور ذکرُ اللہ کی اہمیت کہ جب وہ خون کو صاف کرتے ہیں

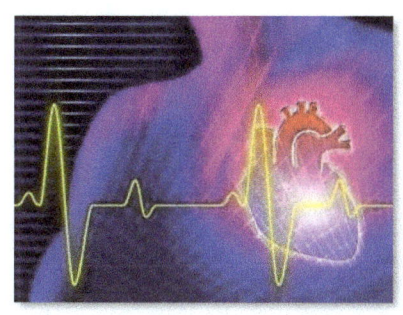

پھر آپ سانس لینے کی فزیالوجی (physiology) پر نگاہ ڈالیں کہ ذکر اتنا طاقتور کیوں ہوتا ہے؟ جب وہ کہتے ہیں "نَفَسُ الرَّحمَة" (رحمت کی سانس)، یہ نَفَسُ الرَّحمَة کیوں ہے؟ کیونکہ ہر چیز اُس سانس پر منحصر ہے۔ تمام مشائخ تشریف لائے اور تعلیم فرمائی کہ آپ کے پاس ایک دن میں چوبیس ہزار (24,000) راز ہوتے ہیں؛ ایک دن میں چوبیس ہزار (24,000) زندگی کے حصے۔ آپ کی زندگی کا معیار ایک سانس سے دوسری سانس تک ہے۔ اگر اللہ عزوجل صرف ایک سانس عطا نہ کرے تو بندہ مر جائے۔ چنانچہ ہر سانس میں زندگی کا راز ہے۔

تو وہ اپنی سانس ذکر اللہ میں لیتے ہیں، یاد میں، اللہ عزوجل کی آگاہی میں لیتے ہیں۔ کہ، 'یا ربّی! اِس سے پہلے کہ میں اِس دنیا کی چاہت میں اور کچھ مانگوں، مجھے تیرا شکر ادا کرنا چاہئے اِس سانس کے لئے جو تو نے مجھے دی ہے، اِس حقیقت کے لئے جو تو نے مجھے دی ہے۔' پھر آپ دیکھتے ہیں کہ جو سانس آپ لے رہے ہیں وہ پھیپھڑوں میں جا رہی ہے، پھیپھڑے خون کی تعمیر کر رہے ہیں، خون قلب میں تیزی سے جا رہا ہے؛ اور یہی (قلب) اللہ

عزوجل کا گھر ہے۔ تو اگر آپ کو اپنے قلب میں اللہ عزوجل کا گھر بنانا ہے تو آپ کو اپنی سانس کو صاف اور پاک کرنا ہوگا۔

آپ اس منہ سے جو بھی کھاتے ہیں وہ معدے اور پیٹ پر اثر کرنے والا ہوتا ہے۔ اور پھر وہ خون پر جو دل میں داخل ہوتا ہے، اثر کرنے والا ہوتا ہے۔ تو ایک وجود کے باطن کا وضو ہوتا ہے، جسم کے اندر، جو دل پر اثر انداز ہوگا۔ اور یہ اندرونی حقیقت کا وضو ہوتا ہے۔ اب یہ روح پر اثر انداز ہونے لگتا ہے۔

پانی کے راز میں "ھُو" کا ذکر ہے

علم العزیمہ سے وہ یہ تعلیم فرمانا شروع کرتے ہیں کہ یہ سانس اور یہ ہوا جس میں آپ سانس لے رہے ہیں اِس میں مَاءِ (پانی) کے عناصر شامل ہیں۔ ہمارے ارد گرد جو بھی ہے وہ پانی کے راز سے ہے؛ اور پانی کے راز میں "ھُو" کا ذکر ہے۔ اور "ذکرِ ھُو" کے ذریعے ہی وہ ہر چیز کے اندر موجود ایزجی کی طاقت باہر نکالنے کے قابل ہوتے ہیں۔ ہر مالیکیول جو اپنی حمد کے ساتھ موجود ہے، "يُسَبِّحُ بِحَمْدِهِ۔"

تُسَبِّحُ لَهُ السَّمَاوَاتُ السَّبْعُ وَالْأَرْضُ وَمَن فِيهِنَّ ۚ وَإِن مِّن شَيْءٍ إِلَّا يُسَبِّحُ بِحَمْدِهِ وَلَٰكِن لَّا تَفْقَهُونَ تَسْبِيحَهُمْ ۗ إِنَّهُ كَانَ حَلِيمًا غَفُورًا (٤٤)

"ساتوں آسمانوں اور زمین اور جو کچھ بھی ان میں ہے سب اسی کی تسبیح کرتے ہیں۔ اور (مخلوقات میں سے) کوئی چیز نہیں مگر اس (اللہ عزوجل) کی تعریف کے ساتھ تسبیح کرتی ہے۔ لیکن تم ان کی تسبیح کے طریقے کو نہیں سمجھتے۔ بے شک وہ دائمی بردبار (اور) غفار ہے۔" (سورۃ الاسراء، 17:44)

اِس حمد کے ساتھ جو اللہ عزوجل نے اِس وجود کو دی ہے، آپ کی طرح۔ چاہے وہ آپ کا اپنا آپ ہو، آپ کا ظاہری وجود ہو، یا آپ کے ایٹمز اور مالیکیولز ہوں؛ اِن کے اندر کی طاقت، "بِحَمْدِہِ" کیا ہے؟ یہ "ھُو" ہے۔ یہ اُس عنصر میں "ھُو" کا ذکر ہے جو اس کی طاقت ہے۔ تو پھر مشائخ ہمیں یہ سکھاتے ہیں کہ روح کا وضو "ذکرِ ھُو" ہے۔ اور تمام مشائخ کا ذکر "اللہ ھُو، اللہ ھُو" ہوتا ہے تاکہ روح کی پاکیزی حاصل کی جا سکے۔

پانی کی ملکوتی آگ اندر کی بُرائی کو جلا دیتی ہے

جیسے ہی آپ سانس لے رہے ہوتے ہیں کہ آپ نے باہر سے دھولیا، آپ پانی کی طاقت کو سمجھ گئے، اِس بات کی اہمیت کہ کیسے یہ پانی ملکوتی طاقت ہے جو تمام تر بُرائی کو دھوڈالتا ہے، "وَ قُلْ جَآءَالْحَقُّ وَزَهَقَ الْبَطِلُ"

وَ قُلْ جَآءَالْحَقُّ وَزَهَقَ الْبَطِلُ، إِنَّ الْبَطِلَ كَانَ زَهُوقًا (٨١)

"اور کہہ دیجئے اب حق آگیا اور باطل نابود ہوگیا۔ بے شک باطل (اپنی فطرت کے مطابق) ہمیشہ نابود ہی ہونے والا ہے۔" (سورۃ الاسراء، 17:81)

جب حق آتا ہے تو شیاطین چلے جاتے ہیں، لیکن وہ اندر چلے جاتے ہیں۔ آپ نے اُن کو ڈرایا نہیں، وہ تو چھپنے کے لئے اندر چلے گئے۔ پھر نبی پاک ﷺ تشریف لائے اور کھانے کے تمام حقائق کی تعلیم فرمائی کہ اندر کا وضو کرو کیونکہ اب وہ اندر چُھپ گئے ہیں۔ تو اب اپنے سانس کا، جو آپ کھاتے ہیں اور جو آپ پیتے ہیں اور جو آپ اپنے منہ میں ڈالتے ہیں اس کا شعور رکھیں؛ اب اندر کا وضو ہو رہا ہوتا ہے۔ آپ اندر کی ساری ایز جیز کے خلاف شدت سے لڑ رہے ہوتے ہیں، جہاں اب اُن

کو کوئی امان نہیں مل سکتی۔ وہ اندر جل رہے ہوتے ہیں اور وہ باہر آپ کے وضو سے جل رہے ہوتے ہیں اور وہ (آپ سے دور) جانا شروع ہو جاتے ہیں۔

پھر وہ ہمیں سکھانا شروع کرتے ہیں کہ جیسے ہی آپ سانس لینا اور اپنا ذکر کرنا شروع کرتے ہیں، تو یہ ایزجی کی وہ طاقت ہے جو روح پر نازل ہو رہی ہوتی ہے۔ اور "ذکرِ ھُو" کے ساتھ آپ ارد گرد سے وہ ایزجی کھینچ سکتے ہیں، یہ "ھُو" کا ذکر اخلاص اور مخلصی سے آتا ہے۔ یہ وہ واحد سورۃ ہے جہاں اللہ عزوجل فرماتا ہے کہ، "قُل" کہو! "ھو"۔ باقی بھول جائیں۔ "قُل ھُوَ.."

قُلْ هُوَ اللَّهُ أَحَدٌ (١)

"کہہ دیجئے، وہ (ھُو) اللہ عزوجل ایک ہے۔" (سورۃ الاخلاص، 112:1)

"قُل ھُوَ"۔ اللہ عزوجل کے 'ق' - "ق ۚ وَالْقُرْآنِ الْمَجِيدِ۔" (سورۃ قٓ، 50:1) سے 'ل'- "لسان الحق" (حق کی زبان) تک؛ کہ اللہ عزوجل کی عظمت اور حکم "قل"، "ھُو" کے اوپر ہے۔

ق ۚ وَالْقُرْآنِ الْمَجِيدِ (١)

"قاف۔ قرآن مجید کی قسم۔" (سورۃ قٓ، 50:1)

"ھُو" کی پیروی کرتے ہوئے، آپ اُس حقیقت سے آراستہ ہو جاتے ہیں، وہ حقیقت عطا ہو جاتی ہے۔ اور اخلاص اور مخلصی کا لباس عطا ہو جاتا ہے۔ اِس کا مطلب یہ وضو کی حقیقت ہے، نہ کہ صرف یہ کہ ہاتھ کیسے دھوتے ہیں۔ اور لوگ مختلف یوٹیوب کی ویڈیوز بناتے ہیں کہ کیسے اپنی اُنگلیاں، اپنے ہاتھ اور پاؤں دھوتے ہیں۔ لیکن پانی کی حقیقت کیا ہے؟ ہمارے باطن میں کیا حقیقت موجود ہے؟ ہمارے اندر موجود خون جو ہمارا پانی ہے، اُس کی حقیقت کیا ہے؟ اندرونی، بیرونی دفاع کا کیا طریقہ ہے؛ اور پھر سانس (کی اہمیت) اور ہمارے ارد گرد کی تمام ایزجی کو کس طرح حاصل کیا جائے اور اسے سانس کے ذریعے کیسے اندر لایا جائے اور روح کو کیسے پاکیزگی اور تقدس عطا کیا جائے۔

سُبْحَانَ رَبِّكَ ربِّ الْعِزَّةِ عَمَّا يَصِفُونَ، وَسَلَامٌ عَلَى الْمُرْسَلِينَ وَالْحَمْدُ لِلّٰهِ رَبِّ الْعَالَمِينَ. بِحُرمَةِ مُحَمَّدِالمُصطفي وَبِسِرِّ سُورَةِ الفَاتِحَة۔

پانی کا راز اور وضو – علم کے درجات

بنیادی اسلام میں علم کے درجات

1- علم الشریعۃ – فقہ کا علم

2- علم الطریقۃ – روحانی راستے کا علم

3- علم المعرفۃ – معرفت کا علم

4- علم الحقیقۃ – حقیقت کا علم

5- علم العزیمۃ – عزم و ارادے کا علم

دائرے کی حقیقت اور علم کے درجات

اپنے علوم اور حقائق سے، مولانا شیخ (ق) ہمارے لئے بہت گہری تفہیم کھولتے ہیں۔ اور ہمیں فرق سکھاتے ہیں عام فہم میں یا جو کتابوں میں ہوتا ہے یا جو عام طور پر استعمال کیا جاتا ہے؛ اور وہ شعور کے حقائق میں جاتے ہیں۔ ہر علم کے درجات ضرور ہوتے ہیں۔ ہمارے لئے وہ درجات ہیں، 'علم الشریعۃ' – فقہ کا علم، 'علم الطریقۃ' – روحانی راستے کا علم، 'علم المعرفۃ' – جو معرفت کا علم ہے۔

شریعۃ ایک دائرہ ہے

'معرفت' کا مطلب یہ ہے کہ جب آپ دائرے کے محیط (circumference) پر ہوتے ہیں تو یہ 'شریعت' ہے۔ یہ خدائی قدرت کا قانون ہے، یعنی ہر چیز اُسی قدرت پر منحصر ہے۔ شریعت، خدائی قدرت کا قانون ہے جو اللہ عزوجل نے مخلوق کے لئے چاہا، پھر اِس کا ایک 'طریق' (راستہ) ہوتا ہے۔ اِس دائرے کا مرکز کی جانب ایک نصف قطر (radius) ہوتا ہے، کیونکہ ہر چیز دائرے کی حقیقت پر مبنی ہے۔ وہ دائرہ اپنے محیط پر لاتعداد نقطوں کو بڑھا سکتا ہے اور ایک نقطے پر جا کر ختم ہو سکتا ہے جو 'نُقط' ہے۔ اور ہر چیز، تمام تر علم حروف 'نُقط' پر آکر ختم ہو جاتے ہیں۔ 'نُقط' سے وہ طاقت ہے جو 'ب' کے نیچے آتی ہے اور اس کو سہارا دیتی ہے، اور 'الف، ب' سے سارے حروف اِن تفاہیم سے جنم لیتے ہیں۔

پھر وہ ہمیں سکھاتے ہیں، مولانا شیخ (ق) ہمیں سکھا رہے ہیں کہ وہ 'نُقط' کہ اگر آپ اُس نقطے کی طرف بڑھتے جائیں، تو وہ لامحدود حد تک وسیع ہوتا چلا جاتا ہے۔ اور یہ اُس حقیقت سے ہے کہ اللہ عزوجل کو کبھی بھی پوری طرح سے جانا نہیں جا سکتا۔ اِس کا مطلب یہ حقائق کی فہم کی طرف بڑھنا ہے، جن کا کبھی پوری طرح سے احاطہ نہیں کیا جا سکتا۔ تو جتنا آپ اُس کی طرف بڑھیں گے، وہ حقیقت وسیع تر ہوتی چلی جائے گی؛ جتنا آپ اُس سے دور ہوں گے وہ ایک چیز کی مانند لگتی ہے، شاید چھوٹی سی چیز۔ حقیقت کا راستہ یہ ہے کہ آپ اِن سمندروں میں چلتے جائیں اور یہ وسیع ہوتے جاتے ہیں۔ ہر اُفق پر ایک نیا اُفق ہے۔ اور ہر اُفق پر ایک نیا اُفق ضرور ہونا چاہیئے جہاں اللہ عزوجل نے بیان کیا ہے کہ، 'میں مشرق و مغرب کا رب ہوں،' دونوں مشرقوں اور دونوں مغربوں کا مالک ہوں۔

رَبُّ الْمَشْرِقَيْنِ وَرَبُّ الْمَغْرِبَيْنِ (١٧)

"وہ دونوں مشرقوں اور دونوں مغربوں کا مالک ہے۔" (سورۃ الرحمٰن، 55:17)

اِس کا مطلب، آپ جتنا قریب آرہے ہوتے ہیں تو اللہ عزوجل پھر سے اِن تفاہیم میں وسیع ہوتا جارہا ہوتا ہے۔

طریقة (روحانی راستہ)، شریعة کے قوانین کی حکمت سکھاتا ہے

کسی امام یا کہیں مرکز میں تعلیم دینے والے اور روحانی پیشوا میں کیا فرق ہے اور ان کو کیسے سمجھا جاسکتا ہے؟ وہ یہ کہ مشائخ ہماری زندگیوں میں 'کیوں' کی گہری سمجھ دینے کیلئے تشریف لاتے ہیں۔ آپ 'کیوں' نہیں کہہ سکتے، کیونکہ آپ رسولِ اکرم ﷺ سے نہیں پوچھ سکتے کہ 'کیوں' آپ اللہ عزوجل سے نہیں پوچھ سکتے کہ 'کیوں'؛ لیکن ہم جو کرتے ہیں وہ 'کیوں' کرتے ہیں اس کی حکمت کیا ہے۔ جبکہ اگر آپ عام امام کے پاس جاتے ہیں یا کہیں کسی استاد کے پاس جاتے ہیں اور پوچھتے ہیں، کہ 'ہم یہ کیوں کرتے ہیں؟' وہ غالباً آپ پر چیخیں گے اور کہیں گے، 'یہی قاعدہ ہے؛ باہر نکل جاؤ! آپ کو یہ کرنا ہی ہوگا۔'

1- علم الشریعة صفائی کے لئے وضو کرنے کی تعلیم دیتا ہے

بہت سے لوگ پوچھتے ہیں کہ، 'مجھے وضو کیوں کرنا ہے؟ مجھے وضو کیوں کرنا چاہئے؟' شریعت کی سطح پر، مولانا شیخ (ق) کی تعلیمات یہ ہیں کہ آپ وضو کرتے ہیں کیونکہ آپ کو اپنے آپ کو صاف کرنا ہے۔ آپ کو اپنے آپ کو صاف کرنا ہے، دھونا ہے، رسمی طہارت کے لئے خود کو تیار کرنا ہے تاکہ اپنے آپ کو بارگاہِ الٰہی میں پیش کرسکیں۔ ہر چیز صاف ہونی چاہئے اور خدا صفائی ہی کے ساتھ ہے؛ صفائی کا قُرب اللہ عزوجل کا قُرب ہے۔

2- علم الطریقة سکھاتا ہے کہ پانی منفی ایزجی/بوجھ کو دھو ڈالتا ہے

طریقة (روحانی راستہ) آکر ہمیں بتاتا ہے، 'اوہ، تم نے اِسے صرف دھونے تک چھوڑ دیا ہے یہ تو اِس سے کہیں گہری حقیقت ہے۔' یہ مولانا شیخ (ق) کی برکت ہے اور اولیاء اللہ کی تعلیم ہے کہ اِسی لئے اِن کے سمندر گہرے ہیں۔ جب لوگ یہ تعلیمات سنتے ہیں تو وہ یہ باور کرتے ہیں کہ وہ تو صرف ساحل پر کھیل رہے تھے کیونکہ جتنی بار بھی وہ پوچھتے ہیں وہ کہتے ہیں کہ، 'مجھے وضو کیوں کرنا ہے؟ مجھے پانی کا استعمال کیوں کرنا ہے؟' 'کیونکہ، آپ کو کرنا ہی ہے۔' اور پھر آپ کو آپ کے علم اور آپ کی فہم کا درجہ انتہائی سطحی معلوم ہوتا ہے۔

طریقت آتی ہے اور سکھاتی ہے کہ، 'نہیں، طریق کے درجے پر، راستے پر، وضو پانی پر مبنی ہوتا ہے۔' ہم نے تیمّم کے بارے میں بات کی تھی، وہ مختلف چیز ہے؛ اُس کی اپنی حقیقت ہے۔ لیکن پانی کی حقیقت میں وہ یہ سکھاتے ہیں کہ، 'نہیں! یہ طریقة کا، اس راستے کا بنیادی سا علم ہے

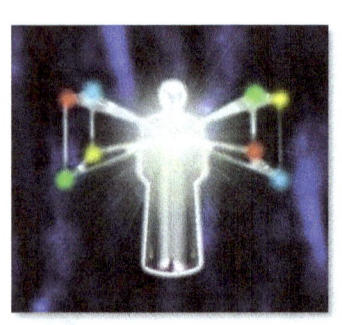

کہ یہ پانی آپ کے سارے بوجھ دور کر دیتا ہے۔ کہ یہ پانی مشکلات کی آگ دور کر دیتا ہے۔' کہ جب ہم اِس زمین پر چلتے پھرتے ہیں اور جہاں بھی ہم جاتے ہیں اور جس کو بھی ہم دیکھتے ہیں، ہم ایزجی سے بنی مخلوق ہیں اور اپنی فطرت کے مطابق ہم ایزجی کو اکھٹا کرنے اور دینے جا رہے ہوتے ہیں۔ اور اگر آپ کے اعمال اور آپ کا دل مثبت ہے، اس کا مطلب آپ خود کو بہتر بنانے کا راستہ اختیار کر رہے ہیں، تو آپ مثبت ایزجی پھیلا رہے ہوتے ہیں۔

تو پھر وہ تشریف لاتے ہیں اور کہتے ہیں، کہ صرف طریق کے درجے پر، راستے پر، راہ پر، یہ بہت ہی بنیادی سمجھ ہے کہ جب آپ مثبت چارج باہر چھوڑتے ہیں تو آپ ہر کسی کے منفی چارج کو اکھٹا کر لیتے ہیں۔ آپ صرف جمع کرتے چلے جاتے ہیں، جمع کرتے چلے جاتے ہیں اور جمع کرتے چلے جاتے ہیں۔

تو رسول اللہ ﷺ ایز جی کے ماسٹر ہیں، وہ بحر القُدرۃ (طاقت کے سمندر) کے مالک ہیں۔ اللہ عزوجل نے ساری مخلوق کو اُس حقیقت کے لئے بنایا۔ تو تمام تر سائنسی تفصیل کی وضاحت کرنے کی بجائے جس کے معنی واضح نہ ہوں، اُنہوں نے فرمایا، 'صرف دھوئیں؛ پانی استعمال کریں۔'

پھر اولیاء اللہ ہماری زندگیوں میں تشریف لاتے ہیں اور فرماتے ہیں، 'نہیں، نہیں! پانی کی اپنی ایک حقیقت ہے۔' وہ اِس کی مزید گہرائی میں جاتے ہیں اور فرماتے ہیں کہ، 'یہ پانی، اِس کی ایک طاقت ہے اور یہ طاقت منفی ایز جی کو دھوڈالے گی۔' اور جہاں بھی آپ جاتے ہیں آپ منفی ایز جیز سے بھر جاتے ہیں۔ اور اگر آپ پانی کا استعمال کریں تو یہ منفی چارج کو دھونا شروع کر دیتا ہے۔

اللہ عزوجل کے لئے اپنے جسم کی سلطنت کا تحفظ اور اس کی قلعہ بندی کریں

جیسے ہی آپ وضو کے بعد نماز (صلاۃُ الوضو) پڑھتے ہیں، اور جسم کی سب جگہوں کو دھوتے ہیں، آپ جسم پر تحفظ کی

مہر لگا دیتے ہیں۔ وہ آپ کو طریقت میں بتائیں گے کہ آپ سلطنت کی طرح ہیں اور اللہ عزوجل چاہتا ہے کہ وہ تخت پر بیٹھے۔ تو پھر آپ کو اِس سلطنت کی قلعہ بندی کرنی ہو گی، اس کا دروازہ مہر بند (seal) کرنا ہو گا، کیونکہ کوئی بھی شخص جس کے پاس گھر ہے تو وہ کم عقل ہی ہو گا اگر وہ اِس کے دروازے کھڑکیاں کھلی چھوڑ دے۔ تو اُسے اپنے بستر کے دامن پر ایک بہت اچھے خاصے دِکھنے والے انسان کی توقع کرنی چاہئے؛ کوئی اندر ضرور آجائے گا! یہ عقل کی عام فہم سی بات ہے۔ آپ اپنا پورا گھر کھلا چھوڑیں تو کوئی ضرور اندر گھس آئے گا، خاص طور پر تب جب اُن کو پتا ہو کہ آپ کے پاس کچھ ہے جو لے جانے کے قابل ہے۔

منفی ایزجی اور شر کے لئے بیٹری کا ذریعہ نہ بنیں

لہٰذا "وُقُوفُ القَلب" یعنی طریقت میں پہلے درجے کی سمجھ قلب کی نگہبانی ہے۔ کہ آپ کے پاس خدائی سلطنت ہے، خدائی محل ہے، خدائی روشنیوں کے داخلے کی دعا کرتے ہوئے، تو یقیناً بُرائی، نیگیٹیویٹی کی آنکھ ہم پر ہے۔ اگر ان کی آنکھ ہم پر ہے، اِس کا مطلب ساری منفی ایزجی ہماری طرف بڑھنے والی ہے۔ وہ ہم پر بہت زیادہ منفی چارج لادنے جا رہے ہیں۔ یہ اِن مختلف فلموں کی طرح ہو جاتا ہے جو یہ مثالیں دکھاتی ہیں، جیسے کہ فلم 'دی میٹریکس۔The Matrix' آپ کا وجود صرف اپنی مثبت ایزجی سے اُن کو طاقت فراہم کرنے کے لئے رہ جاتا ہے کیونکہ منفی مخلوق اور منفی ایزجی کو مثبت ایزجی تک رسائی حاصل نہیں ہے۔ وہ اِس کو پیدا نہیں کر سکتے۔ تو پھر آپ ان کے لئے ایک بیٹری کا ذریعہ بن جاتے ہیں؛ وہ صرف آپ سے چمٹ جاتے ہیں۔ وہ اپنے سارے آلات آپ کے ساتھ لگا دیتے ہیں؛ آپ (ان کے لئے) بہت بڑی بیٹری ہیں۔

پھر ہم یہ کبھی سوچ بھی نہیں سکتے کہ ہمارا موبائل فون جو اپنی بیٹری کا چارج استعمال کر رہا ہوتا ہے؛ وہ دراصل ہمارے قلب سے چارج لے رہا ہوتا ہے۔ وہ اُس آلے کے ساتھ ساتھ ہمیں بھی خالی کر رہا ہوتا ہے۔ اور ہم جتنا اِس دنیا سے جُڑتے چلے جاتے ہیں، اپنے کانوں کو اِس سے جوڑتے جاتے ہیں، اپنے ہاتھوں کو اِس سے جوڑتے جاتے ہیں اپنے سارے وجود کو اِس سے جوڑتے چلے جاتے ہیں، تو ہر چیز ہماری ایزجی کو کھینچ رہی ہوتی ہے۔ تو جیسے ہی ہم باہر جاتے ہیں، ساری منفی ایزجی ہماری طرف لپکنے لگتی ہے۔

منفی ایزجی گندگی کے ذریعے داخل ہوتی ہے

پھر حقیقت النبی ﷺ اِس کو آسان بنا دیتی ہے کہ، 'اُنہیں کہیئے کہ دھوئیں!' جیسے ہی آپ دھوتے ہیں وہ ایزجی دُھل جاتی ہے۔ جیسے ہی آپ اپنے نجی حصے دھوتے ہیں آپ اپنے آپ کو تحفظ فراہم کر دیتے ہیں۔ کیونکہ اگر آپ کے پاس ایک محل ہوتا، جیسے وہ فِلم 'لارڈ آف دی رنگز – Lord of The Rings' میں دکھاتے ہیں، جب آپ کے پاس محل ہوتا ہے تو وہ (شیاطین) اندر آنے کا راستہ تلاش کرتے ہیں؛ اور ہر مجرمانہ فِلم یہ دکھاتی ہے کہ اگر لوگوں کو بینک لوٹنا ہوتا ہے تو وہ سامنے کے دروازے سے نہیں جاتے، جب تک کہ وہ کوئی انتہائی دلچسپ فِلم نہ ہو۔ وہ عموماً گٹر کے راستے سے جاتے ہیں۔ تو اللہ عزوجل دکھا رہا ہے کہ وہ وہاں سے جاتے ہیں جہاں گند ہوتا ہے۔ کیونکہ وہ وہاں کسی کے ہونے کی توقع نہیں کر رہے ہوتے۔ اور گٹر سے وہ اندر آتے ہیں۔

تو رسول اللہ ﷺ ہمیں سکھا رہے ہیں کہ اپنے نجی حصوں کو پانی سے دھوئیں کیونکہ یہ مخلوقات جانتی ہیں کہ گندگی کہاں ہے اور کہاں اُن کو فوری رسائی ملے گی۔ جب شیطان نے سیدنا آدم علیہ السلام کا وجود دیکھا، جب کہ روح داخل نہیں ہوئی تھی، تو وہ آیا اور پچھلی جانب سے داخل ہوا اور باہر نکل آیا۔ اور اُس نے کہا، 'اتنی سادہ تخلیق! میں اِس پر آسانی سے حملہ کر سکتا ہوں۔ یہ قلعہ بند نہیں ہے۔' وہ اُن حقائق کو نہیں سمجھا جو اللہ عزوجل اُس تخلیق کے لئے کھولنے والا تھا۔ لیکن یہ صرف طریقت کے درجے کا فہم ہے۔

شریعت صرف یہ ہے کہ دھوئیں۔ طریقت آتی ہے اور بتاتی ہے، 'اوہ، مگر پانی کا تو ایک عظیم راز ہے۔ کہ پانی منفی ایزجیز کو جلا دے گا؛ یہ آپ کی سلطنت (جسم) کے لئے تحفظ فراہم کرتا ہے۔'

3- علم المعرفۃ یہ سکھاتا ہے کہ پانی کے اندر ملکوتی طاقت ہے

اب معرفت کے درجے پر اس کا مطلب یہ ہے کہ اب آپ ایک ایسے راستے پر ہیں کہ جس میں آپ کوشش کر رہے ہیں کہ علم کی گہرائی میں جایا جائے۔ معرفت کی سطح پر؛ مطلب طریقت میں، اِس راہ پر ہر قدم ایک معرفت

ہے۔ معرفت، عرفان (Gnosticism) ہے۔ تو (طریقت کی) راہ میں ہر قدم جو آپ علم کی جانب بڑھاتے ہیں تو زیادہ سے زیادہ اس کی فہم کھلتی چلی جاتی ہے۔

تو پھر وہ آپ کو یہ سکھانا شروع کرتے ہیں کہ کیوں یہ پانی نیگیٹیویٹی کو جلا دیتا ہے؟ کیونکہ یہ پانی ملکوتی طاقت ہے۔ اور ملکوتی آگ، شیطانی آگ، نفسانی آگ سے کہیں زیادہ طاقتور ہے۔ کہ ملکوتی طاقت کا راز H_2O میں ہے۔ تو پھر سائنسدان اب آتے ہیں اور بیان کرتے ہیں کہ، 'اوہ، اگر آپ یہ ایک H (ہائیڈروجن) نکال لیں، یہ ہائیڈروجن آکسائڈ بن جاتا ہے جو ہائیڈروجن بم (bomb) ہے۔ اور سارے سمندر دھماکہ خیز ہیں۔' اگر خدا اِس دنیا کو اُڑانا چاہے تو وہ H_2O میں سے صرف ہائیڈروجن نکال دے؛ تو وہ ہائیڈروجن آکسائڈ انتہائی غیر مستحکم اور دھماکہ خیز بن جائے اور پھٹ جائے۔

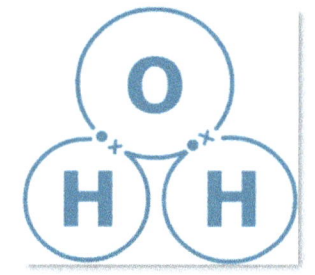

اولیاء اللہ تشریف لاتے ہیں اور سکھاتے ہیں کہ یہ ملکوتی طاقت ہے۔ یہ (پانی کے مالیکیول) بہت طاقتور ہیں، لیکن اپنی مستحکم فطرت کے وجہ سے، یہ جامد ہیں۔ وہ اللہ عزوجل کی رضا سے منجمد ہیں لیکن وہ بہت بڑی ملکوتی طاقت ہیں، وہ آگ جو صرف شیطان سمجھ سکتا ہے۔ لٰہذا جب آپ اُن لوگوں کو دیکھتے ہیں جو بہت زیادہ شیطانی اثر کے تحت ہوتے ہیں وہ پانی کو قریب تک نہیں آنے دیتے۔ اگر وہ شراب پیتے ہیں یا بہت زیادہ نشہ کرتے ہیں اور باہر رہتے ہیں، تو پانی اُن کو جلاتا ہے۔ جب وہ دھونا چاہتے ہیں، تو وہ چیختے ہیں، چلاتے ہیں، وہ کافی تکلیف میں سے گزرتے ہیں۔ کیونکہ یہ منفی ایزجی جو اُن کو پکڑ لیتی ہے اور اُن پر سوار رہتی ہے اور اُن کا احاطہ کئے ہوئے ہوتی ہے، وہ ملکوتی طاقت اُس کو جلا دے گی۔

پانی کے مالیکیولز پر دعا کی طاقت

جیسے ہی آپ پانی پر دعا پڑھتے ہیں، (پانی میں) فرشتے ہوتے ہیں وہ 'ناں' نہیں کہتے؛ وہ 'آمین' کہتے ہیں۔ یہی وجہ ہے کہ اولیاء اللہ اور متقی لوگ جو ان کی تعلیم پر عمل پیرا ہیں، ان کی ہر دعا پانی پر ہوتی ہے۔ کیونکہ جب ہم ایک دوسرے کے لئے دعا کرتے ہیں، تو شاید نفس یہ کہے کہ، 'اوہ، وہ آدمی کون ہے؟ یا وہ عورت کون ہے؟ میں کیوں دعا کروں؟' اور ہم اِس دعا کو ٹھکرا دیتے ہیں۔ لیکن فرشتے کچھ نہیں ٹھکراتے۔ جیسے ہی ہم پانی پر دُعا کرتے ہیں تو

ملائکہ، یہ معنی نہیں رکھتا کہ پانی Costco سے آیا ہے، یہ معنی نہیں رکھتا کہ اُس پانی کے لئے آپ نے کتنے پیسے بھرے ہیں، کیونکہ کبھی کبھار لوگ ایسے (بھی) کہتے ہیں کہ، 'اوہ، شیخ یہ Costco کا پانی ہے، اِس میں کیا مقدس ہے؟' یہ (مقدس) نہیں ہے؛ یہ ملکوتی طاقت ہے جو اُس پانی کے اندر سوار ہے۔ جیسے ہی آپ دعا پڑھتے ہیں، تو فرشتے 'آمین' کہتے ہیں اور فوراً پانی بدل جاتا ہے۔

اب لوگوں کے پاس پانی کے مالیکیول کی سائنس پر کُتب موجود ہیں۔ وہ اُن پانی کے مالیکیولز (molecules) اور

سَیلز (cells) پر پڑھائی کرتے ہیں اور وہ یہ حیرت انگیز کریسٹلز (crystals) بنتے دیکھتے ہیں۔ وہ کچھ بُرا کہتے ہیں اور تو وہ (پانی) غمگین و بدنما ہو جاتا ہے۔ وہ کچھ اچھا، پیار بھرا اور اللہ عزوجل کے متعلق کہتے ہیں تو وہ شاندار کریسٹلز میں تبدیل ہو جاتا ہے۔

تو پھر معرفت کے راستے پر وہ ہمیں پانی کی گہری حقیقت سمجھانا شروع کرتے ہیں۔ یہ صرف وضو نہیں ہے؛ یہ ملکوتی طاقت ہے اور اِس ملکوتی طاقت کے پاس عظیم قوت ہے۔ ہر بار جب آپ غمگین ہوتے ہیں، آپ پریشان

ہوتے ہیں اور آپ افسردہ ہوتے ہیں تو یہ صرف پانی ہی نہیں ہے جس میں آپ داخل ہو رہے ہوتے ہیں، یہ ایک حیرت انگیز ملکوتی طاقت ہے۔ اُس پانی کو کلورین (chlorine) ڈال کر مردہ نہ کریں؛ اِس پانی کی ملکوتی طاقت دور کرنے کی کوشش نہ کریں۔

پانی میں قوّتِ حیات موجود ہے

پھر وہ پانی آپ کے لئے اپنا ثبوت پیش کرتا ہے کہ آپ صرف ایک پیالی کو کاؤنٹر (counter) پر رکھیں۔ دو، تین دن بعد یہ سبز ہو جائے گا۔ اِس کا مطلب اِس کے اندر زندگی کی طاقت ہے۔ یہ (پانی) ہمیں بتا رہا ہے کہ زندگی اِس سے آ رہی ہے۔ کیوں اللہ عزوجل فرماتا ہے، 'میرا عرش پانی پر ہے!' کیونکہ وہ فرما رہا ہے کہ، دیکھو، پانی پر توجہ دو، اِس کی ایک ملکوتی طاقت ہے!

وَهُوَ الَّذِي خَلَقَ السَّمَاوَاتِ وَالْأَرْضَ فِي سِتَّةِ أَيَّامٍ وَكَانَ عَرْشُهُ عَلَى الْمَاءِ ... (٧)

"اور وہ وہی (ذات پاک) ہے جس نے آسمانوں اور زمین کو چھے دن میں خلق کیا اور اس کا عرش پانی پر تھا..."

(سورۃ ھود، 11:7)

تو معرفت کے درجے پر وہ سکھانا شروع کرتے ہیں کہ یہ ایک ملکوتی طاقت ہے۔ اِس کی عزت کریں، اسے استعمال کریں، اِس سے دھوئیں، نماز پڑھیں اور اِس کے ذریعے اپنے آپ کو مہربند کریں۔ جیسے ہی آپ بیرونی پانی کو سمجھ جاتے ہیں، آپ سمجھنا شروع ہوتے ہیں کہ آپ کا وجود ٪70 پانی ہے۔ اگر آپ اپنے ٪70 کی سمجھ نہیں رکھتے تو آپ بارگاہِ الٰہی تک پہنچنے کی کیسے کوشش کر رہے ہیں؟ کیونکہ اپنے آپ کو سمجھنا ہی اپنے رب کو سمجھنا ہے۔

مَنْ عَرَفَ نَفْسَهُ فَقَدْ عَرَفَ رَبَّهُ

"جو اپنے نفس کو پہچانتا ہے بے شک اپنے رب کو پہچانتا ہے۔" (حدیثِ نبوی ﷺ)

اور میں جاننا شروع ہوتا ہوں کہ، اوہ، اگر پانی میں ملکوتی طاقتیں ہیں، تو اللہ عزوجل نے مجھے کیا عطا کیا ہوا ہے؟ اُس نے مجھے اِس زمین سے تشبیہ دی ہے کہ میرا 70٪ وجود پانی ہے۔ تو میں اپنے اندر موجود اس پانی کو پاک کرنے کے لئے کیا کر رہا ہوں؟ اگر یہ ایک ملکوتی طاقت ہے تو کیسے میں اس میں کچھ ایسا ڈال سکتا ہوں جس سے کوئی اندیشہ لاحق ہو اور اُس اینرجی کو کوئی خطرہ ہو؟ تو اسی لئے سپرٹس (شراب) بہت خطرناک ہیں کیونکہ وہ اِس پانی میں شامل ہوتی ہیں اور اِس پر حملہ آور ہونے لگتی ہیں۔ اور پھر پانی (یعنی) جسم کے خون کے لئے یہاں ایک جنگ شروع ہو جاتی ہے۔

پانی کی ملکوتی طاقت ذہنی دباؤ کو دور کر دیتی ہے

تو پھر معرفت کے درجے پر وہ گہرے فہم میں جاتے ہیں کہ یہ ایک ملکوتی طاقت ہے، ایک عظیم حقیقت ہے کہ اسے استعمال کریں، اس سے دھوئیں؛ یہ دُکھ کو دور کر دیتی ہے، مشکلات کو دور کر دیتی ہے، بہت سے بوجھ اتار دیتی ہے۔ وہ لوگ جو اینرجی میں ہیں اور وہ ایسے جیتے ہیں جہاں ان کی اینرجی ان کے لئے بہت اہم ہوتی ہے، ہر روز اُنہیں غسل میں بیٹھ کر تفکر کرنا چاہئے، اُن کو تفکر کرنے کے لئے پانی کے قریب ہونا چاہئے۔ اُس سے مشکلات دُھل جاتی ہیں، بوجھ دُھل جاتے ہیں اور (وہ) اپنی روح کو اُس پانی میں حرکت کرتا ہوا محسوس کریں، کیونکہ روح اِس پانی میں حرکت کرے گی اور اپنے بوجھ اتار دے گی، اور فرشتے آئیں گے اور ان مشکلات کو دور لے جائیں گے۔

اِسی لئے وہ کہتے ہیں کہ آپ جب بہت دُکھی یا بہت ذہنی دباؤ میں ہوں، تو سمندر کو جائیں۔ اور ہر بار جب سمندر آگے آتا ہے اور لہریں آتی ہیں، تو یہ اربوں فرشتے وجود میں آ رہے ہوتے ہیں۔ سمندر کی ملکوتی طاقت نا قابل تصور ہے۔ یہ سب دُکھ لے جاتی ہے، سب مشکلات دور کر دیتی ہے اور ہمیں بے تحاشہ طاقت فراہم کرتی ہے۔ یہ معرفت کا درجہ ہے۔

4- علم الحقیقة (حق) مَاءِ کے لفظ کو افشا کرتا ہے

مَاءِ = م ، ا

حقیقت کے درجے پر، مشائخ اب اُس حقیقت کی ملکوتی طاقت کو کھولنا شروع کرتے ہیں۔ یہ ملکوتی طاقت اتنی طاقتور ہے؛ کیوں؟ مَاءِ (پانی) کیا ہے؟ مَاءِ کی کیا تفہیم ہے، 'م، ا' ۔ یعنی اللہ عزوجل فرما رہا ہے کہ یہ پانی پر سیدنا محمد ﷺ کی حقیقت ہے، یہ مَاءِ اور یہ پانی کی حقیقت، یہ اِس کے حق کو کھول دیتی ہے، یہ اِس کے حقائق کو کھول دیتی ہے اور اللہ عزوجل کی عظمت میں اور جو اللہ عزوجل نے سیدنا محمد ﷺ کی حقیقت کو عطا کیا ہے اُس میں جانا شروع کرتی ہے۔

علم الحقائق اور حق کی حقیقتیں، سچ کی حقیقتیں، یہ کھلنا شروع ہوتی ہیں؛ کیوں مَاءِ اللہ عزوجل نے 'م' اور 'الف' رکھا؟ کیونکہ ہماری زندگی میں ہر چیز "لَآ اِلٰهَ اِلاَّ اللّٰهُ مُحَمَّدٌ رَّسُوْلُ اللّٰه ﷺ" ہے (اللہ عزوجل کے سوا کوئی معبود نہیں ہے اور سیدنا محمد ﷺ اللہ عزوجل کے رسول ہیں)۔ ہر چیز کا وجود اِسی حقیقت میں ہونا چاہئے۔

اللہ عزوجل کا عرش مَاء (پانی) پر ہے

وَهُوَ الَّذِي خَلَقَ السَّمَاوَاتِ وَالْأَرْضَ فِي سِتَّةِ أَيَّامٍ وَكَانَ عَرْشُهُ عَلَى الْمَاءِ ... (٧)

"اور وہ وہی (ذات پاک) ہے جس نے آسمانوں اور زمین کو چھے دن میں خلق کیا اور اس کا عرش پانی پر تھا... "

(سورۃ ھود، 11:7)

پھر اللہ عزوجل کہتا ہے کہ ہاں، میرا عرش مَاءِ – 'م' 'ا' – پر ہے۔ حقیقت اِس سمندر میں ہے اور یہ حقیقت کا ساگر، سیدنا محمد ﷺ کے ساگر میں ہے۔ اِس کا مطلب حقائق کی سطح پر، "لاَ اِلٰہَ اِلاَّ اللّٰہُ " میں ہمارے لئے مشغول رہنے والی کوئی چیز نہیں ہے۔ معرفت میں ہمارے لئے ہر چیز "مُحَمَّدٌ رَّسُوْلُ اللّٰہِ ﷺ " ہے۔"لاَ اِلٰہَ اِلاَّ اللّٰہُ " اپنے کلمے میں ہی یہ ہے کہ کوئی معبود نہیں ہے کچھ نہیں ہے سوائے اللہ عزوجل کے، تو وہاں نہ دیکھیں! اپنے آپ کو سمجھنے کے لئے اِس کلمہ "لاَ اِلٰہَ اِلاَّ اللّٰہُ " میں نہ دیکھیں، کیونکہ اللہ عزوجل کا فرمان ہے کہ، "لا شریکَ لہ" (اللہ عزوجل کا کوئی شریک نہیں) – 'تم میرے جیسے نہیں ہو، تمہیں یہاں دیکھنے کی ضرورت نہیں ہے!' "لا شبیہ لہ" – 'میرے جیسا کوئی وجود نہیں ہے!' اِس تخلیق میں اللہ عزوجل جیسا کوئی نہیں ہے۔

تو حقیقت کے درجے پر یہ کھلنا شروع ہوتا ہے کہ یہ طاقت، یہ حقیقت، یہ ایزجی جو مخلوق میں تخلیق کے لئے موجود ہے، تو تخلیق کہاں ہے؟ یہ "مُحَمَّدٌ رَّسُوْلُ اللّٰہِ ﷺ " کے ساگر میں ہے۔

تو، الحمدُ للہ، یہ وضو سے کہیں زیادہ ہے۔ مولانا شیخ (ق) کا علم سمندر کی طرح ہے۔ جو اِس پر منحصر ہے کہ کون اسے چاہتا ہے اور کیسے چاہتا ہے، اِس حقیقت میں غوطہ لگا کر موتی نکال سکتا ہے، یہ جواہرات نکال سکتا ہے۔ مشائخ وہ جوابات اور تفاہیم فراہم کر سکتے ہیں جو بہت سے لوگ نہیں کر سکتے۔ لوگ دوسروں سے جب سوال کرتے ہیں تو اُنہیں بہت سطحی، بنیادی معلومات ملتی ہیں لیکن اُس حقیقت کی گہرائی نہیں ملتی جو رسولِ اکرم ﷺ لا رہے تھے۔ اور رسول اللہ ﷺ مخلوق کے لئے عظیم حقیقت لا رہے تھے۔ یہ بیج کی طرح ہے کہ جب آپ اُس کو بوتے ہیں۔ تو یعنی پہلے رسول اللہ ﷺ نے بیج بویا یہ جانتے ہوئے کہ یہ حقیقت کا درخت پھلنے پھولنے والا ہے، اور یہ کہ سب حقائق اُسی سے آئیں گے جو اُنہوں نے اِس دنیائے مادی میں قائم کیا۔

سُبْحَانَ رَبِّكَ رَبِّ الْعِزَّةِ عَمَّا يَصِفُونَ، وَسَلَامٌ عَلَى الْمُرْسَلِينَ وَالْحَمْدُ لِلَّهِ رَبِّ الْعَالَمِينَ۔ بِحُرْمَةِ مُحَمَّدِ الْمُصْطَفَى وَبِسِرِّ سُورَةِ الْفَاتِحَةِ۔

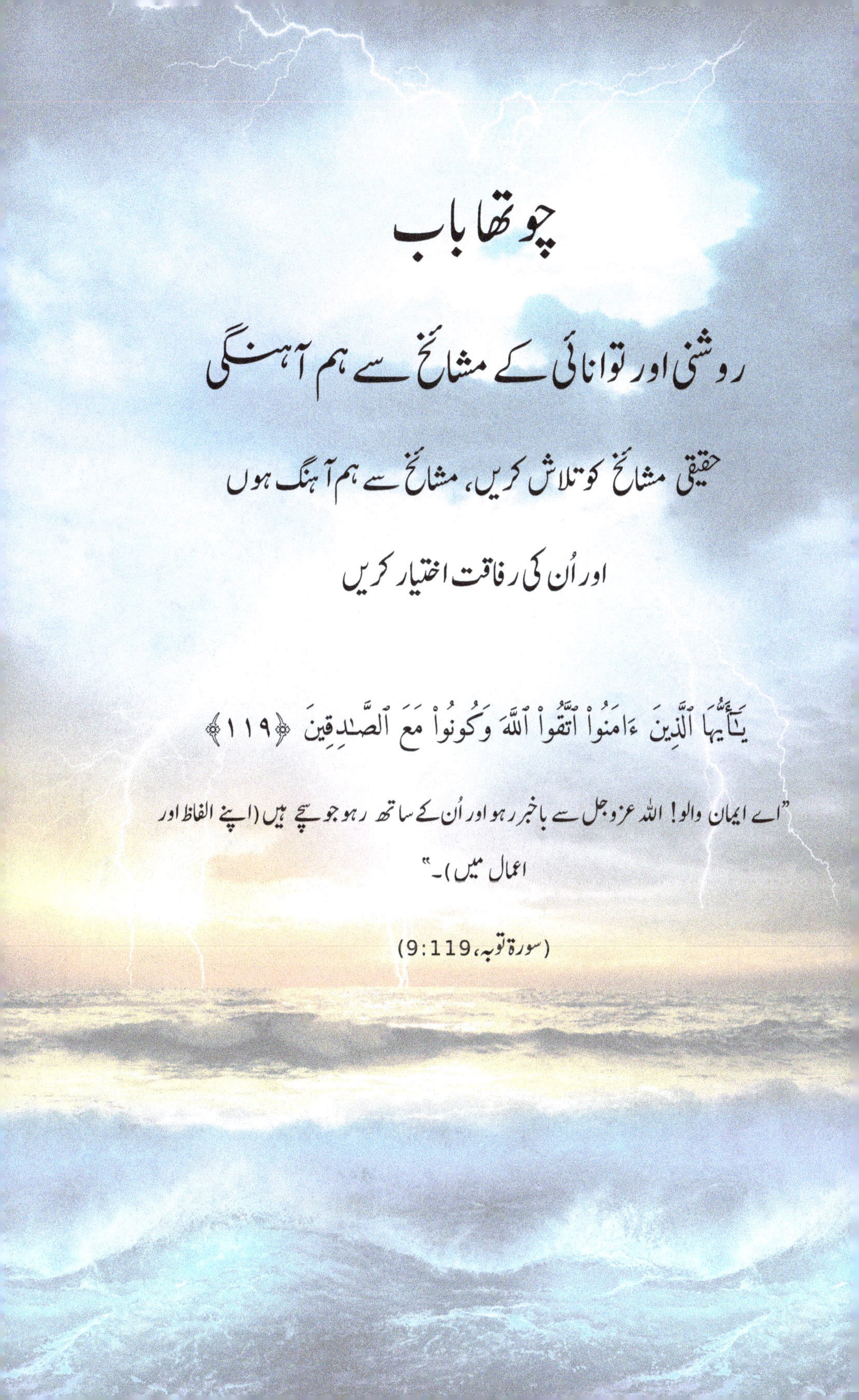

چوتھا باب

روشنی اور توانائی کے مشائخ سے ہم آہنگی

حقیقی مشائخ کو تلاش کریں، مشائخ سے ہم آہنگ ہوں

اور اُن کی رفاقت اختیار کریں

يَٰٓأَيُّهَا ٱلَّذِينَ ءَامَنُوا۟ ٱتَّقُوا۟ ٱللَّهَ وَكُونُوا۟ مَعَ ٱلصَّٰدِقِينَ ﴿١١٩﴾

"اے ایمان والو! اللہ عزوجل سے باخبر رہو اور اُن کے ساتھ رہو جو سچے ہیں (اپنے الفاظ اور اعمال میں)۔"

(سورۃ توبہ، 9:119)

وَاصْبِرْ نَفْسَكَ مَعَ الَّذِينَ يَدْعُونَ رَبَّهُم بِالْغَدَاةِ وَالْعَشِيِّ يُرِيدُونَ وَجْهَهُ ۖ وَلَا تَعْدُ عَيْنَاكَ عَنْهُمْ تُرِيدُ زِينَةَ الْحَيَاةِ الدُّنْيَا ۖ وَلَا تُطِعْ مَنْ أَغْفَلْنَا قَلْبَهُ عَن ذِكْرِنَا وَاتَّبَعَ هَوَاهُ وَكَانَ أَمْرُهُ فُرُطًا ﴿٢٨﴾

"اور صابر رہو (ان لوگوں کے ساتھ رہتے ہوئے) جو اپنے پروردگار کو صبح شام پکارتے ہیں اور اس کے چہرے کے متلاشی رہتے ہیں؛ اور اپنی نگاہیں اُن سے ہٹنے نہ دینا، کہ دنیاوی زندگی کی آرائش/چمک کی طلب میں لگ جاؤ اور اس کا کہنا نہ ماننا جس کے دل کو ہم نے اپنے ذکر سے غافل کردیا ہے اور جو اپنی خواہش کے پیروی کرتا ہے اور جس کا معاملہ (ہمیشہ) کیلئے نظر انداز کردیا گیا۔"

(سورۃ الکہف، 18:28)

نور/ملکوت اور صوت کے مشائخ

آپ کو اپنی روح سے آراستہ کرتے ہیں

الحمداللہ، ہمیشہ اپنی ذات کے فنا ہونے کیلئے اور اللہ عزوجل کی رحمت اور مغفرت کے سمندر میں داخل ہونے اور اُس رحمت اور مغفرت سے ملبوس ہونے کیلئے دعاگو ہیں۔ الحمداللہ، میرے لئے ہمیشہ ایک یاددہانی ہے اُس کیلئے جس پر وہ چاہتے ہیں کہ ہم غور کریں اور حقائق کے سمندر سے ملبوس ہونے کیلئے۔ اُس سمندر کی گہرائی کے سبب اور اُس حقیقت کی گہرائی کے سبب اس کا بار بار دہرایا جانا ضروری ہے۔ کیونکہ دماغ سنتا ہے اور یہ کانوں سے ہوتا ہوا باہر نکل جاتا ہے۔ مگر اُن لوگوں کیلئے جو تفکر کرتے رہتے ہیں، یہ ایک مستقل مراقبہ ہے۔ وہ مستقل طور پر غوروفکر کرتے رہتے ہیں تاکہ وہ دل سے اِس حقیقت کی گہرائی کو سمجھ سکیں۔

ہر چیز اِن تین پر مبنی ہے ۔ شکل، روشنی اور آواز (صوت)

مشائخ ہمیں "أَطِيعُوا اللّٰه وَأَطِيعُوا الرَّسُولَ وَأُوْلِي الْأَمْرِ مِنكُمْ" (اللہ عزوجل اور اُس کے رسول اور صاحبِ اختیار لوگوں کا حکم مانیں) کی تعلیم دیتے ہیں۔

يَا أَيُّهَا الَّذِينَ آمَنُوا أَطِيعُوا اللَّهَ وَأَطِيعُوا الرَّسُولَ وَأُوْلِي الْأَمْرِ مِنكُمْ (٥٩)

"اے ایمان والو! خدا اور اس کے رسول کی فرمانبرداری کرو اور ان کی جو تم میں صاحبِ اختیار ہیں"

(سورۃ النساء، 4:59)

مولانا شیخ (ق) ہمیں یہ تعلیم دیتے ہیں کہ ہر حقیقت اِنہی تین چیزوں پر مبنی ہے۔ أُوْلِي الْأَمْرِ ایک ظاہری رہنمائی کی نمائندگی کر رہے ہوتے ہیں مگر اُس کے اندر یہ سب شامل ہوتا ہے۔ اور یہ کہ نبی پاکﷺ کی اطاعت ایمان کی منزل ہے (مقام الایمان)۔ اللہ عزوجل کی اطاعت تکمیل (perfection) کی منزل ہے - مقام الاحسان، یہ ایمان میں کامل ہونے کی منزل ہے۔ اس تفہیم کی طرف بڑھتے ہوئے وہ ہمیں تعلیم دیتے ہیں کہ ہر چیز مبنی ہے اس جسم، روشنی پر اور ایزجی (energy) اور آواز کی جانب ایک حقیقت پر۔

اِس کا مطلب یہ ہے کہ رہنمائی کے راز جو مولانا شیخ (ق) ہمیشہ سکھاتے ہیں وہ یہ ہیں کہ، 'رہنمائی کے سمندر کی طرف آؤ اور اُس کو چھوڑ دو جو مصنوعی ہے!' اس کا مطلب ہے کہ نقلی پھل کو چھوڑ دو اور اُن جعلی صحبتوں کو بھی چھوڑ دو جو اِن حقائق کی وضاحت نہیں کر سکتیں اور نہ ہی اِن حقائق میں جا سکتی ہیں۔ آپ کو یہ معلوم ہوتا ہے کہ یہ تو وقت کو ضائع کرنا ہے؛ وہ تو اِس وجود کے لئے تفریح کی طرح ہیں۔

ہر وجود کے لئے ایک روشنی ضرور ہوتی ہے

لیکن وہ حقیقت جو وہ ہم سے چاہتے ہیں کہ ہم سمجھیں، ہمیں اِس وقت اِس بات کو سمجھنے کی ضرورت ہے کہ ہر ظاہری وجود (form) اور ظاہری وجود پر مبنی ہر رہنمائی کے لئے، ہر جسم کیلئے ایک روشنی کا ہونا ضروری ہے۔ یعنی اس ظاہری وجود پر مبنی ایک رہنمائی ہونے جا رہی ہے۔ جس کا ایک الگ مقام ہے۔ لیکن اُس جسم کے وجود میں آنے کے لئے ضروری ہے نور۔ اور جو آپ دیکھ رہے ہیں وہ در حقیقت روشنی ہے جو آشکار ہو رہی ہے۔ اُس کے ایٹمی حقائق اور مالیکیولر حقائق؛ آپ اُس شکل (وجود) کو اس وجہ سے دیکھ پاتے ہیں کیونکہ وہاں ایک روشنی موجود ہے۔

142

روشنی کے موجود ہونے کیلئے ایک آواز اور حمد کا ہونا ضروری ہے

اُس روشنی میں ایک رہنمائی ہے اور روشنی کے سمندر میں ایک رہنمائی موجود ہے۔ اس روشنی کا وجود میں آنا انرجی کے سمندر کے سبب ہے۔ اور اُس انرجی کا وجود میں آنا ایک آواز (صوت) کے سبب ہے۔ یہ یقیناً ایک حمد اور ایک گونج (resonance) سے پیدا ہوتی ہے، جسے فزکس یا کوانٹم فزکس (quantum physics) 'سٹرنگ تھیوری – String Theory' کہتی ہے اور جسے اللہ عزوجل "يُسَبِّحُ بِحَمْدِهِ" کہتا ہے۔

تُسَبِّحُ لَهُ السَّمَاوَاتُ السَّبْعُ وَالْأَرْضُ وَمَن فِيهِنَّ ۚ وَإِن مِّن شَيْءٍ إِلَّا يُسَبِّحُ بِحَمْدِهِ وَلَٰكِن لَّا تَفْقَهُونَ تَسْبِيحَهُمْ ۗ إِنَّهُ كَانَ حَلِيمًا غَفُورًا (٤٤)

"ساتوں آسمانوں اور زمین اور جو کچھ بھی ان میں ہے سب اسی کی تسبیح کرتے ہیں۔ اور (مخلوقات میں سے) کوئی چیز نہیں مگر اس (اللہ عزوجل) کی تعریف کے ساتھ تسبیح کرتی ہے۔ لیکن تم ان کی تسبیح کے طریقے کو نہیں سمجھتے۔ بے شک وہ دائمی بردبار (اور) غفار ہے۔" (سورۃ الاسراء، 17:44)

اس کی ایک سمندر جیسی گہرائی ہے کہ ہر چیز حمد و ثناء بیان کر رہی ہے۔ ہر چیز اللہ عزوجل کی حمد و ثناء میں قائم ہے۔ ان کی 'سٹرنگ تھیوری' میں انہیں کیا ملا؟ کہ ہر چیز حرکت میں ہے، ارتعاش میں ہے۔ اور یہ ارتعاش اپنے اندر سے ہی ہے۔ اس کی ایک آواز ہے جو ارتعاش پیدا کرتی ہے وہ ارتعاش ایک انرجی کو جنم دیتا ہے، اُس انرجی سے روشنی بنتی ہے اور یہ روشنی ایک (ظاہری) وجود کو تشکیل دیتی ہے۔

مادی دنیا میں لوگ ظاہری وجود کی رہنمائی میں مصروف رہتے ہیں۔ اور ظاہر کی رہنمائی میں درجات ہوتے ہیں اور تفاہیم ہوتی ہیں۔ کہ کچھ ایسے لوگ ہوتے ہیں جو خود تھوڑا بہت پڑھتے ہیں، تھوڑا بہت آپ کو سکھاتے ہیں؛ اور وہ سب کچھ صرف ظاہر پر مبنی ہوتا ہے۔ وہ نہ تو روشنی کی گہرائی تک پہنچ سکتے ہیں، نہ ایزجی کی حقیقت تک اور نہ ہی وہ اُس آواز سے ارتعاش پیدا کر پاتے ہیں۔ وہ جو ظاہر پر مبنی ہے اس کی اپنی اہمیت ہے لیکن آپ کو اس کی طلب ہونی چاہئے جو روشنی پر مبنی ہے۔

دین کے تین مقامات: اسلام، ایمان، احسان

چنانچہ جو نبی پاک ﷺ نے اسلام (تسلیم) اور ایمان (یقین) اور مقام الاحسان (تقویٰ کی منزل) کے متعلق بیان فرمایا اُس کا مطلب یہ ہے کہ جو 'اسلام' ہے وہ ظاہر (جسم) اور اُس کے کامل ہونے سے منسلک ہے اور ظاہر کی سب سے بڑی حقیقت یہ ہے کہ، 'اپنے اسلام کی جستجو کریں،' جس کے معنی ہیں سرِ تسلیم خم کر دینا (جُھک جانا)۔ اپنے ظاہر کو اُس چیز کی حقیقت کے سامنے جُھکا دیں جسے اللہ عزوجل آپ کے ایمان اور آپ کی روشنی میں بیدار کرنا چاہتا ہے۔

اسی لئے اندر آنے والی روشنی اور مقام الایمان، 'یقین کی منزل' کی وضاحت نور (روشنی) سے کی جاتی ہے۔ ایمان کی روشنی آپ کے دل کے اندر داخل ہونی چاہئے تاکہ آپ ایمان سے ملبوس ہو سکیں۔ یہ کوئی ایسی چیز نہیں ہے جو خود بخود آپ کے پاس آجائے۔ مقام الایمان یہ ہے کہ آپ ایک ایزجی اور روشنی محسوس کریں گے جو دل کے اندر بیدار ہوتی ہے۔ اور ایک کشف کی طرح اللہ عزوجل ایک مشاہدے اور مختلف تجربات سے نوازے گا۔ وہ نورُ الایمان ہے جو آپ کے وجود کو آکر گھیرنے لگتا ہے اور وجود کی حقیقت کو ظاہر کرنے لگتا ہے۔ اُس کے بعد مقام الاحسان اور تکمیل کے سمندر آواز کی حقیقت پر مبنی ہوں گے۔

روشنی (نور) کے مشائخ کے پاس ہدایت کی نہ ٹوٹنے والی ایک زنجیر ہوتی ہیں

جسم کے لئے بھی ایک ہدایت ہوتی ہے، جسم کی ہدایت کی ایک تفہیم یہ ہے کہ ہم کس طرح جسم کی تربیت، پرورش اور نظم وضبط قائم کر سکتے ہیں؟ پھر آپ اُن لوگوں کی رفاقت اختیار کریں جنہیں اُس تربیت اور نظم وضبط کی سمجھ ہو۔ کہ میں کس طرح اپنے جسم کی تربیت کروں اور نظم وضبط قائم رکھ سکتا ہوں تاکہ میں اعلیٰ درجے کی ہدایت تک پہنچ سکوں؟

مشائخ ہمیں تعلیم دیتے ہیں کہ حقائق کا یہ سمندر ٹوٹی ہوئی زنجیر کے ساتھ نہیں آسکتا۔ کیونکہ وہ روشنی جس کی وہ وضاحت کرنے جارہے ہیں وہ رسول اللہ ﷺ کی بارگاہ سے آرہی ہے، جس کا مطلب یہ ہوا کہ بارگاہِ الٰہی کا دل جو نبی پاک ﷺ کی روح میں سے چمک رہا ہوتا ہے، وہ روشنی ہم تک پہنچنے کے لئے ایک رسی اور ایک زنجیر کے ذریعے آتی ہے جہاں اللہ عزوجل فرماتا ہے، 'رسی سے جدا نہ ہوں!'

وَاعْتَصِمُوا بِحَبْلِ اللَّهِ جَمِيعًا وَلَا تَفَرَّقُوا... (١٠٣)

"اور سب مل کر اللہ عزوجل کی رسی کو مضبوطی سے پکڑے رہنا اور جُدا نہ ہونا." (سورۃ آل عمران، 3:103)

یہ طروق اور اہلِ حقائق ہیں؛ وہ رسی کے طور موجود ہیں تاکہ وہ اللہ عزوجل کے "أَطِيعُوا اللّٰه" اور "أَطِيعُوا الرَّسُولَ" اور "أُوْلِي الْأَمْرِ مِنكُمْ" کے احکام لے کر آئیں اور اُنہیں پورا کر سکیں۔ اس کا مطلب یہ ہوا کہ أُوْلِي الْأَمْرِ ہی وہ رسی ہیں جو واپس حقائق کی طرف ہماری رہنمائی کر رہے ہیں۔

وہ رسی کبھی بھی ٹوٹی ہوئی نہیں ہو سکتی کیونکہ اب ہم وضاحت کرنے جا رہے ہیں کہ جسم کی ہدایت ایک امام کی طرح ہوتی ہے جو آپ کو بتاتا ہے، 'اِس طرح سے دھوئیں، اپنی ناک کو اِس طرح سے صاف کریں، اپنی زکواۃ اِس فیصد تک دیں۔' وہ اسلام کی تمام تر ظاہری تفاہیم بیان کرتے ہیں اور ان تفاہیم کی آپ کی ذات کی تکمیل کیلئے اپنی حدود ہیں اور اپنی وسعت ہے۔ وہ ہدایت بہت سی جگہوں پر موجود ہو سکتی ہیں۔ پھر وہ بیان فرماتے ہیں کہ اعلیٰ درجے کی ہدایت میں پہلے ہی اُس درجے کی رہنمائی موجود ہوتی ہے؛ وہ (أُوْلِي الْأَمْرِ) جسم کی بھی رہنمائی کرتے ہیں۔

لیکن روشنی کے مشائخ، وہ اُس منزل پر پہنچ چکے ہوتے ہیں جہاں ان کی روح اور ان کی روشنی ان کی حقیقت پر حکمرانی کرتی ہے۔ اللہ عزوجل نے اُن پر ان کی روح کو کھول دیا ہوتا ہے، ان کی روح کی روشنی کو کھول دیا ہوتا ہے، اور وہ روشنی ہماری ذات کے ساتھ رابطہ کرنا شروع کرتی ہے۔ وہ حقیقت کسی 'ٹوٹی ہوئی زنجیر' والے کے پاس نہیں آسکتی۔

ایک شجرہ اور رہنمائی کرنے کی اجازت ہونا ضروری ہے

اگر کوئی کہتا ہے کہ انہوں نے کتاب پڑھی اور اب وہ نور پر مبنی رہنمائی کر رہے ہیں، تو یہ طریقہ نہیں ہے! نہ تو یہ طریقہ ہے اور نہ ہی یہ نبی پاک ﷺ کے آداب ہیں۔ نبی پاک ﷺ اور آپ ﷺ کے ساتھی، تابعین اور تبع تابعین، اُن سب نے نبی پاک ﷺ تک رفاقت داری کو قائم رکھا اور رسی کو تھامے رکھا۔

تو پھر اِسے اُس کے ہاتھ میں کیوں دیا جائے جس کا کوئی شیخ نہیں؟ کوئی کہتا ہے، 'نہیں! میں روشنی کا (نوری) شیخ ہوں۔' ٹھیک ہے! مگر آپ کا شیخ کون ہے 'آہ، میرا کوئی شیخ نہیں ہے۔' اور آپ کے شیخ کا شیخ کون ہے؟ اور اُن کے شیخ کے شیخ کا شیخ کون ہے؟

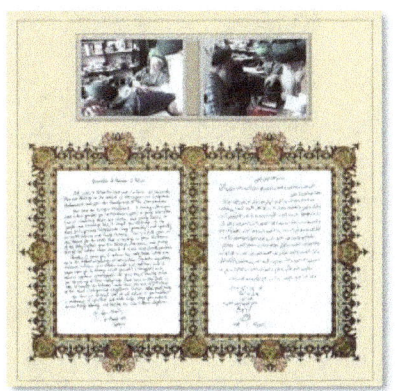

شجرہ ہونا ضروری ہے؛ ایک خاندانی شجرہ ہونا ضروری ہے جس میں آپ کو وہ روشنی موصول ہو رہی ہو جو نبی پاک ﷺ سے جا ملتی ہے، ایک تار کی مانند، ایک بجلی کی تار کی طرح۔ ایک "حَبْل" ایک رسی کی طرح جو نبی پاک ﷺ سے ہوتی ہوئی نیچے آ رہی ہوتی ہے اور وراثت میں عطا کی گئی ہوتی ہے۔ اور آپ کو منتخب کر لیا گیا ہو، تو وہ تار آپ تک آ رہی ہو۔ اِس پر شیخ کے شیخ اور اُس سلسلے کے کسی اور شیخ کے دستخط ہوتے ہیں۔ وہ اُس پر دستخط کرتے ہیں کہ وہ تار اللہ عزوجل کی جانب سے نبی پاک ﷺ کے اختیار سے آپ کے پاس آئی ہے اور آپ تک پہنچی ہے۔ اب آپ روشنی (نور) کے ایک شیخ ہیں۔

عبادُ الرّحمٰن – روح کے مشائخ کی طاقت

جسم کی رہنمائی کرنے والا سب سے نچلے درجے پر فائز ہوتا ہے۔ آپ کو یہ بتانا کہ اِس دنیا میں کیا کرنا ہے یہ سب سے نچلی سطح ہے۔ یہ ایسا ہی ہے جیسے اللہ عزوجل کے سامنے جا کر کہنا، مثلاً، 'یا ربی! میں بارگاہِ الٰہی میں آیا ہوں۔ جاننا چاہوں گا کہ میں اپنے گیس سٹیشن سے مزید گیس کیسے حاصل کر سکتا ہوں؟' لوگ مولانا شیخ (ق) کے پاس آتے ہیں اور اِس طرح کی دعاؤں کی درخواست کرتے ہیں۔ یہ رہنمائی سب سے نچلے درجے کی رہنمائی ہے۔ لیکن جس کی وضاحت وہ فرما رہے ہیں وہ نور کے مشائخ ہیں جو ظاہری (جسم کی) رہنمائی کا احاطہ بھی کئے ہوئے ہوتے ہیں، یہ تو اُن کا کنڈرگارٹن (پہلی جماعت) ہوتا ہے۔

سب سے مشکل اور سب سے بڑا تحفہ جو اللہ عزوجل نے نوازا ہے وہ روشنی کے مشائخ ہیں۔ یہ 'عبادُالرحمٰن' میں سے ہیں۔ اُن کے پاس نورُالایمان ہوتا ہے۔ اور سیدنا محمد ﷺ کا نور اُن کا مددگار ہوتا ہے۔ اُن کا نور اُن کے ارد گرد چمک رہا ہوتا ہے اور وہ کم و بیش ہی اُس نور کو جاری کرتے ہیں۔ روح کا تصور ایسی چیز ہے جو ہم سمجھ نہیں سکتے۔ یعنی روح جسم میں محدود ہوتی ہے مگر وہ لوگ جن کے دل بیدار ہیں خدا ان کی روح کی حقیقت بیدار کر دیتا ہے؛ ایک تفہیم یہ بھی ہے کہ اپنی روح کو اگر وہ آزاد کر دیں تو وہ ساری دنیا کو اپنے ہاتھ پر اُٹھا سکتی ہے۔

فَسُبْحَانَ الَّذِي بِيَدِهِ مَلَكُوتُ كُلِّ شَيْءٍ وَإِلَيْهِ تُرْجَعُونَ (٨٣)

"لہٰذا تعریف اُس (ذات) کی جس کے ہاتھ میں ہر چیز کی بادشاہت ہے اور اسی کی طرف تم کو لوٹایا جائے گا۔" (سورۃ یٰس، 36:83)

ہر چیز کو ایک روح (روحِ واحد) سے تخلیق کیا گیا ہے

روح کی قد و قامت کوئی ایسی چیز نہیں جس کا ہم اندازہ لگا سکیں۔ لیکن اگر آپ روح کی عظمت کو سمجھنا چاہتے ہیں تو اس کائنات کی وسعت کو دیکھیں۔ یہ ساری کائنات اپنی لامحدود قد و قامت کے ساتھ نورِ محمد ﷺ کے اندر موجود ہے۔

خَلَقَكُم مِّن نَّفْسٍ وَاحِدَةٍ ثُمَّ جَعَلَ مِنْهَا زَوْجَهَا (٦)

"اسی نے تم سب کو ایک جان سے پیدا کیا، پھر اُسی کی فطرت پر اس کا جوڑا بنایا۔" (سورۃ الزمر، 39:6)

اس کی یہ ساری وسعت اور یہ نا قابلِ یقین قد و قامت یقیناً "لاَ اِلٰہَ اِلاَّ اللّٰہُ مُحَمَّدٌ رَّسُوْلُ اللّٰہ ﷺ" میں ہونی چاہیے۔ "لاَ اِلٰہَ اِلاَّ اللّٰہُ" - کچھ بھی نہیں، لا شریک، اللہ عزوجل کے ساتھ کوئی شریک نہیں۔ اس کا مطلب یہ ہوا کہ ہر چیز "مُحَمَّدٌ رَّسُوْلُ اللّٰہ ﷺ" کے نور میں ہے۔

شیخ کی روح شاگردوں کی ایٹمی حقیقت کو آراستہ کرتی ہے

ہم بار بار اسے دہراتے رہتے ہیں تاکہ اسے سمجھا جائے اور اس پر حقیقی طور پر غور و فکر کیا جائے۔ ظاہر کی رہنمائی؟ بہت آسان ہے، یہ کچھ بھی نہیں! لیکن اللہ عزوجل کا نوری رہنمائی کو ظاہر کرنے کا مطلب یہ ہے کہ اُن کو اُس بندے کی اپنی روح کو استعمال کرنے کی صلاحیت پر یقین ہوتا ہے۔

ایٹم کے تھوڑے سے مطالعہ سے آپ جان جاتے ہیں کہ جب روشنی باہر کی جانب حرکت کرتی ہے تو اُن کے ایٹم، ان کی 'ذرّیة' حرکت پذیر ہوتی ہے۔ جب ذرّیة باہر کی طرف حرکت کرتی ہے، اُن کے ایٹم باہر کی جانب حرکت کر رہے ہوتے ہیں تو ان کی روشنی آپ کی روشنی کے ساتھ رابطے میں آجاتی ہے۔

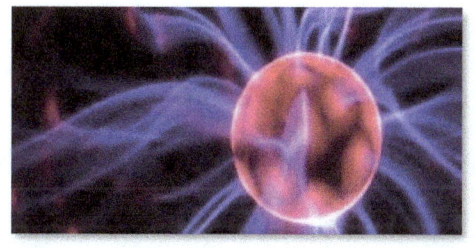

کیونکہ روشنی اپنے تک محدود نہیں رہتی؛ وہ حرکت میں رہتی ہے، وہ رابطے قائم کر رہی ہوتی ہے۔ تو فوراً ان کے ایٹم آپ کی روح میں پیوند ہو جاتے ہیں اور آپ کی روح ان کی روح میں پیوند ہو جاتی ہے۔

وہ جو بھی ذکر کرتے ہیں اور وہ جو بھی اعمال کرتے ہیں، جو بھی انوار و تجلّیات "أَطِيعُوا اللّٰه وَأَطِيعُوا الرَّسُولَ وَأُوْلِي الْأَمْرِ مِنكُمْ" (اللہ عزوجل کی اطاعت کرو، اللہ عزوجل کے رسول کی اطاعت کرو اور ان کی اطاعت کرو جو صاحبانِ اختیار ہیں۔ القران، 4:59) سے، جس چیز سے بھی اللہ عزوجل رسول پاک ﷺ کو ملبوس کر رہا ہوتا ہے، جس سے بھی نبی پاک ﷺ ان أُوْلِي الْأَمْر کو نواز رہے ہوتے ہیں ــ حقیقی أُوْلِي الْأَمْر 124,000 اولیاء کرام ہیں ــ

جس سے بھی نبی پاک ﷺ اُنہیں ملبوس کر رہے ہوتے ہیں، ان کی ذرّیۃ، ان کی ایٹمی حقیقت وہ تجلی وصول کر رہی ہوتی ہے۔ اور کیونکہ وہاں کوئی انا نہیں ہوتی تو اُن کے ایٹمز (atoms) آزادی سے (اُس تجلی کو) اُس درجے پر بھیجتے ہیں جو دوسرے ایٹمز موصول کر سکیں۔ وہ ان (ایٹمز) کو روشنی بخشتے ہیں، ان پر برکتیں بھیجتے ہیں، ایز جی اور تجلیات بھیجتے ہیں۔ یہ انہیں ایز جی اور فریکوئینسیز (frequencies) بھیج رہے ہوتے ہیں؛ آپ کی ایٹمی حقیقت ان کی روح سے آراستہ ہو رہی ہوتی ہے اور ان کی روح سے فیض حاصل کر رہی ہوتی ہے۔ اسی لئے وہ آپ سے زیادہ کچھ نہیں چاہتے سوائے اِس کے کہ آپ حاضر رہیں۔ کیونکہ جب آپ حاضر ہوتے ہیں، زیادہ روشنی آپ پر ڈالی جا سکتی ہے اور آپ کی زیادہ روشنی ان کے سامنے پیش کی جا سکتی ہے اور وہ یہ بوجھ اُٹھانا شروع کر دیتے ہیں۔

روشنی کے مشائخ آپ کے ایٹمز کو اپنی روح کی کشتی میں سوار کر لیتے ہیں

اللہ عزوجل 'قرآن پاک کے دل' کے ذریعے کیا بیان فرماتا ہے، کیونکہ یہ روشنی کی رہنمائی نورُ الایمان یعنی ایمان کی روشنی پر مبنی ہے اور نورالایمان کا تعلق نبی پاک ﷺ کے عشق سے ہے؛ قرآن پاک کا دل سیدنا یٰس ﷺ ہیں۔ تو اللہ عزوجل نے فرمایا، یہ اُن کے لئے ایک نشانی ہے کہ، "وحَمَلْنَا ذُرِّيَّتَهُمْ" (ہم نے اُن کے ایٹمز کو تھام لیا۔ القرآن، 36:41)

وَآيَةٌ لَّهُمْ أَنَّا حَمَلْنَا ذُرِّيَّتَهُمْ فِي الْفُلْكِ الْمَشْحُونِ (٤١)

"اور ایک نشانی ان کے لئے یہ ہے کہ ہم نے ان کے جواہر کو بھری ہوئی کشتی میں سوار کیا." (سورۃ یٰس، 36:41)

شیخ کی ایٹمی حقیقت سے توانائی کی ترسیل

'ہم نے اُنہیں تھام لیا!' ہم نے پہلے بھی اس کے متعلق بات کی لیکن اس کو دہراتے ہیں، کیونکہ لگتا ہے کہ لوگ اُس کی گہرائی کو نہیں سمجھتے جو وہ (اولیاء اللہ) بیان کر رہے ہوتے ہیں۔ جب ہم طریقۃ میں 'فنا' کی بات کرتے ہیں کہ مجھے اپنے مرشد سے محبت ہے اور پھر 'فنا فی الشیخ' (کی حالت میں) میں داخل ہو جانا، اس کا مطلب یہ نہیں کہ آپ کے اجسام قریب آ رہے ہیں، وہ چاہتے ہیں کہ ہم دنیا سے ہٹ کر سوچیں۔ تو اس کا مطلب ہے کہ آپ کی ارواح رابطہ قائم کر لیتی ہیں۔ اور اُن کو آپ کی اجازت کی ضرورت نہیں۔ اگر آپ ان کی بارگاہ میں موجود ہیں تو یہ اُن کے اور اُن کے نور کے لئے کافی ہے کہ وہ حرکت کرے اور روشنی کو تھام لے۔

ایٹم کی حقیقت یہ ہے کہ اگر وہ آپ سے ایک ایٹم لے کر اُسے باہر نکال لیں، تو عالمِ طبعیات (physicists) نے معلوم کیا ہے کہ آپ کوئی نئی چیز نہیں بن جاتے۔ یہ کوئی نئی تخلیق نہیں ہوتی۔ آپ کے کھربوں میں سے ایک ایٹم کو، اُن میں سے صرف ایک کو، اگر وہ باہر نکالیں وہ سب کے سب آپ سے واپس رابطہ قائم کر سکیں گے۔ ایسا نہیں ہے کہ آپ نے کوئی چیز نکالی اور وہ مکمل طور پر ایک نئی چیز بن گئی۔ کوانٹم فزکس نے دریافت کیا ہے کہ اگر ہم ایک ایٹم؛ ہو سکتا ہے اِس گلاس میں اربوں کی تعداد میں ایٹمز ہوں، اگر ہم اِس میں سے ایک بھی ایٹم لے لیں تو وہ سب کے سب آپس میں رابطہ قائم کر سکتے ہیں۔

تو یہ کافی ہے کہ وہ صرف ایک ہی ایٹم لے لیں، "وحَمَلْنَا ذُرِّيَّتَهُمْ" (القرآن، سورۃ یٰس، 36:41) اللہ عزوجل فرماتا ہے، 'ہم تمہیں تھامتے ہیں، ہم نے تمہیں ہمیشہ تھاما ہے۔' یہ کافی ہے کہ اگر وہ صرف ایک ہی ایٹم کے ذریعے تھام لیں۔

اُن کی ایٹمی حقیقت سے اور اُن کی اینرجی کی حقیقت سے ہونے والی اینرجی کی ترسیل، اُس ایٹم کو مکمل طور پر آراستہ کر دیتی ہے، اُس ایٹم کو مکمل طور پر فیض یاب کر دیتی ہے۔ اس کا مطلب ہے کہ یہاں ان مجالس میں، نور کی دنیا میں کچھ ہو رہا ہوتا ہے۔ ہم محض ظاہری اجسام نہیں ہیں اور ہم یہاں پر بیٹھے ہوئے صوفے اور کرسیاں نہیں ہیں۔

اہلِ حقیقت آپ کی اندر باہر سے تکمیل کر رہے ہوتے ہیں

اللہ عزّوجلّ فرماتا ہے "وَلَقَدْ كَرَّمْنَا بَنِي آدَم" ہم نے بنی آدم کو عزت بخشی ہے۔

وَلَقَدْ كَرَّمْنَا بَنِي آدَمَ... (٧٠)

"اور ہم نے بنی آدم کو عزت بخشی۔" (سورۃ الاسراء، 17:70)

آپ کے پاس زبردست حقیقت اور عظیم تحفہ موجود ہے لیکن آپ اپنی ظاہری سمجھ بُوجھ میں ہی اِس قدر پھنسے ہوئے ہیں کہ آپ سمجھتے ہیں کہ یہ محض ایک ایسی جگہ ہے جہاں آپ آتے ہیں، جاتے ہیں، آپ کھاتے پیتے ہیں اور آپ سہولت کا استعمال کرتے ہیں۔ لیکن وہاں روشنی کی دنیا میں ایک رابطہ اور واقعہ رونما ہو رہا ہے، خاص طور پر اُن لوگوں کیلئے جن کا دل بیدار ہے اور جن کی روشنی جگمگا رہی ہے۔ ان کی روشنی لوگوں کی روحوں میں پیوند ہونے لگتی ہے اور لوگ اندر سے تبدیل ہونے لگتے ہیں۔ وہ آپ کو اندر سے پختہ کرتے ہیں، نہ کہ باہر سے۔ 'مِنْ أَهْلِ الْحَقَائِقِ ۔' وہ آپ کے ظاہری خُلیے کو کامل کرنے کے لئے فکر مند نہیں ہوتے ہوئے یہ کہتے ہوئے کہ، 'تمہیں ایسا نظر آنا چاہئے کہ تم کامل ہو!'

آپ کسی دوسری محافل میں جاتے ہیں اور ہو سکتا ہے کہ وہ سب لوگ باہر سے کامل لگتے ہوں۔ چونکہ اُن میں کوئی روشنی کے شیخ موجود نہیں ہوتے اور وہ صرف ظاہر پر ہی توجہ دے رہے ہوتے ہیں، صرف باہر پر! یہ بالکل

اُس گھڑی جیسا ہے جس میں کوئی انجن نہ ہو اور اگر اُس میں کوئی انجن نہ ہو تو آپ بالکل نہیں جان سکتے کہ وقت کیا ہوا ہے۔ اس کا مطلب یہ ہوا کہ اندر خالی ہے، اُس میں کچھ نہیں ہے؛ وہ محض ظاہر پر توجہ دے رہے ہوتے ہیں۔ مگر مشائخ کیا تعلیم فرماتے ہیں؟ کہ ظاہر سب سے آسان ہے! آپ ظاہر چاہتے ہیں تو وہ تو آپ کو ہر جگہ مل سکتا ہے۔ اگر آپ میں اتباع ہے اور آپ پیروی کرتے ہیں، آپ ظاہر کی (رہنمائی کی) مکمل طور پر پیروی کریں گے، آپ کی شریعة کامل ہو گی اگر آپ روشنی کے مشائخ کی پیروی کریں گے۔

اصل رہنمائی تو روشنی کے مشائخ ہیں۔ یہ ایمان کے مشائخ ہیں۔ یہ وہ ہیں جو اِس دنیا میں نورِ محمد ﷺ کی عکاسی کرتے ہیں۔ اُنہیں اپنی 'کشتی' باہر بھیجنے کی اجازت ہوتی ہے۔ کیوں اللہ عزوجل "الْفُلْكِ الْمَشْحُون" کہتا ہے؟ "الْفُلْك" (کشتی) کی مثال کیوں دی گئی؟ کیونکہ وہ سوار کرتی ہے۔

وَآيَةٌ لَّهُمْ أَنَّا حَمَلْنَا ذُرِّيَّتَهُمْ فِي الْفُلْكِ الْمَشْحُونِ (٤١)

"اور ایک نشانی ان کے لئے یہ ہے کہ ہم نے ان کے جواہر کو بھری ہوئی کشتی میں سوار کیا۔" (سورۃ یٰس، 36:41)

اُن کی روح ہر ایک کی روشنی کو سوار کر لیتی ہے جو بھی اُن سے رابطے میں آتا ہے۔ وہ اُسے پسند کریں یا نہ کریں، یہ اُن پر منحصر نہیں ہے۔ اللہ عزوجل کسی چیز کو محض اُن کی بارگاہ میں بھیجتا ہے اور وہ ایٹم اُس روشنی سے چمٹ جاتے ہیں۔

فنا — قطرہ نہ بنیں، سمندر کے ساتھ ایک ہو جائیں

اب روشنی کی دنیا میں ہمیں سمجھ آنے لگتا ہے کہ فنا کیا ہے، فنا کا مقام کیا ہے۔ اور فنا اُس وقت ہے جب آپ اپنے نفس کی انا اور ظاہری سمجھ بُوجھ کو نیچے لے آئیں۔ اپنی ظاہری حقیقت کو فنا کر دیں کہ، 'یا ربِّی! میرا ظاہر کچھ بھی نہیں ہے۔ مجھے اپنے ظاہر میں کوئی دلچسپی نہیں ہے۔ میرے جسم نے تو مٹی میں چلے جانا ہے۔ یا ربِّی! مجھے روشنی کی دنیا کو سمجھنے کی توفیق عطا فرما۔' آپ جتنا زیادہ اپنے ظاہر کو فنا کرتے جاتے ہیں، اپنے وجود کی نفی کرتے جاتے ہیں آپ اپنی ایٹمی حقیقت کے قریب تر ہوتے چلے جاتے ہیں۔ آپ کو سمجھ آنے لگتی ہے کہ آپ محض اِس ظاہری وجود سے کچھ بڑھ کر ہیں؛ یعنی آپ کو احساس ہوتا ہے کہ یہاں ایک سمندر موجود ہے اور میں نے خود کو ایک قطرے کی مانند رکھا ہوا ہے اور اُس ایک قطرے میں کوئی طاقت نہیں۔ جیسے ہی قطرہ سمندر میں واپس جاتا ہے وہ محسوس کرنے لگتا ہے، وہ ہر چیز سُن سکتا ہے۔

یہ اُس حدیثِ مبارکہ میں ہے (کہ جس میں) اللہ عزوجل نے فرمایا، 'نفلی عبادت کے سمندر میں آو۔' اس کا مطلب یہ ہوا، 'اگر میں تمہیں محبت کے سمندر سے ملبوس کروں تو میں تمہاری سماعت بن جاؤں گا۔' یہی قوت کا سمندر ہے۔ ہم احمقانہ باتیں نہیں کر رہے، آپ کو یہ سب کچھ حدیثِ مبارکہ میں ملے گا۔

"... وَلَا يَزَالُ عَبْدِي يَتَقَرَّبُ إِلَيَّ بِالنَّوَافِلِ حَتَّى أُحِبَّهُ، فَإِذَا أَحْبَبْتُهُ كُنْتُ سَمْعَهُ الَّذِي يَسْمَعُ بِهِ، وَبَصَرَهُ الَّذِي يُبْصِرُ بِهِ، وَيَدَهُ الَّتِي يَبْطِشُ بِهَا، وَرِجْلَهُ الَّتِي يَمْشِي بِهَا، وَلَئِنْ سَأَلَنِي لَأُعْطِيَنَّهُ، وَلَئِنْ اسْتَعَاذَنِي لَأُعِيذَنَّهُ..." (رَوَاهُ الْبُخَارِيُّ)

"میرا بندہ نفلی (رضاکارانہ) عبادات کے ذریعے میرے اور قریب آتا چلا جاتا ہے تاکہ میں اُس سے محبت کرنے لگوں۔ پھر جب میں اُس سے محبت کرتا ہوں تو میں اس کی سماعت بن جاتا ہوں جس سے وہ سُنتا ہے، اس کی نگاہ

جس سے وہ دیکھتا ہے، اس کا ہاتھ جس سے وہ وار کرتا ہے اور اُس کے پیر جس سے وہ چلتا ہے۔ اگر وہ مجھ سے (کچھ) مانگے گا تو میں اُسے ضرور دوں گا۔" (حدیث قدسی، صحیح البخاری، 81:38:2)

اللہ عزوجل فرماتا ہے، 'میں تمہیں اپنی سماعت سے نوازوں گا۔' یہی حقیقت کا سمندر ہے۔ آپ کے کان اِس سے زیادہ نہیں سنتے کیونکہ ہم ظاہر میں پھنسے ہوئے لوگ ہیں۔ روشنی کے مشائخ، جب ان کی روح چھوتی ہے تو وہ سب کی ایٹمی حقیقت کو ملبوس کرنے لگتے ہیں، جیسے وہ اپنے شیخ سے ملبوس ہو رہے ہوتے ہیں اور اُن کے شیخ اپنے شیخ سے اور ان کے شیخ اپنے شیخ سے ملبوس ہو رہے ہوتے ہیں؛ اُن کا اپنا ایک اندرونی ڈھانچہ (internal structure) ہوتا ہے۔ اور وہ ڈھانچہ روشنی اور اینرجی کی ایک قسم ہے جو زمین بھر میں حرکت پذیر ہے۔ جیسے ہی اُن کے شیخ حرکت کرتے ہیں، ان کی ایٹمی حقیقت کو ہر اُس چیز سے ملبوس کیا جاتا ہے جس سے ان کے شیخ کو ملبوس کیا گیا ہوتا ہے۔ جیسے ہی ان کے شیخ معراج پر تشریف لے جاتے ہیں، وہ بھی معراج پر جا رہے ہوتے ہیں۔ تمام مشائخ اور سب اہلِ حقائق اپنی معراج پر جا رہے ہوتے ہیں، سیدنا محمد ﷺ کی معراج پر۔ جیسے ہی وہ متحرک ہوتے ہیں تو ساری روشنی حرکت پذیر ہونے لگتی ہے۔

شیخ کی روشنی آپ کی روشنی میں اور آپ کی روشنی شیخ کی روشنی میں پیوند ہو جاتی ہے

اس کا مطلب، جیسے ہی وہ ہمیں ملبوس کرنا شروع کرتے ہیں، آراستہ کرتے ہیں، وہ ہمیں تعلیم دینا شروع کرتے ہیں کہ، 'روشنی کی دنیا سے سوچو اور اپنے ظاہر کو ختم کر دو، اپنے ظاہر کو فنا کر دو! یہ سمجھ لو کہ کوئی بھی انجمن روشنی کی انجمنوں کے مقابل نہیں۔' آپ ہزار سال کسی اور جگہ بیٹھ سکتے ہیں، اس کا کوئی فائدہ نہیں ہوگا۔ یہ کافی ہے کہ ہر بار جب آپ ان کی محفل میں بیٹھتے ہیں تو ان کی روشنی آپ کی روشنی میں پیوند (grafted) ہو جاتی ہے اور آپ کی روشنی ان کی روشنی میں پیوند ہو جاتی ہے۔ وہ اُس ایٹمی حقیقت کو جو آپ تک پہنچنے والی ہے، ملبوس کرنے اور اُس پر رحمت نازل کرنے کے قابل ہوتے ہیں۔

آپ اُس انیرجی کو محسوس کرنے لگتے ہیں، اور سیدنا محمد ﷺ کے لئے آپ کی محبت بڑھنے لگتی ہے۔ کیونکہ اُس روشنی کی پہچان نبی پاک ﷺ کا عشق ہے، یہ ان کی ذاتی شناخت نہیں ہے۔ ان کی شناخت تو ظاہر کے ساتھ ہی مرجاتی ہے، جو باقی بچتا ہے وہ سیدنا محمد ﷺ کا عشق ہے۔ جس روشنی کی ہم بات کررہے ہیں وہ "مُحَمّداً نُور" (نورِ محمدی ﷺ) ہے جو حرکت پذیر ہے۔ جب آپ اُسے اپنی روح میں محسوس کرنا شروع کردیتے ہیں کہ، 'حضور پاک ﷺ کے لئے میرا عشق بڑھ رہا ہے،' تو یہ آپ کی وجہ سے نہیں ہوتا۔ یہ ان کے نور کی وجہ سے ہے جس کو آپ کے بنیادی نور میں پیوند کردیا گیا ہوتا ہے۔ ہو سکتا ہے کہ آپ، نبی پاک ﷺ کو محسوس کرنا شروع کردیں، نبی پاک ﷺ کی خوشبو سونگھنا شروع کردیں اور نبی پاک ﷺ کو دیکھنا شروع کردیں اپنے دل کے ذریعے، اپنی روشنی سے۔ لیکن ایسا کیوں ہے؟ کیونکہ نوری مشائخ اپنا نور آپ کی ذات میں بھیج رہے ہوتے ہیں۔ آپ جتنا زیادہ خود کو فنا کرتے اور راستے سے ہٹاتے جائیں گے اُتنا ہی زیادہ حقیقتِ محمدی ﷺ آپ کے اندر سرایت کرتی جائے گی۔

مادی دنیا روشنی کو بربادی کے لئے استعمال کرتی ہے جبکہ روحانی دنیا نور کا استعمال بلندی پر پہچانے کیلئے کرتی ہے

یہ نوری مشائخ ہیں! پھر وہ وضاحت کرتے ہیں کے نوری مشائخ کے اوپر وہ مشائخ ہیں جنہیں سماعت کے سمندروں سے رہنمائی کرنے کی اجازت عطا کی گئی ہوتی ہے۔ پھر سے، آپ کو فزکس پڑھنی چاہیے، کہ ہر ظاہری وجود کیلئے ایک نور موجود ہے اور ہر نور کی ایک انیرجی اور پھر ایک آواز ہے۔ اس دنیا میں کیونکہ آپ شیطان کی طرف سے اس کا استعمال ہوتے ہوئے دیکھیں گے، لہٰذا آپ کو یہ رحمٰن سے سیکھنا ہوگا۔ اس دنیا میں شیطان انیرجی، انیرجی پر مبنی ہتھیار اور شعاؤں پر مبنی ہتھیار متعارف کروانے جارہا ہے۔ تو یہ کوئی ایسی چیز نہیں ہے جس کا وجود نہ ہو، اِس کا استعمال اب اس دنیا میں ہورہا ہے۔ چینی لوگوں کے پاس ایک لیزر ہے جس سے زمین سے

270 میل دور خلاء میں وار کیا گیا اور انہوں نے ایک سیٹلائٹ مار گرایا۔ یہ روشنی کا سمندر ہے۔ یہ روشنی کی حقیقت ہے۔

مادی دنیا نور کا استعمال تباہی کے لئے کرتی ہے۔ بہشتی دنیا نور کا استعمال بلندی پر لے جانے کیلئے کرتی ہے۔ اگر مادی دنیا کے پاس یہ موجود ہے، تو بہتر ہے کہ آپ کا اس بات پر پختہ یقین ہونا چاہئے کے روحانی دنیا کے پاس بھی یہ ہے۔ جب آپ اِن محفلوں میں بیٹھتے ہیں وہ آپ کی روح پر لیزرز بھیج رہے ہوتے ہیں۔ اگر آپ آسمان سے ایک سیٹلائٹ مار گرا سکتے ہیں تو کیا آپ کو نہیں لگتا کہ وہ آپ کی بُری خصلتوں کو باہر نکال (اور مار گرا) سکتے ہیں؟ اس کا مطلب یہ ہوا کہ یہ انوار لیزر کی طرح آتے ہیں اور ہماری تمام تر بری خصلتوں کو جلانا شروع کر دیتے ہیں۔ لیکن چونکہ اُن کا تعلق بہشتوں سے ہے، اس لئے یہ نہ تو آپ کو زخم دیتے ہیں نہ ہی نقصان پہنچاتے ہیں بلکہ صرف بری خصلتوں کی جگہ لے لیتے ہیں۔

وَ قُلْ جَآءَ الْحَقُّ وَزَهَقَ الْبَطِلُ، إِنَّ الْبَطِلَ كَانَ زَهُوقًا (٨١)

"اور کہہ دیجئے اب حق آگیا اور باطل نابود ہوگیا۔ بے شک باطل (اپنی فطرت کے مطابق) ہمیشہ نابود ہی ہونے والا ہے۔" (سورۃ الاسراء 17:81)

"زَهُوقًا" – اللہ عزوجل وضاحت فرماتا ہے کہ، 'یہ ہر غلط چیز کو نیست و نابود کر دیتا ہے۔' کیا؟ اللہ عزوجل کے نور کا حق، جو نورِ محمد ﷺ کا حق ہے۔ جب وہ حق آتا ہے تو یہ ہر باطل شے کو ختم کر دیتا ہے اور آپ کی زندگی کو آپ کے حق اور آپ کی حقیقت کی طرف واپس لوٹا دیتا ہے۔ لیکن پھر ہم باہر جاتے ہیں اور گناہ کرتے ہیں، اور ہم پھر سے برے عمل کرتے ہیں اور اس نور پر مزید گندگی پھینکنے لگتے ہیں۔ وہ لوگ جو کامیاب ہیں وہ مستقل

طور پر خود کو پاک کرنے کی، کامل کرنے کی، گناہوں میں اور برے کاموں میں کمی کرنے کی کوشش کرتے رہتے ہیں۔ تاکہ ان کے انوار تبدیل ہونا شروع ہو جائیں، ان کی حقیقت تبدیل ہونے لگے۔

رہنمائی کا سب سے اعلیٰ درجے کا سمندر آواز کا سمندر ہے

رہنمائی کا سب سے اعلیٰ درجے کا سمندر آواز کا سمندر ہے۔ تو اب شیطان کس چیز کا استعمال کرنے جا رہا ہے؟ وہ ایک آواز بھیجے گا اور چیزوں کو ٹکڑے ٹکڑے کر دے گا۔ (مثلًا) وہ شیشے پر ایک آواز بھیجتا ہے، کیونکہ ہر چیز کی ایک فریکوئینسی ہوتی ہے، اور وہ شیشہ ٹوٹ کر بکھر جاتا ہے۔ وہ آواز ایک عمارت پر بھیجتا ہے اور وہ عمارت ہلنا شروع ہو جاتی ہے۔ کیونکہ ہر چیز کی ایک فریکوئینسی ہوتی ہے، اگر آپ اس چیز کی فریکوئینسی سے ہم آہنگی پیدا کر لیں تو آپ اُس میں ارتعاش پیدا کر سکیں گے اور اس کے پرخچے اُڑا سکیں گے۔ تو پھر آواز کے سمندر کے متعلق آپ کا کیا خیال ہے کہ جب اللہ عزوجل فرماتا ہے، "يُسَبِّحُ بِحَمْدِهِ،"

تُسَبِّحُ لَهُ السَّمَاوَاتُ السَّبْعُ وَالْأَرْضُ وَمَن فِيهِنَّ ۚ وَإِن مِّن شَيْءٍ إِلَّا يُسَبِّحُ بِحَمْدِهِ وَلَٰكِن لَّا تَفْقَهُونَ تَسْبِيحَهُمْ ۗ إِنَّهُ كَانَ حَلِيمًا غَفُوراً۔ (٤٤)

"ساتوں آسمانوں اور زمین اور جو کچھ بھی ان میں ہے سب اسی کی تسبیح کرتے ہیں۔ اور (مخلوقات میں سے) کوئی چیز نہیں مگر اس (اللہ عزوجل) کی تعریف کے ساتھ تسبیح کرتی ہے۔ لیکن تم ان کی تسبیح کے طریقے کو نہیں سمجھتے۔ بے شک وہ دائمی بردبار (اور) غفار ہے۔" (سورۃ الاسراء، 17:44)

یعنی، ہر چیز حمد و ثناء میں مصروف ہے، جب مشائخ کو شفاعت کرنے کی اجازت دی جاتی ہے، جب انہیں آواز کی حقیقت اور رہنمائی سے نوازا جاتا ہے تو اس کا مطلب یہ ہوتا ہے کہ وہ فنا کے اُس درجے پر پہنچ چکے ہوتے ہیں جہاں وہ خود کو واپس روشنی کے سمندر میں فنا کر دیتے ہیں۔ پھر روشنی کے سمندر سے وہ واپس ایزجی کے سمندر میں خود کو فنا کر دیتے ہیں۔ اور پھر وہ ایزجی کے سمندر سے خود کو "قُلْ هُوَ" (القرآن 112:1) کے سمندر میں فنا کر دیتے ہیں — واپس آواز کے سمندر میں۔

صوت کے مشائخ آپ کی فریکوئینسی کو تبدیل کر دیتے ہیں

قُلْ هُوَ اللَّهُ أَحَدٌ (١)

"کہہ دو کہ وہ اللہ عزوجل ہے جو واحد ہے۔" (سورۃ الاخلاص، 112:1)

سورۃ اخلاص کا "قُلْ هُوَ" - یہ اللہ عزوجل کے پُر خلوص بندے ہیں۔ کہ جیسے ہی وہ اُس ذکر کے سمندر میں داخل ہوتے ہیں، وہ واپس ایک آواز میں فنا ہو جاتے ہیں۔ اگر وہ آواز کی اُس حقیقت تک پہنچنے کے قابل ہو جائیں تو اس کا مطلب یہ ہوا کہ ان سے جو بھی ظاہر ہو رہا ہے وہ ایک آواز ہے۔ اور اگر وہ آواز آپ کی فریکوئینسی کو چھونا شروع کر دے تو وہ آپ کی فریکوئینسی کو تبدیل کرنے لگیں گے۔ اگر وہ اس فریکوئینسی کو تبدیل کر دیں جس پر لوگ کام کر رہے ہیں تو وہ لوگوں کی روشنی اور ان کی روشنی کی شعاع ریزی (spectrum) کو تبدیل کرنا شروع کر دیں گے۔ اسی کا مطلب شفاعت کرنا ہے!

حمد و ثناء کا پرچم - لِوَاءُ الحمد ﷺ - اور پیغمبرانہ شفاعت کی حقیقت

جب وہ بیان کرتے ہیں کہ نبی پاک ﷺ قیامت کے دن شفاعت فرمائیں گے؛ چونکہ اِس بات کی تفہیم اب تک سمجھی نہیں گئی اور لوگ اس کو یوں لیتے ہیں کہ آپ ﷺ دعا فرمائیں گے۔ وہ لِوَاءُ الحمد ﷺ ہیں، یعنی وہ اللہ عزوجل کی حمد کے پرچم ہیں۔ وہ اللہ عزوجل کے الہامی الفاظ کی حقیقت ہیں۔ وہ اللہ عزوجل کی الہامی زبان کی حقیقت ہیں، کہ اللہ عزوجل کو کوئی نہیں سن سکتا اور وہ اگر کچھ سن سکتے ہیں تو وہ نبی پاک ﷺ کی حمد و ثناء ہے۔

اللہ عزوجل فرماتا ہے کہ، 'اگر میں نے کسی چیز پر اپنی آواز کو نازل کیا تو وہ ختم ہو جائے گی۔'

لَوْ أَنزَلْنَا هَٰذَا الْقُرْآنَ عَلَىٰ جَبَلٍ لَّرَأَيْتَهُ خَاشِعًا مُّتَصَدِّعًا مِّنْ خَشْيَةِ اللَّهِ وَتِلْكَ الْأَمْثَالُ نَضْرِبُهَا لِلنَّاسِ لَعَلَّهُمْ يَتَفَكَّرُونَ...

"اگر ہم نے یہ قرآن کسی پہاڑ پر نازل کیا ہوتا تو تم اسے دیکھتے کہ وہ (اس کی طاقت سے) خاک ہو جاتا۔" (سورۃ الحشر، 59:21)

اُس آواز کو ٹھنڈا اور پر سکون ہونے کے لئے نبی پاک ﷺ کی حقیقت سے ہو کر گزرنا ہوتا ہے، تاکہ وہ مخلوق کو نیست و نابود نہ کر دے۔ اس کا مطلب یہ ہوا کہ نبی پاک ﷺ ایک آواز جاری فرمائیں گے؛ مگر لوگوں کے لئے ہم کہتے ہیں، 'اوہ، یہ تو ایک دعا ہوگی۔' دعا کی کیا حقیقت ہے؟ وہ فرماتے ہیں کہ وہ دعا جسے کبھی کسی نے نہیں سُنا! اس کا مطلب یہ ہوا کہ نبی پاک ﷺ محض ایک فریکوئینسی جاری کریں گے۔

یہ محض ایک آواز ہو گی - "صَيْحَةً وَاحِدَةً"

نبی پاک ﷺ کی طرف سے کی جانے والی حمد انتہائی طاقتور ہے، "صَيْحَةً وَاحِدَةً" (القرآن، 36:29)، کہ یہ کچھ نہیں سوائے ایک آواز کے اور وہ سب ختم ہو جائیں گے۔

إِن كَانَتْ إِلَّا صَيْحَةً وَاحِدَةً فَإِذَا هُمْ خَامِدُونَ (٢٩)

"وہ کچھ نہیں تھا مگر ایک زوردار چنگھاڑ۔ اور دیکھو! وہ تباہ ہو گئے۔" (سورۃ یٰس، 36:29)

اس کا مطلب یہ ہوا کہ نبی پاک ﷺ کی جانب سے جاری ہونے والی وہ آواز ہر باطل شے کو؛ ہر اُس چیز کو جو روزِ قیامت اپنی باطل حالت، باطل کردار میں کھڑی ہو گی، نہ کہ اُس طرح جس طرح اللہ عزوجل نے اسے چاہا تھا،

ختم کر دے گی۔ اور ہم ہر طرح کی حیوانی اشکال میں آ رہے ہوں گے، تو یہ بس آپ ﷺ کی طرف سے ایک آواز کی بات ہوگی اور ہر باطل شے ختم ہو جائے گی۔ لیکن چونکہ یہ بہشتی ہے تو یہ تباہ نہیں ہوگی، ہر باطل شے ختم ہو جائے گی۔ اور پھر ایک اور حمد بیان فرمائیں گے اور ہر چیز کو اس کی حقیقت کی طرف واپس لے آیا جائے گا۔

إِن كَانَتْ إِلَّا صَيْحَةً وَاحِدَةً فَإِذَا هُمْ جَمِيعٌ لَّدَيْنَا مُحْضَرُونَ (٥٣)

"یہ صرف ایک زوردار دھماکے/چنگھاڑ سے زیادہ کچھ نہیں ہوگا جب یکدم سب کے سب ہمارے روبرو حاضر ہو جائیں گے۔" (سورۃ یٰس، 36:53)

جس کا مطلب یہ ہوا کے ہر چیز پہلے ہی آواز کی وجہ سے قائم ہے؛ اس کی ایک آواز ہے، اس آواز پر مبنی ایک روشنی ہے اور اُس روشنی پر مبنی ایک وجود (جسم)۔ یعنی، شفاعت اور شفاعت کی حقیقت، حمد اور نبی پاک ﷺ کی مبارک آواز سے ہوگی۔

اسی لئے "محمد ﷺ" نام، آواز کی حقیقت ہے۔ "مُ حمد" – سب سے زیادہ 'حمد' کا 'م' – اللہ عزوجل کی بارگاہ میں سب سے زیادہ تعریف کیا گیا۔ 'ا' اور 'حمد' کے ساتھ (یعنی) "احمد" کا مطلب ہوا اُن کی اللہ عزوجل کی جانب سے ربانی حمد وثناء بیان کی گئی ہے جو کہ نام سیدنا احمد ﷺ کی حقیقت ہے (اہلِ سنت والجماعت)۔

حمد اور ذکر آپ کی فریکوئینسی اور روشنی کے سپیکٹرم کو بُلند کرتے ہیں

ہم مزید تفہیم کے لئے، شعور کیلئے اور دل کے بیدار ہونے اور ظاہری دنیا کو چھوڑنے اور ظاہری وجود کے ڈبے میں قید نہ ہونے کیلئے دعا گو ہیں۔ کیونکہ وسعت تو نور کے سمندروں میں ہے، اور روشنی سے ایزجی اور آواز ہے۔ پھر ہم ذکر کی اہمیت، نبی پاک ﷺ پر درود وسلام کی اہمیت کو سمجھنے لگتے ہیں۔

ہر وہ چیز جس کی مشائخ ہمیں روح کے سمندر سے تعلیم دیتے ہیں، آواز پر مبنی ہے۔ ہر درود شریف، ہر درود وسلام، ہر ذکر جو آپ کر رہے ہیں آپ کی آواز اور ارتعاش جس پر آپ ارتعاش پذیر ہیں، اُس کو متاثر کرتا ہے۔ اگر ہم اُس فریکوئینسی کو بدل دیں اور اسے بڑھائیں، بڑھائیں اور مزید بڑھائیں، تو ہم اس روشنی میں جو ہم جاری کرتے ہیں، ایک فرق دیکھیں گے۔ اگر کوئی فریکوئینسی نہیں، تو روشنی کا سپیکٹرم بہت ہی نیچے ہوگا۔ اگر آپ اپنی اُس فریکوئینسی کو جس پر آپ حمد کر رہے ہیں بڑھائیں اور زیادہ کر دیں، آپ کی روشنی اُس فریکوئینسی کی عکاسی کرنے لگے گی۔

اسی لئے دونوں، فرشتے اور شیاطین، ایک جگہ اکٹھے نہیں ہو سکتے۔ وہ اس لئے نہیں اکٹھے ہو سکتے کیونکہ ایک کی فریکوئینسی بہت زیادہ ہے اور جبکہ دوسرے کی بہت ہی کم، کہ دونوں کسی مقام پر اکٹھے نہیں ہو سکتے؛ وہ در حقیقت (ایک دوسرے کو) منسوخ کر دیتے ہیں۔ اگر فرشتے آتے ہیں اور ملکوتی فریکوئینسی آتی ہے تو وہ ہر باطل شے کو ختم کر دیتی ہے اور اس کو تباہ کر دیتی ہے اور پھر اُسے کسی ایسے درجے پر جو حق ہو، دوبارہ بُلند کر دیتی ہے۔

ہم دعا گو ہیں کہ اللہ عزوجل ہمیں سمجھ عطا فرمائے، ہمیں فنا کی مزید سمجھ عطا فرمائے، ہماری ذات کو فنا کرتے ہوئے روشنی کے سمندروں اور روشنی کی رہنمائی میں داخل کرے، آواز کی رہنمائی اور آواز کی اہمیت میں۔

سُبْحَانَ رَبِّكَ رَبِّ الْعِزَّةِ عَمَّا يَصِفُونَ، وَسَلَامٌ عَلَى الْمُرْسَلِينَ وَالْحَمْدُ لِلَّهِ رَبِّ الْعَالَمِينَ بِحُرْمَةِ مُحَمَّدِ الْمُصْطَفَى وَبِسِرِّ سُورَةِ الْفَاتِحَةِ۔

روشنی اور آواز کے ذریعے ایںرجی کے مشائخ سے ہم آہنگ ہونا

"أَطِيعُوااللّٰه وَأَطِيعُواْالرَّسُولَ وَأُوْلِي الْأَمْرِ مِنكُمْ" (اللہ عزوجل کی اطاعت کرو، اللہ عزوجل کے رسول کی اطاعت کرو اور ان کی جو صاحبِ اختیار ہیں۔ القران، 4:59)

يآأَيُّهَا الَّذِينَ آمَنُوا أَطِيعُوااللّٰه وَأَطِيعُواْالرَّسُولَ وَأُوْلِي الْأَمْرِ مِنكُمْ (٥٩)

"اے ایمان والو! خدا اور اس کے رسول کی اطاعت کرو اور ان کی جو تم میں صاحبانِ اختیار ہیں۔" (سورۃالنساء، 4:59)

ہمیشہ میرے لئے ایک یاد دہانی ہے کہ اللہ عزوجل کے کرم سے ہم ابھی بھی زندہ ہیں۔ ہم نے خود کو ناچیز بنانے کی کوشش کرنے کا راستہ اختیار کیا اور اللہ عزوجل کی رحمت اور کرم کے باعث ہم خود کو زندہ پاتے ہیں۔ الحمدللہ، ہم ہمیشہ ایزجی کے بارے میں اور ایزجی اور آواز کی اہمیت کے بارے میں خود اپنی ذات کیلئے بیان کرنا چاہتے تھے، اور اپنی ذات کیلئے آواز کی اہمیت کی اُس حقیقت کو واضح کرنا چاہتے تھے۔

اس کا مطلب یہ ہوا کہ ہم آہنگی کی تفہیم میں، ہم ایزجی کے حوالے سے بات کر رہے ہیں اور لوگ اسے قرآن و احادیث کی تفہیم سے دیکھتے ہیں۔ کہ ان کا تعلق عالمِ ملکوت سے ہے۔ یہ ایمان، مقام الاحسان اور اُس سے اوپر کے درجے کے سمندر سے ہیں۔

اعمال ایز جی پیدا کرتے ہیں، ہر کوئی اپنا ہی راگ آلاپتا ہے

یعنی اہلِ طروق، اہلِ حقائق، تعلیم دیتے ہیں کہ اللہ عزوجل "وَكُونُوا مَعَ الصَّادِقِينَ" (اُن لوگوں کے ساتھ رہو جو سچے ہیں) چاہتا ہے۔

يَا أَيُّهَا الَّذِينَ آمَنُوا اتَّقُوا اللَّهَ وَكُونُوا مَعَ الصَّادِقِينَ (١١٩)

"اے ایمان والو! اللہ عزوجل سے باخبر رہو اور اُن کے ساتھ رہو جو سچے ہیں (اپنے الفاظ اور اعمال میں)۔"

(سورۃ توبہ، 9:119)

"اتَّقُوا اللهَ" کا مطلب ہے آگاہ رہنا اور اِن صدیقین کی صحبت میں رہنا۔ وہ آپ کو ملبوس کرنے اور اپنے فیض سے آپ کو نوازنے جا رہے ہوتے ہیں۔ اور ہم آہنگی کی تفہیم میں، انہیں آپ کو توڑنا ہوتا ہے اور واپس آپ کی تعمیر کرنی ہوتی ہے۔

اس کا مطلب یہ ہوا کہ ہر شخص اپنی زندگی میں اپنا ہی راگ آلاپتا رہتا ہے اور اُسی پر ارتعاش پذیر رہتا ہے۔ محاورہ یہ ہے کہ 'اپنا ہی راگ آلاپنا۔' اس سے کوئی فرق نہیں پڑتا کہ کوئی دوسرا کیا بجا رہا ہے، آپ بس اپنی ہی ڈنگ، ڈنگ، ڈنگ، ڈنگ، ڈنگ، ڈنگ (دُھن) بجائے جاتے ہیں۔ ہر کوئی اُسی میں خوش ہے جو وہ کر رہا ہے اور جس درجے پر وہ گونج رہا ہے اور ارتعاش پذیر ہے۔ آپ جو کچھ بھی کھاتے ہیں، جو پیتے ہیں، جس کو سانس کے ذریعے اندر لے جاتے ہیں، آپ جو کچھ کرتے ہیں اور جس طرح کرتے ہیں؛ ہر عمل ایک ایز جی پیدا کر رہا ہوتا ہے۔ وہ ایز جی، روشنیوں کو جنم دیتی ہے، اور یہی روشنیاں (انوار) ہماری تجلی کا سبب بنتی ہیں۔

آواز کا ارتعاش ہی روشنی کا معیار طے کرتا ہے

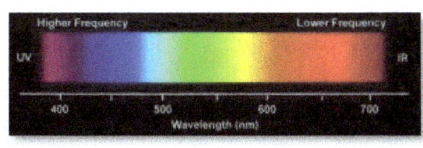

اِس کا مطلب یہ ہوا کہ یہ تجلی ظہور پذیر ہو رہی ہوتی ہے، آپ اِس ظاہری دنیا کو محض اس لئے دیکھ پا رہے ہیں کیونکہ ایک روشنی موجود ہے۔ یہ کوانٹم، ایٹمز اور مالیکیولز (Quantum, Atoms, Molecules) ہیں۔ وہ روشنیاں، اُن روشنیوں کا رنگ، سپیکٹرم اور معیار آواز پر مبنی ہوگا۔ اگر وہ بلندی پر ارتعاش پذیر ہیں تو سپیکٹرم، روشنی کا معیار بہت اونچا ہوتا ہے۔ جیسے ہی وہ نچلے درجے پر روشنی کا اخراج کرنے لگتے ہیں تو معیار کم ہو جاتا ہے۔ روشنی اور روشنی کا سپیکٹرم نیچے ہو جاتا ہے۔

اب، ماشاء اللہ، ہم ایسے دور میں رہتے ہیں جہاں لوگوں کے پاس بہت سے دلائل ہیں، حتیٰ کہ اُن کے پاس 'آواز کی فزکس' موجود ہے۔ میں سب کو یہ مشورہ دوں گا کہ آپ Google کریں اور آواز کی فزکس کے متعلق یوٹیوب دیکھیں، لہٰذا آپ کو آواز کی تفہیم پر ایک مکمل نصاب مل جاتا ہے۔ وہ ایک آواز کو ریزونیٹ (resonate) کرواتے ہیں اور وہ ارتعاش پذیر ہونے لگتی ہے اور اجسام کو تشکیل دیتی ہے۔ (مثلاً) وہ ایک آواز بجاتے ہیں اور ایک مشین اور ایک آلہ جو بتاتا ہے کہ اس لکڑی کی ایک مخصوص فریکوئینسی ہے۔

ہر چیز ایٹمی درجے پر حمد و ثناء کرتی ہے

اللہ عزوجل فرماتا ہے، "يُسَبِّحُ بِحَمْدِهِ" کہ، 'بے شک ہر شے میری حمد و ثناء کر رہی ہے۔'

تُسَبِّحُ لَهُ السَّمَاوَاتُ السَّبْعُ وَالْأَرْضُ وَمَن فِيهِنَّ ۚ وَإِن مِّن شَيْءٍ إِلَّا يُسَبِّحُ بِحَمْدِهِ وَلَٰكِن لَّا تَفْقَهُونَ تَسْبِيحَهُمْ ۗ إِنَّهُ كَانَ حَلِيمًا غَفُورًا (٤٤)

"ساتوں آسمانوں اور زمین اور جو کچھ بھی ان میں ہے سب اسی کی تسبیح کرتے ہیں۔ اور (مخلوقات میں سے) کوئی چیز نہیں مگر اس (اللہ عزوجل) کی تعریف کے ساتھ تسبیح کرتی ہے۔ لیکن تم ان کی تسبیح کے طریقے کو نہیں سمجھتے۔ بے شک وہ دائمی بردبار (اور) غفار ہے۔" (سورۃ الاسراء، 17:44)

ہر چیز، صرف پرندے ہی نہیں، ہر چیز حمد وثناء بیان کر رہی ہے۔ لکڑی حمد وثناء میں مگن ہے؛ ورنہ آپ اس کے وجود کو نہ دیکھ پاتے۔ میز، گلاس، میں، آپ، ہمارے کپڑے؛ ہر چیز کے ایٹمز ہیں۔ یہ ایٹمز حرکت پذیر ہیں، یہ مالیکیولز بن رہے ہیں، کس چیز سے؟ اُس ذکر اور حمد وثناء سے جو اللہ عزوجل نے اسے عطا کی ہے، جسے لوگ 'سٹرنگ تھیوری' کہتے ہیں، کچھ متحرک ہے!

جب انہوں نے ایٹمز کے اندر اپنی مائکروسکوپ (خوردبین) سے دیکھا تو اُنہیں معلوم ہوا کہ ایک ارتعاش موجود ہے۔ وہ "بِحَمْدِہِ" ہے؛ اللہ عزوجل کا فرمان ہے، 'بیشک ہر چیز میری حمد وثناء میں مصروف ہے۔' ہر چیز کا ایک ذکر ہے جو اس کے ظہور کا سبب ہے۔ پھر اللہ عزوجل فرماتا ہے، 'تم نہیں جان پاؤ گے سوائے اہلِ تفکر کے۔ تم میں اس کو سننے کی صلاحیت نہیں ہے۔'

روشنی کے مشائخ حمد وثناء کو سُن سکتے ہیں

اہلِ تفکر، جب اللہ عزوجل اُن کا دل، ان کی آنکھیں، اور ان کی روح بیدار کر دیتا ہے؛ وہ حدیثِ قدسی جس میں اللہ عزوجل بیان کرتا ہے کہ، 'وہ آتے ہیں، وہ اپنے فرائض ادا کرتے ہیں، انہوں نے اپنے رضاکارانہ (voluntary) اعمال انجام دیئے اور میں نے اُنہیں اپنی سماعت اور بصارت سے نواز دیا۔'

قَالَ رَسُول اللّٰهِ ﷺ إِنّ اللّٰهَ تَعَالَى قَالَ: وَمَا تَقَرّبَ إِلَيّ عَبْدِي بِشَيْءٍ أَحَبّ إِلَيّ مِمّا افْتَرَضْتُ عَلَيْهِ، وَلَا يَزَالُ عَبْدِي يَتَقَرّبُ إِلَيّ بِالنّوَافِلِ حَتّى أُحِبّهُ، فَإِذَا أَحْبَبْتُهُ كُنْتُ سَمْعَهُ الّذِي

يَسْمَعُ بِهِ، وَبَصَرَهُ الَّذِي يُبْصِرُ بِهِ، وَيَدَهُ الَّتِي يَبْطِشُ بِهَا، وَرِجْلَهُ الَّتِي يَمْشِي بِهَا، وَلَئِنْ سَأَلَنِي لَأُعْطِيَنَّهُ، وَلَئِنْ اسْتَعَاذَنِي لَأُعِيذَنَّهُ.' [رَوَاهُ الْبُخَارِيُّ]

حضرت ابو حریرہؓ سے مروی حدیثِ قدسی ہے، کہ نبی پاک ﷺ نے فرمایا کہ، "اللہ عزوجل کا فرمان ہے کہ میرا بندہ جن چیزوں سے مجھ سے قُرب حاصل کرتا ہےاُن میں سے محبوب ترین چیزیں وہ ہیں جو میں نے اُس پر فرض قرار دیں۔ میرا بندہ نفلی (رضاکارانہ) عبادات کے ذریعے میرے اور قریب آتا چلا جاتا ہے تاکہ میں اُس سے محبت کرنے لگوں۔ پھر جب میں اُس سے محبت کرتا ہوں تو میں اس کی سماعت بن جاتا ہوں جس سے وہ سُنتا ہے، اس کی نگاہ جس سے وہ دیکھتا ہے، اس کا ہاتھ جس سے وہ وار کرتا ہے اور اُس کے پیر جس سے وہ چلتا ہے۔ اگر وہ مجھ سے (کچھ) مانگے گا تو میں اُسے ضرور دوں گا، وہ 'ربانية' بن جائے گا اور وہ کہے گا 'کُن' اور وہ ہو جائے گا۔ مجھے کسی چیز سے اتنی جھجک نہیں محسوس ہوتی جتنی جھجک مجھے اپنے وفادار بندے کی روح قبض کرنے سے ہوتی ہے: اُسے موت سے نفرت ہوتی ہے اور مجھے اسے تکلیف دینے سے۔"

(حدیث قدسی، صحیح البخاری، 81:38:2)

جڑی بوٹیوں سے بنی ہوئی ادویات کی حقیقت پودوں کی حمد وثناء پر مبنی ہے

یعنی، اُن (مشائخ) کی سماعت پر اللہ عزوجل کے کرم اور صفت کے سبب وہ اس کی حمد سُن سکتے ہیں جس کی اللہ عزوجل چاہتا ہے کہ وہ حمد سنیں۔ وہ اپنا رُخ درخت کی جانب کرتے ہیں اور وہ اس کی حمد سُن سکتے ہیں۔ وہ اپنا رُخ پودے کی طرف کرتے ہیں اُس پودے کی حمد سنتے ہیں اور وہ پودا اُنہیں بتاتا ہے کہ وہ کس لئے فائدہ مند ہے، اللہ عزوجل نے اُسے کس وجہ سے تخلیق کیا ہے۔ اِسی کو 'ہربل

میڈیسن (herbal medicine)' کہا جاتا ہے۔ ایسا نہیں ہے کہ اُنہیں کچھ ملا، اُنہوں نے انٹرنیٹ پر کچھ پڑھا اور اسے آپس میں ملا کر دس لوگوں کو اُس سے زہر آلود کر دیا۔ بلکہ اصلی پودے اور جڑی بوٹیاں اُن سے

کلام کرتے ہیں۔ اُن کا ایک ارتعاش اور ذکر ہوتا ہے۔ اور اگر اُس ذکر کا علم دل کو ہو جائے، وہ اُسے سمجھنا شروع کر دیں گے جو اللہ عزوجل چاہتا ہے کہ وہ سمجھیں۔

ہم آہنگی کی حقیقت ۔ حقیقی مشائخ لوگوں کی فریکوئینسی کو بڑھا دیتے ہیں

اِن حقائق تک کیسے پہنچا جائے؟ اِس کیلئے ہم آہنگی یہ ہے کہ آپ جیسے ریزونیٹ کر رہے ہوتے ہیں اور جیسے آپ سوچ رہے ہوتے ہیں، آپ اس کے ساتھ آتے ہیں، جبکہ عبادالرحمٰن اور اِن مشائخ کی ذمہ داری، ہر کوئی اپنے آپ کو مُرشد (روحانی رہنما) نہیں کہہ سکتا اور یہ بھی کہ، 'میرا مرشد ہے، یہ بندہ مرشد ہے، یہ شخص ایک مرشد ہے،' ایسا نہیں ہے، یہ لقب آج کل ہر کوئی استعمال کر رہا ہے، یہ مشائخ، عبادالرحمٰن میں سے ہیں جنہیں اللہ عزوجل مخصوص قسم کا نور اور ذمہ داری عطا کرتا ہے اور ان میں سے ایک ذمہ داری انسان کی فریکوئینسی کو بڑھانا ہے۔ بہت سے (مشائخ) مشہور ہیں اور بہت سے نامعلوم ہیں؛ یہاں تک کہ میں نے اُنہیں کبھی بولتے ہوئے بھی نہیں سُنا، یہ ضروری بھی نہیں ہے۔ ہم اُس کے متعلق بات کریں گے۔ وہ 'بلوٹوتھ (Bluetooth)' اولیاء کرام ہیں اُنہیں کچھ کلام کرنے کی ضرورت نہیں ہوتی۔ اور ہمارے پاس وہ اولیاء کرام ہیں جو کلام کرتے ہیں اور ارتعاش پذیر ہوتے ہیں اور ان کی ایک فریکوئینسی ہوتی ہے جس میں وہ ارتعاش پذیر ہوتے ہیں۔

یعنی، وہ تعلیم دینا شروع کرتے ہیں کہ ہم آہنگی یہ ہے کہ اُس انسان کو عاجز کیا جائے اور توڑا جائے، جسمانی طور پر نہیں بلکہ ان کے تمام تر امتحانات اور تعلیمات کے ذریعے، (اُس انسان کو) مکمل طور پر تبدیل کر دیا جائے۔ آپ کس طرح سے سوچتے ہیں، یہ اہم نہیں ہے! آپ کیا چاہتے ہیں، یہ اہم نہیں ہے! وہ سب ایک گونج پیدا کر رہے ہوتے ہیں جس میں آپ ایک الگ ہی فریکوئینسی پر ارتعاش پذیر ہوتے ہیں۔

ہر چیز کا ظہور آواز کے سبب ہے — 7 سُر، سورۃ الفاتحہ کی 7 آیات

تو اُنھوں نے مثال بیان کی کہ ایک ماہر سارنگی نواز (violinist) ہے۔ وہ ہر وائیلن (violin) کو اپنے ہاتھ سے بناتا ہے، اور ہر چیز بالکل ٹھیک بنانے کے سبب وہ ایک ماہر ہے۔ وہ ہر چیز بہت ٹھیک ٹھیک بناتا ہے پھر جب وہ تاریں ڈالتا ہے؛ اور آواز کی بہت ہی زبردست حقیقت ہے، سات سُر ہوتے ہیں، سورۃ الفاتحہ کی سات آیات ہیں، سات ہی کعبہ کے گرد طواف ہیں۔ اللہ عزوجل نے یہ سات سُر کیوں بنائے؟ کیونکہ اِس آواز میں ہر چیز ارتعاش پذیر ہے۔ ہر چیز کا ظہور آواز کے ذریعے ہے۔ اگر اللہ عزوجل آواز لے لے تو ہر چیز تباہ ہو جائے۔

تو اس کی بہت بڑی حقیقت ہے، کیونکہ جیسے ہی آپ آواز کی بات کرتے ہیں تو لوگ کہتے ہیں، 'اوہ شیخ، ہم نماز پڑھتے ہیں، ہمارے لئے یہی کافی ہے۔' نہیں، نہیں! یہ حقائق ہمارے سمجھنے کے لئے ہیں جہاں نبی پاک ﷺ تعلیم فرمارہے ہیں کہ، 'جس نے خود کو پہچانا، (اُس نے) اپنے خدا کو پہچانا۔'

مَنْ عَرَفَ نَفْسَهُ فَقَدْ عَرَفَ رَبَّهُ

"جس نے خود کو پہچانا، (اُس نے) اپنے رب کو پہچان لیا۔" (سیدنا محمد ﷺ)

اگر وہ خود کو جانتا ہے (تو وہ جان لے گا کہ) کون اُس پر حکمرانی کرتا ہے۔ خود کو جاننے کا مطلب یہ نہیں کہ اُسے Tacos (میکسیکن کھانا) پسند ہے یا کباب کھانا پسند ہے۔ 'میں خود کو جانتا ہوں، شیخ مجھے منگل کو ٹاکوز کھانا پسند ہے اور ہفتے کو کباب،' خود کی پہچان کے معنی بہت گہرے ہیں۔ خود کو جاننے کے لئے آپ کو اپنے شیخ کے ساتھ اپنی ذات کے تمام حقائق اور اپنی پوری فزیالوجی میں جانا ہوگا کہ اللہ عزوجل نے آپ کو کیسے تخلیق کیا۔

کردار کو دوبارہ بہتر تخلیق کے لئے ٹوٹنا ہوگا

پھر ہر وہ چیز جو آپ سوچتے ہیں اور جو آپ چاہتے ہیں اور جو آپ کرنا چاہتے ہیں اس کے سبب آپ ایک الگ ہی تال پر ارتعاش پذیر ہوتے ہیں۔ مُرشد کی ذمہ داری ہے کہ وہ توڑ دیں۔ تو جب اللہ عزوجل نے حضرت موسیٰ علیہ

السلام اور حضرت خضر علیہ السلام کی دلیل دی تو اس کا مطلب یہ نہیں ہے کہ آپ بُرے ہیں۔ ایک کلیم اللہ (اللہ عزوجل سے کلام کرنے والے) ہیں جب کہ دوسرے اللہ عزوجل کے ایک محبوب بندے ہیں جنہیں اللہ عزوجل نے رحمت سے نوازا اور پھر اُنہیں علم حاصل ہوا۔

فَوَجَدَا عَبْدًا مِّنْ عِبَادِنَا آتَيْنَاهُ رَحْمَةً مِّنْ عِندِنَا وَعَلَّمْنَاهُ مِن لَّدُنَّا عِلْمًا (٦٥)

"اور انہیں ہمارے بندوں میں سے ایک بندہ ملا جس کو ہم نے اپنے ہاں سے رحمت عطا کی تھی اور اُنہیں اپنے پاس سے ایک (خاص) علم سکھایا تھا۔" (سورۃ الکہف، 18:65)

لیکن اس حقیقت سے اللہ عزوجل جو چاہتا ہے وہ یہ ہے کہ اُن کو توڑا جائے؛ سیدنا موسیٰ علیہ السلام، حضرت خضر علیہ السلام کے پاس آتے ہیں اور وہ اُنہیں توڑ رہے ہوتے ہیں۔ وہ کہتے ہیں، 'میں اور آپ یہ نہیں کر پائیں گے۔ آپ اُس علم کے ساتھ جو کامل نہیں ہے صبر نہیں کر پائیں گے۔' یہ بات کلیم اللہ کو کہنے کی کیا ضرورت؟ تاکہ اب ان کی فریکوئینسی کو توڑا جائے۔

قَالَ لَهُ مُوسَىٰ هَلْ أَتَّبِعُكَ عَلَىٰ أَن تُعَلِّمَنِ مِمَّا عُلِّمْتَ رُشْدًا (٦٦)

"سیدنا موسیٰ علیہ السلام نے ان سے کہا: کیا میں آپ کی پیروی کر سکتا ہوں؟ اس شرط کے ساتھ کہ جو (اعلیٰ) حق آپ کو سکھایا گیا ہے اگر آپ اس میں سے مجھے کچھ سکھائیں؟" (سورۃ الکہف، 18:66)

قَالَ إِنَّكَ لَن تَسْتَطِيعَ مَعِيَ صَبْرًا (٦٧) وَكَيْفَ تَصْبِرُ عَلَىٰ مَا لَمْ تُحِطْ بِهِ خُبْرًا (٦٨)

"(دوسرے نے) کہا: یقیناً آپ میرے ساتھ رہ کر صبر نہیں کر پائیں گے! اور جن چیزوں کی آپ کو مکمل سمجھ ہی نہیں اُن پر آپ کیسے صبر کر سکتے ہیں؟" (سورۃ الکہف، 18:67-68)

تسلیم ـ اپنے تمام تر شکوک و شبہات اور اندیشوں کو زیر کر دیں

آپ اس علم میں سے جو کچھ بھی چاہتے ہیں اور آپ کا جو بھی سوچنے کا طریقہ ہے، آپ کی جو بھی سمجھ ہے؛ اُن شیخ کی ذمہ داری ہے کہ ہر چیز کو توڑ دیا جائے۔ اُن کے امتحانات میں سب کچھ ہر چیز کو اُلجھا دیتا ہے تاکہ آپ اُن سب کو زیر کرنا شروع کر دیں۔ تمام کی تمام مصروف سوچیں، تمام تر سوالات، سب شبہات، وہ تمام اندیشے جو آپ کو لاحق ہیں، (سب میں) تسلیم کر دیں۔ 'اپنے خدا کی عبادت کریں اور سرِ تسلیم خم کر دیں' اور اسلام کی ہر چیز سرِ تسلیم خم کرنا ہی ہے۔

فَصَلِّ لِرَبِّكَ وَانْحَرْ (٢)

"تو اپنے پروردگار کے لئے نماز پڑھا کرو اور ایثار/تسلیم کرو۔" (سورۃ الکوثر، 108:2)

بھلا آپ اللہ عزوجل کے سامنے کیسے جھک سکتے ہیں جبکہ آپ پہلے اپنے آگے ہی تسلیم نہیں کر سکتے؟ آپ تو ابھی تک اپنے ساتھ ہی جدوجہد کئے جا رہے ہیں! تو پھر وہ سکھاتے ہیں کہ جھک جائیں۔ آپ کو شک کرنے کی کیا ضرورت ہے، آپ کو اِس قدر سوالات کرنے کی کیا ضرورت ہے؟ آپ کو کچھ کہنے کی کیا ضرورت ہے؟ بس تسلیم کر دیں، جھک جائیں! اور آپ اپنے آپ سے لڑنے اور جدوجہد کرنے لگتے ہیں کہ، 'نہیں، نہیں، مجھے کچھ کہنا ہے، مجھے کچھ مختلف کرنا ہے۔ میں اُن جیسا نہیں بننا چاہتا۔ اگر وہ سب سفید پہن رہے ہیں تو مجھے پیلا (رنگ) پہننا ہے۔ اور اگر وہ سب پیلا پہن رہے ہیں تو مجھے لال رنگ پہننا ہے۔' بس مکمل طور پر بدلتے رہنا اور خود سے لڑتے رہنا جب تک کہ آپ تسلیم نہ کر دیں، اور جُھک جائیں، جب تک کہ آپ اپنی تمام کی تمام حسّات کو بند نہ کر لیں۔

روشنی اور ایزجی کے رہنماؤں سے ہم آہنگ ہوں

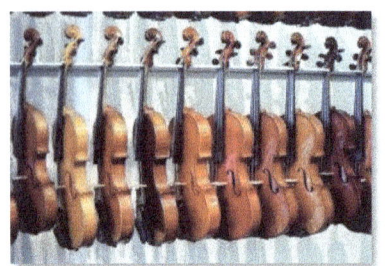

پھر وہ ماہر سارنگی نواز، جب وہ اِن تاروں کو لگاتا ہے، وہ ہر تار کو اپنے ہاتھ سے ہم آہنگ (tune) کرتا ہے۔ ہر وائیلن کو ہم آہنگ کرنے کے نتیجے میں، پھر وہ دکھاتے ہیں اُس نے شیلف (shelf) پر 30 وائیلنز رکھے ہوئے ہوتے ہیں۔ جیسے ہی وہ ایک وائیلن کو بجاتا ہے وہ سب ارتعاش کرنے لگتے ہیں، کیونکہ اُس نے اُنہیں بنایا ہے اُس نے اُنہیں ہم آہنگ کیا ہے اُس نے اُن کی تکمیل کی ہے۔ جیسے ہی وہ ایک تار بجاتا ہے وہ سب اُسی تار پر گونجنے لگتے ہیں۔ جیسے ہی وہ دوسری تار بجاتا وہ سب کے سب اُس تار پر گونجنے لگتے ہیں۔ وہ اُس ایک (وائیلن) سے جسے وہ بجا رہا ہوتا ہے، اُن 30-40 (وائیلنز) کو بجا سکتا ہے اور وہ سب کے سب ارتعاش پذیر ہونے لگتے ہیں۔

یہ محض ایک تمثیل (analogy) ہے، یعنی جب وہ کردار کو فنا کرتے ہیں، انا کو ختم کرتے ہیں، اُس پوری کی پوری شناخت کو مٹا دیتے ہیں، پھر آپ 'تسلیم کے سمندر' میں تسلیم کرنے لگتے ہیں۔ اور پھر وہ شاگرد کو واپس تعمیر کرنے لگتے ہیں۔

حقیقی مشائخ کرام علم و حکمت کے ساتھ ماں کی طرح آپ کی نشوونما کرتے ہیں

وہ اُس شاگرد کو اُس محبت اور اُس عشق سے واپس تعمیر کرتے ہیں جو اُس شاگرد میں موجود ہوتا ہے۔ وہ اُن شیخ سے "عِلمِ اللدونی وحِکمةِ بالصالحین (بہشتی علوم اور صالحین کی حکمت)" لینا شروع کر دیتا ہے۔ یعنی، اب اُسے اُس حقیقت سے پلایا (breastfed) جا رہا ہوتا ہے۔ جب وہ اپنے شیخ سے (فیض) حاصل کر رہا ہوتا ہے تو وہ دونوں اطراف سے حاصل کرتا ہے۔ کہا جاتا ہے کہ ماں ایک طرف سے دودھ نہیں پلا سکتی؛ ورنہ آپ جسم پر ظلم کریں گے۔ آپ کو دونوں طرف سے پلانا پڑتا ہے۔ روحانیت میں بھی آپ مشائخ کے دودھ اور حقائق سے فیض حاصل کر رہے ہوتے ہیں۔ دودھ، اُن بہشتی علوم اور حقائق کی نمائندگی کرتا ہے جو نازل ہو رہے ہوتے ہیں۔

بالکل ایسے ہی جیسے شریعت کے مطابق دنیا میں اگر آپ اپنے بچے کو دودھ پلانے کے لئے کسی دوسری عورت کے حوالے کر دیتے ہیں تو وہ عورت اُس بچے کے لئے ماں بن جاتی ہے اور آپ کے بچے اُس خاندان میں شادی نہیں کر سکتے۔ اس کا مطلب یہ ہوا کہ اللہ عزوجل چاہتا ہے کہ ہم سمجھ لیں کہ جب اللہ عزوجل اس دنیا کی پرواہ ایک مچھر کے پر کے برابر تک نہیں کرتا، تو اِس بات میں ایک بہت گہری حقیقت ضرور ہو گی۔ کہ اگر وہ بچہ اُس عورت کا دودھ پیتا ہے تو اب وہ عورت ایک ماں کی طرح ذمہ دار ہے۔ وہ اُس کے لئے ماں جیسی ہے۔ لٰہذا اب اُس پر ماں کی سب ذمہ داریاں لاگو ہوتی ہیں۔

تو پھر آپ روحانی حقیقت کے متعلق کیا سوچتے ہیں؟ یعنی جب ایک بار آپ کو عاجز کر دیا جاتا ہے، آپ کی انا کو ختم کر دیا جاتا ہے اور آپ کے تمام معاملات کو ختم کر دیا جاتا ہے، تو پھر وہ آپ کی نشونما کرنے جا رہے ہوتے ہیں۔ اور یہ یقیناً ایک متوازن غذا ہونی چاہئے، (یعنی) وہ محض آپ پر علم کی بوچھاڑ نہیں کر دیتے بلکہ وہ تو حکمت، "حكمة بالصالحين" (صالحین کی حکمت) پر مبنی تربیت ہونی چاہئے۔

جو، اب آپ کہیں نہیں دیکھتے! کیونکہ آپ سُنتے اور دیکھتے ہیں کہ لوگ بغیر حکمت کے بات کر رہے ہوتے ہیں۔ وہ محض ایسی باتیں کر رہے ہوتے ہیں جن کا نہ تو مجمع سے کوئی تعلق ہوتا ہے نہ ہی سامعین سے۔ اُنہیں کوئی فرق نہیں پڑتا کہ لوگوں کے دلوں پر کیا اثر ہوگا۔ وہ علم سخت قسم کا ہو سکتا ہے کہ وہ کمرے میں موجود ہر انسان کو حیران و پریشان کر دے اور وہ اسلام کو ہی چھوڑ دینا چاہیں۔ یا پھر وہ اِس قدر احمقانہ ہو سکتا ہے کہ لوگوں کی سمجھنے کی صلاحیت سے ہی بالاتر ہو۔ کیونکہ وہ ایک کتاب لیتے ہیں اور اس کو بس پڑھ ڈالتے ہیں۔

صادقین جو سب سے اعلیٰ درجے پر فائز ہیں اُن کی زبان کے وارث بنیں

تو پھر اللہ عزوجل فرماتا ہے، 'نہیں! ہم نے جسے "علم اللدني وحكمة بالصالحين" سے نوازا ہے اُسے بارگاہِ الٰہی سے سب سے اُونچے درجے کے تحائف سے نوازا گیا ہے کیونکہ وہ "لِسَانَ صِدْقٍ عَلِيًّا" کا وارث ہے۔' (القرآن، 19:50)

وَوَهَبْنَا لَهُم مِّن رَّحْمَتِنَا وَجَعَلْنَا لَهُمْ لِسَانَ صِدْقٍ عَلِيًّا (٥٠)

"اور ہم نے ان کو اپنی رحمت سے نوازا اور ہم نے ان کا ذکرِ جمیل بلند کیا / حق کی زبان پر۔" (سورۃ مریم،19:50)

سورۃ مریم میں اللہ عزوجل بیان فرماتا ہے، 'صِدْقٍ عَلِیًّا کی زبان کے وارث بنیں' – صدیقین، جو سب سے اونچے درجے پر ہیں اُن کی زبان۔ کیونکہ وہ زبان "علم اللدني وحكمة بالصالحين" سے نوازتی ہے۔ اس کا مطلب یہ ہوا کہ آپ کو روحانی علوم اور حکمت سے اور اُس کردار سے نوازا جائے گا کہ جس میں ان کا استعمال کیا جاسکے۔ تاکہ نہ تو یہ علم کسی کو نقصان پہنچائے نہ ہی کسی کیلئے اُلجھن کا باعث ہو۔ بلکہ یہ لوگوں کو بُلند کرنے اور اُن کا درجہ بڑھانے کا سبب بنے۔

اللہ عزوجل کی رسی "حَبْل" کو مضبوطی سے تھام لیں

مشائخ ہمیں تعلیم دینا شروع کرتے ہیں، یہ سب قرآن واحادیث میں سے ہے، کہ جب اللہ عزوجل فرماتا ہے، 'اللہ عزوجل کی رسی کو مضبوطی سے تھام لو۔'

وَاعْتَصِمُوا بِحَبْلِ اللَّهِ جَمِيعًا وَلَا تَفَرَّقُوا ۚ (١٠٣)

"اور سب مل کر اللہ عزوجل کی رسی کو مضبوطی سے پکڑے رہنا اور جُدا نہ ہونا۔" (سورۃ آل عمران،3:103)

"حَبْل" – ُح، ب، ل۔' "حَبْ" اور "حُبْ" عربی میں ایک ہی انداز سے لکھے جاتے ہیں۔ "حَبْلِ اللّٰه" کیا ہے؟ ان کی دی گئی تفاہیم میں سے ایک تفہیم یہ ہے کہ اللہ عزوجل کی رسی ایک "حَب" ہے، ایک "حُبْ" ہے۔ اور "حُبْ" اشارہ کرتا ہے 'ل' کی جانب۔ اس کا مطلب یہ ہوا کہ اِن لوگوں کی صحبت میں رہیں جو سیدنا محمد ﷺ کے عاشقین ہیں اور جو "لِسَانُ الحَقّ" کے وارث ہیں۔

حَبْل = ح، ب، ل

حب ل = حب (حُبْ اور حَبْ) + ل (لِسَانُ الحَق)

حَبْل = محبت + حق کی زبان

اللہ عزوجل فرماتا ہے، 'اُن کے ساتھ مضبوطی سے جُڑے رہو اور کبھی بھی جُدا نہ ہونا،' وہ "حُبْ" کو سمیٹے ہوئے ہیں، اُن میں 'ح' (کی حقیقت) ہے یعنی حیات کے سمندر؛ وہ 'ب' = "بَحرُ القُدْرَة" کو سمیٹے ہوئے ہیں۔ جہاں پورا قرآن 30 پاروں میں ہے، تمام 30 پارے سورۃ الفاتحہ میں، ساری سورۃ الفاتحہ "بِسْمِ اللہِ الرَّحْمٰنِ الرَّحِیمْ" میں، اور ساری "بِسْمِ اللہِ الرَّحْمٰنِ الرَّحِیمْ" 'ب' میں ہے۔

حَبْل – رسی = ح، ب، ل

ح = حَیَاۃْ – دائمی حیات کے سمندر

ب = بَحرُ القُدْرَة – طاقت کا سمندر

اُن اولیاء اللہ کے پاس وہ 'ب' موجود ہے؛ وہ قرآن پاک کی حقیقت اور راز سمیٹے ہوئے ہوتے ہیں۔ اللہ عزوجل نے اُنہیں 'ح' سے ملبوس کیا ہے کیونکہ وہ "اَهْلُ الحَیاۃْ" ہیں، جنہیں حیات کے سمندروں سے ملبوس کیا گیا ہے۔ یہ احباب النبی ﷺ ہیں اور وہ "لِسَانُ الحَقْ" – نبی پاک ﷺ کی زبان مبارک کے عاشقین ہیں۔ جس کے نتیجے میں وہ اِس دنیا میں اللہ عزوجل کی رسی – "حَبْلِ اللّٰہ" ہیں۔

مشائخ آپ کو اپنے ارتعاش کے ساتھ ہم آہنگ کرتے ہیں اور آپ کی روشنی کی فریکوئینسی کو بلند کر دیتے ہیں

اور اللہ عزوجل فرماتا ہے کہ، 'اُنہیں مضبوطی سے تھام لو اور کبھی جُدا نہ ہونا،' ان کی حقیقت کے ساتھ مضبوطی سے منسلک ہو جانے کے نتیجے میں وہ جو کچھ بھی تلاوت کر رہے ہوتے ہیں، ایک بار جب وہ آپ کی فریکوئینسی کو توڑ چکے ہوتے ہیں تو وہ واپس آپ کی فریکوئینسی کی تعمیر کرتے ہیں۔ اس کا مطلب یہ ہوا کہ اُن کے ساتھ ہر نشست آپ کی فریکوئینسی کو اُن کی فریکوئینسی کے مطابق واپس تعمیر کر رہی ہوتی ہے، نہ کہ آپ کی فریکوئینسی کے مطابق۔

تو جب آپ اپنے پیالے کو خالی کر لیتے ہیں وہ ترسیل (transmit) کرنا شروع کر دیتے ہیں، چاہے وہ اپنی زبان سے اور اپنی تعلیمات سے ارتعاش کریں یا پھر اپنے ذکر میں۔ جب وہ ذکر کرتے ہیں تو اُن کے ذکر کی ایز جی اور وائبریشن آپ کے ذکر جیسی نہیں ہوتی۔ ان کی وائبریشن اُس درجے کی ہوتی ہے جس کا اندازہ تک نہیں لگایا جاسکتا۔ یہ مثال ہم نے لیلۃُ القدر میں بیان کی تھی۔ اگر آپ اِن "اَھْلِ القَدْر" (قدرت رکھنے والے لوگ) میں سے کسی ایک کو لیں، اللہ عزوجل ان کے اعمال کو 30,000 گنا بڑھا دیتا ہے۔ اُن کا "اللّٰہ" کہنا آپ کے تیس ہزار (30,000) مرتبہ "اللّٰہ" کہنے کے برابر ہوتا ہے، اگر آپ لیلۃُ القدر سے اِن "اَھْلِ القَدْر" میں سے کسی ایک سے ہی ملاقات کا شرف حاصل کر لیں۔

تو اس کا مطلب یہ ہوا کہ اُن کا کیا گیا ہر ذکر آپ کی روشنی کی فریکوئینسی کو تبدیل کر رہا ہوتا ہے۔ تو وہ لوگ جو کُند ذہن ہیں وہ یہ (سب کچھ) سائنس میں دیکھ سکتے ہیں۔ وہ دیکھتے ہیں کہ جب آپ ایک فریکوئینسی کو بدلتے ہیں تو چیزیں بدلنے لگتی ہیں۔ (مثلاً) وہ ایک فریکوئینسی لیں اور اِس لکڑی کی فریکوئینسی تلاش کریں، پھر جب وہ اُس فریکوئینسی کو بجائیں تو وہ لکڑی ٹوٹ جاتی ہے۔ پرانے وقتوں میں ایک اوپرا گلوکار (opera singer) تھا جو بہت ہی اونچی لَے میں گاتا تھا اور شیشہ چٹخ کر ٹوٹ جایا کرتا تھا۔ ہمیں اس کی سائنس کو سمجھنا ہوگا کیونکہ اس کی سائنس آپ کو اِس بات کو ثبوت دے رہی ہے۔

حق آپ کی ایزجی کے باطل درجے کو ختم کردیتا ہے

چنانچہ ہر چیز کی ایک آواز اور ایک فریکوئینسی ہوتی ہے۔ وہ لوگ جن کی زندگیاں ملکوتی فریکوئینسی پر ظہور پذیر ہو رہی ہیں جیسے ہی وہ کچھ تلاوت کرتے ہیں، ہر چیز بکھر کر تباہ ہو جاتی ہے؛ ہر باطل شے۔ جب اللہ عزوجل بیان فرماتا ہے، 'جب حق آتا ہے تو باطل، زَھُوقًا، تباہ ہو جاتا ہے۔'

وَ قُلْ جَآءَالْحَقُّ وَزَھَقَ الْبَطِلُ، إِنَّ الْبَطِلَ كَانَ زَھُوقًا (٨١)

"اور کہہ دیجئے اب حق آگیا اور باطل نابود ہو گیا۔ بے شک باطل (اپنی فطرت کے مطابق) ہمیشہ نابود ہی ہونے والا ہے۔" (سورۃ الاسراء، 17:81)

اس کا مطلب یہ ہوا کہ آپ کی ایزجی کا وہ باطل مقام جسے آپ سنتے ہیں، جس پر آپ خود کو تعمیر کرتے ہیں، وہ جس سے آپ اُن کی بارگاہ میں ظہور پذیر ہو رہے ہوتے ہیں، وہ مٹ جاتا ہے۔

صلوٰاۃُ النبی ﷺ کے ارتعاش کی طاقت اور شفاعت

ہم نبی پاک ﷺ کی یہ صلوٰاۃ مبارکہ پڑھ رہے تھے کہ وہ "مُحْيِي الْقُلُوْبِ وَمَاحِي الذِّنُوْبِيْ" (اے دلوں کو زندہ کرنے والے، اے گناہوں کو مٹانے والے) ہیں۔

يَا مُحْيِي الْقُلُوْبِ، يَا مَاحِي الذِّنُوْبِيْ ، سَلَّامْ عَلَيك

"اے دلوں کو زندہ کرنے والے، اے گناہوں کو مٹانے والے، آپ ﷺ پر درود و سلام ہو۔"

کہ نبی پاک ﷺ کی ایز جی کی موجودگی میں -"مَاحِي"- یعنی وہ ہر غلط شے کو ختم کرنے والے ہیں؛ وہ تمام مخلوق کیلئے ایک عظیم شفاعت کے طور پر، اسے اپنی روشنی سے فنا کر دیتے ہیں۔ کیونکہ فریکوئینسی ہی وہ چیز ہے جو کنٹرول کرتی ہے۔ جب حمد اور یہ فریکوئینسی... اور نبی پاک ﷺ 'مُ حمد' (جس کی سب سے زیادہ تعریف کی جائے) کیوں ہیں؟ کیونکہ جب نبی پاک ﷺ کی حمد کا نزول ہوتا ہے تو اُس حمد کا ارتعاش ہر چیز کو فنا کر دیتا ہے۔ ٹھیک؟ اس کی سائنس کہ جب نبی پاک ﷺ کی حمد کا آپ پر نزول ہوتا ہے، اس کا مطلب یہ ہے کہ جب آپ ایک بار درود پاک پڑھتے ہیں تو نبی پاک ﷺ نے فرمایا، 'میں تم پر دس بار درود و سلام بھیجوں گا۔'

عَنْ أَنَسِ بْنِ مَالِكَ رَضِيَ اللّٰهُ عَنْهُ، قَالَ: قَالَ رَسُولُ اللّٰهِ صلى الله عليه وسلم: ' مَنْ صَلَّى عَلَيَّ صَلَاةً وَاحِدَةً، صَلَّى اللَّهُ عَلَيْهِ عَشْرَ صَلَوَاتٍ، وَحُطَّتْ عَنْهُ عَشْرُ خَطِيئَاتٍ، وَرُفِعَتْ لَهُ عَشْرُ دَرَجَاتٍ '

حضور پاک ﷺ نے فرمایا: "جو بھی مجھ پر درود و سلام بھیجتا ہے، اللہ عزوجل اُس پر دس بار اپنی رحمتیں نازل فرمائے گا اور اُس کے دس گناہ معاف فرما دے گا اور اُس کا روحانی درجہ دس گنا بڑھا دے گا۔" (سنن نسائی)

تو درود شریف بھاری ہوتا ہے؛ یہ ایزجی آپ کو سُلا دے گی، لہٰذا جاگے رہنے کی کوشش کریں۔ جب یہ ایزجی آپ سے، آپ کے وجود سے ٹکراتی ہے تو آپ کی فریکوئینسی سے منسلک ہر چیز ٹوٹ جائے گی اور واپس دوبارہ سے تعمیر ہو گی۔ ٹوٹے گی اور پھر سے بنے گی، واپس دوبارہ تعمیر ہو گی اور پھر دوبارہ تعمیر ہو گی۔

ٹیلی وژن اور ریموٹ کے درمیان روشنی کی ترسیل

اب حقیقت یہ ہے کہ چاہے مشائخ زبان سے ذکر کریں سے یا دل سے ذکر کریں، اللہ عزوجل چاہتا ہے کہ ہم ٹیکنالوجی کے ذریعے جانیں۔ لوگ کہتے ہیں کہ، 'شیخ، یہ کیسے ممکن ہے کہ آپ کے پاس ایک ٹیلی وژن کا ریموٹ ہے اور اِس ریموٹ کو دباتے ہی آپ اپنے ٹیلی وژن کے تمام چینل بدل دیتے ہیں؟' آپ یہ اس لئے کر سکتے ہیں کیونکہ ٹیلی وژن کا یہ ریموٹ ایک انفراریڈ روشنی (Infrared light) ہے، لال رنگ کی روشنی کا ایک مخصوص سپیکٹرم؛ اور ٹیلی وژن میں بھی بالکل ایسا ہی آلہ (ڈیوائس) موجود ہوتا ہے۔ لہٰذا دونوں رابطہ قائم کر سکتے ہیں۔ اگر Toshiba کمپنی یہ بنا سکتی ہے تو کیا آپ کو نہیں لگتا کہ اللہ عزوجل اس سے بہتر بنا سکتا ہے؟

مرشد آپ کے اندر اپنی مخصوص روشنی کی فریکوئینسی کی تعمیر کرتے ہیں

جب آپ شیخ کی فریکوئینسی پر ریزونیٹ (resonate) کرتے ہیں اور وہ آپ کو ان مرشد اور ان مشائخ کے ساتھ دوبارہ تعمیر کرتے ہیں، ایک مخصوص قسم کی روشنی کی فریکوئینسی جس میں وہ ریزونیٹ کر رہے ہوتے ہیں وہ اسے آپ کے اندر تعمیر کرتے ہیں۔ اُن کے پاس سوئچ بدلنے کی صلاحیت ہوتی ہے، اندر کے سوئچ بدل دینے کی۔ وہ ٹیلی وژن کے ریموٹ سے زیادہ طاقتور ہوتے ہیں، آپ ٹیلی وژن کے ریموٹ سے چینل بدلتے ہیں، میں اسے نمبر 7 پر بدل سکتا ہوں میں اسے نمبر 13 پر بدل سکتا ہوں اور اس کام کے لئے آپ کو ٹیلی وژن کی اجازت نہیں چاہیے آپ بس دباتے ہیں کلک، کلک، کلک۔ تو آپ کا کیا خیال ہے کہ اللہ عزوجل اپنے مومنین کے دلوں کو کس چیز سے نوازتا ہے؟ اور وہ لوگ جن کا اپنی ایز جی اور روشنی پر اختیار ہے؛ یہی ہم آہنگی ہے۔

اگر آپ مستقل طور پر چینل کو بدلتے رہیں گے کیونکہ آپ کی سوچ ہمیشہ ایک مختلف جگہ پر جارہی ہوتی ہے، تو اسی لئے سب ختم کر دیا جاتا ہے۔ اسے تب تک توڑیں جب تک کہ بندہ تسلیم نہ کر دے؛ وہ ایک ٹیلی وژن کی طرح ہو جاتے ہیں جو اپنے چینل کے بدلے جانے کا انتظار کر رہے ہوتے ہیں۔ چنانچہ مشائخ کی فریکوئینسیز ظاہر ہونے لگتی ہیں۔ لٰہذا ایسا نہ کہیں اور نہ ہی ایسا سوچیں کہ یہ بہت ہی مشکل ہے۔ ریموٹ کیسے فریکوئینسی بھیجتا ہے؟

ان کی فریکوئینسیز اور ان کی طاقتیں کئی گنا زیادہ طاقتور ہوتی ہے۔ اور ان کی پہنچ لوگوں کے دلوں تک ہوتی ہے، ایسا صرف ان کی (ظاہری) موجودگی میں ہی نہیں ہوتا بلکہ وہ تو دنیا میں کہیں بھی اُن تک پہنچ سکتے ہیں۔ ان کی روشنی اس دنیا سے بھی آگے کے رابطے قائم کر سکتی ہے، خلاء سے بھی آگے کے اور وقت ان کی ایز جی کو محدود نہیں کر سکتا کیونکہ وہ عشق کے سمندر میں ہوتے ہیں۔ وہ اُن سے بھی بات کر سکتے ہیں جو ہزاروں سال پہلے گزر چکے ہیں۔ کیونکہ روشنی اور روشنی کی طاقت ایک ایسی چیز ہے جس کا اندازہ نہیں لگایا جا سکتا۔

بلوٹوتھ ٹیکنالوجی کی طرح انرجی کی ترسیل

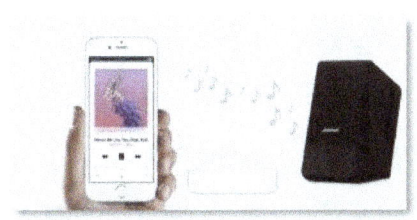

تو اس کا مطلب یہ ہوا کہ وہ نہ صرف آپ کی فریکوئینسی کو بدلنے لگتے ہیں بلکہ اپنی موجودگی میں اُن کو تو بولنے کی بھی ضرورت نہیں ہوتی، اور یہی چیز اللہ عزوجل چاہتا ہے کہ ہم بلوٹوتھ سے سمجھیں۔ بلوٹوتھ ٹیکنالوجی یہ ہے کہ آپ کا فون سپیکر سے 30 فٹ دور ہو سکتا ہے لیکن چونکہ سپیکر کے اندر موجود آلے کے پاس نیلی روشنی اور نیلی روشنی کی ٹیکنالوجی کی وجہ سے یہ صلاحیت موجود ہے کہ آپ فون پر اس طرح کلک کرتے ہیں ایک لمحے کے اندر آپ کے فون سے ایک آواز فضا میں جاتی ہے جسے کوئی نہیں سُن سکتا، مگر سپیکر اُسے سنتا ہے اور دہرانا شروع کر دیتا ہے۔

تو پھر اولیاء کرام کے بارے میں آپ کا کیا خیال ہے؟ انہیں اللہ عزوجل کی جانب سے بلوٹوتھ ٹیکنالوجی کے ساتھ دوبارہ تعمیر کیا گیا ہوتا ہے، ایک اُن پر اور ایک ان کے تمام شاگردوں پر۔ ایک جو اُن پر ہے وہ ان کے مرشد کی طرف سے ہے۔ ان کے مرشد اُس وقت ایک صحبت چلا رہے ہوتے ہیں۔ وہ اپنی فہرست میں دیکھتے ہیں، 'ہم اس بارے میں بات کریں گے۔ کلِک، ڈِنگ!' اور یہاں موجود شیخ کلام کرنے لگتے ہیں، ٹھیک؟ آپ سپیکر ہیں، جب آپ تسلیم میں ہوتے ہیں، وہ شاگرد کو تعلیم دے رہے ہوتے ہیں کیونکہ اُنہیں تعلیم دی گئی تھی۔ جب وہ تسلیم میں ہوتے ہیں، ان کے کان تسلیم میں ہوتے ہیں ان کی آنکھیں تسلیم میں ہوتی ہیں، ان کی سانس تسلیم میں ہوتی ہے، ان کی زبان تسلیم میں ہوتی ہے۔ ہر چیز تسلیم میں ہوتی ہے، وہ اُن کے لئے ایک سپیکر کی طرح ہوتے ہیں۔ وہ محض ایک پلے لسٹ (صحبت کی فہرست) چنتے ہیں اور جب وہ اسے چلاتے ہیں، تو وہ سپیکر بجنے لگتا ہے۔

اور اُسی وقت وہ مجلس میں موجود تمام تر شاگردوں کو جھک جانے کی تربیت دے رہے ہوتے ہیں، تسلیم کرو، جھک جاؤ! آپ جتنا زیادہ تسلیم کرتے ہیں اُتنی ہی وہ روشنی آپ تک آنے لگتی ہے، اُتنی ہی وہ ایز جی آپ تک آنے لگتی ہے اور اُنہیں کچھ کہنے کی ضرورت بھی نہیں ہوتی۔ ایز جی اور فریکوئینسیز جو اُن کے دل اور اُن کی روح سے نکل رہی ہوتی ہیں وہ بلوٹوتھ کے ذریعے نکل رہی ہوتی ہیں اور آپ کے سپیکر پر آ کر لگتی ہیں۔ آپ وہ آواز سن سکتے ہیں اور کسی اور کو کمرے میں وہ آواز نہیں سنائی دیتی۔

ٹیکنالوجی ہمیں ملکوتی ٹیکنالوجی کی جھلک دیتی ہے

کیا ایسا ہی سپیکرز کے ساتھ نہیں ہوتا؟ اگر میں اسے چلاؤں تو کوئی بھی فون میں بجنے اور باہر نکلنے والی صلوٰۃ کی آواز نہیں سُن سکتا۔ لیکن جیسے ہی سپیکر اُسے سنتا ہے وہ اسے بجانے لگتا ہے۔ اِن ٹیکنالوجیز کے ذریعے اللہ عزوجل یہ نہیں کہتا کہ آپ بُت پرست بن جائیں اور ان سپیکرز اور ان ٹیکنالوجیز کو پُوجنے لگیں، اور آپ اپنے فون اور ان آلات کے ساتھ ادھر اُدھر چلنے پھرنے لگیں۔

أَلَمْ أَعْهَدْ إِلَيْكُمْ يَا بَنِي آدَمَ أَن لَّا تَعْبُدُوا الشَّيْطَانَ ۖ إِنَّهُ لَكُمْ عَدُوٌّ مُّبِينٌ (٦٠) وَأَنِ اعْبُدُونِي ۚ هَٰذَا صِرَاطٌ مُّسْتَقِيمٌ (٦١)

"اے ابنِ آدم کیا میں نے تمہیں خبردار نہیں کیا تھا کہ شیطان کو نہ پوجنا بے شک وہ تمہارا کھلا دشمن ہے۔ اور یہ کہ (صرف) میری ہی عبادت کرنا؟ یہی سیدھا راستہ (محمدﷺ راستہ) ہے۔" (سورۃ یٰس، 36:60-61)

اِن آلات کا مقصد ہمیں ہماری حقیقت تک پہنچانا تھا۔ اللہ عزوجل کر سکتا ہے، جب آپ اس آلے کو دیکھتے ہیں تو کیا آپ یہ دیکھتے ہیں کہ آپ کے پاس کس قدر طاقت ہے اور آپ کیا حقائق سمیٹے ہوئے ہیں؟ 'Toshiba' کو نہ پُوجیں! جس نے اسے بنایا؛ میری یعنی اللہ عزوجل کی عبادت کریں، "وَلَقَدْ كَرَّمْنَا بَنِي آدَمَ"

وَلَقَدْ كَرَّمْنَا بَنِي آدَمَ...(٧٠)

"اور یقیناً ہم نے بنی آدم کو عزت بخشی ہے۔" (سورۃ الاسراء، 17:70)

یہ گدھا (ہمارا جسم)، اس کو روشنی کی دنیا سے بہت زیادہ طاقت عطا کی گئی ہے لیکن اگر آپ اس جسم کو محض کھانے، پینے اور فضلا پھیلانے کے لئے استعمال کریں گے تو یہ زندگی ضائع ہو جائے گی۔ لیکن اگر آپ روح کی حقیقت کو پہنچ جاتے ہیں اور ملکوت سے یہ سمجھ جاتے ہیں کہ یہ انوار بہت طاقتور ہیں، کہ ان (اولیاء اللہ) کی صحبت میں حاضری کا مقابلہ کسی دوسری جگہ کی حاضری سے نہیں کیا جاسکتا۔ وہ فریکوئینسی جس میں اُن کا ظہور ہو رہا ہوتا ہے اور وہ ارتعاش پذیر ہوتے ہیں وہ پوری کی پوری محفل کو بدل دیتی ہے۔ وہ یہ لِسان (زبان) کے ذریعے بھی کر سکتے ہیں اور خفی بھی، قلب سے؛ خفی بہت زیادہ طاقتور ہوتا ہے۔ ان کی روح کی مکمل طاقت بلوٹوتھ کی طرح باہر کی طرف جاری ہوتی ہے۔

ہم آہنگی کے لئے مشائخ کی پیروی اور ان کے ساتھ وفاداری کی اہمیت

وہ جو خود کو ہم آہنگ کرتے ہیں، اسی لئے اللہ عزوجل اور اتباع کا سمندر اور پیروی۔ کہ جب آپ وفاداری کے ساتھ پیروی کرتے ہیں اور آپ تسلیم میں ہوں، تو آپ دائیں بائیں نہیں جاتے؛ ورنہ آپ کا سپیکر صحیح بلوٹوتھ سے ہم آہنگ نہیں ہوگا۔ اسی لئے طروق سکھاتے ہیں کہ؛ اسی لئے ہم نے ماں کے دودھ کا ذکر کیا کہ جب آپ کسی سے (علم) لیتے ہیں تو آپ کی ذمہ داری بس اُسی ایک شخص کی طرف ہوتی ہے جس سے آپ نے علم حاصل کیا ہو۔ وہ شخص ایک ماں کی طرح ہوتا ہے۔ آپ کی ایک ذمہ داری ہوتی ہے، اب آپ کا ایک رشتہ بن جاتا ہے۔ یہی وجہ ہے کہ ہم پچاس مختلف محفلوں میں پچاس مختلف ماؤں سے لینے نہیں جاتے، اس طرح تو آپ کو پتہ ہی نہیں چلے گا کہ کون آپ کی ماں ہے اور کون آپ کا باپ۔

لیکن وہ وفاداری جو وہ چاہتے ہیں اور جو وہ ہمارے ذریعے سکھانا چاہتے ہیں وہ یہ ہے کہ یہی وفاداری ہم آہنگی لے کر آئے گی۔ جب آپ وفادار ہوتے ہیں اور آپ تسلیم میں ہوتے ہیں اور جھک جاتے ہیں اور آپ بس اسی دودھ اور اُسی ایک حقیقت سے (فیض) لے رہے ہوتے ہیں تو اب آپ ہم آہنگ ہو رہے ہوتے ہیں اور آپ ایک سپیکر کی طرح بن رہے ہوتے ہیں۔ تو پھر مُرشد کی طرف سے آنے والی ہر فریکوئینسی آپ کو ملبوس کرنے لگتی ہے اور آپ ان کی فریکوئینسی اور اس کے تمام تر حقائق کو تھام رہے ہوتے ہیں۔

ہم دعاگو ہیں کہ اللہ عزوجل اِن انوار اور اِن راتوں سے ہمیں آراستہ فرمائے اور ہمیں ان سے نوازے۔ انشاءاللہ۔

سُبْحَانَ رَبِّكَ ربِّ الْعِزَّةِ عَمَّا يَصِفُونَ، وَسَلَامٌ عَلَى الْمُرْسَلِينَ وَالْحَمْدُ لِلّٰهِ رَبِّ الْعَالَمِينَ بِحُرمَةِ مُحَمَّدِالمُصطفٰي وَبِسِرِّ سُورَةِ الفَاتِحَة۔

مشائخ کرام کی صحبت میں رہنے اور
بہشتی علوم کی طلب کے آداب

"عِبَادُاللّٰه" ۔ جنہیں اللہ عزوجل نے نوازا اور سکھایا ہے
اُن کی صحبت کس طرح اختیار کی جائے؟

الحمداللہ، مشائخ شمس والقمر (سورج اور چاند)، پیروی اور اتباع کے راستے، علوم کی طرف جانے والے راستے اور وہاں تک پہنچنے کی تعلیم دیتے ہیں۔ یعنی اللہ عزوجل ہمیں صحیح راستہ دکھاتا ہے جس کا مطلب ہے ایک قمر (چاند) کی طرح بنو اور شمس (سورج) کی پیروی کرو، خود کو فنا کردو، اور ناچیز ہو جاؤ، فنا ہو جاؤ، اور اُس سورج کی روشنی، "الشَّمْسُ الضُّحیٰ" کی طرف دیکھتے رہو۔

لَا الشَّمْسُ يَنبَغِي لَهَا أَن تُدْرِكَ الْقَمَرَ وَلَا اللَّيْلُ سَابِقُ النَّهَارِ ۚ وَكُلٌّ فِي فَلَكٍ يَسْبَحُونَ (٤٠)

"نہ تو سورج کو یہ اجازت ہے کہ چاند کو جا پکڑے/چاند تک جا پہنچے اور نہ ہی رات دن پر غالب آ سکتی ہے، ہر ایک (محض اپنے اپنے) دائرے میں تیرتا ہے (قانون کے مطابق)۔" (سورۃ یٰس، 36:40)

اس کا مطلب یہ ہے کہ تمام نعتیں جو ہم پڑھتے ہیں، انہیں اُس حقیقت کا پتہ تھا۔ یہ بہتر ہے کہ نعت کی حقیقت کو سمجھیں اور پھر نعت کو پڑھیں اور یہ سمجھنا شروع کریں کہ اُن کا پورا راستہ چاند کا راستہ تھا۔ چاند کی طرح ہونا، ناچیز ہونا۔ نہ کہ زمین کی طرح اِس کی تمام تر عمارات اور تعمیرات کے ساتھ۔ فنا کا راستہ یہ ہے کہ ناچیز بن جائیں اور ختم ہو جائیں۔

نمبر 18 کی حقیقت = 8 ایک بادشاہ کے تخت کو تھامے ہوئے ہیں

وہ تعلق جو اللہ عزوجل ہمارے لئے چاہتا ہے وہ 9 کے راز پر مبنی ہے۔ کہ قرآن پاک کی نویں سورت، سورۃ التوبہ کی چالیسویں آیت میں نبی پاک ﷺ بیان فرماتے ہیں کہ وہ غار میں سیدنا ابو بکر الصدیق رضی اللہ عنہ کے ہمراہ داخل ہوئے۔

...إِذْ أَخْرَجَهُ الَّذِينَ كَفَرُوا ثَانِيَ اثْنَيْنِ إِذْ هُمَا فِي الْغَارِ إِذْ يَقُولُ لِصَاحِبِهِ لَا تَحْزَنْ إِنَّ اللَّهَ مَعَنَا ۖ فَأَنزَلَ اللَّهُ سَكِينَتَهُ عَلَيْهِ وَأَيَّدَهُ بِجُنُودٍ لَّمْ تَرَوْهَا ... (٤٠)

"دو لوگوں میں سے ایک جب وہ دونوں غار میں تھے اور اُنہوں نے اپنے رفیق سے کہا، غم نہ کرو بے شک اللہ عزوجل ہمارے ساتھ ہے۔ تو اللہ عزوجل نے ان پر تسکین نازل فرمائی اور ان کی فرشتوں کے ساتھ جن کو تم دیکھ نہیں سکتے تھے، مدد کی۔" (سورۃ التوبہ، 9:40)

اِس 9:40 سے، یہ ہم پر واضح ہوتا ہے کہ صفر کے مہینے میں نو (9) کی سلطنت کی حقیقت اور طاقت کے راز میں؛ آٹھ (8) تخت کو تھامیں گے اور ایک مالک (بادشاہ) ہوگا۔

وَالْمَلَكُ عَلَىٰ أَرْجَائِهَا ۚ وَيَحْمِلُ عَرْشَ رَبِّكَ فَوْقَهُمْ يَوْمَئِذٍ ثَمَانِيَةٌ (١٧)

"اور فرشتے اس کے کناروں پر ہوں گے اور تمہارے مالک کے عرش کو اس روز آٹھ اپنے سروں پر اُٹھائے ہوں گے۔" (سورۃ الحاقۃ، 69:17)

اُس 'مالک' کو ہم اللہ عزوجل کی صورت میں بیان نہیں کر سکتے – لا شریک – کوئی بھی چیز اللہ عزوجل کو تھام نہیں سکتی۔ کوئی بھی فرشتہ نہیں بنایا گیا کہ وہ اللہ عزوجل کو تھام سکے، ورنہ آپ کا یہ مطلب ہوگا کہ فرشتہ اللہ

عزوجل سے زیادہ طاقتور ہے۔ چنانچہ پھر وہ مالک اور وہ جو اُس اختیار کی کرسی پر تشریف فرما ہوتے ہیں وہ سیدنا محمد ﷺ ہیں۔

ہم پر 18 = ۱۸ کی چھاپ ہے

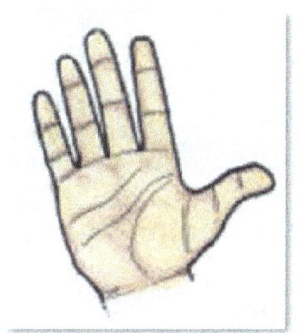

یہ آٹھ اور ایک ۱۸ (18) ہماری پوری زندگی ہے اور ہمارے ہاتھ (بائیں ہتھیلی اور دائیں ہتھیلی) پر اس ایک اور آٹھ کی چھاپ ہے اور اللہ عزوجل نے اُس حقیقت کا کامل توازن بنایا ہے۔

اٹھارہ کی تفہیم سے ہم سورۃ کہف میں اصحابِ کہف کی طرف متوجہ ہوتے ہیں (قرآن پاک کی سورت 18) اور "أَطِيعُوا اللّٰه" کی تفہیم اور تجلی کا آغاز کرتے ہے۔ اللہ عزوجل ہم سے "أَطِيعُوا اللّٰه و أَطِيعُوا الرَّسُولَ" چاہتا ہے اور پھر یہ کس طرح سے "أُوْلِي الْأَمْرِ" کے ذریعے ہمیں سکھایا جاتا ہے۔

يَا أَيُّهَا الَّذِينَ آمَنُوا أَطِيعُوا اللَّهَ وَأَطِيعُوا الرَّسُولَ وَأُولِي الْأَمْرِ مِنكُمْ (٥٩)

"اے ایمان والو! خدا اور اس کے رسول کی فرمانبرداری کرو اور ان کی بھی جو تم میں صاحبِ اختیار ہیں۔"

(سورۃ النساء، 4:59)

اللہ عزوجل ہم سے چاہتا ہے کہ میرے قمر جیسے بن جاؤ، چاند جیسے بنو اور سورج کی پیروی کرو۔ آپ کی آنکھیں ہمیشہ نبی پاک ﷺ کے نور، آپ ﷺ کے عشق پر ہونی چاہیں اور آپ کے وجود میں بس یہی ہونا چاہئے۔ بائیں یا دائیں نہ دیکھیں۔

سیدنا موسیٰ علیہ السلام وہاں پہنچنا چاہتے تھے جہاں دو دریا ملتے ہیں

مشائخ، سیدنا موسیٰ علیہ السلام (کے قصے سے) سکھانا شروع کرتے ہیں۔ نبی موسیٰ علیہ السلام کیوں؟ کیونکہ وہ 'کلیم اللہ' ہیں، جو اللہ عزوجل سے کلام کر سکتے ہیں۔ مثال بہت اُونچی قائم کی گئی ہے، شمس والقمر کی تعلیمات سے اللہ عزوجل فرماتا ہے کہ اب میں تمھیں اُس کے ذریعے دکھاؤں گا جو مجھ سے کلام کرتا ہے، میری ربانی بارگاہ سے کلام کر سکتا ہے کہ اُسے بھی اِن حقائق کی ضرورت ہے۔ نبی موسیٰ علیہ السلام ان حائق کے طالب تھے۔ کہ اُنہیں حقائق سے جو ملا تھا اس کی ایک حد تھی۔

وَإِذْ قَالَ مُوسَىٰ لِفَتَاهُ لَا أَبْرَحُ حَتَّىٰ أَبْلُغَ مَجْمَعَ الْبَحْرَيْنِ أَوْ أَمْضِيَ حُقُبًا (٦٠)

"دیکھو! موسیٰ علیہ السلام نے اپنے خادم سے کہا، میں تب تک ہار نہیں مانوں گا جب تک دو دریاؤں کے ملنے کی جگہ نہ پہنچ جاؤں اور یا (جب تک) میں برسوں سفر میں گزار نہ دوں۔" (سورۃ الکہف، 18:60)

دو دریا، دو کمان یا اُس سے بھی کم فاصلے پر ملتے ہیں - "قَابَ قَوْسَيْنِ أَوْ أَدْنَىٰ"

جو وہ چاہتے تھے، اُس میں جو اُنہوں نے دیکھا جب اُنہوں نے اللہ عزوجل کو دیکھنے کی فرمائش کی، اُنہوں نے سیدنا محمد ﷺ کی روحانیت کو دیکھا۔ اور اُنہوں نے کہا میں یہی چاہتا ہوں؛ یہ طاقت، یہ نور، یہ اختیار۔ پھر میں اپنی زندگی کو اُس جگہ کے ڈھونڈنے میں صَرف کر دوں گا جہاں دو دریا ملتے ہیں۔

ہم بیان کر چکے ہیں کہ دو دریا، "لاَ اِلٰہَ اِلاَّ اللّٰہُ مُحَمَّدٌ رَّسُوْلُ اللّٰہ ﷺ" کے درمیان ملتے ہیں، کیونکہ اللہ عزوجل دنیا کی پرواہ نہیں کرتا۔ یہ دریائے دجلہ وفرات نہیں ہیں۔ وہ جو چاہتے ہیں وہ ملکوت سے ہے، بہشتی

مملکت سے اور اِن حقائق کے سمندروں سے ہے۔ اس کا مطلب یہ ہوا کہ جہاں "لَا اِلَهَ اِلاَّ اللّٰهُ" - 'ہ'، 'و'، 'م' ملتے ہیں اور "مُحَمَّدٌ رَّسُوْلُ اللّٰه ﷺ" بنتا ہے۔ یہ اللہ عزوجل کے قدیم حقائق ہیں۔

لَا اِلَهَ اِلاَّ اللّٰهُ مُحَمَّدٌ رَّسُوْلُ اللّٰه

"اللہ عزوجل کے سوا کوئی معبود نہیں اور سیدنا محمد ﷺ اللہ عزوجل کے رسول ہیں۔"

اس کا مطلب یہ ہوا کہ، 'ہ'، 'و' اور 'م' کے درمیان کا راز "قَابَ قَوْسَيْنِ أَوْ أَدْنَىٰ" ہے۔ جہاں "لَا اِلَهَ اِلاَّ اللّٰهُ" لاشریک ہے، اُس "لَا اِلَهَ اِلاَّ اللّٰهُ" کے سمندر میں سے کچھ نہیں ہے۔ لیکن 'و' اور محبت کے راز کے ساتھ، یہ "مُحَمَّدٌ رَّسُوْلُ اللّٰه ﷺ" کو پیش کرتا ہے۔ اس کا مطلب "لَا اِلَهَ اِلاَّ اللّٰهُ" (ایک طرف) اور "مُحَمَّدٌ رَّسُوْلُ اللّٰه ﷺ" (دوسری طرف)؛ یہی "قَابَ قَوْسَيْنِ أَوْ أَدْنَىٰ" ہے۔ "أَوْ أَدْنَىٰ"، 'و' ہے، کہ یہ مخلوق محبت کی مخلوق ہے۔

فَكَانَ قَابَ قَوْسَيْنِ أَوْ أَدْنَىٰ (٩)

"اور دو کمان کے فاصلے پر یا اس سے بھی قریب تھا۔" (سورة النجم، 53:9)

ہ ہدایت کے لئے ہے – ہدایت جو غار میں موجود ہے

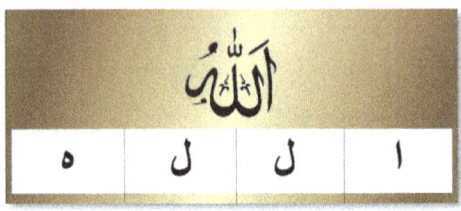

جہاں 'ھ' ھدایۃ کے ساتھ آتا ہے اور ہمیں "لَاَ اِلٰہَ اِلاَّ اللّٰہُ" کے 'ہ' کی جانب متوجہ کرتا ہے اور اس کی نشان دہی کرتا ہے۔ ہ کے اندر ایک چھپا ہوا 'و' ہے؛ جب آپ 'ھ' بناتے ہیں آپ 'و' اُس کے اندر لکھتے ہیں اور وہی غار ہے۔ تو ھدایۃ غار کے اندر ہے اور غار کے اندر اہلِ محبت، عاشقین، اہلِ حقائق ہیں جنہیں اللہ عزوجل نے "حَيَاةْ" (دائمی زندگی) کے سمندروں سے نوازا ہے۔

إِنَّ الَّذِينَ آمَنُوا وَعَمِلُوا الصَّالِحَاتِ سَيَجْعَلُ لَهُمُ الرَّحْمَٰنُ وُدًّا (٩٦)

"بے شک جو لوگ ایمان لائے اور عمل نیک کیئے- سب سے زیادہ رحیم ان کے لئے محبت قائم/عطا کردے گا۔"
(سورۃ مریم،19:96)

عبادُ الرحمٰن کی موجودگی میں ارواح زندہ ہو جاتی ہیں

نبی موسیٰ علیہ السلام کو اُس حقیقت کی تلاش تھی۔ ہم یہ پہلے بیان کر چکے ہیں کہ وہ اِن حقائق کی تلاش میں جا رہے تھے اور اس جگہ کی نشانی جہاں وہ پہنچے یہ تھی کہ ایک مری ہوئی مچھلی جو اُنہوں نے دوپہر کے کھانے میں کھائی تھی وہ زندہ ہوگئی اور پانی میں کُود گئی۔ وہاں "حَيَاةْ" کا

کوئی راز ضرور ہوگا اور یہ عباد الرحمٰن (سب سے زیادہ رحم کرنے والے کے بندے) ہیں جن کا اللہ عزوجل تذکرہ فرماتا ہے کہ، "عَلَّمَ الْقُرْآنَ خَلَقَ الْإِنسَانَ۔" (القرآن، 55:2-3)

عَلَّمَ الْقُرْآنَ (٢) خَلَقَ الْإِنسَانَ (٣)

"وہی ہے جس نے قرآن کی تعلیم فرمائی۔ اسی نے انسان کو پیدا کیا۔" (سورۃ الرحمٰن، 55:2-3)

وہ قرآن پاک کے انوار، حقائق اور راز سمیٹے ہوئے ہوتے ہیں۔ اُن کو اللہ عزوجل کی طرف سے وہ نور عطا کیا گیا ہے جو عبادت سے حاصل نہیں کیا جا سکتا۔ یہ اللہ عزوجل کی ایک عطا ہے۔ اللہ عزوجل پھر بیان فرماتا ہے کہ چیزیں ان کی موجودگی میں زندہ ہو جاتی ہیں۔ مچھلی روح کی نمائندگی کرتی ہے اور تمام ارواح اُن کی حقیقت اور موجودگی میں زندہ ہو جاتی ہیں۔ اور اُس نے کہا "عَجَبًا" وہ جو نبی موسیٰ علیہ السلام کے ساتھ تھا، اُس نے ایک مری ہوئی مچھلی کو زندہ ہوتے اور پانی میں چھلانگ مارتے دیکھا۔

قَالَ أَرَأَيْتَ إِذْ أَوَيْنَا إِلَى الصَّخْرَةِ فَإِنِّي نَسِيتُ الْحُوتَ وَمَا أَنسَانِيهُ إِلَّا الشَّيْطَانُ أَنْ أَذْكُرَهُ ۚ وَاتَّخَذَ سَبِيلَهُ فِي الْبَحْرِ عَجَبًا (٦٣)

"اس نے کہا، کہ کیا آپ نے دیکھا کہ جب ہم نے پتھر کے ساتھ آرام کیا تھا؟ تو بے شک میں مچھلی (وہیں) بھول گیا تھا۔ اور شیطان کے علاوہ کوئی نہیں تھا جس نے مجھے بھلا دیا کہ مجھے اس کا ذکر کرنا چاہئے۔ اور اس نے عجیب طرح سے دریا میں اپنا راستہ لے لیا۔" (سورۃ الکہف، 18:63)

اس کا مطلب یہ ہوا کہ یہ روح کے حقائق ہیں۔ کہ جب ایک روح خُشک ہو جاتی ہے اور مایوس ہو جاتی ہے اور مغفرت کا ہر موقع یا معرفت کے سمندر میں تیرنا ترک کر دیتی ہے، اللہ عزوجل فرماتا ہے، "نہیں، نہیں! جس

(نعمت) سے ہم نے اپنے بندوں کو نوازا ہے،' اور وہ تو بس اُن میں سے ایک بندے تھے۔ وہ تجلی اور وہ روشنی اور وہ نوازش اُن پر ہوتی ہے اور نبی موسیٰ علیہ السلام وہ علم چاہتے تھے۔

عِبَادُ الرَّحمٰن -

اللہ عزوجل کے وہ بندے جنہوں نے رحمت اور بہشتی علوم حاصل کئے

فَوَجَدَا عَبْدًا مِّنْ عِبَادِنَا آتَيْنَاهُ رَحْمَةً مِّنْ عِندِنَا وَعَلَّمْنَاهُ مِن لَّدُنَّا عِلْمًا (٦٥)

"تو انہیں ہمارے بندوں میں سے ایک بندہ ملا جس کو ہم نے اپنے ہاں سے رحمت عطا کی تھی اور جسے ہم نے اپنی بارگاہ سے ایک علم سکھایا تھا۔" (سورۃ الکھف، 18:65)

جو نبی موسیٰ علیہ السلام چاہتے تھے وہ یہ علوم اور حقائق تھے۔ یہ ایک اشارہ ہے کہ جہاں بھی علم ہے، خدائی علم -"علم اللدني وحكمة بصالحين" (خدائی علوم اور صالحین کی حکمت)، وہ لوگ نہیں جو کتابیں یاد کرتے ہیں نہ ہی وہ لوگ جو ایک زبان سے دوسری زبان میں ترجمہ کرتے ہیں (کیونکہ) وہ لوگ عربی زبان میں حدیث شریف لیتے ہیں اور اُسے اُردو اور انگریزی میں آپ کے سامنے بیان کرنے لگتے ہیں اور لوگ حیران رہ جاتے ہیں۔ وہ حیران اس لئے ہوتے ہیں کیونکہ یہ سیدنا محمد ﷺ کی احادیث ہیں۔ مگر جو اولیاء اللہ بیان کرتے ہیں وہ اِن احادیث کے حقائق اور قرآن پاک کے حقائق ہیں۔ اللہ عزوجل کے اِن بندوں نے رحمت حاصل کی اور پھر اللہ عزوجل نے اُنہیں مشائخ (مرشد) کے ذریعے (علم) اُن کے دلوں میں سکھایا۔

قرآن پاک کی رو سے بہشتی علوم حاصل کرنے کے آداب

پھر اللہ عزوجل بیان فرماتا ہے کہ، 'اگر آپ نبی موسیٰ علیہ السلام کی طرح علوم کی تلاش میں ہیں تو اُس حقیقت کو حاصل کرنے کا ایک مکمل طریقہ ہے؛ اس کا حصول آسان نہیں ہے۔' اس کا مطلب یہ ہوا کہ اگر آپ اِن علوم کو حاصل کرنا چاہتے ہیں اور ان لوگوں کے ساتھ بیٹھنا چاہتے ہیں جنہیں اِن بہشتی علوم سے نوازا گیا ہے (تو) ان کی صحبت کے مکمل اداب ہیں۔

1- اتباع — اس بات کا اعتراف کریں کہ آپ اُن کے پیروکار بننا چاہتے ہیں

سب سے پہلی چیز جو نبی موسیٰ علیہ السلام سکھاتے ہیں وہ یہ ہے کہ، 'جیسے ہی میں جاتا ہوں، میں اُن مرشد کے سامنے اس بات کا اقرار کرتا ہوں کہ میں آپ کے تابعین (پیروکار) میں سے ہونا چاہتا ہوں۔'

قَالَ لَهُ مُوسَىٰ هَلْ أَتَّبِعُكَ عَلَىٰ أَن تُعَلِّمَنِ مِمَّا عُلِّمْتَ رُشْدًا (٦٦)

"موسیٰ علیہ السلام نے ان سے کہا: کیا میں آپ کی پیروی کر سکتا ہوں؟ اس شرط کے ساتھ کہ جو (اعلیٰ) حق آپ کو سکھایا گیا ہے اگر آپ اس میں سے مجھے کچھ سکھائیں؟" (سورۃ الکہف، 18:66)

'میں آپ کی پیروی کرنا چاہتا ہوں،' یعنی فوراً میں اپنا مقام سے دستبردار ہوتا ہوں، ایسی کسی بھی چیز سے جو مجھے کسی بھی قسم کی درجہ بندی (hierarchy) میں نمایا کرے۔ یعنی اُن شیخ کی بارگاہ میں کسی قسم کی درجہ بندی کو ظاہر کرنے کی اجازت نہیں۔ یہ نبی موسیٰ علیہ السلام ہیں! یہ وہ چیز ہے جسے لوگ پورا نہیں کرتے لیکن یہ وہ ہے جو اللہ عزوجل چاہتا ہے۔

ہر عالم سے بڑا ایک عالم ہے

ہر عالم سے بڑا ایک عالم موجود ہے جس کے پاس زیادہ/اونچے درجے کا علم ہے۔ یہاں تک کہ نبی موسیٰ علیہ السلام بھی 'محمدً حقائق' کے طلبگار تھے۔ اللہ عزوجل فرماتا ہے کہ یہ علم اور اس کی عظمت مخصوص خصوصیات کی طلبگار ہے۔ ایک ایسی شخصیت سے جو میری بارگاہِ الٰہی سے گفتگو کر سکے کتنا مشکل ہے کہ انہوں نے ایک دم سے خود کو عاجز کر لیا اور کہا، 'اگر آپ مجھے اپنی پیروی کرنے کی اجازت دیں۔ اتباع!' یعنی وہ اپنی پیغمبری کا استعمال نہیں کر سکتے اور وہ اُن کی صحبت میں کسی بھی ایسی چیز کا استعمال نہیں کر سکتے جس سے اللہ عزوجل نے اُنہیں نوازا۔ (اس کا مطلب یہ ہوا کہ میں آپ کی صحبت میں کسی بھی ایسی چیز کا استعمال نہیں کر سکتا جس سے اللہ عزوجل نے مجھے نوازا ہے۔)

یعنی آپ شیخ کو متاثر کرنے کی لئے اپنے خواب نہیں سُنا سکتے؛ آپ کہانیاں نہیں سُنا سکتے، آپ مباحثے نہیں کر سکتے، آپ صحبت (درس) نہیں دے سکتے، آپ ایسا کچھ نہیں کر سکتے جس میں اپنے شیخ کے ساتھ آپ اپنا سگنل (signal) بھی استعمال کریں۔ اس میں بہت سارے حقائق ہیں۔ ایسے بہت سے طریقے ہیں جن سے لوگوں کی انا، مشائخ اور اساتذہ کرام کو قابو کرنے کی کوشش کرتی ہے۔ وہ اُن کو کہانیاں اور واقعات سُناتے ہیں اور وہ اپنے تعلق کو اُن شیخ کی بارگاہ میں استعمال کرنے لگتے ہیں۔ اس کی اجازت نہیں ہے۔ یہ ہر چیز کو روک دے گا اور ہر چیز کو مشکل بنا دے گا۔

جو معیار اللہ عزوجل قائم کرنا چاہ رہا ہے وہ یہ ہے کہ میرے کلیم اللہ/نبی موسیٰ علیہ السلام تشریف لائے اور کہا، 'مجھے اپنا شاگرد بننے دیجئے۔ انشاء اللہ آپ مجھے اپنے ساتھ صابر اور اُس علم، اداب اور اخلاق سے جو آپ کو معلوم ہے سیکھنے والا پائیں گے۔'

قَالَ لَهُ مُوسَىٰ هَلْ أَتَّبِعُكَ عَلَىٰ أَن تُعَلِّمَنِ مِمَّا عُلِّمْتَ رُشْدًا (٦٦)

"موسیٰ علیہ السلام نے ان سے کہا: کیا میں آپ کی پیروی کر سکتا ہوں؟ اس شرط کے ساتھ کہ جو (اعلیٰ) حق آپ کو سکھایا گیا ہے اگر آپ اس میں سے مجھے کچھ سکھائیں؟" (سورۃ الکھف، 18:66)

2- صابر رہیں – اِن مشائخ کی صحبت صبر کی طلبگار ہے

پھر سیدنا خضر علیہ السلام ہمارے لئے یہ بات واضح کر دیتے ہیں کہ آپ صابر نہیں رہ پائیں گے۔

قَالَ إِنَّكَ لَن تَسْتَطِيعَ مَعِيَ صَبْرًا (٦٧)

"(دوسرے نے) کہا، یقیناً آپ میرے ساتھ رہ کر صبر نہیں کر پائیں گے۔" (سورة الکہف، 18:67)

اس کا مطلب یہ ہوا کہ اِس راستے کی سب سے اہم خصوصیت، نہ کہ سب سے معمولی، صبر ہے! کیونکہ وہ جانتے ہیں کہ یہ اللہ عزوجل کے عظیم نبی ہیں۔ اللہ عزوجل ہمیں ایک مثال دے رہا ہے کیونکہ یہ اخلاق کے معیار کو قائم کرنے کا سب سے اونچا درجہ ہے۔ اس میں ایک اور راز بھی ہے کہ نبی موسٰی علیہ السلام نے خود کو عاجز کیوں کر لیا؟ ہو سکتا ہے کہ وہ سیدنا خضر علیہ السلام کو آزما رہے ہوں، وہ کسی دوسرے وقت کے لئے ہے، لیکن آج رات (کے خطاب میں یہ تعلیم ہے کہ) اُنہوں نے اس قدر اونچا معیار قائم کر دیا کہ فنا ہوا جائے اور اُس فنا کے سمندر تک پہنچا جائے کہ، 'میں چاہتا ہوں کہ اُن علوم سے جو آپ کہ پاس موجود ہیں نوازا جاؤں۔' اور وہ تعلیم دینا شروع کرتے ہیں کہ یہ کام بہت زیادہ صبر آزما ہے، "وَتَوَاصَوْا بِالْحَقِّ وَتَوَاصَوْا بِالصَّبْرِ۔" یہ راستہ حق پر مبنی ہے اور اس کی اینٹیں صبر ہیں، اور صبر برداشت ہے۔

وَالْعَصْرِ (١) إِنَّ الْإِنسَانَ لَفِي خُسْرٍ (٢) إِلَّا الَّذِينَ آمَنُوا وَعَمِلُوا الصَّالِحَاتِ وَتَوَاصَوْا بِالْحَقِّ وَتَوَاصَوْا بِالصَّبْرِ (٣)

"عصر (کے وقت) کی قسم! بے شک انسان خسارے میں ہے سوائے اُن لوگوں کہ جو ایمان لائے اور نیک عمل کرتے رہے اور آپس میں حق کی تلقین اور صبر کی تاکید کرتے رہے۔" (سورۃ العصر، 103:1-3)

آپ اُس پر صبر نہیں کر سکتے جس کا آپ کو علم نہ ہو

اگلی آیت میں سیدنا خضر علیہ السلام سیدنا موسیٰ علیہ السلام کو، جو کلیم اللہ ہیں، کہتے ہیں؛

وَكَيْفَ تَصْبِرُ عَلَىٰ مَا لَمْ تُحِطْ بِهِ خُبْرًا (٦٨)

"اور جن چیزوں کی آپ کو مکمل سمجھ ہی نہیں اُن پر آپ کیسے صبر کر سکتے ہیں؟" (سورۃ الکہف، 18:68)

جو بھی پیروی کرتا ہے اور ان حقائق کے راستے کو اپنانے کی کوشش کرتا ہے اور مستقل طور پر کچھ سننے کی اور کچھ کہنے کی کوشش کرتا رہتا ہے؛ اُنہیں لگتا ہے کہ اُنہوں نے کچھ دیکھا ہے اور وہ بول پڑتے ہیں، اُنہیں لگتا ہے کہ اُنہوں نے خواب دیکھا اور وہ بول پڑتے ہیں، بہت سے مختلف متبادل (variables) ہیں۔ ہر انسان ایک الگ درجے پر ہوتا ہے۔ یہ راستہ اُس علم کی تلاش میں ہر چیز کا فنا ہو جانا مانگتا ہے۔ یہ سکھاتا ہے کہ کس طرح آپ کسی ایسی چیز پر صبر کر سکتے ہیں جس کے متعلق آپ کا علم نامکمل ہو۔ اس کا مطلب، 'میں تمہیں اُس علم میں سے سکھاؤں گا جو تمہارے پاس نہیں ہے۔' اگر آپ کہ پاس وہ (علم) نہیں ہے تو آپ اُس کی جستجو کرنے کی کوشش میں بے صبر ہونے لگیں گے۔ چنانچہ پھر سے زور دیا جاتا ہے کہ بے پناہ صبر کی ضرورت ہے۔

3- کوئی سوال نہ کریں

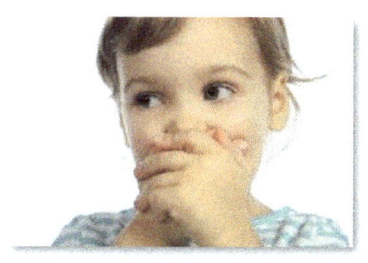

اگر آپ اِتباع کرتے ہیں تو کسی بارے میں سوالات نہ کریں جب تک کہ میں خود آپ سے اُس بارے میں بات نہ کروں۔

قَالَ فَإِنِ اتَّبَعْتَنِي فَلَا تَسْأَلْنِي عَن شَيْءٍ حَتَّىٰ أُحْدِثَ لَكَ مِنْهُ ذِكْرًا (٧٠)

"(سیدنا خضر علیہ السلام نے) کہا کہ اگر آپ میری پیروی کرتے ہیں تو مجھ سے کسی بھی چیز کے بارے میں سوالات مت کیجئے گا جب تک میں خود اس کا ذکر آپ سے نہ کروں۔" (سورۃ الکھف، 18:70)

آج کل آپ جو کچھ کالجوں اور سکولوں میں سیکھ رہے ہیں وہ بدترین اداب ہیں۔ آپ سکول میں کیا سیکھتے ہیں؟ کہ مسلسل پروفیسر (اُستاد) سے سوال کرتے جاؤ، پروفیسر کو چیلنج (challenge) کرو اور پروفیسر کی جانچ (judge) کرو، جو کہ ترک الاداب (اداب کو ترک کرنا) اور بدترین اخلاق ہے۔

ایمان، محبت کی طرح اندھا ہوتا ہے

کیونکہ ایمان اندھا ہوتا ہے، یہ محبت کی طرح ہے۔ لوگ اس کا مذاق اُڑاتے ہیں، 'اوہ، اندھا ایمان، اندھا ایمان!' جی ہاں، یہ آکسیمرون (oxymoron) ہے۔ ایمان اندھا ہونا چاہئے کیونکہ آپ ایمان کو دیکھ نہیں سکتے۔ ایمان محبت پر مبنی ایک عمل ہے، آپ محبت کو بھی نہیں دیکھ سکتے۔ ایمان اندھا ہونا چاہئے اور اس کا اندھا ہونا ضروری ہے۔ اس کا مطلب یہ ہوا کہ جب آپ اپنے دل پر یقین کرتے ہیں اعمال صحیح ہوتے ہیں، تفہیم ٹھیک ہوتی ہے اور آپ جب ایمان پر عمل پیرا ہوتے ہیں تو اللہ عزوجل آپ کو ایمان کے درجات سے نوازتا ہے۔ اگر آپ کو اسے ثابت کرنا پڑے تو وہ ایمان نہیں رہتا، اب وہ آپ کی عقل (استدلال) بن جاتا ہے۔ وہ (ایمان) آپ کے دل کی کسی ایسی چیز کے ساتھ جڑا ہوا ہوتا ہے جو بالاتر ہے۔ اور پھر راستے کا آغاز ہوتا ہے۔

4- صبر سے کام لیں اور نافرمان نہ بنیں

سیدنا موسیٰ علیہ السلام نے کہا، انشاء اللہ، آپ مجھے اپنے ساتھ صابر پائیں گے، میں آپ کی صحبت میں رہوں گا۔ سب لوگ وہ حکایت تو جانتے ہیں کہ اُنہیں تین آزمائشوں کا سامنا کرنا پڑا اور ہر آزمائش میں نبی موسیٰ علیہ السلام کے پاس کہنے کی لئے کچھ تھا۔

قَالَ سَتَجِدُنِي إِن شَاءَ اللَّهُ صَابِرًا وَلَا أَعْصِي لَكَ أَمْرًا (٦٩)

"(سیدنا موسیٰ علیہ السلام نے) کہا خدا نے چاہا تو آپ مجھے (یقیناً) صابر پائیں گے۔ اور میں آپ کے (کسی) ارشاد کے خلاف ورزی نہیں کروں گا۔" (سورۃ الکہف، 18:69)

بہشتی علوم کی طلب میں دائمی آزمائشیں

1- سیدنا خضر علیہ السلام کشتی کو ڈبو دیتے ہیں - رزق کا حصول

اُن کا گزر ایک ماہی گیر کی کشتی کی پاس سے ہوا اور ہم اس کی گہرائی میں نہیں جائیں گے۔ لیکن اہم یہ ہے کہ وہ ایک کشتی کے پاس سے گزرے، اور وہ کشتی رزق اور روزگار کی علامت ہے۔ اس کا مطلب یہ ہوا کہ آپ جس طریقے سے رزق اور روزگار حاصل کرنے کی کوشش کر رہے ہیں اُس کے ساتھ کوئی مسئلہ ہو گا۔ سیدنا خضر علیہ السلام کی اُس روزگار میں مداخلت تھی کہ وہ کشتی کو پانی میں ڈبو دیں لیکن اُسے تباہ نہ کریں، اور نبی موسیٰ علیہ السلام کو اس سے مسئلہ تھا۔ 'آپ ایسا کیوں کر رہے ہیں؟'

اس کا مطلب یہ ہوا کہ اُس رہنمائی میں جو ہمارے رزق ہمارے روزگار کے معاملے طے کرے گی، لازماً کوئی اہم بات ہوتی ہے۔ یعنی آپ اُس رہنما اور شیخ سے اور وہ علوم جو وہ منتقل کر رہے ہوتے ہیں ان سے کس طرح تعامل (interact) کرتے ہیں، کہ وہ براہ راست آپ کے رزق سے وابستہ ہونے جا رہے ہوتے ہیں۔ وہ آپ کو مشورہ دیتے ہیں کہ اپنا روزگار کیسے حاصل کیا جائے، اُس رزق کی اہمیت کو کیسے کم کیا جائے، اُسے اپنی آنکھوں سے کیسے دور کیا جائے کیونکہ وہ آپ کو روکنے جا رہا ہوتا ہے۔ پھر وہ آیت واضح ہو جاتی ہے کہ ایسا کیوں ہوا۔

غربت کا خوف روحانی حقائق کی جستجو کو روک دیتا ہے

جب نبی موسیٰ علیہ السلام نے پوچھا، 'آپ نے کشتی کو کیوں توڑا؟' کیونکہ وہ کشتی جس سے وہ اپنی آمدنی بنا رہا تھا شیطان اُس کے پیچھے تھا۔ اس کا مطلب یہ ہوا کہ آپ کی آمدنی اور پیسے پر شیطان کا اثر ہے وہ کبھی رحمٰن کی طرف نہیں جا سکے گا۔ کیونکہ شیطان آپ کے پاس آ کر سرگوشیاں کرتا رہے گا کہ، 'یہ (رزق) ختم ہونے والا ہے، ختم ہونے والا ہے۔' اور آپ اسے بچانے لگتے ہیں، بچانے لگتے ہیں، بچانے لگتے ہیں۔ یعنی وہ رزق ایک براہِ راست (رابطہ) ہے۔ اسی لئے اللہ عزوجل فرماتا کہ اِن علوم کی جستجو میں یہ تین آزمائشیں دائمی آزمائشیں ہیں۔ یہ صرف نبی موسیٰ علیہ السلام کے لئے ہی نہیں تھیں۔ پیسے کی جستجو ہمیں حقائق کی جستجو سے روکنے جا رہی ہوتی ہے اور غربت کا خوف بھی ہمیں روکنے لگتا ہے۔ تو پہلے ہی اُنہیں اُس آزمائش میں مشکل درپیش تھی۔ 'آپ کو کشتی توڑنے کی کیا ضرورت تھی؟' اُنہوں (سیدنا خضرؑ) نے بعد میں وضاحت کی کہ اُنہیں کشتی کو کیوں توڑنا پڑا۔ وہ دوبارہ کہتے ہیں، 'میں صابر رہوں گا، میں صابر رہوں گا، مہربانی فرما کر مجھے ساتھ رہنے دیں۔'

أَمَّا السَّفِينَةُ فَكَانَتْ لِمَسَاكِينَ يَعْمَلُونَ فِي الْبَحْرِ فَأَرَدتُّ أَنْ أَعِيبَهَا وَكَانَ وَرَاءَهُم مَّلِكٌ يَأْخُذُ كُلَّ سَفِينَةٍ غَصْبًا (٧٩)

"وہ کشتی غریب لوگوں کی تھی جو دریا میں کام کرتے تھے۔ اور میں نے چاہا کہ اسے عیب دار کر دوں کیونکہ اُن کے پیچھے ایک بادشاہ پڑا تھا جو ہر (اچھی) کشتی کو زبردستی چھین لیتا تھا۔" (سورۃ الکھف، 18:79)

2- سیدنا خضر علیہ السلام نے لڑکے کو ذبیحہ (قربانی) بنایا

اگلی آزمائش جس میں علم والے لوگ آپ کی زندگی میں شامل ہوں گے، اور ہم نے خود اسے اپنی زندگی میں دیکھا ہے اور ہم اسے ہر روز دیکھتے ہیں ہر اُس چیز میں جو واقع ہوتی ہے۔ ایک لڑکے کے پاس سے اُن کا گزر ہوا اور اللہ عزوجل کی جانب سے اُس لڑکے کو قتل کرنے کا حکم دیا گیا تھا۔ اور سیدنا خضر علیہ السلام نے اُس لڑکے کو قتل کر دیا اور سیدنا موسیٰ علیہ السلام نے کہا، 'اب بس! آپ نے ایک انتہائی پاکیزہ غلام (بندے) کے ساتھ اِس قدر ناانصافی کیوں کی؟'

فَانطَلَقَا حَتَّىٰ إِذَا لَقِيَا غُلَامًا فَقَتَلَهُ قَالَ أَقَتَلْتَ نَفْسًا زَكِيَّةً بِغَيْرِ نَفْسٍ لَّقَدْ جِئْتَ شَيْئًا نُّكْرًا (٧٤)

"پھر دونوں چلے۔ یہاں تک کہ اُنہیں ایک لڑکا ملا، خضر علیہ السلام نے اُسے مار ڈالا۔ (موسیٰ علیہ السلام نے) کہا کہ آپ نے ایک پاک روح کو ناحق بغیر قصاص کے مار ڈالا؟ آپ نے یقیناً ایک شرمناک حرکت کی۔" (سورۃ الکھف، 18:74)

اس کا مطلب ہے کہ یہ انتہائی تفکر کا مقام ہے کہ اس راستے میں ہم سے متعلقہ ہر چیز کو ختم ہونا ہوگا، اُس بارگاہ میں دو نہیں رہ سکتے۔ وہ چاہتے ہیں کہ ہر چیز کو تسلیم میں لایا جائے تاکہ اللہ عزوجل کی وہ ربانی بارگاہ کا نور، سیدنا محمد ﷺ کا مبارک نور ہمارے اندر روشن ہو سکے۔ تو جو چیز روک رہی ہے وہ 'ہم' ہیں۔ جو چیز روک رہی ہے وہ میری 'میں' میری 'انانیہ' ہے، جس قدر 'میں وہاں ہوں' اس قدر میں اُس حقیقت سے دور ہوں۔

تین آزمائشوں کا ہمارے روحانی راستے سے تعلق

1- دنیا کے پیچھے مت بھاگیں، اپنے ایمان کی تعمیر کریں

پہلے ہم رزق کی جستجو میں نکلے، ایک روزگار جو میری پوری زندگی کا مقصد بن جاتا ہے۔ مثلاً ہم مسلسل بازار میں بھاگتے پھرتے رہتے ہیں یہ ڈھونڈنے کے لئے کے پیسہ کہاں ہیں۔ ہم مکڑی –'عَنکَبُوت' – کے سے انسان ہیں۔ آپ اپنا جال بُنیں، اپنا ذکر کریں، وہ چیزیں کریں جو اللہ عزوجل کو پسند ہیں اور اللہ عزوجل رزق بھیجنے لگتا ہے۔ ایک دلیل اور ثبوت کے طور پر بہت سے ایسے لوگ موجود ہیں جو اس طرح کی زندگی گزارتے ہیں۔ وہ وہی کرتے ہیں جو اللہ عزوجل چاہتا ہے کہ وہ کریں اور اللہ عزوجل اُنہیں بھیجتا ہے اور وہ ایسے ذریعوں سے (رزق) بھیج سکتا ہے جن کا آپ تصور بھی نہیں کر سکتے۔

2- اپنی بری خصلتوں/انا سے چھٹکارا پائیں

پھر لڑکا؛ اور یہ نفسِ امّارہ (کو ظاہر کرتا) ہے، سب سے بُرا کردار جو مسلسل شریر حالت میں رہتا ہے۔ پھر جب نبی موسیٰ علیہ السلام نے شکایت کی، مگر اُنہوں نے اسے عربی کے الفاظ سے یوں منسوب کیا، 'یہ ایک بالکل پاکیزہ غلام ہے۔ آپ نے ایسا کیوں کیا؟' یعنی اِس میں ہم سب کیلئے ایک اشارہ ہے کہ ہر کوئی اپنے آپ کو بہت عظیم سمجھتا ہے کہ میں بہت پاک ہوں، میں بہت ہی عمدہ ہوں، ایسا کیوں ہے کہ میں حملے کی زد میں ہوں؟ ایسا کیوں ہے کہ میری زندگی میں آزمائش ہے؟ میں مسلسل مشکل میں کیوں ہوں؟ جبکہ میں تو ایک شاندار انسان ہوں۔

سیدنا خضر علیہ السلام نے نبی موسیٰ علیہ السلام کو شریر لڑکے کے بارے میں بتایا،

وَأَمَّا الْغُلَامُ فَكَانَ أَبَوَاهُ مُؤْمِنَيْنِ فَخَشِينَا أَن يُرْهِقَهُمَا طُغْيَانًا وَكُفْرًا (٨٠) فَأَرَدْنَا أَن يُبْدِلَهُمَا رَبُّهُمَا خَيْرًا مِّنْهُ زَكَاةً وَأَقْرَبَ رُحْمًا (٨١)

”اور وہ جو لڑکا تھا، اس کے ماں باپ مومن تھے، اور ہمیں خوف تھا کہ کہیں وہ سرکشی اور کفر کے ذریعے اُن پر بوجھ نہ بڑھادے۔ تو ہم نے چاہا کہ ان کا پروردگار اُن کو اُس کی جگہ پاکیزگی میں اور رحمت کے قرب میں بہتر عطا فرمائے۔“

(سورۃ الکہف، 18:80-81)

وہ مکالمہ جس میں سیدنا خضر علیہ السلام لڑکے کے بارے میں تعلیم دے رہے تھے کہ، 'نہیں، نہیں! وہ شریر لڑکا رکاوٹ بنے گا۔ اگر آپ اسے مرنے دیں تو اللہ عزوجل اِسے ایک رحمت سے بدل دے گا، ایک ایسی چیز جو آپ کے لئے باعثِ رحمت ہو۔' اس کا مطلب نئی حقیقت جو کسی شخص میں پیدا ہوتی ہے ایک پاک حقیقت ہوتی ہے جو ہمارے حقائق تک پہنچنے کے لئے ہماری رہنما اور مددگار ہوتی ہے۔ یعنی اب رزق اس کے پیچھے پیچھے آئے گا۔ اندر کے کردار کی پاکیزگی اور ہمارا اس کے ساتھ جُڑ جانا یہ سوچتے ہوئے کہ یہ ایک 'پاک غلام' ہے؛ تو وہ اللہ عزوجل کی جانب سے تعلیم فرماتے ہیں کہ، 'نہیں، نہیں! اس کو چھوڑ دو اور ذبیحہ (قربانی) کر دو۔ اس اخلاق کو ابھی پاک ہونا تھا۔'

3- خدمت میں زندگی گزاریں

پھر آخری آزمائش دیوار کی تعمیر تھی۔ اُس دیوار کی تعمیر کرنا (دراصل) خدمت میں زندگی گزارنا ہے اور یہ خدمت کی حقیقت کو اُجاگر کرتی ہے۔ اسی لئے آپ کو دیوار بنانی ہے اور آپ اس کی قیمت بھی نہیں لیتے۔ یعنی ہم جو کچھ بھی کرتے ہیں ہمیں اس کیلئے پیسے چاہئے ہوتے ہیں، آپ پیسے کمانے کے لئے زندگی گزارتے ہیں۔ لیکن جب آپ ان مخلص لوگوں کی طرف دیکھتے ہیں وہ پیسے کمانے کیلئے زندگی نہیں جیتے، وہ خدمت میں زندگی گزارتے ہیں۔ وہ اللہ عزوجل کی خدمت کرتے ہیں اور پھر پیسہ تمام ممکنہ اطراف سے آنے لگتا ہے اُس کا کوئی مسئلہ نہیں رہتا۔

اتَّبِعُوا مَن لَّا يَسْأَلُكُمْ أَجْرًا وَهُم مُّهْتَدُونَ (٢١)

"اُن کی پیروی کرو جو تم سے (اپنے لئے) صلہ نہیں مانگتے اور وہ جو ہدایت یافتہ ہیں۔" (سورۃ یٰس، 36:21)

نبی موسیٰ علیہ السلام جس مسئلے کی شکایت سیدنا خضر علیہ السلام سے کر رہے تھے کہ ہم نے معاوضہ کیوں نہیں لیا؟ انہوں نے کہا، 'بس یہیں سے اب ہمارے درمیان مسائل پیدا ہوگئے ہیں۔'

فَانطَلَقَا حَتَّىٰ إِذَا أَتَيَا أَهْلَ قَرْيَةٍ اسْتَطْعَمَا أَهْلَهَا فَأَبَوْا أَن يُضَيِّفُوهُمَا فَوَجَدَا فِيهَا جِدَارًا يُرِيدُ أَن يَنقَضَّ فَأَقَامَهُ ۖ قَالَ لَوْ شِئْتَ لَاتَّخَذْتَ عَلَيْهِ أَجْرًا (٧٧)

"پھر دونوں چلے۔ یہاں تک کہ ایک گاؤں والوں کے پاس پہنچے اُنہوں نے وہاں کے لوگوں سے کھانا طلب کیا لیکن انہوں نے ان کی ضیافت کرنے سے انکار کر دیا۔ اور انہوں نے وہاں ایک دیوار دیکھی جو کہ گرنے والی

تھی، تو خضر علیہ السلام نے اس کو سیدھا کر دیا۔ (موسیٰ علیہ السلام) نے کہا، اگر آپ چاہتے تو ان سے اس کا معاوضہ لے سکتے تھے۔" (سورۃ الکہف، 18:77)

یعنی یہ اللہ عزوجل کے لئے کچھ کرنے اور اس کے بدلے میں کچھ نہ مانگنے کی حقیقت ہے۔ خدمت میں زندگی گزاریں یعنی اللہ عزوجل کی خدمت کریں، سیدنا محمد ﷺ کی خدمت کریں، وہ کریں جو آپ کو کرنا چاہئے اور اللہ عزوجل آپ کو رزق دے گا۔ اللہ عزوجل آپ کا خیال رکھے گا۔ اور اِس مقام پر یہ کہنے والے پہلے شخص سیدنا خضر علیہ السلام تھے کہ، 'بس یہی کافی ہے! میں آپ کو اِن ذمہ داریوں سے آزاد کردیتا ہوں تاکہ اللہ عزوجل آپ سے ناراض نہ ہو۔'

قَالَ هَٰذَا فِرَاقُ بَيْنِي وَبَيْنِكَ ۚ سَأُنَبِّئُكَ بِتَأْوِيلِ مَا لَمْ تَسْتَطِع عَّلَيْهِ صَبْرًا (٧٨)

"[خضر علیہ السلام] نے کہا، اب یہ مجھ میں اور آپ میں علیحدگی ہے۔ جن باتوں پر آپ صبر نہ کرسکے میں ان کا بھید آپ کو بتائے دیتا ہوں۔" (سورۃ الکہف، 18:78)

اپنی امانت حاصل کرنے کیلئے ہمیں اِن تین امتحانات میں سے لازماً گزرنا ہوگا

سیدنا خضر علیہ السلام نے کہا، 'بس یہاں سے آگے ہم نہیں جاسکتے۔' وہ ہمارے لئے ایک حقیقت واضح کرتے ہیں کہ ادب ایسا کیوں ہے؟ یعنی جب ہم وہ حاصل کرنا چاہتے ہیں جو اللہ عزوجل ہمیں ہماری امانت میں سے نوازنا چاہتا ہے، یہ ایک امانت ہوتی ہے جسے ہمارے لئے ایک طرف رکھا گیا ہوتا ہے۔ اور یہ تین آزمائشیں ہماری اپنی امانت کی طرف کا راستہ ہیں اور اگر یہ رشتہ شک اور مستقل سوالات پر مبنی ہو تو یہ ایمان نہیں رہتا۔ وہ آپ کو تمام جوابات دے سکتے ہیں؛ ہر بار جب بھی آپ اُن سے سوال کرتے ہیں اور شک میں مبتلا ہوتے ہیں وہ آپ کو جواب دے دیتے ہیں، مگر آپ کو ایمان میں سے کسی چیز سے نہیں نوازا جاتا۔ آپ کو محض ذہنی سکون سے نوازا جاتا ہے۔ (چنانچہ) اللہ عزوجل آپ کو پھر سے آزمائے گا۔

ایمان صبر طلب ہوتا ہے – یہ جان لیں کہ ہر چیز میں اللہ عزوجل کا ہاتھ ہے

اس کا مطلب یہ ہوا کہ ایمان کوئی ایسی چیز نہیں جس میں 'سر' کا ہونا ضروری ہے بلکہ 'صبر' کا ہونا ضروری ہے۔ یہی وجہ ہے کہ اس کی وضاحت تعلق کے آغاز میں ہی کر دی گئی تھی کہ، 'کیا آپ کو یقین ہے کہ آپ کو ان حقائق کی خواہش ہے؟ یہ جنت کے حقائق ہیں نہ کہ دنیا کے علوم۔' بہشتی راستہ صبر آزما ہوتا ہے، ایمان کا ایک انتہائی درجہ جہاں آپ کے ساتھ کچھ بھی کیا جائے تو آپ صابر رہیں، کیونکہ اللہ عزوجل بہتر جانتا ہے، 'اللہ عزوجل کا ہاتھ' مکمل توحید ہے۔

1- ہر چیز میں اللہ عزوجل کا ہاتھ ہوتا ہے۔ اگر وہ آپ کے رزق کو کم کردے تو اس سے بدحواس نہ ہوں۔ جس قدر آپ کا اس سے لگاؤ ہوگا اُسی قدر آپ اس سے بدحواس ہوں گے۔ ایک بار یہ اپنا لگاؤ آپ کے گھر سے کھودے تو دنیا کی ساری دولت بھی آپ کے سامنے رکھ دی جائے شیطان کا اس میں کوئی حصہ نہیں ہوگا کیونکہ آپ اس سے جو کچھ بھی کریں گے سیدنا محمد ﷺ کے لئے کریں گے۔

2- دوسرا یہ ہے کہ اگر آپ کردار کا ذبیحہ اور صفائی نہیں کریں گے تو وہ بُرا کردار ہمیشہ آپ کے اندر ہی موجود رہے گا، وہ شریر کردار جو ہمیشہ اللہ عزوجل کے خلاف باغی رہے گا، سیدنا محمد ﷺ کے خلاف باغی رہے گا اور أُولِي الْأَمْرِ (اولیاء کرام) کے خلاف باغی رہے گا۔

3-اگر (اوپر بیان کردہ) وہ دو خصوصیات حاصل ہو جاتی ہیں تو تیسری کامل ہو جاتی ہے؛ وہ خدمت میں زندگی گزارنے لگتے ہیں۔ وہ سب کچھ کرتے ہیں؛ وہ کام بھی کرتے ہیں مگر وہ بے تابی سے اللہ عزوجل، سیدنا محمد ﷺ کی خدمت کرنے کا انتظار بھی کرتے ہیں اور وہ خدمت میں زندگی گزارتے ہیں۔ حتیٰ کہ باہر والے لوگ خدمت گزار لوگوں سے آکر پوچھتے ہیں، 'آپ نے یہ کیوں کیا؟ آپ ہمیشہ ادھر کیوں جاتے رہتے ہیں؟ آپ ہمیشہ ادھر خدمت کیوں کرتے رہتے ہیں؟ آپ اس طرح کیوں کرتے ہیں؟

آپ کو پیسے کون دیتا ہے؟ وہ اِس طرح کیوں نہیں کرتے؟' کیونکہ دنیاوی لوگ خدمت کو نہیں سمجھتے۔ وہ بس یہ سمجھتے ہیں کہ آپ کچھ کریں اور آپ کو 20 ڈالر ملیں، اور آپ یہ کام کریں آپ کو 20 ڈالر ملیں، آپ وہ کام کریں آپ کو 20 ڈالر ملیں۔ لیکن اللہ عزوجل کی طرف سے معاوضہ دیا جانا اونچے درجے کے ایمان اور تسلیم و بندگی کے ایک درجے کا طلبگار ہے۔

یعنی وہ، وہ چیز تھی جو سکھائی جارہی تھی اور اُس سکھائی جانے والے چیز کی تفہیم یہ تھی کہ جب سیدنا خضر علیہ السلام نے فرمایا، 'یہ ہمارے لئے کافی ہے،' کہ (یہ) صبر کا راستہ ہے، اتباع کا اور ہدایت کی پیروی کا راستہ ہے، اور کس طرح شک جیسی بُری خصلت کو دور کیا جائے؛ جس قدر شک ہوتا ہے اور جس قدر سوالات ہوتے ہیں اِن حقائق کا کوئی تعلق نہیں رہتا اور تب یوں ہوتا ہے کہ مرشد اور مرید اپنے راستے الگ کر لیتے ہیں۔ کیونکہ ایسے حالات میں گزارا گیا مزید وقت مرید کے خلاف لکھا جائے گا، کیونکہ یہ اب ایمان نہیں رہا۔ یہ مستقل سوالات، مسلسل استفسار ہے؛ یہ اب ایمان نہیں رہا! اگر اس میں ایمان شامل نہیں ہے تو یہ مرید کی نشوونما کے لئے نقصان دہ بن جاتا ہے اور اسی لئے اُس وقت وہ اپنے راستے الگ کر لیتے ہیں کہ تم اپنے راستے جانے کے لئے آزاد ہو اور ہم اپنے راستے واپس جاتے ہیں۔

ہم دعا گو ہیں کہ اللہ عزوجل ان تفاہیم کو ہم پر اس صفر کے پاک مہینے میں کھول دے؛ ربیع الاول کے مہینے اور سیدنا محمد ﷺ کے پوری آب وتاب سے چمکتے ہوئے سورج کا آغاز ہوتا ہے، کہ اللہ عزوجل ہمیں زیادہ سے زیادہ

سمجھ عطا فرمائے، زیادہ سے زیادہ ادب عطا فرمائے اور زیادہ سے زیادہ سیدنا محمد ﷺ کا عشق اور اولیاء اللہ کی محبت عطا فرمائے اور اُس تمام تر عشق کو صبر سے آراستہ کرے، انشاء اللہ۔

تینوں آزمائشیں سیدنا موسیٰ علیہ السلام کی زندگی کی عکاسی کرتی ہیں

تین آزمائشیں، اُس حقیقت کی امانت کے ساتھ جو نبی موسیٰ علیہ السلام چاہتے تھے، یعنی جب آپ راستے (طریقت) کے معجزے کو دیکھتے ہیں جس چیز پر وہ آپ کو آزماتے ہیں وہ آپ کی اپنی امانت کیلئے ہوتا ہے۔ یہ مرشد کی طرف سے آزمائش نہیں ہوتی۔ یہی سیدنا خضر علیہ السلام نبی موسیٰ علیہ السلام کو بتانا چاہ رہے تھے کہ، 'یہ آزمائش جو اللہ عزوجل آپ کی طرف بھیج رہا ہے بہت زیادہ حیرت انگیز ہے کیونکہ یہ آپ کی اپنی زندگی کی عکاسی کرتی ہے نہ کہ میری۔ کیونکہ:

1- آپ کو ایک ٹوکری میں ڈال کر پانی میں پھینک دیا گیا تھا تو اگر آپ کو کشتیوں کو غرق کرنے اور کشتیوں کو ڈبو دینے سے کوئی مسئلہ ہے تو آپ کی والدہ نے بھی آپ کو ٹوکری میں ڈال کر بہا دیا تھا۔' آپ یہ کشتی دیکھ رہے ہیں اس کا تعلق اس بات سے ہے کہ کس طرح آپ کی والدہ نے آپ کو پانی میں پھینک دیا تھا۔ اس کی کیا حکمت اور دانائی تھی؟ کہ آپ اُس ٹوکری کے سہارے بچ جائیں گے کیونکہ اللہ عزوجل عظیم ہے آپ کو کسی سے ڈرنے کی ضرورت نہیں۔ اللہ عزوجل نے آپ کے اپنے دشمن کے ہاتھوں میں آپ کو پروان چڑھایا، جس نے ہزاروں بچوں کو آپ کی تلاش میں طلب کیا اور قتل کر ڈالا۔ اللہ عزوجل کی عظمت یہ ہے کہ، 'میں تمہیں اسے کھلانے پلانے، اسے صاف کرنے، اسے نہلانے اور اسے بڑا کرنے پر لگاؤں گا،' کیونکہ اللہ عزوجل عظیم ہے۔

2- 'آپ کو اس لڑکے سے مسئلہ ہے، لیکن کیا وہ آپ نہیں تھے جس نے چوکیدار کو اپنے ہاتھ سے مار ڈالا تھا تا کہ اپنے قبیلے کے ایک شخص کو بچا سکیں؟ اللہ عزوجل اس معرفت کی راہ میں آپ کو آپ کی اپنی معرفت دکھانا چاہتا

ہے۔ کیونکہ یہ آپ کی امانت ہے جو آپ چاہتے ہیں، آپ کا اپنا کردار جو اللہ عزوجل آپ کو دکھانا چاہتا ہے۔' یہ مرشد کے کردار کے بارے میں نہیں ہے، وہ تو محض ایک رہبر ہیں جو آپ کو ساتھ لے کر چل رہے ہیں۔ لٰہذا صبر کریں، صابر رہیں۔

3- 'دیوار، جس کے بارے میں آپ اتنے بے چین ہو رہے تھے، آپ نے بھی تو مدین کا کنواں دے دیا تھا، آپ نے اُن عورتوں کو پانی بھر کر دیا کیونکہ آپ کو اُن میں سے ایک بیوی کے طور پر چاہیئے تھی۔'

یعنی ہر آزمائش جو اللہ عزوجل نے بھیجی وہ آپ کی اپنی زندگی کی عکاسی کرتی تھی۔ اور اگر ہم سمجھنے کے لئے صابر رہیں، راستہ اختیار کرنے کے لئے صابر رہیں، تو ہمیں یہ معلوم ہوگا کہ وہ امانت جو اُنہوں نے ہمارے لئے رکھی ہوتی ہے وہ، وہ امانت ہے جو ہماری وراثت تھی۔ یعنی آپ 'حقائق کے قلم' کے وارث ہیں اور آپ کو اُس حقیقت تک پہنچنے اور اس سے ملبوس ہونے کے لئے مکمل طور پر آزمایا جائے گا۔ اور ہم دعا گو ہیں کہ اللہ عزوجل ہمیں اِن حقائق سے نوازے اور اُس سے نوازے جس کا وعدہ ہم سے 'وعدوں کے دن' کیا گیا تھا۔ انشاء للہ۔

سُبْحَانَ رَبِّكَ رَبِّ الْعِزَّةِ عَمَّا يَصِفُونَ، وَسَلَامٌ عَلَى الْمُرْسَلِينَ وَالْحَمْدُ لِلّٰهِ رَبِّ الْعَالَمِينَ بِحُرمَةِ مُحَمَّدِالمُصطفى وَبِسرِّ سُورَةِ الفَاتِحَة۔

پانچواں باب

مثبت اینرجی کیسے حاصل کی جائے

وَ قُلْ جَآءَ الْحَقُّ وَزَهَقَ الْبَاطِلُ، إِنَّ الْبَاطِلَ كَانَ زَهُوقًا ﴿۸۱﴾

"اور کہہ دیجیے، حق آگیا اور باطل نابود ہوگیا۔ بے شک باطل (اپنی فطرت سے) نابود ہی ہونے والا ہے۔"

(سورۃ الاسراء، 17:81)

روح کو بیدار کرنے کیلئے حواسِ خمسہ پر قابو پائیں

زندگی کا تحفہ ایک قیمتی تحفہ ہے، اور جو خدا ہم سے چاہتا ہے وہ اس عطا کی گئی زندگی کی حقیقت حاصل کرنا ہے۔ اور بہت سے لوگ نچلے وجود اور جسمانی خواہشات کی طلب کو چُنتے ہیں۔ اور پھر کچھ ایسے ہیں جنہیں خدا نے اُن کے اندر سے ہی متاثر کیا کہ ایک بڑی حقیقت موجود ہے۔ یعنی اس دنیا میں آنے کے سبب، آپ کو خدائی روح، ربانی نور جو خدا نے روح پر نازل فرمایا ہے اُس کی عظمت، شان و شوکت اور قدرت کو دیکھنے کے لئے خود کو منظّم کرنا ہوگا۔

پھر طروق آتے ہیں اور دینی احکام اور دینی سمجھ بُوجھ کے حقائق کی تعلیمات دینا شروع کرتے ہیں۔ وہ ہمیں سکھاتے ہیں کہ اپنے ظاہری وجود کو منظّم کرکے اور اپنے ظاہری وجود اور ظاہری خواہشات کو عاجز کرکے کیسے روحانی حقائق کو اُبھارا جائے۔ جس قدر ہم ظاہری کانوں پر توجہ دیتے ہیں اور ظاہری سماعت سے لطف اندوز ہوتے ہیں، روحانی سماعت نہیں کھل سکتی۔ لہٰذا وہ سکھاتے ہیں کہ جو آپ سنتے ہیں اُسے کیسے قابو میں رکھا جائے۔ اور غیر ضروری آوازوں کو کانوں پر حاوی نہ ہونے دیں کیونکہ یہ براہِ راست آپ کے دل پر اثر انداز ہوں گی۔

وہ ہمیں تصوف میں سکھاتے ہیں کہ ہر چیز دل پر مبنی ہے۔ یہاں تک کہ جسم کی فزیالوجی (physiology) کا بھی دل پر اثر ہوتا ہے۔ یہ پیغمبروں کے علم سے تھا، پھر اولیاء اللہ کو علوم سے وراثت میں ملا۔ یہ نبی پاک ﷺ کی میراث

ہے۔ اب سائنس میں لوگ جانتے ہیں کہ جو آپ سنتے ہیں؛ جارحانہ آوازیں، آپ کے دل کو مشتعل کر سکتی ہیں۔ وہ جانتے ہیں کہ کچھ آوازیں جب وہ بجتی ہیں اور اُس آواز کا بار بار بجنا، دل کیلئے مسائل پیدا کرتا ہے۔

روحانی سماعت کو بیدار کرنے کیلئے ظاہری سماعت کو منظّم کریں

وہ ہمیں سکھاتے ہیں کہ اگر آپ روحانی سماعت کو بیدار کرنا چاہتے ہیں تو اپنی ظاہری سماعت کو منظّم کرنا شروع کریں۔ اس کا مطلب یہ ہوا کہ وہ سب بُری آوازیں اور وہ سب بری باتیں اور غیر ضروری آوازیں، وہ سب ذکر ہیں جو دل میں داخل ہو رہے ہوتے ہیں، اگر وہ ایک جارحانہ آواز ہو گی تو وہ براہِ راست دل پر اثر انداز ہو گی۔ اگر وہ ناخوشگوار ہو گی تو روح اور جسم، اس کیلئے جوابدہ ہوں گے جو اُنہوں نے سنا۔ وہ دل پر لکھا اور نقل کر دیا جائے گا؛ کہ منفی اور بہت زیادہ ناپاک ذکر جسے لوگ سُنتے ہیں، وہ دل میں جارہا ہوتا ہے۔

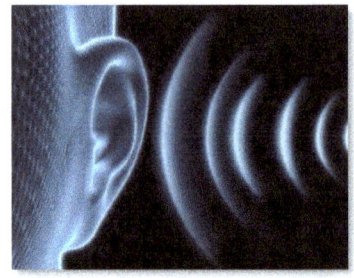

یہ محض اتفاق نہیں ہے کہ منفی اور شیطانی انا اس کے ساتھ آجاتی ہے، کیونکہ انا اور انا پرستی، شیطان اور تمام تر نیگیٹیویٹی (negativity)، وہ نہیں چاہتے کہ ہم اپنی حقیقت تک پہنچیں۔ یہ (شیطان) نہیں چاہتا کہ ہم اپنے وجود کے مقصد تک پہنچیں کیونکہ وہ اس کا مقصد نہیں ہے۔ اس کا مقصد تو ظاہری دنیا میں کھیلنا اور لطف اندوز ہونا ہے۔

روح اوپر سے آتی ہے، بہشت سے۔ اس میں کوئی اوپر یا نیچے نہیں ہوتا، یہ جنت سے آتی ہے اور جنت میں واپس چلی جاتی ہے۔

إِنَّا لِلَّهِ وَإِنَّا إِلَيْهِ رَاجِعُونَ (١٥٦)

"بے شک ہم خدا ہی کی طرف سے ہیں اور اسی کی طرف لوٹ کر جانے والے ہیں۔" (سورۃ البقرہ، 2:156)

انا اور برا کردار یہیں رہتے ہیں۔ان کی واحد دلچسپی تفریح اور کھیل کود میں ہے اور وہ جانتے ہیں کہ جب روح کی انیرجی (energy) آتی ہے تو وہ مشکل میں پڑ جاتے ہیں اور وہ روح کی توانائی سے جل جائیں گے۔ تو وہ ہر مقام پر یہی کہتا ہے، 'اسے سنو!' اور آئی پوڈ (iPod) اور موسیقی اور ایسی آوازوں کو بجانا شروع کر دیتا ہے جو دل کو براہ راست سیاہ کر دیتی ہیں۔ اور پھر کانوں کے ہر روزے اور مشق کا آغاز ہوتا ہے کہ، 'میں صرف روحانی آوازوں کو سنوں گا جو میری روح میں لطف اور انیرجی پیدا کریں گی؛ اور یہ کہ اُن دوسری آوازوں کے لئے میں جوابدہ ہوں گا۔' وہ بہت بری قوتوں کے اذکار ہیں جو کئے جا رہے ہیں اور روح کو سیاہ کرنے کی کوشش کر رہے ہیں۔

ظاہری آنکھوں کو قابو میں رکھیں

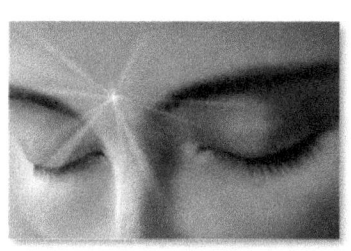

پھر وہ سکھاتے ہیں کہ آنکھوں کو قابو میں رکھیں اگر آپ چاہتے ہیں کہ روح بیدار ہو۔ پھر جب آپ اپنی ظاہری آنکھوں سے دیکھتے ہیں اور آپ کی آنکھیں بھوکی ہو جاتی ہیں اور وہ ہر چیز کو کھانے اور جذب کرنے لگتی ہیں تو وہ سکھاتے ہیں کہ اپنی آنکھوں کو بند رکھنے کا راستہ اختیار کریں۔ آنکھوں کی نہ ختم ہونے والی بھوک کبھی نہیں رکتی۔ اگر ہماری زندگی میں ہر چیز آنکھوں پر مبنی ہے اور جو ہم دیکھتے ہیں ہم اُس کی خواہش کرنے لگتے ہیں جو کبھی ختم نہیں ہوتا، تو پھر وہ سکھاتے ہیں کہ وہ راستہ اختیار کریں جس میں آپ اپنی آنکھیں بند رکھیں۔ کیونکہ جو ہم ڈھونڈ رہے ہیں وہ ظاہری آنکھوں سے نہیں ہے۔

ہر حس کی دو فطرتیں ہیں

جیسے ہی ہم ہر حس کو بند کرتے ہیں - ہر حس کی دو فطرتیں ہوتی ہیں، چاند کی طرح؛ ایک رخ جسے آپ دیکھ سکتے ہیں اور ایک جسے آپ نہیں دیکھ سکتے۔ آپ کا ایک بیرونی کان ہے، آپ کی ذات کی فزیالوجی، اور آپ کا ایک اندرونی کان ہے۔ جیسے ہی آپ باہر والے کان کو بند کرتے ہیں اندر والے کان کو زیادہ واضح طور پر سنائی دینے لگتا ہے۔ اس کا مطلب یہ ہوا کہ اندر والا کان سننا شروع کر دیتا ہے، پہلے فرشتوں کہ آوازیں نہیں، بلکہ ضمیر کی آواز؛ نچلے درجے کا ضمیر جو ہمارے اندر قید ہے۔ اونچا ضمیر تو بارگاہِ الٰہی میں ہے اور نورِ الٰہی اُس ضمیر سے فرماتا

ہے کہ، 'انہیں سکھاؤ! یہ زمین پر آیا اور وہ بھول گیا جس کا وعدہ اس نے مجھ سے کیا تھا۔' (مرد ہو یا عورت اس سے کوئی فرق نہیں پڑتا)۔

یعنی بارگاہِ الٰہی میں ہمیشہ ہماری ایک حقیقت موجود ہوتی ہے۔ اُس نور کے ایک چھوٹے سے حصے کو جسم میں بھیجا گیا تھا۔ تو پھر اوپر والی حقیقت ہمیشہ نیچے والی حقیقت سے جو جسم کی انا پرستی میں قید ہے، رابطہ کرنے کی کوشش کرتی رہتی ہے۔

پھر وہ سکھاتے ہیں کہ جیسے ہی آپ اپنی آنکھیں بند کرتے ہیں تو آپ کا بیرونی مشاہدہ بند ہو جاتا ہے تاکہ دل کے اندر کا

مشاہدہ بیدار ہونے لگے۔ اس کا مطلب یہ ہوا کہ ہر پرہیزگاری اور ہر روزے سے اس کی حقیقت جنم لینے لگے گی۔ لیکن جس قدر ہم اس میں ملوث ہوں گے وہ حقیقت کبھی پیدا نہیں ہو پائے گی۔ پرانے وقتوں میں لوگ شیخ کے پاس جاتے تھے اور شیخ اُنہیں ایک بیج دکھاتے تھے۔ کیا آپ نے کبھی ایووکیڈو (avocado) کا بیج دیکھا ہے؟ وہ ایک گیند (baseball) کی طرح ہوتا ہے۔ وہ بیج کو لیتے اور فرماتے، 'بیج کی طرف دیکھو! کیا یہ کبھی کچھ بنے گا اگر میں اسے یوں ہی تھامے رہوں؟' وہ فرماتے، 'نہیں! یہ درحقیقت لکڑی کا ایک بہت سخت ٹکڑا بن جائے گا۔ آپ اسے گیند کے طور پر استعمال کر سکتے ہیں، آپ اسے کسی پر پھینک سکتے ہیں۔'

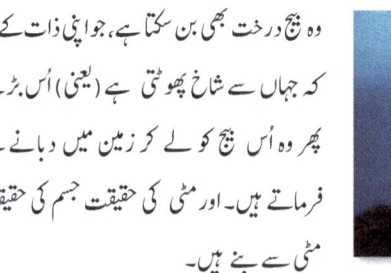

وہ بیج درخت بھی بن سکتا ہے، جو اپنی ذات کے اندر زبردست ہے کہ جہاں سے شاخ پھوٹتی ہے (یعنی) اُس بڑے بیج سے۔ چنانچہ پھر وہ اُس بیج کو لے کر زمین میں دبانے کے عمل سے تعلیم فرماتے ہیں۔ اور مٹی کی حقیقت جسم کی حقیقت ہے کیونکہ ہم مٹی سے بنے ہیں۔

خلوت کی اہمیت

تو اللہ عزوجل فرماتا ہے، 'تم اپنی حِس اندر واپس لے جاؤ، اپنی مٹی میں جاؤ؛ اندر بیج لگاؤ!' اور یہ خلوت اور تنہائی کا تصور بن جاتا ہے۔ ہم اپنی روزمرّہ کی زندگی میں خلوت اختیار کر سکتے ہیں محض کچھ اوقات میں خود کو تنہا کر کے۔ ایک نظم و ضبط قائم کر لیں کہ مخصوص اوقات جن میں، 'میں خود کو تنہا کر لوں گا، کسی کو نہیں دیکھوں گا اور نہ بات کروں گا، اور صرف اپنے ساتھ رہوں گا؛ اپنی حقیقت کے بارے میں سوچوں گا تاکہ یہ بیج ایک دن درخت بن سکے۔'

اگر یہ درخت بن جاتا ہے، ایک دن اس پر پھل بھی لگیں گے۔ اوو وہ پھل روح کیلیئے دائمی تحائف بن جاتے ہیں کیونکہ لوگ اب آپ کے درخت کے پھلوں سے فائدہ اُٹھا رہے ہوتے ہیں۔ خدا تعلیم فرما رہا ہے کہ اس کے برعکس بہت سے لوگ دنیا میں اس صلاحیت کے ساتھ آتے ہیں؛ اُن کے پاس بیج ہوتا ہے اور وہ اس بیج کے ساتھ ہی چلے جاتے ہیں۔ وہ اسے بیجنے کے لئے وقت ہی نہیں نکالتے۔ اور وہ اُس حقیقت سے جو کھو جاتی ہے بہت افسردہ ہوتے ہیں، کیونکہ پھر آپ خدا کے سامنے ایک بیج کے ہمراہ حاضر ہوتے ہیں۔ وہ درخت نہیں بنا اور نہ ہی اُس پر پھل آئے۔

تو روحانی طروق کا سب نظم و ضبط، یہ کوئی شعبدہ بازی نہیں ہے۔ یہ بہت ہی زیادہ واضح سائنس ہے اور یہ اُس سائنس سے مطابقت رکھتی ہے جو اِس دنیا میں جانی جاتی ہے، نہ ہی یہ ان کا مفروضہ ہے کہ وہ اندازے لگاتے رہیں اور امید کرتے رہیں کہ ایک وہ درست ثابت ہوں گے، بلکہ یہ ثابت شدہ ہے۔

پھر سماعت میں پرہیز کرنا تاکہ اصل سماعت بیدار ہو سکے، نظر میں پرہیز کرنا تاکہ روح کی حقیقی نظر بیدار ہو سکے۔ جو ہم دیکھ رہے ہیں وہ ایک فریب ہے۔ یہ سب ایٹمز حرکت میں ہیں۔ اور اِس میں سے کچھ بھی اصلی نہیں ہے۔ جیسے ہی آپ روح کے ذریعے دیکھنے لگتے ہیں تو روح وہ دیکھ سکتی ہے جو اللہ عزوجل چاہتا ہے کہ وہ دیکھے۔

سانس کو قابو میں رکھیں

پھر وہ سکھاتے ہیں کہ اپنی سانس پر کنٹرول حاصل کریں، کہ اپنی سانس کے ذریعے بارگاہِ الٰہی کا ذکر کریں۔ آپ کی زندگی سانس پر مبنی ہے۔ آپ کی زندگی کی حد اور اس کی مہلت اس بات پر مبنی ہیں کہ آپ کے پاس کتنی سانسیں ہیں۔ تو زندگی کے بیمے (life insurance) اور بڑی منصوبہ بندی کی ضرورت نہیں ہے۔ اس سے بہتر ہے کہ آپ بیٹھیں اور ذکر کریں 'حَضرَة ' - حَيّ، حَيّ، حَيّ۔ اسی لئے وہ کہتے ہیں "نَفَسُ الرَّحمَة - رحمت کہ سانس۔" کیونکہ اللہ عزوجل فرماتا ہے، 'اپنے بڑے بڑے منصوبے بنانے سے پہلے اور کب تک آپ یہاں رہنے والے ہیں، آپ اپنے پیسے کیسے خرچ کرنے والے ہیں، آپ نے اب تک مجھے اُس سانس کا شکریہ تک ادا نہیں کیا جو آپ کے پاس ہے۔ اور ہو سکتا ہے کہ آپ کی ایک سانس باقی رہ گئی ہو، دس (10) رہ گئی ہوں، ستر ہزار (70,000) رہ گئی ہوں؛ تو اُنہیں میری یاد میں استعمال کریں۔'

چنانچہ پھر آپ نے سانس کی حقیقت کو توانا کر دیا اور اُس کو بیدار کر دیا۔ تو سب کے سب طروق سانس پر مبنی ہیں؛ سانس کا شعور ہونا، سانس کی اہمیت اور وہ طاقت جو سانس کے ساتھ اندر آتی ہے۔ پھر جب آپ پھیپھڑوں کی طرف دیکھتے ہیں، آپ دیکھتے ہیں کہ یہ ایک اُلٹے درخت کی مانند ہے، اور وہ حیات کا شجر ہے۔ اس سے پہلے کہ آپ سدرۃُ المنتہیٰ تک پہنچیں، اللہ عزوجل فرماتا ہے کہ، 'اس سے پہلے کہ آپ بیرونی معراج پر جائیں، آپ کو اپنے اندر کا حج کرنا ہوگا۔'

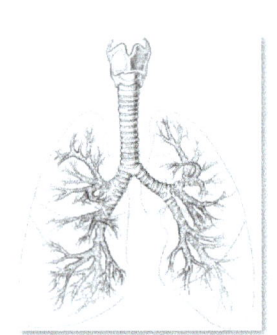

اس سے پہلے کہ آپ کو وہ مقدس درخت اور وہ حقیقت ملے، خدا فرماتا ہے، 'یہ آپ کے اندر موجود ہے۔' وہ درخت آپ کے پھیپھڑے ہیں۔ جب ہم سانس لیتے ہیں تو وہ ایزجی اور وہ نور اندر داخل ہو جاتا ہے، خون کی

نشوونما کرتا ہے اور پہلی جگہ جہاں خون جاتا ہے وہ دل ہے۔ وہ کسی دوسرے اعضاء میں نہیں جاتا۔ وہ سانس اندر آتی ہے اور خون پر مہر لگاتی ہے۔ وہ سانس سے ساری ایزجی لے لیتا ہے اور پھر خون دل میں جاتا ہے۔

پھر طریقة اور تصوف کہتا ہے، ہر چیز دل پر مبنی ہے۔ اگر دل صاف ہے، وہ اُس خون کو لے کر جاتا ہے اور اُس پر 'اللہ' کی مہر لگاتا ہے اللہ عزوجل کے ذکر سے، اور پھر وہ گیارہ اہم اعضاء میں جاتا ہے، لیکن اگر دل ناپاک ہے اور جو سانس آ رہی وہ آلودہ ہے، پورے کا پورا انسان پھر اُس سارے بہنے والے ناپاک خون سے ناپاک ہو جائے گا۔ اس کا مطلب یہ ہوا کہ اگر حوض ناپاک ہے اور نجس اور گندگی سے بھرا ہوا ہے، آپ اس میں جو بھی ڈالیں گے وہ ہر اُس چیز کو ناپاک کر دے گا جو اس سے رابطے میں آئے۔

پھر طریقة آتا ہے اور کہتا ہے، یہ آپ کے پورے وجود کا حوض ہے۔ آپ کیوں اپنی ٹانگ پر اور سر پر اور کمر پر اور اِس لطیفہ (chakra) اور اُس لطیفہ پر دھیان دیتے ہیں؟ یہ آپ کی فزیالوجی کا مرکزی حوض ہے نہ کہ آپ کی فزیالوجی کی کوئی بیکار سی چیز! کہ آپ کی سانس اندر آتی ہے، آپ کے پھیپھڑوں میں جاتی ہے، آپ کے خون میں، آپ کے دل میں جاتی ہے۔ اگر دل بیمار ہو، نبی پاک ﷺ حدیثِ مبارکہ میں بیان فرماتے ہیں، 'اگر آپ کا ایک حصہ بیمار ہے تو آپ پورے کے پورے بیمار ہیں،' اور فرمایا، 'وہ حصہ آپ کا قلب (دل) ہے۔'

أَلا وَإِنَّ فِي الْجَسَدِ مُضْغَةً إِذَا صَلَحَتْ صَلَحَ الْجَسَدُ كُلُّهُ، وَإِذَا فَسَدَتْ فَسَدَ الْجَسَدُ كُلُّهُ، أَلا وَهِيَ الْقَلْبُ

"جسم میں ایک گوشت کا ٹکڑا ہے، اگر وہ اچھا ہو جائے پورا جسم اچھا ہو جاتا ہے لیکن اگر وہ خراب ہو جائے تو پورا جسم خراب ہو جاتا ہے اور وہ دل ہے۔" (سیدنا محمد ﷺ)

اور وہی حصہ – دل – اگر وہ صاف ہو تو خدا فرماتا ہے، 'پھر میں جنتوں میں نہیں ہوں اور نہ ہی میں زمین پر ہوں؛ بلکہ میں تو اُس کہ دل میں ہوں جو مجھ پر یقین رکھتا ہے۔'

مَا وَسِعَنِيْ لَا سَمَائِيْ ولا اَرْضِيْ وَلَكِنْ وَسِعَنِيْ قَلْبِ عَبْدِيْ اَلْمُؤْمِنْ

"نہ میں اپنی جنتوں میں نہ ہی اپنی زمین میں سما سکتا ہوں، مگر مومن کے دل میں سما جاتا ہوں۔" (حدیثِ قدسی)

قَلْبَ الْمُؤْمِنْ بَيْتُ الرَّبْ

"مومن کا دل خدا کا گھر ہے۔" (حدیثِ قدسی)

اس کا مطلب یہ ہوا، "قَلْبَ الْمُؤْمِنْ بَيْتُ الله" اللہ عزوجل کا فرمان ہے کہ یہ اِس قدر اہم عضو ہے کہ اگر آپ اسے پاک کریں گے، دھوئیں گے، صاف کریں گے، آپ اس کے گرد طواف کریں گے، یہ آپ کی ذات میں میرا خدائی گھر بن جائے گا۔ یعنی آپ کی روح میں میرا کعبہ ہوگا، آپ کا اپنا ایک کعبہ جسے آپ دھوئیں گے، صاف کریں گے، پاک کریں گے اور آپ اپنا طواف اپنے دل کے گرد کریں گے؛ کیونکہ خدائی نور اب سورج کی روشنی کی طرح ہے جو آپ کے دل کو ملبوس کرتا ہے۔

حقیقت کے ذائقے کو غیر مقفّل کریں

تو پھر حقیقت کی سماعت سے آغاز ہوتا ہے حقیقت کے مشاہدے کا، حقیقت کی سانس اور پھر حقیقت کو چھُونے اور چکھنے کا آغاز ہوتا ہے۔ یعنی اگر ہر چیز روح کی سطح پر کام کرتی ہے کہ اب وہ اپنے باشعور احکام سنتی ہے، نظم و ضبط کے سبب روح وہ سن سکتی ہے جو اسے کرنا چاہئے اور وہ احمقانہ فیصلے نہیں کرتی رہتی۔ جب ہم اپنی زندگی کی طرف دیکھتے ہیں (تو ہمیں پتہ چلتا ہے) کہ ہم کس قدر بے نظم ہیں۔ یعنی جب ہم اپنی سُنتے ہیں تو

ہم کس طرح ہر بار اپنے ہدف تک نہیں پہنچ پاتے اور بہت ہی احمقانہ فیصلے کرتے ہیں ایک انتہائی افراتفری کی زندگی گزار رہے ہوتے ہیں۔

پھر وہ سکھاتے ہیں کہ جیسے ہی آپ منظّم ہونا شروع ہوتے ہیں، منظّم ہوتے ہیں، منظّم ہوتے ہیں، تو اب آپ باضابطہ احکامات (co-ordinance) کو سننے لگتے ہیں اور وہ احکامات خدا کی طرف سے آرہے ہوتے ہیں۔ جیسے ہی آپ نظر کو پرہیزگار بناتے ہیں اور روح کی نظر کو تلاش کرنے لگتے ہیں، آپ کی روشنیاں غیر مقفل ہونے لگتی ہیں اور آپ کے دل میں الہام ہونے لگتے ہیں۔ اور اصلی نظر اور ہمارے یہاں آنے کا اصل مقصد مزید سے مزید واضح ہوتا چلا جاتا ہے۔ 'مجھے یہاں اس لئے نہیں بھیجا گیا کہ میں ایک ڈونٹ (donut) کی دکان میں بیٹھا رہوں۔' ہمیں یہاں اِن مختلف کاموں کے لئے نہیں بھیجا گیا جو ہم کرتے ہیں لیکن ایک بار جب ہم باشعور ہو جاتے ہیں اور ہمیں سمجھ آجاتی ہے کہ روح کی حقیقت کیا ہے، میرے یہاں بھیجے جانے کا مقصد اور مطلب کیا ہے، تو پھر میں حق کے ساتھ سننے، دیکھنے اور سانس لینے کی صلاحیت کو غیر مقفل کر لیتا ہوں؛ اور پھر میں حق کا ذائقہ چکھنے لگتا ہوں۔

ذکر، روح کو طاقت بخشتا ہے

پھر روح کی سطح پر روشنی کے حقائق کھلنے لگتے ہیں؛ اور روشنی کی حقیقت ظاہری جسم کی حقیقت سے مختلف ہے۔ ہم ظاہری دنیا میں دیکھتے ہیں کہ ساٹھ (60) لوگ یہاں اِس کمرے میں بیٹھے ہیں اور ذکر کرنے کی بھرپور کوشش کر رہے ہیں۔ روشنی کی دنیا میں، یہ ساٹھ (60) روحیں ہیں اور اربوں دوسری روشنیاں۔ جیسے ہی وہ اپنا ذکر شروع کرتے ہیں، ایزجی جو اُنہیں ملبوس کرتی ہے وہ سب روحوں کو ملبوس کرنے لگتی ہے۔

اُن سب ایزجیز کی کوئی حد نہیں۔ ہماری حدود ہیں – آپ کسی کی گود میں نہیں بیٹھ سکتے، وہ اسے نہیں سراہے گا۔ ظاہر کی حدود ہوتی ہیں۔ لیکن جیسے ہی آپ پر روح کے حقائق کھلنا شروع ہوتے ہیں، آپ کی روشنی ہر جگہ موجود ہوتی ہے۔ اور بہت سی مخلوقات کی روشنی موجود ہوتی ہے کیونکہ یہ ایک پاک محفل ہوتی ہے، ذکر کے لئے اجتماع۔ اور جیسے ہی وہ ذکر شروع کرتے ہیں، وہاں ایک زبردست نورِ الٰہی موجود ہوتا ہے جو روحوں کو ملبوس

کرنے لگتا ہے اور وہ روحیں اُس روشنی میں دُھلنے لگتی ہیں، صاف ہوتی ہیں اور غسل کرنے لگتی ہیں، خود کو پاک کرتی ہیں، اُن حقائق سے ملبوس ہوتی ہیں کہ جو اپنی تجلی میں ناقابلِ تصور ہیں۔

الَّذِينَ آمَنُوا وَتَطْمَئِنُّ قُلُوبُهُم بِذِكْرِ اللَّهِ ۗ أَلَا بِذِكْرِ اللَّهِ تَطْمَئِنُّ الْقُلُوبُ (٢٨)

"جو لوگ ایمان لاتے اور جن کے دل یادِ خدا سے اطمینان پاتے ہیں اور بیشک خدا کے ذکر سے دل اطمینان پاتے ہیں۔" (سورۃ الرعد، 13:28)

اور جب وہ ذکر اور پروگرام ختم ہو جاتا ہے، وہ روحیں لبریز ہو کر واپس جاتی ہیں، ایزجی سے بھرپور، خود کو زیادہ طاقت دینے کی صلاحیت سے مکمل طور پر ملبوس، تاکہ وہ خود پر اور اُن تمام خواہشات پر قابو پا سکیں جن کے متعلق ہم بات کر چکے ہیں۔

فِي بُيُوتٍ أَذِنَ اللَّهُ أَن تُرْفَعَ وَيُذْكَرَ فِيهَا اسْمُهُ يُسَبِّحُ لَهُ فِيهَا بِالْغُدُوِّ وَالْآصَالِ (٣٦)

"(ایک ایسا نور روشن ہے) ان گھروں میں جن کے بارے میں اللہ عزوجل نے اجازت دی کہ عزت میں بلند کئے جائیں اور وہاں خدا کے نام کا ذکر کیا جائے: ان میں صبح وشام (بار بار) اس کی تسبیح کی جاتی ہے۔" (سورۃ النور، 24:36)

لیکن اگر روح اُس ایزجی سے نہیں فیض یاب ہوتی تو یہ عملی طور پر ناممکن ہے کہ آپ جسم کی خواہشات کے خلاف جا سکیں۔ کیونکہ سماعت کی خواہشات منفی گردونواح سے بہت زیادہ مغلوب ہیں۔ ہم ایک ہزار منفی آوازوں کے مقابل اچھی آواز کے لئے ایک پاک محفل کی بات کر رہے ہیں! ہم اربوں منفی مناظر اور تصاویر کے متعلق بات کر رہے ہیں کہ ہر چیز ہمارے سامنے اُبھر رہی ہو، اس کے برعکس بیٹھا جائے اور مراقبہ کیا جائے۔ اکثر لوگ یہ

پانچ منٹ کے لئے بھی نہیں کر سکتے، جبکہ اس کے برعکس آپ ایک دن میں کتنے ہی منٹ منفی اور خوفناک چیزوں کی طرف دیکھتے رہتے ہیں! اس کا مطلب یہ ہوا کہ برائی کی اُمڈتی ہوئی لہر تمام حسات کو اندھیرے میں دھکیلنے کیلئے ہی ہے۔

ذکر کی ایزجی سے روح پانچوں حسّوں کو قابو میں رکھتی ہے
اور برائی سے مقابلہ کرتی ہے

پھر وہ سکھانا شروع کرتے ہیں کہ ان محفلوں سے بے حد ایزجی اُمڈتی ہے۔ روح اُس ایزجی سے لبریز ہو جاتی ہے اور واپس جاتی ہے تو اب اس میں خواہشات سے لڑنے کی زیادہ طاقت ہوتی ہے۔ اور پھر بری خواہشات کو دبایا جاتا ہے تاکہ یہ (روح) اُبھرے، اُبھرے اور مزید اُبھرے جب تک کہ محفلیں کافی ہو جائیں اور بازی پلٹ جائے؛ جہاں روح کی طاقت، دبانے اور اختیار لینے کے لئے کافی ہو جائے۔

پھر اس کے پاس قابو کرنے کی طاقت آجاتی ہے اور یہ منفی سماعت سے پرہیز کرتی ہے۔ یہ قابض آجاتی ہے اور برائی کو دیکھنے سے پرہیز کرتی ہے۔ یہ قابض آجاتی ہے اور برائی میں سانس لینے سے پرہیز کرتی ہے۔ اور یہ سانس کی حقیقت کو استعمال کرنا شروع کر دیتی ہے، ہر ایزجی کو اس سانس میں سے کھینچتی ہے اور اس کو اس کی حقیقت کی طرف اُبھارتی ہے۔ اور پھر زبان کو پرہیزگار بناتے ہوئے برا نہیں بولتی اور روح کی حقیقت کی نمائندگی کرنے کیلئے پاک ہو جاتی ہے۔

ایمان کے تحفے اور ذکر کی محفلوں میں شرکت کی دعا کریں

یعنی پھر طریقة اور تصوف روشنیوں کی ایک بڑی حقیقت اور روح کی حقیقت کے ساتھ آتے ہیں۔ اور ہم دعا گو ہیں کہ ان راتوں اور اِن دنوں میں کہ خدا کا بہترین تحفہ جو وہ عطا کر سکتا ہے وہ ایمان کا تحفہ ہے، کہ ہمارے دل میں وہ محبت اور تڑپ پیدا ہو کہ ہم شرکت کرتے رہیں اور جاری رکھیں۔ کیونکہ ایک وہ دن بھی آئے گا کہ جب خدا

وہ واپس لے لے گا اور ہم خود کو نہ کرنے والا اور (وہاں) نہ جانے والا پائیں گے۔ یہ ہماری ہوشیاری نہیں ہے کہ ہم جانا نہیں چاہتے اور کرنا نہیں چاہتے!

اسْتَحْوَذَ عَلَيْهِمُ الشَّيْطَانُ فَأَنسَاهُمْ ذِكْرَ اللَّهِ ۚ أُولَٰئِكَ حِزْبُ الشَّيْطَانِ ۚ أَلَا إِنَّ حِزْبَ الشَّيْطَانِ هُمُ الْخَاسِرُونَ (١٩)

"شیطان نے ان کو قابو میں کرلیا ہے: تو اُس نے خدا کی یاد ان کو بھلا دی ہے۔ وہ شیطان کا لشکر ہے جو ختم ہو جائے گا۔" (سورۃ مجادلۃ، 58:19)

یہ خدا کا تحفہ اور نعمت ہے (اِن محفلوں میں جانا)۔ یہ ایک تحفہ ہے کہ آپ کو کسی نے ایک ہیرا دیا ہو اور اگر آپ کو اس کی قدر و قیمت کا اندازہ ہو تو آپ مسلسل خدا کا شکر ادا کرتے رہیں کہ، 'اُس ایمان کو مجھ میں سے جانے نہ دینا؛ اُس محبت کو مجھ میں سے جانے نہ دینا۔ اُس تڑپ کو جو تو نے میرے دل میں رکھی ہے اسے دل کے چوروں کے ہاتھوں جانے نہ دینا!' ورنہ پھر میں خود کو اُس قطار سے الگ اور اُس رحمت سے جُدا پاتا ہوں۔

تو ہمیشہ، ہمیشہ یہ دعا مانگتے رہیں کہ، 'مجھ پر سے یہ رحمت دور نہ کرنا اور اپنی رحمت کے سمندر کی جانب بڑھنے اور روح کی حقیقت کر بیدار کرنے کی میری تڑپ بڑھا دے۔'

سُبْحَانَ رَبِّكَ ربِّ الْعِزَّةِ عَمَّا يَصِفُونَ، وَسَلَامٌ عَلَى الْمُرْسَلِينَ وَالْحَمْدُ لِلَّهِ رَبِّ الْعَالَمِينَ. بِحُرمَةِ مُحَمَّدِالمُصطفٰى وَبِسِرِّ سُورَةِ الفَاتِحَة۔

اینرجی کا مراقبہ - لازمان حقیقت -
سر کی صلاحیت کو قابو میں رکھیں

سفر ظاہری صفائی پر ختم نہیں ہوتا

ہم ظاہری صفائی میں ایک مقام حاصل کرنا چاہتے ہیں۔ سفر ظاہر کی صفائی کے ساتھ ختم نہیں ہوتا؛ یہ تو محض آغاز ہے جس کے ذریعے ہم اپنی لازمان حقیقت تک پہنچتے ہیں۔ وہ لازمان حقیقت روح ہے اور روح کی حکمران اور اس کی اینرجی، محبت ہے۔ مشائخ ہمیں سکھاتے ہیں کہ اُس حقیقت کو کس طرح بیدار کیا جائے، یہ اہم ہے۔ پھر دل اور محبت، محبت کا بیج دل ہے۔ تو آپ جس طرف بھی دیکھتے ہیں آپ کو دل کی طرف لوٹ کر آنا پڑتا ہے۔ وہ جو چاہتے ہیں کہ ہم سمجھیں وہ جسم کی فزیالوجی (physiology) اور روحانیت ہے۔ یہ اس لئے ہے کیونکہ آپ اپنے ظاہر کو منظّم کرکے ایک مقام حاصل کرنے کوشش کر رہے ہیں تاکہ دل کی، روحانیت کی حقیقت اور روح کی بنیاد جو محبت پر مبنی ہے، وہ بیدار ہو۔

وحدانیت کی شہادت - اَلشَّهَادَة

پھر مشائخ سکھاتے ہیں کہ چونکہ یہ ایک ازلی دائرہ ہے، تو شروع کی منزل میں سر کا جُھکنا ضروری ہے۔ اسی لئے پہلا ذکر "لَا إِلٰهَ إِلَّا اللهُ" (کوئی معبود نہیں سوائے اللہ عزوجل کے) ہے۔ "لا"- آپ اپنی اینرجی کو ماتھے کی جانب لاتے ہیں، "إِلٰهَ" - دائیں جانب (چھاتی کی طرف) "إِلَّا اللهُ" - بائیں جانب (دل

پر)۔ اس کا مطلب یہ ہوا کہ اینرجی اندر آرہی ہے اور وہ اینرجی سر کی طرف جارہی ہے۔ سر "لَا" ہے۔ پھر دائیں طرف "إِلٰهَ" اور پھر ساری اینرجی کو دل میں مرکوز کرنا، "إِلَّا اللّٰهُ"۔

لَا

إِلٰهَ إِلَّا اللّٰهُ

تو "لَا إِلٰهَ إِلَّا اللّٰهُ" (اینرجی سر سے، پھر دائیں جانب، پھر دل کی طرف بائیں جانب جاتی ہے)۔ لہٰذا پھر یہ

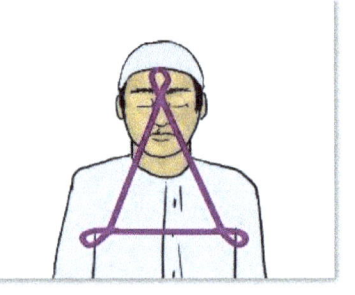

واحدانیت کی گواہی ہے، 'کوئی نہیں ہے سوائے خدا کے، کوئی نہیں ہے سوائے اللہ عزوجل کے۔' آپ محض خدا بھی نہیں کہہ سکتے کیونکہ لوگوں نے خدا اور دیویاں (gods and goddesses) بنائے ہوئے ہیں۔ اللہ عزوجل کی کوئی جمع نہیں، اللہ عزوجل عربی زبان کا لفظ ہے بارگاہِ الٰہی کے لئے۔ اس کی کوئی جمع نہیں کوئی مذکّر نہیں کوئی مونث نہیں۔ تو "لَا إِلٰهَ إِلَّا اللّٰهُ" (سر، دائیں، بائیں) واحدانیت میں لانے کے لئے۔

نفس، شیطان کو دوست بناتا ہے اور سر کو اغواء کر لیتا ہے

پھر مشائخ تعلیم دینا شروع کرتے ہیں کہ دل کو بیدار کرنے کا واحد راستہ سر کو اتباع میں لانا ہے۔ تو پھر وہ ہمیں سکھانا شروع کرتے ہیں کہ جو ہم سیکھنے کی کوشش کر رہے ہیں اُس کا مرکز یہ ہے کہ سر کو جھکنا ہوگا! خلافِ حقیقت سر جسم کی ہستی کو چلا رہا ہے۔ وہ سلطنت جس کا سر دعویٰ کرتا ہے وہ نفس کے ذریعے اور شیطان کی دوستی سے ہے۔ اللہ عزوجل، خدا کے ساتھ کوئی شراکت داری نہیں ہو سکتی، لہٰذا

خدا کے ساتھ کوئی شریک نہیں ہے۔ جس کی تنبیہ اللہ عزوجل ہمیں کر رہا ہے وہ یہ ہے کہ تمہارا نفس شیطان کے ساتھ شراکت داری کر رہا ہے۔ اور تم دونوں میری خدائی سلطنت کے خلاف جا رہے ہو۔ میری روشنی تمہارے دل میں ہونی چاہیئے اور میری سلطنت تمہارے دل میں قائم ہونی چاہیئے جیسے وہ بہشت میں قائم ہے۔ چونکہ تم اسے بہشت میں چاہتے ہو اور تم میری حکومت میں اور بہشت میں، میری سلطنت میں رہنا چاہتے ہو، تو تمہیں اُس حقیقت کی چھوٹی سلطنت (کی مانند) ہونا پڑے گا۔ وہ روشنی ہمارے دل میں ہونی چاہیئے اور بارگاہِ الٰہی کا غلبہ ہمارے دل میں ہونا چاہیئے۔

تو پھر وہ سکھانا شروع کرتے ہیں کہ شیطان اور وہ (نفس) ہمیں شکست دینے کے لئے ایک ساتھ ہیں۔ اُنہوں نے سر کو اغواء کر لیا ہے۔ تو ہمارا پہلا مقصد سر کٹوانا ہے ۔ روحانی طور پر، جسمانی طور پر نہیں! تو "لَا إِلٰهَ إِلَّا اللّٰه" کہنے سے، اس کا مطلب یہ ہوا کہ آپ اپنے آپ کو سکھانا چاہ رہے ہیں کہ میرے سر کی کوئی اہمیت نہیں ہے، کہ میرا سر ہر چیز کو اُلجھا رہا ہے۔ میرا سر میرے راستے کو اُلجھا رہا ہے۔ میں اپنے سر سے تفکر کر رہا ہوں کہ کون میرا شیخ ہے، اللہ عزوجل کون ہے، أَعُوذُ بَاللهِ، اَسْتَغْفِرُ الله، نبی پاک ﷺ کون ہیں، میرے مُرشد کون ہیں، میرے اُستاد کون ہے؟ سب کون ہیں؟ میں یہ سب اپنے ذہن سے سوچ رہا ہوں اور سر میں کچھ جاننے کی صلاحیت نہیں ہے۔

1-سب سے پہلے کانوں کو منظّم کریں

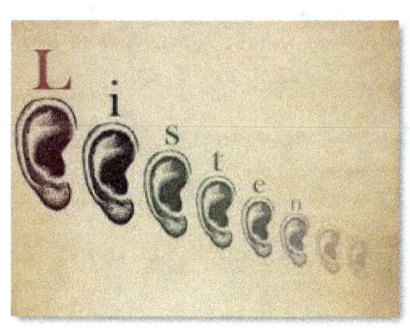

پھر مشائخ سکھاتے ہیں، اگر آپ دل کو بیدار کرنا چاہتے ہیں تو سر پر دھیان دیں۔ یہ جان لیں کہ جو چیز سب سے پہلے منظّم ہونی چاہیئے وہ کان ہیں۔ کانوں کو ایسا ہونا چاہیئے کہ، 'میں نے سنا اور میں پیروی کرتا ہوں، میں نے سُنا اور میں پیروی کرتا ہوں۔'

سَمِعْنَا وَأَطَعْنَا غُفْرَانَكَ رَبَّنَا وَإِلَيْكَ الْمَصِيرُ (٢٨٥)

"ہم سنتے ہیں اور ہم پیروی کرتے ہیں؛ اے ہمارے پروردگار (ہم) تیری بخشش طلب کرتے ہیں اور تیری ہی طرف لوٹ کر جانا ہے۔" (سورۃ البقرہ، 2:285)

پھر ہمیں احساس ہوتا ہے کہ یہ عمل کس قدر مشکل ہے۔ یہ ایک زندگی بھر کا عمل ہے؛ یعنی یہ مکمل نہیں ہوتا کہ آپ نے اس میں مہارت حاصل کرلی اور اب آپ آگے بڑھنے لگے۔ نہیں! کیونکہ اللہ عزوجل بھی ہم سے فرما رہا ہے کہ، 'نبی پاک ﷺ سے یہ کہہ کر بات نہ کیا کرو کہ میری سُنیے۔ بلکہ نبی پاک ﷺ سے عرض کیا کرو کہ وہ تم پر نظر فرمائیں۔' کیونکہ نبی پاک ﷺ کی سماعت خدا کے لئے، مکمل طور پر اللہ عزوجل کے لئے ہے۔

...يَا أَيُّهَا الَّذِينَ آمَنُوا لَا تَقُولُوا رَاعِنَا وَقُولُوا انظُرْنَا وَاسْمَعُوا (١٠٤)

"اے ایمان والو (نبی پاک ﷺ کو) رَاعِنَا نہ کہو، کہ ہمیں سُنیں اور اُنظُرْنَا (ہم پر نظر فرمائیں) کہا کرو۔ اور تم (اُن ﷺ کو) سنو۔" (سورۃ البقرہ، 2:104)

اگر آپ اپنی سُنتے ہیں تو، آپ اپنے نفس کے آگے جھکتے ہیں

پھر وہ سکھاتے ہیں کہ سماعت میں کمال، کمال کے اس مقام کو حاصل کرنا ہے۔ تو پھر میرا دھیان میرے کانوں پر ہو، میرے کانوں کو تسلیم میں ہونا چاہئے۔ تو پھر وہ بھلا کس طرح تسلیم میں آسکتے ہیں اگر میں کسی شیخ کی صحبت میں نہیں ہوں؟ پھر تو میں اپنی سُن رہا ہوں اور اپنے ہی آگے جھک رہا ہوں۔ یہ ناممکن ہے! یہ تو شریک بننا ہوا۔ اور یہی ہے جس کے بارے میں خدا نے فرمایا، 'اس سے بچ کے رہو۔' آپ کیسے جھک سکتے ہیں جبکہ آپ صرف اپنے ہی آگے جھکتے ہوں؟ آپ کا وجود پہلے ہی بُری خواہشات کے ساتھ شریک ہے اور جسے شیطان کہا جاتا ہے؛ بُری خواہشات اور بُری عادات۔ تو اس کا مطلب ہوا کہ آپ کو ایک شیخ، ایک مرشد کو ڈھونڈنے اور تلاش کرنے

کی ضرورت ہے۔ اُن کو سننے اور اُن کی تعلیمات اور اُن کی تفاہیم کے سامنے سر جھکانے کی پوری کوشش کر کے ہی میں خود کو راہِ راست پر رکھ سکتا ہوں۔

بولنے سے آپ تعلیمات کی نفی کرتے ہیں

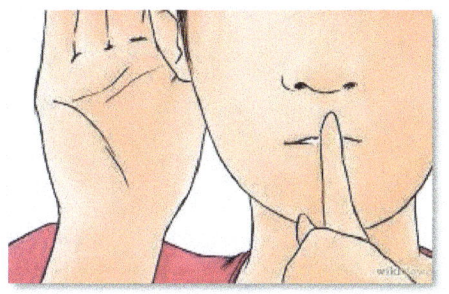

سُننے کے لئے سب سے زیادہ ضروری ہے نہ بولنا۔ جتنا زیادہ آپ بولتے ہیں اُتنا ہی کم آپ سُنتے ہیں۔ انا اس قدر بڑھ جاتی

ہے کہ جیسے ہی یہ کچھ سُنتی ہے، یہ اعتراض میں پانچ چیزیں کہنے لگتی ہے۔ کیونکہ اندر نفس کہہ رہا ہوتا ہے، 'مجھے کچھ نہ بتاؤ میں سب جانتا ہوں!' تو اس ایبز جی کے عملدر آمد ہونے کا نسخہ کانوں کو سُننے کے لئے کھولنا، سُننا اور جھک جانا ہے۔ وہاں نہیں جہاں آپ کو زبردستی جھکنا پڑے، بلکہ آپ تعلیم لیں اور اسے اپنے اوپر لاگو کریں اور کہیں کہ، 'میں اپنی پوری کوشش کروں گا کہ میں اس تعلیم کے آگے جھک سکوں، اُس تفہیم کے آگے، تاکہ میں وہ حاصل کر سکوں جو میرے لئے کہا گیا ہے۔' کیوں؟ کیونکہ مجھے اپنے خدا کے سامنے عاجزی دکھانے کی ضرورت ہے تاکہ میرا دل بیدار ہو سکے، تاکہ میری روح اپنے لازمان اور ازلی حقائق تک پہنچ سکے۔

پھر مشائخ سکھاتے ہیں اور (مزید) سکھاتے ہیں، اور آپ کے ساتھ رابطہ قائم کرنے لگتے ہیں۔ تو جس قدر ایبز جی کانوں میں آتی ہے پھر وہ فرماتے ہیں، 'اپنے منہ میں پتھر رکھ لو!' کیونکہ جیسے ہی آپ سُنیں گے، آپ بولنے کی کوشش کریں گے۔ کیوں؟ کیونکہ آپ کی بات اُس بات کی نفی کرے گی جو ابھی اُنہوں نے (مرشد نے) کہی۔ تو پھر آپ آگے نہیں بڑھتے آپ پیچھے کی طرف جاتے ہیں۔ اسی لئے طریقة اور راستے میں ہر چیز کے بے حد راز ہیں۔

نفس ہمیں بولنے پر مجبور کرتا ہے، نہ کہ روح

سیدنا ابو بکر الصدیق علیہ السلام منہ میں پتھر کیوں رکھتے تھے؟ وہ ہمارے طریقة کے والد ہیں، وہ ہمیں سکھاتے ہیں کہ جیسے ہی پیغام آتا ہے یہ حقائق آتے ہیں تو، وہ فرماتے ہیں، 'منہ میں پتھر رکھ لو تاکہ تم نہ بولو۔' کیونکہ جیسے ہی ایز جی آتی ہے کون بولنا چاہے گا؟ آپ کی روح نہیں بلکہ برا اخلاق، نفس اور ہمارے اندر کا شیطان۔ نفس اور شیطان چاہتے ہیں کہ ہم مرتبہ حاصل نہ کریں بلکہ اُس فضل سے گر جائیں جیسے وہ گرا، جیسے شیطان گرا۔ یعنی جس قدر ہم سُنتے ہیں، جس قدر ہم سنتے ہیں، جس قدر ہم سنتے ہیں وہ تجویز کرتے ہیں کہ کچھ نہ بولو کچھ بھی نہ بولو۔ اسے اپنے دل میں رکھ لو۔ اسے اندر رکھو، ہضم کرو، ہضم کرو، ہضم کرو اور اُس حقیقت کو اپنے جود میں داخل ہونے دو۔

پھر آپ کو اپنے اندر کی جنگ لڑنی ہوتی ہے۔ اب یہ علم اور معلومات آپ کے کانوں میں آتی ہیں اور آگے بڑھتی ہیں۔ وہاں اندر کون انتظار کر رہا ہے؟ نفس اور شیطان کہتے ہیں، 'انہوں نے ابھی کیا کہا؟ ایسا نہیں ہو سکتا!' پھر وہ شروع ہو جاتے ہیں، واؤ، واؤ، واؤ، کارٹونوں کی طرح، سب مختلف ہستیاں آپس میں باتیں کرتی اور لڑنے لگتی ہیں۔ ہم دیکھتے ہیں کہ کون اوپر آتا ہے۔ معلومات آتی ہیں اور آپ دیکھیں گے کہ کون فتحیاب ہونے والا ہے۔ آپ اُنہیں اگلے دن دیکھیں کہ کیا وہ فتحیاب ہوئے یا پھر دوسرے جیت گئے اور روح دبا دی گئی اور ہار گئی؟ لٰہذا یہ راستہ بہت حقیقی ہے، یہ جنگ سچی ہے اور ہم اسے روزمرہ کی زندگی میں دیکھتے ہیں۔

روحانی مشائخ کا تعلیم دینے کیلیئے ایک مخصوص نصاب ہوتا ہے

چنانچہ سنو اور بولو نہیں! مشائخ کو آپ کے پاس موجود کسی علم یا معلومات میں کوئی دلچسپی نہیں۔ اسے اپنے تک رکھیں۔ یہ کوئی اجتماعی وسائل والی درسگاہ نہیں ہے کہ دو چیزیں جن کو آپ جانتے ہیں لے آئیں اور دو چیزیں جو آپ جانتے ہیں لے آئیں اور ہم انہیں کلہ پاچہ (kallepache) کی طرح اکٹھا کر لیں؛ ایک سوپ جس میں سر، آنکھیں اور کان سب کچھ ایک ہی سوپ میں ہوتا ہے۔ اور پھر ہم کہیں کہ، 'یہ ہماری حقیقت ہے' نہیں! اُنہیں اس کی کوئی پرواہ نہیں۔ مشائخ کا ایک نصاب، ایک سبق اور ایک تعلیم ہوتی ہے اُس کے لئے، جس میں سیکھنے کی صلاحیت ہو۔ اُنہیں کسی دوسرے نصاب سے فرق نہیں پڑتا، اُنہیں کسی اور کتاب سے فرق نہیں پڑتا، اُنہیں کسی اور ویب سائیٹ (website) سے فرق نہیں پڑتا، اُنہیں کسی بھی چیز کی پرواہ نہیں ہوتی سوائے اُن کے شیخ کی تعلیمات کے جو وہ اُنہیں سکھاتے ہیں اُن کی "سَمِعْنَا وَأَطَعْنَا" (ہم نے سُنا اور قبول کیا) کے ذریعے۔

یعنی وہ اسے حاصل کر لیتے ہیں جو اُنہوں نے حاصل کیا، اُس کے ذریعے جس کی اُنہوں (اُن کے شیخ) نے تعلیم فرمائی؛ اُنہوں نے اسے حاصل کیا سننے اور ماننے کے ایک مقام پر پہنچ کر۔ تو جب شیخ سنتے ہیں وہ محض اپنے شیخ کو سنتے ہیں وہ کسی اور کو نہیں سُنتے۔ اگر وہ کسی اور کو سنتے ہیں تو وہ شیخ نہیں ہیں۔ وہ تو پھر ایک سیاسی نظام ہوگا کہ ہر بندہ ووٹ دے گا اور اپنی رائے کا اظہار کرے گا اور پھر اُسی وسیع رائے کی بنیاد پر سب لوگ کچھ کریں گے۔ نہیں! اُن کے پاس روحانیت کا ایک نصاب ہوتا ہے جسے حاصل کرنا ضروری ہے۔

2- آنکھوں کو بند رکھیں

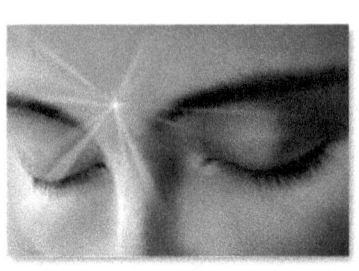

مشائخ سکھاتے ہیں کہ اپنے کانوں کو منظّم کریں اور خاموشی اختیار کریں۔ جیسے ہی وہ آپ کو اپنے کانوں کو منظّم کرنا سکھاتے ہیں اور آپ تعلیمات کو سمجھنا شروع کرتے ہیں تو آپ اپنی آنکھوں کو تسلیم میں لانا شروع کر دیتے ہیں۔ وہ راستہ اختیار کریں جس میں آپ کی آنکھیں بند رہیں۔ نظر کی نفی کریں، جو آپ کی آنکھیں دیکھ رہی ہیں اس کی اہمیت کی نفی کریں۔ آپ کی آنکھیں ہر چیز کو ایک فریب کی طرح دیکھ رہی ہیں ہر چیز ایک دھوکہ ہے۔ وہ راستہ اختیار کریں جس میں آپ کی آنکھیں بند ہوں اور اس دنیا کی چمک دمک میں نہ کھو جائیں۔

سیدنا یوسف علیہ السلام کی حقیقت اور مادی دنیا

یہ سیدنا یوسف علیہ السلام کی حقیقت تھی کہ جب سیدنا یوسف علیہ السلام کو سلطنت میں داخل کیا گیا، اور زلیخا اُن کے پیچھے بھاگتی رہیں۔ زلیخا، دنیا کی محبت کی نمائندگی کر رہی ہیں۔ کیونکہ اُن کی خوبصورتی بہشتی خدائی خوبصورتی تھی تو وہ دنیا اُن کے پیچھے بھاگتی رہی اور اُنہیں ورغلاتی رہی۔ تو اُنہوں نے اللہ عزوجل سے کیا عرض کی؟ 'میرا خیال ہے کہ بہتر یہی ہے کہ تو مجھے جیل میں ڈال دے۔'

الَ رَبِّ السِّجْنُ أَحَبُّ إِلَيَّ مِمَّا يَدْعُونَنِي إِلَيْهِ ۖ وَإِلَّا تَصْرِفْ عَنِّي كَيْدَهُنَّ أَصْبُ إِلَيْهِنَّ وَأَكُن مِّنَ الْجَاهِلِينَ (٣٣)

"انہوں نے کہا پروردگار! جس کام کی طرف یہ مجھے بلاتے ہیں اس کی نسبت مجھے قید پسند ہے: جب تک کہ تو مجھ سے ان کے فریب کو نہ ہٹائے گا، تو میں (اپنی جوانی کی حماقت میں) ان کی طرف مائل ہو جاؤں گا اور نادانوں میں سے ہو جاؤں گا۔" (سورۃ یوسف، 12:33)

ایسا نہیں تھا کی وہ اُس کے پیچھے بھاگ رہے تھے کیونکہ وہ ان کو پیچھے سے نوچتے ہوئے اُن کے پیچھے بھاگ رہی تھیں۔ وہ سکھاتے ہیں کہ یہ برکت ہے، یہاں بے حد برکت ہے۔

قَالَ هِيَ رَاوَدَتْنِي عَن نَّفْسِي ۚ وَشَهِدَ شَاهِدٌ مِّنْ أَهْلِهَا إِن كَانَ قَمِيصُهُ قُدَّ مِن قُبُلٍ فَصَدَقَتْ وَهُوَ مِنَ الْكَاذِبِينَ (٢٦) وَإِن كَانَ قَمِيصُهُ قُدَّ مِن دُبُرٍ فَكَذَبَتْ وَهُوَ مِنَ الصَّادِقِينَ (٢٧)

"انہوں نے کہا: اسی نے مجھ کو میری (حقیقی) ذات سے اپنی طرف مائل کرنا چاہا تھا۔ اور اس کے گھر میں سے ایک نے (یہ) دیکھا اور گواہی دی کہ اگر ان کا کرتا آگے سے پھٹا تو اس کی کہانی سچی اور وہ جھوٹے (26) لیکن اگر کرتا پیچھے سے پھٹا ہو تو یہ جھوٹی اور وہ سچے ہیں (27)" (سورۃ یوسف، 12:26-27)

یہ حقیقت سچی ہے، آنکھوں کو بند رکھنے کی تربیت شروع کریں کہ اس دنیا میں کوئی بھی چیز ہمارے فائدے کی نہیں ہے۔ جیسے ہی آپ مراقبہ کرتے ہیں اور اپنی آنکھیں بند کرتے ہیں تو آپ اللہ عزوجل سے اندر داخل ہونے کا سوال کر رہے ہوتے ہیں۔

ذہن کا مراقبہ فریبِ نظر ہے

یہ سب دل کو بیدار کرنے کا راستہ ہے۔ ہم بیان کر چکے ہیں کہ یہ بھلا آج کل کیسے مشہور ہو سکتا ہے؟ دل کا مراقبہ؟ نہیں! ہر چیز تو ذہن کا مراقبہ ہے؛ لوگ آپ کو کچھ بند کرنا نہیں سکھاتے۔ وہ تو آپ کو فریبِ نظر اور ہر اس چیز کا تصور کرنا سکھاتے ہیں جو آپ چاہتے ہیں۔ لوگ جاتے ہیں اور ہزار ڈالر خرچ کر ڈالتے ہیں اور ہفتے بھر میں ہی ماہر بن جاتے ہیں۔ یا پھر تین یا پانچ ہزار ڈالر خرچ کر ڈالتے ہیں محض ذہن کی صلاحیت کو کھولنے اور فریبِ نظر کے لئے!

جبکہ وہ (مشائخ) تشریف لاتے ہیں اور فرماتے ہیں کہ، 'نہیں، نہیں، آپ کو اپنے کانوں کو منظم کرنا ہے!' کانوں کو کیوں؟ کیونکہ یہ روح کا دروازہ ہے۔ آپ کو آنکھوں کو منظم کرنا ہے کیونکہ یہ روح کی کھڑکی ہے۔ اس کا مطلب یہ ہوا کہ میرا آپ کی روح کو باہر نکالنا آواز کے ذریعے ہوگا۔ یہی وجہ ہے کہ وہ جیسے ہی صلوٰۃ و سلام پڑھتے ہیں اور مراقبہ کرتے

ہیں وہ روح کو باہر نکال سکتے ہیں۔ روح مکھن کی طرح باہر آجاتی ہے کیونکہ اسے صلوٰۃ وسلام سے عشق ہے۔ وہ اللہ عزوجل کی حمد کو پسند کرتی ہیں اور مکھن پر چھری کی طرح وہ اُس بارگاہ کی طرف جانا شروع کر دیتی ہے کیونکہ اُن میں وہ راز موجود ہے۔

وہ ہمیں سکھاتے ہیں کہ پھر اپنی آنکھوں کو منظّم کرو، آنکھوں کو بند رکھنے کا راستہ اختیار کرو اور یہ کہ جو میں چاہتا ہوں وہ ادھر نہیں ہے، یا ربی! مجھے دائمی حقیقت میں سے چاہیے۔

3-اپنی سانس کی حفاظت کریں، آپ کا وجود اس پر مبنی ہے

سانس اور اس کی اہمیت کو منظّم کریں، اور ہمارا سارا راستہ سانس پر مبنی ہے۔ کہ میرا وجود سانس پر مبنی ہے۔ جیسے ہی میں اپنے آپ کو منظّم کرتا ہوں اور میں سماعت کی اہمیت کو سمجھ جاتا ہوں، اپنی پوری کوشش کرتا ہوں سننے کی، اپنی پوری کوشش کرتا ہوں خاموش رہنے کی، اپنی پوری کوشش کرتا ہوں کہ اپنی آنکھوں کے دھوکے میں نہ آؤں، خود کو بند رکھوں۔ پھر اِن خوبصورت آوازوں اور بارگاہِ الٰہی کی حمد و ثناء کو اور نبی پاک ﷺ پر درود وسلام کو سننا شروع کرتا ہوں اور پھر سانس لیتا ہوں۔

یعنی جب میں سانس لوں تو "ھُو" کے ذکر کے ساتھ سانس لوں، جہاں اللہ عزوجل فرماتا ہے، "قُلْ ھُوَ" کہو، "ھُو، اللہ،" اور ہر چیز اندر آرہی ہوتی ہے، "ھُو، ھُو، ھُو،" [شیخ اپنی سانس میں ھُو کہہ کر وضاحت فرماتے ہیں] دل میں اللہ عزوجل کے ذکر کے ساتھ، اور ہر چیز کہتی ہے، "اللہ، اللہ، اللہ۔۔۔"

قُلْ هُوَ اللَّهُ أَحَدٌ (١)

"کہہ دیجئے کہ وہ اللہ عزوجل ہے جو واحد ہے۔" (سورۃ الاخلاص، 112:1)

وہ سب سانس کی طاقت کو بیدار کرنے کیلئے ہے۔ اس کا مطلب یہ ہوا کہ ہماری حقیقت اُس سانس پر مبنی ہے، ہماری ذات سانس پر مبنی ہے۔ روح کی ایزجی سانس ہے۔ اگر آپ سانس کو توانا کرتے ہیں روح راکٹ کی طرح بارگاہِ الٰہی میں جانے لگتی ہے۔ پھر آپ سانس میں مہارت حاصل کرنے لگتے ہیں کہ ہر سانس ایک ذکر کے ساتھ ہو، ہر سانس ایک شعور کے ساتھ ہو۔

آپ کی پانچ حِسّات دل پر براہِ راست اثرانداز ہوتی ہیں

اگر سانس میں مہارت حاصل کر لی جائے، تو پھر اِن سات مقامات میں سے، (جن میں) آخری مقام زبان ہے، مشائخ سکھاتے ہیں کہ یہ زبان تھی جسے بند ہونا تھا کیونکہ کانوں کو تسلیم میں ہونا ہے۔ تو خاموشی اور خاموشی اور خاموشی کا راستہ اختیار کریں کیونکہ اُنہیں اس سر کی توجہ چاہیئے تا کہ آپ اپنے دل کو سمجھنا شروع کریں۔ کیونکہ ہر وہ چیز جو آپ کے کانوں میں سے گزرتی ہے آپ کے دل پر اثر کرتی ہے، ہمیں اس کا علم نہیں ہوتا۔ جیسے ہی آپ الفاظ سنتے ہیں تو 'اوہ، اوہ' آپ کے دل میں بے چینی پیدا ہونے لگتی ہے۔

اب آپ اِن مختلف چیزوں کی طرف دیکھنے لگ جاتے ہیں اور آپ کو معلوم ہوتا ہے کہ آپ کا دل اللہ عزوجل کو چھوڑ کر دنیا کے پیچھے بھاگ رہا ہے۔ یہ آپ کی آنکھوں کے ذریعے آرہا ہوتا ہے۔ اگر اللہ عزوجل آپ کی آنکھیں لے لے، آپ کیا کریں گے؟ اگر کل، اللہ عزوجل معاف کرے، اللہ عزوجل آپ کی بصارت لے لے دنیا کی کوئی اُمید نہیں رہے گی، آپ اپنے بال بھی کنگھی نہیں کر پائیں گے۔ آپ اپنے جائے نماز پر بیٹھے ہوں گے اور رو رہے ہوں گے اور اللہ عزوجل سے دعا کر رہے ہوں گے کہ یہ چلے جانے کا وقت ہے مجھے اب اور یہاں نہیں رہنا۔

وہ ہمیں ہماری نفسیات کی تعلیم دے رہے ہیں کہ وہ سماعت آپ کے دل کو براہِ راست متاثر کر رہی ہوتی ہے۔ آپ کی آنکھیں براہِ راست آپ کے دل پر اثرانداز ہوتی ہیں۔ آپ کی سانس آپ کے دل کا شعور ہونے جا رہی ہے۔

اگر آپ اپنی سانس کی پرواہ نہیں کرتے تو اور کونسی چیزیں ہیں جن کے لئے آپ شکر گزار نہیں ہیں؟ اللہ عزوجل فرماتا ہے کہ میری کتنی نشانیوں کے لئے تم ناشکرے رہے ہو؟

فَبِأَيِّ آلَاءِ رَبِّكُمَا تُكَذِّبَانِ (١٣)

"پھر تم اپنے رب کی کس کس نعمت کو جھٹلاؤ گے؟" (سورۃ الرحمن، 55:13)

لہٰذا یہ شکر گزاری کو بیدار کرتا ہے؛ یہ اُسے بیدار کرتا ہے جسے ہم رحمت کی سانس کہتے ہیں، یہ اللہ عزوجل کی رحمت ہے۔ یاربّی! اُس سانس کا شکریہ جو تو نے مجھے دی، کہ میں یہ سانس شعور کے ساتھ لیتا ہوں۔

4-سب سے طاقتور مقام منہ ہے

یہ سب کچھ اب مجھے میرے دل میں تعلیم دے رہا ہوتا ہے، پھر وہ فرماتے ہیں کہ چونکہ تم سمجھ رہے ہو، تو سب سے آخری اور طاقتور مقام منہ ہے۔ اگر منہ میں واقعی پتھر ہوں اور جو وہ فرماتے ہیں اور جو آپ نے سنا ہے اور جو آپ نے سیکھا ہے، آپ اپنے منہ کو واپس اُس کا جواب دینے سے روکے رکھیں؛ کیونکہ آپ ہر چیز میں عیب نکالیں گے، 'یہ شیخ ایسے کیوں ہیں؟ اِس شیخ نے ایسا کیوں کہا؟ اُس شیخ نے ایسا کیوں کہا؟ تو یہ روح کی طرف سے نہیں آرہا ہوتا۔ یہ نفس کی طرف سے ہوتا ہے۔

جو آپ کہتے ہیں وہ اُس کی عکاسی کرتا ہے جو آپ کے دل میں ہے

جیسے ہی آپ اپنے منہ میں پتھر رکھ لیتے ہیں اب آپ اپنے دل کے بارے میں باشعور ہونے لگتے ہیں کیونکہ وہ آپ کو سکھاتے ہیں کہ جب اللہ عزوجل قرآن میں فرماتا ہے، 'جو کچھ اُن کے دل میں ہے اُس سے کہیں زیادہ وسیع تر ہے اور کہیں زیادہ بُرا ہے جو کچھ اُن کی زبان سے جاری ہو رہا ہے۔'

...وَدُّوا مَا عَنِتُّمْ قَدْ بَدَتِ الْبَغْضَاءُ مِنْ أَفْوَاهِهِمْ وَمَا تُخْفِي صُدُورُهُمْ أَكْبَرُ ۚ قَدْ بَيَّنَّا لَكُمُ الْآيَاتِ ۖ إِن كُنتُمْ تَعْقِلُونَ (١١٨)

"...ان کی زبانوں سے تو نفرت ظاہر ہو ہی چکی ہے اور جو ان کے سینوں میں مخفی ہیں وہ کہیں زیادہ ہے اگر تم عقل رکھتے ہو تو ہم نے تم کو اپنی آیتیں کھول کھول کر بیان کر دی ہیں۔" (سورۃ آل عمران، 3:118)

تو اب آپ کا آتش فشاں، وہ دکھا رہے ہیں کہ آگ آپ کے دل میں ہے۔ جو کچھ لوگوں کے منہ سے نکل رہا ہوتا ہے وہ لاوا ہے۔ لوگ سمجھتے ہیں کہ وہ بری بات کرتے ہیں لیکن اللہ عزوجل فرماتا ہے، 'رکو! جو اِن کے دلوں میں ہے وہ اس سے بھی بدتر ہے۔' تو جتنا زیادہ آپ اپنے منہ کو اُگلنے دیتے ہیں وہ آتش فشاں زیادہ سے زیادہ طاقتور ہوتا جا رہا ہوتا ہے۔ تو یہاں مغربی فلسفے میں لوگ کہتے ہیں، 'چیخو! اسے باہر نکالو، جاؤ اور لوگوں پر چلاؤ!' ٹھیک ہے، پر آپ کا آتش فشاں مزید اشتعال انگیز ہوتا جائے گا۔ مشائخ چاہتے ہیں آپ اسے بند کر دیں، تباہ کر دیں، اس کی آکسیجن (oxygen) بند کر دیں تاکہ یہ مزید نہ جلے۔ یہ ہار نہیں مانتا۔

ذہن کی صلاحیت کے ذریعے دِل پر کام کرنا

تو اب ہمیں سمجھ میں آتا ہے کہ ہم تو دراصل سر کی صلاحیت کے ذریعے دل پر کام کر رہے ہیں۔ یہ (سر) تخلیق کا تاج ہے، اگر وہ تاج خدا کی سلطنت کی تقلید نہیں کر سکتا جبکہ وہ (اللہ عزوجل) کہتا ہے کہ اسے تسلیم میں لے آؤ، تو جیسے ہی آپ منہ پر توجہ دیتے ہیں آپ منہ کو بند رکھتے ہیں آپ دیکھنے لگتے ہیں کہ کس قدر آپ کا دل اُبل رہا ہے۔ خاموش رہیں خاموش رہیں خاموش رہیں، سجدہ کریں اور اللہ عزوجل کے آگے روئیں۔ روئیں کہ میں کس قدر جھنجھلایا ہوا اور مایوس ہوں، روئیں اللہ عزوجل کے آگے کہ یہ ایسا ہے اور یہ ایسا۔ پھر اللہ عزوجل فرماتا ہے، "قُلْنَا يَنَارُ كُونِي بَرْدًا وَسَلَامًا عَلَىٰ إِبْرَاهِيمَ -"

قُلْنَا يٰنَارُ كُوْنِيْ بَرْدًا وَّسَلٰمًا ... (٦٩)

"ہم نے کہا، اے آگ، ابراہیم پر ٹھنڈی اور پُرامن ہو جا۔" (سورۃ الانبیاء، 21:69)

اللہ عزوجل چاہتا ہے کہ ہم جان لیں کہ سب انبیاء کرام میں سے سیدنا ابراہیم علیہ السلام کو آگ میں پھینکا گیا تھا۔ وہ تشریف لاتے ہیں اور سکھاتے ہیں کہ اس مقام پر جس چیز کی تمہیں ضرورت ہے وہ یہ ہے کہ اللہ عزوجل سے اِس آگ سے ٹھنڈک مانگو، 'میں ہر کسی پر غصہ ہو جاتا ہوں، لوگ جو کچھ بھی مجھے کہتے ہیں، میں اس پر غصہ ہوتا ہوں۔ میں تیری تخلیق میں محض ایک آتش فشاں ہوں جو ہر کسی کو اور ہر چیز کو تکلیف دیتا ہے۔' اللہ عزوجل فرماتا ہے کہ یہ سب وہ نہیں ہے بہشت سے جو میں تم سے چاہتا ہوں۔ کسی کا دل نہ دکھاؤ، خاموش رہو میرے آگے رویا کرو، جب تک کہ میں وہ آگ کم نہ کردوں، کم نہ کردوں اور کم نہ کردوں۔ جب یہ بڑھنے لگتا ہے تو وہ دیکھتے ہیں اور حساب لگاتے ہیں کہ کان تسلیم کو پہنچ رہے ہیں، آنکھیں دنیا کی محبت چھوڑ رہی ہیں۔

چار دشمن جو روح کیلئے مزاحمت پیدا کرتے ہیں

دنیا، ہوّا، نفس، شیطان

وہ فرماتے ہیں کہ چار دشمن ہیں جو روح کیلئے مزاحمت پیدا کر رہے ہوتے ہیں۔ کہ دنیا کی محبت روح کا راستہ روک رہی ہوتی ہے۔ روح کو چار حصوں میں تقسیم کر دیا جاتا ہے۔ روح سالم کیوں نہیں ہوتی؟ چار دشمنوں کی وجہ سے – جو دنیا یعنی مادی دنیا کی محبت، ہوّا یعنی ظاہری لطف اور ظاہری مزے کی جستجو، نفس (انا) اور شیطان ہیں۔ ان چار دشمنوں نے روح کے چار حصے کر دیئے، تاکہ وہ سالم نہ رہے۔ جب ہم اِن حقائق پر دھیان دیتے ہیں ہمیں سمجھ آنے لگتی ہے کہ جب سر جھک رہا ہوتا ہے کہ ان حقائق پر کام کیا جا رہا ہوتا ہے تو یہ دراصل دل پر کام کرنا ہوتا ہے۔ جیسے ہی ہم دل پر کام کرتے ہیں، ہم دیکھتے ہیں کہ کیا میں خاموش رہ سکتا ہوں؟ دل کے اندر موجود آتش، آگ اور اشتعال کم، کم اور کم ہوتا جاتا ہے، ہمیشہ وضو کی حقیقت کو استعمال کرتے ہوئے۔

غصے کو دھو ڈالنے کیلئے وضو کریں

نبی پاک ﷺ نے کیوں فرمایا، 'دھوئیں!' تاکہ آگ کو دور کیا جاسکے۔ جیسے ہی آپ غصہ محسوس کریں، جائیں اور ایک بار پھر سے وضو کریں، جائیں، وضو کریں اور دعا کریں کہ، یاربّی! پانی سے اِس آگ کو در فرما دے۔ " قُلْنَا يَٰنَارُ كُونِي بَرْدًا وَسَلَامًا عَلَىٰ إِبْرَاهِيمَ۔"

قُلْنَا يَٰنَارُ كُونِي بَرْدًا وَسَلَامًا ... (٦٩)

"ہم نے کہا، اے آگ، ابراہیم پر ٹھنڈی اور پُرامن ہو جا۔" (سورۃ الانبیاء، 21:69)

پھر پانی کی حقیقت آگ کو دور کر نے لگتی ہے۔ زیادہ اہم یہ ہے کہ ہر عمل کا بارگاہِ الٰہی میں ایک ردِّ عمل ہوتا ہے، کہ جیسے ہی آپ اپنے جسم کو اِس نیت سے دھوتے ہیں تو اللہ عزوجل روح پر ایک رحمت نازل فرماتا ہے۔ کیونکہ آپ روح کو پانی سے نہیں دھو سکتے، لیکن آپ ایک عمل اور نیت کرتے ہیں کہ میں اس پانی سے دھو رہا ہوں تاکہ میرا غصہ دور چلا جائے جو میرے دل پر آرہا ہے۔ یہ میرے دل کو بیدار نہیں ہونے دے رہا۔

سُبْحَانَ رَبِّكَ رَبِّ الْعِزَّةِ عَمَّا يَصِفُونَ، وَسَلَامٌ عَلَى الْمُرْسَلِينَ وَالْحَمْدُ لِلَّهِ رَبِّ الْعَالَمِينَ. بِحُرْمَةِ مُحَمَّدِالْمُصطفى وَبِسِرِّ سُورَةِ الفَاتِحَة۔

خون، دل اور روح کا وضو

پانی کی مُلکوتی طاقت

الحمد اللہ، اولیاء اللہ ہماری زندگی میں تشریف لاتے ہیں اور ہر چیز کو وسیع کر دیتے ہیں۔ وہ اُفق کو وسیع کر دیتے ہیں، سمجھ کو وسیع کر دیتے ہیں، قرآن پاک اور احادیث کے حقائق کو وسیع کر دیتے ہیں۔ ہماری زندگی میں ہر پہلو سے، حقائق میں وسعت ہونا شروع ہو جاتی ہے ــ کہ ظاہر کی دنیا سے بہت دور، نور کی دنیا کو سمجھنا، اینرجی کی دنیا کو سمجھنا، آواز کی دنیا کو سمجھنا۔ حقیقت کا ہر پہلو محض ظاہر سے کہیں بڑھ کر ہے اور اُس حقیقت کی طرف تعلیم، اصلاح ہے۔ جو ہم سیکھ رہے ہیں اگر وہ محض ظاہری ہے تو جسم کیلئے اس کا محدود فائدہ ہوگا۔ لیکن کوئی غذا ہونی چاہئے، کوئی حقیقت ہونی چاہئے جو روح پر اثر انداز ہوتی ہے۔ اور جس کی آپ روح کے حوالے سے تعلیم دیتے ہیں وہ جسم پر دائمی لباس کی مانند ہوگا۔

ہر علم کے مختلف درجات ہوتے ہیں

مشائخ ہماری زندگی میں تشریف لاتے ہیں اور علم الشريعة، علم الطريقة، علم المعرفة، علم الحقيقة، علم العزيمة (خدائی قوانین کا علم، روحانی راستے کا علم، معرفت کا علم، حقیقت کا علم، اللہ عزوجل کی طاقت اور عظمت کا علم) کے علوم کی تعلیم دیتے ہیں، کہ ہر علم کے درجات ہیں جہاں بہت سے لوگ صرف باہر تک ہی رُک جاتے ہیں۔

اسلام میں علوم کے پانچ درجات

1- شریعة (علمِ قانون)

2- طریقة (روحانی راستہ)

3- معرفة (عرفان)

4- حقیقة (حقائق)

5- عزیمة (عزم)

شریعة کا علم سکھاتا ہے وضو کیسے کیا جائے

ہم نے کئی بار مولانا شیخ (ق) کی تعلیمات سے وضو کے متعلق مثالیں پیش کی ہیں کہ بہت سے لوگ وضو کی شریعت (قانون) ہی سکھاتے ہیں کہ آپ کو بس دھونا ہوگا؛ اُس پانی کو کتنا استعمال کریں کہ صفائی ہو جائے۔ پھر اپنے آپ کو دھونا، اپنے آپ کو کس طرح دھویا جائے کہ آپ کے ہاتھ، آپ کے بازو، آپ کا چہرہ، آپ کے کان، آپ کے پیر، آپ کی ناک، آپ کا منہ ہر چیز شامل ہو جائے اور دُھل جائے۔ اور یہ تو علم الشریعة کے محض تعارف سے ہے۔

علم کے باقی چار درجات پانی کی ملکوتی حقیقت کی تعلیم دیتے ہیں

علم الطریقة، علم المعرفة، حقیقة والعزیمة سکھانا شروع کرتے ہیں کہ دھونا کیوں ضروری ہے۔ کیونکہ آپ کے پاس یہ حق نہیں ہے کہ آپ پوچھیں 'کیوں؟' لیکن جیسے ہی آپ زندگی میں صابر رہتے ہیں حقائق کی طرف جانے والا راستہ اختیار کرتے ہیں تو اللہ عزوجل دل میں وسعت پیدا کرنے لگے گا اور مشائخ حقیقت کی تعلیم فرمانا شروع کریں گے کہ پانی کے اندر ایک حقیقت موجود ہے اور یہ کہ پانی کے اندر ایک ملکوتی قوت ہے، کیونکہ اللہ عزوجل فرماتا ہے، 'میرا تخت پانی پر ہے۔'

خدا کا تخت مَاءِ (پانی) پر ہے

وَهُوَ الَّذِي خَلَقَ السَّمَاوَاتِ وَالْأَرْضَ فِي سِتَّةِ أَيَّامٍ وَكَانَ عَرْشُهُ عَلَى الْمَاءِ لِيَبْلُوَكُمْ أَيُّكُمْ أَحْسَنُ عَمَلًا (٧)

"اور وہی تو ہے جس نے آسمانوں اور زمین کو چھ دن میں بنایا۔ اور اس کا عرش پانی پر تھا۔ کہ وہ تم کو آزمائے کہ تم میں عمل کے لحاظ سے کون بہتر ہے۔" (سورۃ ھود، 11:7)

'میرا تخت پانی پر ہے۔' یعنی وہ سکھانے لگتے ہیں کہ اُس مَاءِ (پانی) کی ایک معرفت ہے۔ وہ لوگ جو عربی جانتے ہیں، "مَاءِ" میں 'م' اور 'ا' ہے۔ آپ جہاں بھی دیکھتے ہیں اُدھر "لَا إِلٰهَ إِلَّا اللهُ مُحَمَّدٌ رَسُولُ اللهِ ﷺ" ضرور ہوتا ہے، یہاں تک کہ "مَاءِ" میں بھی ایک 'م' (محمد ﷺ) اور 'ا' (اللہ عزوجل کی عزت) ہے۔

ماء

م ا

محمد اللہ

پانی کے اندر ایک ملکوتی طاقت اور قوتِ حیات ہے

اللہ عزوجل فرماتا ہے، 'میرا تخت پانی پر ہے،' جس کا مطلب ہوا کہ، اوہ! پانی میں کوئی راز اور معرفت ضرور موجود ہے۔ ایک بنیادی تفہیم اسکی ملکوتی طاقت ہے، اور کیونکہ یہ ملکوتی ہے اس لئے یہ مستحکم ہے۔ اگر وہ گیس ہوتا تو اس سے زندگی میں کام کرنا مشکل ہو جاتا، لیکن ملائکہ کی وجہ سے اسکی قوت اور طاقت مستحکم ہے۔ لیکن اگر آپ ایک ہائیڈروجن اس میں سے نکال دیں تو یہ دھماکہ خیز بن جائے گا۔ یہ اس حد تک طاقتور ہے! ہمارے سب سمندر اس حد تک خطرناک ہیں! تو جب آپ جاننا چاہیں کہ اللہ عزوجل اس دنیا کو کیسے ختم کرے گا، وہ محض ایک ہائیڈروجن کو حکم دے گا کہ، 'اٹھو!' اور سارے کا سارا پانی خود ہی سے دھماکہ خیز ہو جائے گا۔ لیکن اسے مستحکم کرنے والے دو ہائیڈروجن ایٹم ہیں۔ اگر ایک ہائیڈروجن نکل جائے یہ دھماکہ خیز بن جاتا ہے۔

تو اولیاء اللہ تشریف لاتے ہیں اور ہمیں تعلیم دیتے ہیں کہ، 'پانی بہت طاقتور ہے۔' اگر آپ کچھ دنوں کے لئے پانی کو ایک جگہ پر چھوڑ دیں آپ دیکھیں گے کہ سبز رنگ نمودار ہونے لگے گا۔ وہ ملائکہ ہیں، وہ ملکوتی قوت ہے جو ظاہر کرتی ہے کی مَاءِ (پانی) زندگی لاتا ہے کیونکہ وہ سبز رنگ پھپھوندی (mildew) ہے وہ اس کے اندر موجود ایک قوتِ حیات ہے۔

وضو آپ کے بوجھ دھو ڈالتا ہے اور مشکلوں میں آپ کی ڈھال بنتا ہے

پھر مشائخ سکھانے لگتے ہیں کہ اب وضو کی حقیقت اُبھر کر سامنے آنے لگتی ہے کیونکہ آپ کو اُس عنصر کے بارے میں تعلیم دی جا چکی ہے جس کے ذریعے آپ صفائی کر رہے ہوتے ہیں۔ آپ ایک انتہائی طاقتور قوت، ملکُوتی طاقت سے دھو رہے ہیں۔ سارے دن میں آپ جتنی بھی مشکلات اُٹھاتے ہیں ۔ کیونکہ آپ کا جسم بس کی طرح ہے؛ ہمارا ایک جسم ہے، ہماری ایک روح ہے، جیسے ہی ہم دنیا میں چلتے پھرتے ہیں ہر طرح کی لطیف ایز جی ہمارے اندر سے گزر سکتی ہے مائیکرو ویو (microwave)، ٹیلی وژن کی لہروں سے لے کر تمام تر مختلف روحانی مخلوقات تک، جنہیں اللہ عزوجل نے بنایا ہے۔ وہ سب جسم میں سے گزر سکتی ہیں۔ وہ یا تو جسم پر قابض ہو جاتی ہیں یا جسم سے ہو کر گزر جاتی ہیں۔

تو جو نبی پاک ﷺ نے ہمارے لئے چاہا وہ ایز جی کی تکمیل تھی۔ لیکن اُن ﷺ کو اسکی وضاحت کرنے کی ضرورت نہیں تھی، نبی پاک ﷺ نے محض صحابہ کرام کو فرما دیا اُنہیں اسکی حقیقت سمجھ آ گئی اور اُنہوں نے اسکی شریعت سکھائی کہ، 'وضو کریں۔' پھر گہرے حقائق کے لئے وہ اُسکی معرفت میں گئے کہ جب آپ وضو کرتے ہیں تو پانی میں ایک ملکُوتی طاقت ہوتی ہے، پانی میں ایک قوتِ حیات ہوتی ہے، جیسے ہی ہم اُسے خود پر ڈالتے ہیں وہ سب مشکلوں کو جلا ڈالتا ہے وہ ساری آگ کو دور کرنے لگتا ہے اور آپ کو ایک ملکُوتی نور سے ایک ڈھال سے آراستہ کرنے لگتا ہے۔

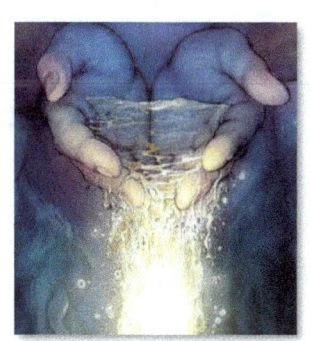

پھر وہ ہماری زندگی میں تشریف لاتے ہیں اور سکھاتے ہیں کہ جیسے ہی آپ دھوتے ہیں؛ منہ دھونا، چہرہ، ہاتھ، پیر اور سب اعضاءِ مخصوصہ (private parts) کو دھونا اگر آپ نے بیت الخلاء کا استعمال کیا ہے، جیسے ہی آپ وضو کرتے ہیں، باہر آئیں اور صلاۃُالوضو ادا کریں تاکہ خود کو اپنی ایز جی میں مہر بند (seal) کر لیں۔ کیونکہ جیسے ہی آپ دو رکعت صلاۃُالوضو ادا کر لیتے ہیں وہ پانی اور ملکُوتی طاقت ایک ڈھال بن جاتی ہے جو اگلے وضو تک آپ کی حفاظت کرتی ہے۔

جیسے آپ باہر کو دھوتے ہیں آپ کو اپنا اندر بھی دھونے کی ضرورت ہے

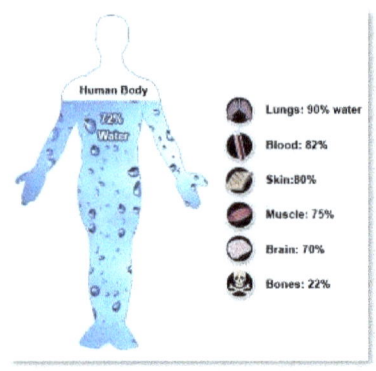

پھر وہ سمجھانا شروع کرتے ہیں کہ کیونکہ آپ وضو کی معرفت کی مزید گہرائی میں جا رہے ہیں، ایسا نہیں ہے کہ آپ نے دھویا اور یہ بس کافی ہو گیا؛ وہاں حقائق کے سمندر موجود ہیں کہ آپ اُس سے کیوں دھو رہے ہیں، اُس پانی میں کونسی طاقت ہے؟ پھر وہ سکھاتے ہیں کہ جسم کو دھوتے ہوئے آپ کو اندرونی حقیقت کی صفائی کو بھی سمجھنا چاہیے۔ پانی اہم ہے اور یہ کہ آپ کے جسم کا ستر فیصد (70٪) حصہ پانی پر مشتمل ہے، چنانچہ میرے وجود کے اندر کا پانی، میں اُس پانی کو کیسے صاف کر رہا ہوں؟ پھر وہ خون کی جانب توجہ دلاتے ہیں کہ جسم میں ستر فیصد (70٪) پانی ہے۔ اگر ہمیں شفاء چاہیے اور ہم اپنی ایزجی کو تعمیر کرنا چاہتے ہیں تو ہمیں سمجھنا ہو گا کہ ہم کیوں دھو رہے ہیں، ان روشنیوں اور حقائق سے کیوں آراستہ ہو رہے ہیں۔ جیسے ہم باہر کو دھوتے ہیں، ہمیں اندر کو بھی دھونا ہو گا۔ اندر جو پانی ہے وہ خون ہے، تو آپ خون کو کیسے دھوتے ہیں؟

اندر کے پانی ۔ خون کو کیسے صاف کیا جائے؟

نبی پاک ﷺ بیان فرماتے ہیں، 'شیطان خون کے ذریعے گردش کرتا ہے۔'

قَالَ رَسُولُ اللَّهِ ﷺ : إِنَّ الشَّيْطَانَ يَجْرِي مِنَ الْإِنْسَانِ مَجْرَى الدَّمِ۔ (صحیح مسلم، 2174)

"نبی پاک ﷺ نے فرمایا، شیطان انسان میں اس طرح گردش کرتا ہے جس طرح خون گردش کرتا ہے۔"
(صحیح مسلم، 2174)

اسی لئے روزہ اہم ہے۔ اسی لئے حلال کھانا، پینا اور حلال سانس لینا اہم ہے۔ جو بھی آپ سانس کے ذریعے اندر لے جاتے ہیں وہ آپ کے پھیپھڑوں سے گزرتا ہے اور آپ کے خون پر اثر انداز ہوتا ہے۔ جو آپ کھاتے ہیں وہ آپ کے معدے میں جاتا ہے اور خون پر اثر انداز ہوتا ہے۔ آپ جو سانس کے ذریعے اندر کھینچیں گے وہ خون کو متاثر کرے گا۔ تو پھر لوگ محض بیرونی صفائی پر ہی کیوں زور دیتے ہیں اور وہ اندر کی صفائی کیوں نہیں سکھاتے؟ باہر والا (یعنی جسم) گدھا ہے جسے زمین میں دفنا دیا جائے گا، کوئی بھی اپنا جسم اللہ عزوجل کے پاس نہیں لے کر جائے گا۔ آپ صرف جسم کو دنیا میں صاف کر رہے ہوتے ہیں تاکہ آپ اپنی روح کی حقیقت کو باہر لا سکیں۔

آپ جو بھی کھاتے اور پیتے ہیں آپ کے خون پر اثر انداز ہوتا ہے

اہلِ حقائق تشریف لاتے ہیں اور ہمیں تعلیم دیتے ہیں کہ انتہائی بنیادی (kindergarten) تفہیم سے آگے بڑھیں؛ کہ جب آپ دھو رہے ہوں تو نہ صرف اُس دھونے کی حقیقت کو جانیں بلکہ اندر کی صفائی کا بھی آغاز کریں۔ سمجھنا شروع کریں کہ آپ کے خون کو صاف ہونا ہوگا۔ کہ جب آپ اپنے کھانے پر دعا پڑھتے ہیں اور حلال کھاتے ہیں، آپ کا خون اب صاف ہو رہا ہوتا ہے۔ جب آپ کو اپنی سانس کا اور سانس لینے کے عمل کا شعور ہونے لگتا ہے تو کوئی بھی ایسی چیز منہ میں نہ ڈالیں جو آپ کے خون کو گندا کرے کیونکہ جب آپ جسم کو صاف کر رہے ہوتے ہیں آپ فُضلہ لے کر تو سر پر نہیں ڈال سکتے! لہٰذا سوچیں کہ ہر وہ چیز جو آپ اپنے منہ میں ڈالتے ہیں اور پینے کی یا کھانے کی چیز کے طور پر لیتے ہیں آپ کے خون پر اثر انداز ہوگی، اور پھر وہ خون جا کر دل سے ٹکرائے گا، جسے 'دل کا دورہ' کہا جاتا ہے۔ یہ دل پر حملہ کرنا ہے۔

"قَلبَ الْمُؤْمِنْ بيْتُ الله" (مومن کا دل اللہ عزوجل کا گھر ہے) تو شیطان اللہ عزوجل کے گھر پر حملہ کر رہا ہوتا ہے۔

قَلبَ الْمُؤْمِنْ بيْتُ الرَّبْ

"مومن کا دل خدا کا گھر ہے۔" (حدیث قدسی)

شیطان اس نظام کو جانتا ہے اور جانتا ہے کہ اللہ عزوجل دماغ میں گھر نہیں کرے گا، اللہ عزوجل تو دل میں گھر کرے گا۔ اور وہ (شیطان) کہتا ہے، 'یہ بنی آدم، کہ اگر یہ طاقتور ہوگیا تو یہ ہزار آدمیوں کے برابر ہوگا۔ یہی میرے لئے کافی ہے کہ میں اس پر حملہ کرنا شروع کروں۔ جو وہ کھاتا ہے میں اس کو متاثر کروں گا، میں اُس کو متاثر کروں گا جو وہ پیتا ہے اور میں اُس کو متاثر کروں گا جو وہ سانس کے ذریعے اندر لے جاتا ہے اور میں اس کے خون کو پَراگندا اور زہر آلود کرکے اُس کو شکست دے دوں گا۔' اور پھر وہ خون میں گردش کرنے لگتا ہے۔

آپ کی زندگی رحمت کے سانس – نَفَسُ الرَّحمة پر منحصر ہے

یعنی وہ ہمیں سکھانا شروع کرتے ہیں کہ ہماری زندگی میں یہ دھونے اور کسی کے یہ بتانے سے کہ انگلیاں اور ہاتھ کیسے رکھنے چاہئیں، کہیں بڑھ کر ہے۔ وہ تو محض باہر کا دھونا ہے۔ اُس پانی کی حقیقت، اندر کے پانی کی حقیقت، تمام اعضاء کو پاک کرنے کی حقیقت اہم ہے۔ یعنی جب خون جسم میں گردش کرتا ہے تو کس طرح ذکر اور سانس خون کو صاف کرنے لگتے ہیں، کیونکہ پھر آپ سانس کی فزیالوجی (physiology) کی طرف متوجہ ہوتے ہیں۔ ذکر اس قدر طاقتور کیوں ہے؟ جب وہ کہتے ہیں "نَفَسُ الرَّحمة" (رحمت کا سانس)، یہ کیوں "نَفَسُ الرَّحمة" ہے؟ کیونکہ ہر چیز اُسی سانس پر مبنی ہے!

تمام مشائخ تشریف لائے اور فرمایا کہ آپ کے پاس ایک دن میں چوبیس ہزار (24,000) حقائق ہوتے ہیں، زندگی کے چوبیس ہزار (24,000) حصے ایک دن میں۔ آپ کی زندگی کا معیار ایک سانس سے دوسری سانس تک ہے؛ اگر اللہ عزوجل سانس سے نہ نوازے تو بندہ مر جائے۔

اندر کی حقیقت کا وضو اور سانس کی پاکیزگی

تو ہر سانس زندگی کا راز ہے۔ چنانچہ وہ اُس سانس کو ذکرُ اللہ میں مشغول رہتے ہوئے لیتے ہیں، اللہ عزوجل کی یاد میں اور اللہ عزوجل سے باشعور ہو کر کہ، 'یاربّ! اس سے پہلے کہ میں اس دنیا میں سے کچھ اور مانگوں جو مجھے چاہئے، میں اس سانس کیلئے اس حقیقت کیلئے شکر گزار ہوں جو تو نے مجھے دی۔' پھر آپ دیکھنا شروع کرتے ہیں کہ وہ سانس جو ہم لے رہے ہیں پھیپھڑوں میں جاتی ہے، پھیپھڑے خون میں آکسیجن شامل کرتے ہیں اور وہ آکسیجن والا خون دل کی جانب بڑھتا ہے جو اللہ عزوجل کا گھر ہے۔ تو اگر آپ دل کو اللہ عزوجل کا گھر بنانا چاہتے ہیں، آپ کو سانس کو پاک اور صاف کرنا ہوگا۔

جو بھی آپ کھاتے ہیں منہ کے ذریعے آپ کے معدے، آپ کے پیٹ پر اثر انداز ہوگا۔ اور پھر وہ اُس خون پر اثر انداز ہوگا جو دل میں داخل ہونے جارہا ہے۔ لہٰذا پھر جسم کے اندر، وجود کے اندر ایک وضو ہوتا ہے جو آپ کے دل پر اثر انداز ہوگا۔ وہ اندرونی حقیقت کا وضو ہے۔

ہر عنصر میں موجو "ھُو" کا ذکر اُس کی طاقت ہے

اب یہ روح پر اثر انداز ہونا شروع ہوگا۔ اور عزیمۃ سے وہ سکھانا شروع کرتے ہیں کہ سانس اور وہ ہوا جسے آپ سانس کے ذریعے اندر لیتے ہیں اُس میں مَاءِ (پانی) کے عناصر موجود ہوتے ہیں۔ ہمارے ارد گرد ہر چیز پانی کے بھید سے ہے، اور پانی کے راز میں "ذکرِھُو" موجود ہے۔ اور "ذکرِھُو" کے ذریعے وہ ہر شے کی ایزجی (energy) کی قوت کو باہر نکال لینے کے قابل ہوتے ہیں۔
ہر مالیکیول (molecule) جو اپنی حمد کے ساتھ قائم ہے، "یُسَبِّحُ بِحَمْدِہٖ" (تعریف کے ساتھ تسبیح)۔

تُسَبِّحُ لَهُ السَّمَاوَاتُ السَّبْعُ وَالْأَرْضُ وَمَن فِيهِنَّ ۚ وَإِن مِّن شَيْءٍ إِلَّا يُسَبِّحُ بِحَمْدِهِ وَلَٰكِن لَّا تَفْقَهُونَ تَسْبِيحَهُمْ ۗ إِنَّهُ كَانَ حَلِيمًا غَفُورًا۔ (٤٤)

"ساتوں آسمانوں اور زمین اور جو کچھ بھی ان میں ہے سب اسی کی تسبیح کرتے ہیں۔اور (مخلوقات میں سے) کوئی چیز نہیں مگر اس (اللہ عزوجل) کی تعریف کے ساتھ تسبیح کرتی ہے۔ لیکن تم ان کی تسبیح کے طریقے کو نہیں سمجھتے۔ بے شک وہ دائمی بردبار (اور) غفار ہے۔" (سورۃالاسراء، 17:44)

"يُسَبِّحُ بِحَمْدِهِ" (تعریف کے ساتھ تسبیح) ۔ اُس حمد کے ساتھ جو اللہ عزوجل نے آپ کی طرح اُس ذی روح کو عطا کی ہے، چاہے وہ آپ ہوں، آپ کا وجود ہو یا آپ کے ایٹم اور مالیکیول، اُس کے اندر موجود طاقت "بِحَمْدِهِ" کیا ہے؟ یہ "ھُو" ہے! وہ اُس عنصر میں موجود "ذکرِھُو" ہے جو اُس کی طاقت ہے۔

روح کا وضو "ذکرِھُو" ہے

پھر مشائخ تعلیم فرمانا شروع کرتے ہیں کہ روح کا وضو "ذکرِھُو" ہے۔ اور سب مشائخ، اُن کا ذکر "اَللّٰہ ھُو، اَللّٰہ ھُو" ہوتا ہے، روح کی پاکیزگی کو حاصل کرنے کے لئے۔ یعنی جیسے ہی آپ سانس لینا شروع کرتے ہیں اور آپ جسم کو دھوتے ہیں آپ پانی کی طاقت کو سمجھ چکے ہوتے ہیں، اس بات کی اہمیت کو کہ کس طرح یہ پانی ملکوتی آگ ہے جو ہر برائی کو جلا دیتا ہے۔ "قُلْ جَآءَالْحَقُّ وَزَهَقَ الْبَطِلُ" (حق آگیا اور باطل نابود ہوگیا۔القرآن، 17:81)

وَ قُلْ جَآءَالْحَقُّ وَزَهَقَ الْبَطِلُ، إِنَّ الْبَطِلَ كَانَ زَهُوقًا (٨١)

"اور کہہ دیجئے اب حق آگیا اور باطل نابود ہوگیا۔ بے شک باطل (اپنی فطرت کے مطابق) ہمیشہ نابود ہی ہونے والا ہے۔" (سورۃالاسراء، 17:81)

حق آتا ہے اور شیاطین چلے جاتے ہیں۔ لیکن وہ اندر چلے جاتے ہیں؛ آپ نے اُنہیں ڈرایا نہیں وہ تو اندر چھپنے چلے گئے۔

"ذکرِ ھُو" کے ذریعے اندر کے شیطان کو مات دیں

پھر نبی پاک ﷺ تشریف لائے اور کھانے کے تمام تر حقائق سکھائے کہ اندر کا وضو کریں کیونکہ اب وہ (شیاطین) اندر چھپے ہوئے ہیں۔ چنانچہ اب آپ کی سانس اور جو کچھ آپ کھاتے اور پیتے ہیں اور جو کچھ آپ منہ میں ڈالتے ہیں اُس کا دھیان رکھیں۔ اب اندر کا وضو ہو رہا ہوتا ہے، یعنی آپ اندر موجود تمام ایزجیز (energies) کے خلاف شدّت سے جنگ کر رہے ہوتے ہیں جہاں اُنہیں کوئی پناہ نہیں ملتی، وہ اندر جلنے لگتے ہیں۔ اور وہ باہر آپ کے وضو کے باعث جل رہے ہوتے ہیں، لہٰذا وہ چھوڑ کر جانا شروع کر دیتے ہیں۔

"قُل ھُو" - یہ روح کے لئے ایزجی کی قوت ہے

پھر وہ سکھانا شروع کرتے ہیں کہ جیسے ہی آپ سانس لینا شروع کرتے ہیں اور اپنا ذکر کرتے ہیں یہی روح کیلئے ایزجی کی قوت ہے۔ اور "ذکرِ ھُو" کے ذریعے آپ اُس ایزجی سے جو ہمارے ارد گرد موجود ہے (طاقت) لے سکتے ہیں۔ اور وہ "ھُو" کا ذکر اخلاص اور مخلصی سے ہے۔ یہ واحد سورۃ ہے جس میں اللہ عزوجل فرماتا ہے، "قُل ھُو" اور باقی سب بھول جائیں۔

قُلْ هُوَ اللَّهُ أَحَدٌ (١)

"کہہ دیجئے کہ وہ اللہ عزوجل ہے (جو) واحد ہے۔"

(سورۃ الاخلاص، 112:1)

"قُل هُو" اللہ عزوجل کا 'ق' - "ق۔ وَالْقُرْآنِ الْمَجِيد"، 'ل' - "لسان الحق" (حق کی زبان) کیلئے؛ یعنی اللہ عزوجل کی عظمت اور حکم اُس "هو" پر ہے۔

ق ۚ وَالْقُرْآنِ الْمَجِيدِ۔ (١)

"قٓ۔ قرآن مجید کی قسم۔" (سورۃق، 50:1)

اُس "هُو" کی تقلید کرنے سے، آپ کو اُس حقیقت سے آراستہ کر دیا جائے گا، اُس حقیقت سے نواز دیا جائے گا اور آپ کو اخلاص اور مخلصی کا لباس عطا کر دیا جائے گا۔ یعنی یہ وضو کی حقیقت ہے! محض یہ نہیں کہ ہاتھ کیسے دھوئیں۔ اور لوگوں نے یوٹیوب (YouTube) پر بہت سی مختلف وڈیوز (videos) بنا رکھی ہیں کہ انگلیاں، ہاتھ اور پَیر کیسے دھوئے جائیں۔ لیکن وضو کی حقیقت کیا ہے، ہمارے اندر کی حقیقت کیا ہے، ہمارے اندر موجود خون جو ہمارا پانی ہے، اُس کی حقیقت کیا ہے؟ اندر، باہر کا دفاع کیسے کیا جائے؟ اور پھر سانس اور اُس ساری ایزجی کو کیسے حاصل کیا جائے جو ہمارے ارد گرد موجود ہے اور کیسے اس کو سانس میں شامل کیا جائے اور روح کو پاک اور مقدس کیا جائے؟

سُبْحَانَ رَبّكَ رَبِّ الْعِزَّةِ عَمَّا يَصِفُونَ، وَسَلَامٌ عَلَى الْمُرْسَلِينَ وَالْحَمْدُ لِلَّهِ رَبِّ الْعَالَمِينَ. بِحُرمَةِ مُحَمَّدِالمُصطَفى وَبِسِرِّ سُورَةِ الفَاتِحَة۔

بیماری اور بری ایز جی
بچوں کو متاثر کرتی ہے

يَا أَيُّهَا الَّذِينَ آمَنُوا اتَّقُوا اللّٰهَ وَكُونُوا مَعَ الصَّادِقِينَ۔ (١١٩)

"اے ایمان والو! اللہ عز و جل سے باخبر رہو اور اُن کے ساتھ رہو جو سچے ہیں (اپنے الفاظ اور اعمال میں)۔" (سورۃ توبہ، 9:119)

اللہ عزوجل فرماتا ہے، "اتَّقُوا اللّٰهَ وَكُونُوا مَعَ الصَّادِقِينَ" کہ بارگاہِ الٰہی سے باخبر رہو! یعنی بارگاہِ الٰہی کا شعور پیدا کیا جائے اور صادقین کے ساتھ رہا جائے۔ اس کا مطلب یہ ہوا کہ ایز جی کے تعلق میں یہ بہت اہم ہے۔ مولانا شیخ (ق) بہت ہی سادہ، نہ کہ پیچیدہ اسلامی اصطلاحات میں، بلکہ ایز جی کی نہایت سادہ تفہیم بیان فرماتے ہیں تاکہ ہم جان سکیں کہ خود کو کس طرح تعمیر کیا جائے اور خود کو کس طرح محفوظ رکھا جائے اور اپنی کس طرح حفاظت کی جائے۔

چار اقسام کے نیک لوگ جو اللہ عزوجل کے ساتھ ہیں

یعنی جیسے ہی ہم سچے بندوں کی صحبت میں جاتے ہیں، اور اُن کی سچائی کا مطلب یہ ہے کہ اللہ عزوجل فرماتا ہے، 'اگر تم میرے ساتھ ہونا چاہتے ہو تو تمہیں نَبِيِّينَ، صِدِّيقِينَ، شُهَدَاء وَالصَّالِحِينَ (انبیاء کرام، سچے لوگ، حق کے گواہ اور صالح لوگ) کے ساتھ ہونا چاہیے۔' یہ چار اقسام کے لوگ ہمیشہ اللہ عزوجل کے ساتھ ہوتے ہیں۔

وَمَن يُطِعِ اللّهَ وَالرَّسُولَ فَأُوْلَئِكَ مَعَ الَّذِينَ أَنْعَمَ اللّهُ عَلَيْهِم مِّنَ النَّبِيِّينَ وَالصِّدِّيقِينَ وَالشُّهَدَاء وَالصَّالِحِينَ وَحَسُنَ أُولَئِكَ رَفِيقًا (٦٩)

"اور جو لوگ خدا اور اس کے رسول کی اطاعت کرتے ہیں وہ ان لوگوں کے ساتھ ہیں جن پر خدا نے اپنا فضل کیا یعنی انبیاء کرام، صادقین، حق کے گواہان اور صالح لوگ۔ اور ان لوگوں کی رفاقت بہت ہی خوب ہے۔"

(سورۃ النساء، 4:69)

یہ چار اقسام کے لوگ ہمیشہ باہم منسلک ہوتے ہیں۔ اسی لئے کعبہ کے چار کونے ہیں۔ اس کا مطلب صَالِحِينَ اس لئے صَالِحِينَ ہیں کیونکہ وہ شُهَدَاء (وہ جو گواہ ہیں) کے ساتھ منسلک ہیں۔ ایک نہ ٹوٹنے والی زنجیر/سلسلہ ہونا لازمی ہے نَبِيِّينَ (انبیاء کرام) تک۔ نَبِيِّينَ، نبی ہونے کے ناطے ہمیشہ اللہ عزوجل کی بارگاہ میں ہوتے ہیں۔

یعنی اللہ عزوجل کعبہ کی حقیقت کی تعلیم فرمارہا ہے جس کا مطلب بارگاہِ الٰہی کی طرف بڑھنے کی حقیقت ہے۔ یہ کوئی پتھر کا چوکور ٹکڑا نہیں ہے جس کے سامنے آپ جھک رہے ہیں۔ آپ ادھر اُس حقیقت کے سبب جا رہے ہیں جو اللہ عزوجل سکھا رہا ہے کہ، 'میرے سامنے سرِ تسلیم خم کردو۔ میرے نور کے سامنے سرِ تسلیم خم کرو، میری عظمت کے آگے جھکو، میری ایزجیز (energies) اور طاقتوں کے سامنے جھک جاؤ!'

پھر مشائخ سکھاتے ہیں کہ جن کے پاس طاقت ہے یعنی صَالِحِينَ کی صحبت میں رہو، نیک لوگ جو خود کو سُدھارنے کی کوشش کرتے رہتے ہیں۔ اور اللہ عزوجل پھر بیان کرتا ہے کہ، 'جُدا نہ ہونا۔ اللہ عزوجل کی رسی کو مضبوطی سے تھام لو اور جُدا نہ ہونا۔'

وَاعْتَصِمُوا بِحَبْلِ اللَّهِ جَمِيعًا وَلَا تَفَرَّقُوا ۚ (۱۰۳)

"اور سب مل کر خدا کی رسی کو مضبوطی سے پکڑے رہنا اور جُدا نہ ہونا۔" (سورۃ آل عمران، 3:103)

لٰہذا صَالِحِینَ ہمیشہ ایک جماعت میں ہوتے ہیں، وہ ہمیشہ ایک گروہ کی شکل میں اکھٹے ہوتے ہیں اور اپنے پروردگار کا ذکر کرتے رہتے ہیں، اللہ عزوجل سے دعا کرتے ہوئے، بارگاہِ الٰہی کے لئے روزہ رکھتے ہوئے، بارگاہِ الٰہی کے لئے خدمت گزار رہتے ہیں۔ پھر کیا چیز اُنہیں صَالِحِینَ بناتی ہے، یعنی حقیقی صَالِحِینَ؟ اُن میں سے کوئی شُہَدَاء میں سے ضرور ہوتا ہے۔ صَالِحِینَ کی جماعت، حقیقی صَالِحِینَ، حقیقی نیک بندے، اُن میں سے ایک شُہَدَاء میں سے لازمی ہوگا۔ شُہَدَاء کا مطلب یہ ہے کہ، اللہ عزوجل کا فرمان ہے اور نبی پاک ﷺ نے بیان فرمایا ہے کہ اُنہیں مردہ نہ سمجھو، وہ اپنی قبروں میں بالکل زندہ ہیں۔

وَلَا تَحْسَبَنَّ الَّذِينَ قُتِلُوا فِي سَبِيلِ اللَّهِ أَمْوَاتًا ۚ بَلْ أَحْيَاءٌ عِندَ رَبِّهِمْ يُرْزَقُونَ۔ (۱۶۹)

"اور جو لوگ خدا کی راہ میں مارے گئے ان کو مردہ نہ سمجھنا۔ بلکہ خدا کے نزدیک وہ زندہ ہیں اور ان کو رزق مل رہا ہے۔" (سورۃ آل عمران، 3:169)

حقیقی محافل میں کوئی "شُہَدَاء" میں سے لازماً ہونا چاہیئے

شُہَدَاء، یعنی اُس گروہ میں وہ لوگ ہونے چاہیں جو دیکھ سکیں۔ اُن کے دل بیدار ہوں؛ اُنہوں نے دین کی پہلی بنیاد مکمل کرلی ہو [ایمان کی شہادت]۔

أَشْهَدُ أَنْ لَا إِلَهَ إِلَّا اللهُ وَأَشْهَدُ أَنَّ مُحَمَّداً عَبْدُهُ وَحَبِيبُ هُوْ وَ رَسُوْلُ هُوْ

"میں گواہی دیتا ہوں کہ کوئی معبود نہیں سوائے اللہ عزوجل کے اور میں گواہی دیتا ہوں کہ حضرت محمد ﷺ اللہ عزوجل کے بندے اور اُس کی محبوب اور اُس کے رسول ہیں۔"

بہت سی جماعتیں، بہت سے گروہ، اُن میں کوئی شُہَدَاء نہیں ہوتے۔ اُن کے پاس ایسا کوئی نہیں ہوتا جو جس بارے میں بات کر رہا ہے اُس کو دیکھ بھی رہا ہو۔ چنانچہ وہ ایک حقیقی صحبت نہیں ہو گی۔ وہ تو ایک مصنوعی صحبت ہو گی۔ اُس کو ہم چھوڑ دیتے ہیں۔ لوگوں کا ایک ہجوم اکٹھا ہوتا ہے اور وہ خود کو نہیں سُدھارتے اور نہ ہی اُن میں کوئی ایسا ہوتا ہے جو بہتر ہوا ہو اور شُہُود میں سے ہو گیا ہو، شُہُود یعنی وہ جو موت سے پہلے مر گیا ہو، جس کی خواہشات ختم ہو گئی ہوں اور اب وہ گواہی دے رہا ہو اور کم از کم دین کے پہلے ستون کو مکمل کر چکا ہو کہ، 'میں گواہی دیتا ہوں کہ کچھ نہیں ہے سوائے اللہ عزوجل کے اور میں سیدنا محمد ﷺ کو دیکھ رہا ہوں، اپنے دل کی آنکھ سے دیکھ رہا ہوں، حقیقت کی طرف کم از کم پہلا قدم مکمل کر رہا ہوں۔'

"شُہَدَاء" لازماً ایک صدیق صحابی کو دیکھ رہے ہوتے ہیں

لہٰذا اصلی صَالِحِینَ کے گروہ میں ایک شخص شُہَدَاء میں سے لازماً ہونا چاہئے - ایک شُہُود – ایسا جو دیکھ رہا ہو۔ وہ کیا دیکھ رہا ہوتا ہے؟ وہ اگلے کونے کو، یقیناً صِدِّیق کو دیکھ رہا ہوتا ہے۔ اس کا مطلب یہ ہوا کہ طروق صِدِّیقِینَ کے تابع ہوتے ہیں کیونکہ وہ سیدنا محمد ﷺ کی بارگاہ

کا دیدار کر چکے ہوتے ہیں، وہ اُن ﷺ کی بارگاہ میں رہتے، کھاتے اور پیتے ہیں۔ تو نبی پاک ﷺ اپنے صحابہ کرام میں سے سے (اُنہیں) نوازتے ہیں کہ آپ عظیم صِدّیقِینَ ہیں، یعنی کوئی بھی آپ کے مقام کی برابری نہیں کر سکتا۔ کوئی ولی اُن کے درجے تک نہیں پہنچ سکتا۔

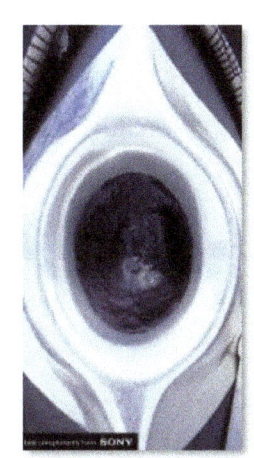

تو ہر ولی، ہر نیک بندہ جس کا دل بیدار ہو، لازماً اِن بڑے صِدّیقِینَ میں سے کسی ایک کو دیکھ رہا ہوتا ہے، اور اپنا راز اور اپنا رابطہ اُن صِدّیق، اُن صادق بندے سے جس نے نبی پاک ﷺ کی خدمت کی ہو، لے رہا ہوتا ہے۔ اور وہ صِدّیق لازماً ایک رسول کے ساتھ جڑے ہوئے ہوتے ہیں لازماً نبی پاک ﷺ کے ساتھ جڑے ہوئے ہوتے ہیں، نبی پاک ﷺ کی بارگاہ کا دیدار کرتے ہوئے، اُس بارگاہ میں زندگی گزارتے ہوئے، دیدار کرتے ہوئے، زندگی گزارتے ہوئے، اُس بارگاہ میں کھا رہے ہوں، پی رہے ہوں اور سانس لے رہے ہوں، اُس حقیقت سے اُس نہ ٹوٹنے والی زنجیر/سلسلہ سے فیض یاب ہو رہے ہوں۔ اللہ عزوجل فرماتا ہے، 'مضبوطی سے تھامے رکھو، بِحَبْلِ اللّٰهِ، اور جدا نہ ہونا۔' یہی اللہ عزوجل کی حقیقی رسی ہے۔ کیونکہ حجرِ اسود، کعبہ میں موجود کالا پتھر اس دنیا سے نہیں ہے۔ وہ پتھر جنت کا ہے۔

وَاعْتَصِمُوا بِحَبْلِ اللَّهِ جَمِيعًا وَلَا تَفَرَّقُوا ۚ (١٠٣)

"اور سب مل کر خدا کی رسی کو مضبوطی سے پکڑے رہنا اور جُدا نہ ہونا۔" (سورۃ آل عمران، 3:103)

اس کا مطلب یہ ہوا کہ وہ صِدّیق آپ کو نبی پاک ﷺ کی بارگاہ کی جانب کھینچنے کی قابل ہوتے ہیں اور وہ حقیقت

دنیاوی نہیں ہوتی۔ یعنی وہ آسمانی سہارے سے مدد فرمارہے ہوتے ہیں۔ وہ بہشتی نور برسنے لگتا ہے، نبی پاک ﷺ کے قلب مبارک سے گزرتا ہوا اُن صِدّیق کے مبارک دل میں جاتا ہے؛ صِدّیق سے شُہَدَاء کی جانب جو تمام اولیاء اللہ ہیں (کیونکہ) اُن کی سب بری خواہشات مرچکی ہوتی ہیں۔ سلطانُ الاولیاء وہ سارا نور وصول فرماتے ہیں اور اُس کو فلٹر (filter) کرکے اُن تمام لوگوں تک پہنچاتے ہیں جن کو وہ پہنچانا ضروری سمجھتے ہیں۔ اور اُن میں سے وہ صَالِحِینَ بناتے ہیں۔

وَمَن يُطِعِ اللَّهَ وَالرَّسُولَ فَأُولَٰئِكَ مَعَ الَّذِينَ أَنْعَمَ اللَّهُ عَلَيْهِم مِّنَ النَّبِيِّينَ وَالصِّدِّيقِينَ وَالشُّهَدَاءِ وَالصَّالِحِينَ وَحَسُنَ أُولَٰئِكَ رَفِيقًا (٦٩)

"اور جو لوگ خدا اور اس کے رسول کی اطاعت کرتے ہیں وہ ان لوگوں کے ساتھ ہیں جن پر خدا نے اپنا فضل کیا یعنی انبیاء کرام، صادقین، حق کے گواہان اور صالح لوگ۔ اور ان لوگوں کی رفاقت بہت ہی خوب ہے۔"

(سورۃ النساء، 4:69)

"حَسُنَ و رَفِيقًا" (وہ جو صَالِحِینَ کے ساتھ ہیں) بے حد ایزجی وصول کرتے ہیں

چنانچہ پھر صَالِحِینَ کے ساتھی، "حَسُنَ و رَفِيقًا" اور وہ جو اُن کے جیسے ہیں، وہ اپنے دلوں میں بے حد ایزجی وصول کر رہے ہوتے ہیں۔ اور یہ ایزجی دل کو اُن انوار اور فیوض و برکات سے ملبوس کرنے لگتی ہے جو اللہ عزوجل چاہتا ہے کہ اُن کے پاس ہوں، (اور) اُن کے دین کی تسلیم کو مکمل کرنے لگتی ہے۔ تسلیم سے، جسے وہ

اسلام کہتے ہیں، دنیاوی خواہشات کو کم کرنے اور بارگاہِ الٰہی کی جانب سے مزید حاصل کرنے کی خواہش کو پیدا کرنے لگتی ہے۔

وہ روشنی جیسے ہی آتی ہے، آتی ہے، آتی ہے، وہ ایمان کی روشنی سے ٹکراتی ہے۔ مولانا شیخ (ق) ایمان کی روشنی کی وضاحت فرماتے ہیں جس کا مطلب یہ ہے کہ اس سے نبی پاک ﷺ کی محبت، تمام انبیاء کرام کی محبت، بارگاہِ الٰہی کی محبت، تمام تر مقدس کتابوں کی محبت بڑھتی چلی جاتی ہے - یہ ہے ایمان کی روشنی۔ پھر تسلیم اور محبت سے 'مقامِ کامل (Station of Perfection)' بنتا ہے اور پھر وہ بندہ کمال کی منزل پر پہنچ جاتا ہے۔

اپنے دل اور ایز جی کے بارے میں ہوشیار رہیں

لیکن جہاں تک ایز جی کا تعلق ہے، وہ اسکی وضاحت فرماتے ہیں کہ اِن حقیقی محافل میں وہ بے حد ایز جی بھیجنے لگتے ہیں۔ یہ ایز جی ہمارے دل، ہماری روح اور ہماری مکمل ذات کو آراستہ کرنا شروع کر دیتی ہی۔ اور پھر طریقۃ آتا ہے اور سکھاتا ہے کہ ہوشیار رہو، اپنے دل کے بارے میں محتاط رہو اور اپنی ذات کے بارے میں محتاط رہو! اس کا مطلب یہ ہوا کہ ہم ایز جی بنا سکتے ہیں اور ہم اپنی پوری کی پوری ایز جی ضائع بھی کر سکتے ہیں یا گنوا سکتے ہیں۔ سب سے مشکل بنانا ہے اور سب سے آسان ایز جی کو ضائع کرنا اور گنوانا ہے۔

تو پھر وہ ہمیں سکھانا شروع کرتے ہیں کہ جیسے جیسے آپ اپنی ایز جی ضائع کرتے اور گنواتے جاتے ہیں آپ کمی کا شکار ہونے لگتے ہیں آپ کی ایز جی چلی جاتی ہے۔ تو ایز جی کا سادہ سا اصول یہ ہے کہ جو بھی بہت زیادہ مثبت ایز جی کا حامل ہوگا وہ انسان جہاں بھی جائے گا ساری منفی ایز جی کو اپنی طرف کھینچ لے گا۔ یہ ایز جی کا قانون ہے۔ یعنی جیسے ہی آپ دل میں، روح میں مثبت چارج رکھیں گے، اُس مثبت چارج کے ہمراہ کہیں جائیں گے؛

جیسے ہی آپ اُس مثبت چارج کو باہر نکالیں گے اپنی فطرت کے مطابق وہ تمام تر منفی چارج کو اپنی طرف کھینچنے لگے گا۔

تو مشائخ ہمیں طریقة /راستے کی حقیقت کی تعلیم دیتے ہیں، "وَكُونُوا مَعَ الصَّادِقِينَ۔"

يَا أَيُّهَا الَّذِينَ آمَنُوا اتَّقُوا اللَّهَ وَكُونُوا مَعَ الصَّادِقِينَ (١١٩)

"اے ایمان والو! اللہ عزوجلسے باخبر رہو اور اُن کے ساتھ رہو جو سچے ہیں (اپنے الفاظ اور اعمال میں)۔"
(سورة التوبہ، 9:119)

کیوں بارگاہِ الٰہی کا فرمانِ ہے کہ صادقین کی بارگاہ میں رہو؟ کیونکہ وہ بے حد مثبت ایزجی جاری کرتے ہیں۔ یہ ایک نوازش ہے۔ اللہ عزوجل جو چاہتا ہے وہ نوازتا ہے؛ کوئی یہ نہیں کہہ سکتا کہ اللہ عزوجل یہ نہیں کر سکتا! جب وہ نوازش کی جاتی ہے تو وہ ایزجی جاری ہونے لگتی ہے، جس کا مطلب ہے کہ وہ ہمیں بے حد مثبت چارج سے نوازنے لگتے ہیں۔ جیسے ہی وہ ہمیں مثبت چارج سے ملبوس کرتے ہیں، ہم جہاں بھی جاتے ہیں ہم منفی چارج کو اپنی طرف کھینچنے لگتے ہیں۔ کیونکہ ہر ایک کو بارگاہِ الٰہی میں خدمت گزار ہونا ہے۔

نیگیٹو ایزجی سے چھٹکارا پانے کیلئے ذکر کی محافل میں حاضری دیں

عمل کا سب سے اعلیٰ درجہ خدمت گزار ہونا ہے، آپ نے اس کام کے لئے معاہدہ کیا ہو یا نہ کیا ہو، اس سے کوئی فرق نہیں پڑتا۔ خدا ہمیں تعلیم دیتا ہے کہ، 'اگر میں تمہیں وہ ایزجی بھیج رہا ہوں اور اُس روشنی سے ملبوس کر رہا ہوں، چاہے تمہیں اِس کا علم ہو یا نہ ہو...' مگر وہ ہمارے لئے ہماری حقیقت کی وضاحت فرمانا شروع کرتے ہیں، '... جیسے ہی میں

تمہیں اُس روشنی سے ملبوس کرتا ہوں، تم یہ بات جان لو کہ تم جہاں بھی اُس روشنی کے ساتھ جاتے ہو تم نیگیٹیو

ایزجی (negative energy) کو کھینچو گے۔' اگر آپ نیک لوگوں کی صحبت میں رہیں، کیونکہ اُن میں آپ سے زیادہ مثبت ایزجی ہوتی ہے، پھر آپ جہاں بھی جائیں کم از کم ہفتے میں ایک بار ذکر کے لئے ضرور حاضر ہوں۔ اسی لئے یہ ذکر کے اصولوں میں سے ہے کہ اگر آپ ہفتے میں ایک بار بھی (محفلِ ذکر میں) حاضر نہ ہوں تو آپ مشکل میں گرفتار ہو جائیں گے۔ کیونکہ جیسے ہی منفی ایزجی آپ پر چھائے گی، آپ کو ملبوس کرے گی، ملبوس کرے گی، آپ کو ضرور کہیں جا کر اُس ایزجی کو اُتارنا ہوگا۔

اگر آپ کو لگتا ہے کہ آپ ایک مثبت شخص ہیں اور آپ کے پاس اُن کے ساتھ جڑنے کی صلاحیت موجود ہے اور آپ اُن کو دیکھ رہے ہیں، کیونکہ آپ یہ نہیں کہہ سکتے کہ، 'میں مثبت شخص ہوں اور مجھے آپ کی ضرورت نہیں ہے،' واحد راستہ جس میں آپ کہہ سکتے ہیں کہ آپ کو شُہُود کی ضرورت نہیں ہے وہ ہے جب آپ خود شُہُود میں سے ہوں۔ اگر آپ کہتے ہیں کہ، 'مجھے آپ کے ساتھ مربوط ہونے کی ضرورت نہیں، میں براہِ راست صِدّیق سے منسلک ہو سکتا ہوں،' تو پھر آپ کو یقیناً اس قابل ہونا ہوگا کہ آپ اُن کو دیکھ سکیں! اُن کو دیکھنے والا بننے سے پھر وہ آپ کو اختیار عطا کرتے ہیں۔ یعنی آپ اُن کو سن رہے ہوتے ہیں، اُن کو دیکھ رہے ہوتے ہیں، اُن کو محسوس کر رہے ہوتے ہیں، آپ اُن سے جڑے ہوئے ہوتے ہیں لہٰذا وہ مشکل کو آپ سے دور کر رہے ہوتے ہیں۔

وہ ہمیں ہماری زندگی کے کچھ حقائق سکھانا شروع کرتے ہیں کہ، 'اوہ، میں اس علم کے لئے دعا کر رہا ہوں۔ میں ان روشنیوں کا سوال کر رہا ہوں، میں اِن رحمتوں کا سوال کر رہا ہوں،' لیکن اس سب کے ساتھ ایک احتساب جُڑا ہے۔ جیسے ہی وہ دل کو روشنی اور ایزجیز (energies) سے ملبوس کرتے ہیں، آپ جہاں بھی جاتے ہیں اندھیری رات میں ایک بلب کی مانند؛ یہ ہر طرح کی منفی ایزجیز کو اپنی طرف کھینچ لیتا ہے۔ جیسے ہی آپ محفل میں آتے ہیں اُن کی مدد اور محفل میں اُن کا سہارا اور مزید مثبت ایزجی اُن سے جاری ہونے لگتی ہے۔ 'ہر عالِم سے بڑا ایک عالِم موجود ہے۔' (القران، 12:76)

نَرْفَعُ دَرَجَاتٍ مَّن نَّشَاءُ ۗ وَفَوْقَ كُلِّ ذِي عِلْمٍ عَلِيمٌ (٧٦)

"ہم جس کے لئے چاہتے ہیں درجات بلند کرتے ہیں۔ اور ہر علم والے کے اوپر ایک اور علم والا موجود ہے۔" (سورۃ یوسف، 12:76)

"وَكُونُوا مَعَ الصَّادِقِينَ" (القران، 9:119)، پھر اللہ عزوجل فرماتا ہے کہ اُن کی صحبت میں رہو کیونکہ اُن

کے دلوں سے، اُن کی مدد اور اُن کے سہارے سے ایک روشنی خارج ہونے جارہی ہوتی ہے جو مثبت چارج (positive charge) کو جاری کرنے لگتی ہے۔ اُس مثبت چارج کے سبب وہ سارے منفی چارج (negative charge) کو کھینچ لینے کے قابل ہوتے ہیں۔ اُنہیں اس بات کی تربیت دی گئی ہوتی ہے کہ اُس (منفی) چارج کو کیسے باہر نکالا جائے تاکہ وہ اس سے ہلاک نہ ہو جائیں۔ یعنی وہ اُس (منفی) چارج کو اپنے مشائخ کی مدد سے اور رابطے کی سبب کھینچتے ہیں؛ وہ یقینی طور پر اُس ایز جی کو ہم سے دور کر دیتے ہیں۔

اگر ہم ذکر سے دور رہیں تو ہماری منفی ایز جی ہم پر حاوی ہو جاتی ہے

اگر ہماری وہ تربیت نہیں ہوئی اور ہمیں وہ سمجھ نہیں ہے اور ہم خود کو دور رکھنے لگتے ہیں تو ہماری منفی ایز جی ہم پر حاوی ہونے لگتی ہے۔ ہماری منفی ایز جی بہت زیادہ ہو جاتی ہے، (جس سے) برا کردار، بری ایز جیز اور بدترین بیماریاں پیدا ہونے لگتی ہیں۔ جب منفی ایز جی حد سے زیادہ بڑھ جاتی ہے، پھر وہ ہمیں تعلیم دیتے ہیں کہ محتاط رہو کیونکہ محفلوں میں اور اپنے گھروں میں آپ اُس نیگیٹیویٹی (negativity) کو لے آتے ہیں۔

اگر میں ذکر میں اُس ایز جی کو ختم نہیں کروں گا، اگر میں (ذکر کی) محفل میں نہیں آوں گا اور وہ محفل مجھ میں سے اُس چارج کو نہیں کھینچ نکالے گی تو میں

منفی چارج سے بھر جاؤں گا۔ اگر میں گھر جاؤں اور محسوس کروں کہ میں منفی چارج سے بھرا ہوا ہوں تو پہلے پہل تو وہ مجھے منفی کر دے گا، ہر طرح کی بُری خصلت میرے دل سے اُبھرنے لگے گی؛ ہر بری بات، ہر بری چیز ظاہر ہونے لگے گی اور پھر میں اُس ایز جی سے بیمار پڑ جاؤں گا۔

نیگیٹیو ایز جی معصوم بچوں پر اثر انداز ہوتی ہے

اگر آپ بہت زیادہ نیگیٹیو چارج پیدا کریں گے، تو گھر میں موجود سب سے معصوم شخص بیمار ہو جائے گا۔ مشائخ سکھاتے ہیں کہ گھر میں جو جتنا معصوم ہو گا اُتنا ہی اُس کا چارج مثبت ہو گا۔ وہ مظلوم (معصوم) ہوتے ہیں؛ اُنہوں نے کچھ غلط نہیں کیا ہوتا کہ اُن کا چارج منفی ہو۔ تو اس کا مطلب یہ ہوا کہ ہمارے پیارے ہمارے منفی چارج سے خطرے میں ہوتے ہیں۔

اگر ہم اپنے ساتھ ہی بیٹھے رہیں اور خود کو تنہا کر لیں اور وہ رابطہ قائم نہ رکھیں، مگر ایک روشنی کو دل میں جمع کر دیا گیا تھا، یعنی ہم اُس محفل میں حاضر ہوئے اور چلے گئے، آئے اور چلے گئے، آئے اور چلے گئے چنانچہ مشائخ نے (ہمارے دل میں) ایک روشنی جمع کر دی۔ وہ فرماتے ہیں کہ اگر آپ محفل میں کم از کم 5 منٹوں کے لئے ہی بیٹھتے ہیں تو شیخ الاعظم عبداللہ الداغستانی (ق) پہلے ہی آپ کے دل میں روشنی جمع کر چکے ہوتے ہیں۔ پھر وہ ہمیں تعلیم فرماتے ہیں کہ اگر وہ روشنی دل میں داخل ہو جائے تو آپ جوابدہ ہوں گے، آپ محض اُس روشنی کو موصول کر کے بھاگ نہیں سکتے۔ یعنی آپ جہاں بھی جائیں گے آپ اب ایک چراغِ راہ بن جائیں گے۔

اگر آپ کا چارج ختم ہو جائے تو اس کا مطلب یہ ہوتا ہے کہ ساری برائی آپ پر حاوی ہو جاتی ہے اور آپ بیمار ہو جاتے ہیں۔ اور اگر برائی حد سے زیادہ بڑھ جائے گی تو آپ کے خاندان والے بیمار ہو جائیں گے۔ بچے سب سے زیادہ معصوم ہوتے ہیں کیونکہ اُن کی ایز جی مثبت ہوتی ہے اور وہ مظلوم ہوتے ہیں، اُنہوں نے کچھ غلط نہیں کیا ہوتا، تو وہ مسلسل مثبت چارج جاری کرتے رہتے ہیں۔ چنانچہ ساری برائی اُن کی طرف بہتی جاتی ہے اور وہ بیمار ہو جاتے ہیں۔

لہٰذا آخر الزمان میں اور مشکل کے دنوں میں آپ خاندانوں میں بہت زیادہ بیماریاں دیکھتے ہیں۔ کیونکہ وہ ذکر میں آتے ہیں اور پھر وہ چلے جاتے ہیں؛ پھر وہ یہ سوچتے ہوئے چلے جاتے ہیں کہ اُنہوں نے وہ حاصل کر لیا ہے۔ لیکن پھر وہ ہر قسم کی پیچیدہ ایز جیز سے، ہر قسم کی برائیوں سے نیگیٹیوٹیز (negativities) سے بھر جاتے ہیں۔ طریقة، صحبت کو برقرار رکھنے پر مبنی ہے۔ جیسے ہی ہم واپس محفل میں آتے ہیں تو محفل ایز جی کو کھینچ لیتی ہے، سارے منفی چارج کو باہر کھینچ لیتی ہے اور اُس کے ساتھ ہی ایک مثبت چارج جمع کر دیتی ہے۔

ہمیں روحانی راستے کی اہمیت کا اندازہ نہیں!

سب سے بڑی بیماری یہ ہوتی ہے جب ہمیں لگنے لگتا ہے کہ ایز جی ہمارے لئے کافی ہے (اور ہم کہتے ہیں کہ)، 'بہت شکریہ، اور اب ہم اپنے راستے چلتے ہیں!' یعنی آپ نے ایک امانت لے لی، آپ نے ایک روشنی لے لی ہے مگر ابھی تک آپ کے پاس پاک، کامل اور حفاظت میں ہونے کے لئے ساز و سامان اور صلاحیت نہیں ہے۔ اس کا مطلب "وُقُوفُ القَلب" ہے، دل کا ہوشیار رہنا۔ مولانا شیخ (ق) وضاحت فرماتے ہیں کہ یہ ایک جھونپڑی کی مانند ہے۔ گھر ایک جھونپڑی ہے اور بارگاہِ الٰہی آپ کو طریقة کے تحفے سے نواز رہی ہے۔ لیکن وہ تحفہ ایک سونے کی کان کی طرح ہے جسے آپ ایک جھونپڑی میں رکھنے والے ہیں۔ آپ نے ایک قیمتی جوہر کو جھونپڑی میں رکھ دیا۔

طریقة، ہمارے غیر مستحکم دل کی جھونپڑی میں ایک ہیرے کی مانند ہے

ہمیں طریقة کی اہمیت کا اندازہ نہیں ہے، ہمیں روحانی مشائخ اور روحانی راستوں کی اہمیت کا اندازہ نہیں ہے۔ لیکن اُنہیں اہمیت کا اندازہ ہے! لہٰذا وہ دنیاوی اصطلاحات میں ہمارے لئے وضاحت فرماتے ہیں تاکہ ہم سمجھ سکیں۔ یعنی جیسے ہی آپ روحانی راستے پر آنے کے لئے متاثر ہوتے ہیں تو اس کا مطلب یہ ہو تاکہ یہ مشائخ ایک بہت عظیم ہیرا آپ کے دل میں رکھ رہے ہیں لیکن آپ کا دل ایک جھونپڑی کی مانند ہے۔ یہ سارے کا سارا ٹوٹا

ہوا، غیر مستحکم ہے، یہ اب تک صاف نہیں ہوا۔ آپ ابھی کامل نہیں ہوئے، ہماری ابھی تک تکمیل نہیں ہوئی۔ وہ ہمیں تکمیل کے راستے پر لے جا رہے ہوتے ہیں۔

چنانچہ اگر وہ ہیرا آپ کے دل میں رکھ دیا گیا ہے تو کیا آپ کو نہیں لگتا کہ شیاطین اُس کو دیکھ رہے ہیں؟ یعنی وہ دیکھتے ہیں کہ اُس جھونپڑی میں کچھ چمک رہا ہے، اور ہر قسم کے حملے ہونا شروع ہو جاتے ہیں کیونکہ اُنہیں وہ روشنی چاہئے۔ اُنہیں وہ ہیرا چاہئے۔ ہم اس سے پہلے وضاحت کر چکے ہیں کہ یہ ایسا ہے جیسے آپ نے مٹھی بھر سونا لیا اور اُسے اپنے بچوں کی جیب میں ڈال دیا اور اُنہیں ہیسٹنگز اینڈ مین سٹریٹ (Hastings and Main Street) میں چھوڑ دیا جو ایک انتہائی بُرا محلّہ ہے، ایک خراب محلّہ۔ آپ وہاں اپنے بچے کو سونے کے گچھے سے بھری ہوئی جیب کے ساتھ چھوڑ آتے ہیں، میرا نہیں خیال کہ وہ پانچ منٹ سے زیادہ وہاں بچا رہ سکتا ہے۔

خدا سکھا رہا ہے کہ، 'میں یہ انوار، یہ رحمتیں تمہارے دل میں جمع کر رہا ہوں۔' آپ جانتے ہیں کہ آپ کے پاس

وہ روشنی ہوتی ہے جب آپ بارگاہِ الٰہی کی طلب میں تڑپ رہے ہوتے ہیں، جب آپ خود کو پاک کرنا چاہ رہے ہوتے ہیں، جب آپ اپنی تکمیل کرنا چاہ رہے ہوتے ہیں، آپ ایک روحانی حقیقت حاصل کرنا چاہتے ہیں اور آپ خود کو بلند کرنا چاہتے ہیں۔ وہ ایک عشق ہے جو آپ کے پاس نہیں ہوتا مگر آپ کو عطا کر دیا گیا ہوتا ہے۔ بہت سے لوگوں میں وہ عشق نہیں ہوتا۔ جب ہمیں وہ عشق نصیب ہوتا ہے تو خدا تعلیم فرماتا ہے کہ، 'میں نے اپنی بارگاہِ الٰہی کا عشق تمہارے دل کو عطا کر دیا ہے تاکہ تم مجھے ڈھونڈنے کی طلب کرو، کہ تم مجھے تلاش کرو۔'

روحانی مشائخ کرام، بری ایز جی کو دور فرمادیتے ہیں

لیکن وہ ہیرا جو آپ کے گھر میں رکھا جاتا ہے، مولانا شیخ (ق) وضاحت فرماتے ہیں کہ یہ ایسا ہے جیسے اُس کو جھونپڑی میں رکھ دیا گیا ہو۔ آپ کی تمام روحانی تفاہیم اور روحانی اعمال اُس جھونپڑی کو قلعہ بند کرنے کے لئے ہیں۔ پھر وہ ہمیں سالہاسال سکھاتے ہیں کہ دفاع کیسے کیا جائے، اسے کیسے قلعہ بند کیا جائے تاکہ یہ حملے کی زد میں نہ آئے۔ لیکن جیسے ہی یہ حملے کی زد میں آتا ہے تو ہمیں اپنی ساری ایز جی کم ہوتی ہوئی محسوس ہوتی ہے اور یہ سب بیماریاں آنے لگتی ہیں۔

پھر وہ ہمیں تعلیم فرماتے ہیں کہ محفلوں میں واپس آؤ۔ ان محافل میں بے حد طاقت ہوتی ہے، وہ ایک مثبت چارج جاری کرنے کے قابل ہوتی ہیں اور لوگوں میں سے منفی چارج کو باہر کھینچ لیتی ہیں۔ اور پھر وہ اُس چارج کو سلسلہ میں اوپر بھیج دیتی ہیں — مدد — اور وہ مشائخ اُس نیگیٹیویٹی کو لے لیتے ہیں اور اُس کے ساتھ وہی کرتے ہیں جو اُنہیں کرنا ہے۔ اس کا مطلب یہ ہوا کہ ایک بہشتی رابطہ ہونا چاہئے، بارگاہِ الٰہی کی جانب ایک رابطہ ہونا چاہئے جو اِس برائی کو دور کر دے۔

ہم دعا گو ہیں کہ ہم ایز جی کے ان قوانین کو سمجھنا شروع ہو جائیں اور ان حقائق کو سمجھ جائیں اس سے پہلے کہ وہ اُن ذریعوں سے ظاہر ہوں جو ناخوشگوار اور تکلیف دہ ہیں۔ وہ خود کو اُن لوگوں پر آشکار کرنے لگتے ہیں جو معصوم ہیں۔ کیونکہ انہیں اُس امانت (trust) کا علم نہیں جس میں ہم داخل ہو چکے ہوتے ہیں اور اُنہیں اُس معاہدے کا بھی علم نہیں جو روح نے کیا ہوتا ہے۔ وہ معاہدہ جو روح نے بارگاہِ الٰہی سے کیا کہ، 'جب میں اِس مادی دنیا میں آؤں گا میں اپنی تکمیل کروں گا، میں اُس امانت تک پہنچوں گا جو خدا چاہتا ہے کہ ہم حاصل کریں، اور وہ مقام جو خدا چاہتا ہے کہ ہم حاصل کریں۔'

اور جیسے ہی ہم میں کمی آتی ہے اور ہم اُس ایز جی سے دور ہو جاتے ہیں، خود کو اُس سے دور کر لیتے ہیں جو خدا نے عطا کیا؛ اس نے ایک صحبت عطا کی جو حقیقی صحبت ہے اور وہ صحبت بے حد ایز جی کی ترسیل کرنے کے قابل ہوتی ہے، اگر ہم وہ ایز جیز حاصل نہیں کرتے تو پہلا ۔ ہم پاک نہیں ہوں گے اور دوسرا ۔ ہم وہ مقام حاصل نہیں کر پائیں گے جو خدا چاہتا ہے کہ ہم حاصل کریں۔

ہم دعا گو ہیں کہ ہم ہمیشہ خود کو اس صحبت اور اُن کی سمجھ بوجھ، اور اُن کی مدد کے سائے میں رکھیں۔ اور یہ کہ ہم خود کو ہوشیار رکھیں؛ دھیان رکھیں کہ ہم کہاں جاتے ہیں، دھیان رکھیں کہ ہم ہمیشہ کس کی صحبت میں ہیں اور ہم کہاں جا رہے ہیں۔ ورنہ وہ ایز جی بہت جلدی ختم ہو جائے گی اور آپ خود کو خالی ہوتا ہوا محسوس کریں گے، اور آپ محسوس کریں گے کہ آپ کی ایز جی کم ہوتی جا رہی ہے۔

سُبْحَانَ رَبِّكَ ربِّ الْعِزَّةِ عَمَّا يَصِفُونَ، وَسَلَامٌ عَلَى الْمُرْسَلِينَ وَالْحَمْدُ لِلّٰهِ رَبِّ الْعَالَمِينَ. بِحُرْمَةِ مُحَمَّدِالْمُصطفٰي وَبِسِرِّ سُورَةِ الفَاتِحَة۔

چھٹا باب

منفی اینرجی کو کیسے دور کیا جائے

وَقُلْ جَآءَ الْحَقُّ وَزَهَقَ الْبَاطِلُ ۚ إِنَّ الْبَاطِلَ كَانَ زَهُوقًا ﴿٨١﴾

"اور کہہ دیجئے اب حق آ گیا اور باطل نابود ہو گیا۔ بے شک باطل (اپنی فطرت کے مطابق) ہمیشہ نابود ہی ہونے والا ہے۔"

(سورۃ الاسراء، 17:81)

إِنَّ اللَّهَ لَا يُغَيِّرُ مَا بِقَوْمٍ حَتَّىٰ يُغَيِّرُوا مَا بِأَنفُسِهِمْ ﴿١١﴾

"بیشک اللہ عزوجل کسی کی حالت کو نہیں بدلے گا جب تک کہ وہ اُس کو جو اُن کے اندر ہے نہ بدلیں۔"

(سورۃ الرعد، 13:11)

شدید برائی سے دفاع کیلئے
اپنی روحانی ایزجی کی تعمیر کریں

الحمدللہ، کہ اللہ عزوجل کی رحمت سے ہماری ہستی ابھی تک قائم ہے۔ اور اللہ عزوجل کی رحمت ہمیں آراستہ کر رہی ہے، ہمیں نواز رہی ہے اور ہمیں در گزر کر رہی ہے۔ انشاء اللہ۔

طروق اللہ عزوجل کی جانب سے ایک رحمت ہیں

ہر طرف موجود مشکلات کے سمندروں میں، طروق (روحانی راستے) اور اہلِ حقائق اللہ عزوجل کی طرف سے ایک رحمت ہیں۔ وہ اللہ عزوجل کی جانب سے، نبی پاک ﷺ اور اولیاء اللہ کی جانب سے ایک حفاظت اور بچاؤ کی کشتی ہیں۔ یہ رہنما ایک نظام کی وضاحت کرتے ہیں، کہ اگر آپ نے اُس نظام کی پیروی کی تو یہ نظام کام کرے گا۔ یہ ایک اسکول ہے؛ اس کا ایک نصاب ہے۔ ان کی مجالس اور ان کے حلقہ جات کا انحصار ایزجی اور تعلیمات پر ہے، یہ تعلیمات روح کو آراستہ کر رہی ہوتی ہیں، ایزجی کا مطلب یہ ہے کہ اس سبب سے جو بھی اللہ عزوجل بھیجنا چاہتا ہے وہ نبی پاک ﷺ کے مبارک دل کی جانب بھیجتا ہے نبی پاک ﷺ کے قلبِ اطہر سے أُولِي الْأَمْرِ اور اُن لوگوں تک جنہیں اللہ عزوجل نے ایک اختیار عطا کیا ہے۔

ایک ایسا راستہ اپنائیں جس میں اپنے دل کی پیروی ہو، دماغ کی نہیں!

مشائخ کرام تشریف لاتے ہیں اور ہمیشہ ایک یاددہانی (reminder) کی طرح ہمیں بتاتے ہیں کہ اپنے دل کا راستہ اپنائیں۔ اس کا مطلب ہے کہ ایک ایسا راستہ اختیار کریں جس میں آپ اپنے دل کی پیروی کریں اور دماغ

کی نہیں؛ اور ان کی رہنمائی کو سننے سے وہ ہمیں سکھاتے ہیں، وہ ہمیں شیاطین اور نفس (انا) کی چالوں کے بارے میں تعلیم دیتے ہیں۔ کیونکہ نفس، شیطان اور شیاطین کا ساتھی بن جاتا ہے۔ یہ اس معاملے میں بہت شاطر ہوتے ہیں کہ کس طرح سے چال چلیں کہ مومن دل کی بجائے اپنا دماغ استعمال کرے۔ اور طروق تعلیم دینے آتے ہیں کہ اپنا دل استعمال کریں اور وہاں پہنچیں جہاں اللہ عزوجل ہمیں پہنچانا چاہتا ہے۔

دل کی طاقت کی ایک یاددہانی ہے کہ ہم اپنا بچاؤ کیسے کرنے جارہے ہیں۔ یعنی ہر وہ چیز جو نفس کر رہا ہوتا ہے وہ دماغ کے ذریعے ہے اور پھر ہمارے دماغ کے ذریعے ہمیں مصروف رکھ کر اور ہمارے دل کو فاسد کرکے ہمیں بیوقوف بنانے لگتا ہے۔ لہٰذا اس کا مطلب، پورا راستہ اس سمجھ پر مبنی ہے کہ یہ سوچیں میرے دماغ میں کہاں سے آتی ہیں اور مجھے ایک ایسا راستہ اپنانا ہے جو میرے دل پر مبنی ہو۔ یہ اتنا آسان نہیں ہے کیونکہ نفس آتا ہے اور مومن کے ساتھ کھلم کھلا مکر کرنے لگتا ہے۔ لیکن بہت بار مومن کو ایسے جھانسا دے گا کہ وہ تو ایک نیک کام کر رہے ہیں، ایک نیک کام۔ لہٰذا وہ ایک نیک کام کریں گے اور کہیں گے کہ، 'یہ اللہ عزوجل کے راستے میں ہے اور اس میں داخل ہو جاؤ۔'

اگر وہ متفکرین میں سے ہیں تو وہ تفکر کریں گے اور مراقبہ کریں گے کہ، 'کیا یہ کچھ ایسا ہے جو میرے دل کی جانب سے ہے اور میرے دل کیلئے فائدہ مند ہے؟ یا یہ کچھ ایسا ہے جو میرے دماغ کے ذریعے آرہا ہے اور میں اُس کی پیروی کرنے جارہا ہوں جس کا حکم میرا دماغ مجھے دے رہا ہے؟' لہٰذا ایک یاددہانی کی طرح کہ ہمارا راستہ دل پر مبنی ہے۔ یعنی، 'میں اپنے دل کو سننے جارہا ہوں، میں اپنے اعمال اپنے دل سے کرنے جارہا ہوں، اور لگاتار اُس سے لڑتا رہوں گا جو میرے دماغ میں آتا ہے اور یہ کوشش کرتا ہے کے میں اپنا راستہ دماغ سے طے کرنے لگوں۔' یعنی ہم متفکرین اور اہلِ تفکر ہیں۔

اپنی بے وُقعتی کو قبول کرنا حفاظت کی طرف پہلا قدم ہے

مشکلات کے دنوں میں بہت سے لوگ ای میل (E-mail) کرنے لگتے ہیں اور سینٹر (Center) سے بات کرنے کی کوشش کرتے ہیں کہ، 'مجھے شدید نیگیٹیویٹی (negativity) محسوس ہو رہی ہے، یعنی مجھے محسوس ہوتا ہے کے جیسے میں حملے کے زیرِ اثر آرہا ہوں اور مجھے محسوس ہوتا کہ میں بیمار ہو رہا ہوں۔' اور ایسا ہی ہے۔ یعنی ہر جگہ بے تحاشہ نیگیٹیو ایزجی (negative energy) موجود ہے اور اس نیگیٹیویٹی سے مقابلہ کرنے کا ایک مخصوص طریقہ ہے۔

جب ہم یہ کہتے ہیں کہ ہم نے ایک ایسا راستہ اپنایا جس میں ہم ناچیز ہیں تو اس کا مطلب ہے کہ یہ بے وُقعتی (nothingness) ایک ذریعہ ہے جس سے اللہ عزوجل کی مدد کی جانب رسائی حاصل کی جائے۔ اگر بندہ اپنے کچھ ہونے پر یقین رکھے کہ وہ برائی سے دفاع کی ایک صلاحیت رکھتا ہے تو اللہ عزوجل اُسے پرکھے گا۔ بہت سی نیگیٹیو چیزیں کھلنا شروع ہو سکتی ہیں اور وہ بندہ فوراً سمجھ جائے گا کہ ہم اس کے مقابل جو اللہ عزوجل نے غیر مرئی (unseen) بنایا ہے کچھ بھی نہیں ہیں۔ غیر مرئی جو خود کو ظاہر (seen) اور غائب کر سکتا ہے، بالکل ایک ایزجی کی طرح آپ پر ہر ممکن سبب سے حملہ کرنا شروع کر دیتا ہے۔

لہٰذا اُس حقیقت میں پہلا قدم یہ ہے کہ، 'میں ناچیز ہوں یاربّی! میں ناچیز ہوں۔ میں فقیر ہوں۔ یعنی صرف تیرے فضل اور تیری رحمت سے ہی میں زندہ ہوں، اور یہ کہ اپنی مدد بھیج۔' اور وہ تربیت کرنا شروع کرتے ہیں کہ اس تربیت میں آپ اپنے دل کے اندر ایک راستہ لیں؛ آپ کو ایک ایزجی کی تعمیر کرنا ہو گی۔ وہ ایزجی آپ کی ایزجی نہیں ہے بلکہ وہ ایک ایسی ایزجی ہے جو اللہ عزوجل مومن کے دل کی جانب بھیجتا ہے۔

اللہ عزوجل کی محبت حاصل کرنے کیلئے سیدنا محمد ﷺ سے محبت کریں اور اُن کی پیروی کریں

اس کا مطلب یہ ایک بہت ہی آسان سی سمجھ ہے کہ میرے لئے اُس روشنی کی جانب رسائی حاصل کرنے کے لئے اور اُس حقیقت تک پہنچنے کے لئے، میں ایک راستہ اختیار کرتا ہوں کہ جس میں اپنی ذات کی نفی کروں۔ جب میں اپنی نفی کرنا شروع کرتا ہوں کہ میں ناچیز ہوں، تب اللہ عزوجل رہنمائی کرنے لگتا ہے؛ تب آپ اپنے دل سے رابطہ قائم کریں۔ آپ، سیدنا محمد ﷺ کی محبت قائم کریں کیونکہ نبی پاک ﷺ اللہ عزوجل کی وہ قوت ہیں جو تمام مخلوق میں گردش کرتی ہے۔ "فَاتَّبِعُونِي، قُلْ إِن كُنتُمْ تُحِبُّونَ اللَّهَ فَاتَّبِعُونِي۔"

قُلْ إِنْ كُنْتُمْ تُحِبُّونَ اللهَ فَاتَّبِعُونِي يُحْبِبْكُمُ اللهُ وَيَغْفِرْ لَكُمْ ذُنُوبَكُمْ ۗ واللهُ غَفُورٌ رَّحِيمٌ (٣١)

"کہہ دیجئے (یا سیدنا محمد ﷺ) کہ اگر تم اللہ عزوجل سے محبت کرنا چاہتے ہو تو میری پیروی کرو، (لہٰذا) اللہ عزوجل تم سے محبت کرے گا اور تمہارے گناہ معاف کردے گا۔ اور اللہ عزوجل معاف کرنے والا اور رحم کرنے والا ہے۔" (سورۃ آل عمران، 3:31)

ہر چیز اور ہر حقیقت اِس آیت الکریم سے جاری ہو رہی ہے۔ ہمارا راستہ اِس بات پر مبنی ہے کہ، 'یاربّی! میں تیری محبت کی تلاش میں ہوں، میں تیری پناہ کو تلاش کر رہا ہوں۔' اور اللہ عزوجل کا حکم ان کے لئے جن کو وہ محبت کرتا ہے "فَاتَّبِعُونِي" ہے، کہ سیدنا محمد ﷺ کے راستے کی پیروی کریں۔

نبی پاک ﷺ اللہ تعالیٰ کی قوت کو اُس درجے میں تبدیل کر دیتے ہیں جو مخلوق وصول کر سکتی ہے

بعد ازاں وہ دوسری تمام تعلیمات کے ذریعے سکھانا شروع کرتے ہیں کہ نبی پاک ﷺ اللہ عزوجل کی طاقت کو تھامے ہوئے ہیں، اللہ عزوجل کی "قُدْرَة" اگر اِس دنیا پر جاری ہونا شروع ہو جائے تو ہر چیز پگھل جائے گی۔ اس کو ایک مبدّل (ٹرانسفارمر۔Transformer) سے گزرنا ہوگا، جیسے جیسے یہ نیچے اترتی جاتی ہے اس کو ٹھنڈا ہونا ہوگا۔

قُلْنَا يَنَارُ كُونِي بَرْدًاوَسَلَامًا ... (٦٩)

"ہم نے کہا، اے آگ، ابراہیم پر ٹھنڈی اور پُر امن ہو جا۔" (سورۃ الانبیاء، 21:69)

"وَمَا أَرْسَلْنَاكَ إِلَّا رَحْمَةً لِّلْعَالَمِينَ" اللہ عزوجل فرماتا ہے کہ، 'ہم نے نبی پاک ﷺ کی حقیقت کو نہیں بھیجا سوائے اِس کے کہ یہ تمام مخلوق، تمام موجودات، تمام جہانوں، ہر چیز جو اللہ عزوجل نے بنائی ہے، کی جانب ایک رحمت ہیں۔'

وَمَا أَرْسَلْنَاكَ إِلَّا رَحْمَةً لِّلْعَالَمِينَ (١٠٧)

"اور ہم نے آپ کو نہیں بھیجا (اے محمد ﷺ) سوائے تمام جہانوں کے لئے رحمت کے۔" (سورۃالانبیاء، 21:107)

اس کی رحمت اس طریقے سے ہے کہ نبی پاک ﷺ کا وجود اللہ عزوجل کی قوت کو ایک ایسی ایز جی میں لے آتا ہے جو ہمارے وصول کرنے کیلئے قابلِ قبول ہوتی ہے۔ براہِ راست اللہ عزوجل کی یہ "قُدْرَة" ہر چیز کو جلادے گی۔ لیکن جب یہ "قُدْرَة" نبی پاک ﷺ کی مبارک روح کو چھوتی ہے تو یہ ٹھنڈی اور پُرامن ہو جاتی ہے اور یہ ایک ذریعہ ہے کہ جس سے لوگ اس ایز جی تک رسائی حاصل کر سکتے ہیں۔ یہی وجہ ہے کہ نبی پاک ﷺ نے ان کو بیان فرمایا کہ، 'مجھے کم از کم ایک بار یاد کرو، مجھ پر کم از کم ایک بار درود شریف بھیجو، اللہ عزوجل میری روح کو اجازت دے گا کہ وہ آئے اور دس صلوٰاۃ بھیجے۔'

عَنْ أَنَسِ بْنِ مَالِكَ رَضِيَ اللهُ عَنْهُ، قَالَ: قَالَ رَسُولُ اللَّهِ - صلى الله عليه وسلم -: "مَنْ صَلَّى عَلَيَّ صَلاَةً وَاحِدَةً، صَلَّى اللَّهُ عَلَيْهِ عَشْرَ صَلَوَاتٍ، وَحُطَّتْ عَنْهُ عَشْرُ خَطِيئَاتٍ، وَرُفِعَتْ لَهُ عَشْرُ دَرَجَاتٍ"

"نبی پاک ﷺ نے فرمایا: جو بھی مجھ پر درود و سلام بھیجتا ہے اللہ عزوجل اس پر دس بار اپنی رحمتیں نازل فرمائے گا، اور اس کے دس گناہ مٹادے گا، اور اس کے دس (روحانی) درجات بلند فرمائے گا۔" (حدیث۔ برنسائی)

اللہ عزوجل، نبی پاک ﷺ کے ذریعے ہمیں اللہ عزوجل کی جانب سے ایک فارمولا (formula) عطا کر رہا ہے کہ یہ درود شریف یعنی نبی پاک ﷺ کی مبارک روشنی ہماری روح کو آراستہ کرنے لگتی ہے، ہماری روح کو نوازنے لگتی ہے۔ یہ ایک "قُدْرَة" (قوت) ہے یہ ایک ایز جی ہے جو حقیقت کو آراستہ کرتی ہے۔

99٪ لوگ دل کی بجائے اپنا دماغ استعمال کرتے ہیں

اس کا مطلب تب روحانی رہنما تفکر اور مراقبہ کا راستہ اختیار کرتے ہیں، کہ ہمیں لازماً ان لوگوں کی صحبت اختیار کرنی ہوگی جو اہلِ تفکر ہیں۔ یہی وجہ ہے کہ ہم نے گفتگو کا آغاز اہلِ دماغ (سر) اور اہلِ تفکر (دل) سے کیا۔ 99.9٪ لوگ اہلِ دماغ ہیں، چاہے وہ امام ہوں، چاہے وہ ایک عالِم (اسکالر) ہوں، چاہے وہ سوچتے ہوں کہ وہ صوفیاء کرام ہیں یا اہلِ حقائق ہیں؛ وہ اپنا دماغ استعمال کر رہے ہیں۔ بیشتر نے اپنا دل استعمال کرنے کی تربیت ہی نہیں لی۔

اہلِ دل آپ کو لگاتار پرکھتے رہتے ہیں جب تک آپ دماغ کی نفی نہیں کر دیتے

دل کے راستے کی ایک بہت خاص تربیت ہے جس میں انہوں نے ایک بیعت دی اور ایک شیخ کی رفاقت داری اختیار کی۔ انہوں نے اپنی زندگی کے کئی سال تک ایک شیخ کی رفاقت داری اختیار کئے رکھی جس میں وہ شیخ لگاتار ان کو پرکھتے رہتے اور لگاتار ان کو آزمایا اور روحانی طور پر توڑا، اور توڑا۔ تاکہ ان کا دماغ اور وہ راستہ جس میں وہ اپنا سر استعمال کرتے ہیں، مسمار ہو جائے۔ چنانچہ وہ ایسے لوگ بن گئے جو اپنا دل استعمال کرتے ہیں۔ ان کی لگاتار پرکھ ہوتی رہی تھی۔

وہ جو اس کے وارث ہیں، وہ اس طرح کی پرکھ کے مختار (authorized) بھی ہوتے ہیں۔ جتنا زیادہ آپ ان کی صحبت اختیار کئے رکھتے ہیں اور آپ ان کے ساتھ رہتے ہیں، چاہے ظاہری طور سے ہو یا انٹرنیٹ (internet) کے ذریعے، اس کا مطلب ہے وہ آپ کو لگاتار پرکھتے رہیں گے کہ اپنا دماغ نہ استعمال کریں، اپنا ذہن نہ استعمال کریں، بلکہ اپنا دل استعمال کریں۔ تاکہ ہر وہ چیز جو آپ کے دماغ میں آرہی ہے، اس سوچ سے جو آپ کے دماغ میں آتی ہے، جنگ کریں۔ اور وہ اوزار (tools) استعمال کرنا شروع کریں جو آپ کو آپ کے دل کے لئے دیئے گئے تھے۔

چنانچہ اس کا مطلب یہ ہوا کہ یہ لوگ مختلف ہیں۔ یہ حقائق مختلف ہیں۔ اہلِ دل اور دل کے راستے کی افتتاح، اپنی تمام تر تربیت کے ذریعے وہ آپ کو سکھاتے ہیں کہ جب آپ تفکر کے لئے بیٹھیں تو اپنی ذات کی نفی کریں، اپنی ذات کی تردید کریں۔

آپ اپنی ذات کے بچاؤ کی طاقت نہیں رکھتے

وہ جو دیکھ رہے ہیں اور ایزجیز (energies) سے غرض رکھتے ہیں، (یہ جان لیں کہ) آپ کے پاس وہ ایزجی (طاقت) نہیں جو آپ کی ذات کو برائی کے خلاف تحفظ دے سکے کیونکہ یہ معاملہ میری ایزجی کا میری حفاظت کرنے کے بارے میں نہیں ہے، یہ میرا اپنی ذات کی نفی کرنے کے بارے میں ہے، ناچیز بن جانے کے بارے میں۔ اگر میں ایک ایسی حالت کو پہنچ جاؤں جس میں مَیں ناچیز ہوں تب اللہ عزوجل "أَطِيعُوااللَّه وَأَطِيعُواْالرَّسُولَ وَأُوْلِي الْأَمْرِ مِنكُمْ" سے آراستہ کرنے لگتا ہے۔ اس کا مطلب یہ انوار وہ روشنیاں ہیں جن کی مومن کو اپنے وجود میں ضرورت ہے۔

يأَيُّهَا الَّذِينَ آمَنُوا أَطِيعُوااللَّه وَأَطِيعُواْالرَّسُولَ وَأُوْلِي الْأَمْرِ مِنكُمْ...(٥٩)

"اے ایمان والو! خدا اور اس کے رسول کی فرمانبرداری کرو اور ان کی جو تم میں صاحبِ اختیار ہیں۔"
(سورۃ النساء، 4:59)

یعنی اللہ عزوجل فرماتا ہے "اتَّقُوا اللهَ وَكُونُوا مَعَ الصَّادِقِينَ" کہ آگہی (consciousness) رکھو اور صادقین کی صحبت میں رہو، راست باز بندوں کی صحبت اختیار کرو۔

يَا أَيُّهَا الَّذِينَ آمَنُوا اتَّقُوا اللهَ وَكُونُوا مَعَ الصَّادِقِينَ (١١٩)

"اے ایمان والو! اللہ عزوجل سے باخبر رہو اور اُن کے ساتھ رہو جو سچے ہیں (اپنے الفاظ اور اعمال میں)۔"
(سورۃ توبہ، 9:119)

ہم پہلے بیان کر چکے ہیں کہ قرآن پاک میں اللہ عزوجل کے الفاظ تمام زمانہ جات کے لئے ہیں؛ یعنی ہمیں ان کی صحبت ظاہری اور روحانی طور پر رکھنی لازم ہے۔ جب آپ ظاہری طور پر سنگت رکھ رہے ہوں تو وہ آپ کی تربیت کرتے ہیں کہ کیسے ان کی روحانی صحبت اختیار کی جائے، کیسے اپنے تفکر اور مراقبہ میں داخل ہوا جائے، کیسے اپنی ذات کی نفی کی جائے کہ، 'یاربّی! میں یہاں اپنے آپ کو سننے کے لئے نہیں ہوں، میں تیرے راست باز بندوں کے ہمراہ ہونے کا سوال کر رہا ہوں جو اپنے الفاظ اور اعمال میں سچے ہیں۔'

اولیاء اللہ کا نور اور ارواح ہر طرف موجود ہیں

یعنی ان کے انوار اور ان کی ارواح ہر جگہ موجود ہیں اور ان کی روح کی روشنی آزاد ہے۔ اُس روشنی سے کیسے رابطہ قائم کیا جائے، اُس سے آراستہ ہونے کیلئے اس حقیقت کی ایزجی سے کیسے رابطہ بنایا جائے؟ یعنی اِس سے پہلے کہ آپ "أَطِيعُوااللّٰه" تک پہنچیں، اس سے پہلے کہ آپ "أَطِيعُواْلرَّسُولَ" تک رسائی حاصل کریں، ہمیں لازماً "أُوْلِي الْأَمْرِ مِنكُمْ" کی صحبت اختیار کرنی ہوگی اور ان کی ایزجی حاصل کرنی ہوگی۔

يآأَيُّهَا الَّذِينَ آمَنُوا أَطِيعُوااللَّه وَأَطِيعُواْلرَّسُولَ وَأُوْلِي الْأَمْرِ مِنكُمْ...(۵۹)

"اے ایمان والو! خدا اور اس کے رسول کی فرمانبرداری کرو اور ان کی جو تم میں صاحبِ اختیار ہیں۔"
(سورۃ النساء، 4:59)

اپنی ذات کو رَد کرنا اور ایک ایسا راستہ اپنانا کہ جس میں مَیں اپنی ذات کی نفی کروں، اس لئے ہے تاکہ أُوْلِي الْأَمْرِ کی ایزجیز تک پہنچا جائے۔ یعنی وہ جہاں کہیں بھی ہیں ان تک کیسے پہنچا جائے، کیسے اُن سے فیض یاب ہوا جائے، اُس ایزجی سے کیسے آراستہ ہوا جائے، یہ سوال کرتے ہوئے کہ اپنی مدد بھیجئے، اپنی تائید بھیجئے!

یہ پرستش نہیں ہے! جب لوگ پلٹ کر تنقید کرتے ہیں کہ، 'کیا یہ ایک شرک کی طرح ہے، کیا یہ ایک پرستش کی طرح ہے؟' پرستش تو صرف اللہ عزوجل کیلئے ہے۔ یہ تو مدد کیلئے ہے کہ جس کے ذریعے اللہ عزوجل ہمیں لگاتار بتارہا ہے کہ صرف اہلِ تفکر ہی ان حقائق کو سمجھ سکتے ہیں۔ اور بے وُقعت بنتے ہوئے، ناچیز بنتے ہوئے اور مدد مانگتے ہوئے سچے/راست باز بندوں کی صحبت اپنائیں — نا صرف ظاہری طور پر بلکہ روحانی طور پر بھی۔

روحانی طور پر کیسے رابطہ قائم کیا جائے اور کیسے تفکر کیا جائے

مشائخ آپ کو ایک خاص طریقہ سکھانا شروع کرتے ہیں کہ جس میں اپنی ذات کی تربیت کی جائے۔ یعنی اپنی حسّات کو بند کرلیں، اپنی آنکھیں بند کرلیں، اپنے کان بند کرلیں۔ قبر جیسے ایک مقام میں داخل ہو جائیں جہاں

آپ ایک ایسے کمرے میں موجود ہوں جہاں صرف ایک موم بتی کی روشنی ہو اور ناچیز بن جائیں۔ اُس بے وُقعتی میں کیسے اُس روشنی سے آراستہ ہوا جائے، ان أُولِي الْأَمر کو پکاریں اور مشائخ کے ساتھ ان کی روحانیت میں ایک مکالمہ کریں اور ایک تعلق قائم کریں۔ آپ کہیں، 'میں کچھ بھی نہیں یا سیّدی! کہ آپ میرے ہمراہ رہیں۔ یہ ضروری نہیں کہ میں آپ کو دیکھوں لیکن میں جانتا ہوں کہ آپ یہاں میرے ساتھ موجود ہیں۔ اپنی روشنی سے مجھے آراستہ فرمایئے، اپنے نور سے مجھے نوازیں۔' اپنے تمام تریقین کے ساتھ یہ جان لیں کہ، 'میرے شیخ میری ہر نماز میں میرے امام ہیں۔ میرے ساتھ موجود ہونے کیلئے وہ لازماً وہیں ہیں۔ میں اس قابل نہیں کہ ان کو دیکھ پاؤں۔' اپنے دماغ کو مصروف نہ کریں اور یہ مت کہتے رہیں کہ، 'میں آپ کا دیدار

کرنا چاہتا ہوں، میں آپ کو دیکھنا چاہتا ہوں۔' اور تب آپ پریشان ہو جاتے ہیں جب وہ آپ کو دکھائی نہیں دیتے۔ آپ انہیں دیکھنے کے قابل نہیں ہیں۔ آپ جو بھی کرتے ہیں اُس میں اپنے نفس (انا) کو کسی قسم کی خوشی مت دیں۔

روحانی مشاہدات کا سہرا اپنے سر مت لیں

وہ بیان کرتے ہیں کہ امام علی علیہ السلام نے فرمایا کہ، 'حتیٰ کہ میری فنا میں بھی ایک فنا ہے۔' اس کا مطلب کہ اگر مراقبہ میں، آپ تفکر کر رہے ہوں اور کوئی آپ کو کشف عطا کرے، جیسے ایک الہام ہوتا ہے اور اولیاء اللہ کچھ ظاہر کریں؛ آپ بیٹھے ہیں اور مراقبہ کر رہے ہیں اور اچانک سے، اوہ، وہ جنت سے ایک جُبّہ کے ہمراہ آتے ہیں، وہ جنت سے تلواروں کے ساتھ آتے ہیں، وہ جنت سے پانی کے ہمراہ آتے ہیں تو آپ چاہتے ہیں کہ شیخ کے پاس آئیں اور اس کے بارے میں بتائیں۔ کیوں؟ آپ اپنے نفس (انا) کو کیوں کوئی اعتماد دینا چاہتے ہیں؟ جو ہو رہا ہے آپ اپنے نفس کو اس کو سمجھنے کی کوئی صلاحیت کیوں دینا چاہتے ہیں؟ اور کیوں اس کو کسی قسم کا سہرا (credit) دینا چاہتے ہیں؟

حتیٰ کہ اپنی فنا میں بھی فنا ہو جانا چاہیئے، 'میں ناچیز ہوں کہ میں جو دیکھ رہا ہوں یاربّی، یہ میرے لئے نہیں ہے۔ میں اس کے قابل نہیں، میں کچھ بھی نہیں۔ میرا نفس حتیٰ کہ ان معاملات میں بھی مجھ سے کھیل رہا ہے۔' اور اگر یہ حقیقت ہے تو، الحمد للہ، اللہ عزوجل جانتا ہے کہ کیا حقیقت ہے؛ اس کو جاننے کا اختیار صرف اللہ عزوجل کو ہے۔ اور اگر یہ حقیقت نہیں ہے تو کم از کم آپ نے اُس کی نفی کر دی جو کھیل آپ کا نفس آپ کے ساتھ کھیل رہا تھا۔

روحانی رابطے کیلئے اچھے کردار کی ضرورت ہے

یہاں بہت سی مختلف ٹریننگز (trainings) موجود ہیں۔ جب مشائخ آپ کو ناچیز بننے کی، حقیر بننے کی تربیت دے رہے ہوتے ہیں تو اللہ عزوجل ہمیں یاددہانی کروا رہا ہوتا ہے کی ان کی صحبت اختیار کیئے رکھو۔ ظاہری سنگت، کیونکہ روحانی قدرے مشکل ہے۔ کیسے مسلسل ان کی سنگت میں رہا جائے، اس نظر کے سائے میں کہ، 'میرے

ساتھ رہیں، مجھے اپنے نور سے آراستہ کیجئے۔' مشائخ آپ کو یاد دہانی کروانا شروع کرتے ہیں کہ، 'اگر آپ کا کردار بُرا ہے تو ہم آپ کے ساتھ نہیں رہ سکتے۔' "قُلْ جَآءَ الْحَقُّ وَزَهَقَ الْبَطِلُ۔" سچ اور جھوٹ، ہم اکٹھے نہیں چل سکتے!

وَ قُلْ جَآءَ الْحَقُّ وَزَهَقَ الْبَطِلُ، إِنَّ الْبَطِلَ كَانَ زَهُوقًا (٨١)

"اور کہہ دیجئے اب حق آگیا اور باطل نابود ہوگیا۔ بے شک باطل (اپنی فطرت کے مطابق) ہمیشہ نابود ہی ہونے والا ہے۔" (سورۃ الاسراء، 17:81)

پھر وہ آپ کو متحرک کرتے ہیں کہ اپنے کردار کو صحیح رکھیں اپنی سیرت کو پاکیزہ رکھیں۔ اپنی حقیقت کو ایک کھری روشنی کی مانند رکھیں کیونکہ تب ہی ان کا سچا نور آپ کے ہمراہ ہو سکتا ہے۔ مگر ان کی کھری روشنی کسی کھوٹی چیز کے ہمراہ نہیں ہو سکتی۔ اس کا مطلب اس حقیقت کی پوری سائنس (science) ہے کہ اپنی ذات کی نفی کیسے کروں، ان کی صحبت کیسے اختیار کروں، کیسے ایک چٹان کی مانند اپنے مکمل یقین کے ساتھ (یہ جان لوں) کہ وہ میرے ساتھ موجود ہیں۔ شیطان آپ کے ساتھ موجود ہے اور شیطان کہاں سے طاقت لے رہا ہے؟ شیطان، "عِزَّةُ اللهِ، وعِزَّةُ الرَسُول، وعِزَّةُ الْمُؤْمِنِينَ" سے طاقت لیتا ہے؛ وہ مومنین کی طاقت کے تابع ہے۔

وَلِلَّهِ ٱلْعِزَّةُ وَلِرَسُولِهِۦ وَلِلْمُؤْمِنِينَ وَلَـٰكِنَّ ٱلْمُنَـٰفِقِينَ لَا يَعْلَمُونَ (٨)

"اور (تمام) عزت اللہ عزوجل کیلئے، اور اسکے رسول کیلئے، اور مومنین کیلئے ہے۔ مگر منافقین نہیں جانتے۔" (سورۃ المنافقون، 63:8)

"أُوْلِي الْأَمْرِ" محمدی نور اور قوت سمیٹے ہوئے ہیں

اس کا مطلب یہ أُوْلِي الْأَمْر شیطان سے کہیں زیادہ طاقتور ہیں۔ لٰہذا وہ وہیں موجود ہیں، وہ بالکل ہمارے سامنے ہیں لیکن ہم ان کو دیکھ نہیں سکتے۔ ہم ان کو کیوں نہیں دیکھ سکتے؟ بُرے کردار کے باعث، اس فریب کے سبب

جو شیطان اور نفس، دماغ کو دے رہے ہیں اور ذہن کو بند کر رہے ہیں اور دل کو گمراہ کر رہے ہیں۔ مگر میرے مکمل ایمان کے ساتھ (یہ تسلیم کرتے ہوئے) کہ وہ وہیں موجود ہیں، اور میرے بھرپور یقین کے ساتھ سوال کرتے ہوئے کہ مجھے اپنے نور سے آراستہ کیجئے اپنی روشنی سے مجھے نوازیں۔ جیسے ہی آپ اپنی ذات کی نفی کرتے ہیں ان کی روشنی آراستہ کرنے لگتی ہے ان کا نور آپ کو سنوارنے لگتا ہے۔ اگر وہ روح کو آراستہ کرنا شروع کریں تب آپ "قُدْرَۃ" سے نوازے جائیں گے کیونکہ

$$\text{لَا حَوْلَ وَلَا قُوَّۃَ اِلَّا بِاللّٰهِ الْعَلِيِّ الْعَظِيمِ}$$

"اللہ عزوجل کے سوا کوئی سہارا نہیں اور کوئی قوت نہیں۔"

یعنی یہ أُوْلِي الْأَمْرِ نورِ نبی ﷺ سمیٹے ہوئے ہوتے ہیں۔ نبی پاک ﷺ اللہ عزوجل کی "قُدْرَۃ" کا سمندر ہیں۔ اس کا مطلب "حَوْلَ" اور مدد ان

أُوْلِي الْأَمْرِ، وہ جو ہمیں نظر آتے ہیں اور وہ جو ہمیں نظر نہیں آتے، کے ذریعے آرہی ہے۔ ان کی قوت ہر جگہ موجود ہے۔ لہذا مومن کیلئے اللہ عزوجل چیلینج (challenge) دے رہا ہے کہ اُس اَن دیکھی طاقت سے رابطہ قائم کریں۔ جو نہی آپ اپنی ذات کی نفی کرتے ہیں اور آپ تفکر کا راستہ اپناتے ہیں، یہ ایسے ہی ہے جیسے آپ ڈھونڈ رہے ہیں کہ کیسے پلگ اِن (plug-in) ہوا جائے۔

تب اُن کی تمام تعلیمات اِس بات پر ہوں گی کہ کیسے ہر چیز کو نیچے لایا جائے اور کیسے ان کی ایزرجی سے رابطہ استوار کیا جائے۔ ان کی ایزرجی سے مربوط ہونے سے آپ روح پر ایک فیض اور ایک نوازش محسوس کرنے لگیں گے۔

کشش اور مقناطیسیت کی حقیقت (حَقِیقَۃُ الجذُبَہ)

"حَقِیقَۃُ الجذُبَہ" (کشش کی حقیقت) دل کی طاقتوں میں سے – جو پیروی کرنے والے ہیں ان کے دل پر

اولیاء اللہ دل کی چھ طاقتیں کھول دیں گے۔ دل کی وہ طاقت جس کے بارے میں ہم ابھی بات کر رہے ہیں جو مشکل کے مقابل دفاع کی طرح ہے، وہ "حَقِیقَۃُ الجذُبَہ" ہے – میری اپنی ایزجی سے زیادہ طاقتور ایزجی کیسے اپنی ذات میں فراہم کی جائے؟ تفکر کا راستہ یہ ہے کہ جب آپ تربیت کرنا شروع کریں کہ کیسے مراقبہ کیا جائے کیسے دھیان لگایا جائے، تو مشائخ آپ کو تعلیم دینا شروع کرتے ہیں کہ اپنا اندر پاک کریں، مکمل طور پر اپنا اندر ٹھیک کریں۔ نیز یہ کہ آپ کے جسم میں موجود یہ آئرن (iron) جو اللہ عزوجل نے آپ کو عطا کیا ہے، اپنے اِس لوہے کو بے عیب اور صاف ستھرا کریں تاکہ آپ کی ذات میں موجود وہ آئرن بے داغ اور کامل ہو سکے۔ آپ جو بھی کھاتے ہیں اور جو بھی پیتے ہیں اس آئرن پر اثر انداز ہوگا۔

ایک بار جب آپ وہ راستہ اختیار کرنا شروع کرتے ہیں کہ جس میں آپ اس آئرن کو صاف کرتے ہیں اور اب آپ اُس ایزجی سے تعلق پیدا کرنا چاہتے ہیں، تو مشائخ آپ کو تعلیم دینا شروع کرتے ہیں کہ اپنی ذات کی نفی کریں اور ان أُوْلِي الْأَمر کی صحبت کا سوال کریں کہ، 'یاربّی! اولیاء اللہ جو ہر پل موجود ہوتے ہیں میں ان کی تائید کا سوال کر رہا ہوں، ان کی مدد طلب کر رہا ہوں؛ میرے دل کو ان کے ساتھ مربوط کر دے۔ اور میرے بھرپور ایمان کے ساتھ میں یقین کرتا ہوں کہ وہ میرے ساتھ موجود ہیں۔' اور دستِ سوال دراز کرنا شروع کریں کہ، 'مجھے اپنے نور سے آراستہ کیجئے مجھے اپنی روشنی سے ملبوس کریں۔' ہمارا راستہ اس بات پر مبنی ہے کہ ہم کس قدر وہ نور سمیٹ سکتے ہیں، کس قدر وہ اعلیٰ کردار ہم پروان چڑھا سکتے ہیں، (پھر) زیادہ سے زیادہ وہ نور آنے لگتا ہے، زیادہ سے زیادہ وہ فیض آنے لگتا ہے۔

أُوْلِي الْأَمْر کی روشنی اور ایزجی آپ کو پاک کرتی ہے اور آپ کی تکمیل کرتی ہے

جب وہ أُوْلِي الْأَمْر اُس شخص کو آراستہ کرنا شروع کرتے ہیں تو اُس کی تمام ایزجی اب توانا ہو جاتی ہے، یہ بھرپور طریقے سے توانا (supercharged) ہو جاتی ہی۔ آپ زیادہ سے زیادہ ایزجی اپنی ذات کو "أَطِيعُواللّٰه وَأَطِيعُواْلرَّسُول وَأُوْلِي الْأَمْرِمِنكُمْ" کے ذریعے فراہم کرسکتے ہیں، کیونکہ ہم اِس راستے میں اوپر جارہے ہیں، اوپر کی جانب۔

أَطِيعُواللّٰه وَأَطِيعُواْلرَّسُولَ وَأُوْلِي الْأَمْرِ مِنكُمْ... (٥٩)

"اللہ عزوجل کی اطاعت کرو، اوراطاعت کرو رسول اللہ ﷺ کی اور ان کی جو تم میں سے صاحبانِ اختیار ہوں۔"

(سورۃ النساء، 4:59)

جتنا زیادہ ہم أُوْلِي الْأَمْر کی موجودگی اور أُوْلِي الْأَمْر کے فیض کو برقرار رکھتے ہیں، وہ ہماری روشنی کی تکمیل کرتے جارہے ہوتے ہیں۔ اپنے تفکر اور مراقبہ میں آپ یہ دیکھنے لگتے ہیں کہ وہ أُوْلِي الْأَمْر وہاں موجود ہیں اور آپ ان کی ایزجی کو محسوس کرنے اور ان کی ایزجی سے آراستہ ہونے کا سوال کرنے کے قابل ہونے لگتے ہیں۔ أُوْلِي الْأَمْر نبی پاک ﷺ کی بارگاہ میں لے جانے کیلئے ہمیں صاف ستھرا، بے داغ، اُجلا اور بے عیب کر رہے ہوتے ہیں۔ لہٰذا جب وہ ایزجی کامل ہو جاتی ہے تو وہ آپ کو سیدنا محمد ﷺ کی بارگاہ میں لے جاتے ہیں۔

روحانیتِ نبی ﷺ لازماً موجود ہوتی ہے اور اُس روحانیت میں نبی پاک ﷺ کا فیض مومن کو آراستہ کرنے لگتا ہے، نبی پاک ﷺ کا نور سنوارنے لگتا ہے؛ اور حتیٰ کہ وہ اس روشنی کا رنگ تک تبدیل کرنے لگتے ہیں جو ان پر چھائی ہوئی ہوتی ہے۔ یہ حفاظتی روشنیاں ہیں۔

تمام تر تربیت لوگوں کو آنے والی مشکلات کیلئے تیار کرنے کیلئے ہے

جتنا زیادہ ہم اپنی ذات کی نفی کرتے جائیں گے اور یہ انوار حاصل کرتے جائیں گے یہ وجود ایسی ایزجی سے توانا ہوتا جائے گا جو بہت سے شیاطین کو پیچھے دھکیل دے، مختلف مخلوقات جو بری نیت رکھتی ہیں ان کو زیر کر دے۔ اگر انسان کے اندر موجود ایزجی اتنی طاقتور نہیں ہے تو ہر چیز اس پر حملہ کرنا شروع کر سکتی ہے، اور آج کل بہت سے لوگ ایک حملہ ہوتا ہوا محسوس کر رہے ہوتے ہیں۔ وہ محسوس کرتے ہیں کہ نیگیٹیویٹی ہر جگہ سے آرہی ہے اور وہ محسوس کرتے ہیں کہ وہ اس نیگیٹیویٹی کو دور دھکیلنے کی طاقت نہیں رکھتے۔ اور یہ تمام تر روحانی مشقیں (practices) اور یہ تمام تر تربیت محض تفریح کیلئے نہیں، بلکہ لوگوں کو اُس مشکل کے لئے تیار کرنے کے لئے ہے جو اس دنیا پر آرہی ہے۔

وہ ہمیں جو سمجھانا چاہتے ہیں وہ یہ ہے کہ آپ کو اپنی ذات کی نفی کرنی ہوگی۔ جتنا زیادہ آپ کا اپنا آپ یہاں موجود ہوگا اُس ایزجی کی موجودگی ممکن نہیں۔ جب ہم نفی کرتے ہیں کہ، 'یاربّی! میں ناچیز ہوں۔ یاربّی! مجھے ان کی طاقت سے آراستہ کر۔' جیسے ہی آپ مدد کیلئے سوال کرتے ہیں یہ اولیاء اللہ لازماً تشریف فرما ہوتے ہیں۔ وہ یہاں اللہ عزوجل کی خدمت اور سیدنا محمد ﷺ کی خدمت کیلئے ہیں۔ ہم انہیں نہیں دیکھ رہے، اس سے کوئی فرق نہیں پڑتا۔ لیکن ہم سوال کر رہے ہیں کہ وہ ہمیں آراستہ کریں، وہ ہمیں نوازیں کہ، 'مجھے اس روشنی سے آراستہ کیجئے۔ مجھے اس قابل بنائیے کہ خود کو اس روشنی کے سمندروں میں محسوس کرنے لگوں۔' ہر محفل ان کی عطا کے زیرِ اثر ہوتی ہے، ہر نماز ان کے فیض کے سائے میں ہوتی ہے۔

یہ خاص محافل ہیں، مشائخ آپ کو نور اور اینرجی سے آراستہ کرتے ہیں

یعنی تب ہمیں ان مجالس کی اہمیت اور ان تعلیمات کی اہمیت سمجھ آنا شروع ہوتی ہے کہ یہ مجالس ہر جگہ موجود نہیں ہیں۔ یہ محافل اور وہ روشنی جو ان محافل میں موجود ہوتی ہے، یہ ایک مستند (authorized) محفل ہوتی ہے۔ ہر بار جب آپ اس محفل میں قدم رکھتے ہیں وہ مشائخ آپ کو آراستہ کرنے جا رہے ہوتے ہیں۔ اور ہر بار جب آپ محفل کو چھوڑ دیتے ہیں عطا آپ پر بہت کم ہو جاتی ہے۔ جو ان مشائخ کو عطا کیا گیا ہوتا ہے اگر اُس وقت وہ آپ کو خاطر خواہ عطا نہ کر سکیں تو آپ خود وہ حاصل کرنے کی صلاحیت نہیں رکھتے۔ اسی لئے جب آپ یہ سوچتے ہیں کہ آپ محفل چھوڑ سکتے ہیں اور جو بھی آپ کرنا چاہیں وہ کر سکتے ہیں، تو آپ وہ عطا حاصل نہیں کر رہے ہوتے جو اللہ عزوجل نے آپ کے لئے مقرر کر رکھی تھی۔ یہ ایک فیض ہوتا ہے۔ اگر مشائخ آپ کو وہ بہت زیادہ عطا فرما دیں تو آپ بیمار ہو جائیں گے، آپ کو فلُو (flu) ہو جائے گا، آپ موت جیسی حالت میں داخل ہو جائیں گے؛ یہ فیض کسی ایک ہی وقت میں لے لینا جسم کی برداشت سے بہت باہر ہوتا ہے۔

لہٰذا اس حقیقت سے ہر محفل کی ایک عطا ہوتی ہے۔ جو آرہا ہے اس کیلئے ہر محفل کی ایک تیاری ہوتی ہے کیونکہ ہم جاہل ہیں اور ہم نہ سمجھتے ہیں اور نہ ہم دیکھتے ہیں تو ہم سوچتے ہیں ہر چیز بالکل نارمل (normal) ہے ہر چیز بالکل بہترین ہے۔ مگر کچھ ایسا ضرور ہے جو آرہا ہے، مشکل آرہی ہے! اگر انسان اپنے آپ کو اور اپنی روح کو تعمیر نہیں کرتے تو ان کا اس سے بچنے کا کوئی راستہ ممکن نہیں جو آرہا ہے۔ یہ بھی ٹھیک ہے، کیونکہ اگر وہ آپ کو راستے سے ہٹا دیں اور آپ کے جسم سے چھٹکارا پا لیں تو وہ آپ کی روح کو وہ حقیقت دکھانے کیلئے حاضر کر دیں گے۔ لیکن ہم ترجیح دیں گے اس حقیقت کو جسم کے ساتھ اور روح کے ساتھ ملاحظہ کیا جائے۔

پاک جگھوں کی برکت کی اہمیت

حضرت زکریاؑ اور حضرت مریمؑ کا قصہ

لٰہذا تربیت اہم ہے، یہ انوار اہم ہیں، یہ حقائق اہمیت کے حامل ہیں۔ ہر جگہ ایک سی نہیں ہوتی۔ اور اس کی ایک مثال جیسا کہ میں پہلے بتا چکا ہوں، حضرت زکریاؑ سے ہے،

ذِكْرُ رَحْمَتِ رَبِّكَ عَبْدَهُ زَكَرِيَّا (٢) إِذْ نَادَىٰ رَبَّهُ نِدَاءً خَفِيًّا (٣) وَإِنِّي خِفْتُ الْمَوَالِيَ مِن وَرَائِي وَكَانَتِ امْرَأَتِي عَاقِرًا فَهَبْ لِي مِن لَّدُنكَ وَلِيًّا (٥)

"(یہ) تمہارے پروردگار کی مہربانی کا بیان ہے جو اس نے اپنے بندے زکریاؑ پر (کی تھی)۔ جب انہوں نے اپنے پروردگار کو دبی آواز سے پکارا۔ اور بے شک مجھے اُس کا خوف ہے جو میرے رشتہ دار میرے بعد کریں گے اور میری بیوی بانجھ ہے تو مجھے اپنے پاس سے ایک وارث عطا فرما۔" (سورۃ مریم، 19:2-3,5)

حضرت زکریاؑ، اللہ عزوجل کے نبی ہیں اور اپنی تمام زندگی وہ ایک دعا کرتے رہے، ایک خاص دعا جو کبھی پوری نہ ہوئی۔ لٰہذا اس کا مطلب کہ آپ جتنا مرضی سوچیں کہ آپ نیک ہیں کچھ ایسا خاص ہے جو اللہ عزوجل چاہتا ہے کہ آپ سیکھیں۔ حضرت زکریاؑ، 99 سال، کتنے سال کے تھے حضرت زکریاؑ؟ دعا پوری نہیں ہو رہی تھی، دعا قبول نہیں ہو رہی تھی، جب تک کہ وہ حضرت مریمؑ کے حجرے میں نہیں پہنچے۔ جب وہ سیدنا مریمؑ کے حجرے کے اندر گئے وہ اب دیکھ رہے ہیں کہ وہاں حجرے میں بہت سی چیزیں ہو رہی ہیں۔

اگرچہ ان کی ساری زندگی ان کی عبادت گاہ میں گزری ہے، ان کی پوری زندگی ان کے معبد میں گزری ہے؛ سیدنا مریمؑ کا حجرہ معبد کے اندر ہی ہے۔ وہ حجرہ حضرت زکریاؑ کے عبادت خانے کے اندر ہی موجود ہے۔ لٰہذا یہ معاملہ نہیں کہ آپ کہیں بھی ہیں، آپ قرب وجوار میں ہیں۔ نہیں نہیں! اللہ عزوجل بہت مخصوص ہے۔ اپنی تمام زندگی ایک دعا کرتے ہوئے وہ عبادت گاہ میں رہتے ہیں مگر یہ دعا قبول نہیں ہوتی کیونکہ اللہ عزوجل مکمل پیکج (package) چاہتا ہے۔ ان کی دعا قبول نہیں کی جاتی جب تک کہ وہ اس کمرہ میں داخل نہیں ہوتے؛ جس کیلئے عاجزی چاہئے کیونکہ وہ خدا کے ایک نبی ہیں اور حضرت مریمؑ ایک ولیہ (خدار سیدہ عورت) ہیں۔ اور وہ اس بات کو جان لیتے ہیں کہ خدا کا ایک نبی ہوتے ہوئے، کیونکہ آپ کو عاجز ہونا پڑے گا، میری دعا نہیں قبول ہو رہی۔ مگر ایسا لگتا ہے کہ اس خاتون کی تمام دعائیں پوری ہو رہی ہیں۔ ہر نعمت بہتی آ رہی ہے، ہر خوراک کثیر مقدار میں موجود ہے، حتیٰ کہ وہ حیران ہو گئے اور پوچھ لیا، 'یہ کھانا کہاں سے آ رہا ہے؟' اور وہ حیران ہوتی ہیں، 'آپ کا کیا مطلب یہ کھانا کہاں سے آ رہا ہے؟ آپ نہیں جانتے؟ آپ خدا کے ایک نبی ہیں!' اسی لمحے حضرت زکریاؑ نے دعا کی اور اسی لمحے سیدنا جبرائیلؑ ان کے سامنے حاضر ہوئے اور فرمایا، 'آپ کی دعا قبول کر لی گئی۔'

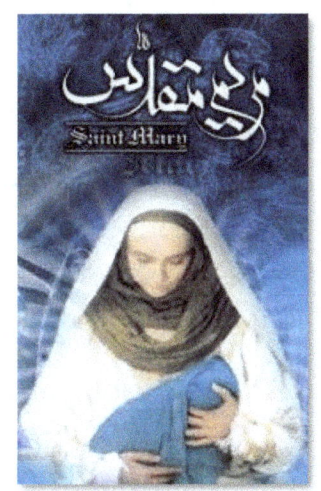

فَتَقَبَّلَهَا رَبُّهَا بِقَبُولٍ حَسَنٍ وَأَنۢبَتَهَا نَبَاتًا حَسَنًا وَكَفَّلَهَا زَكَرِيَّا ۖ كُلَّمَا دَخَلَ عَلَيْهَا زَكَرِيَّا ٱلْمِحْرَابَ وَجَدَ عِندَهَا رِزْقًا ۖ قَالَ يَٰمَرْيَمُ أَنَّىٰ لَكِ هَٰذَا ۖ قَالَتْ هُوَ مِنْ عِندِ ٱللَّهِ ۖ إِنَّ ٱللَّهَ يَرْزُقُ مَن يَشَآءُ بِغَيْرِ حِسَابٍ (٣٧) هُنَالِكَ دَعَا زَكَرِيَّا رَبَّهُۥ ۖ قَالَ رَبِّ هَبْ لِى مِن لَّدُنكَ ذُرِّيَّةً طَيِّبَةً ۖ إِنَّكَ سَمِيعُ ٱلدُّعَآءِ (٣٨) فَنَادَتْهُ ٱلْمَلَٰٓئِكَةُ وَهُوَ قَآئِمٌ يُصَلِّى فِى ٱلْمِحْرَابِ أَنَّ ٱللَّهَ يُبَشِّرُكَ بِيَحْيَىٰ مُصَدِّقًۢا بِكَلِمَةٍ مِّنَ ٱللَّهِ وَسَيِّدًا وَحَصُورًا وَنَبِيًّا مِّنَ ٱلصَّٰلِحِينَ (٣٩)

”زکریاؑ جب کبھی عبادت گاہ میں ان کے پاس جاتے تو ان کے پاس سازوسامان پاتے۔ پوچھنے لگے کہ مریمؑ یہ تمہارے پاس کہاں سے آتا ہے وہ بولیں خدا کے ہاں سے۔ بیشک خدا جسے چاہتا ہے بے شمار عطا کرتا ہے۔ اس وقت زکریاؑ نے اپنے پروردگار سے دعا کی (اور) کہا کہ پروردگار مجھے اپنی جناب سے اولادِ صالح عطا فرما تو بے شک دعا سننے والا ہے۔ وہ ابھی عبادت گاہ میں کھڑے نماز ہی ادا کر رہے تھے کہ فرشتوں نے انہیں آواز دی کہ خدا آپ کو یحییٰؑ کی بشارت دیتا ہے۔“ (سورۃ آل عمران، 39-3:37)

اہلِ دل، اللہ عزوجل اور نبی پاک ﷺ کی جانب سے ایک راز سمیٹے ہوئے ہوتے ہیں

لہٰذا آپ کسی بھی جگہ کیوں چلے جاتے ہیں اور آپ دعا مانگنے لگتے ہیں؟ یہ ٹھیک نہیں ہے، ایسے دعا نہیں قبول ہوتی! ایسے نہیں ہوتا کہ آپ کہیں بھی چلے جائیں اور اللہ عزوجل کا بھید وہاں ہو، یعنی اللہ عزوجل کے راز ہیں۔ جب آپ اپنے دماغ کی بجائے اپنا دل استعمال کرتے ہیں، کیونکہ آپ کا دماغ تو کہتا ہے، 'ہر جگہ چلے جائیں، آپ پاک ہیں؛ جہاں کہیں بھی آپ قدم رکھیں گے ہر چیز ہو جائے گی۔' نہیں! جب آپ اپنا دل استعمال کرتے ہیں اور سوچ بچار کرتے ہیں کہ ہو سکتا ہے کہ اللہ عزوجل نے کوئی بھید رکھا ہو اور اُس بھید کی بِنا پر میں وہاں جاؤں گا اور اپنی دعا کروں گا۔ اس راز پر مبنی، ہو سکتا ہے ان کی تعلیمات ایک ایسی چیز ہو کہ جس کی میری روح کو ضرورت ہے۔ کیونکہ باقی ہر جگہ جہاں بھی میں جاتا ہوں میں اپنے دماغ کے ذریعے ایک ہی جیسی بات سن رہا ہوں؛ 30 سال تک میں نے ایک ہی جیسی بات سنی اور 30 سال تک لوگ اپنے دماغ کے ذریعے اسی کو دہراتے رہے ہیں۔

لیکن یہاں، دل کی جانب سے ایک حقیقت موجود ہے۔ اور اہلِ دل، وہ ایک سگنل (signal) سمیٹے ہوئے ہوتے ہیں کہ اللہ عزوجل، نبی پاک ﷺ اور أُوْلِي الْأَمْر اب اس سگنل کی ترسیل کر رہے ہوتے ہیں۔ وہ سگنل، جب آپ ان کی تعلیمات کو اپناتے ہیں تو یہ روح پر ایک لباس (فیض) کی صورت میں آتا ہے۔ یہ روح پر ایک کرم

ہوتا ہے۔ یہ روح کیلئے ایک تیاری کی مانند ہوتا ہے۔ اور ان مشائخ کی مجالس عام مجالس جیسی نہیں، ان کی مجالس ایک راز لئے ہوئے ہوتی ہیں اور اگر لوگ اُس بھید کو پالیں تو وہ اس حجرے میں جو بھی کھائیں گے اس خاص جگہ پر جو بھی پئیں گے اس سے ان کو فیض نصیب ہوگا، جو بھی دعا وہ اس حجرے میں مانگیں گے ہو سکتا ہے کہ اللہ عزوجل وہیں اس کو قبول فرمالے۔

سُبْحَانَ رَبِّكَ رَبِّ الْعِزَّةِ عَمَّا يَصِفُونَ، وَسَلَامٌ عَلَى الْمُرْسَلِينَ وَالْحَمْدُ لِلّٰهِ رَبِّ الْعَالَمِينَ. بِحُرْمَةِ مُحَمَّدِ الْمُصطَفٰي وَبِسِرِّ سُورَةِ الْفَاتِحَة۔

جسم پر حملہ آور ہوتی ہوئی ایزجی اور اس کے دفاع کا طریقہ کار اور اَنیا گرام (Enneagram) کے حقائق

ہماری زندگی میں ہر چیز ایک آزمائش اور ایک سبق ہے۔ خدا فرماتا ہے کہ اگر میں تمہیں اب چوٹ نہیں پہنچاؤں گا تو تمہیں قبر میں چوٹ لگائی جائے گی۔ میں تمہیں قبر میں اذیت نہیں دینا چاہتا۔ اپنی ضربیں جھیلو، اپنے سبق

حاصل کرو، اور اپنی مثالوں کو تھام لو۔ یہ تمہارے جسم کو اطاعت گزار بنارہی ہوتی ہیں۔ میں تمہاری روح کو آراستہ کرنے کی کوشش کر رہا ہوں، تمہارے جسم کو نہیں آراستہ کررہا، نہ ہی یہ کہ تمہارے جسم کو اہم بناؤں اور اس کو تاج پہناؤں۔ میں تمہارے جسم کو روندنے کی اور روح کی حقیقت کو باہر لانے کی کوشش کر رہا ہوں۔ میں تمہاری روح کی اپنی بارگاہ میں موجودگی چاہتا ہوں۔

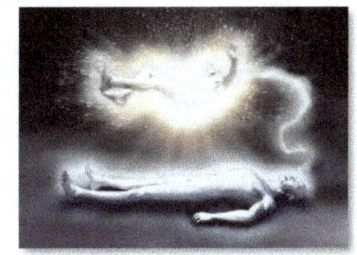

لہٰذا ہر چیز جس پر ہم غور و فکر کرنا شروع کرتے ہیں، کہ 'ایسا کیوں ہوا؟' تب خدا فرماتا ہے کہ، 'بھلا تم کسی بھی نبی سے بہتر کیوں ہو؟ کیا ان کو تکلیف نہیں پہنچی؟ کیا ان پر کوڑے نہیں برسائے گئے اور ان کو چوٹیں نہیں لگائی گئیں؟ یا پھر، کیا لوگوں نے اُن پر پتھر نہیں برسائے؟ کیا لوگ اُن پر چیخے چلائے نہیں، ان پر الزام نہیں لگائے اور ان پر ہر طرح کے جسمانی تشدد نہیں کیے؟' تو ہلکی سی تکلیف میں بُرا ہی کیا ہے، کیونکہ ہم میں سے کوئی بھی وہ تکلیف نہیں اٹھا رہا جو انبیاء کرام نے اٹھائی۔

لہٰذا مستقل طور پر خدا کی جانب اور باری تعالیٰ کی جانب رجوع کرتے ہوئے، دل میں خیال آتا ہے کہ یہ اتنا بھی برا نہیں ہے۔ کیا یہ ایک ہلکی سی صفائی کی مانند نہیں تھا کہ یہ مختلف معاملات کو جن سے ہم واقف نہیں تھے واضح کر دیتا ہے۔ تب مُرشد یہ تعلیم فرماتے ہیں کہ یہ کردار کی تکمیل کرتا ہے۔ لہٰذا جب بھی کچھ ہو تو اس کے بارے

میں غور وفکر کریں۔ اپنی ذات میں موجود مسلئہ ڈھونڈیں اور سوچیں کہ یہ کیوں ہوا، ایسے یہ کردار کا نقص ٹھیک کرتا ہے۔

اَنیا گرام (Enneagram) اپنی مدد آپ کا ایک پروگرام نہیں ہے!

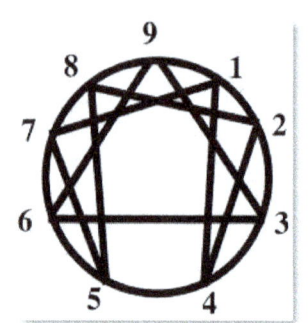

ویسے، یہی انیا گرام (Enneagram) کا مطالعہ ہے۔ یہ انیا گرام کے تمام نقشبندی حقائق ہیں۔ کسی کے لئے بھی جو انیا گرام میں دلچسپی رکھتا ہے، ان کو سمجھ جانا چاہئے کہ انیا گرام آجکل کی سائیکولوجی (psychology) کے لحاظ سے اپنی مدد آپ کا ایک پروگرام ہے۔ انہوں نے مینٹور (mentor) کو نکال دیا اور وہ اس کو اپنی مدد آپ کا ایک پروگرام بنا چکے ہیں، کہ جس سے کوئی بھی 'اپنی مدد آپ' کام نہیں کرتی۔ یہ کتاب کے ذریعے ایک سرجری (surgery) کرنے جیسا ہے، کہ ایک طرح سے جہاں آپ لیٹ جاتے ہیں اور کاٹ کر اپنے عُضو کو باہر نکال لیتے اور اس کو ٹانکے لگا دیتے ہیں۔ اپنی مدد آپ کے سبب اپنی مدد آپ! آپ کو اپنے ساتھ سچا ہونا ہوگا۔ بہت سے لوگ اپنے ساتھ سچے نہیں ہوتے اور نہ جو ان کے کردار کا نقص ہے اُس سے۔

حقیقی اَنیا گرام روحانی مشائخ ہیں

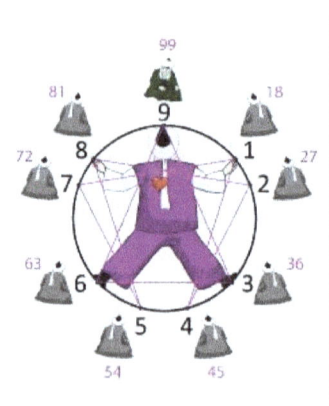

لہٰذا انیا گرام کا فہم آجکل جہاں لوگ بیان کرتے ہیں کہ، 'ٹھیک ہے، آپ کو یہ جان لینا چاہئے کہ آپ ایک غصے والے انسان ہیں اور پھر اس کو ٹھیک کرنے کیلئے یہ منترے پڑھیں۔' وہ والی انیا گرام حقیقت کی ایک اختراع (innovation) ہے، حقیقی انیا گرام تو روحانی مشائخ ہیں۔ وہ ہماری ذات کا علم رکھتے ہیں۔ ایک بار جب آپ

ان کی محفل میں ہوتے ہیں تو ان کی دعا آپ کے لئے ایسی ہوتی ہے کہ آزمائش شروع ہو جاتی ہے اور صفائی کا عمل شروع ہو جاتا ہے۔ یعنی، 'میرے مولا! یہ بندہ پروان چڑھنے کا سوال کر رہا ہے، اس کی آزمائش کا آغاز کر دے۔

مشائخ، طالب علم کے کردار کے نقائص ٹھیک ہونے کی دعا کرتے ہیں

تب باری تعالیٰ فرمائے گا کہ، 'میں وہ جانتا ہوں جو ان کے اندر موجود ہے اور وہ جو یہ اپنے بارے میں نہیں جانتے۔ اس کو باہر لے آؤ!' اگر آپ اس کو باہر نہیں لاتے تو وہ بیماری ٹھہری رہتی ہے اور آپ اس کے ساتھ ہی دفن ہو جاتے ہیں۔ اُس وقت آپ کو اُس سے نپٹنا ہو گا۔ اُس وقت، وہ بیان فرماتے ہیں کہ یہ ستر ہزار (70,000) گنا زیادہ مشکل ہوتی ہے بنسبت یہ کہ اس سے اب نپٹا جائے، کیونکہ ابھی آپ غصہ ہو کر نپٹ سکتے ہیں۔ ڈاکیا آپ پر چلا رہا ہے آپ نہیں جانتے کہ وہ آپ پر کیوں چلایا اور (آپ کا) پیکج (package) پھینک دیا؛ بنسبت یہ کہ قبر کے معاملات کو نپٹایا جائے اور قبر میں صفائی کروائی جائے۔

لہٰذا مشائخ اپنی دعا فرماتے ہیں کہ، 'میرے پیروکاروں کے کردار میں موجود نقائص کو باہر لے آ، جو اُن کے اندر چھپا ہوا ہے، کیونکہ وہ اپنے آپ کو بہت اچھا سمجھتے ہیں، مگر اُس کو باہر لے آ جو تجھے ان کے کردار میں تنگ کر رہا ہے، تاکہ تو ان سے راضی ہو جائے۔' تب تمام تر آزمائش شروع ہو جاتی ہے، سارا امتحان شروع ہو جاتا ہے۔ بیشتر آزمائش ہماری اپنے پیاروں کے ذریعے ہوتی ہے، کیونکہ انتہائی تکلیف دہ امتحانات اُن لوگوں کی طرف سے آتے ہیں جنہیں آپ پیار کرتے ہیں۔ ایک اجنبی آپ کو آزماتا ہے اور آپ کہتے ہیں، 'اوہ، وہ شخص پاگل تھا آپ گاڑی چلاتے رہیں۔' مگر ہماری اپنی ذات، ہماری کمیونٹی (communities)، ہمارے ساتھی طالب علم، ہمارے گھر، ہمارے پیارے لوگ؛ ان کے پاس تمام بٹنز (buttons) ہوتے ہیں۔ لہٰذا اُن کو خدا متحرک کرتا ہے؛ وہ بٹن دباتے ہیں 1,2,3 ... بُوم (boom)! ہر چیز بدل جاتی ہے۔

اُس ادراک کے ساتھ، ہمیں خوش رہنا چاہئے کہ شیخ کی دعائیں اثر کر رہی ہیں۔ خدا فرماتا ہے، 'ان کی دعاؤں کی وجہ سے میں تمام تر بیماری باہر لانے جا رہا ہوں۔' لٰہذا حقیقی انیا گرام مشائخ ہیں، جو کردار کے حقیقی نقص کے واضح ہونے کی دعا کرتے ہیں۔ وہ نقص نہیں جو آپ سمجھتے ہیں کہ آپ میں موجود ہے، بلکہ وہ جس سے آپ بے خبر تھے کہ آپ میں موجود ہے اور اُس نے آپ کی روح کو کس قدر مشکل میں مبتلا کر رکھا تھا۔ یہ ایک صفائی ستھرائی کا عمل بن جاتا ہے۔ یہ کردار کے اُن تمام نقائص کو واضح کر دیتا ہے۔

بارگاہِ الٰہی دل میں ہے، ستارے کے مرکز پر

اس کا مطلب اُس ایز جی کی حقیقت ٹانگوں سے اوپر کی جانب رواں ہو رہی ہوتی ہے اور بہشتی ایز جی دل کو آراستہ کرنے اور روح کو طاقتور بنانے کی کوشش کر رہی ہوتی ہے۔ اِس نقطے پر [شیخ اوپر والی تکون کے سب سے اونچے نقطے کی جانب اشارہ کرتے ہیں] اگر یہ سر ہے تو بالکل یہاں [سٹار ڈائیا گرام (Star diagram) میں اوپر والی تکون کے مرکز میں ایک لائین لگاتے ہیں] دل موجود ہے۔ لٰہذا جب یہ داؤدی ستارے (Star of David) کی طرح اکٹھے ہوتے ہیں تو، آپ دیکھیں گے کہ اُس مکمل ستارے کا مرکز خدا کی ذات پاک ہے، کیونکہ اللہ عزوجل، خدا پاک ہمیں بیان فرما رہا ہے کہ، 'میں آسمانوں میں نہیں مل سکتا اور نہ ہی زمین پر، سوائے میرے مومن کے دل میں۔'

مَا وَسِعَنِيْ لَا سَمَائِيْ ولا اَرْضِيْ وَلَكِنْ وَسِعَنِيْ قَلْبِ عَبْدِيْ اَلْمُؤْمِنْ

"میں نہیں سما سکتا سماوات و ارض میں مگر قلبِ مومن میں سما جاتا ہوں." (حدیثِ قدسی)

کیونکہ اگر ہم کسی ایسی جگہ جا رہے ہیں جہاں خدا کہیں کسی کرسی پر تشریف فرما ہے تو یہ ممکن نہیں۔ خالق، مخلوق کے دائرے سے باہر ہے۔ انبیاء کرام موجود ہیں، ملائکہ موجود ہیں، یہاں بہت سی بہشتی مخلوقات موجود ہیں؛ لیکن خدا ہمیں واضح کر رہا ہے کہ، 'واحد جگہ جہاں پر آپ حقیقی طور پر میری طاقت کو پا سکتے ہیں وہ مومن کے دل میں ہے۔ اگر میں اُس دل میں موجود ہوں تو آپ اُس خدا شناسی کے تمام راز اُس بندۂ مومن پر کھلتے ہوئے پائیں گے۔'

دل کے تخت کیلئے مثبت اور منفی ایز جیز کی جنگ

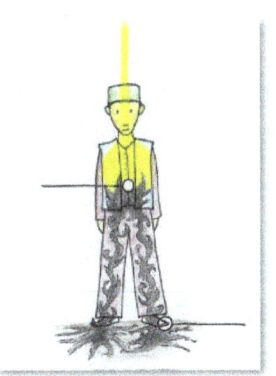

لٰہذا یہاں پر وہ ہمیں واضح کر رہے ہیں کہ اُس خدائی دل کو طاقتور بنانا ہوگا۔ وہ تمام تر تجلی اُسی جوہر کی جانب رواں دواں ہے۔ تمام تر مادی خواہش بھی اُس خدائی تخت پر حملہ کرنے کی کوشش کر رہی ہے۔ اس کی غرض اُس تخت کو ڈگمگا کر گرا دینا ہے۔ لٰہذا بادشاہوں کی ایک پرانی فلم کی مانند یہ بالکل بادشاہت کیلئے کی جانے والی جنگ کی طرح ہے، کہ منفی خواہشات تخت کو ڈگمگا کے گرانا چاہتی ہیں۔ لٰہذا برائی جسم میں اوپر کی جانب بڑھنا شروع کرتی ہے، سرگرم ہونے لگتی ہے۔ پھر سے یہ نبی پاک ﷺ کی ایک تعلیم ہے کہ سیدنا محمد ﷺ نے تعلیم فرمائی، 'اگر آپ مجھے اپنی زبان اور اپنی شرم گاہ کی ضمانت دیں تو میں آپ کے لئے جنت کی ضمانت دوں گا۔' کیونکہ یہ وہ دو راستے ہیں جو اِن حقائق کو کنٹرول کرنے جا رہے ہوتے ہیں۔

لٰہذا اس کے ساتھ ہی وہ برائی اُس جگہ پر حملہ آور ہونے جا رہی ہوتی ہے۔ چنانچہ جیسے ہی شیطان ہمارے وجود پر حملہ آور ہونے جا رہا ہوتا ہے اور اوپر کی جانب بڑھ رہا ہوتا ہے، کیونکہ یہ ایک کی دوسرے کے ساتھ ایک جنگ

ہے، یہ ایک انسان کی جنگ ہوتی ہے. برائی کی تمام تر ایز جیز کے خلاف – تو وہ (شیطان) آنے سے پہلے کیا کرتا ہے؟ وہ خون میں گردش کرنا شروع کرتا ہے؛ اور اس کی گردش، وہ ایز جی، وہ نیگیٹیویٹی انسانی خون میں موجود آئرن کے ساتھ جُڑ جاتی ہے اور دورانِ خون میں متحرک ہو جاتی ہے۔

ایز جی خون میں موجود آئرن کے ذریعے گردش کرتی ہے

ایز جی ہمارے جسم کے ساتھ کیسے منسلک ہوتی ہے؟ یہ پانی کے ذریعے گردش کرتی ہے مگر اس کو جُڑنے کیلئے کوئی چیز درکار ہوتی ہے، چنانچہ ایز جی لوہے کے ساتھ جُڑ ہو جاتی ہے۔ اور ہمارے طبّی ماہرین، وہ اب زیادہ سے زیادہ فہم حاصل کرنے جارہے ہیں کہ تمام انفیکشنز (infections) کی جڑ آئرن میں ہونی چاہئے۔ اس کا مطلب اگر آئرن بالکل موجود نہیں ہے تو یہ خود کو کسی چیز کے ساتھ منسلک نہیں کر سکتی۔ بیماری کا حملہ (infection) یا نیگیٹیو ایز جی کی اِبتِلاء (infestation) – یعنی نیگیٹیو ایز جی گردش کرنے اور خود کو آئرن کے ساتھ منسلک کرنے جارہی ہوتی ہے اور ایک جنگ کی مانند اوپر کی طرف کُوچ کرتے ہوئے، مارچ (march) کرتے ہوئے، اوپر کی جانب رواں ہونے لگتی ہے۔

منفی ایز جی سب سے پہلے جگر اور گُردوں پر حملہ آور ہوتی ہے

پہلی لائین (line)، کیونکہ یہ براہِ راست دل پر ضرب نہیں لگا سکتی دل فطرتاً بہت طاقت رکھتا ہے لٰہذا یہ سیدھا قلعے کی جانب حملہ نہیں کرتی، پرانے زمانے کے قلعے کی طرح، آپ اس پر حملہ نہیں کر سکتے، تو یہ کہاں حملہ آور ہونے جارہی ہوتی ہے؟ آپ کے جگر پر اور آپ کے گردوں پر، اس کے حملے کی پہلی لائین! کیونکہ یہ خون میں سپاہیوں کی طرح دلیری سے آگے بڑھتے ہوئے گردش کرتے ہوئے کہاں حملہ آور ہونے جارہی ہوتی ہے – جگر اور گردوں پر۔ کیونکہ یہ دونوں بہت بڑے فلٹرز (filters) ہیں۔ یہ دل کے لئے بہت بڑی رکاوٹ ہیں۔ یہ چھانتے ہیں اور صفائی کرتے ہیں۔

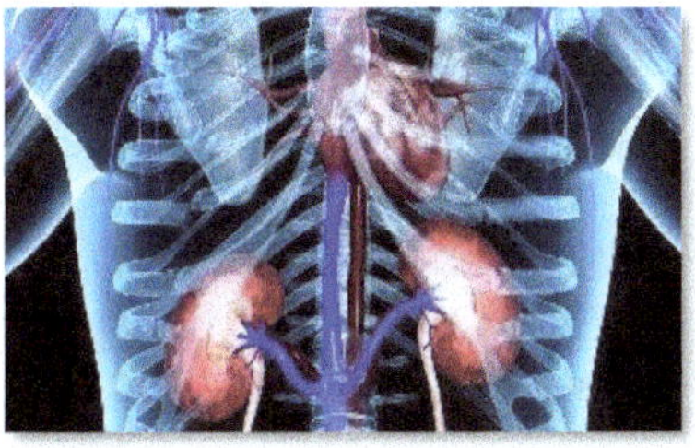

چنانچہ، پھر نیگیٹیویٹی کا زور اس بات پر ہوتا ہے کہ جگر کو برباد کیا جائے اور گردوں کو تباہ کر دیا جائے۔ آجکل سب سے بڑی بیماریاں جو ہمیں ہو رہی ہیں وہ جگر کی بیماریاں، گردوں کی بیماریاں اور بلڈ پریشر (hypertension) ہیں۔ یہ ضرب لگا رہی ہوتی ہے، چوٹ لگا رہی ہوتی ہے، نقصان پہنچا رہی ہوتی ہے، مار رہی ہوتی ہے؛ اور جب مزید نقصان کو بڑھاوا دیا جاتا ہے تو وہ (شیطان) کہتا ہے کہ، 'کچھ پیو! پانی مت پیو کیونکہ پانی تو نظام کو صاف ستھرا کرتا ہے بلکہ اسپرٹ (spirits) یا شراب پیو!' کیونکہ یہ آگ ہے، یہ آگ پر پٹرول ڈالنے جیسا ہے۔ لہٰذا اُس پٹرول کو اندر اُنڈیلو اور یہ گردش کرنا شروع کر دیتا ہے۔ اور اس کے ساتھ ہی ان کی فوجیں زیادہ تیزی کے ساتھ گردش کرنے لگتی ہیں اور در حقیقت یہ جگر کو برباد کر دیتی ہیں اور گردوں کو ختم کر دیتی ہیں۔ اور بالکل فلم 'لارڈ آف دی رِنگز' کی طرح روکاوٹ کو کچل دیا جاتا ہے۔ وہ سلطنت میں مداخلت کر چکے ہوتے ہیں اسے زیر کر چکے ہوتے ہیں اور اب اِس مقام پر یہ سب کیلئے بِنا کسی روکاوٹ کے (گردش کرنے) جیسا ہے۔ وہ پاگلوں کی طرح بھاگتے ہوئے نظام میں اوپر کی جانب رواں دواں ہوتے ہیں۔

حملے کا اگلا نشانہ پھیپھڑے ہیں – شجرِ حیات

ایک بار جب وہ گردوں میں اور جگر میں مداخلت کر چکے ہوتے ہیں تو اگلا نظام کون سا ہے جسے وہ بڑی تیزی سے برباد کرنے جا رہے ہوتے ہیں؟ وہ پھیپھڑے ہیں؛ یہ شجرِ حیات ہے۔ لہٰذا انگریزی فلم 'لارڈ آف دی رنگز' میں اُن میں ایک ایسا تھا جس نے وہ درخت جلا دیا تھا۔ محل کے سامنے ایک درخت تھا کیونکہ وہ مر چکے تھے اور وہ ہمیشہ اس کو خیالات میں جلتا ہوا دیکھا کرتا تھا۔

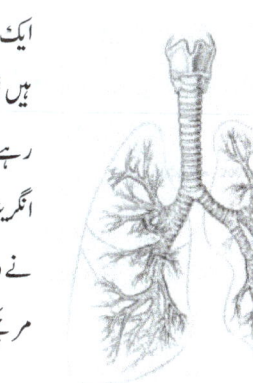

ایسا اس لئے کیونکہ بُرائی پھیپھڑوں پر غالب ہونے جا رہی ہوتی ہے۔ پھیپھڑے "نَفَسُ الحیَاۃ" ہیں۔ یہ آپ کے وجود کیلئے سانس اور خدا کی جانب سے ایک تحفہ ہے۔

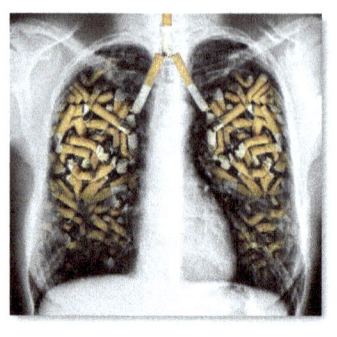

لٰہذا وہ سانس کو تمباکو نوشی کے سبب جلا دیتے ہیں، کیونکہ تمباکو نوشی اور شراب نوشی ایک دوسرے کے ساتھ بہترین طریقے سے چلتے ہیں۔ یہ ایک اتفاق نہیں ہے! ایسا اس لئے ہے کیونکہ وہ آپ کو بڑھاوا دے رہے ہوتے ہیں کہ، 'ہم نے جگر اور گردوں کو نقصان پہنچا دیا؛ اب تمباکو نوشی شروع کرو، تمباکو پیو، تمباکو پیو!' یہ ایسا ہے جیسے پھیپھڑوں پر ایک آگ پھینک دی جائے۔ کیونکہ یہ خون کی طاقت ہے کہ خون پھیپھڑوں میں پاک صاف ہونے اور اپنی (فاسد) گیسوں (gases) کے اخراج کیلئے جا رہا ہوتا ہے۔ یہ باہر ایک درخت کی مانند ہے، خون اپنے تمام تر فاسد مادوں کے ہمراہ آتا ہے اور کہتا ہے، 'ہم پھیپھڑوں کی جانب آ رہے ہیں، تمہیں اپنے فاسد مادے دینے۔ ہمیں وہ واپس لوٹا دو جو خدا نے ہمارے لئے عطا کیا ہے۔' مگر تب ہم واپس اس میں اور زیادہ آگ پھینک دیتے ہیں۔

تب دل کا دورہ پڑتا ہے اور سلطنت ٹوٹ جاتی ہے

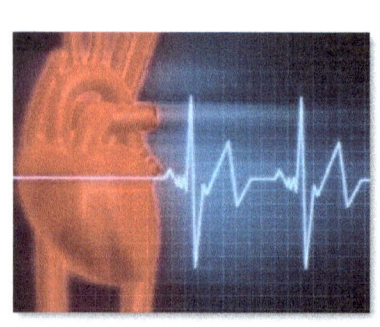

لٰہذا خون آگ سے جان چھڑوانے کی کوشش کر رہا تھا اور ہم نے واپس اِس میں اور زیادہ آگ پھینک دی۔ اس کا مطلب، بوم (boom)! اس وقت نیگیٹیویٹی نے پھیپھڑوں کو نقصان پہنچایا سلطنت کو توڑ دیا اور سیدھا دل کی جانب بڑھی اور تخت کو ڈگمگا کر گرا دیا۔ اُس وقت دل کا دورہ پڑتا ہے؛ دل پر حملہ کیا جا چکا ہے۔ اس کا مطلب کہ خدائی تخت اب الٹ دیا گیا ہے اس شخص پر حملہ ہو چکا ہے اور سلطنت پر قبضہ کیا جا چکا ہے۔

ایک روحانی حقیقت کو سمجھنے کیلئے، یہ قدرے آسانی سے دیکھا جا سکتا ہے کہ اس کا برائی کی دنیا میں کتنا اثر ورسوخ ہے۔ آپ اس کو روزانہ ہوتے ہوئے دیکھتے ہیں۔ ہو سکتا ہے کہ آپ خدائی رخ نہ دیکھیں اور کہیں، 'اوہ، میں نے تو کبھی کوئی فرشتہ صفت انسان ارد گرد چلتے پھرتے نہیں دیکھا۔' لیکن ہم اپنی پوری زندگی یہ سب ہوتے ہوئے ضرور دیکھتے ہیں۔ اور ہم دیکھتے ہیں کہ کیسے یہ (بُرائی کا) اثر داخل ہوتا جا رہا ہے اور ہم سے یہ سارے کام کروانے اور ہمارے تمام اعضاء پر حملہ آور ہونے اور دل کو الٹنے کی کوشش کر رہا ہے۔

اپنی سانس کو "ذکرِ ھُو" کے ذریعے پاک صاف کرکے اِس جنگ کو فتح کیجئے

لہٰذا تب وہ روحانی بحران جس پر ہم روشنی ڈالنے کی کوشش کر رہے ہیں اور احساس کروانے کی کوشش کر رہے ہیں یہ ہے کہ اس کو کیسے فتح کیا جائے۔ یعنی تب، آپ کیسے اس پورے حملے کو فتح کرنے اور اپنی روح کو طاقتور بنانے جا رہے ہیں؟ سانس کے ذریعے! اسی وجہ سے مراقبہ جسم، ذہن اور روح کے ساتھ ہوتا ہے۔

پہلی چیز جسم کیلئے جب خدائی تحفظ آ رہا ہوتا ہے، جسم کیلئے خدائی نصیحت فرمائی جا رہی ہے کہ، 'ٹھیک ہے، کوئی مسئلہ نہیں اگر آپ جنگ ہار گئے۔ امید ہمیشہ باقی رہتی ہے۔' کیونکہ فلم 'لارڈ آف دی رنگز' میں آخری لمحے میں گینڈ آلف (Gandalf) (جو ایک روحانی پیشوا یا شیخ کا کردار ادا کر رہا ہے) آن پہنچتا ہے اور تمام تر حملے کو کچل دیتا اور نیست و نابود کر دیتا ہے۔ لہٰذا خدا ہمیں واضح کر رہا ہے کہ اگرچہ آپ پر حملہ کیا جا چکا ہے اور ہر چیز پر قبضہ کیا جا چکا ہے، امید پھر بھی موجود ہے۔ یہ امید تنفس یعنی سانس میں ہے!

اُس خدائی سانس کی اہمیت کو سمجھتے ہوئے جیسے ہی ہم روحانی سانس لینا شروع کرتے ہیں اور خدا کی تسبیح "ھُو" کے ساتھ سانس لے رہے ہوتے ہیں تو خون گردش کرنا شروع کرتا ہے، اُس خون میں موجود آئرن برائی کے خلاف لڑنے والی خدائی طاقت بن جاتا ہے۔ لہٰذا ایزجی کی پہلی طاقت آنا شروع ہو جاتی ہے، کیونکہ یہ بہت اعلیٰ درجے کی طاقت ہے۔ اس کا مطلب اگر آپ خدا کو پکاریں، خدا فرماتا

ہے، 'اگر آپ مجھے ایک بار پکارتے ہیں تو میں 99 قدم آپ کی جانب آتا ہوں۔' یعنی اُس ذات کی طاقت کسی بھی دوسری قسم کی طاقت سے کئی درجے برتر ہے۔ جیسے ہی آپ اُس کو سانس کے ذریعے پکارتے ہیں، اس کا مطلب وہ ایز جی آئرن پر، خون پر، ہمارے وجود پر نازل ہوتی ہے اور برائی کے اثر کو دور دھکیل دیتی ہے۔

لٰہذا تب تنفس کی طاقت (سامنے آتی ہے) اور تب اُس شجرِ حیات کو دوبارہ سے قائم کرنا ہے۔ یہی وجہ ہے کہ تمام مذاہب میں، تمام روحانی راستوں میں پاک درخت، شجرِ زندگانی، شجرِ یقین؛ یہی شجرِ حیات ہے۔ لٰہذا ہماری زندگی کی کامیابی اس بات پر منحصر ہے کہ ہم کیسے اُس درخت کے ساتھ پیش آنے جا رہے ہیں۔ ہمیں اس کی حفاظت کرنی ہوگی! لٰہذا فوراً سے ہر وہ چیز جو اس درخت سے منسلک ہے وہ ہمارے لئے اہم ہے۔ ہم کیسے اس کا خیال رکھنے جا رہے ہیں، ہم کیسے اس کی پرورش کرنے جا رہے ہیں، ہم کیسے سانس لینے اور اس درخت کو وہ (خدائی) ایز جی فراہم کرنے جا رہے ہیں۔

دوبارہ سے سلطنت کو قائم کریں اور دل کے تخت کی حفاظت کریں

لٰہذا تب خدا ہمیں واضح کرتا ہے کہ اسی وجہ سے یہ، "نَفَسُ الرَّحمَة ۔ رحمت کہ سانس۔" کہلاتی ہے، کیونکہ وہ سانس اندر آنے اور اُس خون کو توانائی پہنچانے اور اُس لوہے کو توانا کرنے جا رہی ہوتی ہے۔ اور یہ کیا کرتا ہے؟ وہ خون فوراً دل میں بہتا ہے اور دل کو توانا کرتا ہے۔ یہ ہمارے قلعے کا پہلا حصہ ہے جو دوبارہ قائم کیا جانا چاہئے۔ آپ کو تخت کو واپس اس کی جگہ پر رکھنا ہے۔ ہمیں تخت کے گرد اپنے تمام پہرے قائم اور توانا کرنے ہوں گے تاکہ اب کوئی چیز بھی بادشاہ تک رسائی حاصل نہ کرسکے۔

جنگ میں پہلا کام بادشاہ کو محفوظ کرنا ہوتا ہے۔ لٰہذا تخت کی حفاظت (کیلئے)؛ حفاظت کی پہلی لائن تنفس ہے۔ جیسے ہی آپ سانس لیتے ہیں اور وہ ایز جی حاصل کرتے ہیں اور وہ تمام تر "قُدْرَة" حاصل کرتے ہیں، یہ طاقت بخشنا شروع کرتی ہے۔ دل اب زندہ ہو جاتا ہے۔ ذکر اور تلاوت کی طاقت سے لبریز سانس جو اندر آ رہی ہوتی ہے، ایز جی جو آ رہی ہوتی ہے وہ دل میں جا رہی ہوتی ہے۔ دل تب اُس خون کو ٹھپا لگاتا ہے، اپنی خدائی مہر اُس پر لگاتا ہے، اور اُس خون کو اب تمام اعضاء کی جانب بھیج رہا ہوتا ہے۔

یعنی وہ اب روحانی بادشاہ کے پاس آئے، انہوں نے اپنی بیعت دی، انہوں نے اپنی مہر لگوائی۔ ہر خلیہ ایک ننھے سپاہی کی مانند، خون کا ہر حصّہ، خون کا ہر ایٹم (atom)، ایک سپاہی کی مانند دل کے بادشاہ کے سامنے پیش ہو رہا ہوتا ہے۔ ہر ایک کو دل کی دھڑکن کے ذریعے جو خدائی جوہر کی طرف سے ہے، مہر لگائی جا رہی ہوتی ہے۔ اُس پر مہر لگائی جاتی ہے، اس کو طاقتور بنایا جاتا ہے اور اس کو فرمایا جاتا ہے کہ، 'جاؤ، اپنے تمام اعضاء کی جانب جاؤ میرے بچے! اور ان کو پاک صاف کرو۔ اور ہمیں خدائی سلطنت کی جانب واپس لے آؤ!' یہی اُس ایز جی کو واپس گردوں کی جانب، واپس جگر کی جانب بھیجتا ہے، جس کا مطلب یہ تمام اعضاءِ رئیسہ (essential organs) کی دل کی جانب سے پرورش کرتا ہے۔

لٰہذا، تب اس کو سنجیدگی سے لینے کیلئے ہمارا پہلا قدم تنفس ہے۔ چنانچہ یہ کوئی چھوٹی چیز نہیں ہے۔ یہ کوئی ایسی چیز نہیں ہے کہ جس کو ہم ادھر اُدھر کرنے کی کوشش کرتے پھریں؛ لیکن اگر ہم اُس حقیقت کو بیدار کرنے کی کوشش کرنے کیلئے سنجیدہ ہیں تو سانس کی طاقت کی بہت گہری فہم چاہئے۔ اس کا تعلق جسم سے ہے۔ اس کے لئے جسم کی سمجھ چاہئے۔

خدائی دل کی حقیقت جو نبی پاک ﷺ کے دل میں دھڑک رہا ہے

پہلا عمل اور اس عمل کی اہمیت دل کو وہ ایز جی فراہم کرنے میں، اس ضابطہ کو قائم کرنے، اُس طاقت کو قائم کرنے میں ہے۔ یہ ہماری فزیالوجی (physiology) کو سمجھنے کی طرف پہلا قدم ہے اور جو اپنے آپ کو جانے گا وہ اپنے خدا کو جان لے گا۔ یہ ہمارے لئے اس بات کو سمجھنے میں استعمال ہوگا کہ جو تمام تر شان و شوکت کے ساتھ واضح کیا گیا ہے، "وَلَقَدْ كَرَّمْنَا بَنِي آدَمَ" (اور ہم نے بنی آدم کو عزت بخشی ہے۔ القرآن، 17:70)

وَلَقَدْ كَرَّمْنَا بَنِي آدَمَ... (٧٠)

"اور یقیناً ہم نے بنی آدم کو عزت بخشی ہے۔" (سورۃ الاسراء، 17:70)

1- قلبِ اوّل: خدائی دل

یہی واحد مخلوق ہے؛ ہم اُس گفتگو میں نہیں جائیں گے مگر اِس کا ہلکا سا ذکر کرتے ہوئے کہ اس سے پہلے کہ ہم دل کے درجات کا تذکرہ شروع کریں، اس دل میں ایک خدائی جوہر موجود ہے جو دھڑکتا ہے۔ ہم اُسے خدائی دل کہتے ہیں۔ وہ خدائی دل دیکھا نہیں جا سکتا مگر یہ پیغمبری دل میں دھڑک رہا ہوتا ہے کیونکہ پیغمبر مخلوق کے ستون ہوتے ہیں۔ لٰہذا آپ وہ خدائی طاقت حاصل نہیں کر سکتے، آپ اُس تک نہیں پہنچ سکتے مگر یہ ایک ایز جی ہے؛ یہ ایک طاقت ہے جو پیغمبری دل میں دھڑک رہی ہے۔ پیغمبر کے دل سے بَشرِی دل۔ آدم کا دل نمودار ہوتا ہے۔

2- قلبِ دوم: پیغمبری دل

یہ طریقۃ کی اہمیت ہے۔ خدائی جوہر جو دھڑکتا ہے، پہلے کہاں پر دھڑکتا ہے؟ کیونکہ آپ کو اصل نکتہ جاننا ہوگا۔ اس کی دھڑکن، خدائی دھڑکن، اُس کے پیغمبروں میں ہوتی ہے کیونکہ اُس کی نظر اُن پر ہوتی ہی۔ چونکہ اُس کی نظر اُن پر ہوتی ہے تو وہ ایک پیغام پہنچانے کے قابل ہوئے۔ لٰہذا تب ہم کہتے ہیں کی دوسرا درجہ پیغمبری دل ہے۔ خدائی دل خدائی جوہر ہے جو ایک ایسی طاقت کی طرح باہر چمک رہا ہے جس تک پہنچا نہیں جا سکتا۔ مگر آپ کا قبلہ (رُخ) کہاں ہے، یہ کہاں قائم ہونے جا رہا ہے، اُس ایز جی کے حصول کیلئے آپ اپنے آپ کو کہاں مرکوز کریں گے؟ آپ اُس کو پیغمبری دل پر پائیں گے۔ کیونکہ پیغمبرانِ خدا، اُن کا دل مکمل تسلیم میں تھا، خدا کے نام سے دھڑکتا ہوا۔

جیسے اُن کا دل دھڑک رہا تھا، پھر سے یہ ایک علامت ہے [شیخ علامت کی جانب اشارہ کرتے ہیں]، وہ اُس تکمیل کیلئے پیدا کیئے گئے تھے اور یہ ایک اتفاقیہ چناؤ نہیں ہے۔ اُن کو کس لئے پیدا کیا گیا؟ مکمل اطاعت گزاری میں رہنے کیلئے! لٰہذا ان کا دل مکمل طور پر بارگاہِ الٰہی میں ہوتا ہے اور وہ دل ــ یہی وجہ ہے کہ دل باہر کی جانب ہے؛ یہ خدا

کی محبت سے مخلوق کی جانب کلام کرتا ہے۔ یہ عشقِ الٰہی میں زمیں پر موجود ہے، نہ کہ خدائی آگ یا غصّہ یا جنگ وجدل کی طرف سے ہے۔ اِس کی پوری ہستی ہی خدائی کلام کیلیئے ہے۔

پیغمبرانِ خدا مکمل تسلیم میں تھے - "وَجْهُ اللهِ" (پاک چہرہ)

چنانچہ انیا گرام (Enneagram) میں، "وَجْهُ اللهِ" ہم خدائی چہرہ کیوں کہتے ہیں؟ کیونکہ یہ پیغمبرانِ خدا، ان کے کان، ان کی آنکھیں، ان کے نتھنے، اور پھر زبان، پورا دل ہے۔

كُلُّ شَيْءٍ هَالِكٌ إِلَّا وَجْهَهُ لَهُ الْحُكْمُ وَإِلَيْهِ تُرْجَعُونَ (٨٨)

"...ہر وہ چیز جو زندہ ہے فنا ہونے والی ہے سوائے وَجْهُ اللهِ کے۔ اسی کا حکم ہے اور اسی کی طرف تم لوٹ کر جاؤ گے۔" (سورۃ القصص، 28:88)

اس کا مطلب ان کی پوری ہستی صرف خدائی کلام کو بیان کرنے کیلیئے ہوتی ہے۔ ان کے کان مکمل تسلیم میں ہوتے ہیں۔ کیا آپ دیکھتے ہیں کہ یہ ایک چہرہ کس طرح سے ہے؟ [شیخ "ھُو ھُو" والی تصویر کی طرف اشارہ کرتے ہیں] اور آگے اس کے دو کان یہاں ہیں، یہ، دو آنکھیں، دو نتھنے اور زبان، مکمل دل ہے کیونکہ ان کا پورا وجود صرف خدا کی طرف سے کلام کرنے کیلیئے ہوتا ہے۔ ان کی سماعت لوگوں کو سننے کیلیئے نہیں ہوتی۔ وہ لوگوں کی تجاویز نہیں لیتے مگر ان کی سماعت مکمل طور پر خدا کی تابع تھی۔

ان کی آنکھیں مخلوق کو دیکھ رہی تھیں۔ لہٰذا کسی بھی وقت جب بھی ہم ایک پیغمبر کو پکارتے یا ایک پیغمبر کی شفاعت کا یا ایک ولی کی شفاعت کا سوال کرتے ہیں تو ایسے کہتے ہوئے کہ، 'مہربانی فرما کر اپنے روحانی مشاہدے سے مجھ پر نظر فرمائیے،' کیونکہ ان کے کان مکمل تسلیم میں ہوتے ہیں۔

يَاأَيُّهَاالَّذِينَ آمَنُوالَا تَقُولُوارَاعِنَاوَقُولُواانظُرْنَاوَاسْمَعُوا ... (١٠٤)

"اے اہل ایمان! (گفتگو کے وقت سیدنا محمد ﷺ سے) رَاعِنَا، ہماری بات سنیں، نہ کہا کرو۔ اور انظُرْنَا (ہم پر نظر فرمائیں) کہا کرو۔ اور تم (آپ ﷺ کو) سنو..." (سورۃ البقرہ، 2:104)

لہٰذا وہ لگاتار احکامات وصول کر رہے ہوتے ہیں مگر وہ آپ کو جو دے سکتے ہیں وہ ان کی نظر مبارک ہے۔ چنانچہ ان کی آنکھیں مخلوق پر نظر کرتی ہیں؛ ان کی آنکھوں میں نور اور طاقت ہوتی ہے۔ لہٰذا اگر ان کی نظر مبارک ہم پر ہو تو ہم اُس تسکین تک پہنچ جاتے ہیں۔ ان کی سانس مکمل طور پر خدا کیلئے ہوتی ہے۔ اس کا مطلب وہ مکمل طور پر اُس خدائی ایز جی کو حاصل کر لینے اور اس جوہر کا ادراک حاصل کر لینے کے قابل ہوتے ہیں۔ اور نتیجتاً واحد اور سب سے زیادہ طاقتور (اُن کی) زبان ہوتی ہے۔ اور وہ پورے کا پورا وجود صرف بیان کرنے، کلام کرنے اور ہمیں پروان چڑھانے کے لئے ہوتا ہے۔ یہ قلبِ دوم ہے!

3- قلبِ سوم: بَشرِی دل

تیسرا دل جو، 'ہم نے مخلوق کو اپنی شبیہ پر پیدا کیا،' وہ بشری دل ہے۔ پیغمبرِ خدا حضرت آدم علیہ السلام کا دل جو دو ہاتھوں سے بنایا گیا تھا۔ لہٰذا، "آدم - ا، د، م" یعنی، 'ا' اللہ عزوجل کے جوہر 'اللہ' پر ہے اور 'د' اور 'م' - چنانچہ آدم کے یہ تین (حروف) آپ کو دکھاتے ہیں کہ آدم ایک مآخذ ہے اللہ عزوجل کے 'ا' اللہ عزوجل کے جوہر کا، سیدنا محمد ﷺ کے 'م' کا جو پیغمبری سلطنت کی نمائندگی کرتا ہے، اور 'د' دنیا کا۔

آدم = ا د م

اللہ دنیا محمد ﷺ

اس کا مطلب یہ تین انوار ہیں جو مولانا شیخ (ق) ہمیں تعلیم فرماتے ہیں؛ خدا کی روشنی، نبی پاک ﷺ کی روشنی، نبی پاک ﷺ کی روشنی سے مخلوق کی روشنی وجود میں آرہی ہے۔

یہ ہمیں ہماری عظمت کی تعلیم دیتا ہے۔ کیوں؟ کیونکہ خدا اب ہمیں دکھا رہا ہے کہ، 'تم وہ واحد مخلوق ہو جو اُن حقائق تک پہنچ سکتی ہے، کیونکہ تم (خود) اُن حقائق میں سے ہو!' آپ اپنا بشری دل استعمال کیجیئے پیغمبری دل کی طرف جاتے ہوئے، اُس سمندر کی جانب رواں ہونے کیلئے۔ اور پیغمبری دل میں آپ خود کو قلبِ الٰہی میں موجود پاتے ہیں۔ چنانچہ آپ اپنا دل (vessel) استعمال کرتے ہیں اور آپ اپنے آپ کو ان کے دل میں پاتے ہیں۔ اگر ہم خود کو ان کے دل میں موجود پا سکیں تو وہ خدائی دل میں موجود ہوتا ہے کیونکہ خدا ان کے دل میں دیکھ رہا ہوتا ہے۔

وَءَايَةٌ لَّهُمْ أَنَّا حَمَلْنَا ذُرِّيَّتَهُمْ فِى ٱلْفُلْكِ ٱلْمَشْحُونِ (٤١)

"اور ایک نشانی ان کے لئے یہ ہے کہ ہم نے ان کے جواہر/ آباؤاجداد کو بھری ہوئی کشتی میں سوار کیا۔"
(سورۃ یٰس، 36:41)

یہ اس بات کی فہم بن جاتی ہے کہ پھر دل کے درجات (levels) کیوں ہیں، اور فہم کا پہلا درجہ یہ کیوں ہے کہ، 'ہم نے مخلوقِ آدم کو عزت بخشی۔'

وَلَقَدْ كَرَّمْنَا بَنِيٓ ءَادَمَ وَحَمَلْنَٰهُمْ فِى ٱلْبَرِّ وَٱلْبَحْرِ وَرَزَقْنَٰهُم مِّنَ ٱلطَّيِّبَٰتِ وَفَضَّلْنَٰهُمْ عَلَىٰ كَثِيرٍ مِّمَّنْ خَلَقْنَا تَفْضِيلًا (٧٠)

"اور ہم نے یقیناً بنی آدم کو عزت بخشی اور ان کو جنگل اور دریا میں سواری دی اور اچھی اور پاکیزہ روزی عطا کی اور اُن پر رحمتیں نازل کیں، اور اپنی بہت سی مخلوقات پر (یقینی) ترجیح کے ساتھ اُنہیں فضیلت دی۔"
(سورۃ الاسراء، 17:70)

'ہم نے تمہیں اسی سے بنایا ہے اور تم وہ واحد مخلوق ہو جو پیغمبری دل تک پہنچنے کیلئے اپنے دل کے اندر جا سکتی ہے۔' زیبرا (zebras) نہیں کر سکتے، ریچھ نہیں کر سکتے؛ یہاں مخلوق میں دوسرا کچھ بھی نہیں ہے جو اپنے دل میں جا سکے اور اپنے آپ کو پیغمبری دل میں موجود پائے، اور پیغمبری دل سلطنتِ الٰہی میں۔ چنانچہ آپ اس کو استعمال کریں اُس حقیقت کی جانب واپس جانے کیلئے اور اُس حقیقت کو کھولنے کیلئے؛ اور یہ دل کے مطالعہ کی جانب جاتا ہے۔

سُبْحَانَ رَبِّكَ رَبِّ الْعِزَّةِ عَمَّا يَصِفُونَ، وَسَلَامٌ عَلَى الْمُرْسَلِينَ وَالْحَمْدُ لِلّٰهِ رَبِّ الْعَالَمِينَ. بِحُرمَةِ مُحَمَّدِ الْمُصطفٰي وَبِسِرِّ سُورَةِ الفَاتِحَة۔

بیماری، گناہ اور رزق کے خسارے سے بچنے کیلئے ہر وقت وُضو میں رہیں

جب آپ ارد گرد سفر کرتے ہیں، یہ ہمیشہ ہمارے لئے ایک یاد دہانی ہے کہ طریقہ آتا ہے اور بہترین کردار اپنائے رکھنے کی تعلیم دیتا ہے اور یہ کہ کردار بہترین نظم وُضبط کا حامل ہو۔ ایک اہم نظم و ضبط جو ہماری زندگی کیلئے بہت ضروری ہے اور ہماری زندگی کے اہم ترین ضوابط میں سے ایک ہے وہ یہ ہے کہ اپنے آپ کو ہر وقت وضو کی حالت میں رکھا جائے۔ کیونکہ جب ہم باہر جاتے ہیں تو میں ہمیشہ یہ دیکھ کر حیران ہوتا ہوں کہ جیسے ہی اذان دی جاتی ہے ہر کوئی غسل خانے کی جانب اور وضو کیلئے بھاگ رہا ہوتا ہے۔

وضو کا تصوّر صرف نماز کیلئے ہی نہیں ہے

رِجال (خدا کے بندے) کا طریقہ کار، سیدنا محمد ﷺ کا طریقہ کار ہے کہ اپنے آپ کو ہمیشہ وضو کی حالت میں رکھا جائے۔ اگر آپ برکت اور فضل کی خاطر وضو بَر وضو کرتے ہیں تو الحمدللہ؛ اس میں عظمت ہے۔ لیکن بہت حد تک یہ اُس ایک حالت میں سے ہے کہ جس میں لوگ بھاگ دوڑ کر رہے ہوتے ہیں مگر وہ اپنے آپ کو وضو میں نہیں رکھتے۔ وضو کی واحد سمجھ یہ ہوتی ہے کہ یہ صرف نماز کیلئے کرنا ہوتا ہے۔ اس کا مطلب آپ ذکر کی مجلس میں ہیں، محافل میں ہیں، صرف جب اذان دی جاتی ہے تو ہر کوئی وضو کرنے جانے کیلئے بھاگ رہا ہوتا ہے۔ یہ تَرکُ الادب (بُرا کردار) ہے اور ہمارے لئے یہ مکمل طور پر منع ہے۔

تمام تر مشکلات کا منبع، تمام تر بیماریوں کا سرچشمہ، رزق، روزی اور ہر چیز کے منقطع ہو جانے کی وجہ یہی ہے کہ جب بندے اپنے آپ کو رسمی پاکیزگی (وضو) کی حالت میں رکھنے کے قابل نہیں ہوتے۔ ہماری زندگی اس فہم پر مبنی ہے۔ بعد ازاں اپنی زندگی میں اگر آپ ایزجی محسوس کرنا شروع کریں گے تو آپ کا انحصار اسی پر ہوگا۔ ہمیں یہ

یقین کرنا ہوگا کہ یہ دل میں ایک روشنی کے جیسا ہے؛ اللہ عزوجل ان انوار کو جمع کرنا شروع کرتا ہے اور ہر شیطان اور ہر بری ایزجی جو ہمیں گھیرے ہوئے ہے اس روشنی پر حملہ آور ہونے کی کوشش کرتی رہتی ہے۔

وضو اور غسل کے آداب

تو صرف ایزجی کی فہم کیلئے، کہ جیسے ہی آپ ایک مثبت چارج (charge) کے حامل ہوتے ہیں تو منفی

(negative) چارج آپ کی جانب حرکت کرنے لگتا ہے۔ جو سیدنا محمد ﷺ ہمارے لئے اُس نیگیٹیویٹی (negativity) کے خلاف بچاؤ کیلئے لائے ہیں وہ حالتِ وضو ہے۔ نیز اپنے تمام تر آداب کے ہمراہ آپ کے غسل کی، آپ کے نہانے کی طاقت۔ ہم ایزجی (energy) سے متعلق دوسری گفتگو میں پہلے بیان کر چکے ہیں کہ دورانِ غسل پیشاب کرنے سے اجتناب کریں، نہانا ایک رسمی پاکیزگی ہونا چاہئے۔ یہ غسل کی ایک حالت ہونی چاہئے کہ جیسے آپ کی وفات ہو چکی ہے اور آپ صاف ستھرے ہونے اور اللہ عزوجل کے سامنے پیش ہونے جا رہے ہیں۔ لہٰذا آپ نہانے کے ادب کو ملحوظِ خاطر رکھیں۔

پھر پُورا دن اپنے آپ کو ایک رسمی پاکیزگی کی حالت میں رکھنا ہے۔ جیسے ہی آپ کا وضو ٹوٹے آپ کو وضو کر لینا چاہئے۔ ہمیں ان تمام طریقوں کو بیان کرنے کی ضرورت نہیں کہ جن سے وضو ٹوٹ جاتا ہے، وہ بالکل واضح ہیں۔ اُس کے لئے جو یُوٹیوب (YouTube) پر تھوڑا بہت بھی مطالعہ کرتا ہے (وہ جانتا ہے)، کہ اگر آپ پیشاب کریں، پاخانہ کریں یا جسم کے سوراخوں سے کسی چیز کا اخراج ہو تو آپ کو صفائی کرنی ہوگی۔ اور اس صفائی کو ملتوی نہ کیجئے اور فوراً خود کو حالتِ وضو میں لے آئیں۔

حالتِ وضو اور رسمی پاکیزگی کو ہمیشہ برقرار رکھیں

یہ تصور میری سمجھ سے باہر ہے کہ جہاں لوگ سہولیات کا استعمال کرتے ہیں اور پھر اپنا سارا دن (بغیر وضو کے) باہر گزارتے ہیں اور ان کے لئے وضو کا تصور محض نماز کے وقت کے لئے ہوتا ہے۔ اذان ہوتی ہے اور وہ وضو کرنے لگتے ہیں۔ ہمارا راستہ یہ ہے کہ آپ کو ہر وقت وضو میں رہنا چاہئے۔ کوئی سہولت استعمال کرنے سے جیسے ہی آپ کا وضو ٹوٹے، حالتِ وضو میں پھر سے داخل ہو جائیں۔ جس کا مطلب ہے کہ آپ جا کر وضو کریں، باہر آئیں، دو رکعت صلاۃُالوضو (وضو کی نماز) ادا کریں اور آپ جسم کو مہربند (seal) کرلیں۔ جب آپ جسم کو مہربند کرلیتے ہیں تو یہ ہر مشکل کے مخالف آپ کا دفاع ہوتا ہے۔

آپ کا وجود ایک سلطنت کی مانند ہے کہ جس میں اللہ عزوجل انوار جمع کرنا چاہتا ہے اور فیوض و برکات جمع کرنا چاہتا ہے؛ اور شیطان اور نیگیٹیو ایزجی اُس سلطنت کو تباہ کرنا چاہتے ہیں۔ وہ آپ پر حملہ کرنا چاہتے ہیں، آپ کو ضرب لگانا چاہتے ہیں، آپ کو نقصان پہنچانا چاہتے ہیں اور چاہتے ہیں کہ آپ ہر چیز گنوادیں۔ لہٰذا اس کا مطلب فلم 'لارڈ آف دی رنگز' کی طرح، آرکس (orcs) یعنی وہ شیاطین ہر وقت آپ کی دیواروں کو پھلانگنے کی کوشش کرتے رہتے ہیں، ان کو توڑنے اور اندر داخل ہونے کی کوشش کرتے رہتے ہیں۔ تو اس کا مطلب یہ ہوا کہ خود کو حالتِ وضو میں رکھنے سے آپ نے صفائی کی، آپ نے پاکیزگی اختیار کی، اب آپ کے گرد ایک حفاظتی ڈھال موجود ہے؛ وہ حفاظتی ڈھال جو تمام تر نیگیٹیویٹی کو دور رکھتی ہے۔

اپ کو پاک مجالس میں لازماً باوضو ہونا چاہئے

پھر، خصوصاً میلادالنبی ﷺ کے لئے، یہ ضروری ہے کہ یاددہانی کروائی جائے اور جو لوگ آ رہے ہوں ان سے کہا جائے کہ اپنے آپ کو حالتِ وضو میں رکھیں۔ کسی بھی وقت جب آپ کا وضو ٹوٹتا ہے تو آپ فوراً جا کر وضو کریں، پھر سے اپنے آپ کو اسی حالت (حالتِ وضو) میں لے آئیں۔ یہ آپ کی حفاظتی حالت ہوتی ہے۔ محفل میں موجود روحانیات کے سبب اور جنتی انوار کے باعث اسی حالت میں ہر شخص کو اِن تمام مجالس میں داخل ہونا چاہئے۔ کیونکہ آپ ان انوار کو حاصل کرنے کے قابل ہونا چاہتے ہیں، ان روشنیوں سے نوازے جانا چاہتے ہیں، ان انوار سے ملبوس ہونا چاہتے ہیں اور وہ انوار گندگی میں نہیں داخل ہوتے۔ جیسے ہی بندہ گندگی کی حالت میں آتا ہے کہ جس میں وہ صاف نہیں ہے تو اس سے ایزجی کے حصار میں ایک تنازع کھڑا ہو جاتا ہے۔ لٰہذا پھر اس کا مطلب یہ ہوا کہ رسمی پاکیزگی اور رسمی صفائی (وضو) کا تصور ہمارے لئے بہت زیادہ اہم ہے۔ یہ اپنی ایزجی میں اور ایزجی کے حصول میں نہایت اہم ہے۔

وضو کا ٹوٹ جانا آپ کو نیگیٹیو ایزجی اور بیماری کے حملے کیلئے کمزور/غیر محفوظ بنا دیتا ہے

اب جب نیگیٹیو ایزجی حملہ کرتی ہے تو یہ ہماری زندگی میں کی جانے والی ہر چیز میں ایک مشکل پیدا کرنا شروع کر دیتی ہے۔ یعنی اگر ہم اپنی زندگی کو بِنا وضو کے گزاریں، مثلاً آپ ٹائیلیٹ (restroom/toilet) جاتے ہیں پھر آپ کام پر واپس آتے ہیں تو جیسے ہی آپ اپنے کمپیوٹر (computer) کو چھوتے ہیں آپ کے پاس کوئی بچاؤ موجود نہیں ہے۔ لٰہذا اس آلے سے ہر چیز آنے لگتی ہے، فرش سے ہر شے آنے لگتی ہے، ارد گرد موجود لوگوں سے ہر چیز اور ہر طرح کی نیگیٹیویٹی اب اُس بندے کو ملبوس کرنے لگتی ہے۔ یہ تمام تر بیماریوں کی طرف لے جاتی ہے؛ یہی ہر قسم کی مشکلات اور نیگیٹیویٹی کی طرف لے جاتی ہے۔ کیونکہ اب آپ ایزجی کا ایک میدان ہیں

کہ جس میں ایک زبردست نیگیٹیو چارج جسم میں داخل ہو رہا ہے اور ایک تنازع پیدا کرنے کی کوشش کر رہا ہے۔

تو اس کا مطلب مرض، بیماری اور بیماری کی حقیقت یہ ہے کہ جب نیگیٹیو ایبز جی اس میدان میں گھسنے کے قابل ہو جائے اور جسم میں داخل ہو کر زندگی کی ہر چیز کو منتشر کرنا شروع کر دے۔ نیگیٹیو ایبز جی کی زیادہ مقدار پھر بندے کے رزق اور روزی کو متاثر کرنے لگتی ہے۔ کیونکہ پھر وہ برکت وہ روشنی رُک جاتی ہے اور نتیجتاً ہر طرح کی برائیاں آتی ہیں اور وہ اللہ عزوجل کی رحمت کو دور دھکیل دیتی ہیں۔

اُن حقیقی رہنماؤں کی پیروی کیجئے جو سنتِ نبوی ﷺ کو قائم رکھتے ہیں

یعنی اس کا مطلب ہر چیز جو سیدنا محمد ﷺ ہمارے لئے لائے ہیں ایک زبردست حقیقت رکھتی ہے۔ اہلِ حقائق اور ہمارے محبوب مشائخ نبی پاک ﷺ کے لئے ایسی عظمت اور ایسا عزت و احترام قائم رکھتے ہیں کہ جو کچھ بھی

نبی پاک ﷺ ہمارے لئے لائے ہیں ہم اپنی بھرپور کوشش کریں کہ اُس سے جُڑے رہیں اور اس روشنی سے استوار ہونے کے لئے اُس نور سے نوازے جانے کے لئے اس حقیقت میں اس راستے کو اپنائے رکھیں۔ بعد ازاں ہماری زندگی میں ہمیں یہ سمجھ آجائے گی کہ یہ کیسے ہمیں محفوظ رکھتا ہے۔

یہی وجہ ہے کہ مشہور مشائخ کی پیروی کرنا واجبُ التقلید ہے۔ ان کی پیروی کرنے سے آپ کو کوئی سوال کرنے کی ضرورت نہیں رہے گی۔ اگر آپ نے ان کی پیروی کی ہو گی تو آپ کو اِس کی سمجھ ہو گی۔ آپ نے دیکھا ہو گا کہ وہ ہمیشہ کیسے وضو کرتے ہیں، وہ کیسے نماز ادا کرتے ہیں، وہ کس طرح لوگوں سے پیش آتے ہیں۔ نتیجتاً ان کو کاپی (copy) کرتے ہوئے اپنی زندگی گزاریں، نہ کہ سوچتے ہوئے۔ کیونکہ سوچ ہر دروازہ بند کر دیتی ہے، اِس (راستے) میں ان کو کاپی کرنا ہے، کاپی کریں! جب تک آپ سمجھ نہیں جاتے کاپی کرتے رہیں۔ جیسے ہی آپ اُن

کو کاپی کریں گے آپ کو اُن حقائق سے ملبوس کر دیا جائے گا۔ بعد ازاں زندگی میں وہ آپ کے دل میں احساس اُجاگر کرتے ہیں کہ، 'اوہ، یہی وجہ ہے کہ میں ہر وقت وضو کرتا رہا کیونکہ یہ ایک بچاؤ ہے، یہ بیماری کو دور رکھتا ہے، مشکل کو دور رکھتا ہے، یہ میرے رزق کی حفاظت کرتا ہے۔' کیونکہ رزق و روزی آپ کی جانب اللہ عزوجل کی رضا اور تسکین کے باعث آ رہی ہے۔

جب وہ روشنی اور یہ فیوض و برکات ایک بناؤ سنگھار کی مانند، ایک لباس کے طرح، جنتی تمغوں کی طرح روح کو استوار کر رہے ہوتے ہیں تو اللہ عزوجل اس روح سے خوش ہوتا ہے۔ اللہ عزوجل کی رضا اور تسکین کے باعث یہ فیوض اور یہ عطائیں روح کو استوار کرنا شروع کر دیتی ہیں۔ جن میں سے ایک رزق ہے، روح کے لئے روزی۔ اور ایک بار جب روح اپنی روزی وصول کرتی ہے تو جسم کے لئے رزق اِس کے پیچھے پیچھے آنے لگتا ہے۔ لہٰذا پہلے پہل رزق روح پر آتا ہے۔ اگر روح کیلئے نہیں لکھا گیا تو اس سے کوئی فرق نہیں پڑتا کہ جسم جو بھی کرنے کی کوشش کرتا رہے، یہ جہاں بھی جانے کی کوشش کرے، یہ کیسے بھی دنیا کو فتح کرنے کی کوشش کرے، کچھ بھی نہیں کھلے گا۔ افتتاح روح سے ہوتی ہے!

لہٰذا روح کی سمجھ سے، روح کی مشقوں (practices) سے، ذکر، وضو، تمام محافل، نبی پاک ﷺ پر درود و سلام، تمام تر فرائض، تمام نمازیں؛ یہ سب کچھ روح پر رزق کے نزول کا سبب بنتے ہیں۔ جب روح روزی حاصل کر لیتی ہے اور رزق روح سے رواں ہونے لگتا ہے تو یہ جسم کو لبریز کر دیتا ہے۔ اور ہر وہ چیز جو جسم کو اللہ عزوجل سے درکار ہوتی ہے موصول ہو جاتی ہے اور اس شخص کو عطا کر دی جاتی ہے۔

اس کا مطلب ہر چیز اُس وضو کے راز میں سے ہے، ایسے طریقے سے وضو قائم رکھنا، وضو کا احترام قائم رکھنا، کہ ہم محفوظ رہ سکیں۔ جیسے جیسے برائی کے دن بڑھتے اور بڑھتے مزید بڑھتے جاتے ہیں یہ بہت زیادہ اہم ہوتا جاتا ہے اُن لوگوں کیلئے جو کام کر رہے ہیں اور نیگیٹیو ایزجی سے گھرے ہوئے ہیں، بہت ہی زیادہ اہم ہے۔ کیا آپ تصور کر سکتے ہیں کہ آپ کا وضو ٹوٹ جائے اور آپ پھر بھی معاملات نمٹا رہے ہیں تو کس قدر مشکل آپ کی جانب آتی ہے؟

اپنی حفاظتی ڈھال کو گرنے نہ دیں

یہ آپ کے سمجھنے کیلئے ہے، کیونکہ ہم ہر چیز الفاظ میں نہیں بیان کر سکتے، کہ جب آپ وضو میں ہوتے ہیں تو آپ کے پاس ایک حفاظتی ڈھال موجود ہوتی ہے، چنانچہ اُس روشنی کے سبب شیاطین آپ تک نہیں پہنچ سکتے۔ جیسے ہی ڈھال گرتی ہے آپ ایک آسان کھیل کی مانند ہو جاتے ہیں اور وہ ایسے تیر برسانے لگتے ہیں کہ جن کا آپ تصور بھی نہیں کر سکتے۔ وہ بندے کو ایسے طریقوں سے متاثر کر سکتے ہیں کہ جن کا وہ گمان بھی نہیں کر سکتا۔ یہ اُن کی پوری حفاظتی ڈھال کو متاثر کر سکتا ہے جو اُس حقیقت کے سبب گر سکتی ہے۔

تو بعد ازاں ہماری زندگی میں جب ہم حساس اور لطیف ہو جاتے ہیں تو ہم ایزجی کو محسوس کرنے لگتے ہیں۔ آپ محسوس کرتے ہیں کہ، اوہ، ایک حملہ ہونے جارہا ہے چیزیں آپ کی جانب حرکت کر رہی ہیں، لٰہذا آپ اپنی زندگی کے لئے ایک حفاظت کے طور پر وضو کو قائم رکھیں۔ لیکن جب تک آپ اِس کو محسوس نہیں کرتے تو یہ ضروری ہے کہ اِس کو سمجھ لیا جائے اور اِس عمل کو قائم رکھا جائے۔

سُبْحَانَ رَبِّكَ ربِّ الْعِزَّةِ عَمَّا يَصِفُونَ، وَسَلَامٌ عَلَى الْمُرْسَلِينَ وَالْحَمْدُ لِلّٰهِ رَبِّ الْعَالَمِينَ. بِحُرْمَةِ مُحَمَّدِالْمُصطَفي وَبِسِرِّ سُورَةِ الفَاتِحَة۔

گناہ شک کا دروازہ کھولتے ہیں

اور ایمان کو تباہ کر دیتے ہیں

... فَنَادَىٰ فِى ٱلظُّلُمَٰتِ أَن لَّآ إِلَٰهَ إِلَّآ أَنتَ سُبْحَٰنَكَ إِنِّى كُنتُ مِنَ ٱلظَّٰلِمِينَ (٨٧)
فَٱسْتَجَبْنَا لَهُۥ وَنَجَّيْنَٰهُ مِنَ ٱلْغَمِّ ۚ وَكَذَٰلِكَ نُۨجِى ٱلْمُؤْمِنِينَ (٨٨)

"مگر وہ اندھیرے میں پکارنے لگے کہ تیرے سوا کوئی معبود نہیں۔ تو پاک ہے (اور) بے شک میں قصوروار ہوں/میں اپنی ذات پر ظلم کرنے والا ہوں۔ تو ہم نے ان کی دعا قبول کرلی اور ان کو غم سے نجات بخشی۔ اور ایمان والوں کو ہم اسی طرح نجات دیا کرتے ہیں۔" (سورۃ الانبیاء، 88-21:87)

یاربّی! ہمیں معاف فرمادے۔ "فَٱسْتَجَبْنَا لَهُۥ وَنَجَّيْنَٰهُ مِنَ ٱلْغَمِّ ۚ وَكَذَٰلِكَ نُۨجِى ٱلْمُؤْمِنِينَ۔"

الحمداللہ، (ہم) ہمیشہ دعا مانگتے ہیں کہ اللہ عزوجل کی رحمت ہمیں استوار کرے اور ہمیں نوازے اور یہ کہ ہم اُس رحمت میں قائم اور زندہ رہیں۔ اللہ عزوجل ہمیں ہمیشہ معاف کرتا اور ہمیں سنوارتا اور نوازتا رہتا ہے۔ مولانا شیخ (ق) کی تعلیمات سے بیان کرتے ہوئے، کہ رجب کے اِس پاک مہینے میں، اللہ عزوجل نے یہ عارفین کے حقائق میں سے بنایا ہے کہ ہر شے کو عدد 9 سے ضرب دی جاتی ہے۔

اللہ عزوجل نے قرآن پاک کی سورت نمبر 63 کو "سورۃ المُنَافِقُون" کیوں بنایا؟

اگر 9 کو ساتویں قمری مہینے سے ضرب دیا جائے تو 63 (9x7 = 63) کی حقیقت وجود میں آتی ہے۔ اللہ عزوجل اِس پاک مہینے (رجب) میں قرآن پاک کی سورت نمبر 63 کو "سورۃ المُنَافِقُون" کیوں رکھنا چاہتا ہے؟ معرفت کے راستے میں "ثُمَّ آمَنُوا ثُمَّ كَفَرُوا"

إِنَّ ٱلَّذِينَ ءَامَنُواْ ثُمَّ كَفَرُواْ ثُمَّ ءَامَنُواْ ثُمَّ كَفَرُواْ ثُمَّ ٱزۡدَادُواْ كُفۡرًا لَّمۡ يَكُنِ ٱللَّهُ لِيَغۡفِرَ لَهُمۡ وَلَا لِيَهۡدِيَهُمۡ سَبِيلَۢا (١٣٧)

"جو لوگ ایمان لائے پھر کافر ہو گئے پھر ایمان لائے پھر کافر ہو گئے پھر کفر میں بڑھتے گئے ان کو خدا نہ تو بخشے گا اور نہ اُن کی ایک راستے کی جانب رہنمائی کرے گا۔" (سورۃ النساء، 4:137)

یعنی کفر کرنا، پھر ایمان لے آنا، ایمان لانا اور پھر کفر کرنا، کہ انشاء اللہ ہم نے وہ سمندر پار کر لیا ہے۔ اور اب ایمان کے سمندروں کی جانب رواں دواں ہیں۔ وہ (مشائخ) ہمارے لئے اللہ عزوجل کے راستے پر چلنے سے پہلے آنے والی ایک رکاوٹ کا بیان کرتے ہیں، جو ہے منافقت کا سامنا کرنا۔ یہ نہیں کہ دوسروں کو منافق کہا جائے بلکہ اپنے اندر کا منافق (ڈھونڈیں)۔ یعنی عارفین کے لئے اور عارف بننے کیلئے اور اللہ عزوجل کے راستے میں شعور رکھنے والا بننے کیلئے اور اللہ عزوجل کے لئے کہ وہ ہمیں مخلصی عطا فرمائے، ایک ایسا کردار چاہئے جس میں آپ اپنا تجزیہ کریں اور اپنا احتساب کریں اِس سے پہلے کہ اللہ عزوجل حساب لینا شروع کرے۔

اولیاء اللہ کی برکت سے اور ہماری زندگیوں میں اُن کی رہنمائی سے، یہ ایسے ہے جیسے ہمارے اوپر ایک ہاتھ ہو جو مستقل طور پر ہمارا تعیّن (recalibrate) کر رہا ہوتا ہے۔ کہ وہ کہتے ہیں کہ صرف ایک بیوقوف ہی قانون کی عدالت میں اپنا مقدمہ خود لڑتا ہے۔ اس کا مطلب کہ جن کا کوئی وکیل نہ ہو اور وہ اللہ عزوجل کی بارگاہِ الٰہی میں اپنے آپ کو خود پیش کرنے کی کوشش کریں تو شیطان ان پر مکمل حاوی ہونے جا رہا ہوتا ہے۔ یعنی شیطان بندے کو ہر عمل ایسا بنا کے دکھاتا ہے جیسے وہ اچھا ہو۔ اولیاء اللہ ہماری زندگی میں تشریف لاتے ہیں اور ہمیں متحرک

کرتے ہیں کہ ان کی صحبت میں رہنے سے اور سیدنا محمد ﷺ کے راستے اور سنتِ رسول ﷺ کو قائم کرنے سے؛ اتباع کا مطلب ہے نیک لوگوں کی صحبت اختیار کی جائے، وہ تعلیم دیتے ہیں کہ آپ سیکھیں اور مشاہدہ کریں اور (پھراس طرح) یہ ہماری زندگی کا تعیّن کرتا ہے۔

ہمارے اعمال – اچھے یا بُرے – ہمارے یقین کو متاثر کرتے ہیں

رجب کے پاک مہینے کا یہ سمندر اور یہ حقیقت اُس منافق کے لئے جو ہمارے اندر سویا ہوا ہوتا ہے، ایک یاددہانی ہے۔ وہ چاہتے ہیں کہ ہم گناہ، یقین اور شک کے مطلب کو سمجھیں۔

جب ہر چیز اچھی ہوتی ہے اور افعال اور اعمال ٹھیک ہوں تو اللہ عزوجل فرماتا ہے، "بِسْمِ اللهِ الرَّحْمَنِ الرَّحِيمْ۔ أَطِيعُوااللَّه وَأَطِيعو ٱلرَّسُولَ وَأُوْلِي الأَمْرِ مِنْكُمْ۔ عِزَّةُ الله، وعِزَّةُ الرَّسُول، وعِزَّةُ الْمُؤْمِنِينَ"

يٰأَيُّهَاالَّذِينَ آمَنُواأَطِيعُوااللَّه وَأَطِيعُواٱلرَّسُولَ وَأُوْلِي الأَمْرِمِنكُمْ...(٥٩)

"اے ایمان والو! خدا اور اس کے رسول کی فرمانبرداری کرو اور ان کی جو تم میں صاحبِ اختیار ہیں۔"

(سورۃالنساء،4:59)

وَلِلَّهِ ٱلْعِزَّةُ وَلِرَسُولِهِۦ وَلِلْمُؤْمِنِينَ وَلَـٰكِنَّ ٱلْمُنَـٰفِقِينَ لَا يَعْلَمُونَ (٨)

"اور (تمام) عزت اللہ عزوجل کیلیئے، اور اسکے رسول کیلیئے، اور مومنین کیلیئے ہے۔ مگر منافقین نہیں جانتے۔"

(سورۃالمنافقون،63:8)

نیک اعمال فیوض و برکات لاتے ہیں

اس کا مطلب یہ روشنی، یہ رہنمائی، یہ فیض، ہر چیز بندے کو آراستہ کرنے لگتی ہے۔ خاص طور پر اُن بندوں کو جو طروق میں ہیں، نبی پاک ﷺ کے راستے میں نبی پاک ﷺ کے راستے کے وارث، کہ وہ اپنے آپ کو آکیلا نہیں

چھوڑتے اور نہ ہی خود کو اپنی ذات کے سہارے چھوڑتے ہیں۔ جس طرح صحابہ کرام رضوان اللہ علیہم اجمعین نے اپنے ایمان کی تکمیل کے لئے نبی پاک ﷺ کا مبارک ہاتھ تھاما ہوا تھا، پھر تابعین اور تبع تابعین (گزرے)، جو کہ زندگی کا پورا راستہ تھا۔ انہوں نے رہنمائی کا ہاتھ تھاما اور اُس ہاتھ کو انہوں نے تب تک نہ چھوڑا جب تک کہ انہوں نے اپنی آخری سانس نہ لے لی۔

وَاعْتَصِمُوا بِحَبْلِ اللَّهِ جَمِيعًا وَلَا تَفَرَّقُوا ۚ (۱۰۳)

"اور سب مل کر خدا کی رسی کو مضبوطی سے پکڑے رہنا اور جُدا نہ ہونا۔" (سورة آل عمران، 3:103)

رہنمائی کا وہ راستہ ہمارے لئے ایک تعلیم ہے۔ اور اگر ان اعمال میں سے جو سب آپ کر رہے ہیں (کوئی عمل) اچھا ہے اور اللہ عزوجل اُس عمل کو قبول فرمالیتا ہے؛ تو آپ بارگاہِ الٰہی سے آتے ہوئے انوار محسوس کرنے لگیں گے۔ "عِزَّةُ اللهِ،" "عِزَّةُ الرَسُول" کے دل کی جانب بہہ رہی ہے، نبی پاک ﷺ کے مبارک دل میں۔ "عِزَّةُ الرَسُول" کا مطلب ہے کہ سیدنا محمد ﷺ کی نظر مبارک اُن أُوْلِي الْأَمْر پر ہے۔ اگر آپ کا عمل درست ہے تو أُوْلِي الْأَمْر کی نظر مبارک اپنی روح کے ذریعے سے، ظاہری طور پر نہیں، مگر جو اللہ عزوجل ان (أُوْلِي الْأَمْر) کی ارواح پر عطا کر رہا ہے اس کے ذریعے (آپ پر ہوتی ہے)۔ "وَكُونُوا مَعَ الصَّادِقِينَ۔"

اولیاء اللہ ہمیں رسول اللہ ﷺ کی روشنی اور نور سے آراستہ کرتے ہیں

أَيُّهَا الَّذِينَ آمَنُوا اتَّقُوا اللَّهَ وَكُونُوا مَعَ الصَّادِقِينَ (۱۱۹)

"اے ایمان والو! اللہ عزوجل سے باخبر رہو اور اُن کے ساتھ رہو جو سچے ہیں (اپنے الفاظ اور اعمال میں)۔" (سورة توبہ، 9:119)

اللہ عزوجل نے ہمیں حکم دیا ہے کہ اُن کی صحبت اختیار کریں۔ کیوں؟ کیونکہ اللہ عزوجل کی "عِزّۃ" سیدنا محمد ﷺ کی "عِزّۃ" کو استوار کر رہی ہے۔ ہر کوئی وہ طاقت حاصل نہیں کر سکتا۔ اس کا مطلب وہ طاقت اس طرح سے آ رہی ہے جیسے ایک ٹرانسفارمر (transformer) تک پہنچے اور وہ ٹرانسفارمر اس کو ٹھنڈا اور پُرامن بنادے۔

قُلْنَا يَنَارُ كُونِي بَرْدًا وَسَلَامًا ... (٦٩)

"ہم نے کہا، اے آگ، ابراہیم پر ٹھنڈی اور پُرامن ہو جا۔" (سورۃ الانبیاء، 21:69)

اللہ عزوجل کی "عِزّۃ" کو کوئی وصول نہیں کر سکتا سوائے سیدنا محمد ﷺ کے۔ یہی وجہ ہے کہ اللہ عزوجل فرماتا ہے، 'اگر میں اپنا قرآن چٹان پر نازل فرماؤں تو وہ خاک کی طرح سے ہو جائے، مگر سیدنا محمد ﷺ کا دل مضبوط ہے۔'

وْ أَنزَلْنَا هَـٰذَا الْقُرْآنَ عَلَىٰ جَبَلٍ لَّرَأَيْتَهُ خَاشِعًا مُّتَصَدِّعًا مِّنْ خَشْيَةِ اللَّهِ... (٢١)

"اگر ہم نے یہ قرآن کسی پہاڑ پر نازل کیا ہوتا تو تم اسے دیکھتے کہ وہ (اس کی طاقت سے) خاک ہو جاتا۔" (سورۃ الحشر، 59:21)

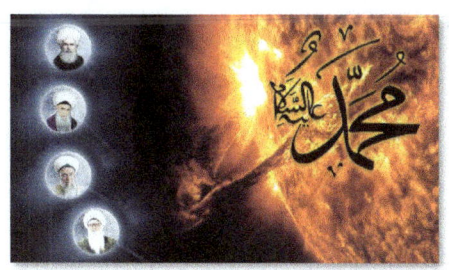

"لَا اِلٰهَ اِلَّا اللّٰهُ مُحَمَّدٌ رَّسُوْلُ اللّٰه ﷺ" کے درمیان کوئی نہیں آسکتا۔ أُولِي الْأَمْر نبی پاک ﷺ سے وراثت پا رہے ہوتے ہیں۔ وہ اُس "عِزّۃ" کو وصول کرتے ہیں، وہ اُس فیض کو

وصول کرتے ہیں اور اس کو جاری کرنے لگتے ہیں۔ وہ اس قوم میں ایک "قَمَرُون" کی مانند ہیں، چاند کی طرح، جو سورج سے اور نبی پاک ﷺ کی حقیقت سے (روشنی) لیتے ہیں۔

یہ سب کچھ حدیث میں ہے مگر آپ یہاں بیٹھ نہیں سکتے اور صرف حدیث کی کتابوں پر کتابیں ہی دہرائے چلے جاتے ہیں۔ جہاں نبی پاک ﷺ نے فرمایا ہے کہ، 'میرے صحابہ ستاروں کی طرح ہیں۔'

أَصْحَابِي كَالنُّجُومْ بِأَيِّهِمْ اقْتَدَيتُمْ اهْتَدَيْتُمْ

"میرے صحابہ نجوم کی طرح ہیں۔ اُن میں سے کسی کی بھی پیروی کرلیں اور آپ رہنمائی حاصل کرلیں گے۔" (فرمانِ سیدنا محمد ﷺ)

اگر صحابہ ستاروں کی طرح ہیں تو سیدنا محمد ﷺ کو صاحب ہونا چاہیے، تمام ستاروں کے مالک! اُن ﷺ کو تمام ستاروں کے لئے شمس (سورج) ہونا چاہیے، لیکن عاجزی میں یہ فرمایا کہ، 'میرے تمام صحابہ نجوم ہیں۔' اگر صحابہ ستارے ہیں تو نبی پاک ﷺ مخلوق کے تمام جہانوں کے لئے سورج ہیں۔

اس کا مطلب اگر وہ سورج أُوْلِي الْأَمْرِ پر چمک رہا ہے تو وہ (أُوْلِي الْأَمْرِ) روشنی کو منعکس (reflect) کرتے ہوئے چاند کی مانند ہیں۔ وہ فیض، طالب علم کو استوار کرنا شروع کرتا ہے۔ وہ روشنی اُن کو استوار کرنا شروع کرتی ہے، وہ "عِزّۃ" اُن کو سنوارنا شروع کرتی ہے اور وہ زیادہ سے زیادہ ایمان حاصل کرنا شروع کر دیتے ہیں۔ اور جو اللہ عزوجل مکمل کروانا چاہتا ہے اُس کو مکمل کرنے کے لئے زیادہ سے زیادہ ہمت حاصل کر لیتے ہیں۔

یقین، گناہ اور شک کے مفہوم کو سمجھیں

پھر سے ایک یاد دہانی کروائی جاتی ہے کہ جب شک کا سمندر آتا ہے تو (غور کریں کہ) یہ کیوں آتا ہے؟ یہ بات میری اپنی ذات کو جاننے کے راستے میں ہے کہ جیسے ہی مجھے کوئی شک ہوتا ہے تو وہ چاہتے ہیں کہ میں ہر چیز کا جائزہ لوں۔ یعنی اپنے آپ تک واپس جائیں اور پتہ لگائیں کہ کیا ہو رہا ہے، کیونکہ حقیقت یہ ہے کہ آپ اپنے نیک اعمال کے سبب اپنے اردگرد ایک حفاظتی ڈھال تعمیر کر لیتے ہیں۔ اگر آپ نے پرانی 'سٹار ٹریک – Star Trek' فلمیں دیکھی ہوں (تو آپ کو پتہ ہو گا کہ) وہاں ایک طاقت کا حصار موجود ہوتا ہے۔ نیک اعمال پر مبنی مومن کے ہر طرف طاقت کا ایک حصار موجود ہوتا ہے۔ جب اللہ عزوجل خوش ہو، نبی پاک ﷺ خوش ہوں اور أُوْلِي الْأَمْرِ خوش ہوں؛ تو آپ کا طاقت کا حصار کام کر رہا ہوتا ہے۔ آپ کا دل اینرجی کے اِس حصار کو آپ کے تمام اطراف میں جاری کر رہا ہوتا ہے کہ جس میں شیطان کو داخل ہونے میں بڑی مشکل کا سامنا کرنا پڑتا ہے۔

گناہ ہمارے حفاظتی حصار میں ایک شگاف بنا دیتے ہیں

شیطان کیا چاہتا ہے؟ وہ کہتا ہے کہ، 'میں اُس طاقت کے حصار میں تو داخل نہیں ہو سکتا، چلو میں کوئی سیّات لے کر آتا ہوں، میں کوئی گناہ کرواتا ہوں۔' جیسے ہی بندہ گناہوں میں داخل ہوتا ہے تو بندے کے اُس حفاظتی حصار میں ایک سوراخ بن جاتا ہے۔ جیسے ہی وہ سوراخ پیدا ہوتا ہے تو شیاطین اُس کی ذریعے داخل ہونے لگتے ہیں۔ اور شیطان کا مقصد یہ ہوتا ہے کہ اپنے تمام تر ماتحت غلاموں کے ساتھ اُس سوراخ میں داخل ہو کر اُس فیض کے عکس کو روک دے۔ اب بندہ کم فیض، کم انوار، کم جُذبہ (کشش) اور رابطہ وصول کر رہا ہوتا ہے۔ اور وہ خود کو جُدا/علیحدہ محسوس کرنے لگتا ہے۔ اگر اُس کا دل زندہ ہے تو وہ سمجھ جائے گا کہ رابطہ اب مشکل میں ہے۔

وہاں شیاطین ہوتے ہیں جو اُس حفاظتی حصار میں جو اللہ عزوجل نے مومن کے گرد بنایا ہے، داخل ہو رہے ہوتے ہیں اور یہی وجہ ہے کہ شیطان گناہ کروانا چاہتا ہے۔ اس کا مطلب ہر وہ چیز جو شیطان لاتا ہے وہ مومن کے اس حفاظتی حصار کو زیر کرنے کے لئے ہوتی ہے۔ جیسے ہی وہ گناہوں میں پڑتے ہیں، جو غلط کھانے کی وجہ سے بھی ہو سکتا ہے، غلط دیکھنے کی وجہ سے، غلط کرنے سے، اور خاص طور پر غلط فعل کرنے کی وجہ سے، (حتیٰ کہ) اُس بندے کے کردار میں کوئی بھی چیز جس سے اللہ عزوجل خوش نہیں ہے، اس سے ایک سوراخ بن جاتا ہے اور یہی سب کچھ شیطان چاہتا ہے۔

یہی وجہ ہے کہ ہم فلموں کی مثالیں (analogies) دیتے ہیں۔ کیوں؟ کیونکہ اُن لوگوں کے مقابلے میں جو یہ (اولیاء اللہ کے خطاب) دیکھ رہے ہیں، زیادہ تر لوگ فلمیں دیکھتے ہیں۔ بیس ملین لوگ یا پچاس ملین لوگ یا ایک بلین لوگ ہوتے ہیں جو ایک فلم دیکھ رہے ہوتے ہیں اور جبکہ صرف پچاس لوگ ہوتے ہیں جو یہ (اولیاء کے خطاب) دیکھ رہے ہوتے ہیں۔ لہٰذا اللہ عزوجل اس سے کیا سمجھانا چاہ رہا ہے؟ فلمیں۔ ہر وہ چیز جو سامنے آتی ہے اس میں ایک حکمت ضرور ہوتی ہے، اس میں ایک دانائی ضرور ہوتی ہے، جب تک کہ یہ مکمل طور پر شیاطین کے ہاتھ میں نہ ہو۔ ان فلموں میں وہ دکھانا شروع کرتے ہیں کہ محل میں داخل ہونے کا واحد راستہ یہ ہے کہ جب وہ بم (bomb) کے ذریعے دیوار میں سوراخ کر دیں۔ اگر وہ دیوار میں بم کے ذریعے سوراخ کر سکیں تو ہر شیطان محل میں بھاگ کر داخل ہو جائے گا۔

اللہ عزوجل بیان فرمارہا ہے کہ آپ بھی ایسے ہیں؛ آپ اپنے نیک اعمال اور اچھے کاموں کے سبب ایز جی کا ایک حصار قائم کر لیتے ہیں اور (اس کے ذریعے) آپ اپنے آپ کو محفوظ رکھ رہے ہوتے ہیں اور اِس قوت کو بہت زیادہ مضبوط کر رہے ہوتے ہیں۔

وَ قُلْ جَآءَالْحَقُّ وَزَهَقَ الْبَطِلُ، إِنَّ الْبَطِلَ كَانَ زَهُوقًا (٨١)

"اور کہہ دیجئے اب حق آگیا اور باطل نابود ہو گیا۔ بے شک باطل (اپنی فطرت کے مطابق) ہمیشہ نابود ہی ہونے والا ہے۔" (سورۃ الاسراء، 17:81)

اگر وہ قوت مضبوط ہے اور برائی کو دور رکھ رہی ہے، کیونکہ حق (سچ) جھوٹ کو دور دھکیل دیتا ہے، تو آپ وہ فیض محسوس کرنے لگتے ہیں آپ اُن انوار کو محسوس کرنے لگتے ہیں۔ آپ ہمت محسوس کرتے ہیں، آپ ایسا محسوس کرتے ہیں کہ جیسے آپ مزید کام کرنا چاہ رہے ہوں اور آپ کا ایمان دن بدن بڑھ رہا ہوتا ہے۔

شک، کچھ غلط کام ہو جانے کی ایک علامت ہے

اہلِ محاسبہ کے لئے، (یعنی) ایسے لوگ جو اپنی جانچ پڑتال کرتے رہتے ہیں، وہ کہتے ہیں کہ جیسے ہی آپ کوئی شک محسوس کریں فوراً واپس جائیں اور اپنا حساب اور محاسبہ کریں؛ کہ آپ کہیں کچھ غلط کر رہے ہیں۔ شک ایسے ہی نہیں آ جاتا، یہ ایک سوراخ کے ذریعے آتا ہے۔ ایسا کیا ہے جو آپ اپنے اعمال میں سے ٹھیک نہیں کر رہے؟ اور ایک حساب کرنا شروع کریں کہ آج میں نے کیا کیا ہے، میں نے کل کیا کیا تھا، میں نے کیا کھایا، میں نے کیا کہا، میرے اعمال کیا تھے؟ ہر عمل پر نظر دوڑائیں جو ہم نے اُس دن کئے تھے اور جائزہ لینا شروع کریں، 'کیا اللہ عزوجل اُس سے خوش تھا میں نے جو بھی کھایا، جو بھی پیا، میں نے جو بھی کیا، میں نے جو بھی کہا؟ کیا میں نے نماز پڑھی؟' کچھ لوگ نماز تک نہیں پڑھتے۔ پھر تو آپ اُس روشنی سے واقعی الگ ہو چکے ہیں!

اگر آپ اُس روشنی سے الگ ہو جائیں تو یہی سب شیطان چاہتا ہے کہ، 'اپنی مغرب کی نماز نہ پڑھیں سو جائیں، سو جائیں!' ٹھیک ہے، اگر آپ نماز نہیں پڑھتے تو آپ نے اس حصار میں ایک سوراخ کھول دیا ہے کیونکہ آپ کا معاملہ اللہ عزوجل کے ساتھ ٹھیک نہیں رہا، آپ فرشتوں کے ساتھ ٹھیک نہیں ہیں اور یقیناً نبی پاک ﷺ (آپ کی وجہ سے) شرمندہ ہوئے ہیں۔

آپ کو سیدنا محمد ﷺ کا راستہ اپنانا ہوگا، جو راستہ اللہ عزوجل نے سیدنا محمد ﷺ کو عطا کیا ہے اس کو اختیار کرنا ہوگا۔ یہ اس وجہ سے نہیں ہے کہ اللہ عزوجل کو اس سے کچھ غرض ہے، آپ نمازیں پڑھ کر اللہ عزوجل کو امیر نہیں بنا رہے۔ مگر اللہ عزوجل یہ تمام عزت ہمارے لئے چاہتا ہے۔ وہ فرماتا ہے، 'میں اِن تمام انعامات سے تمہیں نوازنا چاہتا ہوں۔ میں ان تمام روشنیوں سے تمہیں نوازنا چاہتا ہوں تاکہ تمہارا اسلام حقیقی بن سکے۔' آپ اپنے دل میں اس کا ذائقہ چکھتے ہیں، پھر آپ اس ایزجی کو محسوس کرتے ہیں جو جاری ہو رہی ہوتی ہے، اور

آپ کا اسلام حقیقی ہو جاتا ہے، آپ کا عشق سیدنا محمد ﷺ کے لئے حقیقی ہو جاتا ہے، اللہ عزوجل یہ سب آپ کو بخشنا چاہتا ہے۔

جب آپ حلال کھانا نہیں کھاتے تو کس کو فائدہ ہوتا ہے؟

اگر ہم اِس کو وصول کرنے نہیں آتے اور ہم نماز نہیں ادا کرتے تو وہ جس کو اس سب سے فائدہ ہوتا ہے وہ ہے شیطان۔ جب ہم وہ نہیں کھاتے جو ٹھیک ہے تو وہ جس کو فائدہ ہوتا ہے وہ شیطان ہے، اور شیطان آپ کے نظام (system) میں داخل ہو جاتا ہے۔ وہ شدت سے جسم کی طرف دیکھ رہا ہوتا ہے، وہ کہتا ہے، 'مجھے ایک برا عمل دیں، مجھے ایک غصہ دیں اور میں اندر داخل ہو جاؤں گا۔' جیسے ہی وہ سوراخ بنتا ہے اور آپ کچھ ایسا کھاتے ہیں جو غلط ہے، کچھ ایسا کھاتے ہیں جو ٹھیک نہیں ہے اور آپ کے لئے حلال نہیں بنایا گیا تو شیطان اُس خوراک اور طعام کے ذریعے جسم کے اندر داخل ہونے لگتا ہے۔

کس چیز کے سبب آپ مدد اور شفاعت پر سوال اُٹھاتے ہیں؟

اگر آپ ایک ایسا عمل کرتے ہیں جو عبادت کے لحاظ سے نامکمل ہے تو شیطان اُس کے ذریعے اندر داخل ہو جاتا ہے۔ جیسے ہی شیطان آتا ہے تو ہم خود کو شک میں مبتلا پاتے ہیں؛ (جیسے کہ ہم کہتے ہیں)، 'اوہ، ہاں! ذرا یہ بتائیں کہ مدد کہاں ہے، یہ مدد کا تصور کیا ہے، شفاعت کیا ہے؟ طریقة (روحانی راستہ) کیا ہے، یہ مشائخ کون ہیں؟' آپ کو لگتا ہے کہ آپ ہوشیار ہو گئے ہیں اور کسی چیز کے بارے میں سوچنے کے لئے آئین سٹائین (Einstein) آپ کے دماغ میں گھس گیا ہے؟ نہیں! بلکہ اب شیطان آپ کے ساتھ کھیل رہا ہے کیونکہ آپ کے قوت کے حصار میں ایک سوراخ موجود ہے۔

اس کا مطلب ہے کہ ایمانِ کامل پانی پر چلنے کی طرح ہے۔ ہر وہ حقیقت جس سے اللہ عزوجل ہمیں استوار کرنا چاہتا ہے بالکل پانی پر چلنے کی طرح ہے۔ جیسے ہی آپ شک میں مبتلا ہوتے ہیں تو آپ پہلے ہی سمندر میں ڈوب رہے ہوتے ہیں۔ ہم دعا کرتے ہیں کہ اللہ عزوجل ہمارے اندر یہ شعور پیدا فرمائے کہ ہم اپنا محاسبہ کریں تاکہ ہم اپنے اندر کے منافق کو ختم کر سکیں۔

حجرِ اسود کو چومنے اور نبی پاک ﷺ کے مبارک بال کو نہ چومنے کی منافقت

یہی وجہ ہے کہ یہ أُوْلِي الْأَمْر جہاں بھی جاتے ہیں منافقت کو بے نقاب کرتے ہیں۔ اور وہ لوگوں کے ساتھ اس طرح سے مخاطب ہوتے ہیں کہ وہ لوگ اپنا محاسبہ خود سے کرنے لگیں۔ جیسا کہ ہم نے پہلے کہا ہے کہ وہ (منافقین) آتے ہیں اور کہتے ہیں، 'آپ کو نبی پاک ﷺ کے بال کو کیوں چومنا ہے؟' بھلا آپ حجرِ اسود کو کیوں چومتے ہیں؟ لوگوں کے ساتھ مسئلہ کیا ہے؟ انہیں اب مذہب کی سمجھ نہیں رہی! آپ پتھروں کے گرد طواف کیوں کرتے ہیں اور پھر حجرِ اسود کو چومنے کے لئے شدید جھگڑتے ہیں؟ کیونکہ وہ پتھر جنت سے آیا ہے۔ مگر اوہ، نبی پاک ﷺ تو جنت کے مالک ہیں، دنیا کے مالک، ہر چیز کے مالک، قرآن پاک کو عیاں کرنے والے۔ آپ نہیں سوچتے کہ آپ کو سیدنا محمد ﷺ کے مبارک بال کو چومنا چاہئے؟

جب وہ (اولیاء اللہ) موئے مبارک کے ساتھ کہیں تشریف لے جاتے ہیں تو وہ دراصل منافقت کی نشاندہی کرنا چاہتے ہیں کہ کونسا مذہب ہے جس کی آپ پیروی کر رہے ہیں؟ تاکہ وہ اس بیماری کو باہر لا سکیں۔ کیوں؟ کیونکہ شیطان کو نہیں معلوم تھا کہ اُس میں کونسی بیماری موجود ہے، وہ سوچتا تھا کہ اُس کا عمل بہت عظیم ہے اور وہ یہ سوچتا تھا کہ، 'یا ربّی! میں نے ستر ہزار (70,000) سال تک تجھے سجدہ کیا ہے۔ 'یہاں سے بہشتوں تک ایسی کوئی جگہ نہیں ہے کہ جہاں شیطان نے سجدہ نہ کیا ہو۔ مگر اللہ عزوجل نے اس کو صرف ایک بات سے ہی ہرا دیا۔ (اللہ عزوجل نے فرمایا)

میں تم سے ایک چیز چاہوں گا اور آج تک یہ صرف ایک ہی چیز ہے جو میں تم سے چاہتا ہوں وہ یہ ہے کہ جُھک جاؤ!

وَعَلَّمَ آدَمَ الْأَسْمَاءَ كُلَّهَا... (٣١)

قَالَ يَا آدَمُ أَنبِئْهُم بِأَسْمَائِهِمْ... (٣٣)

وَإِذْ قُلْنَا لِلْمَلَائِكَةِ اسْجُدُوا لِآدَمَ فَسَجَدُوا إِلَّا إِبْلِيسَ... (٣٤)

"اور اس نے آدم کو سب (چیزوں کے) نام سکھائے۔"
(سورۃ البقرہ، 2:31)

"اُس نے حکم دیا کہ اے آدم! تم ان کو ان کے نام بتاؤ۔"
(سورۃ البقرہ، 2:33)

"اور (اس بات کا ذکر کرو) جب ہم نے فرشتوں کو حکم دیا کہ آدم کے آگے جُھک جاؤ تو وہ سجدے میں گر پڑے مگر ابلیس نے انکار کیا۔" (سورۃ البقرہ، 2:34)

جُھک جاؤ؟ کیوں؟ اُس علم کے سبب جو اِن بنی آدم کے پاس موجود ہے اور اللہ عزوجل کی خدائی بارگاہ میں جو چیز اہم ہے وہ علم ہے، سیدنا آدم علیہ السلام اور فرشتوں کے درمیان ہونے والی پوری گفتگو کی بنیاد علم پر تھی۔ یعنی جیسے ہی وہ جُھکے اللہ عزوجل نے فرمایا کہ اِن کو وہ سکھایئے جو میں نے آپ کو سکھایا ہے۔ فرشتے حیران تھے اُس روشنی سے جو منعکس ہو رہی تھی اور اُن علوم سے جن کے بنی آدم اور سیدنا آدم علیہ السلام وارث ہوئے تھے۔

اللہ عزوجل نے فرمایا کہ وہ علم جو اُن کے پاس ہے تم سے برتر ہے اور شیطان کو تو خود اپنی حقیقت نہیں معلوم تھی کہ وہ "عِزّۃُ اللہ، عِزّۃُ الرَسُولِ وَعِزّۃُ الْمُؤمِنِینَ" کے تابع ہے۔

وَلِلَّهِ ٱلْعِزَّةُ وَلِرَسُولِهِۦ وَلِلْمُؤْمِنِينَ وَلَـٰكِنَّ ٱلْمُنَـٰفِقِينَ لَا يَعْلَمُونَ (٨)

"اور (تمام) عزت اللہ عزوجل کیلیئے، اور اسکے رسول کیلیئے، اور مومنین کیلیئے ہے۔ مگر منافقین نہیں جانتے۔" (سورۃ المنافقون، 63:8)

وہ (شیطان) مومنین کے پیچھے سے اپنی طاقت اور شعور لیتا ہے۔ جو اللہ عزوجل نے أُوْلِي الْأَمْر کو اور مومنین کو عطا فرمایا ہے اُس کے سبب وہ ملائکہ سے درجے میں افضل ہیں۔ یہی وجہ ہے کہ وہ (فرشتے) اُن کی خدمت کرتے ہیں۔ یہی وجہ ہے کہ اللہ عزوجل نے یہ حکم جاری فرمایا تھا کہ وہ (ملائکہ) سجدہ کریں اُن کے آگے جُھک جائیں، 'اُن کا علم تم سے برتر ہے، تمہاری زندگی کا مقصد اُن کی خدمت کرنا ہے کیونکہ وہ نورِ محمد ﷺ سمیٹے ہوئے ہیں۔'

اس کا مطلب یہ ہوا کہ وہ حقیقت بہت بڑی ہے، وہ سجدۂ احترام تھا، عبادت کے لئے نہیں۔ احترام کیوں؟ اس نورِ نبی ﷺ کے سبب جس کی روشنی وہ اپنے دل میں سمیٹے ہوئے ہیں۔ اور اللہ عزوجل کے لئے کیا اہم ہے؟ اللہ عزوجل بیان فرماتا ہے، 'جسے ہم ایک علم عطا فرماتے ہیں، علمِ اللدونی وحکمةِ بالصالحین، تو ہم نے اُن کو ایک عظیم تحفہ عطا فرما دیا۔'

فَوَجَدَا عَبْدًا مِّنْ عِبَادِنَا آتَيْنَاهُ رَحْمَةً مِّنْ عِندِنَا وَعَلَّمْنَاهُ مِن لَّدُنَّا عِلْمًا (٦٥)

"اور انہیں ہمارے بندوں میں سے ایک بندہ ملا جس کو ہم نے اپنے ہاں سے رحمت عطا کی تھی اور اُنہیں اپنے پاس سے ایک (خاص) علم سکھایا تھا۔" (سورۃ الکھف، 18:65)

مسجد اور پارٹیوں کی منافقت اور دوہرے معیار

یعنی یہی ہے وہ سب کچھ جو اللہ عزوجل ہم سے چاہتا ہے، اُس دروازے تک کبھی نہیں پہنچا جا سکتا جب بندہ منافقت میں جی رہا ہو۔ آپ مسجد کے لئے کچھ الگ اصول قائم کر لیتے ہیں مگر آپ سڑک پر مکمل طور پر مختلف قسم کے اصولوں کے ساتھ زندگی گزارتے ہیں۔ یہ کیا ہے؟ ہم سب ایک معاشرہ ہیں۔ فیس بک (Facebook) کے ساتھ تو اور بھی آسان ہو گیا ہے۔ ہم بیٹھ کر اپنے فونز (phones) سے ہر کسی کی زندگی کو دیکھ سکتے ہیں۔ وہ (منافق لوگ) مسجد میں مجھ سے بحث کرتے ہیں کہ مجھے یہ، یہ، یہ کرنا چاہیے۔ آہ! اور اپنی فیس بک پر وہ اُن عورتوں کے ساتھ تصویریں بنا رہے ہوتے جو ان کی بیویاں بھی نہیں ہوتی اور ان کے کپڑے بھی پُورے نہیں ہوتے۔ یہ کیا ہے؟ کیا یہ وہ ہے جو اسلام سے چھوٹ گیا ہے یا پھر اسلام اب صرف وہ ہی رہ گیا ہے جو ہم زبان سے کہتے ہیں؟ ہر چیز جو ہم اب کہتے ہیں وہ صرف زبان سے ہی ادا ہوتی ہے، مگر نہ ہی ہمارے اعمال سے اور نہ ہی ہمارے عقیدے سے ظاہر ہوتی ہے۔

ہر پارٹی بِنا سر ڈھانپے ٹھیک ہے، تمام گروہوں کو اکٹھا کیے ہوئے، جہاں موسیقی چل رہی ہوتی ہے، بالی وڈ (Bollywood) کے پروگرام چل رہے ہوتے ہیں، وہ سب ٹھیک ہے بہت اعلیٰ ہے، مگر مسجد میں ہمارے اصول مختلف ہوتے ہیں۔ مسجد میں ہم ایک دوسرے کو سلام تک نہیں کرتے، (مثلاً ہم کہتے ہیں) 'میں آپ کو نہیں جانتا۔ اوہ، آپ خاموش رہیں۔' اگر یہ مسجد نہ ہو تو ہم سب ایک دوسرے کے ساتھ جان پہچان بنا رہے ہوتے ہوں؛ ہر کوئی کہتا ہے، 'جناب، کیسے ہیں آپ؟'

یہ اسلام نہیں ہے، یہ منافقت کا سمندر ہے! یہی وجہ ہے کہ وہ مخلصی کے سمندر میں داخل نہیں ہوتے۔ اللہ عزوجل اُن کے لئے مخلصی کو نہیں کھولتا۔ مخلصی یہ ہے کہ، 'یاربّی! تو ہر جگہ موجود ہے۔ ہر جگہ تیری مسجد ہے۔ میں دعا مانگتا ہوں کہ میرا دل تیری مسجد بن جائے۔ کہ، یاربّی! تو ہر جگہ میرے ساتھ موجود رہے۔' یعنی ہر رات آپ روئیں کہ، 'یاربّی! میرے اندر موجود منافق کو ختم کر دے۔ کہ ہر وہ چیز جو میں منافقت سے کرتا ہوں کہ تو جس سے خوش نہیں ہے یاربّی! اس کو بالکل ختم کر دے۔'

شدت پسند مت بنیں - اپنے ایمان میں خالص اور حقیقی بنیں

'یاربّی ! مجھے میرے یقین (ایمان) میں پختہ کر دے۔' اُس پختگی کا مطلب یہ نہیں کہ آپ شدت پسند بن جائیں۔ اس کا مطلب ہے کہ آپ خالص ہو جائیں۔ اس کا مطب ہے کہ حقیقی بن جائیں۔ یعنی آپ جان جائیں کہ یہ دنیا سخت ہے اور جس طرح آپ اپنے آفس (office) میں ہر کسی کے ساتھ نرم مزاج ہیں تو مسجد میں بھی لوگوں کے ساتھ نرم مزاج رہیں۔ کیوں آپ مسجد میں لوگوں کو تنگ کرتے رہتے ہیں جبکہ اپنے آفس میں ہر کسی کو گلے لگا رہے ہوتے ہیں چوم رہے ہوتے ہیں اور ان سے ہاتھ ملا رہے ہوتے ہیں؟ درمیان کا راستہ اختیار کریں جو نبی پاک ﷺ ہمارے لئے چاہتے تھے۔

درمیان کا راستہ اپنائیں اور وہ درمیانی راستہ، کہ جب تک وہ حقیقی ہے، تو اللہ عزوجل بندے سے خوش رہے گا۔ 'یا ربّی ! میں ایک غریب اور کمزور بندہ ہوں، میری آنکھیں یہ تمام گناہ دیکھ رہی ہیں میری روح پر رحم فرما یاربّی ! یہ میری تمام بری خصلتیں ختم فرما دے۔ یہ ساری منافقت جو تیرے راستے کی ہر چیز کو تباہ کر دیتی ہے، اِس کو دور فرما دے۔'

تب ہم اُن تمام گناہوں پر حملہ آور ہونے اور ان کو روکنے لگتے ہیں تاکہ وہ طاقت کا حصار ہمارے گرد بنا رہے۔ اور تب ہم انوار کو محسوس کرنا، روشنیوں کو محسوس کرنا، ذکر کی طاقت کو محسوس کرنا شروع کر دیتے ہیں۔ اور تب ہمارے دل میں یہ احساس اُجاگر ہونے لگے گا کہ ہم (ان سب محافلِ ذکر میں) حاضر ہوتے رہیں۔

ہر بار جب بھی آپ کو کوئی وسوسہ آئے کہ راستے کے مخالف ہو جائیں اور طریقة کے مخالف ہو جائیں تو یہ محاسبے کی گھڑی ہو گی کہ میں ایسا کیا کر رہا ہوں کہ جو ان شیاطین کو اجازت دے رہا کہ وہ آئیں اور میرے راستے میں اور اللہ عزوجل کی رضا اور اطمینان تک پہنچنے میں میرے اندر شک پیدا کریں؟

ہم دعا کرتے ہیں کہ اللہ عزوجل اس پاک مہینے میں ان روشنیوں اور عطاؤں سے ہمیں نوازے اور ان سے ہمیں استوار کرے۔ اولیاء اللہ کے ان حقائق کے بارے میں تعلیم فرمانے سے، ہم دعا کرتے ہیں کہ وہ ان خصلتوں کو ہم سے دور فرمادیں۔ یعنی سیدنا محمد ﷺ کی شفاعت روح پر ہونے والی صرف ایک نظر مبارک ہے کہ جو اُس سورج کی مانند ہے جو تمام مشکلات کو جلا دے اور یہ کہ اللہ عزوجل ہم سے راضی ہو جائے۔

سُبْحَانَ رَبِّكَ رَبِّ الْعِزَّةِ عَمَّا يَصِفُونَ، وَسَلَامٌ عَلَى الْمُرْسَلِينَ وَالْحَمْدُ لِلّٰهِ رَبِّ الْعَالَمِينَ. بِحُرمَةِ مُحَمَّدِ الْمُصطفىٰ وَبِسِرِّ سُورَةِ الفَاتِحَة۔

ساتواں باب

سنتِ نبوی ﷺ کی پیروی کر کے

اپنی اینرجی کو محفوظ کیجئے

قُلْ إِنْ كُنْتُمْ تُحِبُّونَ اللّٰهَ فَاتَّبِعُونِي يُحْبِبْكُمُ اللّٰهُ وَيَغْفِرْ لَكُمْ ذُنُوبَكُمْ ۗ
وَاللّٰهُ غَفُورٌ رَّحِيمٌ ﴿٣١﴾

"کہہ دیجئے (یا سیدنا محمد ﷺ) کہ اگر تم اللہ عزوجل سے محبت کرنا چاہتے ہو تو میری پیروی کرو، (لہٰذا) اللہ عزوجل تم سے محبت کرے گا اور تمہارے گناہ معاف کردے گا۔ اور اللہ عزوجل معاف کرنے والا اور رحم کرنے والا ہے۔"

(سورۃ آل عمران، 3:31)

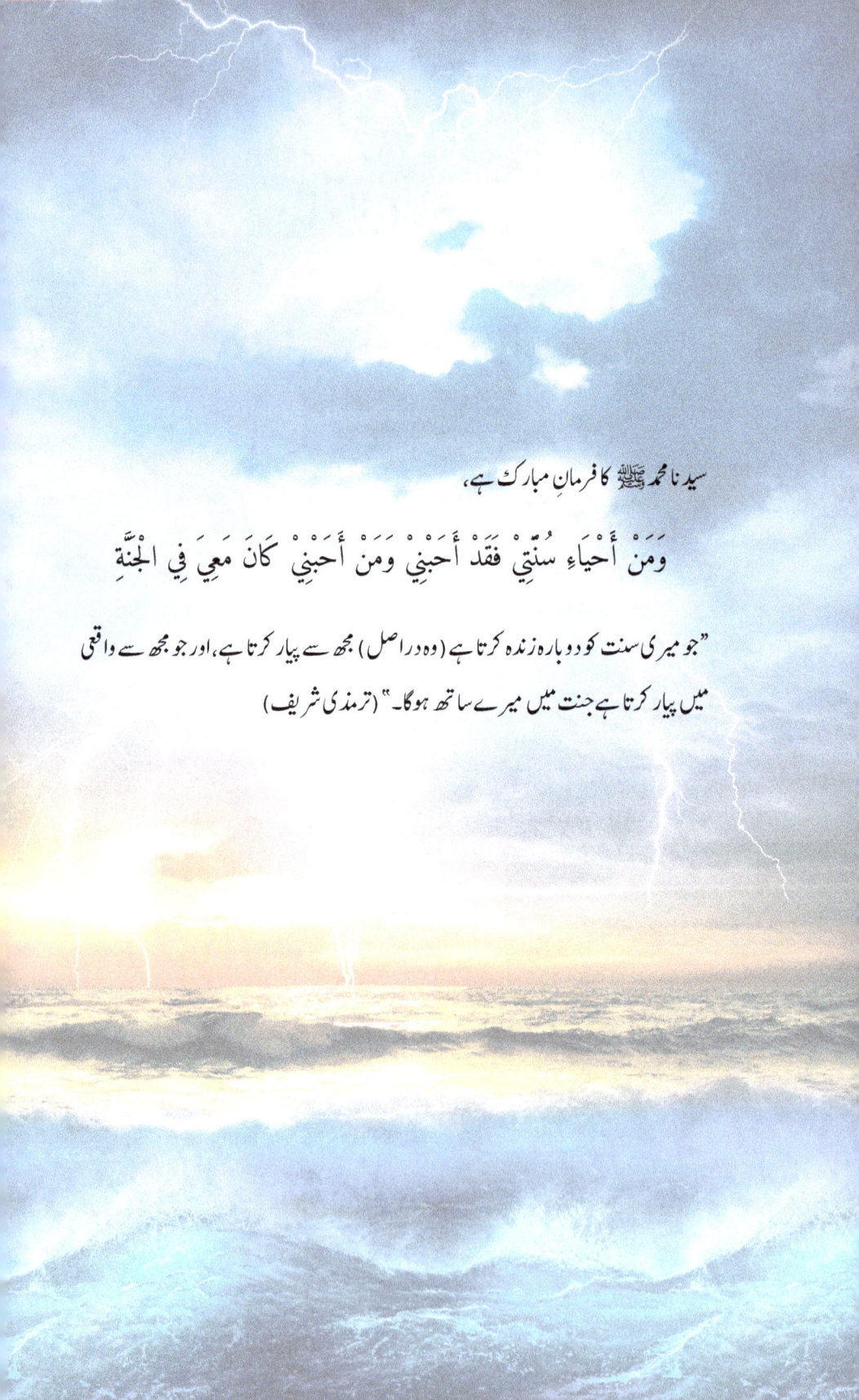

سیدنا محمد ﷺ کا فرمانِ مبارک ہے،

وَمَنْ أَحْيَاءِ سُنَّتِي فَقَدْ أَحَبَّنِي وَمَنْ أَحَبَّنِي كَانَ مَعِيَ فِي الْجَنَّةِ

"جو میری سنت کو دوبارہ زندہ کرتا ہے (وہ دراصل) مجھ سے پیار کرتا ہے، اور جو مجھ سے واقعی میں پیار کرتا ہے جنت میں میرے ساتھ ہوگا۔" (ترمذی شریف)

ڈھانپنے کی سنت – ایزجی کو محفوظ کرنا

نیگیٹیو ایزجی سے بچاؤ – سر، بال، پگڑی اور انگوٹھی

وَمَنْ أَحْيَاءِ سُنَّتِي فَقَدْ أَحَبْنِي وَمَنْ أَحَبْنِي كَانَ مَعِيَ فِي الْجَنَّةِ۔ (رواه الترمذي)

"جو میری سنت کو دوبارہ زندہ کرتا ہے (وہ دراصل) مجھ سے پیار کرتا ہے، اور جو مجھ سے واقعی میں پیار کرتا ہے جنت میں میرے ساتھ ہوگا۔" (حدیثِ مبارکہ، ترمذی شریف)

الحمد للہ، اللہ عزوجل کی اُس عظیم روشنی کے لئے جو نبی پاک ﷺ پر چمکتی ہے، جو اولیاء اللہ پر چمکتی ہے، اور ہمارے محبوب مولانا شیخ (ق) پر چمکتی ہے جو ایک سورج کی مانند ہیں۔ جتنا زیادہ ہم اُن کی حقیقت کو غور سے دیکھتے ہیں، الحمد للہ، انوار ظاہر ہو رہے ہوتے ہیں اور عطائیں چمک رہی ہوتی ہیں۔ اگر ہمیں کچھ اچھا نصیب ہو جائے تو یہ اُن کے انوار کے سبب ہے۔ اور ہمارے ساتھ ہونے والا کچھ بھی غلط ہماری اپنی جہالت کی وجہ سے ہے اور ہم اللہ عزوجل سے بخشش کا سوال کرتے ہیں۔

سیدنا محمد ﷺ کی سنت ایزجی کے بارے میں ہے

"بِسۡمِ اللّٰهِ الرَّحۡمَنِ الرَّحِیمۡ۔ أَطِیعُوااللَّه وَأَطِیعُو اَلرَّسُولَ وَأُوۡلِي الۡأَمۡرِ مِنۡكُمۡ" (قرآن پاک، 4:59)
سے اور مولانا شیخ (ق) کی تعلیمات سے (بیان کرتے ہوئے) ؛ کہ بہت سے لوگ ایزجی کے بارے میں سوال کرتے ہیں اور مشکل کے بارے میں پوچھتے ہیں۔ اور جاننا چاہتے ہیں کہ، 'یا شیخ! ہم اپنے آپ کو کیسے محفوظ رکھیں اور کیسے برائی/نیگیٹیویٹی (negativity) کو دور کریں اور اپنی اچھائی/پوزیٹیویٹی (positivity) میں اضافہ کریں؟' الحمد للہ، اللہ عزوجل نے اپنے محبوب سیدنا محمد ﷺ کے ذریعے ہمیں سب کچھ عطا فرما دیا ہے۔ معاملہ صرف یہ ہے کہ کیا ہم اس کو اختیار کرنا چاہتے ہیں اور کس چیز کو ہم اپنی زندگیوں میں شامل کرنا چاہتے ہیں؛ یہ ہے اس کا راز!

سیدنا محمد ﷺ کی سنت ایزجی کے بارے میں ہے۔ یہ ایک بہت بڑی حفاظت ہے اور ہمارے لئے حقائق کا ایک بہت بڑا ذریعہ ہے۔ نبی پاک ﷺ اس کو ہر راز کی طرح سے سامنے لاتے ہیں کہ اگر آپ پیروی کرتے ہیں تو آپ محبت کے ساتھ پیروی کریں، بعد ازاں نیک لوگ (اولیاء اللہ) ہماری زندگیوں میں تشریف لاتے ہیں اور ہمیں اس کی حقیقت سے آگاہ کرتے ہیں کہ اگر آپ نبی پاک ﷺ کے راستے کی اتباع کرتے ہیں تو (یہ جان لیں کہ) یہ مکمل طور پر ایزجی سے تعلق رکھتا ہے۔ یہ مکمل طور پر اس بارے میں ہے کہ کیسے اس خدائی روشنی اور اس خدائی "قُدۡرَة" (طاقت) کا روح پر نزول ممکن بنایا جائے۔

اپنی ایزجی کو تعمیر کریں اور اس کو قائم رکھیں، اس کو رِسنے نہ دیں

جب آپ وہ ایزجی تعمیر کر رہے ہوتے ہیں تو اس وقت نبی پاک ﷺ ہم سے چاہتے ہیں کہ ہم اس کو قائم بھی رکھیں۔ یہ ایک بات ہے کہ ایزجی کو تعمیر کیا جائے اور پھر ہر چیز کو مکمل طور پر ایسے ضائع کر دیا جائے کہ وہ رِس کر بہہ جائے؛ آپ اپنے آپ کو ہمیشہ ایسی حالت میں موجود پاتے ہیں کہ آپ دو قدم آگے چلتے ہیں اور تین، چار،

پانچ قدم پیچھے کی جانب۔ جو کوئی بھی گھروں کی تعمیر و مرمت کا کام جانتا ہے اس کو یہ پتا ہوگا کہ ایک سست رفتار رساؤ (leak) پورے گھر کو، پورے ڈھانچے/عمارت کو برباد کر دیتا ہے۔ اگر یہ کوئی بڑا مسئلہ ہو تو آپ اس کو فوراً دیکھ لیں گے، 'اوہ، دیکھو! وہاں پر ایک سوراخ موجود ہے اور مجھے لگتا ہے کہ یہ بڑا مسئلہ ہے۔' جبکہ یہ سست رفتار رساؤ ہوتا ہے جو تباہی مچاتا ہے کیونکہ آپ اس کو تب تک نہیں دیکھ پاتے جب تک کہ وہ ہر چیز کو تباہ نہیں کر دیتا۔ اس کا مطلب یہ ہوا کہ نبی پاک ﷺ کی سنت سے دوری ہماری زندگیوں میں لیکس (leaks) کی مانند ہے۔

لوگ سوچتے ہیں کہ شاید یہ کوئی فیشن (fashion) کا طریقہ ہے، شاید میں یہ کر سکتا ہوں، شاید مجھے یہ نہیں کرنا چاہیے۔ یہ ہرگز اس بارے میں نہیں ہے! ہم ابتداء سے اور اوپر (یعنی سر) سے شروع کرتے ہیں، کہ جو نبی پاک ﷺ ہمارے لئے چاہتے تھے یعنی آپ کا سر مخلوق کا تاج ہے۔ ایزجیز (energies) اور حقائق میں سے جو بھی اللہ عزوجل اس کو عطا فرما رہا ہے آپ کی صورت، آپ کا چہرہ، خدائی چہرے کا وارث ہے۔ اس کا مطلب کہ جنگ میں چہرے کو چھُونے کی اجازت نہیں ہوتی کیونکہ یہ اللہ عزوجل کی طرف سے ایک وراثت ہے۔ یعنی چہرہ - "وَجهُ اللّٰه"، خدائی چہرہ - آپ کے چہرے کو آراستہ کرتا ہے۔

پگڑی آپ کی سر پر ایک تاج کی مانند ہے

یعنی سر مخلوق کا تاج ہے۔ اگر ہم اس شان کا اور عظمت کا جو اللہ عزوجل نے سر کو عطا فرمائی ہے، شعور حاصل کرلیں تو ہم سمجھ جائیں گے کہ نبی پاک ﷺ کیوں اس کو لائے اور فرمایا کہ، ' اپنے سر پر تاج رکھیں۔' مومن کا تاج پگڑی ہے۔ اور جیسے ہی آپ نماز میں پگڑی پہنتے ہیں تو: کوئی شخص اگر اپنے لئے رحمتیں بڑھانا چاہتا ہے تو وہ یہ جان لے کہ جیسے ہی آپ پگڑی پہنتے ہیں اور آپ گھر پر یا کہیں پر بھی جہاں آپ جاتے ہیں نماز ادا کرتے ہیں تو اس نماز کا اجر ستائیس (27) گنا زیادہ ہوتا ہے بنسبت اس نماز کے جو آپ نے پگڑی کے بغیر ادا کی ہو۔

اور ہر بار جب بھی آپ سیدنا محمد ﷺ کی سنت کو دوبارہ زندہ کرتے ہیں تو اس کا اجر آپ کو ستّر (70) شہیدوں کے اجر کے برابر ملتا ہے۔

مَنْ أَحْيَاءِ سُنَّتِي عِنْدَ فَسَادِ أُمَّتِي فَلَهُ أَجْرٌ شَهِيد

The turban
of the Prophet Joseph

حضرت طبرانیؒ سے الاوساط میں روایت ہے کہ نبی اکرم سیدنا محمد ﷺ نے فرمایا: "جب میری امت میں بگاڑ آجائے (اور اس وقت) جو بھی میری سنت کو دوبارہ زندہ کرے گا تو اس کو سو شہیدوں کا اجر ملے گا۔" (بیہقی)

حتیٰ کہ کسی کی روح کے لئے ایک شہید کے برابر اجر ہی کافی ہے۔ اللہ عزوجل نبی پاک ﷺ سے کس قدر پیار کرتا ہے کہ نبی پاک ﷺ

کی سنت کو مٹنے نہیں دیتا۔ للٰہذا ہر نسل میں اس کو زندہ کرنے سے، ہمارے گھروں میں اس کو زندہ کرنے سے، ہماری زندگیوں میں اس کو زندہ کرنے سے جو بھی ہم کرتے ہیں اللہ عزوجل ہر چیز کا اجر بڑھادیتا ہے۔ چنانچہ اپنی پگڑی پہن کر نماز پڑھنے والا شخص اپنی ایزجی کو ستائیس نماروں کے اجر کے برابر بڑھالیتا ہے۔

پگڑی مومن کے لئے موت کی سی حالت کی علامت ہے۔ یہ آپ کے کتبے (tombstone) کی مانند ہے، (خاص طور پر وہ) ٹوپی جو پگڑی کے اوپر سے ظاہر ہو رہی ہوتی ہے۔ حجاب کے لئے بھی بالکل ایسا ہی ہے، اس سے فرق نہیں پڑتا کہ یہ مرد کے لئے ہو یا عورت کے لئے۔ اللہ عزوجل چاہتا ہے کہ ہم اپنے سر کو محفوظ رکھیں۔ آپ کے سر کے تاج پر ایک خاص راستہ ہوتا ہے جو آپ تب محسوس کر سکتے ہیں جب بچے پیدا ہوتے ہیں، ان کے سروں پر وہ نرم سی جگہ۔ یہ روح کیلئے ایک انتہائی بڑا راستہ (opening) ہوتا ہے۔

جیسے جیسے آپ انوار کی تعمیر کر رہے ہوتے ہیں تو شیطان کیا چاہتا ہے،؟ (وہ چاہتا ہے کہ) وہ آپ کے سر پر قابو پالے۔ یہ اس کو غیر مقبول بنادیتا ہے تاکہ آپ ایسے محسوس کریں کہ، 'اوہ، آپ کو پتہ ہے کہ یہ (پگڑی/ٹوپی/حجاب) بہت پُراسلوب (stylish) نہیں لگے گا اور اگر میں ایسے کہیں جاؤں گا (یا جاؤں گی) تو میں زیادہ دلکش نہیں لگ پاؤں گا (یا لگ پاؤں گی)۔' یا پھر خوف، جو کہ ایمان کا اُلٹ ہے۔ 'اوہ، اگر میں اپنی ٹوپی پہنتا ہوں تو مجھے ڈر ہے کہ لوگ مجھے ماریں گے۔' کیسا ڈر؟ دنیا میں ہر کوئی پگڑی پہن رہا ہے۔ آپ ایئر پورٹ (airport) پر جائیں، وہاں لوگ پگڑی پہنے ہوئے ہوتے ہیں۔ (کینیڈا میں) وزیر دفاع پگڑی پہنے ہوئے ہوتے ہیں۔ کون ہے جو کچھ کہے گا؟ وہ اس سنت پر جو وہ اپنائے ہوئے ہیں فخر محسوس کرتے ہیں اور ان کو اس پر مان ہے۔ ہمیں تو اس پر اور بھی زیادہ فخر ہونا چاہئے جو نبی پاک ﷺ نے ہمیں عطا فرمایا ہے۔ دراصل شیطان خوف کے ذریعے ہم سے چاہتا ہے کہ ہم سنت کو قائم نہ کریں۔ مگر وہ یہ کیوں چاہتا ہے؟ ایسا اس لئے کہ آپ اپنی تمام ایزجی گنوادیں اور یہ کہ وہ سر پر حملہ آور ہوتا رہے۔

اس کا مطلب کہ عظمت تب ہے جب آپ اپنا سر ڈھانپ لیں، آپ ایک ٹوپی پہن لیں یا اپنی پگڑی باندھ لیں، تو وہ ایز جی کا نقطہ (point of energy) ڈھانپ لیا جاتا ہے اور مومن کی عاجزی میں اضافہ ہوتا ہے۔ یعنی وہ مستقل طور پر اپنے سروں کے اوپر اللہ عزوجل کا ہاتھ محسوس کرتے رہتے ہیں۔ وہ عاجزی کی ایک حالت کو محسوس کرتے ہیں کہ، 'یاربّی! اس ٹوپی کے میرے سر پر ہوتے ہوئے (میں محسوس کرتا ہوں کہ) میں ناچیز ہوں۔'

مردوں اور عورتوں کیلئے بال کس چیز کی نشاندہی کرتے ہیں؟

پھر سر کے اوپر موجود چیزوں میں سے جو نبی پاک ﷺ (ہمارے لئے سنت کے طور پر) لائے تھے ہر وہ چیز انتہائی اہمیت کی حامل ہے۔ (مثلاً) جب نبی پاک ﷺ نے حکم دیا کہ اپنا سر مُنڈوا لیں (گنجا کروالیں)؛ جیسے ہی آپ حج مکمل کریں تو آپ اپنا سر مُنڈوا لیں۔ صحابہ کرام نے انتظار کیا اور انہوں نے اپنے بال کٹوا لئے اور نبی پاک ﷺ ناراض ہو گئے۔ جب وہ گھر واپس گئے تو انہوں نے بیان کیا کہ، 'یا سیدی، یارسول اللہ ﷺ! اگر آپ چاہتے ہیں کہ ہم اپنا سر منڈوا لیں تو براہِ کرم اپنا سرِ مبارک منڈوا لیجیے۔' اور نبی پاک ﷺ باہر تشریف لائے اور اپنا سرِ مبارک منڈوا ڈالا، اور (اس کے ساتھ ہی) تمام صحابہ کرام نے فوراً اپنا سر منڈوا ڈالا۔

اولیاء اللہ اپنا سر مُنڈوا لیتے ہیں

اُنھوں نے اس بات کی عظمت کو سمجھ لیا کہ مُنڈا (گنجا) ہوا سر زیادہ طاقتور ہوتا ہے کیونکہ بال مردوں میں نسوانی

ایز جی (feminine energy) کو بڑھاتے ہیں۔ جب کہ عورتوں کے لئے یہ اس کے بر عکس ہے؛ عورتوں کے لئے بالوں کی لمبائی ان کے لئے باعثِ عزت ہے۔ اگر دو عورتیں اکٹھی وفات پا جائیں تو کس کو پہلے دفنایا جائے اس کا فیصلہ اُس کے بالوں کی لمبائی سے کیا جائے گا۔ (جس کے بال لمبے ہوں گے اس کو پہلے دفنایا جائے گا۔) مردوں کے لئے یہ بات سچ نہیں ہے، بلکہ اس کے بر عکس ہے۔ اس (مرد) کے بالوں کی لمبائی اس کی نسوانی ایز جی میں اضافہ کرتی ہے۔ للہذا جو چیز اس کو اُس کی عظمت دیتی ہے اور اس کو اس کی طاقت عطا کرتی ہے وہ بالوں کا منڈوا دینا اور حیوانی سلطنت کے فخر کو

دور کر دینا ہے۔ ہم حیوانی سلطنت کا اُلٹ ہیں۔ جب آپ جانوروں کی سلطنت کی جانب دیکھیں تو آپ دیکھتے ہیں کہ جانوروں کی سلطنت میں اپنی مادہ ساتھی کو متوجّہ کرنے کے لئے نَر (male) کے بڑے بال، بڑے پَر ہوتے ہیں۔ نبی پاک ﷺ ہمارے لئے وہ نہیں چاہتے۔ آپ کا ظاہری روپ کسی کو متوجہ کرنے کے لئے نہیں ہے، جب تک کہ آپ شادی شدہ نہ ہوں اور آپ شادی کرنا چاہتے ہوں اور اُس کے لئے آپ کو پُر کشش لگنا ہو۔ ایک بار آپ کی شادی ہو گئی تو یہ سب ختم

ہو جاتا ہے، آپ کو اب مزید پُر کشش لگنے کی ضرورت نہیں۔ یہ رجال اللہ کے بارے میں ہے اور اپنی ذات کے مقابل نظم و ضبط رکھنے اور اُس نیگیٹیو ایزجی کو دور رکھنے کے بارے میں ہے۔

لٰہذا جیسے ہی آپ اپنے سر سے بال اتارنے لگتے ہیں تو جان لیں کہ یہ منڈوایا ہوا سر، ڈھانپا ہوا ہونا چاہئے۔ اس کے اوپر اب کچھ بھی نہیں ہے، آپ اپنا غلاف اپنے سر پر ڈال دیں، یہ ایک ایزجی کا ذریعہ بن جاتا ہے۔ پھر اس پر فوراً ہی آپ اپنی پگڑی باندھ لیں۔ آپ اس کو کام پر (آفس وغیرہ میں) نہیں باندھ سکتے مگر جب آپ گھر جائیں تو آپ اپنی نماز ادا کرنے کے لئے اپنی پگڑی باندھ لیا کریں۔ یہ آپ کے لئے ایک یاد دہانی ہے کہ یہ تاج میرا کتبہ ہے اور یہ پگڑی کا کپڑا میرے کفن کی مانند ہے۔

یاربّی! اگر میں کسی بھی لمحے مر جاتا ہوں — یاد رکھئیے کہ پہلے وقتوں میں صحابہ کرام اور نبی پاک ﷺ کے ساتھی اور عظیم پیروکار جب صحرا سے گزرتے تھے تو وہاں ضرورت پڑنے پر بلانے کے لئے کوئی ایمبولینس (ambulance) نہیں ہوتی تھی، اگر کسی کی وفات ہو جاتی تو وہاں پر مدد کے لئے کوئی مردہ خانہ نہیں ہوتا

تھا، آپ کے دوست ہی وہیں پر آپ کا جنازہ پڑھا دیتے اور پگڑی کو اتار کر اس کو کفن کی طور پر لپیٹ دیا جاتا اور آپ کو دفنا دیا جاتا۔ وہ آپ کے جوتے لے جاتے اور چلے جاتے کیونکہ آپ کسی انسان کو اس کے جوتوں کے ساتھ نہیں دفناتے۔ لٰہذا یہ ہمیشہ ایک یاد دہانی ہے کہ جب آپ چل پھر رہے ہوتے ہیں تو موت آپ کے ساتھ ساتھ ہوتی ہے اور یہ کہ موت آپ سے دور نہیں ہے۔ یاربّی! میں ایک دن مرنے والا ہوں اور یہ پگڑی میرا کفن ہو گی۔

باتھ روم میں اپنے سر کو ڈھانپ کر رکھیں

یہی وجہ ہے کہ آپ اپنی پگڑی کو غسل خانے میں نہیں لے کر جاتے۔ آپ پاک چیزوں کو لیٹرین/ٹوائیلیٹ (toilet) میں نہیں لے کر جاتے۔ اسی لئے آپ پگڑی کو اتار دیں اور اس کو ایک طرف رکھ دیں اور پھر وضو کرنے اندر جائیں۔ مگر اندر وضو کے لئے جاتے ہوئے آپ کو اپنا سر ڈھانپ کر جانا ہوگا۔ سر کے ڈھانپے ہوئے ہونے کا اور جو ہم سنت کے بارے میں بات کر رہے ہیں اس کا پورا مفہوم یہ ہے کہ یہ مومن کے لئے ایک زرّہ بکتر (armor) کی ڈھال ہے۔

شیطان کا مرکز/ہیڈ کواٹر (headquarter) ٹوائیلیٹ ہوتا ہے۔ لہٰذا جیسے ہی آپ اندر جاتے ہیں تو آپ شیطان کے ساتھ ایک میدانِ جنگ میں جا رہے ہوتے ہیں، چنانچہ اس کا مطلب یہ ہوا کہ آپ کو لازماً اپنا سر ڈھانپنا ہوتا ہے اور اس ماحول کے اندر اپنے آپ کو محفوظ رکھنا ہوتا ہے۔

چہرہ اور داڑھی

جیسے ہی آپ جا کر اپنا سر مُنڈواتے ہیں اور ایزجی کو حاصل کر لیتے ہیں تو آپ کو احساس ہوتا ہے کہ چہرے کی ایزجی داڑھی کے ذریعے عطا کی جانے والی ہے۔ لہٰذا داڑھی کوئی ایسی چیز نہیں ہے کہ جس سے لوگوں کو ڈرایا جائے، کیونکہ کچھ لوگ اپنی داڑھی کے ساتھ بہت ڈراؤنے لگتے ہیں کیونکہ وہ دِکھنے میں غصّے والے ہوتے ہیں۔ مگر ان بالوں میں تو ایک تقدس ہوتا ہے۔ جب یہ بڑھنا شروع کرتی ہے تو یہ گلے اور جسم پر موجود ان مختلف لطائف کی حفاظت کرنا شروع کر دیتی ہے۔ لہٰذا اس کا مطلب ہے کہ ہر وہ چیز جو نبی پاک ﷺ ہمارے لئے لائے تھے وہ ایک بچاؤ کی مانند تھی، ہماری ایزجی کو تعمیر کرنے کیلئے اور ہماری ایزجی کو محفوظ کرنے کیلئے۔ چنانچہ سب سے بڑی حفاظت سر کو ڈھانپ کر رکھنا ہے۔

الحمدللہ، جس چیز سے ہم نے آغاز کیا تھا یعنی مولانا شیخ (ق) کی عظمت، ایک سورج کی مانند، کہ جب آپ کامل مشائخ کی جانب دیکھتے ہیں تو ــ کیونکہ ہم خود کامل نہیں ہیں مگر ہم کامل مشائخ کی پیروی کرتے ہیں ۔ ہم نے کبھی بھی ان کو کسی دفتری جگہ /کام پر بِنا پگڑی کے نہیں دیکھا۔ اس کا مطلب وہ سیدنا محمد ﷺ کے دفتر کی مکمل طور پر نمائندگی کرتے ہیں؛ اس عہدے کے احترام کی باعث، نہ کہ مغرور اور خود سر بنتے ہوئے۔ بلکہ یہ عہدہ سیدنا محمد ﷺ کی عظمت کی نمائندگی کرتا ہے۔ اس کا مطلب کہ ہر دفتری جگہ پر پگڑی پہنیں۔ یہ نبی پاک ﷺ کی سنت کی عظمت کو تھامنے کے لئے مومن کا تاج ہے۔

ہماری زندگیوں میں ہم نے کبھی بھی مولانا شیخ (ق) کو بِنا سر ڈھانپے نہیں دیکھا۔ اگر وہ پگڑی نہیں بھی پہنے ہوئے ہوتے تھے تو بھی ان کا سر ہمیشہ ڈھانپا ہوا ہوتا تھا۔ ہم نے کبھی ان کو چھٹیوں پر بِنا سر ڈھانپے یا گھرے گھنگرالے بالوں کے ساتھ دھوپ سے بچاؤ والی عینک لگائے ہوئے تصویریں بناتے نہیں دیکھا۔ یہ بری خصلتیں ہیں اور تکمیل کی کمی کو ظاہر کرتی ہیں۔

وہ ایسا کیوں فرما رہے ہیں؟ یہ اس لئے نہیں ہے کہ آپ لوگوں کو پرکھنے لگ جائیں بلکہ یہ اس لئے ہے کہ لوگ اماموں کی طرف دیکھ رہے ہوتے ہیں اور پھر اُن کو نقل کر رہے ہوتے ہیں۔ جب وہ کسی غلط چیز کو نقل کر لیتے ہیں تو پھر ان کو زندگی میں مشکلات کا سامنا کرنا پڑتا ہے۔ (مثلاً) جب آپ دیکھتے ہیں کہ امام کا سر ڈھانپا نہیں ہوا اور وہ لوگوں کے بیچ جا رہا ہے، وہ باہر جا رہا ہے اور لوگوں سے معاملات طے کر رہا ہے تو اس وقت آپ سوچتے ہیں کہ، 'ٹھیک ہے، پھر مجھے بھی سر پر کچھ پہننے کی ضرورت نہیں ہے۔' اور اس سے پہلے کہ آپ کو احساس ہو، آپ مشکل میں پڑ چکے ہوتے ہیں۔

مَردوں کو سر ڈھانپنا چاہیئے اور اسلام کا جھنڈا تھامنا چاہیئے

ہم نے جو دیکھا وہ کامل مشائخ سے متعلق تھا، انہوں نے کبھی اپنا سر بِنا ڈھانپے نہیں چھوڑا۔ ایسا نہیں تھا کہ انہوں نے یہ ذمہ داری صرف عورتوں پر ڈال دی ہو یعنی، "نہیں، آپ کو، عورت کو لازمی حجاب لینا ہوگا اور میں (بِنا سر ڈھانپے باہر جاؤں گا اور) نہایت دلکش اور پُرکشش لگوں گا۔" نہیں! آپ یہ ذمہ داری اُٹھائیں اور اپنے خاندان میں اسلام کا جھنڈا تھامیں! آپ یہ ذمہ داری اپنی بیوی کے سر نہ ڈالیں کہ وہ اسلام کا جھنڈا تھامے۔ اس کا مطلب کہ آپ یہ ذمہ داری خود اٹھائیں، آپ خود سنت کی پیروی کریں۔ اگر وہ بھی کرنا چاہتی ہے تو الحمدللہ، وہ بھی ساتھ چل سکتی ہے۔

مگر آج کل ہر کوئی اسلام کا یہ جھنڈا اپنی بیویوں کے سپُرد کرنا چاہتا ہے اور وہ (مرد) خود جو چاہتے ہیں کرتے پھرتے ہیں۔ اگر آپ وینکوور (Vancouver) میں رابسن سٹریٹ (Robson Street) یا کسی بھی مشہور سڑک پر جائیں تو آپ ایسے تمام مردوں کو دیکھیں گے کہ انہوں نے خود تو اپنی مرضی کے کپڑے پہنے ہوئے ہوتے ہیں اور ان کے پیچھے ایک عورت ہوتی ہے جو مکمل نقاب میں ہوتی ہے۔ جبکہ مرد کا سر کسی ٹوپی/حجاب کے بغیر ہوتا ہے اور انہوں نے گھٹنوں سے اوپر والی پتلون (shorts) پہنی ہوئی ہوتی ہے۔ انہوں نے نئے طرز کی دھوپ سے بچاؤ والی عینک اور ایک بڑی سی گھڑی لگائی ہوئی ہوتی ہے۔ یہ تو نبی پاک ﷺ کی سنت نہیں ہے!

سنت ایز جی کی ایک حفاظت اور مشکل سے بچاؤ ہے

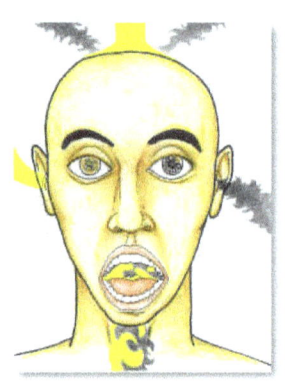

لہٰذا جب ہم اُس راستے کی پیروی کرتے ہیں، اور ہمیں ہزاروں کی تعداد میں ای میلز (emails) موصول ہوتی ہیں کہ، 'میں کسی مشکل میں ہوں،' یا 'میں کسی بیماری میں مبتلا ہوں،' اور 'ہر طرح کہ مشکل اور ایز جی میری جانب بڑھ رہی ہے،' تو کیسے اللہ عزوجل ہمیں خیر عطا فرمادے جب کہ ہم نبی پاک ﷺ کا راستہ ہی نہیں تھام رہے؟ چنانچہ پھر ہمیں سمجھ آیا کہ ہم اس کو محبت سے نبی پاک ﷺ کی عزت کو ملحوظِ خاطر رکھتے ہوئے اختیار کرتے ہیں اور بعد میں ہمیں یہ پتا چلتا ہے کہ، 'اوہ، میرے خدا یہ تو ایک بہت بڑا بچاؤ تھا!'

جیسے ہی میں اپنا سر منڈواتا ہوں تو میں وہ ایز جی حاصل کرلیتا ہوں، جیسے ہی میں اپنی ٹوپی سے اپنا سر ڈھانپتا ہوں تو میرے سر کی حفاظت ہو جاتی ہے۔ جیسے ہی میں نیچے اپنے جسم کی جانب متوجہ ہوتا ہوں اور میں باحیا لباس پہنتا ہوں تو مجھے سمجھ آنے لگتی ہے کہ نبی پاک ﷺ ہمیں محفوظ کر رہے تھے، بالکل ایک تار کی طرح؛ کہ یہ ایز جی جو آپ اپنے اندر تعمیر کرنے جارہے ہیں تو شیاطین اور حسد اور لوگوں کی بری نظریں اس ایز جی کو آپ سے دور کھینچ سکتی ہیں۔

کوئی بھی ایز جی جو آپ اپنے اندر تعمیر کرنے کی کوشش کر رہے ہوتے ہیں، اور جیسے ہی آپ اپنے جسم کے حصوں کو بے پردہ کرتے ہیں تو لوگ دیکھتے ہیں اور وہ آپ کی ایز جی کو کھینچ لیتے ہیں۔ یعنی کسی کی نظریں کہ جب وہ آپ کے جسم کو دیکھتے ہیں اور آپ کی جلد کو دیکھتے ہیں، تو وہ چاہیں یا نہ چاہیں، ان کی آنکھیں آپ کی ایز جی کو کھینچ رہی ہوتی ہیں اور آپ کے جسم کی جانب ایک نیگیٹیو ایز جی بھیج رہی ہوتی ہیں۔ چنانچہ اس کا مطلب کہ باحیا لباس کے اندر ایک راز تھا کہ یہ ایک حفاظت ہے؛ یہ جسم کیلئے ایک بچاؤ ہے۔ یعنی جو بھی ایز جی ہم تعمیر کر رہے

ہیں یہ اندر ہی محفوظ رہنی چاہیئے تاکہ آپ اس ایزجی کو اپنی نماز کے لئے استعمال کریں، اپنی عبادت کے لئے استعمال کریں۔

نبی پاک ﷺ نے اپنی سنت بطور تحفہ دوسرے انبیاء کرام کو عطا فرمائی

(پھر) جیسے ہی آپ ہاتھ پر آتے ہیں تو آپ کو احساس ہوتا ہے کہ یہ تمام سنتیں نبی پاک ﷺ کی جانب سے تمام انبیاء کرام کو عطا کی گئیں تھیں کیونکہ اللہ عزوجل کے واحد اور حقیقی نبی سیدنا محمد ﷺ ہیں۔ لہٰذا جب سیدنا موسیٰ علیہ السلام کو عصا دیا جاتا ہے تو وہ نبی پاک ﷺ کی جانب سے ایک تحفہ ہے۔

جب سیدنا سلیمان علیہ السلام کو طاقت والی انگوٹھی دی جاتی ہے تو وہ نبی پاک ﷺ کی طرف سے ایک تحفہ ہے۔

اس کا مطلب کہ حقیقی وراثت ہمیشہ صرف نبی پاک ﷺ کے لئے ہی ہے۔ نبی پاک ﷺ نے پھر اس وراثت کو آگے عطا فرمایا۔ چنانچہ انہوں نے اپنی قوم کو جو عطا فرمایا وہ یہ ہے کہ آپ لوگ وارث ہو سکتے ہیں۔ یہی وجہ ہے کہ علماء بنی اسرائیل کے وارث ہیں۔

عُلَمَاءُ وَرِثَةُ الْأَنْبِيَاء

"علماء انبیاء کرام کے وارث ہیں۔" (فرمانِ سیدنا محمد ﷺ)

نبی پاک ﷺ واضح فرمار ہے تھے کہ آپ میری سنت کی پیروی کر کے ہر اُس چیز کے وارث ہو سکتے ہیں جو میں نے اُن قوموں کو عطا کی۔

ہاتھ، انگلیوں اور سنت کی انگوٹھی کا دائیں ہاتھ میں پہننے کا راز

جب آپ انگوٹھی کی طرف آتے ہیں اور آپ ہاتھوں کی عظمت کی جانب بڑھتے ہیں تو (آپ کو سمجھ آتی ہے کہ) یہ سنت والی انگوٹھی دائیں ہاتھ میں ہوتی ہے، بائیں ہاتھ میں نہیں۔ بایاں ہاتھ آپ کی صفائی کیلئے ہوتا ہے۔ انگوٹھی نبی پاک ﷺ کے ساتھ ایک وفاداری (کی علامت) ہے۔ جب آپ اپنی انگوٹھی اپنی دائیں انگلی میں پہنتے ہیں تو یہ ہاتھ آپ کے راستے کو اور اللہ عزوجل سے آپ کی وفاداری کو ظاہر کرتے ہیں کہ میری بیعت اللہ عزوجل سے، میری بیعت نبی پاک ﷺ سے اور أُوْلِي الْأَمْرِ سے ہے۔

إِنَّ ٱلَّذِينَ يُبَايِعُونَكَ إِنَّمَا يُبَايِعُونَ ٱللَّهَ يَدُ ٱللَّهِ فَوْقَ أَيْدِيهِمْ ۚ فَمَن نَّكَثَ فَإِنَّمَا يَنكُثُ عَلَىٰ نَفْسِهِۦ ۖ وَمَنْ أَوْفَىٰ بِمَا عَـٰهَدَ عَلَيْهُ ٱللَّهَ فَسَيُؤْتِيهِ أَجْرًا عَظِيمًا (۱۰)

"بے شک جو لوگ آپ سے بیعت کرتے ہیں وہ خدا سے بیعت کرتے ہیں۔ خدا کا ہاتھ ان کے ہاتھوں پر ہے۔ پھر جو عہد کو توڑے تو عہد توڑنے کا نقصان اس کی اپنی روح کو ہی ہے۔ اور جو اس بات کو جس کا اس نے خدا سے عہد کیا ہے پورا کرے تو وہ اسے عنقریب اجرِ عظیم عطا کرے گا۔" (سورۃ الفتح، 48:10)

انگلیاں نبی پاک ﷺ کو اور چاروں خُلافاءِ راشدین کو ظاہر کرتی ہیں

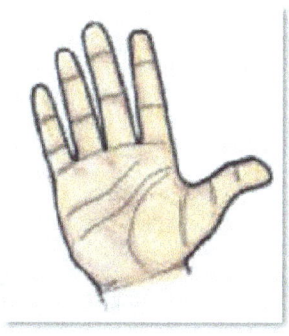

آپ کی چھوٹی انگلی سیدنا عثمان علیہ السلام کے راز کو سمیٹے ہوئے ہے۔آپ کی انگوٹھی والی انگلی (ring finger) سیدنا عمر فاروق علیہ السلام کو ظاہر کرتی ہے۔ سب سے لمبی انگلی سیدنا ابو بکر الصدیق علیہ السلام کا راز سمیٹے ہوئے ہے۔آپ کی سب سے پہلی انگلی (index finger) شہادت کی انگلی سیدنا علی علیہ السلام کے راز کو لئے ہوئے ہے۔اور آپ کا انگوٹھا جو کہ ایک انگلی کی طرح ہے مگر مکمل طور پر مختلف ہے، سیدنا محمد ﷺ کا راز سمیٹے ہوئے ہے۔

بَلَىٰ قَـٰدِرِينَ عَلَىٰٓ أَن نُّسَوِّىَ بَنَانَهُۥ (٤)

"ہاں ضرور کریں گے۔ (اور) ہم اس بات پر قادر ہیں کہ اس کی پور پور درست کردیں۔" (سورۃالقیامۃ، 75:4)

آپ کی شناخت اور آپ کا راز کہ جب آپ اپنے انگوٹھے کو سمجھ جائیں، کہ اللہ عزوجل فرماتا ہے، 'میں نے ہر کسی کو ان کے انگوٹھے پر ایک انوکھا پرنٹ (print) عطا کیا ہے۔' آپ کی سب سے الگ (انوکھی) شناخت آپ کے انگوٹھے پر ہے اور یہ انگلی کی طرح ہوتا ہے مگر دوسری انگلیوں جیسا نہیں ہے۔ یعنی نبی پاک ﷺ ایک انسان اور بشر ہیں مگر دوسرے کسی انسان جیسے نہیں!

یعنی اس انگوٹھے کے بِنا آپ ایک بندر جیسے ہیں۔ ایسا اس لئے کہ یہ انگوٹھا اور وہ عزت جو اللہ عزوجل نے ہمیں دی ہے اس کے ذریعے یہ انگوٹھا ہمیں انسان بناتا ہے۔ یہ انگوٹھا ہمیں لکھنے کی اور چیزوں کو پکڑنے کی صلاحیت بخشتا ہے۔اس کی بہت عظیم حقیقت ہے۔

جب سنت والی انگوٹھی اُس انگلی (یعنی انگوٹھی والی انگلی) میں پہنی جاتی ہے تو یہ سیدنا عمر فاروق علیہ السلام کی خصوصیات کو ظاہر کرتی ہے، "قُلْ جَآءَالْحَقُّ وَزَهَقَ الْبَطِلُ ،"

وَ قُلْ جَآءَالْحَقُّ وَزَهَقَ الْبَطِلُ ، إِنَّ الْبَطِلَ كَانَ زَهُوقًا (۸۱)

"اور کہہ دیجئے اب حق آگیا اور باطل نابود ہوگیا۔ بے شک باطل (اپنی فطرت کے مطابق) ہمیشہ نابود ہی ہونے والا ہے۔" (سورۃ الاسراء 17:81)

یعنی میں حق کے لئے کھڑا ہوں اور میں مکمل طور پر باطل کے خلاف ہوں۔ اور میری پوری زندگی ہی حق کیلئے اور باطل کے خلاف کھڑے ہونے کیلئے ہے۔ یہ نبی پاک ﷺ کے ساتھ ایک وفاداری (بیعت) ہے۔ یہی وجہ ہے کہ نبی پاک ﷺ کی سنت (والی انگوٹھی) دائیں انگلی پر ہوتی ہے۔ کچھ لوگ انگوٹھی کو بائیں ہاتھ میں پہن لیتے ہیں؛ یہ غلط ہے۔ یہ دائیں ہاتھ پر ہی پہنی جاتی ہے۔ مولانا شیخ (ق) ہمیں صرف ایک ہی انگوٹھی پہننے کو کہتے ہیں۔ اگر آپ بہت سی انگوٹھیاں پہن لیتے ہیں تو اس میں کچھ غلط ضرور ہوتا ہے۔ یہ سنت کا طریقہ ہے کہ اس انگوٹھی کو پہنا جائے۔

خاص طور پر وہ انگوٹھی یا تو عقیق کی ہوتی ہے یا پھر فیروزہ کی۔ فیروزہ طالب علموں کو اس لئے دیا جاتا ہے کہ وہ حسد اور بری انرجی کے خلاف اپنا دفاع کر سکیں۔ کوئی شخص اگر کسی مشکل کا اور بری انرجیز کا سامنا کر رہا ہو تو اس کو نظر سے بچاؤ کے لئے فیروزہ کی انگوٹھی پہننی ہوتی ہے۔ لوگوں کی بُری نظر فوراً اس فیروزی انگوٹھی پر جاتی ہے اور وہ انگوٹھی اسی وقت اس انرجی کو پکڑ لیتی ہے اور وہ اس مشکل کو دور کرنے کے قابل ہوتی ہے جو جسم پر آنے والی تھی۔

پھر جب طالب علم حسد سے آگے بڑھ رہا ہوتا ہے اور اپنا دل بیدار کرنا چاہتا ہے تو پھر عقیق والی انگوٹھی پہننی ہوتی ہے۔ عیقق کا پتھر دل میں ایک گرمی اور کشادگی لاتا ہے۔ دل کے لطائف کُھلنا شروع ہو جاتے ہیں اور طلب علم اس انرجی کو محسوس کرنے لگتا ہے، اور وہ انرجی دل میں داخل ہونا شروع ہو جاتی ہے۔

پھر سے (یاد دہانی کروائی جا رہی ہے) کہ شرم وحیا والے کپڑوں کی ڈھال جسم کی حفاظت کرتی ہے۔ ٹوپی جسم کو محفوظ رکھتی ہے، داڑھی جسم کی حفاظت کرتی ہے۔ ہر وہ چیز جو نبی پاک ﷺ نے عطا فرمائی مومن کیلئے ایک ڈھال اور ایک ایزجی تھی۔ بہت سے لوگ سوچتے ہیں کہ سنت ایک فیشن کا طریقہ ہے۔ نہیں! آپ اس کو محبت کے باعث کر رہے ہیں، مگر اس سے بھی زیادہ یہ بات اہم ہے کہ یہ ایزجی کا ایک بہت بڑا ذریعہ اور ایزجی کی حفاظت ہے۔

سُبْحَانَ رَبِّكَ ربِّ الْعِزَّةِ عَمَّا يَصِفُونَ، وَسَلَامٌ عَلَى الْمُرْسَلِينَ وَالْحَمْدُ لِلّٰهِ رَبِّ الْعَالَمِينَ. بِحُرْمَةِ مُحَمَّدِ الْمُصطفٰي وَبِسِرِّ سُورَةِ الْفَاتِحَة۔

بُری اینرجی کے خلاف بچاؤ

مسواک، انگوٹھی، عصا، جسم کی اینرجی، وُضو

الحمد للہ، سید نا محمد ﷺ کی اعلیٰ سنت کی تعلیم کے بیان میں، کہ جو بھی نبی پاک ﷺ ہمارے لئے لائے وہ اینرجی کیلئے تھا۔ یعنی اس کا اصل مرکز اور حقیقت یہ ہے کہ ہم اینرجی رکھنے والی ایک مخلوق ہیں۔ روح اینرجی سے بنائی گئی ہے۔ اس کو اینرجی کی ضرورت ہوتی ہے اور یہ برائی/ نیگیٹیویٹی سے بچاؤ چاہتی ہے۔ اینرجی کا ایک مثبت بہاؤ ہوتا ہے اور ایک منفی بہاؤ ہوتا ہے۔ اس حقیقت کو سمجھنے سے ہم حالتِ تکمیل تک پہنچ جاتے ہیں، یا پھر کم از کم اس جانب چل پڑتے ہیں۔ اس کا مطلب اپنی اعلیٰ ترین سُنّت میں سے ہر وہ چیز جو نبی پاک ﷺ ہمارے لئے لائے ہیں، آپ اس کی پیروی کیجئے۔ بعد ازاں وہ اس کی حقیقت اور اس کی اہمیت کے بارے میں تعلیم دیں گے۔

انسانوں کا کامل تناسب، ہاتھوں پر موجود کوڈز (codes)

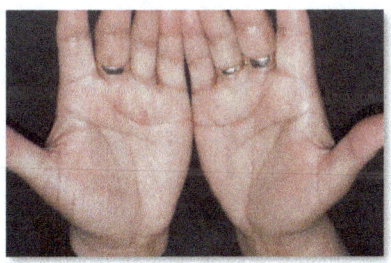

ہم نے پچھلی بار (کا خطاب) ہاتھوں کی اہمیت پر چھوڑا تھا، کہ ہاتھوں پر بہت ہی بڑے راز اور کوڈز موجود ہیں، یعنی آپ کے بائیں ہاتھ پر اُلٹا V موجود ہے تکون کی شکل کا اور اس کے ساتھ ہی ایک لکیر ہے ۸۱؛ دائیں ہاتھ میں ایک لکیر اور تکون ۱۸۔ یعنی دائیں ہاتھ پر ۱۸ (18) ہے اور بائیں ہاتھ پر ۸۱ (81) موجود ہے جس کا

مطلب ہے کہ ہمارا وجود مکمل تناسب (symmetry) سے موجود ہے۔ ایک سائیڈ (side) دوسری سائیڈ کو منعکس کر رہی ہے۔ بلکہ حقیقت میں آپ کا بائیں طرف کا دماغ آپ کی دائیں سائیڈ کو کنٹرول کرتا ہے؛ اور آپ کا دائیں طرف کا دماغ آپ کی بائیں سائیڈ کو کنٹرول کرتا ہے۔ ایسے ہی بہترین طریقے سے اللہ عزوجل نے انسان کا تناسب انجام دیا ہے۔

نبی پاک ﷺ کی سنت تمام تر مسائل کا مکمل حل ہے

اس بات کو سمجھتے ہوئے کہ جب ہم وضو کیلئے جا رہے ہوں، ہم نے پچھلی بار بالوں کو چھوٹا رکھنے کی اہمیت کے بارے میں اور اپنے سر کو ڈھانپے رکھنے کی اہمیت کے بارے میں بات کی تھی، کیونکہ یہ سب کچھ لوگوں کے اس طرح سے سوالات کرنے کی وجہ سے بیان کیا جا رہا ہے کہ، 'یا شیخ! مجھ پر نیگیٹیویٹی اثر انداز ہوئی ہے، یا شیخ! مجھے مسائل کا سامنا ہے، میں مشکل میں ہوں۔' پھر چاہے اس کا تعلق رزق سے ہو، چاہے اس کا تعلق اینرجی سے ہو یا پھر چاہے اس کا تعلق بیماری سے ہو؛ تمام تر چیزیں جو بھی ہمیں اس زمین پر درپیش ہیں نبی پاک ﷺ ان کا مکمل حل لے کر تشریف لائے جو کہ سنت کی صورت میں تھا۔

سنت دراصل اینرجی کی تکمیل ہے۔ ہماری مشقیں اینرجی کی تعمیر کرتی ہیں؛ اور سنت اس اینرجی کی حفاظت اور اس کا بچاؤ کرتی ہے۔ اس کا مطلب کہ بالوں کو چھوٹا رکھنے سے آپ اس بُری/نیگیٹیو اینرجی کو دور دھکیل دیتے ہیں، سر کو ڈھانپے رکھنے سے آپ اینرجی کو مقدس بنا لیتے ہیں جیسا کہ ایک مخروط (pyramid) کا چوٹی کا پتھر۔ اس (سر) کو مکمل طاقت تب ملتی ہے جب وہ ٹوپی سر پر موجود ہوتی ہے کیونکہ باقی ہر چیز سر سے جاری ہو رہی ہوتی ہے۔

شیاطین اور نیگیٹیو ایزجیز کو یہ بہت اچھی طرح معلوم ہے کہ انسان کے لطائف کہاں پر موجود ہیں اور وہ خود کو ان لطائف پر جما لیتے ہیں اور وہ بنیادی طور پر ہر چیز کو کھینچ لیتے ہیں۔ ہم پہلے بھی بات کر چکے ہیں کہ علامتی طور

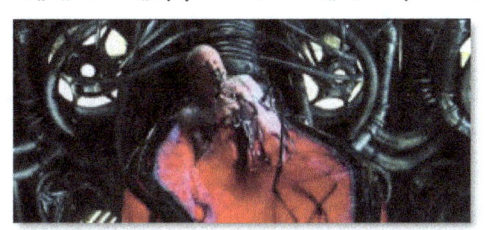

پر یہ بالکل فلم 'دی میٹرکس (The Matrix)' کے جیسا ہے۔ اللہ عزوجل اس حقیقت میں سے جو دکھانا چاہتا تھا وہ یہ تھا کہ جب انہوں نے فلم میں دکھایا کہ تمام انسان واقعی میں ایک بیٹری (battery) ہیں؛ کہ وہ پوڈز (pods) میں موجود تھے اور تمام شیاطین ان کی ایزجی کو کھینچ رہے تھے، اور بالکل اسی طرح وہ (شیاطین) ہمیں زمین پر دیکھتے ہیں۔ ان کے پاس جنتی ایزجی نہیں ہے "وَلَقَدْ كَرَّمْنَا بَنِي آدَمَ۔"

وَلَقَدْ كَرَّمْنَا بَنِي آدَمَ...(٧٠)

"اور ہم نے بنی آدم کو عزت بخشی ہے۔" (سورۃ الاسراء، 17:70)

ہم زمین پر چلتے پھرتے ایک جنتی وجود ہیں۔ اور شیاطین دیکھ رہے ہیں اور کہہ رہے ہیں کہ، 'ذرا ان ایزجیز کی جانب تو دیکھو!' ان کی اس (ایزجی) تک پہنچ نہیں ہے۔ لہٰذا ان کی پوری دلچسپی اس بات میں ہے کہ انسان کو ایک بڑی سی بیٹری کی مانند استعمال کرتے ہوئے ان پر سوار ہوا جائے۔ وہ پیچھے سے خود کو مضبوطی سے جوڑ لیتے ہیں اور اُس انسان سے تمام تر ایزجی لینا شروع کر دیتے ہیں، پھر چاہے وہ اس ایزجی کو سر سے کھینچ رہے ہوں، اس کو دل میں سے کھینچ رہے ہوں یا پیروں میں سے۔

چنانچہ اعلیٰ سنت حفاظت کیلئے آتی ہے کہ، 'آپ ایک جنتی وجود ہیں اور آپ کی حفاظت کی جانی چاہیے جبکہ آپ اس زمین چل پھر رہے ہوں۔' نبی پاک ﷺ کے راستے کی پیروی کرنے سے پھر ہم اس حفاظت کے حقدار ہو جاتے ہیں اور فرشتے تب ان لوگوں کی حفاظت کرنے لگتے ہیں جو انبیاء کرام کے راستے کی پیروی کر رہے ہوتے ہیں؛ تمام تر انبیاء کرام اسی حقیقت کو لے کر آئے ہیں۔

انگلیوں کی حقیقت ۔ سید نا محمد ﷺ اور صحابہ کرام رضوان اللہ علیہم اجمعین

پھر جب ہم ہاتھوں کے رازوں کی جانب بڑھتے ہیں تو ہم دیکھتے ہیں کہ ہاتھوں کو دھونے سے ہم عظیم ترین کوڈز کو رواں کر رہے ہوتے ہیں۔ اور جیسے ہی آپ اپنے ہاتھوں کو دھوتے ہیں اور احساس کرتے ہیں کہ آپ کے دائیں ہاتھ میں ایک انگوٹھی موجود ہے، ہم نے پچھلی بار (یہ بیان کرتے ہوئے خطاب کو) چھوڑا تھا کہ ہر انگلی ایک حقیقت کی علامت ہے یعنی آپ کی سب سے چھوٹی انگلی (pinky) سید نا عثمان علیہ السلام جامع القرآن اور علم کی حقیقت سے تعلق رکھتی ہے، آپ کی انگوٹھی والی انگلی وفاداری اور جدّوجہد کی انگلی ہے جس کا تعلق سید نا عمر الفاروق علیہ السلام سے ہے، "وَقُلْ جَآءَالْحَقُّ وَزَهَقَ الْبَطِلُ"

وَ قُلْ جَآءَالْحَقُّ وَزَهَقَ الْبَطِلُ، إِنَّ الْبَطِلَ كَانَ زَهُوقًا (٨١)

"اور کہہ دیجئے اب حق آگیا اور باطل نابود ہوگیا۔ بے شک باطل (اپنی فطرت کے مطابق) ہمیشہ نابود ہی ہونے والا ہے۔" (سورۃ الاسراء 17:81)

اس کا مطلب ہے کہ آپ اپنی زندگی سچ کا ساتھ دیتے ہوئے اور باطل کے خلاف کھڑے ہوتے ہوئے گزاریں۔ ایسی زندگی مت گزاریں کہ جس میں آپ باطل کا ساتھ دیں بلکہ اللہ عزوجل کے سچ کا اور ہماری حقیقت اور ہماری روح کے سچ کا ساتھ دیں۔

پھر سب سے لمبی انگلی (درمیانی انگلی) کا تعلق سید نا ابو بکر الصدیق علیہ السلام سے ہے۔ جو اللہ عزوجل نے سید نا ابو بکر الصدیق علیہ السلام ۔ الصدیق المُطلق کے دل میں انڈیلا ہے؛ نبی پاک ﷺ نے سید نا ابو بکر الصدیق علیہ السلام کی عظمت کے بارے میں بیان فرمایا کہ،

مَاصَبَ اللّٰهُ فِيْ صَدْرِيْ شَيْءً اِلَا وَصَبَبْتُهُ فِيْ صَدْرِي اَبِيْ بَكْرِ الصِّدِيق

نبی پاک ﷺ نے فرمایا: "مجھے جو کچھ بھی ملا ہے میں نے وہ ابو بکر الصدیق علیہ السلام کے دل میں انڈیل دیا ہے۔" (فرمانِ سید نا محمد ﷺ)

پھر شہادت کی انگلی کا تعلق نبی پاک ﷺ کے گھرانے سے اور امام علی علیہ السلام سے اور اُس مدد سے ہے۔ پھر، اِن ایک سی نظر آنے والی چاروں انگلیوں پر وہ اعلیٰ انگلی؛ سب سے مختلف انگلی، انگوٹھا ہے جو شناخت ہے اور یہ نبی پاک ﷺ کی نمائندگی کرتا ہے۔ یہ انسان کو اس کی عظمت دیتا ہے۔ اللہ عزوجل فرماتا ہے، 'ہم تمہیں تمہارے انگوٹھے کے نشانات سے واپس بلائیں گے۔'

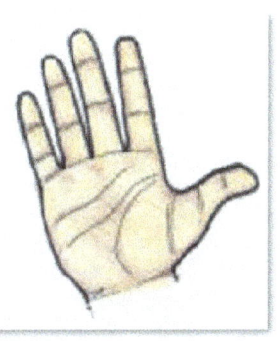

أَيَحْسَبُ ٱلْإِنسَٰنُ أَلَّن نَّجْمَعَ عِظَامَهُۥ (٣) بَلَىٰ قَٰدِرِينَ عَلَىٰٓ أَن نُّسَوِّىَ بَنَانَهُۥ (٤)

"کیا انسان یہ خیال کرتا ہے کہ ہم اس کی ہڈیاں اکٹھی نہیں کریں گے؟ ضرور کریں گے (اور) ہم اس بات پر قادر ہیں کہ اس کی پور پور درست کر دیں۔" (سورۃ القیامۃ، 75:3-4)

اس کا مطلب آپ کی ایک انوکھی پہچان ہے جو خاص طور پر آپ کے لئے ہے۔

بعد میں جب آپ اپنی ایزجی سے متعلق تربیت حاصل کرنا شروع کرتے ہیں تو یہ جان لیجئے کہ جیسے ہی آپ اپنے ہاتھوں کو چھوتے ہیں تو آپ کوڈز کو رواں کر رہے ہوتے ہیں۔ جب آپ اپنی ذات کی حقیقت کی ایزجی کو سمجھنا شروع کرتے ہیں کہ آپ اپنی ذات کیلئے ایک خاص اور انوکھی ایزجی رکھتے ہیں، تو جیسے ہی وہ ایزجی ہاتھوں کو چھونا شروع کرتی ہے تو آپ "بحرُ القُدْرَۃ" (Ocean of Power) میں موجود اپنی حقیقت کو پکار رہے ہوتے ہیں کہ وہ اس مقدار سے جو ابھی آپ کے پاس موجود ہے، زیادہ مقدار میں آپ کے پاس موجود رہے۔ اپنی موجودہ ایزجی کو استعمال کرتے ہوئے جیسے ہی آپ تفکر کرتے ہیں اور ہاتھوں کی اہمیت کو سمجھنے لگتے ہیں تو

آپ اس حقیقت کو پکارنے اور حاضر کرنے کے قابل ہوجاتے ہیں جو خاص طور پر صرف اُس انگوٹھے پر موجود ہے۔

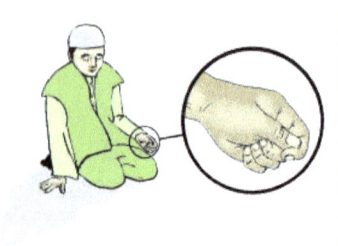

لہٰذا وہ شہادت کی انگلی ہے جو "بحرُالقُدْرَۃ" کے نزول کا سبب بنتی ہے۔ اللہ عزوجل کیوں آپ سے چاہتا ہے کہ آپ اپنی شہادت دیں؟ اس کا مطلب کہ روح کی طاقت اسی (شہادت والی) انگلی سے رواں ہوتی ہے۔ جیسے ہی یہ شہادت والی انگلی آپ کے انگوٹھے پر موجود آپ کی پہچان کو جانچتی (scan) ہے تو یہ اس ایزجی کے لئے پکارنے لگتی ہے کہ وہ ایزجی اُس مقدار سے جو آپ کے روزمرّہ کاموں کیلئے ضروری ہے، زیادہ مقدار میں روح کے ساتھ موجود رہے۔ جب اللہ عزوجل مومن کو اپنی ایزجی حاصل کرنے کیلئے، اپنی "قُدْرَۃ" حاصل کرنے کیلئے اس حقیقت کو کھولنا چاہتا ہے تاکہ وہ شعور کے اعلیٰ درجات کو حاصل کر سکیں۔

دائیں ہاتھ میں انگوٹھی پہننے کی سنت، نبی پاک ﷺ سے بیعت (وفاداری)

لہٰذا اس کا مطلب کہ انگوٹھی اور دائیں ہاتھ میں انگوٹھی پہنے کی سنت دراصل نبی پاک ﷺ سے بیعت ہے۔ وہ

انگوٹھی یا تو عقیق کی ہوتی ہے تاکہ وہ دل کی طاقت کو بیدار کرے، دل میں ایک نرمی لے کر آئے۔ یا پھر فیروزہ کی ہوتی ہے۔ ہم پہلے بیان کر چکے ہیں کہ فیروزہ نیگیٹیو ایزجی کو دور کرنے کیلئے، حسد کو دور کرنے کیلئے ہوتا ہے۔ عورتوں کے لئے بھی یہی چیز ہے یعنی انگوٹھی کو بطورِ سنت پہننا ان کیلئے بھی ہے، اور آپ ایک ہار کی طرح بھی پہن سکتی ہیں؛ جن عورتوں کے پاس فیروزہ ہو وہ اس کو مختلف زیورات میں پہن سکتی ہیں۔ یہ فیروزہ اس نیگیٹیو ایزجی کو

دور کرنے اس نیگیٹیو ایز جی کو منعکس کرنے کیلئے ہوتا ہے جو لوگ اپنی آنکھوں سے دیکھتے ہوئے پیدا کرتے ہیں۔ جب وہ اپنی آنکھوں سے دیکھتے ہیں تو لوگوں پر ایک حسد، ایک جلن (jealousy) بھیجنے کے قابل ہوتے ہیں۔ اگر وہ فیروزہ پر پڑتی ہے تو وہ فیروزہ اس کو وصول کرلیتا ہے اور بہت بار وہ ٹوٹ بھی سکتا ہے۔

ہم ایک ایز جی رکھنے والا وجود ہیں مگر لوگ اپنی ایز جی کی حد کا شعور نہیں رکھتے۔ یہی وجہ ہے کہ نبی پاک ﷺ نے فرمایا کہ، 'عاجز بنیں اور ایسی چیزیں نہ کریں جن کے باعث لوگ آپ سے حسد کرنے لگیں۔' کہیں جاتے ہوئے لوگوں کے سامنے اپنے ساتھ بہت کچھ لے کر نہ جائیں کیونکہ ان کی آنکھیں بھوکی ہوتی ہیں۔ جیسے ہی وہ اس چیز کو دیکھتے ہیں جو آپ کے پاس تو ہے مگر ان کے پاس نہیں ہے تو فوراً ایک ایز جی پیدا ہوتی ہے اور باہر بھیج دی جاتی ہے اور اگر آپ اس کے وصول کرنے والے ہیں تو یہ ایز جی بیماری اور بہت سی مشکلات کا باعث بنے گی۔ چنانچہ پھر سے (بتایا جارہا ہے کہ) سنت بچاؤ کی ایک ڈھال ہے۔ لٰہذا جب ایک شخص کے پاس فیروزہ کی انگوٹھی موجود ہوتی ہے تو یہ (بری ایز جی کو) موڑ دینے والی ہوتی ہے۔ اگر کوئی عورت ہو اور اس کے پاس فیروزہ کا ہار ہو یا فیروزہ کا بریسلیٹ (bracelet) ہو تو وہ بھی اس ایز جی کو موڑ دینے والا ہوتا ہے۔

پھر آپ جسم کی جانب اور سنت والے کپڑوں کی جانب بڑھتے ہیں، سنت والے کپڑوں کی اہمیت یہ ہے کہ یہ شرم وحیا والا لباس ہے (مردوں اور عورتوں دونوں کے لئے)۔

اپنی خوراک کا دھیان رکھیں، نیگیٹیو ایز جی کھانے کو آلودہ کر دیتی ہے

پھر ہم مسواک کی جانب بڑھتے ہیں، جہاں پر مسواک کی اہمیت یہ ہے کہ جیسے ہی آپ مسواک کو استعمال کرتے ہیں تو یہ اس ایز جی کی جو منہ میں داخل ہو رہی ہوتی ہے، ایک بہترین صفائی کر دیتی ہے۔ اس کا مطلب ہر چیز جو آپ کھا رہے ہیں، پی رہے ہیں اور سانس کے ذریعے جسم میں لے جا رہے ہیں، اس میں ایک ایز جی ہوتی ہے۔ خوراک میں اپنی ایز جی نہیں ہوتی بلکہ وہ ایز جی جو اس خوراک سے منسلک ہوتی ہے وہ اہم ہوتی ہے۔ اگر کوئی شخص ایک صاف ستھری حالت میں نہیں تھا، جُنُوب یا غلیظ حالت میں تھا اور وہ کھانے کو چھُو رہا ہے تو اس کی تمام

تر برائی اس خوراک میں شامل ہو جاتی ہے۔ پھر جیسے ہی آپ اس غذا کو کھاتے ہیں تو آپ اس ایز جی کو اپنے وجود میں لے جانے لگتے ہیں۔

یہی وجہ ہے کہ نبی پاک ﷺ نے بیان فرمایا ہے کہ، 'آپ جہاں سے کھاتے ہیں، جیسے کھاتے ہیں اور جس سے لے کر کھاتے ہیں اس کا دھیان رکھیں۔' جب آپ باہر جا رہے ہیں اور ریستوران (restaurant) میں یا کسی جگہ پر جا رہے ہیں تو اگر وہ شخص جو آپ کو کھانا دے رہا ہے اس کو صفائی کی سمجھ نہیں ہے اور وہ مکمل طور پر ایک گندی حالت میں ہے؛ آپ نہیں جانتے کہ وہ کیا کرتے رہے ہوں گے، تو وہ اس تمام گندگی کی حالت کو جس میں وہ ہیں اس کھانے میں ڈال دیں گے اور پھر آپ کو وہی ایز جی والا کھانا پیش کر دیں گے۔ جیسے ہی آپ اس کو اپنے منہ میں ڈالتے ہیں تو دراصل آپ نے اس ایز جی کو اکٹھا کر لیا ہے۔ کئی بار اہلِ بیت النبی ﷺ کے دانت حسد اور لوگوں کی جانب سے آنے والی بری ایز جی کے باعث ٹوٹے۔ کیونکہ جیسے ہی یہ ایز جی جسم کے اندر جاتی ہے تو دانتوں کو متاثر کرتی ہے۔ اللہ عزوجل نے جو دانت رکھے ہیں وہ پہلی حفاظتی لائن ہے جو جسم کا بچاؤ کرتی ہے۔

مسواک استعمال کرنے کی سنت — منہ کی نیگیٹیو ایز جی کی صفائی کیلئے

منہ میں جو جاتا ہے اس کا دل کے ساتھ بالکل سیدھا تعلق ہے۔ بالکل اب لوگوں کو پتہ چلا ہے کہ دانتوں پر جمنے والا پیلا مادہ (plaque) دل کی بیماری کا سبب بن سکتا ہے؛ اور اس کی تعلیم نبی پاک ﷺ نے پندرہ سو (1500) سال پہلے دے دی تھی! مسواک کیوں؟ مسواک صرف دانت صاف کرنے والا برش ہی نہیں تھی، کیونکہ جب لوگ کہتے ہیں کہ، 'نہیں، اب میرے پاس ایک بڑا کریسٹ (Crest) برش ہے میں کریسٹ ٹوتھ پیسٹ استعمال کر سکتا ہوں۔' نہیں، نہیں! وہ لکڑی اور مسواک اور مسواک کا استعمال کر کے ادا کی گئی نماز اور "النِّفَاقِ مِنَ القَلبِي وَ شِرك خَفِي" کی حقیقت یہ تھی کہ، 'میرے دل میں موجود منافقت اور چھپے ہوئے شرک کو دور فرما دے۔' اس کا تعلق بالکل بھی دانتوں کو چمکدار بنانے سے نہیں تھا بلکہ اس کا تعلق تو

ایز جی سے تھا۔ جیسے ہی آپ مسواک کو اپنے منہ میں ڈالتے ہیں تو یہ بالکل ایسے ہے جیسے آپ نے فوراً اپنے منہ کو محفوظ (grounded) کر لیا ہو۔ منہ کے اندر جو بھی ایز جیز بہتی چلی آ رہی ہوتی ہیں جیسے ہی آپ منہ میں مسواک ڈالتے ہیں، یہ ایک لکڑی ہے؛ اور یہ لکڑی نیگیٹیو ایز جی کو باہر کھینچ لیتی ہے تاکہ یہ ایز جی دل کو متاثر نہ کرے۔

سب سے زیادہ اہم یہ ہے کہ اس کو نیک عمل کرنے سے پہلے استعمال کیا جائے، (مثلاً) آپ قرآن پاک کی تلاوت کرنے جا رہے ہیں، آپ نماز پڑھنے جا رہے ہیں۔ یہی نبی پاک ﷺ نے بیان فرمایا کہ اگر آپ مسواک استعمال کرتے ہیں تو اللہ عزوجل آپ کی نماز کا اجر اور انعام ستائیس گنا (27) بڑھا دیتا ہے۔ اس طرح سے اللہ عزوجل اس حقیقت پر زور دینا چاہتا تھا، یعنی ستائیس (27)، کیونکہ یہ جنت کا دروازہ ہے؛ اسراء والمعراج ستائیس (27) تاریخ کو ہوتی ہے، لیلۃ القدر ستائیس (27) تاریخ کو ہوتی ہے۔ اللہ عزوجل تب واضح کر رہا ہے کہ یہ جنت کا راز ہے۔

اگر ایک عالم ہو یا کوئی مبلغ جو کچھ علم رکھتا ہو اور آپ ان کو بولتے ہوئے دیکھیں اور آپ ان کو نماز پڑھتا دیکھیں اور وہ مسواک استعمال نہ کریں، تو فوراً آپ کو سمجھ آ جائے گی کہ ان کو ایز جی کا شعور نہیں ہے؛ وہ روح کی حقیقتوں سے واقف نہیں ہیں۔ لہٰذا وہ تکمیل کی حالتوں تک نہیں پہنچ رہے کیونکہ یہ ایک اہم سنت ہے جو دل کی چابی ہے۔ اگر دل بیدار ہونا چاہتا ہو اور آپ مسواک نہیں استعمال کر رہے تو بھلا یہ کیسے بیدار ہو پائے گا؟

ایسا ممکن ہی نہیں ہے کیونکہ ہر چیز جو وہ کھا اور پی رہے ہیں وہ اندر جا رہی ہے اور خاص طور پر غضب، غصے اور بری ایز جی میں سے۔ یہ تمام ایز جیز منہ کے ذریعے جاتی ہیں اور دل کو متاثر کرنا شروع کرتی ہیں۔ چنانچہ اس کا مطلب تب مسواک اور مسواک کی اہمیت (سامنے آتی ہے)؛ ہم پہلے بیان کر چکے ہیں کہ یہ کوئی فیشن کرنے کا طریقہ نہیں ہے۔ نبی پاک ﷺ نے ہر چیز ایز جی کی تکمیل کے لئے عطا فرمائی ہے۔

عصا کی سنت ۔ اپنی ایزجی کو گراؤنڈ (ground) کرنے کیلئے

اب عصا کی جانب آئیے، وہ تمام (اولیاء کرام) انبیاء کرام کے وارث تھے؛ عصا، کہ جب وہ عصا کو تھامتے ہیں تو اس عصا کی حقیقت یہ ہے کہ یہ ایک تیسری ٹانگ (prong) جیسا ہے۔ عورتیں بھی عصا لے سکتی ہیں؛ آن لائن (online) کچھ اچھے سٹورز موجود ہیں ان کی پاس بہت نفیس عصا موجود ہیں جو آپ منگوا سکتے ہیں۔ یعنی یہ عصا تیسری ٹانگ کی طرح ہے جس کا مطلب ہے ایک گراؤنڈنگ (grounding)۔ نبی پاک ﷺ 1500 سال پہلے برقی گراؤنڈنگ کی تعلیم فرمارہے تھے کہ آپ کے دو پاؤں دو کرنٹس (currents) کی طرح ہیں جو اس زمین کو چھُو رہے ہیں۔ جب آپ یہ سمجھنا شروع کرتے ہیں کہ زمین پر ایک برقی مقناطیسیت کا میدان ہے، یہ زمین پر حرکت کرتا رہتا ہے اور آپ کے دونوں پاؤں اس زمین کے اندر لگے ہوئے (plug-in) ہیں۔ یہ قابلیت (ایزجی) آپ کو طاقت دے رہی ہے کہ آپ سیدھے کھڑے ہو سکیں۔ آپ کے پاؤں اس ایزجی میں سوئچ (switch) کی طرح لگے ہوئے ہیں، اس ایزجی کو اوپر کھینچتے ہوئے۔

اگر آپ ایزجی کے بہاؤ کو سمجھنا شروع کریں کہ زمین کی تمام تر ایزجی منفی ہے اور یہ (آپ کے پاؤں سے پیٹ کی جانب) اوپر کی طرف آرہی ہے، اوپر، اوپر۔ نبی پاک ﷺ فرماتے ہیں کہ اپ کی سب سے بڑی جنگ آپ کی حقیقت کے درمیانی خط (equator) پر واقع ہونے جارہی ہوتی ہے۔ آپ کا درمیانی خط زمین کی طرح، کیونکہ ہم علامتی طور پر زمین جیسے ہیں، تو آپ کا درمیانی خط، ناف (belly button) ہے۔ چنانچہ آپ کا جسم زمین جیسا ہے۔ نبی پاک ﷺ نے فرمایا ہے کہ آپ کے وجود کی مکمل جنگ آپ کے پیٹ پر ہوتی ہے، یہ آپ کے درمیانی خط پر ہوگی۔

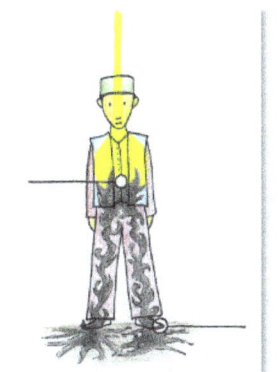

اس کا مطلب کہ آپ کی تمام تر زمینی ایزجی اور نیگیٹیو ایزجی، ایزجی کا برقی مقناطیسی بہاؤ زمین سے ہوتا ہے۔ لوگوں کی تمام تر خواہشات، ان کی تمام چاہتیں، ان کا تمام تر برا کردار، زمین کی جانب سے جسم میں حرکت کرتا ہے۔ یہ سب (برائیاں) آپ کے جسم میں اوپر کی جانب حرکت کرتی ہیں اور اب آپ کے پیٹ میں جا کر ٹکراتی ہیں۔ آپ کی تمام تر جنتی ایزجی اور روح پر موجود جنتی لباس آپ کے جسم کے اوپر والے لطائف ہیں۔ یہی وجہ ہے کہ دل کے لطائف اور دل آپ کی جسم کے اوپر والے حصے میں موجود ہوتے ہیں۔

اللہ عزوجل روح پر "تَنزِیل الرَحمَة" بھیجتا ہے اور تجلیاں اور جنت کی روشنیاں بھیجتا ہے اور روح کے حقائق نازل فرماتا ہے۔ یہ آپ کا "یِن اور یانگ (yin and yang)" ہے اور یہی انسان کیلئے ایک بہت بڑا تنازع ہے۔ کہ آپ کی ایزجی، جنتی ایزجی آپ کی حقیقت کے اوپر والے حصے کے ذریعے آ رہی ہوتی ہے اور آپ کی روح کو آراستہ کر رہی ہوتی ہے۔ جبکہ تمام تر مادی خواہشات زمین پر موجود ہیں، یہ دونوں آپس میں ٹکراتی ہیں۔

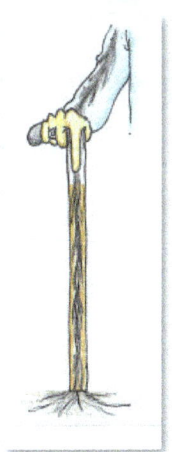

لہٰذا پیٹ پر اب ہر ٹکراؤ ہو رہا ہوتا ہے۔ چنانچہ عصا ایک گراؤنڈنگ تھا۔ جیسے ہی آپ عصا کو تھامتے ہیں تو یہ ضرورت سے زیادہ ایزجی کو باہر نکالنے میں انسان کیلئے ایک گراؤنڈنگ جیسا ہے۔ کیونکہ جیسے جیسے آپ اپنی ایزجی کی تعمیر کر رہے ہوتے ہیں اور آپ اپنا مثبت چارج تعمیر کر رہے ہوتے ہیں اور آپ زمین کا منفی چارج بھی لے رہے ہوتے ہیں لہٰذا اس (منفی چارج) کو کہیں نہ کہیں جانا ہوتا ہے۔ یہی ٹکراؤ ہے۔ لہٰذا یہ دونوں ایزجیز اوپر سے نیچے کی جانب ٹکراؤ کرنے لگتی ہیں۔ جیسے ہی وہ عصا تھامتے ہیں تو وہ اس نیگیٹیو چارج کو جسم سے باہر انڈیل دینے کے قابل ہو جاتے ہیں۔

یعنی تب ایزجی کے اس بہاؤ کو سمجھنے سے ہم اپنی ذات پر واقع ہونے والی بہت سی چیزوں کو سمجھنا شروع کر دیتے ہیں۔ (مثلاً) جب آپ گھر واپس جائیں اور آپ کے پاؤں سے بدبو آرہی ہو تو یہ دنیا کی ایزجی ہے جو کثیر مقدار میں آپ پر موجود ہوتی ہے۔ یہی وجہ ہے کہ نیک لوگوں کے پاؤں سے بدبو نہیں آتی۔ ان کے پاؤں جنتی پاؤں ہوتے ہیں۔ وہ تعلیم دیتے ہیں کہ دنیا کی اس ایزجی میں ایک گندگی موجود ہے اور جب آپ اس ایزجی کے بہاؤ کے اوپر آنے اور آپ پر قابو پالینے کو سمجھ جاتے ہیں تو ہر عمل اور ہر چیز جو آپ کر رہے ہوتے ہیں مثلاً آپ کی مسواک اور اپنے دماغ کو قابو کرنا، اپنے سر کو ڈھانپنا اور وضو کو سمجھتے ہوئے دھونا، یہ سب کچھ ایزجی کی تکمیل کیلئے ہے۔

نیگیٹیو ایزجی کو پانی سے دھو ڈالنے کی اہمیت

یہی وجہ ہے کہ جن لوگوں کو مشکلات کا سامنا ہوتا ہے تو دراصل یہ ایزجیز ٹانگوں کی ذریعے اوپر آرہی ہوتی ہیں؛ اور ٹانگوں سے پھر یہ کمر کی جانب بڑھ رہی ہوتی ہیں، لہٰذا تب ٹکراؤ ریڑھ کی ہڈی میں اور پیٹ میں ہونے جارہا ہوتا ہے۔ اس کا مطلب تب اس ایزجی کی اہمیت کو سمجھیں کہ آپ زندگی میں جو کچھ بھی کر رہے ہوں آپ کو اکثر (اپنے جسم کو) دھوتے رہنا چاہئے۔ جیسے ہی آپ شاور (shower) لیتے ہیں اور یہ تصور کرتے ہیں کہ پانی ایک چشمے کی طرح آرہا ہے اور آپ کی روح اپنے آپ پر سے یہ نیگیٹیو ایزجیز دور کرکے خود کو پانی کے اندر صاف ستھرا کر رہی ہے۔

جب ایزجی بہت زیادہ نیگیٹیو ہو تو یہ تجویز کیا جاتا ہے کہ ایک غسل لیا جائے اور اس غسل میں نمک کو استعمال کیا جائے، ہمالیہ کا نمک یا اپسم (Epsom) نمک۔ نمک ایک قدرتی مطہّر (natural purifier) ہے جس کا مطلب کہ نمک نیگیٹیویٹی کو دور کر دیتا ہے۔ حتیٰ کہ نمک کے پتھر کو پکڑنے سے بھی نیگیٹیویٹی دور ہوتی ہے۔ حتیٰ کہ اس کو اپنے استعمال والے گوشت میں ڈالنے اور اس گوشت کو نمک میں لوٹنے (rolling) اور پھر پانی سے دھو لینے سے تمام تر نیگیٹیویٹی دور ہو جاتی ہے۔ اللہ عزوجل نے ہمیں یہ نمک قدرتی مطہّر کے طور پر عطا کیا ہے۔ کئی

اولیاء اللہ اپنے بستر کے بالکل ساتھ نمک رکھ کر سوتے ہیں اور جیسے ہی وہ اٹھتے ہیں وہ اس کو اپنی منہ میں ڈال لیتے ہیں تاکہ اس بات کو ممکن بنایا جائے کہ نیگیٹیو اینرجی ان سے دور رہے جب تک کہ وہ جا کر وضو نہیں کرلیتے۔

وضو کی سنت – شیاطین کی آگ کو جلا دینے کیلئے

اس کا مطلب تب اینرجی کے بہاؤ کو سمجھتے ہوئے، آپ یہ سمجھنا شروع کرتے ہیں کہ کیسے اس کو دھویا جائے، کیسے اس اینرجی کو کنٹرول کیا جائے۔ تب اس چیز کی اہمیت (سامنے آتی ہے) کہ نبی پاک ﷺ نے ہمیں وضو عطا فرمایا ہے۔ کہ پانی اور وضو کی طاقت شیاطین کی آگ کو جلا دیتی ہے۔

صلاۃُ الوضو (وضو کے بعد کی نماز) ادا کریں

چنانچہ جیسے ہی آپ اپنا وضو کرنے جائیں آپ وضو کریں اور کسی سے بات نہ کریں؛ باہر آئیں اور دو رکعت نماز (صلاۃُ الوضو) ادا کریں۔ وہ دو رکعتیں، یہ وضو کی مہر (seal) بن جاتی ہیں اور مومن کے لئے ایک ڈھال اور زرّہ بکتر (armor) بن جاتی ہیں۔ یعنی جیسے ہی وہ وضو کرتے ہیں؛ وہ بات نہیں کرتے، وہ ایک پاکیزگی کی حالت میں داخل ہو جاتے ہیں جیسے ہی وہ دو رکعت صلاۃُ الوضو ادا کرتے ہیں۔ نبی پاک ﷺ نے دو رکعت صلاۃُ الوضو ادا کرنے کی تلقین فرمائی ہے، تو آپ کا وضو ایک زرّہ بکتر کی مانند بن جاتا ہے کہ یہ آپ کے جسم کو شیطانی حملوں اور برائی کی حملوں سے محفوظ کرکے مہر بند کر دیتا ہے۔

للذا وضو کی اہمیت یہ ہے کہ یہ کوئی ایسی چیز نہیں ہے کہ جو لوگ کہیں کہ، 'اوہ ہاں، ہم گھر میں ہوں تو اس کو کرلیتے ہیں، ہمیں اس کو ابھی کرنے کی ضرورت نہیں ہے، میں نے صبح نہایا تھا۔' لیکن اگر آپ کے جسم سے کچھ خارج ہوا اور آپ حالتِ وضو میں نہیں رہ پائے تو (یہ جان لیں کہ) آپ ابھی ایسی حالت میں ہیں کہ شیطان بہترین طریقے سے آپ پر حملہ کر سکتا ہے کیونکہ شیطانی حملہ آپ کی اینرجی کے حصار میں کمی ڈھونڈ رہا ہوتا ہے۔ للذا جب آپ

سائنسی تصوراتی (sci-fi) فلمیں دیکھتے ہیں تو آپ لوگوں کے گرد ایک ڈھال موجود دیکھتے ہیں اور عفریت اور شیاطین ہر جگہ موجود ہوتے ہیں۔ وہ اس بات کے انتظار میں ہوتے ہیں کہ مومن پر ایزجی کا حصار کھو کھلا ہو جائے اور وہ فوراً حملے کی زد میں آ جائیں۔

چنانچہ جو حقیقت نبی پاک ﷺ وضو کے ذریعے لے کر آئے وہ یہ ہے کہ اپنے جسم کے دو غلیظ ترین حصوں کو دھو ڈالا جائے۔ جس طرح بھی آپ اپنے جسم کے اگلے یا پچھلے حصے سے اخراج کرتے ہیں تو یہ دونوں حصے شیاطین کیلئے بہت بڑے داخلی راستے بن جاتے ہیں کیونکہ یہ دونوں جسم کے غلیظ داخلی راستے ہیں۔ اگر یہ حصے گندے رہیں اور پاک نہ کئے جائیں اور صاف نہ کئے جائیں تو پھر سے تمام تر نیگیٹیو چارج فوراً نیچے زمین سے حرکت کرتا ہے اور تیزی سے حرکت کرتا ہوا اوپر مومن کے جسم میں پہنچ جاتا ہے۔ اور پھر یہ نچلی آنتوں کے تمام مسائل کے طور پر سامنے آتا ہے۔ چنانچہ بہت سے لوگوں کو جسم کے نچلے حصے میں بہت سے مسائل کا سامنا ہوتا ہے۔ اور ہر چیز جو نبی پاک ﷺ لائے بچاؤ کیلئے تھی۔ یہ کوئی ایسی چیز نہیں تھی کو آپ نے گھر میں موجود ہوتے ہوئے کر لی ہو، جیسا کہ آپ جانتے ہیں پرانے وقتوں کی طرح۔

فرمایا جاتا ہے کہ، 'نہیں!' یہ پانی اور پانی کا استعمال، کہ جب آپ اپنے جسم کے آگے سے یا پیچھے سے کچھ اخراج کریں، آپ کے جسم کے داخلی راستوں کو پاک کرنے اور محفوظ کرنے کا ایک طریقہ تھا تاکہ شیاطین ان راستوں سے جسم کے اندر داخل نہ ہو سکیں۔ پھر وضو کی، جسم کو صلاۃ الوضو سے مہر بند کر لینے کی حقیقت اور پھر تمام تر سنت جو ہمیں ایک حفاظت اور بچاؤ کے طور پر عطا ہوئی (ان سب کی حقیقت سامنے آتی ہے)۔

سُبْحَانَ رَبِّكَ رَبِّ الْعِزَّةِ عَمَّا يَصِفُونَ، وَسَلَامٌ عَلَى الْمُرْسَلِينَ وَالْحَمْدُ لِلّٰهِ رَبِّ الْعَالَمِينَ. بِحُرمَةِ مُحَمَّدِ الْمُصطَفىٰ وَبِسِرِّ سُورَةِ الفَاتِحَة۔

نیند کی سنت ۔ نیند میں مفلوج ہو جانے سے بچاؤ
جنّات، آسیب اور انجان مخلوقات کے خلاف بچاؤ

وَمَنْ أَحْيَاءِ سُنَّتِيْ فَقَدْ أَحَبَنِي وَمَنْ أَحَبْنِيْ كَانَ مَعِيَ فِي الْجَنَّةِ۔ (رواه الترمذي)

”جو میری سنت کو دوبارہ زندہ کرتا ہے وہ (دراصل) مجھ سے پیار کرتا ہے، اور جو مجھ سے واقعی پیار کرتا ہے وہ جنت میں میرے ساتھ ہوگا۔“ (فرمانِ رسول اللہ ﷺ)

ہمیشہ ناچیز ہونے کا اور اللہ عزوجل کے رحمت اور کرم اور عظمت کے سمندر میں داخل ہونے کا سوال کرتے ہوئے اور کہ اللہ عزوجل کی عطائیں ہمیشہ ہم پر بنی رہیں، انشاء اللہ۔

ہم ایز جی کے بارے میں اور ایز جی کے مضامین کے بارے میں اور مقدس سنت النبی ﷺ کی طاقت کے بارے میں بات کر رہے ہیں۔ نیگیٹیو ایز جی کے رات کے وقت ہونے والے اثرات کے باعث ایک اہم چیز جس کے بارے میں لوگ اکثر سوال کرتے ہیں وہ ہے رات کا وقت۔ یہ لوگوں کی ایز جی کو متاثر کرتا ہے، یہ لوگوں پر جسمانی طور پر اثرانداز ہوتا ہے اور یہ لوگوں کے خوابوں کو بھی متاثر کرتا ہے۔ بہت سے لوگ کہتے ہیں کہ ان پر رات کے وقت حملے ہوتے ہیں۔ ان کو رات کے وقت ڈر لگتا ہے؛ ان کو شدید بھیانک خواب آتے ہیں اور ان پر ہر طرح کے حملے ہوتے ہیں۔ اس کا مطلب کہ ہمیں یہ سمجھنے کی ضرورت ہے کہ یہ وہ وقت ہوتا ہے جب ہم سب سے زیادہ نازک حالت میں ہوتے ہیں۔ جب آپ سونے کیلئے لیٹتے ہیں اور اپنا بچاؤ نہیں کر رہے ہوتے تو ہمیں یہ جان لینا چاہئے کہ ہمارے ہر طرف بہت سی مخلوقات موجود ہیں۔

یہ جگہ جہاں ہم رہتے ہیں، خالی نہیں ہے اور اگر کسی کو اس کا ثبوت چاہئے تو وہ الیکٹرانک مائیکروسکوپ (electronic microscope) میں دیکھیں۔ انہوں نے پانی کا ایک کپ لیا اور الیکٹرانک مائیکروسکوپ

سے اس میں دیکھا تو ان کو اس میں رہتی ہوئی مخلوقات کے بہت سے درجات دکھائی دیئے۔ اور جب انہوں نے اس مخلوق کو دوبارہ دیکھا تو ان کو ان زندہ چیزوں پر دوسری زندہ چیزیں دکھائی دیں۔ اس کا مطلب کہ زندگی ہر طرف موجود ہے۔ یہاں مثبت ایزجی بھی موجود ہو سکتی ہے اور منفی ایزجی بھی۔

بستر پر جانے سے پہلے وضو کریں

الحمدللہ، مولانا شیخ (ق) کی ہمارے لئے تعلیمات سے، جو تمام تر "بِسْمِ اللَّهِ الرَّحْمَٰنِ الرَّحِيمِ، أَطِيعُوااللّٰه وَأَطِيعُواْالرَّسُولَ وَأُوْلِي الْأَمْرِ مِنكُمْ" سے ہیں۔

أَطِيعُوااللّٰه وَأَطِيعُواْالرَّسُولَ وَأُوْلِي الْأَمْرِ مِنكُمْ...(۵۹)

"اے ایمان والو! خدا اور اس کے رسول کی فرمانبرداری کرو اور ان کی جو تم میں صاحبِ اختیار ہیں۔"

(سورۃالنساء، 4:59)

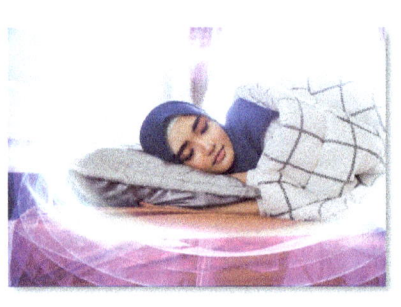

جو اللہ عزوجل نے نبی پاک ﷺ کو عطا فرمایا اور یہ چاہا کہ وہ انسانیت کی تکمیل کریں، تو اُس تکمیل کی باگ ڈور اب أُوْلِي الْأَمْرِ اور کامل مشائخ کے ہاتھوں میں ہے۔ ان میں سے جو انہوں نے ہمیں نیند کے حقائق کے بارے میں تعلیم فرمایا ہے وہ یہ ہے کہ جب آپ بستر پر جانے والے ہوں تو وضو کر کے جائیں۔ یعنی آپ سونے سے پہلے دھوئیں۔ یہ یقینی بنائیں کہ آپ کے مخصوص اعضاء (private parts) دُھلے ہوئے ہیں اور پھر اپنا وضو مکمل کریں۔ ہم نے پہلے بیان کیا ہے کہ آپ بِنا کچھ بولے صلاۃُالوضو یعنی دو رکعت نماز ادا کریں اور آپ اپنی ایزجی کو مہربند کرلیں۔ آپ اپنی تمام تر صفائی مکمل کریں، جائیں اور اپنی دو رکعتیں ادا کریں اور اپنے آپ کو مہربند کرلیں۔

دعا – سونے سے پہلے کی دعا

اس وقت آپ چار بار سورت الفلق (قرآن پاک کی سورت نمبر 113)، تین بار سورت والناس (قرآن پاک کی سورت نمبر 114) اور دو بار سورت الاخلاص (قرآن پاک کی سورت نمبر 112) پڑھ کر اپنے آپ پر پھونک ماریں۔

"قُلْ أَعُوذُ بِرَبِّ ٱلْفَلَقِ" (کہہ دیجئے، میں صبح کے پروردگار کی پناہ مانگتا ہوں) [اپنی ہتھیلیوں پر پھونک ماریں اور اپنے جسم پر پھیر لیں]، "قُلْ أَعُوذُ بِرَبِّ ٱلنَّاسِ" (کہہ دیجئے، کہ میں لوگوں کی رب کی پناہ مانگتا ہوں) اور اس روشنی کو اپنے اوپر پھیر لیں [اپنی ہتھیلیوں پر پھونک ماریں اور اپنے چہرے پر اور جسم پر ہلکا سا پھیر لیں]۔ "قُلْ هُوَ ٱللَّهُ أَحَدٌ" (کہہ دیجئے، کہ وہ اللہ عزوجل ہے واحد اور یکتا) [اپنی ہتھیلیوں پر پھونک ماریں اور اپنے چہرے اور جسم پر ہلکا سا پھیر لیں]، اور اللہ عزوجل سے درخواست کریں کہ جب آپ سو رہے ہوں تو وہ آپ کی حفاظت فرمائے۔

حفاظت کے لئے سونے سے پہلے پڑھیں:

4 بار سورت الفلق (قرآن پاک کی سورت 113)

3 بار سورت والناس (قرآن پاک کی سورت 114)

2 بار سورت الاخلاص (قرآن پاک کی سورت 112)

یہ سنت ہے کہ سوتے ہوئے خود کو ڈھانپیں

جب آپ بستر پر جا رہے ہوں تو یہ سنت ہے کہ اپنے جسم کو ڈھانپیں۔ ہم نے ایزجی کے بارے میں پہلے بھی بات کی ہے کہ جب آپ اپنے جسم کو نہیں ڈھانپتے تو آپ اس کو ہر طرح کی ایزجی کے سامنے ظاہر کر رہے ہوتے ہیں۔ یہ تمام مخلوقات انسان کے جسم کے اس حصے کو (جو ننگا ہوتا ہے) چھونا چاہ رہی ہوتی ہیں؛ وہ اس ایزجی تک

پہنچنا چاہ رہی ہوتی ہیں جس تک ان کی رسائی نہیں ہے۔ مردوں کے لئے بھی ہے کہ اپنے جسم کو لمبے پاجامے سے اور ٹی۔شرٹ سے ڈھانپیں، تاکہ ہوّا والی جگہیں اور جسم کی وہ جگہیں جن کو ظاہر نہیں کرنا چاہئے وہ ڈھانپی ہوئی ہوں۔ اور پھر قرآنی آیات کا اپنے آپ پر دم کریں، اور "بِسْمِ اللّٰهِ الرَّحْمَٰنِ الرَّحِيمِ" اور آیتُ الکُرسی (القران، 2:255) سے، اور نیک لوگوں کے نام سے سوال کریں اور اپنے پورے گھر میں اچھی اور پاک چیزیں رکھیں۔ تو جیسے ہی آپ جا کر لیٹتے ہیں اور سونے کی کوشش کرتے ہیں تو آپ محفوظ ہونے کا سوال کر رہے ہوتے ہیں۔

یعنی جب آپ سونے جائیں تو سر کو ڈھانپے رکھیں کیونکہ یہ وہ وقت ہوتا ہے جب سب سے زیادہ حملے ہوتے ہیں۔ تب آپ جاگتے ہوئے بھی اور سوتے ہوئے بھی اپنی سنت کی قائم کئے رکھتے ہیں۔ پس اس کا مطلب آپ ایک ایسی ٹوپی لیں جس کو آپ سر پر جما سکیں، جو پھسلتی نہ رہے تاکہ جب آپ سو رہے ہوں تو یہ سر سے اتر نہ جائے۔ للہٰذا ایک لمبی مگر چوڑی ٹوپی (ski hat) یا پھر ایک چھوٹی گول ٹوپی (toque) یا اون کی بُنی ہوئی ٹوپی یا جو بھی چیز آپ اپنے سر پر رکھ سکیں اور یہ آپ کے سر پر جو مخلوق کا تاج ہے پھسلنے سے محفوظ رہے اور یہ سر محفوظ ہو جائے۔

اگر آپ سوتے ہوئے لوگوں کی چالیس پچاس سال پہلے کی تصویریں دیکھیں تو ہر کوئی سوتے ہوئے بالکل ڈھانپا ہوا ہوتا تھا۔ لوگوں کے پاس چھوٹے بچوں کی تصویریں ہیں، حتیٰ کہ کارٹون میں بھی، کہ ان پر ایک لمبی ٹوپی ہوتی تھی؛ ان کے پاس سوتے وقت پہننے والی ٹوپی ہوتی تھی جس کی ایک چھوٹی سی دم ہوتی تھی۔ اُن کے لانگ۔جانس (long-Johns) جیسے لمبے جانگیئے (underwears) ہوتے تھے جو ان کا پورا جسم ڈھانپ لیتے تھے، کیونکہ انہوں نے وہ حقیقت سمجھ لی تھی۔ یہ محض ایک نیا تصور ہے کہ جہاں لوگ بِنا کپڑوں کے سو جاتے ہیں اور اپنے بستروں میں گھس جاتے ہیں۔ اسی وجہ سے ان پر اتنے زیادہ حملے ہوتے ہیں جنات کی طرف سے۔ مختلف ڈراؤنے خواب اور مشکلات رات کے وقت آتی ہیں۔

سیدھے / کمر کے بل سوئیں، دل کے ایبز جی کے حصار کو آپ کی حفاظت کرنے دیں

وہ بچاؤ جو نبی پاک ﷺ ہمارے لئے لائے وہ تکمیل تھا۔ کہ وضو کریں، صلاۃُ الوضو ادا کریں، قرآن پاک کی تلاوت کرکے اس روشنی کا اپنے اوپر دم کرلیں اور جیسے ہی آپ سونے جائیں آپ کے پاس کچھ ہونا چاہئے جس سے آپ اپنا سر ڈھانپ سکیں۔ پھر جب آپ سوئیں تو اس بات کی عادت ڈالیں کہ آپ اپنی کمر کے بل سوئیں کیونکہ یہ سب

جو نبی پاک ﷺ ہمارے لئے لائے تھے وہ ایبز جی سے متعلق تھا۔ کہ شیاطین انسان کے دل کی ایبز جی سے ڈرتے ہوئے اس کا سامنا آگے سے نہیں کرتے۔

دل انسانوں کیلئے ایک بہت بڑی حفاظت ہے کیونکہ یہ وہ جگہ ہے جہاں خدا کی روشنی کا ظہور ہو رہا ہوتا ہے۔ تمام اذکار، نمازیں، ہر نیک عمل، صدقہ خیرات، ہر چیز انسان کے دل میں موجود اس روشنی کو طاقتور بنا رہی ہوتی ہے۔ پس

دل ایبز جی کا میدان ہے۔ جب آپ اس بات کو سمجھ جاتے ہیں اور پھر آپ اپنی کمر کے بل سوتے ہیں تو آپ کو احساس ہوتا ہے کہ ایک ڈھال ہے جو آپ کا دل آپ کے اوپر بنا رہا ہے اور آپ کو محفوظ کر رہا ہے [شیخ نے دل سے ظاہر ہوتے ہوئے ایک روشنیوں کے پنکھے کا اشارہ دیا]۔

جب ہم اس بات کا شعور رکھتے ہیں کہ دل آپ کا دفاع کرنے کیلئے موجود ہے تو نبی پاک ﷺ نے بیان فرمایا کہ جب آپ سو رہے ہوں تو یہ بہتر ہے کہ آپ اپنی کمر کے بل سوئیں۔ اور اگر آپ کو کروٹ بدلنی ہو، تو پھر یہ

بات ایز جی پر مبنی ہے کہ جیسے ہی آپ سونے لگیں آپ اپنی سیدھی طرف کروٹ بدل کر سوئیں۔ جب آپ سیدھی طرف کروٹ بدل کر سو رہے ہوں تو آپ دیکھتے ہیں کہ دل ایک حفاظتی ڈھال بنا رہا ہوتا ہے کیونکہ آپ کا دل اوپر موجود ہوتا ہے۔ [شیخ نے دل سے ظاہر ہوتے ہوئے ایک روشنیوں کے پنکھے کا اشارہ دیا جو آپ کی بائیں طرف سے دائیں طرف آ رہا ہے]۔ یہ دل کیلئے اچھا ہے یہ دل کے کام کرنے کے لئے اچھا ہے یہ دل پر بوجھ نہیں ڈال رہا ہوتا اور یہ ایز جی کی ایک ڈھال فراہم کر رہا ہوتا ہے جو آپ کے پورے جسم کو گھیرے ہوئے ہوتی ہے۔

بائیں طرف اور پیٹ کی بل سونا آپ کی ایز جی/حفاظت کو کمزور کر دیتا ہے

ناپسندیدہ حالت یہ ہے کہ آپ جائیں اور بائیں طرف کروٹ بدل کر لیٹ جائیں۔ جیسے ہی آپ بائیں طرف کروٹ بدلتے ہیں تو ہوتا یہ ہے کہ آپ کا دل ایک قیدی سا بن جاتا ہے کیونکہ آپ کا وزن آپ کے جسم سے آپ کے دل پر منتقل ہو جاتا ہے۔ لہٰذا بچاؤ کی ڈھال اب وہاں موجود نہیں ہوتی۔ اب وہاں کچھ بھی نہیں ہے جو آپ کا دفاع کر سکے [شیخ جسم کی ساخت کا ایک خلاصہ پیش کرتے ہیں]؛ دل کی حفاظتی ڈھال وہاں موجود نہیں ہے۔ بہت سے لوگ جو ایز جی کیلئے حساس ہوتے ہیں بہت بے چین ہو جاتے ہیں جب وہ اپنی بائیں طرف کروٹ بدل کو سوتے ہیں۔

جتنا زیادہ آپ ایز جی کے بارے میں باخبر ہوتے ہیں، جتنا زیادہ آپ ایز جی کی مشق کرتے ہیں، اتنا زیادہ آپ کو شعور ملتا ہے کہ یہ سب ملکوت کے حقائق میں سے ہیں۔ نبی پاک ﷺ ہماری تکمیل کے لئے تشریف لائے تھے۔

إِنَّمَا بُعِثْتُ لِأُتَمِّمَ مَكَارِمَ الْأَخْلَاقِ

"میں تمہارے اخلاق کی تکمیل کیلئے بھیجا گیا تھا۔" (فرمانِ رسول اللہ ﷺ)

نبی پاک ﷺ تکمیل کرنے کیلئے تشریف لائے تھے مگر خاص طور پر صرف جسم کے لئے ہی نہیں۔ جسم تو یہاں ساٹھ یا ستّر سال کے لئے رہے گا اور پھر قبر میں چلا جائے گا۔ یہ جسم کی تعلیمات تو روح کی تکمیل کیلئے تھیں، اندر

رہنے والی، جنت سے بھیجی ہوئی قیمتی چیز جو اندر ہے؛ اس کی ضرورت ہے کہ جسم یہ حقائق سمجھے کیونکہ یہی ہے جو اذیت میں ہوتی ہے۔ جو نبی پاک ﷺ لائے وہ اندر موجود روح کو بچانے کے اصول تھے۔

وہ جو جاہل ہیں اور سمجھ نہیں رکھتے، جیسے ہی وہ اس طرح (بائیں طرف) سوتے ہیں ان کی روح پر حملہ ہونے جا رہا ہوتا ہے، دل پر حملہ ہونے جا رہا ہوتا ہے اور وہ انسان حملے کی زد میں ہوگا۔ کیونکہ ہمیشہ یہ تصور کریں کہ یہاں ہزاروں عفریت موجود ہیں۔ بہت ہی کم لوگ ہیں جو یہ قابلیت رکھتے ہیں کہ اپنی ایز جی سے اپنی صلاۃ سے اپنے نماز سے وہ بہت کثیر مقدار میں ایز جی کا اخراج کریں جس سے وہ جگہ پاک ہو جائے۔ اکثر لوگوں کے پاس وہ ایز جی نہیں ہوتی اور وہ بمشکل ہی اپنی نماز میں اپنے اعمال میں اپنے آپ کو بلند کر سکتے ہیں۔

رات کے وقت اپنی کھڑکیاں/ بلائینڈز (blinds) بند کر دیں

یعنی نیگیٹیو ایز جی ہر طرف موجود ہے؛ یہ ٹیلی وژن کے ذریعے آتی ہے، یہ موسیقی کے ذریعے آتی ہے، یہ کھڑکیوں کے ذریعے آتی ہی۔ حتیٰ کہ شیخ الاعظم (ق) نے فرمایا کہ شیطان کی وجہ سے مغرب کے وقت کھڑکیاں بند کر دیں اپنی کھڑکیوں پر پردے گرادیں۔ اگر آپ سوچتے ہیں کہ آپ کے گھر میں ایک بچاؤ موجود ہے کیونکہ آپ نے آیتُ الکرسی لگائی ہوئی ہے آپ کے گھر میں قرآن پاک اور درود وسلام چل رہے ہیں آپ نے اپنے گھر کو ایک قلعے کی طرح بنایا اور مضبوط کیا ہوا ہے تاکہ شیطان اندر نہ آسکیں، تو یہ جان لیں کہ وہ مغرب کے وقت کافی متحرک ہو جاتے ہیں۔ بچے کارٹون دیکھ رہے تھے اور ایک عمارت سے پر نالہ (gargoyle) بہنے لگا۔ پانچ بجے پر نالے بہنے لگے تھے اور میں کہہ رہا تھا کہ، 'دیکھو، دیکھو، دیکھو! اسی کی تو بابا تعلیم دیتے ہیں۔'

آپ شیطان کو اپنے گھر میں داخل ہونے کی خود اجازت دیتے ہیں

یعنی مغرب کے وقت یہ شیاطین متحرک ہو جاتے ہیں۔ جب وہ متحرک ہوتے ہیں تو اس کا مطلب وہ مومن کے گھر میں داخل ہونے جا رہے ہوتے ہیں۔ جب آپ کھڑکیاں کھلی چھوڑ دیتے ہیں تو یہ ایسا ہے جیسے یہ اُن کے لئے ایک شگاف ہو جو ان کو اندر آنے کی دعوت دے رہا ہے۔ کھڑکیاں بند کرنے سے یہ ایک حجاب کی طرح سے ہو جاتا ہے کہ جس حجاب کو ختم کرنے کی ان کو اجازت نہیں ہوتی۔

لوگ آپ کو فلموں میں تمام تر شیطانی اصولوں کی تعلیم دیتے ہیں۔ پس آجکل سب سے زیادہ مشہور کون سی فلمیں ہیں؟ یہ ویمپائیرز اور جوان لڑکیاں (vampires and young girls)۔ جیسے ہی ویمپائیر گھر میں داخل ہونا چاہتا ہے، حتیٰ کہ وہ آپ کو اپنے بھی آداب سکھا رہے ہیں، کہ ویمپائیر گھر میں آنا چاہتا ہے اور لڑکی کہتی ہے کہ، 'چلو اب اندر آ بھی جاؤ!' اور وہ کہتا ہے کہ، 'نہیں! آپ کو مجھے اندر بلانے کے لئے دعوت دینی ہوگی۔' وہ اس چیز کی تعلیم دے رہا ہے جو نبی پاک ﷺ تقریباً 1500 سال پہلے لائے تھے؛ کہ ہم "اَعُوْذُ بِاللهِ مِنَ الشَّیْطَانِ الرَّجِیْمِ" (میں شیطان مردود کے شر سے اللہ عزوجل کی پناہ مانگتا ہوں) کی طاقت کے زیرِ اثر ہیں۔

اس کا مطلب کہ شیطان یہ جانتا ہے کہ نہیں، نہیں آپ محفوظ ہیں، آپ کو پہلے اپنی "اَعُوْذُ" کو توڑنا ہوگا اور پھر مجھے اپنے گھر میں بلانا ہوگا۔ وہ اس چیز کی فلموں میں تعلیم دے رہے ہیں کہ جب آپ ویمپائیر کو ملیں تو آپ کو اسے خود اندر بلانا ہوگا۔ اور اس چیز کے عظمت جو نبی پاک ﷺ ہمارے لئے لائے کہ "اَعُوْذُ بِاللهِ" کہیں، اپنی زندگی "اَعُوْذُ بِاللهِ مِنَ الشَّیْطَانِ الرَّجِیْمِ" میں گزاریں کسی بھی شیطانی چیز سے پناہ مانگتے ہوئے۔ تاکہ آپ "بِسْمِ اللهِ الرَّحْمٰنِ الرَّحِیْمِ" کی رحمت کے زیرِ سایہ ہوں۔

اَعُوْذُ بِاللهِ مِنَ الشَّيْطَانِ الرَّجِيْمِ۔

بِسْمِ اللّٰهِ الرَّحْمٰنِ الرَّحِيمِ۔

میں شیطان مردود کے شر سے اللہ عزوجل کی پناہ مانگتا ہوں۔

اللہ عزوجل کے نام سے، جو بڑا مہربان اور نہایت رحم کرنے والا ہے۔

شیاطین دور سے ہی مشکلات بھیج سکتے ہیں

چنانچہ، حتیٰ کہ رات کے وقت کھڑکیاں بند ہی ہوں تاکہ برائی گھر میں داخل نہ ہو سکے، چاہے آپ کے پاس تمام تر حفاظت موجود ہو، لیکن آپ جیسے ہی اپنی کھڑکیاں کھولتے ہیں تو دور سے ہی، کیونکہ ان کو اندر آنے کی اجازت تو نہیں ہوتی، ان کی نظر دور سے ہی کھڑکیوں کے پار گزر سکتی ہے۔ تو یہ بالکل ایسا ہے جیسے وہ تیر برسا رہے ہوں۔ ان کو اندر آنے کی اجازت نہیں ہوتی مگر دور سے وہ کھڑکیوں کے پار دیکھ سکتے ہیں اور تمام طرح کی مشکلات کی برسات کرنے لگتے ہیں۔ آپ اس مشکل کو محسوس کرتے ہیں اور پھر آپ محسوس کرتے ہیں کہ گھر میں فساد برپا ہونے لگتا ہے۔ ہر طرح کا فتنہ اور غصہ اور لڑائی جھگڑا مغرب کے وقت کے آس پاس ہونا شروع ہوتا ہے۔

اس کا مطلب وہ سب چیزیں جو نبی پاک ﷺ اور جو حقیقی أُوْلِي الْأَمْرِ لائے وہ ہماری حفاظت کے لئے ہیں، (حقیقی أُوْلِي الْأَمْرِ وہ ہیں) جو نہ صرف حدیث کا ترجمہ کرتے ہیں بلکہ انہوں نے حدیث کی حقیقت کو سمجھ لیا ہوتا ہے اور وہ آپ سے انتہائی سادہ اور بنیادی انگریزی میں بات کرنے کے قابل ہوتے ہیں۔ یہی طروق کی معجزاتی فطرت ہے کہ وہ بہت مشکل حقائق لیتے ہیں اور اُن کے بارے میں ایسے طریقے سے بات کرتے ہیں کہ پانچ یا چھ سال کے بچے بھی سمجھ جائیں۔

یہ سب کچھ، گھر کو نیگیٹیو ایزجی سے بچانے کیلئے ہے۔ پھر جب آپ سو رہے ہوتے ہیں اور آپ محسوس کرتے ہیں کہ اگر آپ اپنی بائیں طرف سوئے تو آپ دل پر دباؤ ڈال دیں گے، اس سے ایک حفاظتی ڈھال موجود نہیں رہے گی۔ بدترین حالت یہ ہے کہ اگر آپ اپنے پیٹ کے بل سو جائیں۔ یہ مکمل طور پر نیگیٹیو ایزجی کو دعوت دینے جیسا ہے۔ جیسے ہی آپ اپنے پیٹ کے بل سوتے ہیں تو آپ کے جسم کا سب سے زیادہ نازک (حملے کی زد میں آنے والا) حصہ اب ہوا میں بالکل کھُلا پڑا ہوا ہوتا ہے۔ اور ہر طرح کی نیگیٹیویٹی اب پچھلے حصے سے اندر جارہی ہوتی ہے۔ جیسے ہی وہ (شیاطین) اندر جاتے ہیں وہ نیگیٹیویٹی میں اضافہ کر دیتے ہیں، غصے کو بڑھا دیتے ہیں، حتیٰ کہ انسان میں ہر طرح کی اُن خوفناک خصوصیات کو بڑھا دیتے ہیں جو رات کے وقت گھروں میں آنے والے شیاطین کی وجہ سے آتی ہیں۔

پھر سے (بیان کیا جارہا ہے کہ یہ) نبی پاک ﷺ کی عظمت تھی کہ اُنہوں نے اِن ایزجیز کے بارے میں تعلیم فرمائی اور جنّات کے حقائق کے بارے میں تعلیم دی۔ لہٰذا جب آپ یوٹیوب (YouTube) پر اور تمام ٹیلی وژن کے پروگراموں میں دوسرے سیّاروں کی مخلوقات کے حملہ آور ہونے کے بارے میں دیکھ رہے ہوتے ہیں جو بچے آجکل بڑے شوق سے دیکھ رہے ہوتے ہیں، تو کون سی ایلین ایبڈکشن (alien abduction)؟ یہ جنات ہیں! وہ کسی اور جگہ سے یو۔ایف۔او شِپ (UFO Ship) کے ذریعے نہیں آرہے وہ بالکل یہیں آپ کے کمرے میں موجود ہیں۔ یہی وجہ ہے کہ وہ آپ کے ساتھ چھیڑ چھاڑ کر رہے ہوتے ہیں، آپ کے ساتھ بُرا سلوک کر رہے ہوتے ہیں اور آپ کے ساتھ مار پیٹ کر رہے ہوتے ہیں۔ ہر چیز جو نبی پاک ﷺ لائے وہ یہ تھی۔ کوئی دوسرے سیارے کی مخلوقات نہیں جو ایک جہاز میں بیٹھ کر کسی دور پرے کے سیارے سے آئیں، وہ یہیں کمرے میں موجود ہیں۔ اپنے آپ کو خدا کی اُس نظر نہ آنے والی مخلوق سے بچائیں۔ وہ بچاؤ یہ ہے کہ دھویا جائے، وضو رکھا جائے، اپنے آپ کو ڈھانپ کر سویا جائے، اپنی کمر کے بل سوئیں اور اپنے دائیں طرف کروٹ بدل کو سوئیں۔

اپنی حفاظت کیلئے نبی پاک ﷺ پر مسلسل درود وسلام بھیجتے رہیں

اور مسلسل نبی پاک ﷺ پر درود وسلام بھیجتے رہنے کی عادت بنائیں۔ تاکہ جب آپ کو کوئی حملہ ہوتا ہوا محسوس ہو یا ایسا محسوس ہو کہ کسی چیز نے آپ کو جکڑ لیا ہے یا کوئی چیز آپ کو جکڑنے کی کوشش کر رہی ہے تو نبی پاک ﷺ کو "اَللّٰھُمَّ صَلِّ عَلَی سَیِّدِنَا مُحَمَّدٍ، وَعَلَی آلِ سَیِّدِنَا مُحَمَّدٍ وَسَلِّمْ" پڑھ کر پکارنا آپ کی فطرتِ ثانیہ (second nature) ہو۔

اَللّٰھُمَّ صَلِّ عَلَی سَیِّدِنَا مُحَمَّدٍ، وَعَلَی آلِ سَیِّدِنَا مُحَمَّدٍ وَسَلِّمْ

"اے اللہ عزوجل! سیدنا محمد ﷺ پر اور سیدنا محمد ﷺ کی آلِ پاک پر درود وسلام بھیج۔"

اسی کے اندر اللہ عزوجل کا ذکر بھی موجود ہے اور نبی پاک ﷺ پر درود وسلام بھی۔ پس آپ کو دوہری حفاظت مل جاتی ہے؛ آپ کو اللہ عزوجل کی توجہ اُس کے محبوب ﷺ کی توجہ کے ہمراہ مل جاتی ہے۔ آپ کو اپنی ذات پر نبی پاک ﷺ کی نظر مبارک مل جاتی ہے، اور نبی پاک ﷺ آپ کو واپس امن اور سلامتی دینے تشریف لاتے ہیں؛ یعنی جب حق آتا ہے تو اس ماحول اور اس کمرے میں موجود ہر باطل کو جانا ہی ہوتا ہے۔

وَ قُلْ جَآءَ الْحَقُّ وَزَهَقَ الْبَطِلُ، إِنَّ الْبَطِلَ كَانَ زَهُوقًا (٨١)

"اور کہہ دیجئے اب حق آگیا اور باطل نابود ہوگیا۔ بے شک باطل (اپنی فطرت کے مطابق) ہمیشہ نابود ہی ہونے والا ہے۔" (سورۃ الاسراء، 17:81)

لیکن یہ آپ کی فطرتِ ثانیہ ہونی چاہیے۔ ورنہ لوگ کہتے ہیں کہ ان پر ساری رات حملہ ہوتا رہا اور اُن کو سمجھ نہیں آ رہا تھا کہ کیا پڑھیں۔ یہی وجہ ہے کہ اولیاء اللہ ہماری زندگی میں یاددہانی کروانے تشریف لاتے ہیں کہ ہر وقت درود شریف پڑھنے کی عادت ڈالیں کیونکہ یہ اللہ عزوجل کی حمد و ثناء بیان کرنے اور اُس کی محبوب ترین تخلیق جس کو اللہ عزوجل سب سے زیادہ پیار کرتا ہے یعنی سیدنا محمد ﷺ کا نام لینا ہے۔ اس کو اپنی فطرتِ ثانیہ بنانے سے آپ مسلسل درود شریف پڑھتے رہتے ہیں۔ پھر سر کو ڈھانپے رکھیں، کمر کے بل سوئیں اور پیٹ کے بل نہ سوئیں کہ جہاں سے ہر نیگیٹیویٹی جسم میں داخل ہوتی ہے۔

ہم دعا کرتے ہیں کہ اللہ عزوجل ہمیں ملکُوت سے اور لوگ جو ان ایزجیز اور ان حقائق کو نام دیتے ہیں اُن کی زیادہ سے زیادہ سمجھ عطا فرمائے۔ خاص طور پر نظر نہ آنے والی مخلوقات کی دنیا کے بارے میں کہ جس کو لوگ دوسرے سیارے کی مخلوق (alien) اور ایلین ایبڈکشن کہتے ہیں۔ نہیں، نہیں! یہ جنات کی دنیا ہے، وہ ہمارے ہر طرف موجود ہیں۔ اور اس مخلوق کو جاننا اور سمجھنا ایمان کا حصہ ہے۔ نظر نہ آنے والی مخلوقات پر یقین کرنا، فرشتوں پر یقین کرنا، ملکُوتی اور ایک ایسی سمت کی چیزوں پر یقین کرنا جو ہم دیکھ نہیں سکتے۔

سُبْحَانَ رَبِّكَ رَبِّ الْعِزَّةِ عَمَّا يَصِفُونَ، وَسَلَامٌ عَلَى الْمُرْسَلِينَ وَالْحَمْدُ لِلّٰهِ رَبِّ الْعَالَمِينَ. بِحُرْمَةِ مُحَمَّدِ الْمُصْطَفٰي وَبِسِرِّ سُورَةِ الْفَاتِحَة۔

اہرام اور

ہماری اینرجی کی تکمیل

سَنُرِيهِمْ ءَايَـٰتِنَا فِى ٱلْـَٔافَاقِ وَفِىٓ أَنفُسِهِمْ حَتَّىٰ يَتَبَيَّنَ لَهُمْ أَنَّهُ ٱلْحَقُّ ... (٥٣)

”ہم ان کو اپنے نشانات دکھائیں گے اُفق پر بھی اور اُن کی ذات کے اندر بھی، حتیٰ کہ یہ اُن پر واضح ہو جائے کہ کہ یہی سچ ہے...“ (سورۃ الاسرا، 41:53)

اللہ عزوجل قرآن پاک میں بیان فرماتا ہے کہ، ’ہم تمہیں اُفق پر اور تمہاری ذات میں اپنے نشانات دکھاتے ہیں۔‘ ہم ایک معاشرے میں رہتے ہیں، عالمگیر (universal) معاشرہ، یہ نہیں کہ ہم صرف اُس جگہ کی بات کر رہے ہیں جس میں ہم رہ رہے ہیں؛ ہم ایک ایسے وقت میں رہتے ہیں ایک ایسی دنیا میں جہاں لوگوں کا فلسفہ یہ ہے کہ ہم ایک جہالت کی حالت سے آتے ہیں اور بتدریج ہم اپنی قابلیت اور اپنی ذہانت کے درجے میں بڑھتے چلے جاتے ہیں۔ اور ہم فرضی طور پر اپنی تہذیب کے اعلیٰ مقام پر ہیں۔

ہم ذہین تھے اور اب ہم اپنی بدترین حالت میں ہیں

جب کہ اللہ عزوجل ہمیں قرآن پاک میں بتاتا ہے کہ، ’نہیں، میں نے حضرت آدم علیہ السلام کو تمام تر نام سکھائے ہیں۔‘

وَعَلَّمَ آدَمَ الْأَسْمَاءَ كُلَّهَا... (٣١)

قَالَ يَا آدَمُ أَنبِئْهُم بِأَسْمَائِهِمْ... (٣٣)

وَإِذْ قُلْنَا لِلْمَلَائِكَةِ اسْجُدُوا لِآدَمَ فَسَجَدُوا إِلَّا إِبْلِيسَ... (٣٤)

"اور اُس نے آدم کو تمام تر نام سکھائے۔" (سورۃ البقرہ، 2:31)

"اُس نے کہا: اے آدم! ان کو ان کے نام بتایئے..." (سورۃ البقرہ، 2:33)

"اور (اس بات کا ذکر کرو) جب ہم نے فرشتوں سے کہا کہ آدم کے آگے جھک جاؤ؛ تو انہوں نے سجدہ کیا، سوائے ابلیس کے..." (سورۃ البقرہ، 2:34)

'میں نے اُنہیں تمام حقائق سکھائے ہیں۔' اور فرشتے حیران تھے اور سجدے میں جھک گئے۔ اور وہ سجدۂ احترام تھا، اس خدائی علم کیلئے جو سیدنا آدم علیہ السلام نے آکر اس مقدس زمین تک پہنچایا۔

پھر ہمیں یہ سمجھ آتی ہے کہ ہم پہلے بہت ذہین تھے اور ہم اب بدترین حالت میں ہیں۔ ہم فلم 'پلینٹ آف دی ایپس (Planet of the Apes)' کے قریب تر جا رہے ہیں جہاں نیک لوگ ہمیں بولنے والے جانوروں کی مانند سمجھتے ہیں۔ ہم میں بہت کم انسانیت رہ گئی ہے، ہماری اپنی بہشتی حقیقت کے ساتھ بہت کم مشابہت رہ گئی ہے۔ اور ہم اس سمجھ کے بہت قریب ہیں جہاں اللہ عزوجل فلم 'پلینٹ آف دی ایپس' میں ہمیں دکھاتا ہے کہ آپ صرف ایک گوریلا (gorilla) ہیں جو بہت بولتا ہے تمام تر مختلف خصوصیات کے ساتھ۔

مگر ایک وقت تھا جب اس زمیں پر علم اور حقائق موجود تھے۔ ان میں سے ایک... کیونکہ پہلے آپ باہر والی علامات کو دیکھتے ہیں اور پھر وہ ہمارے اندر موجود اندرونی حقائق کی تعلیم دینا شروع کرتے ہیں۔ روحانی دنیا میں، وہ ان حقائق کی تعلیم روح کیلئے دیتے ہیں اور ان کو اجازت نہیں ہے کہ اس حقیقت کو مادی دنیا کے لئے سامنے لائیں۔ اور بُرا نفس اور بُری خصلت اس حقیقت کو پکڑ لیتے ہیں اور اس کو مادی دنیا کیلئے استعمال کرنا چاہتے ہیں۔ لہٰذا ہم عکس کے طور پر علامت کو باہر دیکھتے ہیں، کیونکہ اس میں اچھائی سے زیادہ برائی ہوتی ہے۔ وہاں زیادہ تر منفی انا ہوتی ہے جو روحانی فائدے کی بجائے مادی فائدے کیلئے ان حقائق کا احساس دلانا اور ان کو باہر لانا چاہتی ہے۔ پس روحانی جستجو کم ہوتی ہے؛ مادی جستجو ہمیشہ زیادہ ہوتی ہے۔

پھر اللہ عزوجل فرما رہا ہے کہ، 'میں تمہیں اُفق پر نشانیاں دکھاؤں گا،' کیونکہ وہاں پر بہت ساری ہوں گی، کیونکہ لوگوں کی مادی خواہشات کے باعث وہ حقائق کا استعمال مادی تمنّاؤں، نفع اور فائدے کیلئے کرتے ہیں۔

$$ سَنُرِيهِمْ ءَايَـٰتِنَا فِى ٱلْءَافَاقِ وَفِىٓ أَنفُسِهِمْ حَتَّىٰ يَتَبَيَّنَ لَهُمْ أَنَّهُ ٱلْحَقُّ ... (٥٣) $$

"ہم ان کو اپنے نشانات دکھائیں گے اُفق پر بھی اور اُن کی ذات کے اندر بھی، حتیٰ کہ یہ اُن پر واضح ہو جائے کہ کہ یہی سچ ہے...۔" (سورۃ الاسرا، 41:53)

روحانی حقائق، ان میں کوئی نفع نہیں! وہ حقیقی انبیاء کرام (Prophets) کی پیروی کرتے ہیں، نہ کہ نفع (profits) کی، کہ کچھ نفع حاصل کریں۔

مخروط/اہرام مزار نہیں بلکہ اینرجی کا ذریعہ تھے

وہ ہمیں تعلیم دینا شروع کرتے ہیں کہ جب آپ صرف زمین کی علامتوں کو دیکھتے ہیں، مثلاً اہرام/مخروط، تو آپ کو پتہ چلے گا کہ) یہ ایک مزار نہیں تھا، اس کا مزار ہونے سے کوئی تعلق نہیں تھا۔ اس کا تعلق اینرجی کے ایک ذریعے سے تھا اور یہ طاقت کی ایک علامت تھا۔

اور وہ (اولیاء اللہ) تعلیم دینا شروع کرتے ہیں، انٹرنیٹ (internet) کی افادیت کے باعث کہ جس کو کچھ لوگ برائی کی غرض سے اور کچھ لوگ اچھائی کے لئے استعمال کر سکتے ہیں؛ یعنی جب لوگوں کے پاس تعلیم کا صرف ایک ہی طریقہ ہو کہ، 'نہیں! ہم تو بندر ہیں اور ہم اپنی تہذیب کے اعلیٰ ترین مقام کی جانب آ رہے ہیں،' تو آپ کی علم تک نہیں رسائی ممکن نہیں! نتیجتاً انٹرنیٹ کے کھلنے سے، نہیں، آپ ہر چیز گوگل (Google) کر سکتے ہیں اور آپ ہر وہ چیز ڈھونڈ سکتے ہیں جس کو ڈھونڈنا چاہیے اور جس کی تعلیم دی جانی چاہیے۔

یعنی اس فلسفے پر مبنی، لوگ کبھی بھی ایسا نہیں دکھائیں گے جس میں ذہانت ہو۔ تمام تر سائنس (science) اور طبیعات (physics) اور تاریخ اسی بنیاد پر مبنی ہو گی کہ، 'ہم ایک گوریلا تھے اور اب ہم اپنی تہذیب کے اعلیٰ

مقام پر ہیں۔' یہ نہیں کہ، 'نہیں! ہم اپنی تہذیب کے اعلیٰ مقام پر تھے؛ ہمارے پاس ٹیکنالوجیز (technologies) اور حقائق تھے اور ہم اب گوریلا ہیں۔' ہماری تنزّلی ہوئی ہے ترقّی نہیں! آپ نیچے جا رہے ہیں۔

اہرام، پانی اور سورج کو استعمال کرنے والے طاقت کے ذخائر تھے

جب آپ گُوگل کرتے ہیں تو بتایا جاتا ہے کہ، 'یہ اہرام طاقت کے ذخائر تھے۔ یہ عظیم الشان حقائق تھے۔' اور کہا جاتا ہے کہ ان کو اس طریقے سے بنایا گیا تھا کہ اینرجی کی حفاظت (insulation) کی تکمیل تھی؛ کچھ خاص پتھر اندر کی جانب، اس کے باہر پتھروں کی ایک اور تہہ اور بالکل باہر کی طرف مکمل طور پر مختلف قسم کے پتھر۔ اور یہ ایک تار کی مانند تھا۔ اور لوگ ہمیں آج کی ٹیکنالوجی میں تاروں کی تہیں دکھا رہے ہیں کیونکہ تانبہ تار کے اندر ہوتا ہے جو اینرجی کی ترسیل کرتا ہے اور اینرجی اُس پر حرکت کرتی ہے۔ اور ایک ڈھال جو اس کو تھام کے رکھتی ہے اور اس کی حفاظت کرتی ہے تاکہ اینرجی ضائع نہ ہو۔

بتایا جاتا ہے کہ اس اینرجی کا ذریعہ پانی تھا اور ان کے تمام اطراف میں پانی کی پٹیاں اور پانی کے تالاب تھے۔ اور محض سورج ان تالابوں پر چمکتا تھا، ان کو مختلف سمتوں میں حرکت دیتا اور یہ پانی ان گرینائیٹ (granite) کے پتھروں، سنگِ مرمر اور اس تمام مختلف ڈھانچوں پر، جو انہوں نے اکٹھا کرکے کھڑا کیے ہوئے تھے، جا کر زور سے لگتا اور اینرجی خارج کرنے لگتا اور وہ اس کی اینرجی کو پکڑ لیتے۔

اس کی انسولیشن (insulation) کے باعث وہ اس اینرجی کو مکمل طور پر حاصل کر لیتے تھے، کیونکہ ایک بار جب اینرجی بہترین طریقے سے محفوظ کرلی جاتی تو یہ اینرجی ایک سے دوسرے پتھر پر منعکس ہونا شروع ہو جاتی۔ وہ ایک صاف ستھری اینرجی ہوتی ہے یہ کسی چیز کو دھماکے سے اڑا کر نہیں بنائی گئی۔ یہ کسی چیز کو گندا کرکے نہیں

بنائی گئی بلکہ ایک صحت بخش ایز جی ہوتی ہے۔ اور وہ ایز جی بڑھتی گئی، بڑھتی گئی، بڑھتی گئی اور طاقت کا ایک بہت بڑا ذریعہ بن گئی۔

پھر کسی نے سوال کیا، 'اچھا تو آجکل وہ کہاں ہے؟' تو، کیونکہ نیک لوگوں کو اجازت نہیں ہے اور اُن کو وہ ٹیکنالوجیز مادی دنیا کے لئے پیش کرنے سے منع کیا گیا ہے۔ کیونکہ اگر ان حقائق میں سے کوئی بھی حقیقت آپ مادی دنیا میں متعارف کرواتے ہیں تو کوئی نہ کوئی شخص اس سے نفع کمانا چاہتا ہے۔ کوئی اس کو بیچنا چاہتا ہے۔ کوئی اس کے بدلے کچھ حاصل کرنا چاہتا ہے۔ آپ اللہ عزوجل کے حقائق کو خرید یا بیچ نہیں سکتے اور نہ ہی ان کا سودا کر سکتے ہیں۔ تب اللہ عزوجل فرماتا ہے کہ یہ پوشیدہ ہیں۔ مگر شیطان اور برا کردار اس حقیقت کی ایک بھنک ،ایک ہلکی سی جھلک لے لیتے ہیں اور اس کو پیش کرکے اس سے ناجائز فائدہ اُٹھاتے ہیں۔

ہماری ذات اور ہمارے دل میں موجود سورج کی تکمیل

ہمارے لئے، اس حقیقت کی تعلیم ہماری ذات میں موجود ہے۔ ہماری ذات ان اہرام/مخروط سے زیادہ کامل ہے۔ اس کا مطلب جو نبی پاک ﷺ سنّتِ نبوی ﷺ کے طور پر، شریعت اور سیدنا محمد ﷺ کے قانون، اور قرآن پاک کی طاقت کے طور پر لائے؛ یہ تمام چیزیں انسولیشنز (insulations) ہیں۔

یعنی نبی پاک ﷺ تعلیم فرما رہے ہیں، اور تمام انبیاء کرام کیونکہ وہ تمام بھائی ہیں، تعلیم فرما رہے ہیں کہ اگر آپ اچھے اور برے، درست اور غلط کے خدائی شعور کی پیروی اپنی ذات کیلئے کریں تو آپ اپنا اندر کامل کرلیں گے کیونکہ آپ کو سورج کی روشنی سے چمکتے ہوئے پانی کے ایک ذخیرے کی ضرورت ہے۔ وہ سورج تو ایز جی کا ایک متشابہ (imitated) ذریعہ ہے۔ لہٰذا تمام انبیاء کرام یہ تعلیم دینے تشریف لائے، کیونکہ انہوں نے ایک بہت ہی مشکل مذہبی فقہ یا مذہبی شعور کو اُٹھایا اور اس کو ہر کسی کے سمجھنے کیلئے آسان کر دیا؛ بہت ہی بنیادی، بالکل بچوں کی طرح آپ اس کو ہضم کر سکتے ہیں، آپ اس کو سمجھ سکتے ہیں۔

حقیقت کے، دین کے، اللہ عزوجل کے راستے کے وہ قوانین جو بتاتے ہیں کہ کیا کرنا چاہئے اور کیا نہیں، یہ سب دل کی تکمیل کیلئے تھے۔ اگر آپ ان احکامات کو سنیں جو بتاتے ہیں کہ کیا کرنا چاہئے اور کیا نہیں اور اپنا کردار ٹھیک

کرلیں تو دل کامل ہو جائے گا۔ اگر دل کامل ہو جاتا ہے تو یہ وجود کے اندر ایک سورج کی مانند ہو جاتا ہے۔ ایک ابدی شعلہ دل میں جل اُٹھے گا کیونکہ پھر اللہ عزوجل دل میں گھر کرلیتا ہے، "قَلْبَ الْمُؤْمِنْ بَيْتُ اللهِ"

قَلْبَ الْمُؤْمِنْ بَيْتُ الرَّبْ

"مومن کا دل خدا کا گھر ہے۔" (حدیثِ قدسی)

اس کا مطلب جب خدا خوش ہوتا ہے کہ بندہ خدا کی بنائی ہوئی سرحد اور حدود کا خیال رکھ رہا ہے، وہ کردار اپناتے ہوئے جو خدا نے اُس کے لئے اس کے خاندان کیلئے اور اس کے معاشرے کیلئے چاہا، تو وہ اس بندے کے دل میں گھر کرنا شروع کردیتا ہے۔ اگر اللہ عزوجل گھر کرلے، جب ہم کہتے ہیں کہ گھر کرلے تو اس کا مطلب یہ نہیں کہ خدا دل میں داخل ہو جاتا ہے، کوئی شے بھی اللہ عزوجل کا احاطہ نہیں کر سکتی مگر محض اللہ عزوجل کی رضا اور اطمینان، خدا کی خوشنودی اور مسرت دل پر نظر ڈالنا شروع کردیتی ہے اور یہ روشن اور ابدی ہو جاتا ہے۔

اور دل میں موجود یہ ابدی شعلہ، یہ روح کا بیج ہے۔ یہ ہمارے وجود کی مکمل کائنات کی طاقت کا سرچشمہ ہے۔ اگر وہ روشن ہے اور وہ دل ایک سورج ہے تو یہ پانی پر، جو ہمارے جسم میں موجود خون ہے، چمکنا شروع کردے گا۔

اور خدا تعلیم فرمارہا ہے کہ ہر چیز جو آپ باہر دیکھتے ہیں، جب آپ اس سے حیران ہوتے ہیں اور اس کی سائنس کو سمجھتے ہیں تو یہ پہلے ہی ہمیں حقیقت کے طور پر دیا جاچکا تھا۔ لیکن ہم نے اندرونی حقیقت کو کھو دیا اور لوگ بیرونی سے جس کو وہ دیکھ رہے ہیں مسحور ہورہے ہیں۔ ہر ٹیکنالوجی ایک گہری روحانی حقیقت پر مبنی ہوتی ہے۔ کہا جاتا ہے کہ وہ سورج، پانی اور مخصوص پتھروں سے جو ایزجی کا اخراج کرتے ہیں، اور مالیکیولز اور پانی کی ایٹمی حقیقت سے بجلی بنارہے تھے۔

نبی پاک ﷺ کی سنت ہمارے جسم کیلئے انسولیشن ہے

خدا تعلیم فرما رہا ہے کہ سیدنا محمد ﷺ کی سنت کو اختیار کئے رکھیں۔ نبی پاک ﷺ کے ان احکامات کو قائم کریں جو بتاتے ہیں کہ کیا کرنا ہے اور کیا نہیں؛ آپ محفوظ ہو جائیں گے۔ باحیا لباس پہنیں تاکہ آپ کی انرجی آپ کے ساتھ موجود رہے اور ضائع نہ ہو۔

یہ اہرام بہت ہی دلچسپ ہیں، کیونکہ جب آپ یہ پروگرام دیکھتے ہیں جس میں یہ بتایا جاتا ہے کہ اگر سب سے اوپر والا پتھر (capstone) اتار دیا جائے تو یہ اہرام کام نہیں کرتے۔ چنانچہ انہوں نے ایک بہت بڑا سا ڈھانچہ بنایا اتنی مشکلات میں سے گزرے کہ ہر پتھر بالکل درست طریقے سے لگے حتٰی کہ آپ ایک ریزر بلیڈ (razor blade) تک پتھر میں نہیں رکھ سکتے۔ کوئی بھی چیز آگے پیچھے ہو جائے تو یہ کام نہیں کرتا؛ انرجی آتی اور چلی جاتی ہے، اس تکمیل کے حساب سے نہیں جو وہ چاہتے تھے۔ اگر پتھروں کی ایک مخروط کے لئے اس قدر درستگی (preciseness) چاہئے تو روح کی حقیقت کو سنبھالنے کیلئے ہماری ذات کو کس قدر چاہئے ہوگی؟

اپنی انرجیز کو محفوظ کرنے کے لئے اپنا سر ڈھانپے رکھیں

لہٰذا پھر کیوں ہر نبی ان حقائق کے ساتھ تشریف لائے؟ اگر اہرام کو ایک ٹوپی کی ضرورت ہے... لوگ پوچھتے ہیں کہ، 'اہرام کیلئے بنائی گئی ٹوپی کہاں ہے؟' انہوں نے اس کو اتار دیا! اگر اس پر ٹوپی نہ ہوتی تو اس کی انرجی پیدا کرنے کا کام نہیں ہو پاتا اور نہ ہی یہ اپنے ذخائر کی جانب رُخ کر پاتا۔ خدا فرما رہا ہے کہ، 'آپ کی ٹوپی کہاں ہے؟ اپ اُن اہرام سے کہیں زیادہ طاقتور ہیں۔ اپنا سر ڈھانپے رکھیں۔'

ایک حقیقت موجود ہے، ایک حقیقت ہے کہ جس کے تحت آپ ایزجی جاری کرتے ہیں۔ اور صرف یہی نہیں کہ ہم اپنی تمام ایزجی کو خارج اور ضائع کر رہے ہوتے ہیں، بلکہ جیسے ہی ہم کوئی بھی چھوٹی سی نیکی کرتے ہیں ہمیں اس بات کا احساس نہیں ہوتا؛ ہم نہیں محسوس کرتے کہ ہم طاقت کا ایک ذخیرہ بن رہے ہیں ہم اچھا اور توانا محسوس کرتے ہیں۔ اور وہ (اولیاء اللہ) تعلیم فرمانا شروع کرتے ہیں کہ اللہ عزوجل فرماتا ہے کہ، 'میں تمہیں باہر علامات دکھاؤں گا تاکہ تم اپنے اندر موجود اس سے بڑی حقیقت کو سمجھ سکو۔'

آپ پتھر کے اس ڈھانچے کے بارے میں اس قدر کیوں فکرمند ہیں؟ آپ نے دیکھا کہ یہ کس طرح سے مکمل طور پر انسولیٹڈ (insulated) ہے؟ ایک تار کو دیکھیں، اس میں یہ تمام حفاظتی تہیں موجود ہیں صرف بجلی کو تانبے پر لے کر چلنے کیلئے۔ اس بجلی کا کیا جو آپ کے جسم میں حرکت کر رہی ہے؟ لہٰذا اپنے آپ کو محفوظ رکھیں۔ اپنے آپ کو انسولیٹ کریں تاکہ آپ کی ایزجی ضائع نہ ہو۔ اپنے آپ کو انسولیٹ کریں تاکہ لوگوں کی بری نگاہیں اور نیگیٹیو ایزجی جو وہ محض آپ پر ڈالتے ہیں وہ آپ پر مشکلات برسا دیتے ہیں اور وہ آپ سے روشنی چھین لیتے ہیں، جس کو ہم حسد بھری نظر کہتے ہیں (وہ نگاہیں آپ کو نُقصان نہ پہنچا سکیں)۔ ضروری نہیں کہ وہ لوگ بُرے ہوں، ان کو پتہ تک نہیں ہوتا۔

اپنی ایزجی کو بچائیں ۔ مثبت ایزجی مثبت چناؤ کی طرف لے جاتی ہے

ہم ایزجی رکھنے والی مخلوق ہیں۔ آپ کو اپنی طاقت کی حد کا اندازہ نہیں ہے کہ جب آپ دیکھتے ہیں، اور جب کوئی آپ کو دیکھتا ہے تو وہ اپنے تمام تر بوجھ آپ پر لاد دیتا ہے۔ اور اگر آپ کے پاس ڈھال نہیں ہے اور آپ محفوظ نہیں ہیں تو جو بھی ایزجی آپ کے پاس تھی وہ اب آپ سے لے لی گئی ہے اور آپ اپنی بیٹری کو اب خالی محسوس کرتے ہیں۔ اور جب آپ کی بیٹری خالی ہو تو یہ آپ کو ایسی حالت میں لے جاتی ہے کہ جس میں آپ غلط چناؤ، نیگیٹیو چناؤ کر بیٹھتے ہیں۔

ہمارے اندر مثبت ایز جی کی کثرت ہم سے مثبت فیصلے کرواتی ہے، ایک بہت ہی آسان سا کلیہ ہے کچھ الجھا ہوا نہیں کہ، جب آپ اچھا کرتے ہیں تو آپ اچھے رہتے ہیں آپ اچھے کام کرتے رہتے ہیں۔ ہم اپنے اندر اچھائی کی تعمیر کرتے ہیں، اپنے اندر مثبت ایز جی کی تعمیر کرتے ہیں، اُس ایز جی کو بناتے جاتے ہیں اُس ایز جی کی تعمیر کرتے جاتے ہیں؛ چنانچہ آپ خُود کو اچھائی، نیکی، بھلائی، بہتری اور درست کام کرتے ہوئے پاتے ہیں، کیونکہ آپ کے اندر لازماً ایک ایز جی ہونی چاہیئے جو آپ کو باہر سے محفوظ رکھے۔ بھلا ہم کیسے اچھے چناؤ کر سکتے ہیں جب ہمارے اندر ہی کچھ موجود نہ ہو؟

لٰہذا انبیاء کرام تشریف لائے اور اس حقیقت کو انتہائی آسان کر کے تعلیم فرمایا کہ اس طرح سے کپڑے پہنیں، ایسا لباس پہنیں، اپنے سر پر اپنی ٹوپی رکھیں، انہوں نے اُس وقت اعلیٰ درجے کی الیکٹرانکس (electronics) نہیں پڑھائی، یہ اُن وقتوں میں بہت مشکل تھی۔ مگر اب وقت ایسا ہے کہ لوگ ایز جی کو سمجھتے ہیں اور مثبت ایز جی کا شعور رکھتے ہیں، اور اس بات کو سمجھتے ہیں کہ کیسے منفی ایز جی، مثبت ایز جی کی جانب دوڑی چلی آتی ہے، اور یہ محض اس کی جانب حرکت کرتی ہے اور اس کو جا کر دبوچ لیتی ہے اور اس مثبت ایز جی پر غالب ہو جاتی ہے۔

اور پھر نبی پاک ﷺ وہ تمام تر آ گاہی فرما رہے ہیں کہ ہمارے سر پر کون سے اہم لطائف موجود ہیں۔ یہ اس مخروط کی ٹوپی کی طرح ہے کہ جسم میں موجود ہر چیز مکمل اور محفوظ ہونی چاہیئے۔ پھر تعلیم فرماتے ہیں کہ دھونے کے لئے پانی کا استعمال کریں، اپنی ایز جی کے سرچشمے کو پاک کریں اپنے وجود کو پاک کریں، اپنی حقیقت کو پاک کریں اور آپ ان اہرام سے کہیں زیادہ طاقتور ہونا شروع ہو جائیں گے۔ کوئی شک نہیں کہ اللہ عزوجل نے، "وَلَقَد كَرَّمنَا بَنِي آدَم"،

وَلَقَدْ كَرَّمْنَا بَنِيٓ ءَادَمَ وَحَمَلْنَٰهُمْ فِي ٱلْبَرِّ وَٱلْبَحْرِ وَرَزَقْنَٰهُم مِّنَ ٱلطَّيِّبَٰتِ وَفَضَّلْنَٰهُمْ عَلَىٰ كَثِيرٍ مِّمَّنْ خَلَقْنَا تَفْضِيلًا (۷۰)

"اور ہم نے یقیناً بنی آدم کو عزت بخشی اور ان کو جنگل اور دریا میں سواری دی اور اچھی اور پاکیزہ روزی عطا کی اور اُن پر رحمتیں نازل کیں، اور اپنی بہت سی مخلوقات پر (یقینی) ترجیح کے ساتھ اُنہیں فضیلت دی۔"

(سورۃالاسراء، 17:70)

خدا فرمارہا ہے کہ، 'میں نے تمہاری مخلوق کو عزت بخشی ہے۔ وہ (اہرام/مخروطیں) انہوں نے اپنے ہاتھوں سے بنائی تھیں؛ تمہیں میں نے اپنے ہاتھوں سے بنایا ہے اور میں تم پر اپنی روح پھونکتا ہوں۔' اس کا مطلب خدا کی عظمت اور شان و شوکت ہے اور وہ تعلیم دے رہا ہے کہ ہماری حقیقت اور اس کی طاقت کیا ہے۔

نبی پاک ﷺ کی سنت کو اپنی ڈھال بنائیں

تب آپ اپنے بارے میں سوچنا اور خود کو سمجھنا شروع کر دیتے ہیں کہ جب میں خود کو محفوظ کرلیتا ہوں اور جو نبی پاک ﷺ لائے تھے اُس کی پیروی کرتا ہوں تو یہ میرے لئے ایک حفاظتی ڈھال ہوتی ہے۔ تب میں ان قوانین اور ضوابط کی پیروی کرنے لگتا ہوں جو نبی پاک ﷺ لائے تھے اور مجھے اس بات کا شعور ملنے لگتا ہے کہ میرا خون اور میرا دل کامل ہونے چاہئیں۔

اگر میں چاہتا ہوں کہ خدا میرے دل میں گھر کرے، اگر میں چاہتا ہوں کہ اللہ عزوجل میرے دل میں گھر کرے، (تو مجھے یہ سمجھ لینا چاہئے کہ) وہ چاہتا ہے کہ یہ صاف ستھرا ہو کیونکہ کبھی بھی دو بادشاہ ایک تخت پر نہیں

بیٹھتے۔ اس کا مطلب کہ، 'اُس کو باہر پھینک دو اور میں تخت نشین ہو جاؤں گا!' جس کا مطلب کہ، 'میرا اقتدار آئے گا اور تمہارے دل پر براجمان ہو جائے گا۔' چنانچہ تب ہمیں سمجھ آنے لگتی ہے کہ مجھے اپنے دل کو پاک صاف کرنا ہوگا، مجھے اپنے راستے کو پاک کرنا ہوگا اور مجھے اس مثال کو پاک کرنا ہوگا۔

اپنے خون کو پاک کرکے اپنے دل کو پاک کیجئے

اور تب نبی پاک ﷺ تعلیم فرماتے ہیں کہ وہ تمام تر پاکیزگی خون کو پاک کرنا شروع کردے گی۔ اور تب ہر سانس جو جسم کے اندر داخل ہوتی ہے اس کی اہمیت (سامنے آتی ہے)، کیونکہ اب اگر آپ اس خون کو صاف کر رہے ہیں تو نبی پاک ﷺ نے خون کے بارے میں ارشاد فرمایا تھا کہ شیطان خون کے ذریعے گردش کرتا ہے۔

یعنی، ہمیں یہ بات سمجھنی چاہئے کہ جب ہم بیمار ہوتے ہیں اور مشکلات کا سامنا کرتے ہیں اور نیگیٹیو ایز جیز سے متاثر ہوتے ہیں تو وہ ہمیں تعلیم فرماتے ہیں کہ اپنی ایز جی کی تعمیر کریں، اپنی حقیقت کی تعمیر کریں۔ ایک ڈھال کی تعمیر کریں تاکہ پہلے جو آپ تعمیر کر رہے ہیں وہ ضائع نہ ہونے پائے کیونکہ اگر آپ تمام پلگز (plugs) نہیں لیتے اور تمام تر سوراخوں کا دھیان نہیں کرتے اور تمام سوراخوں کو ڈھانپ کر نہیں رکھتے تو جو بھی آپ اس میں انڈیلیں گے وہ پہلے سے ہی کھو چکا ہوگا۔ للہذا اپنے لئے ڈھال تعمیر کریں، اپنے آپ کو محفوظ کریں۔

ایک بار آپ کے پاس وہ ڈھال آجائے تو آپ اندر جائیں اور اپنے وجود پر اور حقیقت پر غور کریں کہ میرے دل کو پاک صاف ہونے کی ضرورت ہے۔ وہ چیزیں کھائیں جو حلال ہوں، وہ لباس پہنیں جو حلال ہو اور دل کی حقیقت کو سمجھیں۔

اپنی سانس کی حفاظت کریں اور اس کو پاک کریں

پھر خون کو پاک صاف ہونا ہوگا۔ اگر وہ جس کو میں پاک صاف کرنا چاہتا ہوں خون ہے تو وہ فرماتے ہیں کہ، 'وہ خون کہاں سے آرہا ہے؟' اوہ، یہ تو آپ کی سانس ہے!

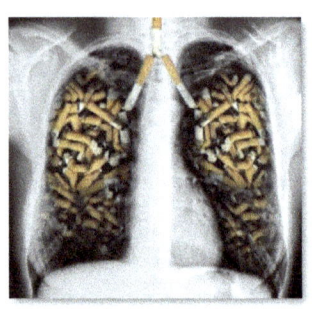

میری سانس کو پاک صاف ہونا ہوگا۔ یہ سانس کہاں جا رہی ہے اور یہ سانس اپنے ساتھ کیا اندر لے جا رہی ہے؟ آپ بھلا کیسے اپنی سانس کے اندر کچھ ڈال سکتے ہیں اور اپنے پھیپھڑوں کو مار سکتے ہیں اور اپنے دل کو مار سکتے ہیں اور اپنے وجود کو ختم کر سکتے ہیں؟

وہ تعلیم فرمانا شروع کرتے ہیں کہ، 'میری سانس خدا کی پاک سانس ہے۔' اس کا مطلب کہ اللہ عزوجل کی ہر اینرجی ہمارے ہر طرف ہے: "قُل ھُو۔"

ہر ایٹم کی اصل روح (essence) طاقت کی ایک خدائی حقیقت ہے جو اس ایٹم کو زندہ رکھے ہوئے ہے۔ سانس اس حقیقت کو پھیپھڑوں میں لاتی ہے۔ پھیپھڑے وہ اینرجی لیتے ہیں اور خون کو آراستہ کرتے ہیں۔ وہ خون پھر دل میں پہنچتا ہے۔

اس کا مطلب اب ہم خون کی طاقت اور اینرجی کو سمجھ رہے ہیں، کہ میرے خون کا معیار میری سانس کے معیار پر منحصر ہونے جا رہا ہے۔ آپ بھلا کیسے یہ کہہ سکتے ہیں کہ آپ کا خون صاف ہے جب کہ آپ کی سانس آلودہ ہے؟

یعنی پھر جہاں بھی میں جاؤں اور جو بھی میں کروں اور جو کچھ بھی اُس ہوا میں ہو رہا ہو، اہم ہے! آپ بہت سے ایسے لوگوں کے ساتھ گھومتے پھرتے ہیں جو اپنی سانس کو نقصان پہنچا رہے ہوتے ہیں اور آپ اسی کو اپنی سانس کے ذریعے اندر لے جا رہے ہوتے ہیں۔ یہ کہا جاتا ہے کہ جو تمباکو کے دھوئیں والے ماحول میں سانس لیتا ہے (second hand smokers) وہ زیادہ خطرے میں ہوتا ہے بنسبت اس کے جو خود تمباکو نوشی کر رہا ہو (first hand smokers)۔

اب لوگ ہر چیز کو ہر کسی کے لئے قانونی طور پر جائز کرنا چاہ رہے ہیں، کیوں؟ سانس کو تباہ کرنے کیلئے! کیونکہ وہ بخوبی جانتے ہیں کہ ایک بار آپ نے سانس کو برباد کر دیا تو آپ نے خون کو برباد کر دیا؛ اگر آپ نے خون کو برباد کر دیا تو آپ دل کو پہلے ہی مار چکے ہیں۔ اگر آپ نے دل کو مار دیا تو یہ بالکل ایسے ہے کہ ایک اور انسان کھو دیا گیا۔ دل نہیں، روح نہیں، یہ بہت ہی خوفناک ہے۔ ہو سکتا ہے کہ ہم بھی 'دی واکنگ ڈیڈ (The Walking Dead – چلتے پھرتے مردے)' میں رہنے لگیں جہاں لوگ ایسے ہوں کہ جن کے بارے میں اللہ عزوجل فرماتا ہے کہ، 'اُن کی خوراک انسانی گوشت اور ہڈیاں بن جاتی ہے۔'

اس کا مطلب یہ تمام وہ حقائق ہیں جو نبی پاک ﷺ لائے ہیں۔ جیسے ہی آپ دل کو پاک کرتے ہیں، خون کو پاک کرتے ہیں، اُس ایز جی کو اندر لاتے ہیں اور سانس اندر کھینچنا شروع کرتے ہیں، تو وہ سانس جو اندر آ رہی ہے اس کی اور اس سانس کی پاکیزگی کی اہمیت (سامنے آتی ہے)۔

پھر وہ آپ کو تعلیم فرماتے ہیں کہ اپنی سانس پر ذکر کریں؛ سانس اندر لے جاتے ہوئے "اللہ" اور سانس باہر لے جاتے ہوئے "ھُو" کہیں۔ اس سانس سے آگاہ رہیں، جو سانس کے ذریعے اندر آ رہا ہے اس سے آگاہ رہیں، اُس ایز جی سے آگاہ رہیں یہ دعا کرتے ہوئے کہ، 'یاربّی! اپنی رحمت سے جو ہر چیز کو، ہر جگہ کو گھیرے ہوئے ہے، مجھے اس رحمت سے آراستہ فرما۔'

خدا کی رحمت سے آشنا ہونا اُس حقیقت سے آراستہ ہونا ہے کیونکہ خدا فرما رہا ہے کہ، 'اب چونکہ آپ اس سے آگاہ ہو چکے ہیں تو میں آپ کو اس سے بھی زیادہ عطا کرتا ہوں۔ پہلے آپ اس سے صرف فائدہ ہی اُٹھا رہے تھے اور اس کی پرواہ نہیں کر رہے تھے۔' جیسے ہی آپ کسی چیز سے باخبر ہو جاتے ہیں تو آپ اس کو اور زیادہ مانگنے لگتے ہیں اور خدا چاہتا ہے کہ ہم باخبر ہوں، وہ چاہتا ہے کہ ہم جاگیں۔ جیسے ہی آپ اس رحمت کو، اس ایز جی کو

سانس کے ذریعے اندر لے کر جاتے ہیں وہ روشنی پھیپھڑوں کے ہر خُلیے کو طاقتور بنانا شروع کر دیتی ہے اور خون کو آراستہ کرنے لگتی ہے۔ اور تب وہ خون پھر سیدھا دل کی جانب بڑھتا ہے، یہ ہمارے جسم کی فزیالوجی (physiology) ہے، اور پھر دل میں گردش کرتا ہے۔ وہ خون اب دل میں کس چیز کا سامنا کرنے جارہا ہے؟

گندا دل خون کو آلودہ کر دیتا ہے

کیا دل صاف ستھرا اور برے کردار سے پاک ہے؟ یا پھر، کیا دل آلودہ ہے؟ چنانچہ پھر سے ذرا نقشہ کھینچئے کہ اگر ایک دل آلودہ ہو، کالی میل کچیل سے بھرا ہو تو جو بھی خون اس کے اندر جائے گا تو اسی سے آراستہ ہو جائے گا۔ جو بھی کچھ دل میں موجود گا یہ خون اس کی تمام ایزجی کو وصول کرلے گا اور جسم کے گیارہ اہم ترین مراکز میں سے گزرنا شروع کرے گا۔

وہ تعلیم فرمارہے ہیں کہ اپنی سانس کو پاک کیجئے۔ اس کے ساتھ ہی، یہ دونوں میں سے کوئی ایک والی بات نہیں ہے، جب آپ اپنی سانس کو پاک کر رہے ہوں اپنے تفکر کو پاک کر رہے ہوں اپنے شعور کو پاک کر رہے ہوں تو ہمیشہ اپنے ساتھ ایزجی کی ایک ڈھال رکھیئے۔ شعور رکھیں کہ آپ کہاں جاتے ہیں اور آپ کہاں آتے ہیں اور اپنی ذات کی اور اپنی ایزجی کی تکمیل کریں۔

"ذِکرُاللّٰہ" – اللہ عزوجل کا ذکر آپ کے دل کو پاک کر دیتا ہے

چنانچہ جیسے ہی آپ اپنے دل کو دیکھتے ہیں کہ دل صاف ہونا چاہئے، دل پاک ہونا چاہئے، "ذِكْرِ اللَّهِ تَطْمَئِنُّ الْقُلُوبُ،"

الَّذِينَ آمَنُوا وَتَطْمَئِنُّ قُلُوبُهُم بِذِكْرِ اللَّهِ ۗ أَلَا بِذِكْرِ اللَّهِ تَطْمَئِنُّ الْقُلُوبُ (٢٨)

"جو لوگ ایمان لاتے اور جن کے دل یادِ خدا سے اطمینان پاتے ہیں اور بیشک خدا کے ذکر سے دل اطمینان پاتے ہیں۔ " (سورۃ الرعد، 13:28)

یعنی خدا کا نام لینا، ذکر کرنا اور خدا کی حمد و ثناء بیان کرنا، اس سے دل پاک ہونا شروع ہو جاتا ہے۔ خدا کی یاد، اور اللہ عزوجل فرما رہا ہے کہ، 'مجھے یاد کرو اور میں تمہیں یاد کروں گا۔'

فَاذْكُرُونِي أَذْكُرْكُمْ وَاشْكُرُوالِي وَلَاتَكْفُرُونِ (١٥٢)

"سو تم مجھے یاد کرو، میں تمہیں یاد کیا کروں گا۔ اور میرے شکر گزار رہنا اور ایمان سے نہ پھرنا۔" (سورۃالبقرہ، 2:152)

جب اللہ عزوجل ہمیں یاد کرتا ہے تو یہ کوئی ہمارے درجے کا یاد کرنا نہیں ہوتا۔ جیسے ہی آپ یہ کہتے ہوئے یاد کرتے ہیں، "اللہ، سُبحَانَ اللہ، اَلحَمدُللہ، لَااِلٰہِ اِلَّا اللہُ، اَللہُ اَکبَر،" تو اللہ عزوجل ہمیں اعلیٰ درجے کی مجلس میں یاد کر رہا ہوتا ہے۔

پھر اللہ عزوجل فرماتا ہے، 'شکرگُزار ہو جاؤ، میرا شکر ادا کرو!' کیوں؟ کیونکہ ہم سانس کے لئے شکرگُزار ہیں، دولت، روپے پیسے کیلئے اور تمام چیزیں جو ہمیں خدا سے چاہئیں تھی اُن کے لئے نہیں؛ یہ تمام تو بہت ہی ادنیٰ ہیں۔ بلکہ سب سے بڑے تحفے کیلئے جو آپ کے پاس ہے، شکر گزار رہیں، یہ زندگی کا تحفہ ہے۔ آپ کی زندگی کا تحفہ ایک سانس ہے۔ 'اگر میں وہ سانس واپس لے لُوں تو تمام تر دوسری چیزیں جو تم مجھ سے چاہتے ہیں وہ ناچیز ہو جائیں گی۔'

پھر اللہ عزوجل فرماتا ہے، 'مجھے یاد کرو اور میں تمہیں یاد کروں گا۔' یاد کرنے سے مراد ہے کہ آپ ذکر کے ساتھ سانس لے رہے ہیں، اور شکر بجالا رہے ہیں شکر گزار ہو رہے ہیں۔ اور ایسے مت بنیں کہ، "تکفرُون، ثمَّ آمنو ثمَّ کفرُو"

إِنَّ ٱلَّذِينَ ءَامَنُواْ ثُمَّ كَفَرُواْ ثُمَّ ءَامَنُواْ ثُمَّ كَفَرُواْ ثُمَّ ٱزْدَادُواْ كُفْرًا لَّمْ يَكُنِ ٱللَّهُ لِيَغْفِرَ لَهُمْ وَلَا لِيَهْدِيَهُمْ سَبِيلًا (١٣٧)

"جو لوگ ایمان لائے پھر کافر ہو گئے پھر ایمان لائے پھر کافر ہو گئے پھر کفر میں بڑھتے گئے ان کو خدا نہ تو بخشے گا اور نہ اُن کی ایک راستے کی جانب رہنمائی کرے گا۔" (سورۃ النساء، 4:137)

کفر میں نہ پڑیں یہ کہتے ہوئے کہ، 'نہیں، خدا موجود نہیں ہے۔' اور پھر ہر پانچ منٹ بعد، 'میں یقین کرتا ہوں، میں یقین نہیں کرتا؛ میرا ایمان ہے، مجھے یقین نہیں۔'

اپنے دل کو خدا کی محبت کے لئے پاک کریں

آپ ایک حقیقت کو بیدار کرنے کی کوشش کر رہے ہیں۔ اس عقیدے پر ثابت قدم ہو جائیں۔ اپ دل کو پاک کرنا شروع کریں؛ آپ دل کو صاف ستھرا کرنا شروع کریں۔ آپ ہر روز اس چیز کی دعا کرنا شروع کریں کہ، 'تیری سلطنت آئے گی، تیری مرضی زمین پر ہوگی جیسا کہ آسمان پر ہے۔' تمام مقدس کتابیں ایک ہی جیسی ہیں کہ، 'ہم اللہ عزوجل کی بادشاہی چاہتے ہیں، ہم خدا کی بادشاہت کو اپنے دل کے تخت پر چاہتے ہیں۔'

سب سے پہلی چیز جو اللہ عزوجل بتاتا ہے، 'اُس بُرے کو ہٹادو۔ آپ اپنے دل پر بیٹھے ہوئے اُس باطل کو ہٹادو جو تمہیں بتاتا ہے کہ کیا کرنا ہے۔' پھر سب کچھ اب میری اندرونی جدوجہد کے بارے میں ہے کہ میں کیا چاہتا ہوں اور جو خدا میرے لئے چاہتا ہے اُس بارے میں مَیں کیا جانتا ہوں، میں کیا چاہتا ہوں اور خدا میرے لئے کیا چاہتا ہے، مجھے کیا چاہئے اور خدا میرے لئے کیا چاہتا ہے؛ ہم میں سے کسی ایک کو جھکنا ہے؛ اللہ عزوجل میرے آگے نہیں جھکنے والا چنانچہ میں اللہ عزوجل کے آگے جھکنے جا رہا ہوں۔ میں اس ذاتِ باری تعالیٰ کے آگے جھکنے جا رہا ہوں۔

مشائخ کی صحبت اختیار کئے رکھیں

وہ (اولیاء اللہ) تعلیم فرمانا شروع کرتے ہیں کہ یہ آپ کی ایزجی کی تکمیل ہے۔ جیسے ہی ہم اس بات کو سمجھنے لگتے ہیں اور اس ایزجی کی تعمیر کرتے ہیں، اس حقیقت کی تعمیر کرتے ہیں، اس دل کو صاف کرتے ہیں، سانس کو پاک کرتے ہیں، اس ایزجی کو اندر لاتے ہیں، تو پھر وہ ہمیں اُس کی تعلیم دینا شروع کرتے ہیں کہ جہاں اہرام کے اندر ایک راز وقوع پذیر ہو رہا ہوتا ہے، وہاں ایک ایسی ایزجی ہوتی ہے جو بہت تیز رفتاری سے آگے پیچھے حرکت کر رہی ہوتی ہے [اس اہرام کے اندر] اور یہ ہدایت کا تصور بن جاتا ہے کہ، "وَكُونُوا مَعَ الصَّادِقِينَ"

أَيُّهَا الَّذِينَ آمَنُوا اتَّقُوا اللَّهَ وَكُونُوا مَعَ الصَّادِقِينَ (١١٩)

"اے ایمان والو! اللہ عزوجل سے باخبر رہو اور اُن کے ساتھ رہو جو سچے ہیں (اپنے الفاظ اور اعمال میں)۔" (سورۃ توبہ، 9:119)

مشائخ کے ساتھ رہیں، کیونکہ ایک بار جب آپ مشائخ کے ساتھ رہتے ہیں تو یہ ایسا ہے جیسے اب آپ لیزر (laser) کی حقیقت کو غیر مقفل کر رہے ہوں۔ ہم پہلے لیزر اور روشنی کی طاقت کے بارے میں بیان کر چکے ہیں، کیونکہ یہ سب اب روشنی کے حقائق ہیں۔ ایسا کیوں ہے کہ اگر آپ ایک فلیش لائٹ (flashlight) کو روشن کریں تو اس کی روشنی صرف گرتی ہے اور ختم ہو جاتی ہے۔ فلیش لائٹ کی ایزجی آپ تک نہیں پہنچ رہی ہوتی، آپ اُس ایزجی کو محسوس نہیں کر رہے ہوتے؛ یہ کچھ بھی نہیں کاٹ رہی ہوتی۔

مشائخ، خدائی روشنی کو منعکس کرتے ہیں اور آپ کی روشنی کو بڑھا دیتے ہیں

یہ روشنی کس طرح کام کرتی ہے؟ یہ ایسا ہے کہ روشنی کو منعکس ہونے کیلئے اس کو بڑھا دیا جاتا ہے؛ یعنی آئینوں کا استعمال کیا جاتا ہیں۔ روشنی ایک ریفلیکٹر (reflector) کی جانب آتی ہے اور کہا جاتا ہے کہ وہ ایک سیکنڈ کے ایک حصے میں ایک ملین گنا منعکس کرتے ہیں، اور وہ روشنی میں ایک گونج (resonance) شامل کر دیتے ہیں۔ وہ روشنی میں ایک فریکوئینسی شامل کر دیتے ہیں۔ ہمارے لئے گونج 'ذکر' ہے۔ وہ (مشائخ) اس روشنی کی حقیقت کے منعکس (mirroring) ہونے کے لئے اس میں ذکر شامل کر دیتے ہیں۔

یعنی وہ تعلیم فرمارہے ہیں کہ مشائخ کا تصور یہ ہے کہ مشائخ وہ آئینہ ہیں کہ جیسے ہی آپ ان کی صحبت میں موجود ہوتے ہیں اور آپ یہ سیکھ رہے ہوتے ہیں کہ کس طرح مراقبہ کرنا چاہئے۔ تو آپ اپنی روشنی بھیج رہے ہوتے ہیں اور وہ اپنی روشنی بھیج رہے ہوتے ہیں۔ وہ اس روشنی کو بڑھا رہے ہوتے ہیں؛ آپ اس نور کو وصول کر رہے ہوتے ہیں اور وہ اس روشنی کو بڑھا رہے ہوتے ہیں۔ یہ اُس عشقِ الٰہی کی حقیقت ہے۔

روشنی ان تک پہنچتی ہے؛ وہ اس روشنی کو وصول کرتے ہیں اس نور کے لئے دعا کرتے ہیں وہ اُس میں ایک گونج شامل کرتے ہیں اور اس روشنی میں ایک ذکر شامل کرتے ہیں اور اسے واپس بھیج دیتے ہیں۔ آپ اسے وصول کرتے ہیں اور اس کو سراہتے ہوئے واپس بھیج دیتے ہیں۔ یہ محبت کی حقیقت بن جاتی ہے۔ یہ اینرجی ان کے پاس جاتی ہے وہ اسے وصول کرتے اور اسے آراستہ کرتے ہیں اور پھر اسے واپس بھیج دیتے ہیں؛

ہم وہ اینرجی وصول کرتے ہیں ان کا شکریہ ادا کرتے ہیں اور اسے پھر سے اُن کی جانب واپس بھیج دیتے ہیں۔ اور اسی طرح سے پیچھے اور آگے، پیچھے اور آگے۔ ایک سیکنڈ کے ایک معمولی سے حصے میں آپ کی روشنی زیادہ سے

زیادہ طاقتور ہوتی چلی جاتی ہے، ایک لیزر کی طرح! اور اگر اچھی طرح سے محفوظ کرلی جائے تو آپ کی ایزجی قائم رہنا شروع ہو جاتی ہے۔ یہ ہر پانچ منٹ بعد کھو نہیں جاتی۔ یعنی ایک لیزر کی طرح وہ آپ کو تعلیم دے رہے ہیں کہ ان لیزرز کی حقیقت کو غیر مقفل کریں۔ شیطان دنیا کے لئے اس کا استعمال کر رہا ہے؛ آپ اسے رحمٰن کے لئے استعمال کریں!

اس کا مطلب یہ ہے کہ ان آئینوں کی صحبت میں جائیں۔ وہ محض اپنی نظر بھیجتے ہیں، (جب ہم یہ کہتے ہیں کہ، 'ہم پر اپنی نظر فرمائیں، یا سیّدی! اپنی نظر مبارک بھیجئے') جب اللہ عزوجل یہ فرما رہا ہے اور نبی پاک ﷺ کو بیان فرما رہا ہے کہ، 'پیغمبر ﷺ کو یہ مت کہو کہ وہ تمہاری بات سنیں، مگر دیکھنے کے لئے اور تم پر نظر فرمانے کے لئے درخواست کرو۔'

يَا أَيُّهَا الَّذِينَ آمَنُوا لَا تَقُولُوا رَاعِنَا وَقُولُوا انظُرْنَا وَاسْمَعُوا (١٠٤)

"اے ایمان والو (نبی پاک ﷺ کو) رَاعِنَا نہ کہو، کہ ہمیں سُنیں اور اُنظُرْنَا (ہم پر نظر فرمائیں) کہا کرو۔ اور تم (اُنہیں ﷺ) سنو۔" (سورۃ البقرہ، 2:104)

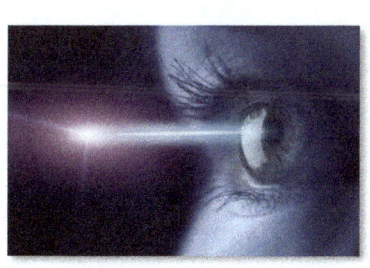

"اِشفَعلَنَا" (ہماری شفاعت فرمایئے) کا مطلب ہے کہ ہم نبی پاک ﷺ کی نظر مبارک چاہتے ہیں۔ یہ نہیں کہ وہ ہمیں سنیں۔ ان کی سماعت مکمل طور پر ذاتِ باری تعالیٰ کے لئے ہے۔ جو ہم چاہتے ہیں وہ ہے اُن کی نظر مبارک، کیونکہ اُن کے چہرہ مبارک سے روشنی آرہی ہوتی ہے۔ یعنی ہم اپنی روشنی کو تحفے کے طور پر بھیج رہے ہوتے ہیں وہ اس روشنی کو وصول فرماتے ہیں ہمارے لئے شفاعت فرماتے ہیں، اس نور کی فریکوئینسی کو اس روشنی کی برکات کو بڑھا دیتے ہیں اور اسے واپس بھیج دیتے ہیں۔ دوبارہ، اب ہم تھوڑا اوپر بڑھ چکے ہوتے ہیں۔ ہم اس نور کو لیتے ہیں ہم اس روشنی پر دعا کرتے ہیں

ہم اسے ایک تحفہ کے طور پر واپس بھیجتے ہیں؛ نبی پاک ﷺ اس روشنی کو وصول فرماتے ہیں اسے واپس بھیجتے ہیں، بھیجتے ہیں، بھیجتے ہیں، بھیجتے ہیں۔ اور فیوژن (fusion) کی حقیقت؛ اس روشنی کی طاقت کھلنے لگتی ہے اور کئی گنا زیادہ ہونے لگتی ہے۔

یہی وجہ ہے کہ مولانا شیخ (ق) فرماتے ہیں کہ پھر ان کے دل لیزرز کی طرح ہو جاتے ہیں۔ اس کا مطلب یہ ہے کہ وہ محض کسی چیز پر غور کرتے ہیں اور لیزر کی تیز روشنی کی مانند ان کے دل باہر آ جاتے ہیں ان کے دلوں کی روشنی باہر آ جاتی ہے اور وہ لوگوں کے دل اور روحوں کو چھو لیتے ہیں۔

ہم دعا کرتے ہیں کہ یہ تمام حقائق... اور ہر ٹیکنالوجی ایک گہری روحانی حقیقت سمیٹے ہوئے ہے، ہم دعا کرتے ہیں کہ مولانا شیخ (ق) ہمارے لئے زیادہ سے زیادہ ہماری ذات کا شعور اور ہمارے لئے دستیاب خزانہ، کہ جس کو کوئی بھی لینے کے لئے نہیں آ رہا، اُس کی حد کو واضح فرمادیں۔

سُبْحَانَ رَبِّكَ رَبِّ الْعِزَّةِ عَمَّا يَصِفُونَ، وَسَلَامٌ عَلَى الْمُرْسَلِينَ وَالْحَمْدُ لِلَّهِ رَبِّ الْعَالَمِينَ. بِحُرْمَةِ مُحَمَّدِ الْمُصْطَفٰى وَبِسِرِّ سُورَةِ الْفَاتِحَةِ۔

آٹھواں باب

تفکر اور مراقبہ

(روحانی رابطہ)

الَّذِينَ يَذْكُرُونَ اللَّهَ قِيَامًا وَقُعُودًا وَعَلَى جُنُوبِهِمْ وَيَتَفَكَّرُونَ فِي خَلْقِ
السَّمَاوَاتِ وَالْأَرْضِ رَبَّنَا مَا خَلَقْتَ هَذَا بَاطِلًا سُبْحَانَكَ فَقِنَا عَذَابَ
النَّارِ ﴿١٩١﴾

"جو کھڑے اور بیٹھے اور کروٹ کے بل (لیٹے ہوئے) خدا کو یاد کرتے اور آسمان اور زمین کی تخلیق پر تفکر کرتے (اور کہتے ہیں) کہ اے پروردگار! تو نے اس کو بے فائدہ نہیں پیدا کیا تو پاک ہے (ایسی کسی بھی چیز سے)؛ پھر ہمیں آگ کے عذاب سے بچائیو۔"

(سورۃ آل عمران، 3:191)

الَّذِي خَلَقَ الْمَوْتَ وَالْحَيَاةَ لِيَبْلُوَكُمْ أَيُّكُمْ أَحْسَنُ عَمَلًا ۗ وَهُوَ الْعَزِيزُ الْغَفُورُ ﴿٢﴾

"وہی ہے جس نے موت اور زندگی کو پیدا کیا تاکہ تمہیں آزمائے کہ تم میں سے کون ہے جو بہتر عمل کرتا ہے۔ اور وہ زبردست، بخشنے والا ہے۔"

(سورۃ الملک، 67:2)

مراقبہ

(روحانی رابطہ)

الحمد اللہ، طریقۃ میں بہت سے مختلف حقائق موجود ہیں۔ اور یہ اللہ عزوجل کی خدائی بارگاہ کی جانب سے نبی اکرم سیدنا محمد ﷺ کی بارگاہ کی جانب اور سیدنا محمد ﷺ کی جانب سے سے اولیاء اللہ کی جانب تحائف ہیں۔ اولیاء اللہ اور مشائخ اور کامل لوگوں کی تعلیمات سے، یہ ایک یاد دہانی ہے کہ حقیقت کے جن بہت سے سمندروں کے بارے میں ہم نے بات کی ہے اُن میں سے ایک مراقبہ ہے۔

اس کا مطلب یہ ہے کہ یہ سب اس بات پر مبنی ہے کہ دل کو کیسے بیدار کیا جائے۔ دل کے اپنے لطیف مقامات ہوتے ہیں جنہیں لطائف کہا جاتا ہے، جیسے ایزجی کی سیٹلائٹ ڈشز (satellite dishes)، جو مقدس دل کی تہوں کو مقدس بارگاہ اور آسمانی سلطنت کے خدائی نور کے ظہور کے لئے کھولتی ہیں۔ اس کا مطلب ہے کہ ہم اللہ عزوجل کی آسمانی سلطنت کو زمین پر تشریف لانے اور ہمارے دل میں آنے اور ہمارے دل کو آسمانی سلطنت بنانے کا سوال کر رہے ہوتے ہیں۔

دل کی بیداری کیلئے سب سے پہلے سر کو جھکنا ہوگا

سر کے سات (7) مقدس مقامات کو تابع کریں

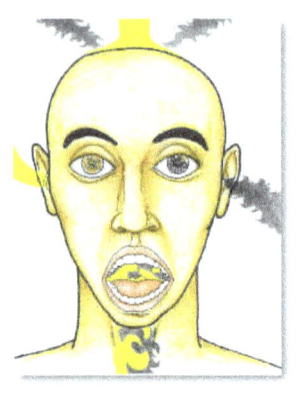

دل کو بیدار کرنے کے لئے، مقدس سر کو تابع ہونا ہوگا۔ اس کا مطلب یہ ہے کہ جب کان اطاعت میں ہوں، آنکھیں اطاعت میں ہوں اور سانس تابع ہو جائے پھر آخری اور سب سے مشکل، مقدس زبان (کو تابع کرنا) ہے۔ کہ یہ سب لازمی اطاعت میں ہونے چاہئیں۔ لہٰذا طریقة کی تمام تر تربیت ہمیں یہ سکھانے کے لئے ہے کہ جب ہم مشائخ کے ساتھ ہوں، اپنے کامل اساتذہ کرام کے ساتھ ہوں تو وہ ہمیں یہ سکھاتے ہیں کہ ہمارا "سَمِعْنَا وَأَطَعْنَا۔ ہم سنتے ہیں اور ہم اطاعت کرتے ہیں،" کس طرح کامل بنایا جائے۔

کانوں کا پیروں سے براہِ راست رابطہ ہے – یہ آپ کا توازن برقرار رکھتے ہیں

سَمِعْنَا وَأَطَعْنَا غُفْرَانَكَ رَبَّنَا وَإِلَيْكَ الْمَصِيرُ (٢٨٥)

" ہم سنتے ہیں اور ہم اطاعت کرتے ہیں۔ اے ہمارے مالک ہم تیری مغفرت کے طالب ہیں اور تیری ہی جانب تمام سفر ختم ہوتے ہیں۔" (سورۃ البقرہ، 2:285)

لہٰذا اللہ عزوجل براہ راست تعلیم فرمارہا ہے کہ آپ کے کان آپ کے پیروں کے پابند ہیں۔ چنانچہ اگر آپ کو ورٹیگو (vertigo) ہے تو آپ چل نہیں سکتے۔ کانوں کی دو سطحیں ہوتی ہیں۔ ہمارے پاس ایک بیرونی کان ہے اور ایک اندرونی روحانی کان۔ اللہ عزوجل بیان فرماتا ہے کہ ان کے پاس کان ہیں لیکن وہ اسے استعمال نہیں کرتے، وہ اسے حیوانی سلطنت کی طرح استعمال کرتے ہیں، لیکن ہم حقیقتاً اندر سے دل کو نہیں سنتے۔

اپنی نظر کو اپنے پیروں پر رکھیں ۔ نظر بَر قدم

اپنی نظر کو اپنے پیروں پر رکھیں، نظر بر قدم! کیوں؟ کیونکہ آپ کی نظر میں آپ کی ہوا (خواہش) موجود ہوتی ہے۔ آپ ایسا کبھی نہیں دیکھیں گے کہ اندھے لوگوں کو مادی دنیا کی خواہشات ہوں۔ کوئی ایسا نابینا شخص نہیں جو زمین کو فتح کرنے اور فراری گاڑی خریدنے کی کوشش کر رہا ہو؛ وہ اسے دیکھ نہیں سکتا، وہ اسے استعمال نہیں کر سکتا۔ کوئی ایسے اندھے لوگ نہیں موجود جو مادی خواہشات رکھتے ہوں۔

پھر، دیکھنا براہ راست آپ کی خواہشات سے جڑا ہوا ہے۔ اپنی خواہش کو بند رکھیئے اور اپنے پاؤں پر نظر رکھیں۔ اس کا مطلب یہ ہے کہ دھیان رکھیں کہ آپ کے پیر آپ کو زندگی میں کہاں لے جا رہے ہیں۔ اگر یہ پیر ناچنے کے لئے جائیں تو سمجھ جائیں کہ ہم مشکل میں پڑ گئے۔ اگر یہ پیر مسجد کی جانب عبادت کے لئے اور نماز پڑھنے کے لئے جاتے ہیں تو الحمد للہ ہم تقویٰ کی راہ پر اور سیدنا محمد ﷺ کے نقشِ قدم پر "قَدَمَ الحَق وَقَدَمَ الصِّدِيق" (سچے لوگوں کے نقشِ قدم) پر ہیں۔ اور جو لوگ صحابہ کرام رضوان اللہ علیہم اجمعین اور اہلِ بیت النبی ﷺ کے واث ہیں، وہ نبی پاک ﷺ کے نقش قدم کی وراثت پاتے ہیں۔

تفکر (غور و فکر / مراقبہ)

تفکر (مراقبہ) میں اپنے امام کو سامنے دیکھیں

گزشتہ تعلیمات سے (بیان کرتے ہوئے) کہ، اگر سر کے سارے مقامات (openings) کا شعور حاصل ہو جائے اور وہ اپنی حیوانی فطرت کو تابع کر کے اپنی ملکوتی حقیقت کی طرف آ جائیں تو فوراً اسی وقت وہ (اولیاء اللہ) ہمیں مراقبہ اور تفکر کی تعلیم دینا شروع کر دیتے ہیں کہ جب آپ تفکر اور غور و فکر کر رہے ہوں تو آپ کو ہمیشہ اہلِ نور کے ساتھ رہنا چاہئے۔ آپ کو ہمیشہ اپنے امام کے ساتھ رہنا چاہئے۔ اس کا مطلب یہ ہے کہ ایسا کوئی وقت نہیں کہ جب ہم ظاہری طور پر شیخ کے ساتھ ہوں اور روحانی طور پر ہم اُن کے ساتھ نہ ہوں۔

یعنی ہماری زندگی کا ہر تصور اسی نوعیت کا ہے کہ، یاربّی! سب سے بڑے امام، سب سے عظیم امام سیدنا محمد ﷺ ہیں۔ جب ہم اپنے آپ کو تعلیم سے آراستہ کر رہے ہوں کہ، یا پھر سیدنا عیسیٰ علیہ السلام، یا سیدنا موسی علیہ السلام، یا جس بھی قوم سے آپ تعلق رکھتے ہوں اور جس نبی کی بھی پیروی کر رہے ہوں، ہماری زندگی اس بات پر مبنی ہے کہ، 'نبی اکرم ہمیشہ میرے سامنے موجود ہوتے ہیں۔' یعنی میری زندگی ہمیشہ ان کی پیروی میں ہے، میری دعا ہے کہ خدا مجھے قبول فرمائے کہ میں ان کے پیروں کی خاک بن جاؤں۔

لیکن چونکہ ہم اس وقت کے لوگ نہیں ہیں تو اللہ عزوجل نے ہمیں اولیاء اللہ سے نوازا ہے۔ لٰہذا ہمارے مقدس مُرشد ہمیشہ میرے امام ہوتے ہیں، خواہ میں ان کے ساتھ ہوں اور ان کے پیچھے نماز پڑھ رہا ہوں، یا پھر اپنے دل کی آنکھ کے مشاہدہ سے اُن کو یاد کر رہا ہوں۔ اس کا مطلب ہے کہ میں کوشش کرتا ہوں کہ کبھی بھی اُن کی بارگاہ کو نہ چھوڑوں۔ یعنی آپ شیخ کی محبت کو برقرار رکھیں! اور شیخ کی یہ محبت، کیونکہ ہمارا ساتھ محبت پر مبنی ہے، زبردستی کے ساتھ نہیں، کوئی بھی ہمیں یہاں روحانی محافل میں بیٹھنے پر مجبور نہیں کر سکتا ہے۔ زبردستی کے ذریعے کچھ نہیں کھلے گا۔

محبت شیخ کا حُضُور (موجودگی) کھولتی ہے

ہم محبت کے ساتھ شیخ کی صحبت اختیار کرتے ہیں اور وہ اُس محبت کے ذریعے تعلیم فرمانے لگتے ہیں جس سے آپ کو 'حُضُور' نصیب ہونے لگتا ہے اور آپ کو ان کی موجودگی محسوس ہونے لگتی ہے۔ اس موجودگی کا مطلب ہے کہ آپ محض اُن پر نظر ڈالیں اور جب آپ آنکھیں بند کریں تو آپ انہیں روح کی آنکھ سے، دل کی آنکھ سے دیکھ سکیں۔ یعنی آپ انہیں دیکھیں اور آپ ان کے ساتھ ظاہری طور پر اور روحانی طور پر تعلق تعمیر کریں۔ اس کا مطلب ہے ہمیشہ ان کی صحبت میں رہنا، اس حقیقت کے لئے وہ محبت اور پیار 'حضور' اور شیخ کی موجودگی کو فروغ دینے لگتا ہے۔ اس کا مطلب یہ ہے کہ ان اولیاء اللہ کے ساتھ ان کی ظاہری بارگاہ میں اور پھر ان کی روحانی بارگاہ میں داخل ہوا جائے کیونکہ اللہ عزوجل کا فرمان ہے کہ، 'ہر گھر میں صحیح دروازے سے داخل ہوا کرو۔'

...وَلَيْسَ ٱلْبِرُّ بِأَن تَأْتُوا۟ ٱلْبُيُوتَ مِن ظُهُورِهَا وَلَٰكِنَّ ٱلْبِرَّ مَنِ ٱتَّقَىٰ ۗ وَأْتُوا۟ ٱلْبُيُوتَ مِنْ أَبْوَٰبِهَا ۚ وَٱتَّقُوا۟ ٱللَّهَ لَعَلَّكُمْ تُفْلِحُونَ (١٨٩)

"اور نیکی اس بات میں نہیں کہ گھروں میں ان کے پچھواڑے کی طرف سے داخل ہوا جائے۔ بلکہ نیکوکار وہ ہے جو پرہیز گار ہو۔ اور گھروں میں ان کے دروازوں سے داخل ہوا کرو اور خدا سے ڈرتے رہو تاکہ نجات پاؤ۔"

(سورۃ البقرہ، 2:189)

مراقبہ (روحانی رابطہ)

روح کی سطح پر شیخ کے ساتھ رابطہ قائم کریں

اللہ عزوجل کا گھر "قَلْبَ الْمُؤْمِنْ بَيْتُ الله" ہے جس کا مطلب ہے کہ دماغ کے ذریعے نہیں دل کے ذریعے داخل ہوں۔ یعنی روح کو بیدار کریں اور روح کی سطح پر ان سے رابطہ قائم کریں۔

قَلْبَ الْمُؤْمِنْ بَيْتُ الرَّبْ

"مومن کا دل خدا کا گھر ہے۔" (حدیثِ قدسی)

ایسے لوگ بھی ہیں جو شیخ کے ساتھ پچاس سال، چالیس سال، دس سال ظاہری طور پر رہتے ہیں لیکن انہوں نے کبھی روحانی طور پر رابطہ قائم کرنے کی کوشش نہیں کی ہوتی۔ اور یہ ایک بہت بڑی غلطی ہے، یہ بہت بڑی مشکل ہے کیونکہ آپ جو کچھ بھی حاصل کر رہے ہیں وہ اُن کی ظاہری بارگاہ سے ہے اور یہ شیخ کی روحانیت کے مقابلے میں ایک انتہائی چھوٹی سی حقیقت ہے۔ یہی (روحانیت) شیخ کا نور اور ابدی بارگاہ ہے۔ وہ سیدنا محمد ﷺ کا عکس ہیں اور سیدنا محمد ﷺ زمین پر خدائی عکس ہیں۔

جس چیز کا کمال اللہ عزوجل چاہتا ہے وہ تمام انبیاء کرام کے ذریعے معلوم ہوتی ہے۔ خدا کی تمام صفات، نبوی حقیقت (prophetic reality) کے ذریعہ منعکس ہوتی ہیں اور نبوی حقیقت سے اولیاء اللہ پر۔

يَاأَيُّهَا الَّذِينَ آمَنُوا أَطِيعُوااللَّه وَأَطِيعُواالرَّسُولَ وَأُوْلِي الْأَمْرِ مِنكُمْ...(۵۹)

"اے ایمان والو! خدا اور اس کے رسول کی فرمانبرداری کرو اور ان کی جو تم میں صاحبِ اختیار ہیں۔"

(سورۃ النساء، 4:59)

أُوْلِي الْأَمْر جو آسمانی اختیار کے حامل ہیں، اس عکس کے وارث ہوتے ہیں۔ لہٰذا اُن کی موجودگی کو قائم رکھنے سے، مراقبہ کرنے سے اور تفکر کرنے سے وہ سکھانے لگتے ہیں کہ، 'میرے پروردگار، میں کبھی بھی ان کے بغیر نہیں رہنا چاہتا، کہ میں ہمیشہ ان کے ساتھ رہوں۔'

دل کی سلطنت روحانی ہوتی ہے اور روحانی رابطے کا تقاضا کرتی ہے

جیسے ہی آپ تفکر کرنا سیکھنے لگتے ہیں تو ہم ذہن کی سطح اور جسمانی سطح کو چھوڑ رہے ہوتے ہیں۔ ابتدائی مرحلے میں سر کے ذریعے صرف جسم کو نظم و ضبط سکھانا مقصود تھا۔ اب جب ہم دل کی سلطنت میں داخل ہو جاتے ہیں تو یہ ایمان کی سلطنت ہوتی ہے۔ یہ اب مزید جسمانی نوعیت کی نہیں رہتی، یہ روحانی فطرت کی ہوتی ہے اور ہمیں اپنے مرشد کے ساتھ روحانی تعلق بنانا ہوتا ہے۔

سلطان الاولیاء مولانا شیخ ناظم (ق) اس رابطے میں حتمی ہیں لیکن، الحمد للہ، اللہ پاک نے ہمارے لئے اس عکس کی ایک کامل مثال کے طور پر مولانا شیخ (ق) عطا فرمائے ہیں کہ ان سے رابطہ پیدا کیا جائے اور ہمیشہ ان کی بارگاہ میں حاضر رہنے کی دعا کی جائے۔ ہمارے لئے اس خطے میں ہم اُن کی مثال کی پیروی کرتے ہیں، ہم اُن کے سفر کی پیروی کرتے ہیں، ہم ان کے خطبات سنتے ہیں، ہم ساری تعلیمات سنتے ہیں۔

پہلے مرحلے میں ہم کوشش کرتے ہیں کہ شیخ سے رابطہ قائم کریں

اس مثال کے ذریعے ہم دعا کرتے ہیں کہ، یاربی! مجھے اس شخص کی خدمت کرنے کا شرف عطا فرما جو سلطان کی خدمت کر رہا ہے جو نبی پاک ﷺ کی خدمت کر رہا ہے۔ مجھے اُن تک رسائی دے اور اس قابل بنا کے سفر طے کر کے میں اُن سے مل آوٗں؛ اُن کو بیعت دینے، ان کا ساتھ دینے، ان کی خدمت کرنے کے قابل ہو جاوٗں۔ اس سے یہ تصور کھلنا شروع ہوتا ہے کہ جیسے ہی ہم مراقبہ اور تفکر کرتے ہیں کہ، 'یاربی! مجھے ہمیشہ اُن کے ساتھ رکھ۔' تیرا قرآن پاک میں ارشاد ہے کہ، "اتَّقُوااللَّهَ وَكُونُوامَعَ الصَّادِقِينَ"

...اتَّقُوااللَّهَ وَكُونُوامَعَ الصَّادِقِينَ (١١٩)

"اے ایمان والو! اللہ عزوجل سے باخبر رہو اور اُن کے ساتھ رہو جو سچے ہیں (اپنے الفاظ اور اعمال میں)۔"
(سورۃ توبہ، 9:119)

'میں ہمیشہ تیرے نیک بندوں کے ساتھ رہنے کا سوال کر رہا ہوں۔' جیسے ہی اپ مراقبہ کرتے ہیں اور تفکر کرتے ہوئے سوال کرتے ہیں کہ، 'یاربی! میں روح اور اس کی حقیقت کے ساتھ رہنا چاہتا ہوں،' تو آپ تصور کرنا شروع کر دیتے ہیں کہ جیسے آپ ان کے ساتھ ظاہری طور پر موجود ہوں۔ ان کی روح بالکل وہاں موجود ہوتی ہے ان کی روح ہمارے سامنے موجود ہوتی ہے، اور آپ سوال کرتے ہیں کہ، 'یاربی! مجھے اپنا دل بیدار کرنے اور اپنی روح کا اپنے مرشد کی روح سے رابطہ قائم کرنے کی توفیق دے۔'

پہلے مرحلے میں یہ مَیں ہوتا ہوں جو رابطہ قائم کرنے کی کوشش کر رہا ہوتا ہوں۔ اُن کو سننے کا کوئی راستہ نہیں ہے جب تک کہ وہ خود اجازت نہیں دے دیتے کہ رابطہ درست ہے۔ میں محض لائن بھیجتا ہوں، درخواست کرتا ہوں، یہ ان کی طرف سے ہے کہ وہ قبولیت بخشتے ہیں یا نہیں۔ اگر وہ قبول کرتے ہیں، وہ اسے مخلص محسوس کرتے ہیں، وہ اسے درست سمجھتے ہیں تو پھر وہ اپنی نظر مبارک بھیجنا شروع کر دیتے ہیں۔ نظر کا مطلب روح پر ان کی روحانی توجہ ہے۔

جیسے ہی وہ اپنی روحانی توجہ بھیجتے ہیں تو اس کا مطلب یہ ہوتا کہ یہ سب علم دل پر مبنی ہوتا ہے، روحانی تعلق پر مبنی ہوتا ہے۔ ہم یہ سیکھنا شروع کرتے ہیں کہ جیسے ہم اپنے کانوں کے ذریعے سن رہے ہوتے ہیں وہ ظاہری ہوتا ہے لیکن یہ مشائخ کا ایک روحانی تعلق کھول رہا ہوتا ہے۔

کعبہ اور دل

کعبہ کے چار کونے چار اقسام کی نمائندگی کرتے ہیں۔

"نَبِیّنَ، صِدِّیقِینَ، شُہَدَاء وَالصَّالِحِینَ"

وہ ہمیں تعلیم دیتے ہیں کہ اس روحانی تعلق کی حقیقت کو بیدار کرنے کے لئے اللہ عزوجل فرماتا ہے، 'اگر تم میرے ساتھ رہنا چاہتے ہو تو تمہیں چار اقسام کے لوگوں کے ساتھ رہنا ہوگا – نَبِیّنَ، صِدِّیقِین، شُہَدَاء وَالصَّالِحِینَ (انبیاء کرام، سچے، گواہ/شہداء اور نیک لوگ)۔'

وَمَن يُطِعِ اللّٰهَ وَالرَّسُولَ فَأُولَٰئِكَ مَعَ الَّذِينَ أَنْعَمَ اللّٰهُ عَلَيْهِم مِّنَ النَّبِيِّينَ وَالصِّدِّيقِينَ وَالشُّهَدَاءِ وَالصَّالِحِينَ وَحَسُنَ أُولَٰئِكَ رَفِيقًا (٦٩)

"اور جو لوگ خدا اور اس کے رسول کی اطاعت کرتے ہیں وہ ان لوگوں کے ساتھ ہیں جن پر خدا نے اپنا فضل کیا یعنی انبیاء کرام، صادقین، حق کے گواہان اور صالح لوگ۔ اور ان لوگوں کی رفاقت بہت ہی خوب ہے۔"
(سورۃ النساء، 4:69)

یہی وجہ ہے کہ کعبہ ان کی طرف سے ایک علامت ہے۔ اگر آپ اللہ عزوجل کے ساتھ رہنا چاہتے ہیں تو آپ کو ان کے ساتھ رہنا ہوگا؛ نَبِيِّينَ (انبیاء کرام) — جو حجرالاسود ہے (کعبہ میں کالا پتھر)۔ صِدِّيقِينَ (سچے بندے) — وہ گوشہ جو نبی پاک ﷺ کے قریب ترین ہے۔ شُہَدَاء — کیونکہ وہ دیکھتے ہیں اور وہ شُہَدَاء، صَالِحِينَ (نیک لوگ) کو جنم دیتے ہیں۔

نَبِيِّينَ (انبیاء کرام) — حجرالاسود کا گوشہ۔ (تمام نَبِيِّينَ 124,000 ہیں۔)

صِدِّيقِينَ (سچے لوگ) — نبی کریم ﷺ کے قریب کا گوشہ۔ صِدِّيقِينَ، نبی پاک ﷺ کے جلیل القدر صحابہ کرام ہیں۔

شُہَدَاء (وہ لوگ جو گواہ ہیں) — نہ صرف وہ لوگ جو جنگ میں شہید ہوئے بلکہ وہ لوگ جو اپنی ظاہری دنیا میں وفات پا چکے ہوتے ہیں (موت قبل الموت)۔ یعنی حقیقت کے بڑے بڑے عالم جو اپنی خصوصیات کو ختم کرنے کے قابل ہوئے۔ وہ اس دنیا میں بہت زیادہ زندہ نہیں تصور کئے جاتے کیونکہ وہ خدائی بارگاہ میں زندہ ہوتے ہیں۔

شُہَدَاء گواہ ہوتے ہیں۔ اگر کسی مجلس میں کوئی شُہَدَاء میں سے نہیں اور اُن لوگوں میں سے نہیں ہے جو اپنی مجالس میں دیکھ سکتے ہوں تو آپ کبھی بھی صَالِحِین نہیں بن پائیں گے۔ یہ صرف وہ کُلیہ ہے جس سے اللہ عزوجل وہ حقیقت پیدا کر رہا ہے۔

صَالِحِین (نیک لوگ) – لٰہذا ان میں داخل ہونے اور صَالِحِین کے گروہوں کو ڈھونڈنے سے کہ اُن میں لازماً کوئی اہل البصیرۃ (روحانی مشاہدات رکھنے والے لوگ) میں سے موجود ہونا چاہئے، جو تربیت یافتہ ہو اور اُس کی خواہشات ختم ہو چکی ہوں۔ اور خواہشات کے خاتمے کے نتیجے میں اللہ عزوجل فرماتا ہے کہ، 'ہم نے ان کے کانوں کا تالا ختم کر ڈالا، ہم نے ان کی آنکھوں کا، جو دل کا عین (مشاہدہ) ہیں، تالا اتار دیا۔ اور ہم نے کسوہ (یعنی) وہ پردے جو روکاوٹ بن رہے تھے، ہٹا دیئے۔'

اس کا مطلب ہے کہ ان کی صحبت کو قائم رکھنے سے ان کا تمام مقصد ظاہری وابستگی نہیں ہوتا بلکہ ظاہری وابستگی کے ذریعے وہ لوگوں کی روحوں کو کھینچ لینے میں کامیاب ہوتے ہیں۔ چنانچہ "مَلَکُوتُ کُلِّ شَيْءٍ" سے اس کا مطلب ہے کہ ہم ظاہری رفاقت میں آتے ہیں اور ہم ظاہری ساتھ کو تلاش کرتے ہیں لیکن یہ اہل البصیرۃ نورانی لوگوں میں سے ہوتے ہیں، کہ ان کی روح کمرے میں موجود ہر شخص کی روح کو فوری طور پر اپنی گرفت میں لے لینے کے قابل ہوتی ہے اور جو 'معاہدے' کی تکمیل سے اللہ عزوجل چاہتا ہے اُس کے مطابق انہیں وہاں لے جاتی ہے۔

فَسُبْحَانَ الَّذِي بِيَدِهِ مَلَكُوتُ كُلِّ شَيْءٍ وَإِلَيْهِ تُرْجَعُونَ (٨٣)

"تمام عظمت اُسی ذات کے لئے ہے جس کے ہاتھ میں تمام چیزوں کی بادشاہت ہے اور اسی کی طرف تم کو لوٹ کر جانا ہے۔" (سورۃ یٰس، 36:83)

قرآن پاک میں بھی یہی بیان ہے اور اللہ عزوجل فرمارہا ہے کہ، اگر تم میرے ساتھ رہنا چاہتے ہو تو تمہیں لازمی طور پر نَبِيّينَ (پیغمبروں)، صِدِّيقِينَ (سچے)، شُهَدَاء (شہادت پانے والے/گواہ) اور صَالِحِين (نیک لوگ) کے ساتھ رہنا ہوگا۔

تو شُهَدَاء گواہ ہوتے ہیں۔ گواہ بننے کا ایک طریقہ یہ ہے کہ آپ کی وفات ہو جائے اور اب آپ اس روشنی کا مشاہدہ کریں جو اللہ عزوجل نے دکھانی چاہی۔ یا پھر آپ کی خواہشات مر جائیں اور آپ کا دل بیدار ہونے لگے؛ آپ کی روح وہ دیکھنا شروع کردے جو اللہ عزوجل اسے دکھانا چاہتا ہے اور اب آپ شُهَدَاء اور اهل البصیره میں سے ہوتے ہیں — وہ لوگ جن کے دل بیدار ہوتے ہیں۔

اللہ عزوجل کہتا ہے کہ آپ کو ان چاروں حقائق میں سے ہونا چاہئے — صَالِحِين میں سے، شُهَدَاء میں سے، صِدِّيقِين میں سے اور وہ سب سیدنا محمد ﷺ یعنی نَبِيّينَ سے جڑے ہوئے ہوتے ہیں۔

مقدس کعبہ اور لطائف القلب کے چار اندرونی اور بیرونی مقامات

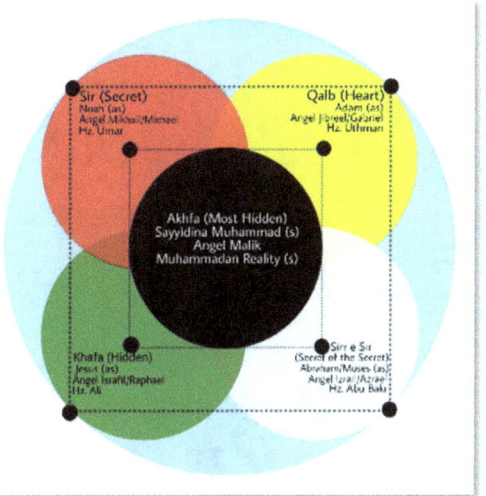

پھر اس کا مطلب ہوا کہ دل کے درجات ہیں۔ اس سے پہلے کہ ہم لطائف القلب کی سمجھ میں جائیں، آپ دیکھیں گے کہ دل کے گرد حقیقت کے دائرے کا احاطہ کئے ہوئے ایک مربع موجود ہے جس کا ہر ایک کونہ ہر لطیفۂ القلب کے بیرونی نقطے کی نشاندہی کرتا ہے، (یہ سارے کونے مل کر) ایک چوکور بناتے ہیں۔ وہ چوکور کعبہ ہے، "قَلْبَ الْمُؤْمِنْ بَيْتُ الله"

قَلْبَ الْمُؤْمِنْ بَيْتُ الرَّبْ

"مومن کا دل خدا کا گھر ہے۔" (حدیثِ قدسی)

ایک بیرونی چوکور اور ایک اندرونی چوکور ہے۔ بیرونی چوکور ظاہری جسم کا کعبہ ہے۔ اندرونی چوکور انتہائی اندرونی حقیقت ہے - "بيتُ المَعمُور" - روشنی کے سمندروں میں خدائی گھر۔

اولیاءِ اللہ ہمیں تعلیم فرماتے ہیں کہ مشائخ کے ساتھ رہیں، ان سے تربیت اور شعور حاصل کرنے کیلئے، اپنی ارواح کو ان کی بارگاہ میں بیدار کرنے کیلئے۔ پھر اللہ عزوجل روح کی حقیقت اور روح کا حقیقی تعلق بیدار کرنا شروع کردیتا ہے اور صرف اس وقت ہی یہ فیض کھلنا شروع ہو سکتا ہے۔

سُبْحَانَ رَبِّكَ رَبِّ الْعِزَّةِ عَمَّا يَصِفُوْنَ، وَسَلَامٌ عَلَى الْمُرْسَلِيْنَ وَالْحَمْدُ لِلّٰهِ رَبِّ الْعَالَمِيْنَ. بِحرْمَةِ مُحَمَّدِ الْمُصْطَفٰى وَبِسِرِّ سُوْرَةِ الْفَاتِحَةِ۔

شفایابی کا تعارف:

اللہ عزوجل سے مقابلہ نہ کریں

دشواریوں کو دور کرنے کی دعا نہ کریں

یہ ہمارے کامل مشائخ ہیں جو انتہائی کامل طبیعت کے حامل ہیں اور ہم ان کی راہ کے طالب علم ہیں۔ وہ حقائق کی کامل راہ سے تعلیم فرماتے ہیں تاکہ اللہ عزوجل کے اطمینان تک اور نبی کریم ﷺ کے ہمارے لئے اطمینان اور مسرت تک پہنچا جاسکے، اور یہ کہ أُولِي الْأَمْر ہم سے خوش رہیں اور ان کی نظرِ کرم ہمیشہ ہم پر بنی رہے۔

ہمیں مختلف پسِ منظر سے تعلق رکھنے والے بہت سارے لوگوں سے ملنے کا موقع ملتا ہے ہیں لیکن اس کا مطلب یہ نہیں ہے کہ سب کچھ جو وہ سیکھ رہے ہیں یا انہیں سکھایا گیا ہے وہ کامل ہو اور وہ اللہ عزوجل کی رضا اور اطمینان تک پہنچنے کا بہترین راستہ ہو۔ ایک وجہ یہ ہے کہ طریقة اور وہ دور جس میں اب ہم رہ رہے ہیں وہ شفایابی پر مبنی ہے۔ یہ بہت اہم ہے کیونکہ بہت سارے لوگ یہ دعویٰ کرنا چاہتے ہیں کہ وہ شفایاب کر سکتے ہیں جبکہ وہ خود اپنی ذات تک کو تو شفایاب کر نہیں سکتے، اور ہو سکتا ہے کہ وہ خود بہت زیادہ بیمار ہوں۔

اس کا مطلب یہ ہے کہ ہماری تعلیمات اور اس راستے کو، اس کلینک کے ذریعے اور اس مقام کے ذریعے اور جہاں کہیں بھی یہ آواز نشر ہو رہی ہے اور سنی جارہی ہے اس کو، اللہ عزوجل کی جانب سے، نبی پاک ﷺ کی جانب سے، أُولِي الْأَمْر – سلطان الاولیاء (ق) اور مولانا شیخ (ق) کی جانب سے ایک اجازت دی گئی ہے۔ اس کا مطلب یہ ہے کہ اگر آپ یہ آواز سن رہے ہیں تو یہ ان کی تعلیمات سے اور اُس حقیقت سے ہے۔

اللہ عزوجل کا ہاتھ ہر چیز پر ہے ـ کبھی بھی اللہ عزوجل سے مقابلہ نہ کریں

شفایابی کی دنیامیں یہ بات بہت اہم ہے کہ ہم ہر چیز کے اطاعت میں ہونے پر یقین رکھتے ہیں اور یہ کہ ہر چیز پر اللہ عزوجل کا خدائی ہاتھ موجود ہے۔ اور اللہ عزوجل کے ہاتھ سے کچھ بھی نہیں بچ سکتا خواہ وہ رحمٰن کی تجلی سے ہو یا شیطان کے زیرِ اثر۔ لہٰذا جب اللہ عزوجل کسی کو ان کلینکس (clinics) اور ان حقائق کی طرف، نقشبندیۃُ العالیہ کے اِن مراکز کی جانب بڑھنے کی ترغیب دیتا ہے تو، اور میں دوسرے مشائخ اور دیگر طروق کے لئے بات نہیں کر سکتا مگر جس طریقة کے ذریعے ہمیں تربیت دی گئ ہے اُس میں تعلیم دی گئ ہے کہ کبھی بھی اللہ عزوجل کا مقابلہ نہ کریں۔

تو اس کا مطلب یہ ہے کہ ہر چیز کی ہمیشہ ایک بنیاد ہونی چاہیئے؛ وہ بنیاد یہ ہے کہ اللہ عزوجل کا ہاتھ ہر چیز پر ہے اور ہر چیز میں، جو اللہ عزوجل بندے کو اچھے اور برے میں سے عطا کرتا ہے، ایک حکمت ضرور ہوتی ہے۔

جب ہم سمجھ جاتے ہیں کہ کامل اور پختہ مشائخ ایسی حالت میں نہیں آنا چاہتے کہ جس میں وہ اللہ عزوجل کی مرضی، خدا کی مرضی کے خلاف آ رہے ہوں، 'خدا کی مرضی قائم ہو گی زمین پر، جس طرح وہ جنت میں ہے،' یعنی ہر کتاب اسی حقیقت کو بیان کرتی ہے۔ ہم اسی حقیقت کے مطابق جیتے ہیں، ہم اسی حقیقت کے مطابق سانس لیتے اور کھاتے ہیں۔

اللہ عزوجل آپ کے پاس لوگوں کو ان کے مسائل دور کرنے کے لئے نہیں بھیجتا

اس کا مطلب یہ ہے کہ جس کو اللہ عزوجل اِس کلینک میں بھیجتا ہے یا ہمارے آس پاس بھیجتا ہے یا (جن کی خبر) ہماری آنکھوں اور کانوں تک بھیجتا ہے، اللہ عزوجل انہیں بدلنے کے لئے آپ کے پاس نہیں بھیجتا۔ کیا وہ نہیں جانتا کہ اس نے بندے کو کیا دیا ہے؟ کیا وہ نہیں جانتا کہ اس نے ان کو ایک بیماری یا تکلیف دی، ان کے کردار کے

اندر، ان کی آنکھوں میں، ان کے ہاتھوں ان کے پیروں میں، ان کے غصے، ان کے اخلاق میں ایک خامی رکھی ہے؟ یہ جو کچھ بھی ہے یہ اللہ عزوجل نے دیا ہے!

جب آپ کاملان (کامل لوگ) میں سے نہیں ہوتے اور تکمیل کے راستے کو نہیں سمجھتے تو آپ کو محسوس ہوتا ہے کہ ہر چیز کو تبدیل کرنا ضروری ہے۔ یعنی آپ کے پاس کوئی ٹیڑھی (crooked) چیز آتی ہے، 'اوہ، اس کا مطلب ہے کہ مجھے اسے سیدھا کرنا ہوگا'۔ یعنی آپ کے پاس کوئی بیمار آتا ہے تو آپ کو اسے شفایاب کرنا ہے؛ کوئی شخص اپنی کوئی بھی درپیش مشکل کے ساتھ آتا ہے تو اس کا یہ مطلب نہیں کہ آپ کو وہ مسئلہ اس معاملے میں اور اس وقت میں حل کرنا ہوگا۔

اولیاء اللہ تشریف لاتے ہیں اور وہ تعلیم فرماتے ہیں اور وہ آپ کو ترغیب دیتے ہیں کہ آپ یہاں خدا کے ساتھ مقابلہ کرنے کے لئے نہیں موجود۔ اللہ عزوجل نے جسے جو کچھ دیا ہے وہ جانتا ہے اس نے کیا دیا ہے۔ وہ جانتا ہے کہ کیوں اس نے ان کو ان کی بیماریوں، ان کی مشکلات سے دوچار کیا؛ یہ جو کچھ بھی ہے اس کے سبب لوگوں کو یہاں آنا پڑتا ہے۔ اللہ عزوجل جانتا ہے کہ اس نے ان کو کیا دیا اور وہ نہیں چاہتا کہ آپ اسے دور کریں۔ کیونکہ اب آپ خدا کے مقابلہ میں آجاتے ہیں۔

مثلاً کوئی بہت ساری تکلیفوں اور بہت ساری بیماریوں اور بہت ساری مشکلات کے ساتھ آتا ہے، اللہ عزوجل بندے کا محتاج نہیں ہے، اور اسی موقع پر قرآن مجید کی یہ آیات بیان کرتی ہیں کہ وہ اللہ عزوجل کی بجائے اپنے لئے کوئی اور اولیاء/دوست بنا لیتے ہیں۔ جبکہ صرف اللہ عزوجل ہی ہے جو حفاظت کر سکتا ہے۔

أَمِ اتَّخَذُوا مِن دُونِهِۦٓ أَوْلِيَآءَ ۖ فَٱللَّهُ هُوَ ٱلْوَلِىُّ وَهُوَ يُحْىِ ٱلْمَوْتَىٰ وَهُوَ عَلَىٰ كُلِّ شَىْءٍ قَدِيرٌ (٩)

"کیا انہوں نے اس کے سوا محافظ/مددگار بنا لئے ہیں؟ مگر محافظ تو خدا ہی ہے اور وہی مردوں کو زندہ کرتا ہے اور وہ ہی ہر چیز پر قادر ہے۔" (سورة الشوریٰ، 42:9)

لوگ ایک غلط فطرت کی طرف چلے جاتے ہیں۔ خدائی رضا کو نہ سمجھنے والی ایک غلط فطرت، کہ اگر آپ کو کسی عطا، کسی برکت، کسی حقیقت میں سے کچھ عطا کیا گیا ہے تو آپ خدا کا مقابلہ کرنے والے کون ہوتے ہیں؟

اولیاء اللہ لوگوں کی رہنمائی کرتے ہیں کہ اپنے آپ کو جانیں

جب خدا کچھ دیتا ہے تو وہ متقی لوگوں سے جو چاہتا ہے وہ یہ ہے کہ، 'جو کچھ میں نے اس شخص پر ڈالا ہے اسے تبدیل نہ کرو کیونکہ انہوں نے اس کو تبدیل نہیں کیا جو ان کے اندر ہے۔ میں اس وقت تک کسی شخص کی حالت نہیں بدلا کرتا کہ جب تک وہ اس کو جو ان کے اندر ہے تبدیل نہیں کر لیتے۔'

... إِنَّ ٱللَّهَ لَا يُغَيِّرُ مَا بِقَوْمٍ حَتَّىٰ يُغَيِّرُواْ مَا بِأَنفُسِهِمْ ۗ وَإِذَآ أَرَادَ ٱللَّهُ بِقَوْمٍ سُوٓءًا فَلَا مَرَدَّ لَهُۥ ۚ وَمَا لَهُم مِّن دُونِهِۦ مِن وَالٍ (١١)

"... بیشک اللہ عزوجل کسی کی حالت کو نہیں بدلے گا جب تک کہ وہ اُس کو جو اُن کے اندر ہے نہ بدلیں۔ اور جب خدا کسی قوم کے ساتھ برائی کا ارادہ کرتا ہے تو پھر وہ پھِر نہیں سکتی۔ اور اُس کے سوا ان کا کوئی مددگار نہیں ہوتا۔"

(سورۃ الرعد، 13:11)

اس کا مطلب ہے کہ انہیں خود ڈھونڈنے دیں۔ اللہ عزوجل یہی مشائخ اور متقی لوگوں سے چاہتا ہے کہ وہ لوگوں کی رہنمائی کریں؛ ان کو ان کی ذات تک پہنچائیں، انہیں اُن کے اپنے بارے میں تعلیم دیں۔ انہیں مچھلی دینے کی بجائے انہیں مچھلی پکڑنا سکھائیں۔

شفایابی ایک "ڈرائیو تھرو (Drive Thru)" نہیں ہے
مشکلات کو بڑھا دیا جائے گا اگر سبق نہ سیکھے گئے

آج کل کے دور اور وقت میں، ہمیں جو بیماری لاحق ہے وہ یہ ہے کہ آج کل میکڈونلڈز (McDonald's) کا دور ہے؛ جہاں ہر شخص ڈرائیو تھرُو (drive thru) کرتا ہے تین پیسے دیتا ہے اور اپنا علاج کروا لیتا ہے۔ اور ہر کوئی ایسا کرنے پر راضی ہے۔ لیکن اگلی بار جب یہ بیماری آئے گی تو یہ بہت زیادہ بڑی ثابت ہوگی کیونکہ ابھی تک اس شخص کے اندر کوئی تبدیلی واقع نہیں ہوئی۔

ایک تو یہ کہ کوئی بندہ (مثلًا) شیخ جو اس طرح کا عمل کرتے ہیں یا گرُو یا جو بھی وہ شخص ہو، جب وہ مستقل طور پر اس کو جو خدا کی مرضی ہے بدلتے رہتے ہیں تو وہ اپنے اعمال کے لئے جواب دہ ہوں گے۔ اور وہ مشکل ان پر اُن کی زندگی میں اور ان کی قبر میں آ جائے گی۔

اور جو اللہ عزوجل اس شخص پر بھیج رہا ہو، آپ اسے دور کرتے رہتے ہیں تو اس کا مطلب یہ ہے کہ اس شخص نے وہ سبق نہیں سیکھا جو اللہ عزوجل چاہتا تھا کہ وہ سیکھے۔ تو آپ نے حقیقت میں اس شخص کے لئے اسے زیادہ مشکل بنا دیا ہوتا ہے۔ وہ اپنے ہاتھ پر لگے کٹ سے یا ٹوٹے ہوئے بازو سے جو کچھ سیکھ سکتے تھے انہوں نے وہ نہیں سیکھا۔ اور کسی بھی برکت کے ذریعے جو آپ کو ملی ہے اور جو کچھ بھی اللہ عزوجل آپ کو آپ کی دعاؤں کے قبول کرنے کے سبب عطا کرتا ہے کہ جس سے اللہ عزوجل راضی اور مطمئن ہو، اس کے ذریعے آپ نے کسی چیز کو دور کر دیا مگر ابھی تک اس بندے نے وہ سبق نہیں سیکھا جو اللہ عزوجل چاہتا ہے۔ اس کا مطلب ہے کہ جو اللہ عزوجل نے چاہا تھا اور جو پہلی آزمائش سے سیکھا جا سکتا تھا، اُس کو سکھانے کے لئے کہیں زیادہ طاقتور چیز سامنے آ جائے گی۔

ہر مرض کا علاج موجود ہے

ہم اس بات کو عام فہم (common sense) کے طور پر جانتے ہیں کہ اگر کسی کو درد ہو اور اس کو کوئی پرانا درد ہو تو آپ انہیں یہاں قالین پر بیٹھے ہوئے پائیں گے، کیونکہ وہ جانتے ہیں کہ اس مشکل کے سبب اُنہیں خدائی بارگاہ سے علاج میسر ہوگا۔

سیدنا موسیٰ علیہ السلام سرد تھے اور اُنہوں نے خدا کو آگ کی طرح دیکھا۔ اللہ عزوجل آگ نہیں ہے لیکن اللہ تعالیٰ آپ کو جس حالت میں بھی ڈالتا ہے وہ آپ کے لئے بہترین ہوتی ہے کہ اس کے علاج کو ڈھونڈا جائے۔ اور ہر بیماری کے لئے اللہ عزوجل نے ایک علاج مہیا کیا ہے۔

"ہر بیماری کا ایک علاج ہے، اور جب اس بیماری کا مناسب علاج کیا جائے تو اللہ عزوجل کے حکم سے یہ اس کو ختم کر دیتا ہے۔" (فرمانِ سیدنا محمد ﷺ – صحیح مسلم)

یعنی یہ تکمیل کے راستے سے ہے کہ اللہ عزوجل جو چاہتا ہے اس کو مستقل طور پر بدلتے نہیں رہنا چاہئے، 'نہیں، ہم تو اس لئے آئے ہیں کہ ہم چاہتے ہیں کہ اس (تکلیف) کو دور کر دیا جائے ہم چاہتے ہیں کہ یہ مشکل دور کر دی جائے۔ علاج ایسے ہوتا ہے۔ اوہ، ایسا کیوں ہے کہ ہم ٹھیک نہیں ہو رہے؟ یہ شخص علاج کر سکتا ہے۔' نہیں، نہیں، یہ غلط ہے! ایسی سمجھ غلط ہے۔

حقیقی مشائخ اللہ عزوجل کے مقابل نہیں آتے

اللہ عزوجل نے ان اولیاء اللہ کو جو کچھ عطا فرمایا ہے وہ لوگوں کے لئے باعثِ حیرت ہو سکتا ہے۔ لیکن کاملان کے راستے میں اور کامل راہ میں، وہ اللہ عزوجل کے مقابل نہیں آتے۔ وہ محض ایک بندے ہوتے ہیں اور اللہ عزوجل کی بندگی تک پہنچنے کی کوشش کر رہے ہوتے ہیں۔ یہی فرق ہے! قرآن کے آیتوں میں کہ جب آپ قرآنی آیات کو سنتے ہیں جہاں اللہ عزوجل کہتا ہے، 'انہوں نے اولیاء یا نیک بندوں کو ایسے لوگ سمجھ لیا ہے جو چیزوں کو تبدیل کر سکتے ہیں اور اللہ عزوجل کا مقابلہ کر سکتے ہیں،' مگر یہ راستہ نہیں ہے!

یہ وہ طریقہ نہیں ہے جس کی تعلیم سلسلہ نقشبندیۃ العالیہ دیتا ہے۔ نہیں، نہیں! یہ اولیاء اللہ، اللہ عزوجل کے بندے ہیں (عِبَادُ اللہ)۔ وہ خدائی بارگاہ کے مقابل نہیں آتے۔ وہ یہاں کسی بھی ایسی چیز کو تبدیل کرنے کے لئے موجود نہیں ہیں جو اللہ عزوجل انسانوں پر نازل کر رہا ہے بلکہ وہ تو صرف انسانوں کی اللہ عزوجل کے اطمینان کی طرف رہنمائی کرنے کیلئے ہیں۔

اولیاء اللہ انسانوں کی رہنمائی کرتے ہیں کہ اللہ عزوجل کی رضا کے لئے جدوجہد کریں

نقشبندی طریقۃ کا پہلا ذکر یہ ہے؛

اِلٰھِی اَنْتَ مَقْصُوْدِیْ وَرِضَاکَ مَطْلُوْبِیْ۔

"خدایا، تو ہی میرا مقصد ہے اور تیرا اطمینان ہی ہے جو میں تلاش کرتا ہوں۔"

میں تجھ سے معافی مانگ رہا ہوں اور تیرا اطمینان تلاش کر رہا ہوں۔ یہ شیخ کا کام ہے کہ یہ بات اس شخص کی روح پر اور دل میں نقش کرے کہ خدا کی مغفرت کی تلاش کرو اور اس کی رضا کی طرف راہ تلاش کرو۔

ہم یہاں کچھ بھی دور کرنے اور خدا سے مقابلہ کرنے کے لئے نہیں ہیں بلکہ محض آپ کو اس کی رضا کی طرف بڑھنے کا طریقہ سکھانے کے لئے ہیں۔ یعنی اگر آپ قالین پر بیٹھ کر اپنا ذکر کرنے لگیں، اپنے اوراد کریں، وضو کریں، نماز پڑھیں اور اپنی ذات کے خلاف جدوجہد کریں، آئیں، آتے رہیں اور شرکت کرتے رہیں، تو جیسے ہی آپ آنا شروع کرتے ہیں اور اپنی ذات کے خلاف جدوجہد کرنے لگتے ہیں تو آپ محسوس کریں گے کہ نور اور عطاؤں کی تجلیات روح کو آراستہ کرنے لگتی ہیں۔

اگر وہ انوار اور عطائیں روح کو آراستہ کرنے لگیں تو اس نعمت کے ذریعے اللہ عزوجل سب کچھ دور فرما دیتا ہے۔ اب اگر اللہ عزوجل نے ان انوار اور ان عطاؤں کے ذریعے کچھ دور نہیں فرمایا تو پھر بھی آپ اللہ عزوجل کی رضا سے راضی رہیں۔ اس کا مطلب ہے کہ آپ 'تسلیم' اور اطاعت گزاری سیکھنے لگیں گے۔ کہ، 'یاربّی! جو کچھ بھی تو مجھ پر دے نازل فرما رہا ہے، انشاء اللہ تو مجھے صبر کرنے والا پائے گا۔'

اگر یہ مشکل ایسی ہے کہ آپ کو اسے لازماً برداشت کرنا ہے، ایک ایسی مشکل جو آپ کو لازماً اُٹھانی ہے تو انشاء اللہ ذکر کے ساتھ، اوراد کے ساتھ، اپنی نمازوں سے، اپنے روزے کے ساتھ، آپ کے قرآن کریم پڑھنے سے اور سیدنا محمد ﷺ کے مقدس راستے کی پیروی کرنے سے آپ کو اپنی روح کے اندر اللہ عزوجل کی رضا پر صبر کرنے کی طاقت مل جاتی ہے۔

جب مشکلات کا سامنا ہو تو تفکر کریں کہ اللہ عزوجل آپ سے کیا چاہتا ہے

اس کا مطلب ہے کہ ہمارا راستہ اللہ عزوجل کی بھیجی ہوئی کسی چیز کو دور کرنے پر مبنی نہیں ہے۔ نہ ہی یہ کہ اسے پکڑ کر دور پھینکنے کی کوشش کی جائے اور پھر اس سے چھٹکارا پانے کے لئے کسی کو ڈھونڈنے کی کوشش میں پورے شہر میں دوڑ لگاتے پھریں۔ یہ راستہ حکمت اور دانشمندی کا راستہ ہے، اور یہ کہ، 'یاربّی! میری زندگی میں اس مشکل کی حکمت کیا ہے اور وہ کیا ہے جو تُو مجھ سے چاہتا ہے؟' اور یہ نہ صرف شیخ کا بلکہ طالب علم کا بھی کامل کردار ہے۔

جب طالب علم کمال تک پہنچ جاتا ہے تو وہ خدا کی مرضی کے تابع ہو جاتا ہے۔ نماز اور تفکر کے ذریعے، ان سبھی اعمال کے ذریعے جو نبی پاک ﷺ ان کے لئے لائے وہ اپنے دل میں ایک اطمینان پا لیتے ہیں۔ "ذِكْرِ اللَّهِ تَطْمَئِنُّ الْقُلُوبُ،"

الَّذِينَ آمَنُوا وَتَطْمَئِنُّ قُلُوبُهُم بِذِكْرِ اللَّهِ ۗ أَلَا بِذِكْرِ اللَّهِ تَطْمَئِنُّ الْقُلُوبُ (٢٨)

"جو لوگ ایمان لاتے اور جن کے دل یادِ خدا سے اطمینان پاتے ہیں اور بیشک خدا کے ذکر سے دل اطمینان پاتے ہیں۔" (سورۃ الرعد، 13:28)

یعنی اپنے ذکرو اذکار کے ذریعے، اپنے اوراد و وظائف کے ذریعے اپنے دل کے اندر ان کو مواصلت (communication) کی حِس محسوس ہونے لگتی ہے۔ کہ اس مواصلت کے ذریعے انہیں سکون ملنا شروع ہو جاتا ہے کہ، 'یاربّی! تو مجھ سے کچھ چاہتا ہے۔'

اور اس میں وقت لگتا ہے۔ اور آپ ہمیشہ زندگی میں دیکھیں گے کہ جن لوگوں کی مشکل جلدی سے دور ہو گئی اسی طرح ان کی حاضری بھی ذکر سے بہت جلد ختم ہو گئی۔ وہ بھاگ گئے؛ انہیں کسی قسم کا علاج ملا اور وہ بھاگ گئے۔ اور یہ وہ نہیں تھا جو اللہ عزوجل چاہتا تھا۔ چاہے یہ مشکل ایسی تھی کہ آپ کو تنہائی سے آزادی ملی ہو، آپ کو بیماری سے آزاد کیا گیا ہو، آپ کو جیل سے رہا کیا گیا ہو، جو کچھ بھی تھا جو آپ کو بوجھ لگتا تھا جو آپ پر ڈالا گیا تھا۔ اگر اسے جلدی سے دور کر دیا جاتا ہے تو ہم خود کو دور بھاگتا ہوا محسوس کرتے ہیں۔ کیونکہ حقیقت ابھی تک واقعتاً دل کے اندر قائم نہیں ہو پائی۔

مشکلات آپ کو بارگاہِ الٰہی کے قریب لاتی ہیں

یعنی مشکل کے وسیلے سے بارگاہِ الٰہی کی جانب ایک زبردست راستہ کھل جاتا ہے۔ ہم نے اپنی ساری زندگی میں اور طریقة میں کئی بار کہا ہے کہ جیسے ہی آپ پر مشکل آتی ہے تو آپ کی دعائیں بہت میٹھی ہو جاتی ہیں۔ آپ کا مراقبہ اور غور و فکر، آپ کا تفکر بہت پیارا ہو جاتا ہے۔ میٹھا اس طرح سے کہ آپ خدا کے سامنے رونے لگتے ہیں کہ آپ کو بارگاہِ الٰہی سے قربت محسوس ہونے لگتی ہے۔ اور یہی وہ چیز ہے جو اللہ عزوجل پسند کرتا ہے کہ، 'دیکھو اس مشکل میں میرے بندے کو! تم مجھ سے اتنی قربت بھری بات چیت کر رہے ہو۔ اور مستقل طور پر میری مدد اور میری راحت کے لئے دعا گو ہو۔' اور گہرا تعلق ہی وہ چیز ہے جو اللہ عزوجل چاہتا ہے۔

جس چیز نے نیک لوگوں کو نیک بنایا وہ یہ ہے کہ انہوں نے اس قربت کو برقرار رکھا چاہے ان پر اچھا وقت آیا یا برا۔ کیونکہ اگر وہ خدا کے ساتھ قربت کو برقرار رکھ سکیں اور اپنی محبت میں اور اپنی درخواست کی پاکیزگی میں اس قربت کو برقرار رکھ سکیں، گویا ساری دنیا آپ کے سر پر ٹوٹ رہی ہو تو بھلا آپ ایسا سجدہ کس طرح کریں گے جو اللہ عزوجل سے راحت کے لئے التجا کر رہا ہو، سیدنا محمد ﷺ اور اولیاء اللہ کے نظر کی بھیک مانگ رہا ہو کہ ان کی نگاہیں ہم پر رہیں۔

اللہ عزوجل کو بہترین حالات میں یاد رکھیں

یعنی وہ فرماتے ہیں کہ پھر کبھی بھی اس خلوص کو ہاتھ سے نہ جانے دیں، خواہ آپ کے حالات خراب ہوں یا اللہ عزوجل ان حالات کو اچھائی کی طرف موڑ دے۔ حتیٰ کہ بہترین وقت میں بھی مخلص رہیں۔ بہترین اوقات میں بھی ذکرواذکار کے ساتھ، اوراد و وظائف کے ساتھ، خدا کا اطمینان تلاش کرتے رہیں۔ اور پھر آپ دیکھتے ہیں کہ بہت سے لوگوں کا کردار ترقی کرنے لگتا ہے یعنی ان کے لئے سب کچھ بہت اچھا چل رہا ہوتا ہے اور وہ پھر بھی ذکر کے لئے آرہے ہوتے ہیں، ان کے لئے سب کچھ بہترین ہوتا ہے اور وہ اللہ عزوجل اور سیدنا محمد ﷺ کی محبت اور یاد میں بہت زیادہ ڈوبے ہوئے ہوتے ہیں۔

اللہ عزوجل ہم سے جو چاہتا ہے اس میں ایک حکمت ہوتی ہے

اور سیدنا محمد ﷺ کی یہ سب سے بڑی خوبی ہے کہ جس کا اللہ عزوجل ہمیں وارث بنانا چاہتا ہے کہ خدا سے دور نہیں بھاگنا بلکہ بارگاہِ الٰہی کی جانب بھاگنا ہے۔ اور جو کچھ بھی اللہ عزوجل نے ہم پر نازل فرمایا ہے اس سے راضی رہنا ہے۔ نیز یہ کہ اللہ عزوجل بہترین علم رکھتا ہے، ہمارے لئے ایسا بہترین جو ناقابل تصور ہو۔ چاہے یہ ہمارے ابتدائی دور میں ہمارے تجربات ہوں، ہمارے

والدین کے ساتھ ہمارے تجربات ہوں، ہمارے آس پاس کی ہر چیز کے ساتھ ؛ ان سب میں ایک زبردست حکمت، ایک زبردست دانائی ضرور ہوتی ہے۔

کہ، 'یاربّی! میرے تمام رشتوں نے مجھے آج کے دن کیلئے اور تیرے حقائق کی تلاش کے لئے تیار کیا ہے۔' کئی بار میرے والد کے ساتھ میرے تعلقات اور میری جدوجہد، میرے پیارے مشائخ کے ساتھ میرے تعلقات سے بہت ملتے جلتے تھے۔ اُس کردار اور اُس زندگی کے پورے ماحول نے مجھے ان (مشائخ) سے ملنے اور اس راہ پر گامزن رہنے کے لئے تیار کیا۔

ہماری دعا ہے کہ اللہ عزوجل ہمارے اندر ہمیشہ اعلیٰ حقیقت کو اُجاگر کرے۔ کہ آج کل کے میکڈونلڈز اور فاسٹ فوڈ (fast food) کے دور میں کوئی فوری حل نہیں موجود۔ کچھ بھی جو ہم سوچتے ہیں کہ ہم جلدی سے دور کر رہے ہیں، تو اس سے کہیں زیادہ مشکل چیز اس کی جگہ لے لے گی۔ اور اس میں ایک حکمت ہوتی ہے کہ اللہ عزوجل ہمارے لئے کیوں کچھ چاہتا ہے۔ اور یہ کہ کاملان، کامل لوگوں کا طریقہ اور تکمیل کی راہ یہ ہے کہ اس حکمت کو تلاش کیا جائے۔

ہماری دعا ہے کہ اللہ عزوجل ہمیں یہ دانشمندیاں اور مشکل میں صبر کی توفیق عطا فرمائے۔ انشاء اللہ۔

سُبْحَانَ رَبِّكَ رَبِّ الْعِزَّةِ عَمَّا يَصِفُونَ، وَسَلَامٌ عَلَى الْمُرْسَلِينَ وَالْحَمْدُ لِلَّهِ رَبِّ الْعَالَمِينَ. بِحُرْمَةِ مُحَمَّدٍ الْمُصْطَفَى وَبِسِرِّ سُورَةِ الْفَاتِحَةِ۔

A Timeless Reality

Ancient Wisdoms of the Soul & Meditation

Get Your Very Own Signed Copy!

FIVE STAR REVIEWS

By Amazon Reviewers

ABOUT THE BOOK

Meditation, known as *tafakkur* (contemplation), serves to nourish the spirit, acquire the essence of sincere knowledge, and open powerful secrets for the soul to achieve inner peace. In times of global upheaval, it's essential to face challenges with strengthened spiritual reflection and resolve. This unique compilation teaches how to slow life down, detach from the physical realm, and awaken the soul's connection to the world of light – the Divine's ancient timeless reality.

Speaking from 26 years of spiritual training and many seclusions, Shaykh Nurjan Mirahmadi conveys ancient wisdoms for the soul that will cultivate a higher consciousness of the Divine. As a Certified Shaykh in this field of meditation, he provides inspirational guidance supported with full-colour visuals, allowing the student to understand, reflect, and progress in their spiritual development.

Presented in a question and answer format, this book guides the reader in practicing meditation, connecting the heart to a guide, benefiting from daily spiritual practices, understanding the effects of positive and negative energy on the body, mind, and soul, and applying the concepts of contemplation towards building good character. *A Timeless Reality* will transform every aspect of your life as you embark on a life-changing quest for the Divine.

Download the FREE APP!

MUHAMMADAN WAY

HUB-E-RASUL

DIVINELY PRAISING
UPON THE
PEARL OF CREATION

FIVE STAR REVIEWS

By Amazon Reviewers

ABOUT THE BOOK

Divinely Praising Upon the Pearl of Creation is a distinguished collection of supplications and praisings upon the Prophet Muhammad (peace be upon him).

By sending salutations the reciter builds a tremendous light and energy within their heart and soul while increasing love and gratitude for all Prophets and the Divine. Salawats carry an immense power and provide healing and relief from ailments and difficulties.

This book features well-known Arabic Salawats and Urdu Nasheeds. Praisings are presented in an easy-to-read format with original language script, full English transliteration and in-depth translation. This compilation of invocations comes from authentic Arabic and Urdu sources which have been recited for centuries.

Available at
amazon

**ORDER YOUR
COPY TODAY!**

Insan al Kamil
The Universal Perfect Being

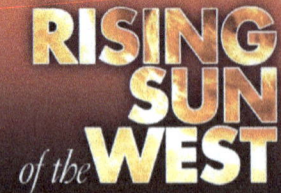

RISING SUN of the WEST

Featuring over 1,000 full-colour images including custom teaching diagrams!

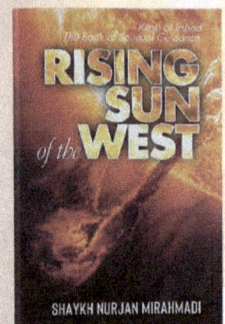

Kitab al Irshad

The Book of Spiritual Guidance

ABOUT THE BOOK

In order to be known, the Divine created a sublime treasure for all of creation - the glorious light and soul of the *Insan al Kamil*, Prophet Muhammad ﷺ. Vast universes, including every particle in existence, came into manifestation through this all-encompassing ocean of perfection. This book is a source of inspiration, reminding the reader how Prophet's ﷺ essence is truly within each of us, empowering us with his light, and constantly purifying our souls to be brought into the Divinely Presence.

ABOUT THE BOOK

An essential spiritual guidebook filled with invaluable knowledge of the elements within our cosmos. The journey examines the Divine's most powerful sun of all universes, Prophet Muhammad ﷺ, and progresses to an insightful overview of the stars, represented by the Holy Companions and the full moons, the spiritual guides, who reflect the sun and exemplify the best in character.

FIVE-STAR REVIEWS

"I love these teachings as they bring home for me truths I've heard on many different settings, religion, self help psychology. Universal truths coupled with concrete practices and rational behind them. It's not just nice stuff to think and talk about a path to actual get to the place, God willing, that the seeker is trying to get to."

"This one is a must for those interested in awakening the soul and receiving much needed inspiration during these difficult times."

FIVE-STAR REVIEWS

"A unique look at spiritual guidance through the understanding of our universe. It provides the reader a perfect blend of ancient knowledge with today's science. A perfect companion for those seeking truth and realities hidden within us."

"The immense power for the soul that lies within the book unbelievable. It uplifts the souls, and makes one feel connected at a deeper understanding. The examples and analogies are so relevant."

Available at **amazon**

ORDER YOUR COPY TODAY!

In PURSUIT of Angelic POWER
A Path Towards Divine Healing Energy

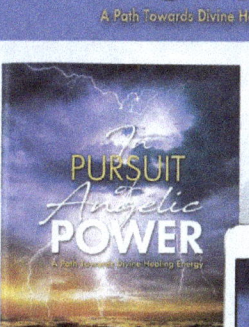

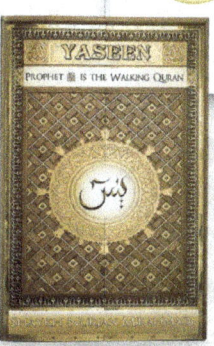
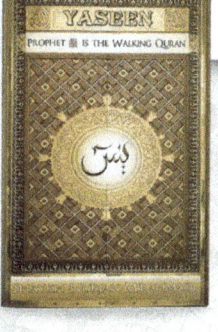
ABOUT THE BOOK

As heavenly beings, our souls are eternally in pursuit of healing energy through Divine and Angelic Power. By understanding the origins of energy through light and sound, the seeker learns to attune to the guides of heavenly knowledge and discovers essential techniques to acquire and increase positive energy within our beings.

ABOUT THE BOOK

Prophet Muhammad 🕌 has been granted the highest of stations by Allah ﷻ (the Divine) and nowhere is it clearer than in the heart of the Holy Qur'an, Surat YaSeen. It is through Prophet Muhammad's 🕌 light that all of creation came in existence and it is through his heart that the Holy Qur'an was revealed. As the chief of all Prophets, he is the literal Walking Qur'an, conveying the sublime realities of Allah's ﷻ Holy Speech to all.

FIVE-STAR REVIEWS
By Amazon Reviewers
⭐⭐⭐⭐⭐

"This invigorating book broadens and promotes a knowledge of the affinity and interactions between Angels and Humans."

"A must have in every home!
"In Pursuit of Angelic Power" serves to mankind an introduction and insight to our illuminating friends."

FIVE-STAR REVIEWS
By Amazon Review⸱
⭐⭐⭐⭐⭐

"This is yet another amazing book from Shaykh Nurjan. His knowledge is without limit and his delivery is digestible to the well versed and the initiate. Illustrations are beautiful and fill this book from the first page to the last."

"Author's heavenly knowledge touches the hear⸱ and feeds the soul. If knowledge is power, then can you imagine what heavenly knowledge is? Empower your soul and buy this book."

Available at
amazon

ORDER YOUR COPY TODAY!

LEVELS OF THE HEART
LATAIF AL QALB

SECRET REALITIES
OF HAJJ

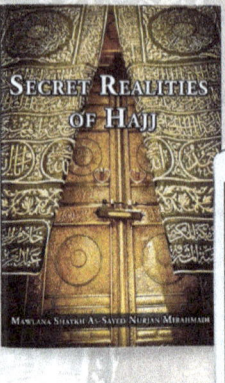

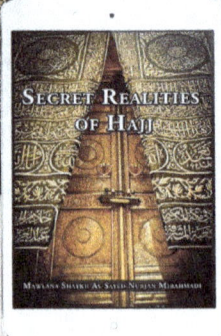

ABOUT THE BOOK

There are subtle energies and realities that are dressing the heart – these are the Levels of the Heart (Lataif al Qalb). Shaykh Nurjan has composed an exceptional work on the map of the heart, intertwining the teachings of its spiritual attributes and how they affect every aspect of a seeker's path.

ABOUT THE BOOK

Secret Realities of Hajj features invaluable teachings and spiritual insight into the Islamic holy pilgrimage of Hajj. From the historical references of holy prophets to the remarkable scientific explanations of the circumambulation, this book provides a deeper understanding of this important pillar of faith.

FIVE-STAR REVIEWS
BY AMAZON REVIEWERS

FIVE-STAR REVIEWS
By Amazon Reviewers

Available at
amazon

ORDER YOUR
COPY TODAY!

MEDITATION ˅   KINGDOM ˅   SECRETS ˅   ENERGY ˅   LETTERS ˅   VIDEOS   RESOURCES ˅   ABOUT ˅   SHOP   DONATE   Search...

NURMUHAMMAD.COM

A comprehensive website covering the deep realities of classical Islam.

- Watch the Latest Videos
- Connect to Live Zikr
- Listen to Sufi Radio 24/7
- Divine Love: Hub e Rasul TV Episodes
- Read the Latest Articles
- Enjoy Nasheeds - Naats
- Free Library of Resources

CHECK US OUT ON SOCIAL MEDIA!

Shaykh Nurjan
Mirahmadi

The Muhammadan Way

shaykhnurjanmirahmadi

Shaykh Nurjan
Mirahmadi

The Muhammadan Way

WhatsApp

THE MUHAMMADAN WAY

"Give charity without delay, for it stands in the way of calamity."
- Prophet Muhammad ﷺ

Support is the Way of Love - Donate Today!

Qurban / Zabiha

Payment for any program requiring Qurban offerings including Udhiyyah for Eid ul Adha sacrifice.

Khums / Hadiya

Khums = one-fifth
Hadiya = gift

Please add specific note whether payment is for khums or hadiya.

Please also add any prayer (du'a) requests you have.

Canada
Sufi Meditation Center Society

CRA no. 856872817 RR0001

*Also for donations from United Kingdom, Australia, New Zealand & Other Commonwealth Nations

United States
Mystic Meditation

Zelle Direct Deposit - No fees
donation@mysticmeditation.org

EIN No. 84-2681459
* Also for International donations but will not get non-US tax receipt.

Pakistan
For

Fatima Zahra Helping Hand in Pakistan
&
Orphan Donations Program in Pakistan

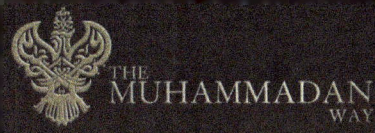

nurmuhammad.com/donate

General Donations

You may donate to many different projects.

You can add a dedication or prayer (du'a) requests you have.

Sadaqah

Please add a note on which Sadaqah the payment is for and prayer (du'a) requests.

Sadaqah Nafilah
Sadaqah Wajibah

Zakat

Please add a note on which type of Zakat payment is being made.

Use the online calculator for current values.

The collected funds will be paid to specific recipients of the Muslim community in accordance to zakat principles.

Help Those in Need

Fatima Zahra Helping Hand volunteers prepare and distribute meals on a monthly basis.

Clothing and other basic necessities are collected or purchased and distributed to the less fortunate including the Orphan Donations Program in Pakistan.

Mawlid

Donations go towards Mawlid Events such as the Annual Grand Milad un Nabi ﷺ.

These are special programs to commemorate the life and times of our Holy Prophet Muhammad ﷺ.

SMC MERCHANDISE

SUFI SUNNAH APPAREL
NO FEAR COLLECTION

ACCESSORIES
UNIQUE ITEMS WITH
ORIGINAL CALLIGRAPHIC
DESIGN

SUFI ESSENTIALS
TAWEEZ / PRAYER BEADS
STICKERS AND MORE

**BAKHOOR AND
PERFUMES**
BLESSED SUFI SCENTS
FEATURING
PREMIERE ARABIAN BRANDS

WELLNESS TEAS
CUSTOM-BLENDS WITH
HEALING PROPERTIES

**LIMITED EDITION
PRODUCTS!**

VIEW THE FULL SELECTION OF ITEMS AT

SMCMERCH.COM

*Inspired from Traditional
Islamic Armor and
Protection with Qu'ran Ayat,
IsmAllah and Ism Rasul*

GIVE
THE
PERFECT
GIFT!

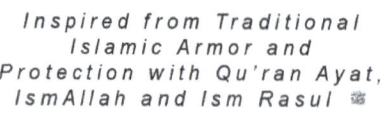

SHOP
ONLINE
TODAY!